Elke Jung

WEGE NACH VORN
Roman

1. Auflage 2016

Umschlaggestaltung & Titelabbildung:
Maximilian Jung & Elke Jung
Lektorat:
Yannek Drees

*In ewige Erinnerung und Dankbarkeit
für schöne, gemeinsame Zeiten,*

Besuchen Sie mich unter www.wegenachvorn.de

KEEP THE FAITH

*In tiefer
Verbundenheit*

Widmung

In tiefer Ehrfurcht und Liebe widme ich diesen
Roman meinem spirituellen Vater und
Lehrer, dem nordamerikanischen Muskogee-Indianer
Marcellus Williams "Bear Heart".

E.J.

Danksagung

Ich möchte mich für das Zustandekommen dieser Romanes ganz herzlich bei meiner Familie bedanken, die mich insbesondere in den schwersten Jahren meines Lebens unterstützt und mich immer wieder motiviert hat, dieses Buch voranzutreiben und zu veröffentlichen. Ganz besonders bin ich Marcellus Williams "Bear Heart" zu Dank verpflichtet, der mich in indianische Weisheiten, Traditionen und Heilrituale eingeführt, meine Visionssuche begleitet und mir die Möglichkeit gegeben hat, an indianischen Riten wie dem Sonnentanz teilzuhaben. Ebenfalls hoch anerkennen möchte ich die Mühen und das Engagement von Regina Water Spirit, die meine Aufenthalte in New Mexiko ermöglichte und mich auf so liebevolle Weise vor, während und nach meinen Aufenthalten unterstützt und begleitet hat. Zudem möchte ich mich bei den Indianern unterschiedlicher Tribes bedanken, mit denen ich gemeinsame Zeremonien erleben durfte, sowie meinem Lehrer der Lakota Indianer, der mich in die Riten der heiligen Pfeife eingeführt hat. Auch möchte ich meinem spirituellen Bruder Don Dickerson meinen Dank aussprechen, der maßgeblichen Anteil daran hat, dass ich meine Lebenskrise überwinden und neue Wege gehen konnte. Nicht außer Acht zu lassen ist Marcy Brandenburg, die mir bei meinen Aufenthalten in New Mexiko eine angenehme und liebevolle Atmosphäre gegeben hat und zu einer wertvollen Freundin und Schwester geworden ist. Außerdem möchte ich meinen engsten Freunden und Freundinnen aus New Mexiko, South Dakota und meiner Heimat danken. Sie haben mich bei meinen Unternehmungen unterstützt und begleitet sowie durch viel Engagement und Gespräche inspiriert, diesen Roman zu schreiben. Auch haben sie mir geholfen, meinen Rohentwürfen Struktur zu verleihen und die Fehlerteufel ein wenig zu auszumerzen.

Besonderer Dank gebührt jedoch meinem Lektor Yannek Drees. Ohne seine Hilfe wäre ich nicht in der Lage gewesen, diese Roman-Trilogie zu veröffentlichen. Seinem Wissen, seinem Engagement, seinem Ideenreichtum, seiner Geduld mit mir sowie den zahlreichen Korrekturrunden ist es letztendlich zu verdanken, dass aus einem teilweise mit Fachbegriffen überfrachtetem, sehr sachlich geschriebenen Buch ein Roman werden konnte. Vielen Dank.

Hinweis des Autors

Alle Personen und Handlungen der Erzählung sind frei erfunden, Ähnlichkeiten mit lebenden Personen sind rein zufällig.

Inhaltsverzeichnis

Abfahrt und Rückblick

Loreen steht auf der Wiese und ist schon ganz nervös. Sechs Stunden Fahrt haben sie noch vor sich. Das Auto ist gepackt. Sie kontrolliert noch einmal, ob sie auch nichts vergessen hat, nimmt die Haarbürste heraus und kämmt ihre langen, schwarzen Haare. Ihre dunkelbraunen Augen funkeln vor Ungeduld. Ihre Beine geben fast zwei Meter Schrittlänge vor, wenn sie von einer Seite des Wagens zur anderen schreitet. Sie prüft nochmals, ob ihre dunkelblauen Jeans auch wirklich genau passen. *Hat Anna schon meine neuen Mokkasins bemerkt?* Gesagt hat sie dazu jedenfalls noch nichts.

Zufrieden betrachtet Loreen ihre Bauchmuskeln, für die sie lange Zeit trainiert hat. Dann nimmt sie ihr Telefonbuch hervor und ruft vorsichtshalber die ganzen Freunde und Helfer nochmals an. Sie will wirklich sicher sein, dass die Vorbereitungen für die Zeremonie laufen. Sie geht eine kleine Runde, um die Nervosität ein wenig zu unterdrücken und Geduld zu üben, wie es ihr Anna gefühlte tausend Male gesagt hat. Wer ist diese Frau? Nun habe ich sie schon unzählige Male bei ihren Zeremonien mitgemacht. An sie herangekommen bin ich nie. Loreen bleibt stehen. Kann ich sie nicht unterstützen oder sogar einen ähnlichen Weg gehen? Immer wenn ich zu ihr gehe, sind meine Magenschmerzen plötzlich verschwunden. Kaum bin ich zurück und im Stress, geht das Ganze wieder los. Warum halten die Behandlungen einfach nicht an? Nun habe ich schon so viele Therapien versucht und meine Probleme werden immer schlimmer. Aber warum muss mir das immer passieren? Warum ist die Welt so ungerecht?

Loreen hat tausend Fragen und mit jeder Begegnung der beiden kommen neue hinzu. Sie betet, dass dieses Mal nicht nur Fragen offen bleiben. Es soll der Durchbruch werden, Anna näher zu kommen und Antworten zu erhalten. Dieses Mal will sie Anna unbedingt überraschen. Nie zuvor ist es ihr gelungen, aber heute muss es funktionieren. Da ist sich Loreen ganz sicher. Aber sie müssen los. Und zwar jetzt gleich!

Alles ist perfekt organisiert. Nun müssen sie nur noch pünktlich ankommen. Unruhig geht Loreen auf Anna zu und sagt: „Anna, wir müssen gehen. Du weißt, die Leute warten schon. Heute Abend ist die Zeremonie und wir müssen noch sechs Stunden fahren." Anna steht da, in Gedanken vertieft, und beobachtet die Vögel. Loreen ist sich nicht sicher, ob Anna überhaupt mitbekommen hat, was sie gesagt hat. Was soll ich tun? Wir sind spät dran. Nervös läuft Loreen auf und ab und rauft sich die Haare. Der Verkehrsfunk berichtet unentwegt von ellenlangen Staus. Wie sollen wir das nur schaffen? Es ist eigentlich alles wie immer. Anna steht da, als ob ihr das alles gar nichts ausmachen würde. Sie scheint sich mit den Vögeln unterhalten. Loreen weiß, dass sie Anna dabei nicht stören darf. Es würde ohnehin keinen Sinn machen. Sie weiß, dass Anna sonst gleich wieder sagen würde: „Gib mir bitte noch ein paar Minuten Loreen ok? Bitte." Dann müsste sie Anna allein lassen. Diese ‚paar' Minuten können manchmal eine halbe Stunde oder länger dauern.

Irgendwie gibt es Leute, die nicht steuerbar sind. So wie Anna. Loreen hat es längst aufgegeben, sich dagegen aufzubäumen, also beschließt sie, ein weiteres Mal alle Sachen im Auto zu kontrollieren und zu warten. Währenddessen betrachtet sie Anna näher und bemerkt das erste Mal, wie sehr sie sich verändert hat. Die zierliche und doch sportliche Gestalt mit den schulterlangen, hellblonden Haaren ist nicht mehr da. Die Haare sind stattdessen brünett geworden und reichen bis tief unter die Schulterblätter. Sie hat außerdem breite Schultern bekommen, die jetzt sogar breiter sind als ihre Hüften. Ihr Gang ist aufrecht, sanft, andächtig, manchmal fast schleichend, aber trotzdem stolz. Oft ist sie kaum zu hören und steht plötzlich da. Sie ist braungebrannt und ihre knochige Gestalt ist auch durch die Bekleidung noch sichtbar. Ihre Augen strahlen tiefblau wie ein Ozean, in dem sich viele Geheimnisse verbergen.

Wann immer Loreen diesen Blick gesehen hat, ist ihr klar geworden, dass sie nur kleine Teile der ganzen Tiefe von Annas Gedanken, Gefühlen, ihrer Weisheit je erforschen wird. Loreen weiß, dass Anna schon immer anders als die anderen gewesen ist, immer schon die Extreme gesucht hat. Niemand kennt Anna wirklich oder weiß, was sie gerade tut. Immer wenn Loreen denkt, Anna endlich kennengelernt zu haben, geschieht etwas unerwartetes. Einiges meint Loreen jedoch schon über sicher über Anna zu wissen.

Schon als Kind hat Anna sich mit hochtrabenden philosophischen Themen auseinandergesetzt und ein Buch nach dem anderen verschlungen. Sie ist in die Tiefen klassischer Musik eingedrungen, hat anschließend komplizierte mathematische Gleichungen gelöst, um kurz darauf Hochleistungssport zu treiben. Oft hat sich Anna in die Natur geflüchtet. Erstaunlicherweise sind immer einfache und naturverbundene Menschen ihre besten Freunde gewesen. Sie haben gemeinsam Mutproben gemacht und versucht, die Grenzen des Körpers auszuloten.

Schon damals muss es unmöglich gewesen sein, Anna in ein System zu pressen. Sie hat immer ein Schlupfloch gefunden, um auszubrechen und das zu tun, was sie selbst wollte. Ihre Doktorarbeit hat sie mitten in der Nacht geschrieben. „Da hat man die meiste Ruhe, man wird von niemandem gestört. Alle schlafen. Das ist genial", hat sie Loreen einmal erklärt. Nebenbei hat sie die US Open, das berühmte Tennisturnier in New York, verfolgt. Tennis ist für eine lange Zeit Annas Hobby gewesen, aber beim Schreiben ihrer Dissertation hat es ihr trotzdem nicht gereicht. Um die notwendige Inspiration zum Schreiben zu bekommen, hat sie Gustav Mahler in einer Lautstärke hören müssen, dass ihr fast die Ohren geplatzt sind. „Das brauche ich einfach", ist ihr einziger Kommentar dazu gewesen, „da gehe ich so richtig auf und die Tinte läuft fast von ganz allein."

Ansonsten muss Anna jede freie Minute genutzt haben, um zu reisen und die Welt zu erforschen. Obwohl sie nie mit ihrem Mut prahlt, haben es oft extreme Bergtouren in vollkommener Abgeschiedenheit sein müssen, um sich am Ende der Reise dann in Großstädte zu begeben, wo das Nachtleben sprudelte und die Nacht zum Tag wurde. Das Ganze ist dann abgerundet worden mit den besten kulinarischen Köstlichkeiten der Region, am besten noch kombiniert mit den landesspezifischen Klängen, möglichst natürlich Livemusik.

Eigenschaften, die Anna immer gefehlt haben, sind Konstanz und Geduld gewesen. Ihren Erzählungen nach hat Anna es immer gehasst, unnötige Dinge zu lernen, täglich Zeit für Routinetätigkeiten zu verschwenden oder ein Instrument üben zu müssen. Sie muss sich allerdings darüber im klaren gewesen sein, dass sie sich auf diesen Schwächen nicht ausruhen durfte. Später hat Anna eine Familie gegründet, um sesshaft zu werden. Im Grunde scheint es ein Ausdruck der Sehnsucht nach ihrem Elternhaus, einer Heimat, einen Lebensmittelraum gewesen zu sein. *Wie kann man sich besser zwingen, an einem Platz zu verweilen, als ein Haus zu kaufen?* Anna hat anscheinend großen Wert darauf gelegt, in einem eigenen, gemeinsamen Haus mit ihrer Familie zu wohnen. Der Besitz an sich ist ihr dabei wohl weniger wichtig gewesen. Es ist ihr offenbar vielmehr darum gegangen, sich selbst zu zwingen, sich niederzulassen, um nicht ihr Leben lang von einem Ort zum nächsten zu pilgern. Ein weiterer Vorteil war die Unabhängigkeit von irgendwelchen Vermietern, an dem Haus selbst hat

Anna jedoch in keinster Weise gehangen. Es ist für sie vermutlich nur ein Dach über dem Kopf gewesen, sonst nichts.

Loreen schaut rüber zu dem kleinen Hügel. Anna steht immer noch da. Sie lebt in ihrer Welt, einer anderen Welt. Loreen ist nervös. Will *Anna etwa schon wieder meine Geduld testen?* Das hat Anna schon oft getan. Oft hat Loreen bei vergangenen Zeremonien auf sie warten müssen. Es kann für Anna immer einen Grund geben, warum sie im einen Moment noch nicht losfahren will. Im nächsten Moment sieht aber vielleicht alles ganz anders aus und sie müssen sofort fahren, genau in diesem Augenblick. Die wahren Gründe dafür hat sich Loreen nie erklären können. Es ist Annas Intuition. Man kann sie einfach in keinen Terminplan pressen. Auch im Berufsleben hat sie von je her mit Pünktlichkeit bei der Wahrnehmung von Terminen auf Kriegsfuß gestanden. Anna ist ein Buch mit sieben Siegeln. Ihre Reaktionen sind nie kalkulierbar. Sie folgt anderen Gesetzen, die mit Logik nicht zu erklären sind. Manchmal versteht Loreen erst Wochen später, warum Anna dieses oder jenes getan hat oder wovon sie wirklich gesprochen hat. Immer wieder gibt es Ereignisse, die sich Loreen nicht erklären kann. Für Anna scheint das alles jedoch ganz selbstverständlich zu sein. In diesen Fällen erntet Loreen nur ein verschmitztes Lächeln. So kommt es zuweilen, dass Anna sie vor irgendwelchen Dingen warnt, die sie besser lassen solle. Dann weiß Loreen, dass Anna etwas gesehen hat, was von entscheidender Bedeutung ist. Auch wenn sie Loreen selten sagt, was es wirklich gewesen ist. Es wäre auch sinnlos, danach zu fragen. Dann bekäme Loreen nur eine Antwort wie: „Zu gegebener Zeit wirst Du es erfahren oder selbst herausfinden. Die Kunst besteht darin, immer nur das Preis zu geben, was für Dein Gegenüber zu diesem Zeitpunkt angemessen ist und er oder sie verkraften kann." Manches Mal hat sie in der Tat den Grund später herausgefunden und sich klargemacht, wie wichtig es ist, Annas Ratschlag zu folgen. Sie ist Anna über jeden Ratschlag dankbar, den sie ihr gibt. Auch Loreen will eines Tages anderen Menschen helfen und freut sich über jedes Gespräch und die gemeinsamen Zeremonien mit Anna.

Nun kann sie es kaum erwarten, endlich loszufahren, denn sie weiß, dass Anna wieder viel erzählen wird. Jedes Mal ist es anders gewesen und sie weiß vorher niemals genau, worum es gehen wird. Manchmal hat Loreen aber Glück gehabt und Anna ist auf ihre Fragen eingegangen. Stück für Stück hat sie Anna näher kennengelernt, was nicht immer einfach gewesen ist. Man kann sich stundenlang mit Anna unterhalten, ohne zu erfahren, wer sie ist, woher sie kommt und wohin sie gehen wird. Jede Unterhaltung ist aber auch eine Lehrstunde mit neuen Erkenntnissen. Bisher hat Loreen jedes Mal eine paar Puzzleteile bekommen, die sie mühsam zusammen gesetzt hat. Sobald sie dann geglaubt hat, die Lösung gefunden zu haben, hat ihr Anna das nächste Rätsel aufgegeben und all ihre Bausteine sind wie ein Kartenhaus zusammengefallen. Manchmal hat Loreen das Gefühl, es sei nur ein Spiel, dass Anna vielleicht sogar amüsieren könnte.

Aber heute wittert Loreen ihre Chance. Sie hat einen halben Tag Zeit. Die Sonne strahlt über dem wolkenlosen, weißblauen Himmel. Endlich ist es soweit. Es ist knapp eine Stunde vergangen, als Anna kommt. Sie steigen ins Auto und fahren los. „Wir müssen zwischendurch noch mal Halt machen. Es gibt noch etwas zu tun." Loreen ist ganz entnervt. Sie weiß, dass Anna unterwegs noch eine kleine Zeremonie machen wird. Das würde wieder eine halbe Stunde kosten, wenn nicht mehr. Sie fragt: „Wir müssen pünktlich da sein. Wie sollen wir das schaffen? Wir sind jetzt schon zu spät dran!" Anna lächelt verschmitzt und erwidert: „Mach Dir keine Sorgen." Loreen ist platt. Was soll sie darauf noch sagen? Diskutieren zu wollen, würde ohnehin nichts ändern.

Loreen grübelt lieber, wie sie am besten ein sinnvolles Gespräch beginnen kann. Sie will alles über Anna erfahren, ihre Kindheit, ihre Erfahrungen, einfach alles. Am meisten interessiert sie, wie Anna das erste Mal mit den Indianern in Berührung gekommen ist. Bisher hat Loreen darauf nie eine klare Antwort bekommen. Fortwährend hat Anna entgegnet: „Das ist eine lange Geschichte." Gerade als Loreen überlegt, ob sie heute vielleicht mehr Glück haben würde, fängt Anna scheinbar ganz unmotiviert an zu erzählen.

Die Sonne scheint. Es ist ein heißer Sommertag, die Luft ist klar und der Himmel azurblau. Ich bin sechs Jahre alt und gehe wie jeden Tag in den Garten. Nachbars Hühner sind schon in Lauerstellung. Sie wissen, dass ich die letzte Vogelmiere auf dem Sandboden finden, für sie zupfen und zu ihnen über den Zaun werfen werde. Es ist das einzige grüne Futter, das sie bekommen. Begeistert renne ich zum Zaun und freue mich, wie sich die Hühner darum streiten. Ich zupfe und zupfe, bis keine Vogelmiere mehr zu sehen ist. Dann setze ich mich auf den hellen Sandboden und schaue den Hühnern beim Fressen zu. Was für ein Anblick. Unwillkürlich gehen meine Mundwinkel nach oben.

Plötzlich hallt lautes Gebell zu mir herüber. Oh ja, fast hätte ich sie vergessen. Es ist Bella, die ihr Recht einfordert. Natürlich habe ich auch etwas für die Hündin dabei. Auch wenn es nur ein Stück trockenes Brot ist, wedelt Bella mit dem Schwanz und blickt dankend zu mir auf. Lange sitze ich auf dem Sand und schaue Bella zu. Eigentlich hatte ich damals Angst vor Hunden, aber bei Bella war es etwas anderes. Sie war eine wunderschöne, reinrassige Schäferhündin und sie tat mir leid. Sie war immer angekettet und hatte nur einen kleinen Käfig für sich. Würde sie mich wohl beißen, wenn sie frei wäre? Anfangs bin ich jedenfalls noch vorsichtig gewesen.

Dieses Mal habe ich ein Stück Wurst dabei. Ich habe es aus dem Kühlschrank genommen und werde bestimmt wieder Ärger bekommen, aber das ist mir egal. Ich werfe Bella ein Stück herüber, aber es bleibt im Zaun stecken und fällt schließlich auf den Boden, sodass sie es nicht erreichen kann. Ich bin traurig und greife mit dem Arm durch die Maschen des Zauns. Plötzlich fängt Bella an zu bellen und springt wild umher. Ich bekomme es mit der Angst zu tun. Eine Hornisse umfliegt mein Gesicht. Ich schlage wild um mich, aber mein Arm ist im Zaun eingeklemmt. Ich kann mich nicht befreien. Bella wird immer wilder und reißt sich schließlich los. Dann sehe ich nur noch viel Blut und verliere das Bewusstsein.

Ich beginne zu träumen. Ich liege auf dem Boden mitten in der Wüste. Lauter Berge umgeben mich. Neben mit steht ein Wolf, der mich bewacht. Ab und zu hebt er den Kopf und heult. Dann wird alles dunkel um mich herum. Irgendwann fühle ich etwas Warmes auf meiner Wange, als ob mich jemand mit einem warmen Lappen abwischen würde. Ich öffne die Augen und sehe wieder den Wolf vor mir stehen, doch dieses Mal habe ich keine Angst. Inzwischen ist es Abend geworden. Die Sonne ist dabei, unter zu gehen. Ich betrachte den Wolf und verstehe nicht ganz, was passiert ist. Wie ist er hier hin gekommen? Ich reibe mir die Augen und fühle einen stark brennenden Schmerz am linken Unterarm. Langsam fange ich an zu begreifen. Ich setze mich auf und sehe, was geschehen ist.

Ich habe mir eine tiefe Risswunde am linken Unterarm zugezogen. Mein ganzes Kleid ist voll mit Blut. Bella ist über den Zaun gesprungen und hat mir die ganze Zeit die Wunden geleckt. Ich blute nicht mehr. Bella sitzt wachsam neben mir und wartet. Ich umarme sie und bin einfach glücklich. Sie hat mich gerettet. Bella ist ja auch kein Hund, sie ist mein Wolf. Nun geht es für mich nur noch darum, keinen Ärger zu bekommen. Bella hat sich von der Kette losgerissen. Das ist schlimm. *Wenn das die Nachbarn erfahren, schläfern sie Bella ein!* Alles sieht danach aus, als ob sie mir weh getan hätte, obwohl sie doch mein Retter ist! Also renne ich zum Wasserhahn im Garten und wasche mein Kleid. Dann mache ich mich schmutzig, damit das Blut nicht auffällt. Ich klettere über den Zaun zum Nachbarn und hoffe, dass Bella wieder herüberspringt. Sie bleibt aber gemütlich sitzen und wartet. Sie will nicht zurück an die Leine.

Also lasse ich mich zu Boden fallen, um Bella dazu zu bewegen, zurück zu kommen. Aber sie springt einfach nicht. Stattdessen läuft sie zum Zaun und scharrt sich ein großes Loch, um darunter durch zu kriechen. Ich bin natürlich erleichtert und kette Bella wieder an. Dann versuche ich, zurück zu klettern. Da stehen auch schon die Nachbarn neben mir und halten mich fest. Ich bleibe wie angewurzelt stehen und bringe kein Wort heraus. „Was hast Du Dir dabei gedacht?", will der Besitzer wissen. „Bella hat mir leid getan. Ich wollte mit ihr spielen." „Du blutest.", sagt er entsetzt. „Ich habe mir am Zaun den Arm aufgerissen. Bitte holen Sie nicht die Polizei, bitte!! Bitte sagen Sie nichts meinen Eltern, bitte. Ich mache alles, was sie wollen, bitte!!" Mir rollen die Tränen über die Wangen. Die Nachbarn scheinen Mitleid mit mir zu haben. „Und wie willst Du das wieder gut machen?", will der Nachbar wissen. Mir fällt nur ein: „Dann kann ich ja Bella ausführen und mit ihr Gassi gehen."

Das Ehepaar sieht sich fassungslos an. Inzwischen hat sich Bella in unserer Mitte positioniert und wedelt begeistert mit dem Schwanz. Sie schaut abwechselnd auf mich und die Nachbarn und bettelt. Die Nachbarn beginnen zu schmunzeln, dann sagt die Frau ganz ernst: „Ok, wenn Du das wirklich möchtest, musst Du mit Deinen Eltern klären, ob Du es darfst. In diesem Fall ist es dann aber eine Verpflichtung, jede Woche einmal mit Bella Gassi zu gehen, immer um dieselbe Zeit." Feuer und Flamme springe ich auf und auch Bella ist nicht mehr zu halten. Sie springt hoch, läuft hin und her und wedelt mit dem Schwanz. Der Mann sagt noch: „Gut. Morgen um Punkt fünf Uhr kommst Du rüber. Wenn Du Bella nicht ausführen darfst, rupfst Du Unkraut für uns. Und nun los, heim. Deine Eltern warten bestimmt schon." Ich verabschiede mich und renne heim. „Danke!!", rufe ich noch und verschwinde.

Als ich daheim ankomme, ist mein Kleid schon getrocknet und das Blut sieht wirklich aus wie Schmutz. „Anna, Abendessen!" höre ich meine

Mutter rufen. Ist es schon wieder so spät? Ich muss gehen, auch wenn es mir schwer fällt. Nun muss ich mich wieder mit meiner Familie an den Tisch setzen und essen, pünktlich auf die Minute, wie immer. Dabei habe ich gar keinen Hunger und wäre so gern noch draußen bei meiner neuen Freundin Bella geblieben. Mit dem schmutzigen Kleid würde ich bestimmt wieder Ärger bekommen. Das ist immer so, wenn ich mit Flecken Heim komme. Zu allem Überfluss sitzen auch noch meine Brüder am Tisch.

Thomas und Christian waren Zwillinge und kaum zu unterscheiden. Sie waren bildhübsch, hatten breite Schultern, waren schlank und groß. Im Sommer waren sie braungebrannt. Dann leuchteten ihre blauen Augen unter den hellblonden Haaren. Sie waren vier Jahre älter als ich und hielten zusammen wie Pech und Schwefel. Für sie war ich nur die kleine Schwester, die nichts zu sagen hatte und auf die man aufpassen musste. Das war ziemlich lästig und hielt sie von ihrer Freizeit ab. Schließlich konnten sie mit Mädels eh nicht viel anfangen. Ziemlich anstrengend, sage ich dir!

Aber an diesem Tag hatte ich ein neues Ziel. Ich musste meine Eltern überzeugen, mit Bella spazieren gehen zu dürfen. Ich war überzeugt davon, dass sie mir das nicht erlauben werden. Dieses Mal war es aber etwas anderes. Meine Eltern hatten damals viel zu tun, um das nötige Geld für den Lebensunterhalt zu verdienen. Da war die gemeinsame Zeit mit ihren Kindern rar. Als Ausgleich kam es ihnen wohl gerade recht, mir einen heiß ersehnten Wunsch zu erfüllen. Das war der Beginn einer langen Freundschaft zwischen mir und Bella, meinem Wolf.

Wenig später waren wieder einmal Ferien, meine Eltern mussten arbeiten und die Nachbarn waren mit Bella verreist. Also war ich wieder mit meinen Brüdern allein und musste auf sie hören. *Sie werden mir wieder vorhalten, dass sie auf mich aufpassen müssen*, dachte ich. Wir haben uns immer viel gestritten. Die beiden waren dann meist wütend auf mich, weil sie sich immer wieder um mich kümmern mussten. Ich konnte nur hoffen, dass Frau Steinfurt, die Hauseigentümerin, da war.

Frau Steinfurt war wie eine Großmutter für mich und lebte mit ihrem Mann in der Erdgeschosswohnung. Er war schon sehr alt und lag die meiste Zeit im Bett. Draußen konnte er sich nur noch mit dem Krückstock fortbewegen. Sie kümmerte sich um den Garten und war oft draußen. Manchmal waren sie zwar streng, etwa wenn sie sich wieder zum Mittagsschlaf hingelegt hatten und ich mit Freunden nahe der Hauswand

Rollschuhe lief. Oft gab es auch Ärger, wenn ich meinen Fußball immer wieder mit voller Wucht an den Holzzaun schoss, aber sie haben auch viel für mich getan. Manchmal durfte ich bei ihnen bleiben, dann kochten wir zusammen oder spielten sogar. An ganz besonderen Tagen spielte mir Frau Steinfurt verschiedene Stücke auf dem Klavier vor. Im Winter richteten sie für mich sogar eine Spritzeisbahn auf dem Hof her, damit ich Schlittschuh laufen konnte. Das habe ich ihnen nie vergessen!

Ich selbst wohnte gemeinsam mit meinen Eltern und Brüdern in einer kleinen Wohnung im Dachgeschoss des Zweifamilienhauses. Das Haus lag in einem Komponistenviertel am Rande von Wienerherberg. Das Schlafzimmer mussten wir uns mit unseren Eltern teilen. In der Küche war gerade einmal Platz für einen Esstisch mit Abwaschschüsseln, einen Herd, auf dem mit offenem Feuer gekocht wurde, ein kleines Buffet und einen Kühlschrank.

Wir hatten auch ein kleines Regal für unser Spielzeug, das mein Vater selbst gebaut hatte. Er war ein nicht sehr großer Mann, hatte aber wunderschöne, schwarz-gewellte Haare. Seine Muskeln erinnerten noch an den Sport, den er in der Jugend betrieben hatte. Im Laufe der Jahre war der Sport gewichen und er konzentrierte sich auf die Arbeit und seine Familie, für die er alles tat. Sie war zu seinem Lebensinhalt geworden, obwohl er oft Dienstreisen hatte und selten daheim war. Auch wenn er nicht unterwegs war, kam er oft spät von der Arbeit heim. In seiner Freizeit reparierte er dann Fahrräder für die Nachbarschaft oder spielte Federball mit meiner Mutter.

Auch meine Mutter arbeitete, sodass ich nach der Schule oft mit meinen Brüdern allein war. Meine Mutter war ziemlich klein und mit weiblichen Rundungen üppig ausgestattet. Sie war die Leidenschaft pur und sprudelte vor Energie und Enthusiasmus. Sie war wirklich jeder Situation gewachsen, auch wenn sie allein mit uns Kindern war. Dabei gab es natürlich oft harte Diskussionen, denn ich habe mir früher schon kaum etwas sagen lassen. Ich hatte eben meinen eigenen Willen.

Bald bin ich aber den Streitigkeiten aus dem Weg gegangen und habe mir meine eigene Umgebung gesucht. Ich nutzte jede freie Minute, um meine Freundinnen zu besuchen und draußen zu spielen. In der Nähe gab es etwa ein kleines Wäldchen mit hohen Bäumen und Sträuchern. Sie boten einen hervorragenden Unterschlupf und dienten als Geheimversteck. Unter den Büschen bauten wir uns eine eigene Wohnung. Die Zimmer malten wir auf die Erde und das Bett und die

Couch füllten wir mit Laub aus. Dann sammelten wir Goldruten, deren Blüten und Blätter wir zum Kochen in der kleinen Küche benutzten. Mit den Stöcken bauten wir uns Pfeil und Bogen. Dazu spannten wir die Stöcke mit einer kleinen Schnur zusammen. Anschließend gingen wir gemeinsam zur Jagd. Das heißt, wir steckten ein paar Pfeile in die Hose und rannten wild umher. Immer wenn wir etwas „Verdächtiges" sahen, nahmen wir einen Pfeil heraus, spannten den Bogen und schossen. Wir machten Wettbewerbe und versuchten, dasselbe Ziel zu treffen.

Manchmal hatte ich Glück und Ralf hatte Zeit für mich. Er wohnte nur zwanzig Gehminuten entfernt. Er hatte knallrote Haare und eine helle, blasse Haut mit vielen Sommersprossen. Er war schlank und schon viel größer als ich. Er konnte hervorragend reiten und zeigte mir die Pferdekoppel und sein Lieblingspferd. Ralfs Eltern waren Großbauern und hatten eine Weide mit fünf Pferden. Ich liebte es, sie zu füttern. Ab und zu durfte ich sie auch striegeln oder sogar füttern. Zum Reiten hatten meine Eltern leider kein Geld.

Im Laufe der Zeit ergab es sich, dass ich im Grunde nur zu den Mahlzeiten daheim war. Ich war über jede Minute glücklich, die ich in dem kleinen Wäldchen oder mit meinen Freundinnen verbringen konnte. Auch daheim hatte ich mir mein kleines Reich eingerichtet. Ich saß oft auf dem Boden der kleinen Küche oder direkt unter dem Tisch und spielte mit meinen Indianern. In den Kämpfen gegen die Cowboys gewannen natürlich immer die Indianer, das war ganz klar.

Eines Nachts hatte ich wieder einen Traum. Ich sehe mich auf der Straße stehen. Es geht mir nicht gut. Tränen rinnen über meine Wangen. Die Sonne blendet mich und ich schaue hoch zum Himmel. Plötzlich deckt ein riesiges Gesicht die Sonne ab. Es ist ein alter Mann mit einem zerfurchten Gesicht. Er ist ein Indianerhäuptling, der mit einem mächtigen Federgewand geschmückt ist. Er nimmt meine Hand und streicht mir mit der anderen Hand sanft über die Wange. „Fürchte Dich nicht. Die Indianer werden Dich beschützen. Ein weißer Schimmel wird zu Dir kommen und Dir Kraft geben. Nimm ihn mit, mit in Dein Herz. Er wird Dich beschützen, wo immer Du bist. Er wird Deinen Schmerz lindern und Dir helfen, wenn es Dir nicht gut geht." Ich blicke den Häuptling verdutzt an. Ich bringe kein Wort heraus und stehe ihm mit offenem Mund gegenüber. Wahrscheinlich hat er meine Gedanken gelesen, denn er fragt: „Du willst sicher wissen, wer ich bin?" Ich nicke.

„Ich bin Swimming Bear, Dein Vater. Wenn es soweit ist, werden wir uns begegnen." Dann ist er so plötzlich weg, wie er gekommen ist.

Ich wachte auf und bekam den Mund fast nicht mehr auf. Er war geschwollen und schmerzte so sehr, dass ich am liebsten geschrieben hätte. Mit Mutter fuhr ich sofort als Notfall zum Zahnarzt, wir kamen sofort dran. Ich hatte damals zwar noch Milchzähne, aber sie machten mir höllischen Ärger. Die Vorderfront meines Unterkiefers musste mit einem langen Schnitt geöffnet werden. Ich schrie vor Schmerz. Ich bekam eine Bandage gelegt, die täglich gewechselt werden musste.

Nachdem wir den Zahnarzt verlassen hatten, gingen wir in den Spielzeugladen nebenan. Heute durfte ich mir einen Indianer aussuchen, deshalb war ich ganz aufgeregt und vergaß den Schmerz. Ich rief begeistert: „Mama, Mama, ich brauche einen weißen Schimmel! Er wird mir helfen, dass ich keinen Schmerz mehr habe." „Wie kommst Du darauf?", wollte sie wissen. „Swimming Bär hat es mir gesagt." Sie schaute mich verdutzt an. „Wer?" „Na Swimming Bär, der Indianerhäuptling hat es mir gesagt." Sie dachte wahrscheinlich, dass mal wieder die Fantasie mit mir durchging und ließ sich vom Verkäufer die Indianerfiguren zeigen. Dieser legte an die fünfzehn unterschiedliche Indianer und Reiter auf den Verkaufstisch. Ich schaute einmal durch und sagte: „Da ist er ja, mein Schimmel, danke Swimming Bär." Meine Mutter schüttelte nur den Kopf und kaufte mir den Indianer samt Pferd. Es war ein prachtvoller Schimmel. Ich ließ ihn nicht mehr los, küsste seinen Kopf und drückte ihn an mich. Er half mir, den Schmerz zu überwinden. Er gab mir Trost und Zuversicht. Von nun an musste er immer mit, wohin ich auch ging.

Daheim wollte meine Mutter einen Kuchen backen und bat mich, das Mehl aus dem Unterschrank zu holen. Kaum bückte ich mich, ging die Wunde wieder auf. Es wollte nicht aufhören zu bluten. Ich musste mich wieder aufrichten und den Mund ausspülen. Dann nahm ich das Pferd wieder in die Hand. Langsam ließ der pulsierende Schmerz nach. Heute durfte ich sogar ins Wohnzimmer. Das durfte ich immer, wenn es mir schlecht ging. Dann konnte ich sogar auf der Couch sitzen, obwohl ich das Wohnzimmer eigentlich nur Sonntags oder an Feiertagen betreten durfte. Nachdem es mir wieder besser ging, mussten die Regeln natürlich wieder eingehalten werden.

Eines Tages brachte mein Vater zwei Schalen und Gips mit. Ich hatte keine Ahnung, was das zu bedeuten hatte. Er rührte den Gips mit Wasser an und erklärte mir, dass er gern gemeinsam mit mir einen Buddha in Gips gießen und anschließend mit Goldbronze anstreichen wollte. Ich war gespannt wie ein Flitzebogen. Diese Figur hatte ich schon öfter gesehen und sogar ein wenig darüber gelesen. Es war eine große Ehre für mich, so etwas tun zu dürfen. Stunden, Tage und Wochen verbrachte ich damit, die Figur herzustellen. Jeden Tag betrachtete ich das Meisterwerk und war ganz begeistert. Es war ein tolles Gefühl, den Buddha in den Händen zu spüren. Irgendetwas Besonderes ging von ihm aus. Was es war, wusste ich nicht, aber es war schön und das reichte für den Augenblick. Gern hätte ich eine eigene Vitrine gehabt, um dem Buddha einen gebührenden Platz zu geben, aber an ein eigenes Kinderzimmer war damals nicht zu denken.

Manchmal, wenn ich allein war, ging ich heimlich ins Wohnzimmer. Heute war auch so ein Tag, denn es waren Ferien und meine Eltern waren bei der Arbeit. Niemand war daheim und ich nutzte meine Chance. Von unten drang wunderschöne Musik herauf. Es war Frau Steinfurt, die Vermieterin. Ich grinste und freute mich, die Klänge zu hören. Ich legte mich auf den Boden und presste mein Ohr fest auf die Dielen, um der Musik zu lauschen. Plötzlich hörte ich nichts mehr, es war totale Stille. Ein wenig später läutete es an der Tür. Ich erschreckte mich fast zu Tode. Mein Herz begann laut zu klopfen. Ich dachte nur: Hoffentlich ist es kein Fremder. Als ich vorsichtig öffnete, stand Frau Steinfurt vor mir. Ich war erleichtert und wusste sofort, dass es ein schöner Tag werden würde.

Ich durfte wieder in dieses wunderschöne Wohnzimmer. Der Klavierhocker wurde wie beim letzten Mal an meine Größe angepasst und ich durfte Klavier spielen, einfach spielen, was immer ich wollte. Es war wie im Traum. Anschließend gingen wir raus in den Garten, um die Anemonen anzuschauen. Frau Steinfurt erzählte mir, wie sie es schon oft getan hatte, dass die Blumen nach mir – nach Anna – benannt worden waren. Ich wusste schon, dass das nicht stimmte, freute mich aber jedes Mal darüber.

Ich liebte die Pflanzen und Tiere. Draußen war es einfach am schönsten, da war ich frei. Manchmal, wenn die Familie Steinfurt nicht da war, hängte ich mich an die schmalen, rutenähnlichen Äste der riesigen Trauerweide, die im Garten stand. Dann schwang ich mich von einer

Seite zur anderen, wie ich es von Tarzan gesehen hatte. Ich liebte diese Abenteuer.

Manchmal im Sommer machte meine Familie Campingurlaub. Dann schipperten wir in dem kleinen Boot die Kanäle entlang, um mehrere Tage am Neusiedler See zu verbringen. Ich liebte den See. Er war einfach riesig und dort warteten immer viele Kinder. Wir konnten auf den Liegewiesen Ball spielen, baden gehen und manchmal gab es sogar Eis. Leider ging diese Zeit immer wieder viel zu schnell vorbei.

Irgendwann gingen aber nicht nur die Urlaube sondern auch die schöne Zeit in der Natur zu Ende. Wir zogen in die Großstadt, nach Wien, in ein großes Mehrfamilienhaus mit vielen Eingängen und Mitbewohnern. Ich wusste, dass ich meine Freunde vielleicht nie wieder sehen würde. Damit war für mich alles vorbei. Ich musste mitgehen, ob ich wollte oder nicht. Es gab keinen Garten mehr, keine Trauerweide, keine Pferde, kein Geheimversteck, kein Klavier. Auch die Campingurlaube gab es nicht mehr, denn meine Eltern verkauften das Boot."

Wiener Stadtleben und die Natur

„In Wien gab es nur viele Autos. Zu allem Überfluss musste ich auch noch eine andere Schule besuchen. Ohne meine Freunde fühlte ich mich verlassen und einsam. Inzwischen war ich elf Jahre alt, aber noch immer ein Kind. Die Mädchen hier schminkten sich, einige rauchten sogar schon. Manche von ihnen gingen in Discos und Bars. Sie gründeten Cliquen und wollten mit Buben ausgehen. Tief in meinem Herzen dachte ich: *Was soll ich nur tun? Warum soll ich jetzt hier leben? Und vor allem: Wann kann ich weg von hier?*

Glücklicherweise lernte ich bald Maria und Elvira kennen. Sie kannten die Gegend sehr gut und hatten mit Tanzen und Schminken nichts am Hut. Auch sie liebten die Natur und zeigten mir, dass es hier ebenso Plätze gab, an denen man Abenteuer erleben konnte. Es gab sogar einen kleinen Park und kleine Bäche mit mehreren Zuflüssen. Gemeinsam zogen wir los, um die Umgebung zu erkunden und die – für mich neue – Welt zu entdecken. Wir kletterten auf Bäume und beobachteten die Natur. Zu guter Letzt gründeten wir einen Geheimbund. Jeder, der darin aufgenommen werden wollte, musste einen Mutsprung mit kurzen Hosen von einem umgekippten Baum in hoch gewachsene Brennnessel hinter sich bringen. Wir bauten auch Staudämme und liefen im Winter

Schlittschuh auf dem Eis des Nesselbachs, wenn er endlich auch einmal zugefroren war. Außerdem blieben wir draußen bis zum Einbruch der Dunkelheit, wann immer es ging. Das Größte daran war, wenn gewisse Sachen unentdeckt blieben, seien es unser kleines aus Ästen und mit Blättern gebautes Zelt und unser Geheimversteck, oder dass wir im zu dünnen Eis eingebrochen waren.

Ich fand neue Leidenschaften in der Musik und dem Sport. Einen großen Teil meiner Freizeit verbrachte ich mit Tischtennis, Volleyball und Leichtathletik. Ich trainierte drei bis fünf Mal die Woche hart und hatte darüber hinaus viele Wettkämpfe. In der Schule spielte ich Gitarre, nachdem mir das Standard-Musikinstrument eines fast jeden Schülers – die Blockflöte – zu langweilig geworden war. Mein Traum war es immer gewesen, einmal an der Universität Klavier oder Querflöte zu studieren. Die Umstände ließen es aber nicht zu. So konzentrierte ich mich vorerst auf die Gitarre, musste aber bald feststellen, dass meine Stimme dafür zu schlecht war. Da ein Klavier schon aus finanziellen Gründen in meiner Familie tabu war, fiel auch der Traum vom Musikstudium flach.

Ich konzentrierte mich dann auf die Schulfächer, die mir zufielen. Das waren im Grunde alle naturwissenschaftlichen Fächer wie Mathematik, Physik und Chemie. Damit war mein weiterer Entwicklungsweg gewissermaßen vorgezeichnet, auch wenn es mir vom Innersten nicht behagte. Ich musste mich nie wirklich anstrengen. Die Themen fielen mir einfach so zu, sodass ich zumindest meinen Hobbies nachgehen konnte. So richtig glücklich war ich damit aber nicht.

Eines Nachts hatte ich wieder einen Traum. Ich liege auf der Couch und kann mich nicht bewegen. Plötzlich kommt ein ganz helles Licht auf mich zu . Ich sehe den Buddha vor mir, aber dieses Mal sieht er ganz anders aus. Er hat ein Buch in der linken Hand, gebettet in wunderschönen Blumen. In der rechten Hand wedelt er mit einem brennenden Feuerschwert. Er durchschlägt damit alles, was dunkel ist. Wo er ist, ist Licht. Ich wachte irritiert auf. Was war das, fragte ich mich,wer war das? War das der Buddha? Ich fühlte mich dadurch jedenfalls beflügelt, zu studieren und meinen Weg zu gehen.

Also nutzte ich noch mehr Zeit, um zu trainieren. Ich spielte Tischtennis, beinahe Tag und Nacht. Bald bekam ich einen Trainer, der gezielt meine Leistungen fördern sollte. Ich spielte auch in ein paar Turnieren mit."

Aufgeregt unterbricht Loreen die Erzählerin: „Ein paar? Du hast die Damenmannschaft angeführt, obwohl Du erst zwölf Jahre alt und damit fast noch ein Kind warst!" Anna lächelt: „Ja, das stimmt. Damals habe ich das aber gar nicht so empfunden und auch jetzt kommt es mir nicht so großartig vor. Es gab immer irgendwo jemanden, der besser war. Naja, ich hatte jedenfalls ein Angebot für das Sportgymnasium erhalten. Ich hatte wohl eine gute Beschleunigung im rechten Arm und war damit eine Kandidaten für den Speerwurf, was schon frühzeitig gelernt werden musste. Auch für Eisschnelllauf wurde ich beworben. Das gefiel mir aber alles nicht, denn ich liebte vor allem Leichtathletik. Ich wollte mich auf Weitsprung und Kurzstreckensprints konzentrieren. Allein die Vorstellung, dass ich später einmal die Figur einer Speerwerferin oder die Schenkel der fast männlich wirkenden Eisschnellläuferinnen haben könnte, ließ mich keine Sekunde lang einen Gedanken darüber zu verschwenden, diese Sportarten weiter zu verfolgen.

Trotzdem wurde ich weiter gefördert und so kam es, dass ich an einem Wettkampf in Sankt Gallen teilnehmen durfte." Wieder kann Loreen sich nicht zurückhalten: „Du hast mir mal erzählt, dass dort nur die besten Sportler aus ausgewählten Jahrgängen Deiner Schule teilnehmen durften! Das ist doch nicht irgend ein beliebiger Wettkampf!" Wieder muss Anna schmunzeln: „Du übertreibst wirklich! Ich war vor allem glücklich, weil damit vier Tage Schule ausfielen. Allein das war Grund genug, mitzufahren. Wir fuhren also mit zwanzig Teilnehmern in einem großen Bus nach Sankt Gallen. Wir waren in großen Bungalows auf einem Campingplatz untergebracht und hatten gemeinsame Waschräume. Die Gastgeber schliefen daheim.

Es waren harte, aber schöne Wettkämpfe, ich habe es noch genau vor Augen: Für mich läuft der Wettkampf hervorragend. Ohne besondere Mühe gewinne ich im Speerwurf. Aber das ist mir eigentlich gar nicht so wichtig, denn ich verfolge lieber die anderen Wettkämpfe. Ich bewundere gute Sporttalente, an die ich wohl nie herankommen werde. In den Wettkampfpausen setze ich mich zusammen mit meinen Freundinnen auf die Zuschauerplätze in der ersten Reihe und schaue den Sportlern zu. Da fällt mir ein schwarzhaariger Bub auf. Mit viel Pech ist er zweimal Zweiter geworden, im Weitsprung und im Sprint. Dabei ist er eigentlich der Favorit gewesen, aber fast zeitgleich beim Sprint und nur einen Finger breit im Weitsprung geschlagen worden. Er ist wütend und enttäuscht. Er steht direkt vor uns, flucht und hätte seine Medaille am liebsten weggeworfen. Ich muss laut lachen. Er bemerkt es und sieht mich ganz böse an. Das Lachen macht ihn noch wütender. Spontan laufe ich zu ihm und gebe ihm meine Medaille. Immer noch kocht er vor Wut, steht mit offenen Augen da und weiß nichts zu erwidern. Ich sage: „Es ist mein Ernst. Nimm meine Medaille. Sie soll Dich an uns und ein paar schöne gemeinsame Tage erinnern." Er steht perplex da und gibt mir eine seiner Silbermedaillen. „Ich bin Michael. Wie heißt Du?" „Anna." Wir sehen uns lange an und sagen beide nichts. Dann geht jeder zu seiner Mannschaft zurück. Für mich hatte er etwas. Vielleicht war es schon die Tatsache, dass er gerade in den Sportarten so gut war, die ich so sehr bewunderte.

Als Abschluss der Wettkämpfe gab es noch einen Tagesausflug mit Bootsfahrt auf dem Bodensee. Wir setzten nach Deutschland über. Ich saß zusammen mit einer Freundin auf der Bank am Deck des Schiffes, als mein Blick auf Michael fiel. Wie ich inzwischen herausbekommen hatte, kam er aus der Schweiz und wohnte ganz in der Nähe vom Wettkampfort. Was immer ich damals tat, ich musste ihn immer wieder ansehen. Er war groß und schlank, mit knochigen spitzen Schultern und starken Muskeln, einem breiten Kreuz und kurzen, schwarzgewellten Haaren. Er hat bestimmt schon eine Freundin, dachte ich. Aber am Abend saßen wir sogar am selben Tisch und kamen ins Gespräch. Später tauschten wir noch unsere Adressen aus. Ich hatte ihn immer wieder fotografiert. Aber was hieß das schon, ich wollte mir keine Illusionen machen. Wir wohnten weit voneinander entfernt. Ich war nicht einmal sicher, ob wir uns überhaupt noch einmal wieder sehen würden.

Als ich zurückkam, war meine Entscheidung gefallen, mich voll und ganz auf Tischtennis zu konzentrieren und die anderen Sportarten nur am Rande weiter zu betreiben. Ich erhöhte mein Trainingspensum und war nun mindestens vier bis fünf Tage die Woche über und viele Stunden täglich mit Tischtennis beschäftigt. Ich hatte zahlreiche Stunden Einzeltraining und wurde aktiv gefördert. Dabei blieb es aber nicht. Bald lernte ich die ganze Familie meines Trainers, die Kowatzeks, näher kennen und fand hier ein zweites zu Hause. Sie besaßen ein riesiges Grundstück, das nahe am Waldrand gelegen war. Das Haus befand sich noch im Rohbau und ich half jedes Wochenende beim Bau mit. Ich deckte das Dach, mauerte Wände, verputzte und vernagelte Holzbohlen. Es machte mir großen Spaß, zu sehen, wie das Haus entstand.

Zur Belohnung durfte ich zuweilen allein mit dem Auto umherfahren und die Gegend erkunden. Und das, obwohl ich den Führerschein gerade erst frisch in der Tasche hatte. Darauf war ich besonders stolz. Oft fuhr ich mit Freunden zum Baden oder zur Eisdiele im nächsten Ort. Manchmal durfte ich auch ins Autokino fahren. Aber auch ohne Auto gab es genug Abenteuer. In der Nähe befanden sich zwei kleine, aber klare Seen, die bis zum Ufer mit Bäumen bewachsen waren. Im anliegenden Dorf gab es lediglich zweihundert Einwohner und meist begegnete man kaum Leuten. Hier lebten nicht diese tausend Menschen mit teuren Autos und dem Großstadtgehabe. Gut gekleidete Leute gab es fast gar nicht. Es war ganz anders als in der Großstadt. Hier konnte man sogar allein und absolut unbeobachtet baden gehen. Für mich war es das Paradies auf Erden, vor allem da ich eine echte Wasserratte war und die Natur über alles liebte. In diesem Ort gab es nur einen Supermarkt und ansonsten fast ausschließlich Bauern, die Ackerbau und Viehzucht betrieben. Teilweise fühlte ich mich um fünfzig Jahre zurückversetzt. Ich lernte eine Bauernfamilie kennen und fand neue Freundinnen. Zumindest an den Wochenenden war ich glücklich und zufrieden.

Zuweilen fuhr ich das Gras mit ein, das noch mit der Sense gemäht wurde. Der Traktor hatte schon Altertumswert. Er stammte aus den zwanziger Jahren des letzten Jahrhunderts und wurde noch mit einer Kurbel gestartet. Er war wunderschön, ein echter Oldtimer. Im Spätsommer gingen wir gemeinsam Pilze sammeln. Mittlerweile kannte ich fast jede Stelle des Waldes wie meine Westentasche und bekam in kürzester Zeit eine Mahlzeit zusammen. Dann kochten wir gemeinsam und saßen beisammen.

Bald hatte ich das erste Mal die Chance, ein Wochenende allein im Haus zu bleiben. Du hast richtig gehört – ich durfte das Haus von Familie Kowatzek allein nutzen, wenn die Familie im Urlaub war! Der Hausherr hatte seine Zustimmung dafür gegeben und mich gebeten, am kommenden Wochenende nach dem Rechten zu sehen. Das war dann Abenteuer pur. Im Haus gab es noch keine Toiletten und die Liegen standen in der zweiten Etage, die nur über eine vier Meter lange Leiter erreichbar war. Ich wäre vor Glück fast an die Decke gesprungen. Ich musste die Gunst der Stunde unbedingt nutzen. Aber ganz allein im Haus hatte ich auch ein wenig Angst. Da fiel mir Lena ein, die Tochter der Bauernfamilie Gedlitschuck, mit der ich mich gut verstand. Ich musste unbedingt versuchen, das Wochenende gemeinsam mit ihr zu verbringen. Ich ging gleich los, runter zur Bauernfamilie Gedlitschuck. Am Eingang befand sich ein zwei Meter hoher Bretterzaun, durch den man nicht durchschauen konnte. Als ich den Bauernhof betrat, bellten mich die Hofhunde an. Gott sei Dank waren sie angekettet und konnten nicht beißen.

Die Familie hatte mehrere Kühe, ein paar Schweine und Hühner. In der Mitte vom Bauernhof befand sich ein großer Misthaufen. Rechts waren die Ställe angeordnet und links kam man zum Hauseingang. Davor standen ein Tisch und ein paar Stühle. Ich betrat das Haus und ging in die Küche. Wie gewohnt saß die Familie noch immer zum Essen beisammen und besprach, was noch zu tun wäre. Ich betete, dass Lena etwas Zeit hätte und ich sie zum Eis essen ,entführen' könnte. Dann würde ich sie fragen können, ob sie sich das Wochenende vielleicht ,abseilen' könnte, um mit ihr gemeinsam die beiden Tage zu verbringen.

Ich wurde herzlich empfangen und musste erst einmal Mittag essen. Ich wusste, dass ich machen konnte, was ich wollte. Ich kam nicht mehr heraus und musste mitessen. Im Grunde fiel es mir nicht schwer. Das Essen von Frau Gedlitschuck war immer so lecker und frisch, dass es ein wahrer Genuss war. Wir kamen ins Gespräch und ich konnte fragen. Es war mein Glückstag. Ich hatte schon so oft Gras mit eingefahren und ihnen geholfen, dass sie überlegt hatten, wie sie mir danken könnten. Nun hatten sie die Gelegenheit dazu. Ich strahlte über das ganze Gesicht. Das Wochenende war gesichert. Außerdem durfte ich mit Lena zum Eisessen fahren. Wir jubelten. Mit Lena konnte man Pferde stehlen. Sie passte allerdings nicht wirklich auf das Land. Sie war wohl beleibt, hatte kurzes, kräftiges, schwarzes Haar und wie ich dunkelbraune Augen. Wir stopften uns noch schnell mit den letzten Kuchenresten voll, bevor wir losfahren konnten. Lena hatte immer viel zu erzählen und schwärmte von der Großstadt. Für sie war es schon ein Segen, für ein paar Stunden aus dem Dorf rauszukommen. Ich war genauso glücklich. *Ich darf allein Autofahren, was für ein Glück!*

Es ist ein heißer Sommertag. Wir kurbeln die Fenster herunter und fahren los. Unterwegs planen wir schon das Wochenende. Da würde ich allerdings mit dem Bus kommen müssen und wir hätten nur das Dorf. Das würde uns ausreichen. Lena hat die Musik zusammen gestellt und etwas zu essen besorgt. Getränke sind genug im Haus, es kann also keine Probleme geben. Heute gönnen wir uns einen Eisbecher und genießen jeden Happen. Lena dreht sich unentwegt nach den Buben um, dass ich innerlich grinsen muss. Ich habe eigentlich nur Michael im Kopf und die

Frage, ob ich ihn jemals wieder sehen werde. So sitze ich einfach genüsslich da und schlecke mein Eis, fühle mich großartig und genieße meine Freiheit. Die Zeit vergeht wie im Flug.

Es gibt aber noch allerhand zu tun, denn alles ist auf das nächste Wochenende ausgerichtet. Die Woche ist schnell vorbeigegangen. Endlich ist es soweit. Für mich ist es eine lange Fahrt mit der Bahn und dem Bus, der nur dreimal täglich fährt. Es ist heiß und ich schwitze. Ich habe noch einen längeren Fußweg vor mir. Als ich endlich ankomme, sperre ich das Haus auf und trete ein. Hier ist es angenehm kühl. Schnell trinke ich eine Cola und gehe los zu Lena. Ich muss unbedingt heute noch baden gehen, denke ich. Am Bauernhof angekommen, sehe sie Lena, die gerade den Stall ausmistet. Soviel zu Thema baden.

Lena ist ziemlich angefressen und kann es kaum erwarten, endlich wegzukommen. Da kommt ihr Bruder Felix dazu und sie begrüßen sich herzlich. Felix ist ein sehr schmächtiger Kerl, aber ein Arbeitstier. Er ist fünf Jahre älter als ich, hat aber schon tiefe Furchen in seinem Gesicht. Sein Körper ist ausgemergelt und bereits jetzt schon sehr gealtert. Ständig hängt eine Zigarette aus seinem Mund. Anders kenne ich ihn gar nicht. Er schickt also Lena weg und sagt: „Ihr könnt mein Moped nehmen und zum Baden fahren, wenn ihr wollt. Ich helfe derweil die Ställe auszumisten, ok?" Lena springt auf, wirft alles beiseite, drückt ihn ganz fest und bedankt sich. Dann rennt sie ins Haus, um sich zu waschen und umzuziehen. Felix baut sich sein eigenes Haus auf dem geerbten Grund ganz in der Nähe. Er arbeitet Tag und Nacht. „Heute Abend ist Autokino im Nachbardorf. Wenn Du willst, kannst Du mein Auto nehmen und Ihr könnt dort hinfahren. Es reicht, wenn Du es Morgen früh zurückbringst." „Wow, echt? Ist das Dein Ernst?", erwidere ich. „Wenn ich es doch sage." „Oh mein Gott, danke!" Ich bin gerührt und überglücklich zugleich.

Da kommt auch schon Lena angerannt. Sie hat nasse Haare und der Rücken unter dem T-Shirt ist auch ganz nass. Sie grinst über beide Wangen. Felix erklärt kurz, wie das Moped funktioniert, dann drehe ich ein paar Proberunden. Es ist ein großartiges Gefühl. Dann sind wir startklar. Lena setzt sich auf den Rücksitz und wir fahren los zum See. Lena hat schon ihren Badeanzug an, weil sie sich im Bikini geniert. Wir legen unsere Badetücher in den Sand, reden, sonnen uns und lassen es uns einfach gut gehen. Im Wasser schwimmen wir eine große Runde, spielen Ball und amüsieren uns köstlich. Am späten Nachmittag leert sich langsam der Strand und es ist Zeit, heim zu gehen. Wir fahren zurück.

Ich fahre die Straße entlang, geradeaus. Plötzlich fängt das Moped an zu schlingern. Ich beginne zu schwitzen, um das Moped aufrecht zu halten. Ich schreie nach hinten: „Was ist los?", denn das Schlingern hört nicht auf. Ich weiß kaum noch, wie ich das Moped auf der Straße halten soll und rufe wieder: „Lena, was zum Himmel ist los?" Lena lacht nur und erwidert: „Mein Bein ist eingeschlafen. Ich muss es ab und zu ausstrecken.",,Bist Du verrückt? Ich kann das Moped kaum halten. Willst Du, dass wir stürzen?" Schließlich bin ich nur ein Hänfling gegen Lena und habe also kaum Gewicht, um Gegenzusteuern. Gott sei Dank hat Lena Einsicht und bewegt sich kaum noch. Ich bin erleichtert, da ich keine Lust auf Knochenbrüche oder Schrammen habe. Schließlich fahren wir ohne Helm und nur mit T-Shirt und Rock bekleidet. Ungeschoren am Bauernhof angekommen, werden wir auch schon empfangen. Kaffeeduft zieht durch den Raum. Die Großfamilie sitzt schon am großen Tisch und isst. Also müssen wir auch Kuchen essen, obwohl ich keinen Hunger habe. Aber Lena ist ganz begeistert.

Nach dem Kaffeetrinken helfe ich noch gemeinsam mit Felix, das Gras einzuholen. Heute muss außerdem frischer Löwenzahn für die Karnickel gesenst werden. Wir fahren gemeinsam mit dem Traktor raus. Felix nimmt die große Sense, schärft sie und geht an die Arbeit. Ich reche den geschnittenen Löwenzahn und Klee zusammen. Langsam wird es dunkel und wir fahren heim. Ich dusche noch schnell, bekomme das Auto von Felix und los gehts. Wir müssen zwanzig Kilometer fahren, um ins Kino zu kommen. Als wir ankommen, ist schon fast alles voll und wir haben Mühe, einen Platz zu finden. Wir schauen uns einen Thriller an, essen Chips und trinken Cola. Dann fahren wir heim.

Wir kommen eine gerade Straße entlang, die von engen Wäldern umgeben ist. Es ist eine schmale Asphaltstraße, die an den Seiten abschüssig ist. Ich schalte das Fernlicht an, um besser sehen zu können. Plötzlich bricht ein Reh aus dem Wald und kreuzt die Straße. Ich bin perplex und gehe vom Gas. Die Zeit scheint still zu stehen. Das Reh ist nun direkt vor uns und im Scheinwerferlicht ganz deutlich zu sehen. Nur noch Zentimeter trennen uns von dem Reh, als es auf einmal direkt zur anderen Straßenseite rennt und verschwindet. Ich finde keine Worte und bin eigentlich nur fasziniert von diesem Reh. Ich habe noch nicht realisiert, dass wir gerade einem schweren Unfall entgangen sind. Ich sehe nur das friedliche Reh und danke Gott.

Was für einen Schutzengel muss ich in diesem Augenblick gehabt haben. Lena ist ganz still geworden. Sie scheint aber irgendwie keine Angst zu haben. Es liegt etwas ganz Seltsames in der Luft. Ich fahre nun bedachter, um einen weiteren Zusammenstoß zu vermeiden. Nach ein paar Minuten unterhalten wir uns, als ob nie etwas geschehen wäre. Nur langsam wird mir bewusst, dass ich kurz davor gestanden habe, das Auto von Felix zu Schrott zu fahren und auch Lena zu verletzen. *Wir hätten beide tot sein können. Es war nur ein winziger Augenblick. Es haben nur noch Millimeter gefehlt. Wow. Nun aber schnell heim und ein wenig ratschen oder Fernsehn schauen.*

Wir fahren auf das Grundstück. Es ist alles so dunkel, dass wir fast die Hand vor Augen nicht sehen können. Ich lasse die Scheinwerfer an, um den Eingang zu finden und aufzusperren. Wir betreten das Haus und schalten erst einmal überall Licht ein. Dann schalte ich die Scheinwerfer aus, schließe das Auto und gehe ins Haus. Mir ist mulmig zumute und ich bin froh, endlich drin zu sein, gemeinsam mit Lena. Wir unterhalten uns, trinken gemeinsam eine Flasche Wein und sind ein wenig beschwipst.

Du musst wissen, Loreen: Wir waren damals beide gerade mal etwas über achtzehn Jahre alt und hatten im Grunde noch nie groß Alkohol getrunken. Wir vertrugen beide nichts, waren aber glücklich. Wir verdrängten das Erlebnis mit dem Reh und den ‚Fastunfall‘, machten zwar keine Vereinbarung, ließen aber nie wieder ein Wort darüber fallen. Es war unser Geheimnis für immer, ohne dass wir uns abgesprochen hatten.

Nach ein paar Stunden muss ich raus, denn es gibt ja noch keine Toilette im Haus. Es kostet mich eine große Überwindung, habe ich doch mächtige Angst vor der Dunkelheit. Lena ist schon eingenickt und liegt friedlich da. Also klettere ich die Leiter runter ins Erdgeschoss, sperre auf und gehe raus. Zögernd gehe ich aus dem Haus und lausche auf jedes Geräusch. Ich spüre jeden Grashalm, jeden Luftzug. Langsam gewöhne ich mich an die Dunkelheit und kann die Umgebung besser wahrnehmen. Nachdem ich mein Geschäft verrichtet habe, überkommt mich plötzlich ein angenehmes Gefühl. Ein lauer Wind streift meinen Körper. Irgendwie ist es heller geworden. Ich blicke zum Himmel. Er ist dunkelblau und die Sterne funkeln mir entgegen. Ich erkenne den großen Bären, wie ich es in Astronomie gelernt habe. Der Mond ist aufgegangen und leuchtet wie eine Laterne. Meine ganze Angst ist verflogen. Ich fühle mich frei, genieße die Dunkelheit und das Glück, allein mit der Natur zu sein. Ich nehme die Hände ins Gesicht, das mit Tränen benetzt ist. Irgendjemand muss mich heute beschützt haben. Ich kann nur meine Gedanken zum Himmel schicken: *Danke, danke, danke.*

Ich hätte am liebsten die ganze Nacht draußen verbracht. Aber das kann ich Lena nicht antun. So gehe ich zurück, klettere die Leiter hoch und traue meinen Augen nicht. Lena hat eine Packung Zigaretten mitgenommen und ist gerade dabei, sich eine anzustecken. Sie fragt mich, ob ich auch eine wolle. Daheim bekäme sie immer Ärger und hier merke es keiner. In dem Augenblick fällt mir gar nichts mehr ein. Ich bin eigentlich nur müde und habe Angst, dass durch Unachtsamkeit das Haus abbrennen oder man den Rauch noch lange riechen könne. Ich bitte sie nur, gut aufzupassen und die Zigarette gründlich auszumachen Das ist für sie in Ordnung. Es ist bereits zwei Uhr Morgens, also machen wir uns fertig und gehen schlafen.

Viel Zeit zum Schlafen haben wir allerdings nicht, denn wir werden schon früh von den Vögeln geweckt. Es ist hell und die Sonnenstrahlen fallen in das Zimmer hinein. Wehmütig stehe ich auf. Es ist das Startzeichen zum Aufbruch, also packen wir unsere Sachen zusammen und fahren los. Am Bauernhof angekommen, warten schon alle mit dem Frühstück. Wir sitzen noch lange zusammen, bis das Läuten der Kirche ruft. Ich verabschiede mich und bedanke mich bei allen recht herzlich, kümmere mich noch um die Blumen im Garten und trete die Rückreise an.

Auf dem Weg zum Bus rennt ein Haase über das Feld. Ich muss lächeln. Hier gibt es noch überall Tiere, nicht wie in der Großstadt, wo man permanent von Beton umgeben ist. Nach diesem wunderschönen Wochenende muss ich wieder mit dem typischen Großstadtleben klar kommen. Damit kann ich mich nur schwer abfinden, aber ich freue mich schon auf das nächste Wochenende.

Leider absolvierte Lena ihre Ausbildung in Graz, sodass es das letzte Mal gewesen war, dass wir gemeinsam so viel Spaß hatten. Mit der Zeit verloren wir uns aus den Augen. Unsere Welten waren wohl doch zu verschieden."

Freiheit und Forschung

„Mit der Zeit gewöhnte ich mich zwangsläufig an das Großstadtleben und versuchte, ihm seine positiven Seiten abzugewinnen und die Großstadt mit all ihren Möglichkeiten für mich zu entdecken. Es war sehr abwechslungsreich, das hatte schon einen gewissen Charme. Ich lernte die unterschiedlichsten Leute kennen. Damit kamen auch neue Freunde in mein Leben. Es gab aber niemanden, mit dem ich alle Hobbys oder Interessen teilen konnte oder dem ich mich voll und ganz anvertraute. Die einen hatten denselben Musikgeschmack wie ich, angefangen von klassischer Musik, über Psychodelic Rock, Blues, Jazz und Dixieland bis hin zu Rock'n Roll, Trommelmusik oder Gospel. Die anderen trieben genauso viel Sport wie ich und wieder andere hatten die gleichen Hobbys im naturwissenschaftlichen Bereich. Und dann waren da noch die Kinder der Bauern aus dem Dorf, mit denen ich draußen auf dem Land herumziehen und im Sommer regelmäßig in den umliegenden Seen baden gehen konnte.

Manchmal zog ich auch allein los, um die Welt zu entdecken. Ich wusste, dass sich immer wieder Gelegenheiten bieten würden, Gleichgesinnte zu treffen und mich mit ihnen auszutauschen.

In der Stadt begann ich außerdem, renommierte Konzerthäuser aufzusuchen. Ich suchte gezielt nach Konzerten unter der Konzertleitung berühmter Dirigenten. Ich liebte es besonders, grandiosen Solisten und Virtuosen zuzuhören. In puncto Musik war Wien natürlich ein Eldorado, das reinste Paradies auf Erden. Inzwischen war ich bereits knapp zwanzig Jahre alt und hatte mein Studium für Elektrotechnik begonnen. Ich genoss das Studentenleben in vollen Zügen. Anfangs stellte ich mir noch den Wecker, um pünktlich bei den Vorlesungen dabei zu sein. Später schlief ich lieber aus und wählte genau, wo ich anwesend sein wollte und wo nicht. So kam es, dass ich manch einen Dozenten erst bei den Prüfungen zum ersten Mal sah. Das Leben bestand für mich zu dieser Zeit lediglich aus Abenteuern und Forschung. Ich verbrachte meine Zeit mit den Studien, die mich wirklich interessierten, Musik und Kunst. Mindestens zweimal die Woche besuchte ich ein Konzert, vor allem wenn Verdi, Wagner oder Gustav Mahler gespielt wurde. Spezielle Interpretationen großer Dirigenten wie Klemperer und Bernstein habe ich geliebt und verinnerlicht.

Bei den Konzerten tauchte ich in meine eigene Welt ein und war einfach weg, weg von der Großstadt, weg von der Zivilisation, einfach weg. Ich schloss die Augen und war gedanklich an einem ganz anderen Ort – sogar mein Körper schien mit zu reisen. Für mich war die Musik einfach göttlich, wie von einem anderen Stern. Um immer wieder auszubrechen, dafür war das Studentenleben wie geschaffen. Ich hatte zwar kein Geld, aber damit war ich mit meinen Freunden in bester Gesellschaft. Geld spielte irgendwie auch keine Rolle. Dafür hatte ich viele Freunde und es gab immer etwas zu erleben. So habe ich in Windeseile, ohne es zu bemerken, drei Semester absolviert.

In den Sommermonaten machten wir ausgiebige Gebirgstouren, abseits jeglicher Zivilisation. In diesem Sommer planten wir eine besonders lange und ausgiebige gemeinsame Reise, die über mehrere Wochen hinweg dauern sollte. Meine Freunde halfen mir, einen Rucksack und einen guten Schlafsack zu bekommen. Das war die wichtigste Grundausstattung für diese Art von Urlauben. Sonst brauchte ich nicht viel, nur ein wenig Proviant und Kleidung. Bergschuhe hatte ich zwar keine, aber meine Winterschuhe taten es auch. Sie hatten eine feste Sohle und waren hoch zum schnüren. Alles andere würde sich ergeben.

Wir fuhren mit dem Zug quer durch Europa und schließlich mit dem Überlandbus bis zu einem Kloster am Fuße der Berge nahe dem Olymp. Es war die letzte Station, bevor wir aufbrechen wollten. Wir kauften noch die letzten Dinge für die Tour. Es sollte auch der letzte Kontakt zur Zivilisation für mehrere Wochen sein. Kein Telefon, kein Handy, nichts. Kurz darauf sahen wir keine Menschenseele mehr und waren allein mit uns und der Natur. Wir hatten noch eine Menge vor: Es war ein Höhenunterschied von etwa zweitausend Metern zu bewältigen, bevor wir das erste Mal unser Zelt aufschlagen können würden. Der Aufstieg war steil und anstrengend. Jeder hatte um die zwanzig Kilogramm Gepäck dabei, was beim Klettern nicht ganz ungefährlich war. Wir mussten uns erst daran gewöhnen, das Gleichgewicht richtig auszutarieren. Als wir auf einer Anhöhe ankamen, ging die Sonne schon fast unter und wir mussten uns beeilen das Zelt aufzubauen. Wir kochten Suppe mit einem kleinen Benzinkocher und wuschen uns im eiskalten Gebirgsbach. Das wiederholte sich Tag für Tag.

Manchmal badeten wir auch. Es war eine unheimliche Überwindung, in das eiskalte Wasser zu steigen, schließlich kam es von den Gletschern der Berge. Langsam setzte ich die Füße in einen Bach und meine Füße schienen fast abzusterben. Ich hatte kaum noch ein Gefühl in den Zehen bis hin zu den Unterschenkeln. Ich war nackt und setzte mich ganz hinein. Nur langsam gewöhnte sich der Körper an das eiskalte Wasser. So saß ich da und beobachtete den Sonnenuntergang. Wundervolle orangegelbe Farben drangen zu mir herüber, in deren Hintergrund die Silhouetten der Berge zu sehen waren. Langsam verschwand die Sonne, also stieg ich aus dem Bach und trocknete mich schnell ab, um in die warmen Sachen zu steigen. Ich hatte das Gefühl, eine Ewigkeit in dem Bach verbracht zu haben, obwohl es nur ein paar Minuten gewesen waren. Es war ein wunderbares Gefühl, nach dem eiskalten Bad die wohlige Wärme der Kleidung zu spüren. Es war allerdings zuerst so, als ob Du die ganze Zeit Schneebälle ohne Handschuhe geformt hättest und die Hände nachher auf die Heizung legen würdest. Die Wärme steigt im Körper auf, was mit einem kurzen, aber höllisch brennenden Schmerz verbunden ist. Ich liebte es, im kalten Bach zu baden, auch wenn die Nächte hier im Gebirge auf dieser Höhe nach dem Bad oft so kalt waren, dass ich den nächsten Morgen mit Rückenschmerzen aufstand. Die aufgehende Sonne, die Felsen und das moosige Grün des Grases entschädigten mich allemal. Das Rauschen des Baches weckte uns morgens auf und gab das Startsignal zum weiterwandern.

Dann bauten wir die Zelte ab, frühstückten und starteten die nächste Kammwanderung über mehrere Pässe. Wir gingen meist acht bis zehn Stunden am Tag. Eines Tages mussten wir sogar einen Gletscher überqueren und machten eine Schneeballschlacht. In kurzen Hosen und T-Shirts war das ein Bild für die Götter, sage ich Dir. Nach vier Wochen waren wir erschöpft, braungebrannt und glücklich. Das Proviant war aufgebraucht und wir stiegen wieder ab ins Tal, zurück zur Zivilisation.

Die erste Nacht war merkwürdig: nach Wochen wieder in einer warmen Berghütte, gemeinsam mit anderen Menschen. Von dort aus nahmen wir einen Überlandbus und fuhren zum Meer. Nun kam die Erholung am Wasser, bevor wir wieder zurück mussten, zurück in den Alltag und in die Stadt. Danach brauchte ich Wochen, um mich wieder einzuleben und auch gedanklich zurückzukehren. Je öfter ich diese Art von Reisen unternahm, desto stärker zog es mich von der Großstadt fort. Ich konnte mir einfach nicht mehr vorstellen, noch länger in Wien zu bleiben. Ich wollte in die Berge und der Natur nahe sein.

Als ich mein Studium beendet hatte, überlegte ich, was ich nun tun sollte. Ich legte mir die Karte von Europa auf den Tisch und schaute, wo ich am liebsten leben würde. Es sollte irgendwo in Bergnähe und trotzdem im internationalen Umfeld sein, wo es noch viel zu lernen und zu erleben gäbe.

Bereits während des Studiums und meiner wissenschaftlichen Arbeit war ich frühzeitig im internationalen Umfeld tätig gewesen und hatte meine Arbeiten bei Kongressen präsentieren können. Auf diese Weise hatte ich mehrere Angebote in Österreich, der Schweiz und Deutschland erhalten. Ich überlegte lange, ging raus in die Natur und drehte mich im wahrsten Sinne des Wortes im Kreis, Tag für Tag, fast eine Woche lang. Dann entschied ich mich schließlich für ein Großforschungszentrum in München. Es ist die absolut richtige Entscheidung gewesen. Es war traumhaft dort. Ich lernte viele Leute kennen, arbeitete mit renommierten Universitäten und großen internationalen Herstellern unterschiedlichster Branchen zusammen und konnte viel reisen. In der Freizeit nutzte ich jede Minute, um in die Berge zu fahren und zu wandern. Es war ein wunderbares Gefühl, auf dem Gipfel eines Berges zu stehen und die Landschaft zu genießen. Von München aus waren es kaum zwei Stunden mit dem Auto, bis man in den Bergen war. Es dauerte nicht lange, dass ich auch hier gemeinsame Bergtouren machen konnte.

Eines Tages, stell Dir vor Loreen, stehe ich mit einer Freundin auf dem Gipfel irgendeines Berges, als ein netter Mann auf uns zukommt und fragt: „Entschuldigen Sie. Ich habe Sie die ganze Zeit beobachtet. Sie erinnern mich an eine Leichtathletin, die vor vielen Jahren bei einem Gastwettkampf in Sankt Gallen den Speerwurf gewonnen hat. Ich war damals in den Kurzstrecken und im Weitsprung angetreten und Zweiter geworden. Wir hatten damals aus Gaudi die Medaillen vertauscht." Du wirst es kaum glauben, aber es war Michael. Ich konnte es kaum fassen. Spontan umarmten wir uns herzlich. Michael war inzwischen Bergführer geworden und begleitete eine Gruppe von Bergsteigern auf den Gipfel. Ich freute mich natürlich riesig. Es kam, was kommen musste, wir hatten Feuer gefangen. Lange standen wir am Berggipfel und unterhielten uns. Wir aßen gemeinsam und verbrachten gemeinsam noch den ganzen Tag miteinander.

Meine Freundin war zwar etwas perplex, freute sich aber für mich. Sie wusste zwar nicht, wer Michael war, aber sie begriff zum Glück, dass es etwas ganz Besonderes zwischen uns war. Im Tal angekommen, trennten sich unserer Wege ein weiteres Mal, denn Michael lebte in der Schweiz. Ich fuhr mit meiner Freundin heim und sah immer noch das Bild von Michael vor mir. Ich hoffte unbeschreiblich stark, ihn bald wieder zu sehen und so kam es dann auch. Wir telefonierten und begannen, uns regelmäßig zu treffen und gemeinsame Bergtouren zu machen. Dann ging alles sehr schnell. Wenig später planten wir Reisen rund um die Welt. Kein Reiseziel schien uns zu weit, nicht einmal die USA oder sogar Neuseeland. Zuerst wollte ich unbedingt in den Westen der USA, deshalb planten wir eine längere Reise über fünf Wochen. Wir buchten lediglich den Hin-und Rückflug und das Auto. Wir starteten in Arizona und fuhren durch die Wüste.

Ich sehe es noch heute vor mir, Loreen: Stundenlang fahren wir durch die Steppe. Es ist weit und breit keine Stadt und kein Dorf zu sehen, überall nur Sand. Langsam geht die Sonne unter und es wird dunkel. Etwa zwei bis drei Meilen entfernt sehe ich ein Feuer. Michael stoppt den Wagen und wir steigen aus. Es sind tatsächlich Indianer, die um ein Feuer herumtanzen. Ich würde am liebsten hinrennen und da bleiben. Stattdessen bleibe ich wie angewurzelt stehen und blicke von weitem herüber. Ich habe kurze Haare und denke: Wenn ich mit kurzen Haaren rüber renne, werden sie mich nicht erkennen und mich massakrieren. Ich bin einfach zu feige. Mir laufen die Tränen die Wange herunter. Ich kann nicht dorthin gehen, nicht jetzt. Traurig steige ich wieder in den Wagen ein und wir fahren weiter.

Auch später musste ich immer wieder daran denken, dass ich einfach zu feige gewesen war. Wie gern wäre ich dort geblieben. Das Bild muss sich damals in mein Hirn gebrannt haben. Irgendetwas Besonderes hat dieser Ort an sich gehabt. Er hat mich angezogen, als ob die Indianer gerufen hätten: „Komm her zu uns. Du gehörst dazu." Ich höre es noch heute klar und deutlich.

Michael versuchte, mich zu trösten. Wir hörten schöne Musik und setzten unsere Fahrt fort. Nach etwa zwei Wochen kamen wir in die Gegend der Black Hills. Wir hörten Radio und es liefen die Charts. Dabei gab es auch Indianermusik, und das auf den vorderen Plätzen. Michael drehte die Musik lauter. Wir genossen die Atmosphäre hier. Ich hatte das Gefühl, dass irgendetwas in der Luft lag. Auch hier schienen sie zu rufen und mich aufzufordern, mit Ihnen zu singen und bei ihnen zu bleiben. Wir stiegen aus und blickten auf die Landschaft. Es war wunderschön. Nachdem wir ein wenig spazieren gegangen waren, stiegen wir wieder ins Auto.

Dann kamen wir nach Montana. Als wir zum Yellowstone fuhren, sah ich plötzlich Bilder, die ich vor Jahren haargenau in meinen Träumen gesehen hatte. Ich zwickte mich selbst in den Arm, um zu prüfen, ob ich träumte oder ob es wahr sein konnte. Es war einfach verrückt. Früher hatte ich solche Träume noch nicht für bare Münze genommen. Rein wissenschaftlich betrachtet konnte man doch nur träumen, was man selbst schon einmal gesehen oder erlebt hatte. Ich hatte das Gehirn immer als Speicher betrachtet. Und jetzt? Es gab keine plausible Erklärung dafür. Wieder hatte ich das Gefühl, dass wir hier bleiben mussten. Die Natur und die Menschen in dieser Region hatten auf mich eine unheimliche Anziehungskraft, die ich mir nicht erklären konnte. Ich hatte zum ersten Mal das Gefühl, daheim zu sein.

Eines Abends, es war bereits dunkel und wir hatten schon eine Unterkunft gefunden, wollten wir noch ein schönes Restaurant ausfindig machen. Die Sonne war bereits untergegangen, als wir im Ort spazieren gingen. Kaum eine Menschenseele war auf der Straße zu sehen. Dann betraten wir ein kleines Geschäft, dessen Atmosphäre eine besondere Ausstrahlung hatte. Ich hätte stundenlang dort bleiben können. Hier gab es wunderschöne Natursteine und einfach alles, was man aus Naturstein herstellen konnte. Der Raum strahlte eine unglaubliche Ruhe aus. Nur leise, wunderschöne Musik rundete die Stimmung ab. Es war einfach fantastisch! Diese Musik konnte man sogar kaufen! Das war für mich das wichtigste Souvenir überhaupt! Ich wusste, dass ich mit dieser Musik auch von daheim aus an diesen Platz zurückkehren konnte. Loreen, stell Dir vor, diese einfach Musik war für mich ein Geschenk Gottes!

Eine Zeit lang schweigt Anna und schaut aus dem Fenster. Loreen spürt, dass Anna in Gedanken noch einmal die Atmosphäre des Lädchens genießt. Für Loreen ist sie noch immer ein Rätsel und so nutzt sie die Zeit, um über Anna nachzudenken. Obwohl sie ihr Studium seit längerer Zeit beendet hat und in der Forschung arbeitet, ist sie noch immer nicht erwachsen geworden und tut im Grunde nur, was ihr Spaß macht. Sie kann sich ihr Leben frei gestalten. Tief in ihrem Inneren aber ist sie doch immer noch ein Kind! Sie betrachtet das ganze Leben nur als Spiel und so etwas wie Ernst fehlt ihr gänzlich. Und sie scheint sich dabei wohl zu fühlen! Sie ist glücklich mit Michael und hat alles noch vor sich. Nur ein festes zu Hause, das will sie anscheinend nicht. Am liebsten will sie immer nur reisen, immer unterwegs sein. Genauso geht es ihr mit ihrer Arbeit. Sie will am liebsten lernen und forschen, ihr Leben lang. Sobald sie ein Thema für sich gut genug verstanden oder erfolgreich zum

Abschluss gebracht hat, beginnt sie etwas Neues. Wie lebt sie eigentlich, bedeutet ihr der Lauf der Zeit denn gar nichts?

Unvermittelt räuspert sich Anna und fängt wieder an zu erzählen, sodass Loreens Gedanken verfliegen: „Zu dieser Zeit gab es für mich nur Michael. Er kam in mein Leben und alles war anders. Aber Michael wohnte in der Schweiz. Was sollte ich also tun? Ich musste mich entscheiden, was mir wichtiger war im Leben: die Familie oder meine Freiheit. Damit war auch die Entscheidung verbunden, weiterhin in der Forschung zu arbeiten, in die Industrie zu wechseln oder etwas ganz anderes zu machen. Ich drehte mich im Kreis.“

Loreen schaut etwas verdutzt: „Aber Du warst Dir doch sicher dessen bewusst, dass Du über ein mathematisches Verständnis verfügtest? Deine Fähigkeiten, alles Mögliche logisch herzuleiten, komplexe Zusammenhänge zu erfassen, abstrakt zu denken und die richtigen Schlussfolgerungen abzuleiten, hast Du doch quasi im Vorübergehen gemacht! Außerdem hattest Du eine ausgeprägte Fantasie und die Liebe für Musik und Kunst, auch wenn Dir dieser Weg wohl versperrt war. Dir standen doch so viele Wege offen!“ Anna wirft rasch ein: „Das war ja das Problem. Ich hätte vieles machen können, ganz so selbstbewusst, wie Du mich darstellst, war ich allerdings nicht. Zum Beispiel schied ein Beruf in der Medizin aus, denn diese Art des Lernens – das war nichts für mich. Das ist der Grund, weshalb ich Mediziner oder Historiker noch heute bewundere, die umfangreiches Wissen einfach abrufen können und zu jeder Zeit parat haben. Themen, die mich nicht interessierten, oder die ich vielleicht einfach hätte lernen müssen, weil es dazu gehörte, blieben noch nie nicht in meinem Gedächtnis hängen.

Meine Freundin zum Beispiel lernte eine Sprache nach der anderen, machte ihren Facharzt und hatte ein Wissen, dass mich regelmäßig erblassen lies. Dann sagte ich mir nur immer wieder: „Sicherlich habe ich in meinem Leben schon unheimlich viel gelernt, aber mindestens genauso viel auch wieder vergessen. Lernen und Speichern, das ist nichts für mich. Dafür ist mein Hirn zu klein und ich bin viel zu faul.“

Loreen kichert: „Naja, Logik fiel Dir wohl viel leichter. Da musstest Du einfach ein paar Formeln aufschreiben oder Zusammenhänge erkennen und ableiten. Vor allem musstest Du dazu nichts auswendig lernen.“ „Ja, irgendwie fiel mir Logik wirklich leichter. Vielleicht war das auch der Grund, warum ich beschloss, ausgerechnet Elektrotechnik zu studieren und die Ingenieurslaufbahn einzuschlagen.

Heute weiß ich, dass es gar nicht zu meinem Naturell gepasst hat und mich, ohne das ich es bemerkt hätte, sehr unglücklich gemacht hat. Meine Leidenschaften waren mir damals zwar klar und wurden durch die die Reisen nur noch bestärkt. Aber meine Fähigkeiten und Möglichkeiten passten irgendwie nicht dazu. Leider konnte ich weder Musik, Medizin, Kunst noch Anthropologie studieren. Dabei war ich eigentlich überall und nirgends zuhause und hatte mich mit den unterschiedlichsten Sachen und Kulturen auseinandergesetzt, ob es nun im privaten oder beruflichen Umfeld gewesen war.

Wieder verfällt Anna in Schweigen. Die Wolken haben sich zusammengeschoben und inzwischen hat es zu regnen begonnen. Loreen schaut raus, beobachtet die Regentropfen auf der Windschutzscheibe, überlegt kurz und wendet sich ungeduldig an Anna: „Wie kommt eigentliche Deine enge Verbundenheit mit den Indianern zustande?“ „Naja“, sagt Anna freundlich, „hast Du schon mal etwas von Karma gehört? Oder vielleicht anders formuliert, glaubst Du an Inkarnation?“

Loreen sitzt da und weiß nicht viel zu antworten. Natürlich hat sie diese Begriffe mehrfach gehört und kann sie auch erklären. Aber sie ist sich dessen bewusst, dass es nicht die Antworten sind, die Anna erwartet. Loreen kennt sich zwar in Wirtschaftsfragen hervorragend aus und hat sich auch mit unterschiedlichen Religionen auseinandergesetzt, trotzdem glaubt sie an einen gesunden Menschenverstand und nicht an Gott. Nur zu den Festlichkeiten wie Weihnachten und Ostern sucht sie die Kirche auf und genießt deren ganz spezielle Atmosphäre. Sicherlich gibt es auch hier und da Umstände und Ereignisse, die sie sich nicht erklären kann, aber mehr kann sie dem Ganzen nicht abgewinnen.

Trotzdem glaubt sie fest daran, dass Anna anderen Menschen bei ihrer Heilung helfen und sie unterstützen kann. Sie hat zwar keine Ahnung, wie es funktioniert, aber sie hat es oft genug selbst erfahren. Für Loreen ist Anna eine Medizinfrau. Darauf ansprechen darf sie Anna allerdings nie. Jedes Mal versucht Anna ihr dann ausführlich zu erklären, dass sie nur Medium des großen Geistes sei und sie keinerlei Heilkräfte besitze. Vielleicht spielt es auch keine Rolle. Letztendlich ist das Ergebnis entscheidend und heute kennt Loreen nur ein Ziel: Sie will einfach mehr über Annas Leben und ihre abenteuerlichen Unternehmungen erfahren. Nun weiß sie jedenfalls schon ein wenig mehr über ihre Kindheit. Aber reicht die Autofahrt aus, um die wichtigsten Seiten zu verstehen?

Vielleicht ist heute noch nicht die Zeit gekommen. Bitte lieber Gott, gib mir doch mehr Klarheit, denkt sie bei sich. Sie ertappt sich beim Beten. Es ist das erste Mal in ihrem Leben, dass ihr das passiert ist.

Anna blickt zu ihr rüber und lächelt verschmitzt. Loreen überlegt kurz, was sie antworten soll. „Mmmmh", seufzt sie nur, „erzähl mir doch einfach mehr über Inkarnation und Deine Verbundenheit mit den Indianern." Sie will Anna aus der Reserve locken. „Oh", sagt Anna nur ganz trocken und holt kurz Luft, „ich war schon von jeher mit den Indianern verbunden und stamme von ihnen ab. Ich brauchte nur ein halbes Leben, um das zu verstehen und zu ihnen zurückzukehren. Nun habe ich es geschafft und kann endlich ihrem Weg folgen. Sie haben mir die heilige Pfeife gegeben und mich damit an meine Ursprünge zurückgeführt. Ich habe meinen wahren Vater wiedergefunden und werde ihm in alle Ewigkeit verbunden sein. Ich darf anderen Menschen helfen. Das ist für mich die größte Ehre, aber auch eine Verpflichtung, die ich bis an das Ende meiner Tage ausfüllen möchte. Ich bin dankbar dafür, dass ich diesen Weg gehen darf. Der Weg ist steinig, holprig und hat mich immer wieder an meine Grenzen geführt. Ohne diese Erfahrungen hätte ich aber niemals meine Familie gefunden und diese innigen, menschlichen Beziehungen aufbauen können."

Sie hält inne und blickt nachdenklich aus dem Fenster: „Inkarnation, Wiedergeburt, Karma. Ich möchte Dir diese Begriffe nicht näher erläutern, nicht jetzt, nicht hier. Ich kann Dir aber weiter aus meinem Leben erzählen und Du kannst fragen, was immer Du willst. Heute haben wir alle Zeit der Welt. Heute ist der Tag gekommen, über alles zu reden, was Dich interessiert." Loreen könnte vor Freude in die Luft springen, denn sie hat das Gefühl, das größte Geburtstagsgeschenk zu bekommen. Nun müssen ihr nur noch die richtigen Fragen einfallen. Es ist schwer für Loreen, den Anfang zu finden. Sie kennt nur ein paar Brocken aus Annas Leben. Sie weiß, dass Anna als Kind viel gemalt und Instrumente gespielt hat und noch dazu sportlich gewesen ist. Außerdem, dass sie sich noch heute für klassische Musik und Rockmusik wie auch die Musik der Naturvölker interessiert und immer ein Weltenbummler gewesen ist.

Umso weniger kann Loreen verstehen, dass Anna ausgerechnet Elektrotechnik studiert und sich mit Biosignalen, Statistiken und Mathematik auseinandergesetzt hat. Irgendwie kann sie diesen Gegensatz nicht wirklich nachvollziehen. Also fragt sie: „Wieso hast Du eigentlich Elektrotechnik studiert?" „Ach, weißt Du", meint Anna, „alles in unserem

Leben hat einen Sinn, auch wenn wir den Hintergrund nicht gleich verstehen. Ich denke, jeder hat seine Bestimmung, so auch ich. Manchmal muss man aber erst scheinbare Umwege gehen, um dorthin zu kommen, wo man hingehört. Für mich war diese technische Ausrichtung vorbestimmt. Es gab keinen Raum für Interpretationen. Damit waren auch die Prüfungsergebnisse klar. Das meiste konnte ich herleiten und musste nicht viel lernen. Du weißt ja, dass das nicht gerade meine Stärke ist.

Nachdem ich mich in die Computertechnik eingearbeitet und in die Programmierung vertieft hatte, konnte ich mich auf mathematische Analysen und medizinische Diagnostik konzentrieren. An der Uni befand ich mich in einem sehr gemischten Umfeld von Wissenschaftlern und Ingenieuren. Da gab es endlos Zeit zum Philosophieren. Jeder von Ihnen war musisch begabt oder liebte es über alles Konzerte zu besuchen und klassische Musik zu hören. Ein guter Freund besaß sogar die außerordentliche Fähigkeit, eine Partitur ohne jegliche Instrumente nicht nur zu lesen, sondern auch zu hören, bis hin zu jedem einzelnen Ton eines jeden Instruments. Ein anderer spielte mit sechs bis sieben Freunden Simultanschach. Dabei legte er sich gemütlich ins Bett und führte die einzelnen Spielzüge mit geschlossenen Augen aus. Die anderen Teilnehmer saßen an verschiedenen Tischen und führten die Spielzüge aus. Er hatte dabei das Schachbrett nicht ein Einziges Mal betrachtet. Nicht einer der Teilnehmer war in der Lage, gegen ihn zu gewinnen.

Wir sprachen über Gott und die Welt, wir philosophierten und es gab keine wichtigen Hierarchien. Es gab wirklich keine Machtkämpfe. Wir forschten nur, entdeckten und entwickelten. Wir konnten unserer Phantasie freien Lauf lassen und im Grunde unser Hobby zum Beruf machen. Ich denke daher, dass ich vor allem viel Glück gehabt habe. Je mehr man in diese Fragestellungen einsteigt, desto mehr wird einem bewusst, wie klein wir Menschen eigentlich sind und wie begrenzt unser Weltbild ist. Kaum dreht man ein Rädchen in dieser komplexen Welt, schon passieren unerwartete Dinge, die wir uns meist nicht erklären können, kennen wir doch nur einen kleinen Abschnitt davon. Durch meine zahlreichen Kongressteilnahmen und Präsentationen lernte ich nicht nur den Mikrokosmos von Menschen und Maschinen sowie die biologischen und technischen Zusammenhänge kennen. Ich bekam auch immer mehr Einblicke in globale Kontexte, die mit den neuen

Technologien verbunden waren. Dabei lernte ich viele Menschen unterschiedlicher Länder und Kulturen kennen.

Bis dahin war die Welt für mich noch in Ordnung. Erst später, als ich aus der Forschung zu einem großen Unternehmen wechselte, sollte sich mein Leben grundsätzlich ändern. Zu Beginn zeigten mir die neuen Tätigkeiten eine andere Welt auf, in der neben den fachlichen Aspekten auch viele politische Themen an der Tagesordnung waren. Die Schwerpunkte schienen sich ein wenig zu verschieben. Hierarchien, Firmenstrategien, Karrieren und operatives Tagesgeschäft waren Trumpf. Ich habe viele Stationen in der Industrie und Wirtschaft durchlaufen, dabei aber immer wieder gewisse Parallelen entdeckt. Ich hatte immer wieder das Gefühl anzustoßen. Oft habe ich bei gedacht, dass das nicht alles gewesen sein konnte. Bald musste ich feststellen, dass das nicht meine Welt war. Aber nun war ich mittendrin.

In die Forschung zurückzugehen konnte ich mir auch nicht mehr vorstellen. Glaub mir, Loreen, ich hatte triftige Gründe dafür. Also musste noch etwas passieren, um meine Richtung zu ändern. Dazu kam es auch – ganz nach dem Motto: Es kommt, was kommen muss. Allerdings habe ich mir das Ganze etwas anders vorgestellt. Aber mein Leben ist ja immer schon etwas ungewöhnlich verlaufen, vielleicht auch ein wenig extrem. Wie auch immer. Es kamen harte Jahre, die mein Leben schlagartig verändert haben." Loreen nickt zustimmend: „Ohne diese Erfahrungen wärst Du aber kaum in der Lage gewesen, am Ziel anzukommen?"

Anna schaut aus dem Fenster und holt Luft. Fast melancholisch fährt sie fort: „Schau zu den Naturvölkern, zum Beispiel nach Afrika, Amerika oder wohin auch immer: Dort leben die Menschen im Einklang mit der Natur und achten auf Signale und Zeichen, die uns hier in der industriellen Welt größtenteils abhanden gekommen sind. Wir versuchen uns zu verbiegen und irgendwelchen materiellen Werten hinterher zu hecheln. Wenn ich zurückdenke, habe ich mich schon in der Kindheit und auch später recht intensiv mit den Indianern, ihrer Geschichte und ihren Riten auseinandergesetzt. Ich bin nur diesen Weg nicht weitergegangen. Nach dem Studium, mit den ersten beruflichen Etappen, entfernte ich mich gänzlich von medizinischen Themen, die ich zumindest in der Forschung noch intensiv betrieben hatte. Später dann habe ich mehrere Signale erhalten, die mich in diese Richtung zurückführen sollten. Ich habe diese Signale jedoch zu lange ignoriert.

„Was ist denn passiert?", fragt Loreen erschrocken und neugierig zugleich. Aber Anna fährt schon fort: „Tja, wahrscheinlich musste erst etwas ganz Extremes passieren, um mich mit Macht zur Medizin, vor allem jener der Naturvölker, zurückzubringen. Der Weg war heftig, anscheinend habe ich aber keine andere Sprache verstanden. Auch durfte keine Zeit mehr vergehen, sonst wäre ich meinem Vater Swimming Bear in diesem Leben nicht mehr begegnet." Und mit einem Augenzwinkern fügt Anna hinzu: Aber zumindest passt das alles ein wenig zu mir, Normalität ist ja schließlich auch zu langweilig, oder?"

Klangsession

„Mittlerweile hatte ich einen entscheidenden Schritt in meinem Leben vollzogen. Ich hatte mich für Michael und mit ihm für die Familie entschieden. Damit war auch ein Umzug in die Schweiz und zwangsläufig ein Berufswechsel verbunden. Nachdem Michael und ich längere Zeit in einer Mietwohnung verweilt hatten, suchten wir Baugrund am Rande von Zürich, um uns ein gemeinsames Zuhause aufzubauen. Natürlich hatten wir Unterstützung von einem Bauträger und einem Architekten. Da Michael jedoch handwerklich sehr geschickt war, konnten wir den Innenausbau komplett selbst übernehmen und uns die Zimmer nach unseren Vorstellungen gestalten. Es war wunderschön. Dort waren wir eigentlich mitten in den Bergen und ich hatte trotzdem alle Möglichkeiten, mich beruflich weiterzuentwickeln. Zudem hatte Zürich einen Flughafen und man konnte überall hin fliegen, was mir besonders wichtig war.

Ich wurde schwanger. Kurz vor der Entbindung besuchten ich noch einmal das Oktoberfest in München, gemeinsam mit Michaels Mutter. Seine Mutter war ganz erpicht darauf, Lose zu ziehen, aber wir hielten nicht sehr viel davon. Wir wollten unser Geld dafür nicht verschleudern. Aber Michaels Mutter ließ nicht locker und gab ihrem Sohn das Geld für fünf Lose. Wiederwillig zogen wir die Lose – Es war tatsächlich der Hauptgewinn!!! Wir waren beide ganz baff. Dann betrachteten wir die Preise etwas näher. Es gab einen riesengroßen Kuschelbären, der musste es sein. Es war genau derselbe große Bär, den ich als kleines Kind gehabt und beim rodeln mit meinen Brüdern verloren hatte. Damals war ich noch zu klein gewesen, um richtig darauf Acht zu geben. Nun kam er auf diese Weise zurück, um mich und meine heranwachsende Tochter zu beschützen. Ich war einfach sprachlos.

Nun dauerte es nicht mehr lange und meine Tochter Alexandra wurde geboren. Alexandra sollte mein ganzes Leben verändern. Sie war so ein kleiner niedlicher Wurm und es war einfach ein überwältigendes Gefühl, sie in den Armen zu halten oder im Bett friedlich schlafen zu sehen. Der große Bär war doppelt so groß wie Alexandra und bewachte sie Nacht für Nacht. Ich liebte sie über alles und verließ kurzerhand die Forschung. Ich wollte ganz und gar für meine Familie da sein. Das war aber nicht der einzige Grund, mich zu verändern. Ich hatte enttäuscht feststellen müssen, dass diverse Forschungsergebnisse, die ich gemeinsam mit meinem Team für medizinische Zwecke entwickelt hatte, später auch im militärischen Bereich eingesetzt worden waren.

Es war das erste Mal, dass ich über so etwas nachzudenken begann. Ich schwor mir, zukünftig in einem Bereich zu arbeiten, in dem ich keinen oder weniger Schaden anrichten würde. Aus wirtschaftlichen Gründen war ich leider gezwungen, nach der Geburt schnell wieder zu arbeiten, um die Familie mit absichern zu können. In meinem Innern war ich todunglücklich darüber, musste ich doch meine geliebte Tochter viel zu oft allein bei Michaels Großeltern lassen.

Ich versuchte, die familiären Belange so gut wie möglich mit den beruflichen in Einklang zu bringen. Meine Tochter wuchs heran und war mittlerweile bereits vier Jahre alt. Ich hatte mich beruflich verändert und war nun für ein großes schweizerisches Versicherungsunternehmen tätig. Innerhalb der Versicherung hatte ich bereits umfangreiche Erfahrungen gewonnen. Ich hatte ein Team aufbauen dürfen und mich tief in Risikoanalysen und Vermögensanlagen für Lebensversicherungen einarbeiten können.

Es machte mir unheimlichen Spaß, gemeinsam mit ,meinen Leuten', komplexe Themen zu stemmen und als Team zusammenarbeiten zu können. Ich fühlte mich nicht nur für die Materie zuständig, insbesondere die Leute waren mir wichtig. Wir feierten gemeinsam jeden Erfolg, richteten Frühstücksrunden ein, besuchten Museen, Christkindlmärkte und nahmen an aktuellen Veranstaltungen teil. Sogar an den Wochenenden unternahmen wir gemeinsame Tagestouren in die Berge, wanderten, um den gemeinsamen Tag mit einem gebührenden Abendessen abzuschließen.

Ich hatte jeden Tag unheimlich viel zu tun, aber auch ein Umfeld, das absolutes Verständnis für meine Familie hatte. So kam es, dass Alexandra immer wieder einmal mit in die Firma kam und dort den Tag verbrachte.

Für sie war das natürlich unheimlich spannend und sie war begeistert über das Miteinander, auch wenn sicherlich das ein oder andere Mal die Familie zu kurz kam.

Nach zwei Jahren bekam ich dann ein weiteres Angebot, meinen Verantwortungsbereich zu erweitern und in einem internationalen Umfeld tätig zu werden. Damit hatte ich gar nicht gerechnet und ich fühlte mich geschmeichelt. Es klang auch ziemlich spannend, konnte ich doch meinen Horizont erweitern und mit anderen Kulturen zusammenarbeiten. Ich nahm das Angebot an. Meine Mitarbeiter fielen aus allen Wolken und konnten gar nicht fassen, dass unsere gemeinsame Zeit bald vorbei sein sollte. Sie veranstalteten noch ein gemeinsames Abschiedsessen und schenkten mir einen Gutschein für einen Restaurantbesuch mit meiner Familie in den Alpen. Und ich bekam eine Klangsession. Zusätzlich wurde ich noch von den internen Kunden eingeladen und bekam einen witzigen Präsentkorb mit einem Mauerstein, da ich mich künftig mit Architekturthemen innerhalb der Versicherungsfirmen auseinandersetzen sollte. Ich war glücklich und gerührt zugleich. Ein Anflug von Wehmut überkam mich."

Ungeduldig wirft Loreen ein: „Aber so warst Du nun mal! Dein Forscherdrang war kaum zu stoppen. Es hat Dich immer unwiderruflich zu neuen Themen und neuen Menschen gezogen. Du musstest einfach weiterziehen. Aber was ist dann passiert?" Fast beschämt antwortet Anna: „Du musst ja ein wirklich gutes Bild von mir haben, Loreen. Wie auch immer, im neuen Bereich sollte ich eine ganze Abteilung führen und für ein internationales Team in IT- und Architekturthemen Konzepte entwickeln. Ich war begeistert und voller Enthusiasmus. Es sollte jedoch nicht lange dauern, dass mir im hohen Maße die Grenzen aufgezeigt wurden und ich politische Mechanismen hautnah zu spüren bekam.

Mein neuer Vorgesetzter erklärte mir, dass ich nochmals die Prüfung für die Eignung zum Teamleiter absolvieren müsse. Danach erst könne ich die nächste Prüfung für die Eignung als Abteilungsleiter absolvieren, was jedoch einen Mindestzeitraum von einem halben Jahr in Anspruch nehmen würde. Aus diesem Grund solle nun angeblich Mr. Jeff Gordon aus London die Abteilungsleitung übernehmen. „Er wird Dein neuer Chef werden. Wir werden aber weiter sehr eng zusammenarbeiten, weil Mr. Gordon nur tageweise in Zürich sein wird." Ich wusste nicht mehr, was ich sagen sollte. Ich konnte mir im Traum nicht vorstellen, dass es so etwas geben konnte. Nun war guter Rat teuer. Klar war nur, dass ich diese Prüfung über mich ergehen lassen musste.

Es interessierte mich aber überhaupt nicht, ob ich diese Prüfung bestehen würde oder nicht. Das Feedback meiner alten Vorgesetzten und die erfolgreiche Zeit als Teamleiter waren mir in dieser Hinsicht Bestätigung genug gewesen. Außerdem hatte ich auch schon außerhalb der Versicherung Managementpositionen inne gehabt. Aber diese Zeugnisse und das Feedback meines ehemaligen Teams zählten hierbei nicht. Hier ging es lediglich darum, mich in der alten, niedrigen Gehaltsgruppe zusätzliche Aufgaben übernehmen zu lassen. Das dämmerte mir nun langsam. Es war bitter, sehr bitter, aber es gab auch kein Zurück mehr.

Ich war unheimlich enttäuscht über derartige Machenschaften, die mein Weltbild von seriösen Unternehmen gewaltig erschütterten. Für mich war dieses Vorgehen ein probates Mittel, Positionen nach Belieben zu besetzen. Ich fühlte sich betrogen. Nun interessierte mich im Grunde auch die Arbeit selbst nicht mehr. Ich war nur noch frustriert und musste dringend eine Strategie entwickeln, für mich und meine Familie eine Lösung zu finden, mit der wir alle leben konnten.

Das Ganze bekam aber ein noch größeres Ausmaß. Da Mr. Gordon aus London kam, war er aus rechtlichen Gründen nicht weisungsbefugt. Zudem war er nur sporadisch in Zürich, sodass ich sein gesamtes Tagesgeschäft mehr oder weniger vollständig übernehmen musste. Darüber hinaus gab es ein weiteres Team, dessen Leitung ich über Wochen hinweg inne hatte, da dessen Teamleiterin erst ausgebildet werden musste und zuvor einen schon seit längerem geplanten Urlaub antrat. Du kannst Dir vielleicht vorstellen, Loreen, dass ich einfach nur bedient war. Das hätte ich mir in meinen kühnsten Träumen nicht ausmalen können. Zumindest war Mr. Gordon ein umgänglicher Mensch, der immer zu Scherzen aufgelegt war. Das tröstete mich über Vieles hinweg. Und ich hatte immerhin noch mein eigenes Team. Es waren alles engagierte Leute. Auch englische Mitarbeiter waren dabei. So konnte ich zumindest mein Englisch auffrischen und wieder einmal eine neue Stadt und eine andere Kultur kennenlernen. Ich durfte auch Vorträge auf Kongressen halten und renommierte Managerschulen in der Schweiz besuchen. Außerdem war eine längere Dienstreise quer durch die USA geplant, was mich zumindest ein wenig entschädigte.

Allerdings stieg die Arbeitslast blitzartig in einen eigentlich unerträglichen Bereich, obwohl mein Gehalt zu meinem Verantwortungsbereich in keinem Verhältnis stand. Aber was sollte ich tun? Schon wieder zu wechseln war fast unmöglich. Unter der Arbeitslast gab mein Körper langsam nach.

Gerade als ich schon keinen Ausweg mehr sah, fiel mir der Gutschein für die Klangsession in die Hände. Witzigerweise sollte ich wenig später an einem Seminar in den Alpen teilnehmen, ganz in der Nähe des Ortes, an dem die Klangsession stattfand. Ich vereinbarte einen Termin am Abend nach dem Seminar. Was dann passierte, will ich Dir genau erzählen, Du bist sicher neugierig!" Loreen nickt eifrig.

„Inzwischen ist es Winter und bitterkalt geworden. Der Schnee knirscht unter den Füßen. Es ist schon dunkel und ich fahre mit dem Auto durch die Berglandschaft zu der Adresse, die auf dem Gutschein steht. Es ist ein großes Haus im typisch alpländischen Baustil mit viel dunkel angestrichenem Holz, einem spitzen Dach und einem langen Balkon, der von einer Seite zur anderen reicht. Ich gehe an die Tür und drücke die Klingel. Ein Mann, der sich als Robert Michels vorstellt, öffnet. Er trägt ein japanisches Gewand, ist hochgewachsen, hat schulterlange, dunkelblonde Haare und tiefbraune Augen. Er strahlt eine unheimliche Wärme aus. Mich überkommt sofort ein angenehmes Gefühl. Wir treten ein. Er geleitet mich durch das Haus in die Küche. An den Wänden in den Gängen hängen wunderschöne Bilder mit Wasserfällen und grünen üppigen Landschaften. Wir setzten uns an einen Tisch.

Die Küche ist dezent beleuchtet, denn er hat viele Kerzen angezündet, die bereits brennen. Außerdem ist Tee angesetzt, der nur noch aufgegossen werden muss. Er führt mich sanft in die Geschichte und die Hintergründe der Klangsession ein. Ich erfahre, dass Herr Michels einige Jahre in Tibet verbracht und sich dort mit den typischen Klängen und Klangschalen näher beschäftigt hat. Dabei betrachtet er diese Zusammenhänge sowohl vom pseudowissenschaftlichen, als auch von spirituellen Standpunkt aus. Er erzählt mir: „Ich habe mehrere tibetische Klangschalen unterschiedlicher Größe. Sie sind alle handgefertigt worden. Ich habe sie direkt aus Tibet mitgebracht. Wenn man die verschiedenen Tonlagen der Klangschalen näher betrachtet, gibt es einen Bezug des Klanges zu der Umlaufbahn des dazugehörigen Planeten. Jeder dieser Umlaufbahnen der Planeten ist eine Frequenz zugeordnet, die den jeweiligen Tönen der Klangschalen entspricht. Deshalb spricht man in diesem Zusammenhang auch von Planetentönen. Darf ich Du sagen?" Ich nicke. „Möchtest Du Tee?", fährt er fort. „Ja gerne.", sage ich. Er gießt den Tee ein und knüpft an seine Ausführungen an.

„Wir haben interessante Experimente mit Wasser gemacht. Wir haben einen Tropfen Wasser direkt aus den Bergen von Tibet unter dem Mikroskop betrachtet. Dann haben wir begonnen, die Klangschalen durch einen Gong zum Schwingen zu bringen. Im Wassertropfen selbst war ein Drache zu erkennen. Dasselbe Experiment wurde später mit dem Wasser aus einem Kernkraftwerk durchgeführt. Hierbei sind jedoch nur schwarze Risse im Wasser zu Tage getreten." Ich trinke meinen Tee und höre gespannt zu. „Die Experimente mit den dazugehörigen Fotos kannst Du in den Unterlagen der Universität recherchieren." Ich schaue ihm fasziniert zu. „Zur Klangsession selbst gehen wir nach oben. Ich zeige Dir meine Klangschalen und meinen kleinen Springbrunnen, der das ständige ‚im Fluss sein' repräsentiert. Du kannst Dich dann auf den Boden legen und die Vibrationen genießen. Dazu werde ich Dich mit meiner Flöte begleiten. Die heilenden Wirkungen dieser Klänge sind auf verschiedene Regionen des Körpers ausgelegt. Je tiefer die Töne sind, je mehr wirken sie in den unteren Bereichen und Organen, also zum Beispiel den Verdauungsorganen."

Loreen schreit fast, glücklich, dass Sie auch etwas beisteuern kann: „Das hast Du mir doch erklärt! Die hohen Töne inspirieren dafür das Gehirn und verbessern dessen Leistungsfähigkeit. Da gibt es ein interessantes Experiment, bei dem man verschiedene Schüler bei der Lösung von Hausaufgaben oder schwierigen Aufgaben der typische Techno-Musik ausgesetzt hat. Dabei war eine signifikante Leistungsminderung zu verzeichnen. Im Gegensatz dazu spielte man einer anderen Schülergruppe verschiedene Musikstücke von Mozart vor, was die Leistung erheblich steigerte. Diese Schüler waren nicht nur eher fertig. Sie waren auch kreativer und leistungsfähiger." „Ganz genau! Aber lass uns mit der Erzählung fortfahren. Robert will wissen, ob ich ein Instrument spiele. „Ja, ich spiele Querflöte." „Du must viel geistig arbeiten, nicht wahr?" „Ja." „Wollen wir hochgehen?", fragt Robert. „Ja gern. Ich bin schon ganz gespannt." Also gehen wir die Treppen hoch in einen hellen Raum.

Auf dem Parkettboden sind eine Steppdecke und eine Decke vorbereitet, damit ich mich hinlegen kann. Am Fußende steht der kleine Springbrunnen. Auf einem blauen Leinentuch um den Brunnen herum stehen verschieden große tibetische Klangschalen, die an einem Metallgestänge aufgehängt sind. Auf dem Tuch liegt seine kleine Flöte. Mit sanfter Stimme sagt er: „Leg Dich doch einfach auf die Decke und begib Dich in die Klangwelt. Sollten Dir irgendwelche Klänge unangenehm sein, lass es mich bitte wissen."

Ich mache es mir auf der Steppdecke gemütlich und lege die andere Decke über mich. Ich schließe die Augen und er beginnt mit den hohen Tönen der Flöte. Dabei plätschert das Wasser permanent den kleinen Springbrunnen herunter.

Ich sehe die hellen Strahlen der Sonne, die sich langsam in einen Feuerball verwandeln. Zwischendurch vernehme ich Roberts sanfte Schläge auf die Klangschalen. Ein angenehmes Gefühl durchdringt meinen Körper. Er wechselt zu den tiefen Tönen, den großen Klangschalen. Der ganze Boden vibriert. Ich verspüre ein angenehmes Kribbeln, dass meinen ganzen Körper durchdringt und sich in der Magen- Darmgegend festsetzt. Langsam nehme ich die Umwelt nicht mehr wahr. Ich beginne stattdessen eine Reise durch das Universum. Anfangs habe ich das Gefühl, in einer dunklen Achterbahn oder in einem Planetarium zu sitzen. Ich sehe die Sterne und bereise unterschiedliche Planeten. Wir kommen näher und ich fliege vorbei zum nächsten Planeten. Alles ist dunkel, nur die Sterne leuchten und Sternschnuppen fliegen immer wieder vorbei. Ich befinde mich in einer anderen Welt. Ich schwebe dahin. Hier gibt es keine Zeit, der Raum ist endlos. Es herrscht vollkommene Ruhe.

Irgendwann komme ich wieder zurück und öffne die Augen. Ich bin ganz erstaunt, wie hell erleuchtet der Raum ist. Robert lächelt mich an und fragt: „Na wie war's?" „Einfach unglaublich", erwidere ich, noch immer unter dem Eindruck des Erlebten. Ich will mich aber zu meinen Erlebnissen nicht weiter äußern. Ich muss es erst einmal für mich selbst verinnerlichen und glauben. Ich zwicke mich selbst, um zu sehen, ob ich jetzt hier wieder im Raum sitze. Ich bedanke mich recht herzlich bei Robert und wir verabschieden uns. Ich war mir damals sicher, ob es nicht das letzte Mal war, dass ich ihm begegnen würde. Dann fuhr ich zurück zum Hotel. Ich war noch ganz benebelt und wollte nun eigentlich nur noch meine Ruhe haben. Ich konnte mir das Ganze einfach nicht erklären. Ich hatte immer noch die Bilder im Kopf. Es war das Planetensystem, wie ich es aus Lehrbüchern kannte. Aber wie konnte so etwas möglich sein? Ich hatte keine logische Erklärung dafür. Nach dem letzten Seminartag freute ich mich schon über meinen Gebirgsausflug mit einem wunderschönen gemeinsamen Essen mit meiner Familie.

Daheim angekommen, hatten Michael und Alexandra schon alles gepackt und waren bereit zum Aufbruch. Denn kaum war ich da, ging es auch schon wieder los. Wir machten einen wunderschönen Rundgang im Schnee, bauten mit Alexandra noch einen kleinen Schneemann und kehrten ein. Es war eine gemütliche Bauernstube. Für die Kinder gab es ein kleines Separee mit eigener Couch, einer Rutsche und einer großen Wandtafel mit Kreide und Magnetklötzchen. Alexandra war ganz begeistert und rannte gleich los. Michael und ich setzten uns und bestellten schon mal die Getränke. Michael wollte wissen, wie das Seminar gewesen sei. Ich kratzte mich ein wenig verlegen am Kopf. Ich wusste noch, dass es im Grunde es um eine Persönlichkeitsanalyse gegangen war, bei der das Fremd- und Eigenbild gespiegelt und die Präferenzen und Potentiale individuell herausgearbeitet worden waren.

„Ich war echt beeindruckt, dass bei mir die beiden Sichten quasi deckungsgleich waren. Damit habe ich, ehrlich gesagt, nicht gerechnet." „Wieso nicht?", fragte Michael, „Du bist doch schon immer Realist gewesen." Ich musste innerlich grinsen. Gerade daran fing ich an zu zweifeln. „Naja, was mir ehrlich gesagt zu denken gegeben hat, ist die Tatsache, dass bei der Frage, ob ich mit den ‚sechs Sinnen' entscheide oder eher intuitiv, bei mir der Vollausschlag zur Intuition kam und zwar so extrem, wie die Trainer es bisher kaum gesehen hatten. Und je mehr ich darüber nachdenke, um so mehr wird mir klar, dass ich im Grunde alle wichtigen Entscheidungen immer intuitiv getroffen habe, also eigentlich kopflos. Das wirft mein Weltbild gehörig durcheinander. Ich war immer felsenfest davon überzeugt, dass ich absolut kopfgesteuert bin, und nun das..." Der Kellner kam zu uns um die Bestellung auf zu nehmen. Alexandra war schon hungrig. Wir saßen noch gemütlich beisammen, ratschten über belanglose Dinge und genossen die guten Speisen. Natürlich gab es auch noch einen Nachtisch, insbesondere für Alexandra.

Das Ganze war ein gewaltiger Denkanstoß und brachte meinen inneren Konflikt zum Vorschein. Ich wollte mehr Zeit für die Familie haben, aber das war kaum noch möglich. Ich konnte noch immer nicht begreifen, dass ich wohl doch nicht kopfgesteuert war. Es kamen die Bilder von dem Klavier bei Frau Steinfurt in mir hoch und damit auch mein Wunsch, Musik zu studieren. Es half aber nichts, ich musste mich mit meiner jetzigen Situation irgendwie arrangieren. Ich war ziemlich verzweifelt. Alexandra war inzwischen schon acht Jahre alt und brauchte ihre Mutter. Der Job arbeitete mich auf. Bald wurden meine Rückenprobleme so stark, dass ich immer einen längeren Zeitraum hinweg außer Gefecht gesetzt war und mich regelmäßigen Behandlungen unterziehen musste, die leider erfolglos waren. Ich wurde sogar zu einer stationären Rehabilitation geschickt.

Außerdem hatte ich ein komisches Gefühl, was die Firma anging. Mir schwante, dass bereits die nächste Umstrukturierung im Gange war. Und tatsächlich: Als ich mich umhörte, erfuhr ich, dass die Arbeitsbereiche gesplittet werden sollten und ein Thema an einen neuen Chef übergehen würde. Ich nahm gleich Kontakt auf und bewarb mich prophylaktisch. Kurz bevor ich eine Reha antrat, bekam ich die Antwort. Meine Intuition hatte mich nicht verlassen, ich hatte goldrichtig gelegen und bekam eine Zusage! Nun konnte ich beruhigt die Reha antreten und mich erholen. Eine große Last war von mir gefallen. In der neuen Position hatte ich nur noch die fachliche Verantwortung inne, was mir sehr entgegen kam. Ich würde mit interessanten Leuten zusammen arbeiten, also war ich zufrieden.

Völlig unerwartet geschah dann das nächste Unglück."

Autounfall

„Es ist ein Tag wie jeder anderer. Die Arbeit häuft sich und auch es sind einige Meetings geplant. Wie immer fahre ich die Abkürzung durch ein abgelegenes, parkähnliches Viertel auf dem Weg zum Büro. Vorsichtig nähere ich mich der Vorfahrtsstraße, an der ich rechts abbiegen muss und bleibe an der Kreuzung stehen. Die Hauptstraße ist wie immer sehr belebt und von links heranfahrende Fahrzeuge rauschen mit hoher Geschwindigkeit heran. Die Sicht ist auch heute durch parkende Autos versperrt. So bleibt mir nichts weiter übrig, als langsam in die erste Spur der Fahrbahn vorzufahren und mich weit vorzubeugen, um eine freie Lücke zur Einfahrt in die Straße zu finden. Ich drücke den Kopf fast an die Windschutzscheibe, um überhaupt etwas sehen zu können.

Plötzlich spüre sie einen kräftigen Ruck von hinten. Ein stechender Schmerz durchzuckt meinen Hals, geht die Wirbelsäule entlang bis runter zu den Brustwirbeln. Ich spüre den Stich, die Arme entlang bis hin zu meinen Fingern. Für einen kurzen Moment habe ich keine Idee, was geschehen ist und denke nur: Oh nein, oh bitte nicht. Bitte nicht schon wieder ein Unfall. Es ist kein Unfall. Das darf nicht wahr sein. Nein, nein.

Aber es ist zu spät. Eine junge Frau ist mir mit ihrem Mietwagen von hinten aufgefahren. Beide Autos bleiben stehen und nach einigen Minuten beginnt sich ein Stau hinter uns aufzubauen. Halb in Trance, halb anwesend, steige ich aus dem Wagen und bitte die Unfallgegnerin, den Parkplatz auf der gegenüber liegenden Straßenseite aufzusuchen. Dort stellen wir die Fahrzeuge ab. Es ist der Firmenparkplatz der Arbeitsstelle dieser jungen Fahrerin.

Sie scheint mit der Gesamtsituation absolut überfordert zu sein und sagt nur: „Dort oben arbeite ich. Ich werde meinen Kollegen zur Unterstützung holen, um alles zu klären. Ist das für Sie in Ordnung?" Ich stimme zu, kann aber nur hoffen, dass die junge Dame wieder kommt. Ich warte und versuche derweil verzweifelt, das Kennzeichen des aufgefahrenen Wagens aufzuschreiben, vergebens. Nach etwa fünfzehn Minuten bin ich immer noch dabei. Ich schreibe eine Nummer auf, bin mir aber nicht sicher, ob sie stimmt. Ich kann die Buchstaben und Zahlen nicht mehr richtig erkennen und den Stift kaum halten. Die Hand zittert und gehorcht mir nicht mehr. Gott sei Dank kommt kurz darauf die junge Dame mit ihrem Kollegen zurück. Er füllt den Unfallbogen mit den Kennzeichen beider Fahrzeuge aus. Enttäuscht muss ich feststellen, dass dieses Kennzeichen vollkommen von dem abweicht, das ich vergeblich versucht habe in der letzten Viertelstunde zu Papier zu bringen.

Das war schrecklich, Loreen! Mir blieb nichts weiter übrig, als dem jungen Mann vollkommen zu vertrauen. Der materielle Schaden am Fahrzeug war kaum sichtbar, aber was hieß das schon. Das kannte ich schon von anderen Fällen, wo erst später klar wurde, dass der gesamte hintere Rahmen verzogen war. Heute bin ich nur froh, dass der nette junge Mann alle Daten aufgenommen hat. Pflichtbewusst schleppte ich mich noch zur Arbeit, um den Dienstunfall ordnungsgemäß zu melden. Ich hatte einen Fragebogen auszufüllen. Nun begannen erst die Probleme. Ich verbrachte mehr als zwei Stunden damit, ganze zehn Fragen zu beantworten. Ich dachte nur noch: Meine Tochter, meine Tochter, ich muss zu meiner Tochter.

Mühsam erreichte ich die Notaufnahme des nächst gelegenen Krankenhauses. Dort ließ ich alle notwendigen Untersuchungen über mich ergehen. Mit diesem Unfall war nun erst einmal alles vorbei, das war mir langsam vollkommen klar, denn ich nahm die Umwelt nicht mehr richtig wahr. Das wirkliche Ausmaß zeigte sich aber erst in der Folgezeit. Später noch sah ich das entsetzte Gesicht des Orthopäden vor mir, als ich ihm die Unfallmeldung machte. Kurzerhand wurde ich als Notfall zum Neurologen gebracht.

Entsetzt öffnete dieser die Tür und empfing mich herzlich. Er nahm sich fast einen halben Tag Zeit für mich. Du musst wissen: Er war ein genialer Wissenschaftler und sein Ruf ging ihm weit voraus. Er sah ein bisschen aus wie Albert Einstein. Er war Physiker, Neurologe und Psychologe in einer Person. Zudem spielte er Klavier und kannte nicht nur die Bücher der klassischen Weltliteratur, sondern wusste oftmals Details aus dem Leben berühmter Persönlichkeiten, was einfach unglaublich war. Er setzte sich für mich ein und machte alles möglich, was in seiner Macht stand. Er wuchs mir richtig ans Herz , mehr als ein Vater, aber mit der Weisheit eines Großvaters. Er war einfach eine Seele von Mensch, der sich vollkommen uneigennützig für seine Patienten, aber genauso für seine Familie einsetzte.

Naja, so unangenehm die Untersuchungen, so frustrierend die Untersuchungsergebnisse auch immer waren, um so tief gehender und beeindruckender waren die Gespräche mit ihm. Allein die Unterhaltungen waren Balsam für meine Seele und bauten mich auf. Sie erinnerten mich aber auch an die Zeiten, in denen ich mich intensiver mit medizinischen Dingen auseinandergesetzt hatte und daran, wie schwer es mir eigentlich fiel, Tag für Tag in dieses Büro zurückzukehren. Langsam erkannte ich die Gunst der Stunde und den Wink Gottes, mein Leben grundsätzlich zu überdenken. Ich wusste, dass ich die Zeit der Krankheit sinnvoll nutzen sollte und es keinen nächsten Wink mehr geben würde. Ich beschloss, wieder mehr zu lesen, zu kämpfen und wieder zurück zu kehren in die Medizin, auch wenn es vielleicht nicht die klassische Medizin sein würde.

Daheim konnte ich nur noch liegen, weil ich es sitzend vor Schmerz nicht aushalten konnte. Ich konnte auch kein helles Licht mehr ertragen und schloss fortwährend die Augen. Fernsehen war unmöglich geworden, denn beim Anblick des bewegten Fernsehbildes bekam ich Schwindelanfälle. Dann fing alles an, sich im Kreis zu drehen und Übelkeit kam dazu. Die normale Lautstärke des Radios war mir schier unerträglich geworden. Ich war noch nicht einmal mehr in der Lage, ein Glas vom Tisch zu nehmen und zu trinken. Ich griff daneben, weil ich die Entfernungen nicht mehr einschätzen konnte. Vom vielen Anstoßen bekam ich zahlreiche blaue Flecke an den Beinen. Später kamen noch Tinitus und Hörprobleme dazu. Verzweifelt versuchte ich, ein kurzes dienstliches Mail zu verfassen, um noch Restarbeiten fertig zustellen, musste jedoch entsetzt feststellen, dass ich die Buchstaben auf der Tastatur nicht mehr fand. Ich versuchte immer wieder, drei Zeilen einer E-Mail zu schreiben. Es dauerte fast eine Stunde, bis sie fertig war, und das mit zahlreichen Tippfehlern. Auch handschriftliche Notizen waren kaum noch möglich. Ich konnte keinen Stift mehr halten, geschweige denn Buchstaben schreiben. Am Wochenende eskalierte auch noch mein Kreislauf. Mein Herz begann wie wild zu schlagen und mein Blutdruck stieg in die Höhe. Ich versuchte ruhig zu bleiben, auch wenn es mir wirklich schwerfiel. Ich wusste, dass ich den Neurologen im Notfall auf dem Handy anrufen durfte, wollte ihn aber am Wochenende nicht stören. Ich wusste aber auch, dass genau jetzt etwas passieren musste. Ein Notarzt wäre mit Sicherheit zu spät gekommen, um mir noch helfen zu können. Also griff ich zum Telefon, um ihn anzurufen. Prophylaktisch hatte er mir bereits Kreislauftropfen verschrieben, als wenn er geahnt hätte, was passieren würde. Trotz der Tropfen, die ich früh und mittags genommen hatte, bekam ich plötzlich heftige Schwindelanfälle und zunehmende Atemnot, Kribbeln der Hände und Füße bis zum Knie, starke Kopfschmerzen an der Schädeldecke gekoppelt mit dem Gefühl, ohne Bewegung ohnmächtig zu werden. Dann weiß ich nicht mehr viel. Loreen, ich dachte nur: Jetzt ist alles vorbei, good bye, das war es auf dieser Erde. Es war, als ob ich meine letzte Reise beginnen würde.

Ich sehe einen weißen, langen Lichtstrahl. Es ist wie eine Einladung, dem Licht zu folgen. Ich fühle meinen Körper nicht mehr und scheine zu schweben. Die Zeit ist endlos. Am Ende des Lichts sehe ich Umrisse von Gesichtern. Ich kann nicht erkennen, wer es ist, diese Gesichter habe ich nie zuvor gesehen. Ich bin glücklich, alles ist leicht und hell. Plötzlich höre ich eine Stimme, die immer lauter wird. Was soll ich tun? Ich will gar nicht zurückkehren, sondern viel lieber dem Licht folgen. Es ist so kraftvoll und alle Schmerzen sind vergangen.

Wie einen Blitz sehe ich plötzlich das Gesicht Alexandras vor mir. Ich spüre meinen Körper wieder und sage nur: „Gib mir bitte die Kreislauftropfen." Ich sehe nicht, wer um mich herum ist, höre nur Stimmen und weiß, dass ich aufstehen muss. Ich spüre aber sofort, dass mein Körper wieder entgleitet. Ich schlucke die Tropfen. Jemand zieht mich hoch und schleift mich durch die Wohnung. Im Minutentakt nehme ich die Tropfen in der vorgeschriebenen Dosis. Als meine Körperempfindungen langsam wiederkommen, rufe ich den Neurologen an. Er geht sofort ans Telefon. Ich habe nur noch einen Gedanken: Ich muss raus, raus an die frische Luft, egal wie. Michael kommt und zieht mich an, damit wir vorsichtig raus gehen können.

Nach einer kurzen Runde im Freien muss ich wieder zurück und lege mich hin. Wie verabredet, informiere ich brav meinen Neurologen und stimme telefonisch die Medikation ab.

In der Folgezeit lag ich nur mit geschlossenen Augen da, Tag für Tag. Ich begann, Meditationsmusik zu hören und in eine eigene Welt abzutauchen. So waren zumindest die Schmerzen noch mehr oder weniger zu ertragen. Ich war ohnehin nicht mehr in der Lage, Gesprächen zu folgen, denn ich konnte die Stimmen mehrerer Leute in einem Raum nicht mehr zuordnen." Ich habe dafür keine Erklärung gefunden, also habe ich mich einfach meinem Schicksal hingegeben. Planen konnte ich nichts mehr, das kannst Du Dir wohl denken." Loreen atmet erst kaum, dann platzt es aus ihr heraus: „Aber Du hast versucht, jeden Tag ein wenig vorwärts zu kommen und zu lesen und zu schreiben! Das hat sicher Ewigkeiten gedauert, aber es muss Überlebenskampf pur gewesen sein!" Anna lächelt mild: „Naja, ganz so heldenhaft habe ich mich nicht gefühlt, aber ja – ich habe mich bemüht, mich nicht allzu sehr gehen zu lassen."

Ich versuchte also immer wieder ein wenig zu lesen. Wie es der Zufall so wollte, kam mir eines Tages das Buch eines berühmten Medizinmannes der Creek Indianer, Swimming Bear, in die Hände. Das Buch war ein Segen für mich. Auch wenn ich mich mühsam Zeile für Zeile durchbeißen musste, saugte ich jedes Wort auf wie ein trockener Schwamm. Ich sah die Bilder, fühlte die Umgebung und war einfach fasziniert. Es war ein Licht am Horizont, das mir neuen Mut machte." Loreen unterbricht Anna ungeduldig: „Das war bestimmt der Startpunkt, um Dich mit alternativen Heilverfahren und den Riten der Naturvölker näher auseinanderzusetzen!" „Noch nicht ganz. Ich las die Lebensgeschichte eines Geschäftsmannes, der trotz Bruch in der Lendenwirbelsäule und Durchtrennung des Rückmarkes ins Leben zurückgekehrt war. Er hatte wochenlang in einem Leinentuch gelegen und anfangs seine Beine nicht mehr bewegen können, von den Schmerzen ganz zu schweigen. Sein Traum von Ladakh, das auch Klein-Tibet genannt wird – rettete ihm schließlich das Leben. Er träumte, dass er nach Ladakh reisen sollte. Dieser Traum ließ ihn nicht mehr los. Er begann jeden Tag zu kämpfen, sich seinen Körper bewusst zu machen und die Nervenstränge zu fühlen. Jeden Tag konnte er sich ein wenig mehr bewegen, bis er eines Tages aus dem Krankenhaus entlassen werden konnte. Die Ärzte fanden keine Erklärung dafür, denn nach der Befundlage hätte er querschnittsgelähmt sein müssen. Ich war tief berührt und begann ein Buch nach dem anderen zu lesen. Es war wohl eine hervorragende Art und Weise, mein Gehirn zu trainieren und langsam wieder gewisse Grundfunktionalitäten zurück zu gewinnen. Viel mehr hätte ich ohnehin nicht tun können. Täglich las ich ein wenig mehr und verlor mich in der Welt der Bücher. Es war fantastisch und baute mich auf, auch wenn sich mein Gesundheitszustand nicht wesentlich besserte, im Gegenteil.

Als ich das nächste Mal zum Neurologen musste, war das Buch von Swimming Bear schon mein ständiger Begleiter. Im Wartezimmer saß ein alter Mann und wartete. Er betrachtete mein Buch und fragte, wovon es handle. Wir kamen ins Gespräch. Er war der berühmte Orthopäde Dr. Janus, der jahrelang in einer großen Unfallklinik in den Bergen gearbeitet hatte. Sein Leben lang hatte er nach neuen Behandlungsmethoden geforscht, um mit sanften, körpereigenen Bewegungsabläufen, Schmerzlinderung und Heilungserfolge auch messtechnisch nachzuweisen. Also zum Beispiel durch das einfache Kreiseln der Hand oder des Daumens. Ich war begeistert. Spontan stieg mir wehmütig die Frage in den Kopf: Warum bist du damals eigentlich von der medizinischen Forschung weggegangen? Kaum hatte ich den Gedanken zu Ende gedacht, bekam ich eine private Einladung des Orthopäden, um das Gespräch zu vertiefen. Ich fühlte mich natürlich unglaublich geehrt, das kannst Du Dir wohl denken. Plötzlich hatte ich wieder ein Ziel, einen Lebensinhalt. Aber wie hätte ich mich wieder mit medizinischen Themen auseinandersetzen können? Wie sollte ich dort hin kommen? Eigentlich wollte ich ja auch gar nicht mehr in die Forschung zurück. Aber im Grunde wollte ich immer den Menschen helfen. Das Buch von Swimming Bear hielt ich noch immer fest umklammert und dachte so bei mir: Eigentlich möchte ich sein wie ER – Swimming Bear. Dann wurde ich aufgerufen und musste mich verabschieden. Aber ich wusste auch, dass ich diesen faszinierenden Mann in jedem Fall wieder sehen wollte. Die Unterhaltung war einfach herzerfrischend gewesen und hatte mir neuen Mut gegeben.

Um die Ursachen für mein seltsames Beschwerdebild herauszufinden, wurde ich zu einem weltberühmten Radiologen gesendet. Er hatte ein neues Untersuchungsverfahren entwickelt, um organische

Veränderungen im craniosakralen Übergang, d.h. dem Übergang der Halswirbelsäule zum Hirnansatz, sichtbar zu machen. Diese Untersuchung sollte über zwei Tage dauern. Ich konnte mir zwar nicht vorstellen, was man zwei Tage lang untersuchen konnte, aber wenn es so sein sollte, gut. Vielleicht brachte diese Untersuchung ja etwas Neues. Ich hatte keine Ahnung, was auf mich zukommen würde.

Als ich die Radiologenpraxis betrat, wurde mir klar, dass es sich nicht um eine gewöhnliche Praxis handelte. Im Wartebereich zeigte ein großer Bildschirm angenehme, beruhigende Unterwasserbilder, die gut zu ertragen waren. Ich bekam eine Einführung und wurde fürsorglich behandelt. Dann kam der Radiologe und begann mir die Verletzung näher zu erläutern. Für ihn ging es lediglich darum, wie stark die Verletzung war. Aufgrund der Symptomatik schien es für ihn keinerlei Zweifel zu geben. Daher begann er anhand eines Modells des Kopfes und der Wirbelsäule mit seinen Erklärungen. Ich habe seine Worte noch klar vor Augen, so nüchtern und gleichzeitig professionell hatte bis dahin noch kaum jemand zu mir gesprochen. Das klang dann ziemlich genau so:

Der erste Halswirbel, der sogenannte Atlas, ist mit dem zweiten Halswirbel über den so genannten Dens verbunden. Die Beweglichkeit, Begrenzung sowie Stabilität der Kopfbewegung wird durch diverse Bänder sichergestellt. Kommt es zu einer Verletzung dieser Bänder und hierbei insbesondere der Ligamenta alaria, der schmetterlingsartig vom Dens abgehenden Bänder, ist diese Stabilität zwischen Hals und Kopf nicht mehr gegeben. Es kann zu Rückenmarkskontakt bei unterschiedlichen Kopfbewegungen mit den daraus resultierenden Irritationen oder Ausfallerscheinungen von diversen Körperfunktionen führen. Als Spätfolgen sind dann einer oder mehrere Bandscheibenvorfälle und weitreichende Probleme zu erwarten. Alles klar, Loreen?" Loreen nickt vorsichtig, es ist aber klar, dass Sie bestenfalls die Hälfte verstanden hat.

„Ich war auch erst mal verwirrt. Er klärte mich auf, dass diese Untersuchung sich über einen längeren Zeitraum erstrecken würde und eine Bildserie der Halswirbelsäule sowie Teile des Hirns bei unterschiedlichen Kopfstellungen aufgezeichnet würde. Ich sollte mir aber keine Sorgen machen, auch wenn es mir während der Untersuchung nicht gut ginge. Er zeigte mir ein Video einer Peruanerin, die bereits regungslos in der Röhre des Kernspintomografen dalag. Ein Mann näherte sich dieser Frau, fuhr ihr mit den Händen unter den Hals und machte ein paar Handbewegungen. Anschließend bewegte sich die Frau wieder und öffnete die Augen. Trocken bemerkte der Radiologe, er habe sie wieder zurückgeholt. Langsam wurde mir klar, dass es sich bei mir wohl kaum um ein normales Schleudertrauma der Halswirbelsäule handeln konnte.

Der Radiologe bat mich, beim zweiten Untersuchungstermin meinen Lebenspartner mitzubringen. Er sprach auch von Berufsunfähigkeit, was mir wirklich Angst machte. Langsam begann ich zu begreifen, warum man mich zu dieser Spezialuntersuchung geschickt hatte. Es wurde wohl vermutet , dass es sich um eine Verletzung der oberen Halswirbelsäule, dem so genannten Kopfgelenk und dem damit verbundenen Übergang vom Kopf zum Gehirn, der Zentralsteuerung für alle Körperfunktionen, handelte. Letztendlich legte mir der Radiologe all die Symptome dar, die ich täglich erlebt und mit einigem Erfolg verdrängt hatte. Ich konnte einfach nicht glauben, was er mir da schonend beizubringen versuchte. Berufsunfähigkeit, was für ein Wort. Das konnte für andere zutreffen, doch aber nicht für mich! Das war absolut unmöglich.

Ich sollte also Michael mitbringen und der zweite Untersuchungstermin am nächsten Morgen würde schlimmer werden. Was konnte schlimmer sein, als das, was ich ohnehin schon kannte? Im Anschluss gab er mir noch die Adresse eines seiner Patienten. Ich blickte ihn fragend an. Er erwiderte nur kurz, dass dieser Patient ebenfalls eine solche Kopfgelenksverletzung erlitten habe. Er sei bereits über zehn Jahre berufsunfähig und habe viele Erfahrungen im Umgang mit der Krankheit. Sein Name sei Andreas Müller und vielleicht könnten wir uns austauschen. Ich wusste nicht so recht, was ich mit dieser Telefonnummer anfangen sollte. Ich nahm den kleinen Notizzettel und bedankte mich. Dabei wollte ich mich eigentlich nicht über meine Krankheit austauschen, sondern eigentlich nur alles vergessen. Ganz perplex verließ ich die Arztpraxis. Das war zu viel für mich. Was hat das alles zu bedeuten? Warum hat er mir die Telefonnummer gegeben?, dachte ich während des Rückwegs.

Auch wenn Du sicher neugierig bist – was die Untersuchung angeht, erspare ich Dir lieber die Details, Loreen. Ich kann Dir nur sagen, dass ich schon nach diesem ersten Tag völlig benommen war und kein Wort herausbrachte.

Der zweite Untersuchungstag übertraf tatsächlich alles, was ich mir bisher hatte vorstellen können. Das war mehr als nur ein Alptraum! Nicht für alles Geld dieser Welt würde ich diese Untersuchung nochmals über mich ergehen lassen. Aber gut. Anschließend lag ich lange Zeit bewegungslos da und stellte mir immer wieder die Frage, ob es eine Stelle an meinem Körper gab, die noch intakt war und ob ich noch in dieser Welt lebte. Ich rechnete mir für beides wirklich geringe Chance aus, auch wenn ich die Situation heute eher komisch finde", grinst Anna „Während ich noch ganz benebelt war, nahm sich der Arzt sehr viel Zeit, um mir den Befund näher auseinanderzusetzen. Halb in Trance, halb anwesend, fiel ich in einen tiefen Schock. Gerade hatte ich die endgültige Bestätigung meiner Verletzung bekommen. Es handele sich, so der Arzt, tatsächlich um eine Verletzung der Gelenkkapsel des Kopfgelenks, des so genannten Dens, sowie der vom Kopfgelenk ausgehenden, schmetterlingsartig ausgehenden Bänder. Damit sei die Stabilität der Kopfaufhängung eingeschränkt. Zudem sei das Gelenk selbst verletzt. Als Folge davon ergäbe sich bei jeder extremeren Kopfbewegung Rückenmarkskontakt.

Nun kannte ich die Ursache der mir wohl bekannten Symptompalette, die ich langsam versucht hatte zu verdrängen. Das Fatale daran war, dass die Bänderverletzungen irreparabel waren und man lediglich versuchen konnte, die Beschwerden zu lindern. Zudem machte er mir klar, das jeder etwas heftigere Aufprall meinen Tod bedeuten konnte. Ich dachte erstmal gar nichts mehr." Loreen stöhnt schockiert auf: „Das ist doch nicht möglich. Was für eine Perspektive! Wie kann man so weiterleben?" „Als erstes versuchte ich, das Ganze zu verharmlosen. Mir ging es da ganz wie Dir eben: Ich konnte und wollte die Ergebnisse nicht ganz glauben und versuchte, alles zu verdrängen. Aber es kam doch schneller wieder hoch, als ich dachte. Mir war ja klar, dass damit das Zusammenleben der ganzen Familie betroffen war. Mit meinem Arbeitsausfall war auch ein erheblicher Gehaltsausfall verbunden. Wir würden uns die Wohnung nicht mehr leisten können, aber günstigere Mietwohnungen gab es in unserer Gegend nicht. Das bedeutete einen Ortswechsel und damit auch einen Schulwechsel und ein neues Umfeld für Alexandra. Ich hatte selbst erfahren, wie schwer es ist, in diesem Alter umzuziehen, neue Lehrer zu haben, neue Freunde zu suchen. Ich war als junges Mädchen todunglücklich darüber gewesen. Das konnte ich meiner Familie einfach nicht antun.

Aber was nun? Wie soll es weitergehen? Im Augenblick wollte und konnte ich darüber nicht nachdenken. Es wird schon irgendwie werden, dachte ich naiv. Aber Wochen und Monate vergingen, ohne dass sich mein Gesundheitszustand wesentlich besserte. Langsam wurde mir klar, dass mein Leben nie wieder so sein würde, wie es einmal war. Nichts war mehr planbar. Ich konnte nur noch aufwachen und sehen, was der Tag bringen würde. Kann ich morgen aufstehen? Kann ich sogar das Bad putzen, auch wenn es einen ganzen Tag lang dauert? Kann ich vielleicht sogar Kleinigkeiten einkaufen? Solche Gedanken schossen mir täglich durch den Kopf. Das Tragen der Einkaufstaschen war ja bereits unmöglich geworden. Ich begann, Tagebuch zu schreiben, um nicht aus der Übung zu kommen. Jeden Tag setzte ich mich an den Computer, um die Tasten wieder zu finden. Täglich las ich ein wenig in einem Buch, um das Lesen zu trainieren. Dabei hörte ich gern Indianer- und Meditationsmusik.

Meine Prognose war schlecht. Die Ärzte legten mir klar dar, dass eine Operation zu gefährlich und damit unmöglich war. Die Alternative waren wöchentliche Injektionstherapien an verschiedenen Einstichstellen in die Wirbelsäule. Zudem bekam ich weiterhin regelmäßige Infusionen, manchmal zwei bis drei Mal die Woche. Sanfte manuelle Therapien gaben mir zwar Erleichterung, aber oft waren sie unmöglich. Parallel dazu begann der Kampf mit den Behörden und Versicherungen. Das war fast noch schlimmer als der ganze Rest, Loreen! Ich wurde zu diversen Gutachtern geschickt, um die Ursachen meiner Verletzungen darzulegen. Wurde von einem Gutachter ein Zusammenhang zu dem Unfallereignis nachgewiesen, wurde ein weiterer Gutachter bestellt, der allein anhand der Akten- und Befundlage ein Gegengutachten erstellte, um jeglichen Zusammenhang zu dem Unfallereignis zu widerlegen. Dieses Gutachten bildete dann die Grundlage der Beweisführung. Mal wurden diese Beschwerden als ‚altersbedingt‘, mal als ‚psychisches Leiden‘ eingestuft. Wenn ich nur daran denke, ich könnte diese Gutachter...!", ruft Anna.

Die Staus haben sich aufgelöst. Sie kommen gerade gut voran, da bittet Anna um eine Pause. Gerade jetzt, denkt Loreen, es war gerade so spannend! Außerdem werden wir nun die eingeholte Zeit wieder verlieren. Sie stoppt den Wagen für eine kurze Pause. Die beiden setzen sich an einen der Holztische mit zwei Bänken am Waldrand. Loreen fragt: „Wie gehst Du mit dieser Ungerechtigkeit um, die Dir widerfahren ist?" „Ach weißt Du...", sagt Anna und schaut gebannt auf die wedelnden

Blätter der Büsche. Es raschelt und kurz darauf steigt ein großer Vogel aus dem Gebüsch auf in die Luft. Er breitet seine Flügel aus und fliegt davon. Majestätisch gleitet er durch die Luft. Es ist ein Falke. Anna folgt ihm mit ihren Blicken und sieht ihm noch lange nach. Dann steht sie auf und geht in die Richtung der Flugbahn des Falken zu einer kleinen Anhöhe. Sie hat wohl Loreens Frage nicht wahrgenommen. Es ist, als ob sie auf den Falken gewartet habe. Anna nimmt ihre heilige Pfeife und beginnt mit ihren Gebeten. Da steigt der Falke auf und kreiselt direkt über ihr.

Einige Zeit später, als ob sie nie weggegangen wäre, kommt Anna zurück und erwidert: „Folgt man statistischen Modellen, dann gibt es nach dem berühmten Mathematiker Gauß eine typische Kurve der statistischen Normalverteilung', die so genannte Gaußkurve. Was immer man betrachtet, fallen demnach etwa achtzig Prozent aller Fälle in den so genannten Normalbereich. Außerhalb dieser Normalfälle gibt es Ausnahmen, negative und positive von jeweils zirka zehn Prozent. Diese Gesetzmäßigkeit kann man unter anderem für das Auftreten von Krankheiten, Unfallverletzungen sowie wirtschaftliche und industrielle Belange anwenden. Daher kommt zum Beispiel der typische ‚achtzig-zwanzig Ansatz' zum Tragen, der in vielen Firmen verwendet wird.

Man betrachtet die achtzig Prozent der Normalfälle. Die Auseinandersetzung mit den Ausnahmen verschlingt in der Regel die meisten Kosten und wird daher oft vernachlässigt, oder nur am Rande betrachtet. Die Konzepte großer Projekte der Informationstechnologie zum Beispiel betrachten in der Regel die in der Praxis auftretenden Normalfälle sowie ausgewählte und wichtige Ausnahmen. Die Extremfälle, dass heißt eine Vielzahl der Ausnahmen wird aus Kostengründen meist technisch nicht umgesetzt oder mit manuellen Lösungen abgedeckt. Zudem kann man aufgrund der Komplexität der Einflussfaktoren niemals die Gesamtheit aller möglichen Zustände, Ereignisse oder Folgen abdecken. Diese Betrachtung würde jeden Budgetrahmen sprengen und notwendige Umsetzungen massiv behindern. Ähnlich sieht es zum Beispiel mit Sicherheitssystemen im Internet und der Sicherheit in Städten vor Anschlägen oder kriminellen Handlungen aus. Man wird wohl niemals eine hundertprozentige Sicherheit gewährleisten können. Betrachtet man nun die Justiz der Vergangenheit, dann wird man immer wieder Fälle finden, bei denen Schuldige freigesprochen oder unbestraft davon gekommen sind. Es gibt aber auch Unschuldige, die zu Unrecht bestraft, oder sogar hingerichtet wurden. Wie auch immer.

Betrachtest Du nun meinen Unfall, so handelt es sich bei einem Teil meiner Verletzungen mit hoher Wahrscheinlichkeit um so eine Ausnahme. Ihre Art ist noch nicht wirklich erforscht. Meist gibt es die klassischen Schleudertraumata und gegebenenfalls Bandscheibenprobleme oder Wirbelfrakturen. Die Auffahrgeschwindigkeit meines Unfallgegners war relativ gering. Damit sind im Normalfall folgenschwere Verletzungen fast ausgeschlossen. Hinzu kommen die ungünstige Sitzhaltung und die Tatsache, dass dieser Aufprall für mich absolut überraschend kam. Daher gab es auch keinerlei Schutzreaktion meinerseits, wie die Anspannung der Muskeln oder Ähnliches. Betrachtet man im Gegenzug die Statistiken von Autounfällen in den letzten Jahren, gab es gehäufte Fälle von Versicherungsbetrug und das über einen längeren Zeitraum hinweg. Ziel dieser Versicherungsbetrüger war die Provokation von kleineren Autounfällen, um möglichst hohe Gewinne von Versicherungsfirmen auf recht zweifelhafte Weise zu ergattern. Glaubt man den Statistiken über anfallende Schadensfälle, werden etwa achtzig Prozent der zu zahlenden Kosten der Versicherungsgesellschaften im Verkehrsrecht durch Verletzungen im Bereich der Halswirbelsäule generiert. Betrachtet man dabei insbesondere die typischen Büroberufe, so hat eine Vielzahl von Mitarbeitern stressbedingte Probleme, die vordergründig zu Verspannungen, aber eben auch zu Bandscheibenvorfällen im Halswirbelsäulenbereich führen. Damit werden unfallbedingte Bandscheibenvorfälle gern als altersbedingt eingestuft und eben nicht dem Unfall zugeschrieben." „Diese Fälle kennst Du aus Deiner Firma zur Genüge, oder?" Anna grinst nur schelmisch und setzt ihre Ausführungen fort.

„Vielleicht resultiert es daher, dass ein hoher Prozentsatz von Berentungen aufgrund von Wirbelsäulenproblemen entstanden ist. Wenn man auch hier den Statistiken Glauben schenken darf, waren in den letzten Jahrzehnten an die vierzig Prozent der Fälle berufsunfähiger Rentner gerade mal um die fünfzig Jahre alt und aufgrund von Schäden und Problemen an der Wirbelsäule berentet worden. Die einseitige Haltung und die zusätzliche permanente Anspannung der Schulter- und Nackenmuskulatur tragen sicherlich auch zu diesem hohen Anteil an Verschleißerscheinungen bei. Heutzutage hat man neue Begrifflichkeiten dafür gefunden, wie ‚Depression' oder ‚Burn out'. Für mich sind das zumindest die ersten Ansätze, die körperlichen Aspekte in einem komplexeren Kontext zu betrachten. Das ist sicherlich schon einmal ein guter Anfang.

Betrachtet man also das Zusammenspiel des beruflichen Umfelds und der unfallbedingten Ursachen des Beschwerdebildes, ist es sicherlich für die Gutachter schwer, hier eine scharfe Trennlinie zu ziehen. Zudem ist meine Verletzung erst jüngst zum Bestandteil des so genannten ‚Lehrbuchwissens' geworden. Sie wird aber noch nicht wirklich anerkannt, weil die Qualität der bildgebenden Verfahren eine genauere Beurteilung des Befundes derzeit noch nicht wirklich zulässt. Demnach können diese Befunde für eine Beweisführung in meinem Fall kaum herangezogen werden. Einzig der nachweisbare Erguss im Atlasbereich kann Aufschluss über die Verletzung geben, aber leider sind diese Befunde ja bei einem Gutachter abhanden gekommen. C'est la vie, Loreen.

Außerdem gibt es leider noch keinen Präzedenzfall, auf den ich mich beziehen könnte. Ein derartiger Fall hätte natürlich unheimliche Auswirkungen für alle anderen Unfallopfer mit einer solchen Verletzung. Damit könnte aber auch eine Klagewelle folgen, die extrem hohe Kosten auf Seiten der Versicherungsunternehmen zur Folgen haben würde. Vielleicht werde ich noch kein Recht bekommen, aber der Tag wird kommen, all diese Unfallopfer entsprechend zu entschädigen. Trotzdem hoffe ich, einen kleinen Beitrag leisten zu können, dass es künftig einen faireren Umgang mit den Opfern geben kann. Wenn Du alle Aspekte zusammen betrachtest, frage ich Dich nun: Wo liegt die Wahrheit? Was ist Wahrheit? Was ist Gerechtigkeit? Die Medizin ist keine exakte Wissenschaft und der menschliche Organismus ist ein komplexes System. Um all diese Wirkmechanismen und Auswirkungen individuell und mathematisch exakt beschreiben zu können, wissen wir noch viel zu wenig."

Loreen hat keine Zeit, über die letzten Worte nachzudenken, denn plötzlich springt Anna auf und geht zügig zurück zum Auto. „Wir müssen schnell losfahren, jetzt sofort. Pack schnell alles zusammen. Wir müssen los." Nun versteht Loreen die Welt nicht mehr. Wie von außen gesteuert, rennt sie zum Auto, steigt ein und sie fahren los. Der Verkehrsfunk meldet einen Stau genau in ihrer Fahrtrichtung. Anna bittet nochmals mit Nachdruck, zügig zu fahren. Sie erntet dafür nur verständnislose

Blicke: „Warum?" „Frag nicht, bitte fahr einfach", kommt fast etwas barsch zurück. Also gibt Loreen Gas. Vor ihnen ist auch schon der Stau zu sehen – blinkende Rücklichter auf allen Fahrstreifen. „Bitte nimm die linke Spur, bitte", sagt Anna. Loreen wechselt die Spur. Sie kommen im langsamen Tempo voran. Polizisten geleiten die Autos auf der linken Spur am Unfall vorbei. Es sind zahlreiche Autos in den Unfall verwickelt. Loreen ist froh, dass sie vorbeifahren können. Danach ist die Autobahn wieder frei und sie fahren normal weiter.

Für einen Moment ist Loreen sprachlos. Alle möglichen Gedanken schießen ihr durch den Kopf. Sie versucht, sich trotzdem zu konzentrieren und das Gespräch wieder fort zu setzen. Loreen ist immer wieder fasziniert, wie distanziert und ruhig Anna sich in Extremsituationen verhält. Genauso ruhig spricht sie über all ihre Erfahrungen mit dem Unfall, obwohl sie doch zutiefst betroffen ist. Sie kämpft nun schon zig Jahre um ihr Recht, einen Ausgleich und die Anerkennung ihrer Verletzungen. Wie schafft ein Mensch sowas? Die Musik im Radio wird nochmals unterbrochen. Der Verkehrsfunk meldet den schweren Unfall auf der Autobahn. Nun sei noch ein Großtransporter in den Stau hineingefahren. Die gesamte Autobahn sei gesperrt. Vierzig, fünfzig Autos seien in den Unfall verwickelt. Es sei eine wahre Massenkarambolage. Anna und Loreen haben Glück gehabt und sind gerade noch davon gekommen.

Loreen schluckt. Wären wir nur einen Moment später losgefahren, hätten wir mitten drin gesteckt! Was für einen Schutzengel hatten wir dabei? Anna schaut auf die Autobahn. Plötzlich fliegt der Falke an Ihnen vorbei, kreiselt schräg über ihnen, steigt hoch in den Himmel und fliegt davon. Loreen zittert am ganzen Körper, sie hat Schweißperlen auf der Stirn. Sie zwingt sich, ruhig zu bleiben und denkt darüber nach, was gerade passiert ist. Doch sie schüttelt nur ihren Kopf. Ihr ist ganz schlecht vor Aufregung. Anna legt ihre Hand auf Loreens Kopf, dann auf die linke, anschließend auf ihre rechte Schulter. Ein angenehm ruhiger, sanfter Schauer durchdringt Loreens Körper. Sie wird langsam wieder ganz ruhig. Ihr laufen Tränen über die Wangen. Anna sagt nur: „Mach Dir keine Sorgen, uns passiert nichts. Du weißt, wir werden gebraucht, die Leute warten schon auf uns." Langsam steigt eine angenehme Wärme in Loreens Körper auf. Nach ein paar Minuten geht es ihr wieder richtig gut, als ob nichts geschehen wäre.

Tausend Gedanken schießen Loreen durch den Kopf. Sie weiß, was Anna alles durchgemacht hat und dass sie aufgrund grober Untersuchungen durch einen Gutachter auch noch zusätzliche Probleme mit den Kiefergelenken erlitten hat. Deshalb kann Anna den Mund des Öfteren gar nicht mehr oder nur unter größten Schmerzen öffnen. Für die Begutachtung hat sie ihre Befunde in der Klinik belassen und sie niemals wieder zurück bekommen. Es sind ihre wichtigsten Beweismittel gewesen, um den Erguss am Kopfgelenk sichtbar zu machen. Diese Befunde sind aus unerklärlichen Gründen abhanden gekommen. Der Gutachter hat die Klinik verlassen und eine neue Chefarztstelle in einem anderen Krankenhaus angenommen. Wie kann diese Frau all das verkraften?

Für Anna hat alles einen Grund. Vielleicht mussten die Schmerzen so unerträglich und ihre Situation so ausweglos sein, damit sie in der Lage sein würde, eine völlig neue Richtung einzuschlagen. Da schießt es aus Loreen heraus: „Wieso kannst Du immer so ruhig sein, wie ein Fels in der Brandung? Du hast so viel durchgemacht, hast Du keinen Hass? Ich verstehe das alles nicht. Hast Du jetzt keine Angst gehabt?" „Nein, ich habe weder Hass noch Angst. Sei geduldig mit Dir und dem Leben. Du bist auf einem guten Weg. Wenn Du diesen Weg weitergehst, wirst Du verstehen, wie es mir geht und warum ich so ruhig bin."

Neue Wege

„Nachdem ich den Glauben an die klassische Medizin als alleinige Behandlungsmethode verloren hatte, wollte ich mich trotzdem nicht damit abfinden, mein Leben lang in einem berufsunfähigen Zustand zu verbringen. Ich wusste zwar, dass meine Verletzungen nicht heilbar waren, hatte aber trotzdem nie die Hoffnung verloren, eines Tages in ein relativ regelmäßiges und normales Leben zurückkehren und vielleicht auch wieder größere Reisen unternehmen zu können. Für den Moment hatte ich jedoch keine Idee, wie es weitergehen sollte.

Michael kümmerte sich göttlich um mich. Er erkundigte sich immer wieder nach mir, aber was sollte ich sagen? Es gab keine Besserung, das war ja klar. Mit jeder Frage, die er stellte, kam all das wieder hoch, was ich versucht hatte zu verdrängen. Ich konnte auch überhaupt nicht einschätzen, wozu ich fähig war. Mehr und mehr versuchte ich, für mich selbst einen Weg zu finden, mit den Verletzungen umzugehen. Damit machte ich es natürlich auch Michael schwer. Aber ich sah keine andere

Möglichkeit, Loreen. Ich brauchte einfach viel Zeit für mich allein, ganz allein. Ich musste Kraft sammeln, um mich aufbäumen zu können. Zum Glück engagierte sich Michael im Sportverein. Obwohl er von jeher in den Bergen gelebt hatte, war er doch nie ein Skifahrer gewesen. Er liebte Tennis und Handball. Da rannte er bei Alexandra offene Türen ein, denn ihr klebte förmlich der Ball an ihrer Hand. Seit Jahren trainierte Michael verschiedene Mannschaften und kümmerte sich nebenher auch um Alexandras Spiele. So war ich oft allein daheim und konnte ganz für mich sein.

Ich ahnte, dass ich einen langen Atem brauchen würde, zweifelte aber nicht eine Minute daran, dass eines Tages wieder alles gut werden würde. Außerdem sträubte sich mein Körper dagegen, regelmäßig Medikamente einzunehmen. Mein Gedächtnis tat sein übriges. So vergaß ich immer wieder, welche Medikamente ich bereits eingenommen hatte. Irgendwann machte ich mir ein Spiel daraus, das eine oder andere Medikament einfach wegzulassen und zu sehen, was passierte. Dabei betrachtete ich die Medikamente näher und fragte meine innere Stimme, was ich absetzen konnte und was nicht." Loreen fragt erstaunt dazwischen: „Aber Du warst Dir der Risiken durchaus bewusst!" „Ja und nein. Ich informierte mich über die genaue Wirksamkeit und die Risiken des Absetzens. Dann hörte in mich hinein, welches Medikament ich wann weglassen oder in der Dosierung reduzieren könnte. Im Anschluss daran beobachtete ich meinen Körper ganz genau und verfolgte jedwede Änderung bis ins Detail. Das mag riskant gewesen sein, aber ich wollte um jeden Preis von diesen Medikamenten wegkommen!

So kam es mir gerade recht, dass eine gute Freundin von einem Pendler erzählte, der wahre Wunder mit Hilfe von alternativen Heilverfahren vollbracht haben sollte. Sie erzählte mir von einem Jungen, der an starker Neurodermitis gelitten habe. Seine Eltern seien ganz verzweifelt gewesen. Sie hätten diverse Salben und Medikamente eingesetzt, die besten Spezialisten auf diesem Gebiet konsultiert, seien jedes Jahr mit ihrem Sohn ans Meer gefahren und hätten Heilkuren mit ihm gemacht, alles ohne Erfolg. In ihrer Verzweiflung seien sie zu einem Pendler gegangen. Sein Name war Tobias Schmidt und mit Hilfe seiner Behandlungspraktiken habe sich ihr Sohn bald wieder bester Gesundheit erfreuen können. Seine Neurodermitis sei tatsächlich weitestgehend ausgeheilt.

Als zweites Beispiel erzählte sie mir von einem kleinen Mädchen, das mit dem linken Auge nach innen geschielt habe. Scheinbar seien die Muskeln zu kurz gewesen. Auch dieses Mädchen sei von dem Pendler ohne operativen Eingriff geheilt worden. Das machte mich hellhörig. Was hatte ich zu verlieren? Mein Leben war ohnehin nicht mehr lebenswert und so nahm ich jeden Strohhalm, der sich mir bot. Ich entschloss mich spontan, den Pendler aufzusuchen. Irgendwie war ich neugierig geworden. Vielleicht konnte mir der Pendler ja auch helfen, Swimming Bear zu finden. Bevor ich mich selbst behandeln lassen wollte, lag mir jedoch erst einmal Alexandra mehr am Herzen. Sie litt seit geraumer Zeit an kräftigem Heuschnupfen, den wir mit homöopathischen Mitteln leider nicht in den Griff bekamen. So war mir diese Möglichkeit, Alexandra sanft behandeln zu können, sehr willkommen.

Kurzentschlossen fuhr ich mit meiner Tochter zu diesem Pendler. Er wohnte und praktizierte etwa hundert Kilometer westlich von Zürich in einem kleinen Dorf, weit abseits des Ortes in einem kleinen Bauernhaus. Der Ort war von Wäldern und Feldern sowie kleinen Hügeln und Bächen umgeben. Das Haus hatte ein Spitzdach mit vielen kleinen Fenstern mit Fensterkreuzen. An der orangen Außenwand der Frontfassade befanden sich schöne Malereien vom blauen Himmel mit weißen Wolken und Engeln. Drei kleine Stufen führten zum Eingang. Wir klingelten und kurz darauf öffnete Tobias Schmidt die Tür. Anfangs kam er uns ein wenig unheimlich vor. Vielleicht bin ich dieses Gefühl auch nie wirklich losgeworden, aber meine Faszination und Neugier überdeckten alles. Er war vielleicht fünfzig Jahre alt und hatte lange, dunkelblonde Haare. Er erinnerte mich irgendwie an die Gestalt eines Geistlichen oder eher an einen Hexer oder Mitglieder der Inquisition. Er hatte etwas Mystisches, Ruhiges und vermittelte den Eindruck eines Hellsehers aus dem Mittelalter, wie ich sie schon oft in historischen Filmen über Verbrennungen gesehen hatte. Er hatte aber auch etwas Indianisches an sich." „Genau das Richtige für Dich!", wirft Loreen begeistert ein, doch Anna ist weniger enthusiastisch: „Es war auf jeden Fall eine spannende Erfahrung."

„Stell Dir vor: Wir gehen eine schmale Holztreppe hinauf ins Dachgeschoss. Dort betreten wir einen kleinen Raum mit einer Dachschräge und einem kleinen Fenster mit zwei Fensterkreuzen. Geradezu befindet sich ein kleiner Holztisch. Links davon liegt eine Matratze auf dem Boden, auf der eine Decke ausgebreitet ist. An den

Wänden hängen zahlreiche Bilder von Engeln mit Heiligenscheinen, Schreine und sogar Fotos von indischen Heilern. Düfte von Duftkerzen und Duftölen erfüllen den Raum. Er bietet uns zwei Stühle an und setzt sich gegenüber hinter den Holztisch. Er sagt, er sei Tobias Schmidt, aber wir könnten ihn gern Tobias nennen, und nimmt einen dicken Holzgriff in die Hand. Am oberen Ende schaut eine dicke Spiralfeder hervor, die er bedeutungsvoll von einer Seite zur anderen schwenkt. Es ist sein Pendel. Mir ist noch nicht ganz klar, wie man damit wohl therapieren kann. Fast gewaltsam muss ich mir das Lachen verkneifen und denke spontan nur an Magie und Zauber.

Dafür bin ich als Wissenschaftlerin natürlich genau die richtige Adresse. Auch die ganzen Engel an der Wand. Das ist vielleicht schön für andere. Als Souvenir und als Schutzengel habe ich davon in der Vergangenheit viel verschenkt. Aber ich selbst glaube nicht daran. Ich liebe zwar die Atmosphäre und die Musik in der Kirche, kann aber dem katholischen Glauben nichts abgewinnen. Zu viel ist in der Vergangenheit passiert, von dem ich mir nicht vorstellen kann, dass es Gottes Wille gewesen sein kann. Ich sage Tobias, dass wir gemeinsam gekommen seien, um seine Hilfe in Anspruch zu nehmen. Er meint nur, dass er mit mir beginnen wolle.

Er nimmt ein Blatt Papier zur Hand und malt meine Wirbelsäule auf. Anschließend nimmt er sein Pendel in die Hand, geht Wirbel für Wirbel ab und befragt sein Pendel nach dem Zustand und der Konstitution jeder einzelnen Stelle. Als er damit fertig ist, zeigt er mir treffsicher auf, welche Probleme ich an welchen Stellen habe. Ich schlucke nur und bin sprachlos. Tobias hat den Nagel auf den Kopf getroffen. Er schlägt mir vor, den Körper in seiner Gesamtheit zu betrachten und mit seinen Pendelkarten den Gesundheitszustand der einzelnen Organe auszupendeln. Auch hierbei deckt er exakt meine Problemfelder und sogar meinen Unfall auf. Dasselbe Prozedere vollführt er danach mit Alexandra und erklärt ihr, was sie hat, ohne dass wir vorher auch nur ein Wort darüber haben fallen lassen.

Ich bin einfach fasziniert. Er behandelt Alexandra, indem er mit seinen ,Helfern' Kontakt aufnimmt und sie bittet, alle Lichtenergie zu ihr zu senden, um die Störungen aus dem Körper herauszuziehen. Dabei lässt er das Pendel kräftig rotieren und gibt unterschiedliche Töne von sich, die sich teilweise mit Gesang mischen. Diese Prozedur scheint ziemlich anstrengend für Tobias zu sein, sodass ich fast ein schlechtes Gewissen bekomme. Später erfahre ich, dass Erzengel Michael für ihn zuständig sei, ihn beschütze und seine Heilrituale unterstütze. Anschließend beginnt er, uns noch einige Gegebenheiten unserer Vergangenheit, auch aus anderen Inkarnationen – das muss ich erstmal verdauen – nahe zu bringen. Es ist ziemlich harter Tobak, sodass ich beschließe, die Sitzung fürs Erste zu beenden und mit Alexandra heimzufahren.

Du kannst Dir wohl vorstellen, Loreen, dass ich tief durchatmen wollte. Trotz der eigenartigen Hintergründe war das Ganze ein mächtiger Denkanstoß, der mich zumindest neugierig machte. Also vereinbarte ich einen neuen Termin mit Tobias, um weitere Behandlungsansätze mit ihm zu besprechen.

Daheim angekommen, dachte ich über alles nach, was wir erlebt hatten. Es war einfach eine andere Welt, zwar real, aber sicher nicht wissenschaftlich erklärbar. Ich fragte mich: Ist es deshalb nun Humbug? Tobias hat jemanden, der für ihn zuständig ist, um mit Gott zu kommunizieren – Erzengel Michael. Vielleicht ist ja auch jemand für mich zuständig? Loreen stutzt erst und fragt dann so mutig, dass sie von sich selbst überrascht ist: „Tief in Deinem Innersten hast Du bestimmt gefühlt, dass es eine tiefe Verbindung mit den Indianern gab und Du dort die Antwort suchen musstest!" Anna schaut sie freundlich an und fährt fort: „Du hast Recht. Ich dachte tatsächlich zum ersten Mal, dass es vielleicht Ahnen, Engel oder zumindest irgend jemanden gab, der mich bisher begleitet hatte und mir behilflich gewesen war. Vielleicht hatte ich auch Ahnen bei den Indianern, die heute noch lebten, irgendwelche Helfer, die ich in meinen Träumen und Visionen immer wieder vor mir sah. Auf jeden Fall wollte ich mehr darüber erfahren und hatte das Gefühl, dass mir der Pendler dabei helfen konnte. Ich hoffte über diesen Weg Zugang zu Heiltherapien zu finden, meine eigenen Verletzungen zu kurieren und vielleicht sogar einen Anhaltspunkt zu bekommen, ‚meine' Indianer zu finden. Ich beschloss also, mich auf seine Therapie einzulassen und vereinbarte mehrere Konsultationen. Die Neugierde für all diese Themen hatte mich gepackt. Jetzt ging es nicht mehr um meine eigene Heilung. Es ging um mehr, um viel mehr. Ich weiß nicht, warum, aber mir fiel die Karte ein, die mir der Radiologe gegeben hatte. Erinnerst Du Dich, Loreen?" Loreen nickt nur stumm, es ist aber klar, dass sie es doch nicht mehr so genau weiß. „Es ging darum, dass dieser Mann, ich glaube er hieß mit Vornamen Andreas, eine ähnliche Krankheit hatte wie ich. Naja, irgendwie hatte ich das Gefühl, dass er mehr sein könnte, als nur ein Leidensgenosse. Also griff ich zum Telefonhörer und rief ihn an. Am anderen Ende meldete sich eine interessante Stimme, die sich mit Andreas Müller vorstellte. Er schlug vor, sich zu einem Kaffee in der Stadt zu treffen. Warum eigentlich nicht?, dachte ich und schlug ein.

Wir trafen uns in einem netten Cafe mitten in der Innenstadt von Zürich. Andreas hatte blonde, schulterlange Haare und war zart gebaut, obwohl er ziemlich groß war und ich zu ihm aufschauen musste. Die Sommerbräune war nur teilweise von seinem Gesicht gewichen. Er schien das Leben trotz seines Zustandes in vollen Zügen zu genießen. Wir begannen, uns über unsere Erfahrungen auszutauschen. Auch ihn hatten die Mediziner aufgegeben und keinen Rat gewusst. Irgendwann begann er, von einer afrikanischen Medizinfrau zu erzählen, die ihm geholfen habe. Ihr Name sei Mama Looloo. Andreas erzählte, dass es ihm viel besser ginge, seitdem er sie regelmäßig besuche.

Ich fand das recht interessant und informativ, konnte dem Ganzen aber trotzdem nichts abgewinnen. Spontan kam mir nur der Gedanke: Ich muss Swimming Bear finden. Meine Verbundenheit zu den Indianern war mir plötzlich ungewöhnlich stark präsent. Was sollte ich also mit einer Afrikanerin? Die Sache kam mir komisch vor. Warum sollte ich mich ausgerechnet mit einer afrikanischen Medizinfrau auseinandersetzen? Die Erzählungen brachten mich irgendwie keinen Schritt weiter. Je mehr er erzählte, desto skeptischer wurde ich. Aber Andreas ließ nicht locker. Er war sich sicher, dass Mama Looloo auch mir helfen könne. Mama Looloo verweile zur Zeit in Europa und sehe ihre Mission darin, auch hier denMenschen zu helfen und die traditionellen Heilmethoden der Afrikaner an die Menschen hier weiterzugeben. Ich lehnte dankend ab.

Daheim angekommen, dachte ich noch einmal darüber nach. Ich war durcheinander. Konnte es wirklich eine Möglichkeit geben, mich zu heilen oder wenigstens meinen Zustand zu verbessern? Aber wieso eine Afrikanerin? Wenn diese Medizinfrau so viel bewirkte, konnte sie vielleicht auch mir helfen, die Indianer und Swimming Bear zu finden? Ich war zu diesem Zeitpunkt überzeugt davon, dass ich zu den Indianern reisen musste und sie mir helfen würden. Trotzdem war ich neugierig geworden und wollte wissen, was es mit Mama Looloo auf sich hatte. Ich besorgte mir im Internet Informationen über sie und fand sogar ein Buch und Fotos. Allerdings war das Buch recht inhaltslos und sprach mich nicht an. Es waren lediglich gymnastische Übungen dargestellt, die an die Tätigkeiten von afrikanischen Frauen angelehnt waren. Dann fand ich noch ein Orakel, was mich noch mehr zweifeln lies. Ich wurde das Gefühl nicht los, dass ich es hierbei mit einer Wahrsagerin zu tun hatte, die mir wohl kaum helfen konnte. Schließlich siegte immerhin meine Neugierde und ich nahm Andreas Angebot an und vereinbarte einen Termin. Ein paar Tage später war es schon so weit. Ich will Dir genau erzählen, wie es war:

Andreas öffnet die Tür. Überall brennen Kerzen. Es ist eine angenehme Atmosphäre, ruhig und warm. Er erzählt mir, dass es an diesem Tag mehrere Konsultationen gebe und alle anschließend gemeinsam Abendbrot essen würden. Damit habe ich nicht gerechnet. Ich habe diese Zeit gar nicht eingeplant. Schließlich muss ich mich noch um Alexandra kümmern. Das bringt mich irgendwie aus dem Konzept. Ich versuche, meine Gedanken zu ordnen und zu überlegen, was ich die Medizinfrau eigentlich fragen wollte. Ich habe auch keinerlei Ambitionen, über die Konsultation hinaus mit den anderen in einer Runde zu sitzen. Ich kenne niemanden und will mich eigentlich nur behandeln lassen und gehen. Meine Familie ist mir einfach wichtiger. Außerdem bin ich sowieso durch den Wind. Im Grunde bin ich sicher, dass es ohnehin eine ‚Eintagsfliege‘ wird und ich das Thema abhaken können werde. Schließlich weiß ich, dass ich meiner Intuition blind vertrauen sollte. Und meine innere Stimme sagt mir, dass dies nicht mein Weg sein kann. Kurz: Ich habe ein mulmiges Gefühl und fühle mich irgendwie nicht dazugehörig.

Die Afrikanerin Mama Looloo hat ihre letzte Konsultation beendet. Nun bin ich dran. Ich betrete den Behandlungsraum. Mama Looloo sitzt an einem runden Tisch auf der gegenüberliegenden Seite. Als ich den Raum betrete, hält sie nichts mehr auf ihrem Stuhl. Sie steht auf, geht auf mich zu und gibt mir die Hand. Sie scheint ziemlich beeindruckt zu sein, warum auch immer. Ich habe das Gefühl, als ob sie jemand anderen erwartet hätte. Nun scheint sie ein wenig irritiert und nervös zu sein. Auf dem Stuhl sah sie ziemlich klein aus und machte einen bescheidenen, fast unscheinbaren Eindruck. Jetzt steht sie vor mir, fast einen halben Kopf größer als ich. Ich muss zu ihr aufsehen. Mama Looloo sieht noch sehr jung aus, obwohl sie schon weit über sechzig Jahre alt ist. Sie hat etwas sehr Mächtiges an sich. Auf dem Kopf hat sie die typisch geringelten, vollen, schwarzgrau gekräuselten Locken, die hinten mit einem Tuch zusammengebunden sind. Sie ist kräftig und vollbusig und hat einen behäbigen Gang. Ihre Haut ist glatt, sie hat keine einzige Falte im Gesicht.

Damit sieht sie tatsächlich fast zehn Jahre jünger aus. Neben ihr steht ein Spazierstock, der mehr zur Zierde da zu sein scheint, oder um ihr Alter und ihre Weisheit auszudrücken.

Für ihre Fortbewegung benötigt sie den Stock trotz ihres schwerfälligen Ganges zumindest nicht. Sie trägt ein prachtvolles, hellblau bis silber glänzendes, zweiteiliges Gewand aus feinem Garn, das mit filigranen Stickereien besetzt ist. Passend dazu trägt sie ein typisch afrikanisches Kopftuch, das auf dem Tisch liegt und mit denselben gestickten Mustern besetzt ist wie ihr Gewand.

Einen Moment lang stehe ich wie angewurzelt da. Mir kommt das Ganze wie ein Gemisch aus Hokuspokus, Astrologie und ein wenig Magie vor. Mama Looloo verneigt sich vor mir. Auf dem Tisch befindet sich das afrikanische Orakel. Darauf sehe ich eine Darstellung des Weltbildes mit zahlreichen, kleinen Bereichen, die wiederum mit hunderten von Symbolen bestückt sind. Zu meiner Linken bemerke ich ihre Dolmetscherin, denn Mama Looloo spricht offenbar nur französisch. Ich bin ein wenig irritiert und frage mich wieder, warum ich eigentlich hergekommen bin. Warum soll ich mich auch noch einer zweiten, unbekannten Frau anvertrauen? Und warum hat mir das niemand vorher gesagt? Im Grunde ist es doch mein oberstes Ziel, Swimming Bear zu begegnen. Aber danach kann ich diese afrikanische Medizinfrau doch nicht gleich jetzt, beim ersten Mal, fragen – oder?

Anhand meiner Geburtsdaten erzählt mir Mama Looloo viel über meine Vergangenheit und über meinen Charakter. Also doch eine Wahrsagerin. Aber woher weiß sie das alles? Und was bringt es mir? Mama Looloo erzählt mir nach und nach viele Dinge, die mich zum Nachdenken anregen. Aber an diesem Tag bin ich einfach nicht in der Lage, alles aufzunehmen, was sie mir mitgibt. Ich erzähle ihr von meinem Unfall und dass ich Hilfe benötige. Mama Looloo erwidert: „Bei Dir ist durch deinen Unfall im Körper alles Mögliche durcheinander geraten. Dir ist das Gleichgewicht in vielen Körperregionen abhanden gekommen. Da kann man nicht sehr viel machen."   Mit dieser Aussage ist also mein Urteil gefällt. Sie kann mir nicht helfen!

Ich will gerade aufstehen und gehen, da schaut Mama Looloo mich an und ich halte inne. Sie muss gespürt haben, dass ich auf dem Absprung bin und setzt ihre Ausführungen mit Nachdruck fort. Ich schaue mir das Ganze immer noch sehr skeptisch an, trommele innerlich mit den Fingern und überlegte, wie ich die Sache am besten beenden könnte.

Irgendetwas hält mich aber davon ab, sofort zu gehen. Was es ist, weiß ich nicht so genau. Vielleicht ist es Neugier oder mein Wunsch, andere Kulturen näher kennenzulernen. Oder die Möglichkeit, mehr über Heilverfahren der Naturvölker zu erfahren. Vielleicht will ich Mama Looloo auch testen und herausfordern. Außerdem hat meine Tochter mich um ein Souvenir gebeten, wenn ich schon einer so bekannten Medizinfrau begegnen würde. Vielleicht ist auch das der eigentliche Hauptgrund, noch zu bleiben.

Mir ist es unangenehm, Mama Looloo bereits bei der ersten Begegnung um etwas zu bitten, aber ich tue es für meine Tochter. Vielleicht ist es ja auch unsere letzte Begegnung, denke ich. Umso überraschter bin ich, als Mama Looloo mir ein wunderschönes, mit Muscheln verziertes Lederarmband gibt und sagt: „Deine Tochter soll dieses Armband beim Handball tragen. Zu Beginn des Spiels soll sie es am Arm hin und her drehen. Dann wird sie viele Tore werfen und so lange sie im Spiel ist, wird die Mannschaft nicht verlieren." Damit habe ich nicht gerechnet. Ich bin gerührt, obwohl mir das Ganze suspekt vorkommt. Woher weiß Mama Looloo, dass Alexandra Handball spielt? Ich habe weder Andreas noch ihr davon erzählt. Alexandra ist auch nicht die Sportskanone, die viele Tore erzielt. Sie hat bis jetzt kaum Tore geworfen! Sie ist eher in der Abwehr und im Anspiel recht gut und eher eine mittelmäßige Spielerin. Ich weiß nicht so recht, was ich davon halten soll und bin ziemlich irritiert. Ich stehe wie angewurzelt da und kann einfach nicht gehen."

Lachend wirft Loreen ein: „Mama Looloo hat Dich neugierig gemacht! Wieder hat Dein Forscherdrang überwogen." Anna lacht auch: „Ich weiß nicht, was es war. Jedenfalls hatte ich die Möglichkeit, einiges über Afrika aus erster Hand zu erfahren und ich wusste ja nicht, ob es vielleicht das letzte Mal sein könnte. Ich blieb auch nach der Konsultation noch da und lauschte den Erzählungen der anderen in einem kleinen, überschaubaren Kreis. Es war hochinteressant, Mama Looloos Ausführungen zu folgen, überzeugt haben sie mich aber trotzdem noch nicht.

Am späten Abend fuhr ich heim und fiel sofort ins Bett. In den nächsten Wochen trug meine Tochter das Armband und warf ein Tor nach dem anderen. Zur Halbserie wurde sie sogar Torschützenkönigin! Die Mannschaft verlor kein Spiel, wenn sie mitspielte, ich traute meinen Augen nicht. Irgendwann legte Alexandra aber fest, dass sie das Armband störte und behinderte. Sie hatte Angst, es zu verlieren und benutzte es nicht mehr. Ab diesem Zeitpunkt warf sie aber kaum noch Tore. Ihre Leistungen gingen wieder auf das alte Mittelmaß zurück. Den Rest ahnst Du wohl schon, Loreen, oder?"

„Du bist wieder zu ihr gegangen!", sagt Loreen ganz sicher. „Absolut richtig, Loreen. Trotz meiner Zweifel leitete die erste Konsultation eine gemeinsame Etappe mit der afrikanischen Medizinfrau ein. Es war eine andere Art der Behandlung, als ich es von der klassischen Medizin gewohnt war. Ich musste lernen, dass ich nicht erwarten konnte, sofort eine Diagnose gestellt zu bekommen, das entsprechende Medikament zu erhalten und die Behandlung zu beginnen. Bei diesen Methoden wurden Körper und die Seele als unzertrennbare Bestandteile eines Individuums betrachtet. Die Behandlung des Patienten bezog diese ganzheitlichen Aspekte in das Heilverfahren mit ein. Ich stellte fest, dass hierbei Ereignisse des Lebens von großer Bedeutung sein konnten, die einen unbedarften Patienten vielleicht nebensächlich erschienen oder die er längst verdrängt hatte. So kam es immer wieder vor, dass ich eine Konsultation mit einer Vielzahl von Fragen wieder verließ: Warum war ich eigentlich hier? Was hat mir das Ganze eigentlich gebracht? Später, nach einer Woche oder vielleicht ein paar Tagen, erhielt ich plötzlich die gesuchten Antworten.

Auch die Behandlung zeigte ganz unerwartet ihre Wirkung und ich hatte keine Erklärung dafür. Diese Medizinfrauen gaben keine Injektionen, sie gaben vielleicht unterstützende Medizin, die von Pflanzen und Bäumen entnommen und individuell für den Patienten hergestellt wurden. In der Regel wurde diese Medizin aber nur für ganz dedizierte Fälle und nur einmalig oder über einen äußerst kurzen Zeitraum hinweg verabreicht. Stattdessen konnte ich auch im Akutfall meine gesundheitlichen Probleme notfalls der afrikanischen Medizinfrau weitergeben und sie kümmerte sich in Form von Gebeten oder Zeremonien darum. Ich hatte zwar keine Erklärung dafür, wie diese Behandlungsverfahren helfen konnten. Gab es vielleicht doch noch Dinge, die man nicht sehen oder messen konnte? Gab es etwa doch etwas Göttliches und spirituelle Helfer? Im Moment überwogen meine Zweifel, auch wenn ich die Besserung immer wieder am eigenen Leib spürte. Glauben an diese Dinge konnte ich irgendwie nicht. Ich wollte dem Ganzen aber auf den Grund gehen.

Inzwischen war mein nächster Termin bei Tobias gekommen und ich war schon ganz gespannt, was dieses Mal passieren würde. Jeder Behandlungstag bei Tobias verlief ja vollkommen anders und ich wusste nie, was genau passieren würde. Dieses Mal brachte er mich dazu, meine erste schamanische Reise zu unternehmen. Das war für mich der entscheidende Auslöser, mich auf Ahnensuche zu begeben und in die Tiefen des Schamanismus einzutauchen.

Wir unterhielten uns schon eine ganze Weile, als er mir sagte, dass ich nun endlich mein Leben selbst in die Hand nehmen und meinen Weg gehen solle. Er ‚sah‘, dass ich mir schon bei meiner Geburt eine Verletzung am Kopfgelenk zugezogen hatte. Dann erklärte er mir, dass ich mehrere Generationen bei den Cheyenne Indianern verbracht und Erfahrungen mit den Schwarzfußindianern gesammelt hätte. Tobias wusste zwar nicht, ob und wo es diese Indianer gab, aber er war sich sicher, dass sich meine Ursprünge über mehrere Inkarnationen bei diesen Indianern befanden.

Er sagte, dass er bei dieser Behandlung eine ‚Wiedergeburt‘ bewirken wolle, um die Verletzungen heilen zu können. Dazu legte ich mich auf eine große Matte und Tobias deckte mich mit einer Decke zu. Ich schloss die Augen. Tobias begann, mir einige Fragen zu stellen und meine Vorstellungskraft zu wecken. Dabei sah ich meine Verletzungen als ein großes Parallelogramm, das spitz vom Kopf wegging. Die äußeren Ecken bedeckten dabei beide Schultern. Das untere Eck endete an der Brustwirbelsäule. Tobias fragte: „Welche Form soll das Parallelogramm annehmen, wenn Du Deine Verletzungen abstreifen möchtest?" Plötzlich sah ich, wie sich das Parallelogramm langsam in ein gelbseidenes Tuch verwandelte und aus meinem Körper entwich. Es wurde waagerecht vom Wind getragen und stieg zum Himmel. Das Tuch vereinte sich mit einem Adler, der seine Kreise zog und verband sich mit ihm. Ich merkte, wie ich selbst zum Adler wurde und das Tal durchflog. Ich war frei. Das Bild des Adlers entschwand und wurde zu einem Feuerball, der ganz hell leuchtete. Dieser Feuerball hatte einen nach außen ausgefransten Rand, wie eine Sonne, deren Korona nach außen dunkler wird.

Tobias hielt seine Hände an meinen Hals und bat die Ahnen, mich zu heilen. Dann begann er intuitiv, Indianergesänge zu singen. Es war nicht seine Stimme, Loreen. Sie waren es, die Ahnen, die Indianer. Auch die Sprache war mir fremd. Plötzlich sah ich das Gesicht eines Indianers vor mir. Er war mir ganz nah, wirklich hautnah. Seine Gesichtszüge waren klar, deutlicher als jedes reale Bild. Kein Foto der Welt hätte es so abbilden können. Ein zweites Gesicht tauchte auf. Dieser Indianer war wunderschön und hatte eine Lederkette vom Scheitel bis zur Nase herunterhängen. An der Kette waren Perlen befestigt. Nun tauchte zu meiner Linken ein Häuptling auf. Er schaute von links über mich hinweg, sodass ich sein Profil deutlich erkennen konnte. Er war schon sehr alt und hatte langes, graues Haar mit tiefen Falten auf der Stirn. Er beobachtete alles haargenau, schaute aber nicht in meine Richtung. Es war, als ob er über den Dingen stünde und mich bewache.

Auf einmal spürte ich ein befreiendes Gefühl. Ich schlug die Augen auf und hatte keine Schmerzen mehr! Mein Kopf wurde leicht und ich konnte ihn in alle Richtungen bewegen. Es war unglaublich! Nach der Sitzung saßen wir uns eine Weile schweigend gegenüber. Eine ganz besondere Atmosphäre durchdrang den Raum. Tobias sagte zu mir, dass er gefühlt habe, wie die Indianer mir jeden Wirbel gereinigt hätten. Die Indianergesänge konnte Tobias sich überhaupt nicht erklären. Er hatte so etwas selbst noch nie gehört, geschweige denn gesungen. Es lag ein Knistern im Raum. Tobias bemerkte nochmals: „Anna, Du hast Deine Ursprünge bei den Indianern". Tiefe Emotionen kamen in mir hoch. Wir beide waren uns sicher, dass ich auch in Tibet eine Vergangenheit hatte, vielleicht auch Mittelamerika.

Wie benebelt fuhr ich heim. Ich konnte mir das Ganze nicht erklären und begann, mir Notizen zu machen. Es war das erste Mal in meinem Leben, dass ich es bereute, dass sich meine Zeichenkünste in einem engen Rahmen hielten. Ich war nicht einmal ansatzweise in der Lage, die Gesichter der Indianer so zu Papier zu bringen, wie ich sie gesehen hatte. In meinem Gedächtnis hatten sie sich fest eingebrannt. Ich war Ihnen sehr dankbar. Erstmals nach meinem Unfall war ich zumindest eine gewisse Zeit schmerzfrei und konnte meinen Kopf frei bewegen.

Die Bilder und Visionen waren so beeindruckend gewesen, dass für mich eine neu Ära begann. Seit langem kam mir auch die Nähe zu Tibet wieder zu Bewusstsein. Vor Jahren hatte ich schon gemeinsam mit Michael eine Reise nach Lhasa geplant. Aufgrund der politischen Situation und der beruflichen Rahmenbedingungen hatten wir es aber wieder aufgegeben.

Ich erinnerte mich, wie ich schon in meiner Jugend gemeinsame, wochenlange Gebirgsreisen mit Freunden unternommen hatte." Loreen unterbricht Anna und zeigt Ihr, wie interessiert sie war und gut sie aufgepasst hat: „Du meinst die Reise, wo Ihr nur mit Zelt und Rucksack ausgerüstet wart und eine Grundhöhe von zweitausend Metern selten unterschritten habt." Anna schmunzelt: „Du hast Recht, aber ich wollte eigentlich etwas anderes erzählen. Ich hatte schon viel über den tibetischen Buddhismus gelesen. Mir kamen die Bilder aus meiner Kindheit zurück ins Bewusstsein. Ich sah mich im Zimmer sitzen und die Buddha-Figur fertigen, sah mich selbst, wie ich die Figur bemalte und im Kinderzimmer aufbewahrte. All diese Dinge kamen nun in Bildern und Gedanken zu mir zurück. Ich wollte mehr lernen, erfahren und auf die Suche gehen. Ich war überzeugt davon, dass die Indianer mir helfen konnten, sogar aus der Ferne. Ich wusste, dass Mama Looloo ihre Ahnen anbetete und sie mir halfen. Hatte ich etwa mit Ihrer Hilfe den ersten Schritt zu meinen eigenen Ahnen getan? Ich war entzückt und glücklich. Während der Rückfahrt liefen mir die Tränen über die Wangen. Ja – sie liefen und liefen und wollten gar nicht aufhören zu laufen. Es waren Tränen des Glücks."

Auf und Ab

„Überschattet wurden diese neuen Glücksgefühle von meinem Überlebenskampf, denn die Befreiung hielt nicht allzu lange an. Ich war vermutlich noch nicht stabil genug, auch wenn ich mit aller Macht versuchte, wieder in die Arbeitswelt zurückzukehren. Es begann schon mit dem Aufstehen, wofür ich manchmal mehr als eine halbe Stunde brauchte. Meist war Reizüberflutung an der Tagesordnung. Ich konnte die Stimmen den Personen nicht zuordnen und laute Musik nicht ertragen. Bei hellem Licht musste ich die Augen schließen. Übelkeit und Schwindel waren meine ständigen Begleiter, von den Schmerzen ganz zu schweigen.

Ich versuchte zu arbeiten, musste aber immer wieder daheim bleiben. Mal hielt ich eine Weile gut durch, mal weniger gut. Abends dann fiel ich jeden Tag vollkommen erschöpft ins Bett und hatte viel zu wenig Zeit für Alexandra. Keine Reize um mich zu haben, war zu dieser Zeit das Höchste der Gefühle. Ich hatte mir angewöhnt, Freiräume zu schaffen, um allein zu sein und regelmäßig in Träumen zu reisen und zu meditieren. Das war eigentlich fast das Einzige, was mich hochhielt neben dem Gedanken, vielleicht eines Tages Swimming Bear zu begegnen. Was auch immer ich durchstehen muss, ich werde ihn treffen, irgendwann. An diesem

Gedanken hielt ich mich fest. Solange musste ich erst einmal für mich allein ‚reisen'. In der nächsten Zeit lief es aber nicht besonders gut.

Eines Tages wurde ich von meiner Firma zu einem Seminar namens ‚Work-Life-Balance' geschickt. Zu Beginn war ich recht optimistisch, musste aber bereits nach den ersten Stunden feststellen, dass ich körperlich nicht in der Lage war, länger zu sitzen. Dazu kamen die Koordinationsprobleme. Die Namen der acht Teilnehmer konnte ich mir einfach nicht merken. Stell Dir das vor, Loreen, ich habe Sie immer wieder vergessen! Obendrein konnte ich wieder die Stimmen den Personen nicht zuordnen. Es war ganz schön frustrierend. Bis dahin hatte ich gedacht, dass ich bereits einen Weg gefunden hatte, mit den Einschränkungen klar zu kommen. Jetzt wurde mir vorgeführt, dass das wohl ein großer Irrtum gewesen war.

Die folgenden Tage ging ich wie benebelt zur Arbeit und bekam nur Bruchteile von den Meetings mit. Einige Kollegen backten einen Kuchen, um mich aufzumuntern. Ich war überrascht, damit hatte ich nicht gerechnet. Nun musste ich etwas sagen. Es kostete mich eine unheimliche Überwindung, die richtigen Worte zu finden. Nur mit Mühe konnte ich die Tränen zurückhalten. Ich wollte gern meine bisherige Zurückhaltung erklären, aber ich brachte kaum ein Wort heraus. Immerhin bedankte ich mich herzlich und war insgeheim froh, dass sie das Thema wechselten. Ich wollte ohnehin nicht über meine Verletzungen zu reden, sondern sie lieber verdrängen und abstreifen.

Abends fiel ich dann vollkommen erschöpft ins Bett. Mein Kopf war voll mit Fragen: Wie soll das nur weiter gehen? Werde ich jemals wieder ins normale Leben zurückkehren können? Werde ich wieder in der Öffentlichkeit stehen können, ohne umzukippen oder zusammenzubrechen? Werde ich wieder an Konferenzen teilnehmen können? Werde ich mich wieder besser um meine liebe Tochter kümmern können? Werde ich mit ihr wenigstens etwas Sport treiben oder radeln können? Und dann gab es da noch die Konferenz in Cannes. Jahrelang hatte ich in der Firma gekämpft, an dieser großen Konferenz teilnehmen zu dürfen. Nun hatte ich endlich die Möglichkeit dazu, es war bereits alles gebucht. Und nun machte mein Körper nicht mehr mit. Ich hatte das Gefühl, dass jeder Reiz das Fass zum Überlaufen bringen würde. Jetzt hatte ich nur noch vier Tage zur Verfügung, um mich so weit zu erholen, dass ich dort hin fliegen konnte. Tag für Tag bekam ich Infusionen. Damit sahen die kommenden Tage etwas besser aus, denn bereits die erste hatte mir zumindest im Kopf eine gewisse Erleichterung gebracht. Es war Freitag, kurz vor dem Wochenende, und ich hatte bereits einen vollkommenen Einbruch erlebt. Am Sonntag begann die Konferenz. Die Flüge, die Unterkunft, alles war doch schon gebucht. Was sollte ich tun, Loreen?

In der Notaufnahme bekam ich Spritzen, nach denen es mir auch nicht besser ging, im Gegenteil: Ich schaffte es gerade noch, heim zu kommen, traute mich aber nicht, irgendetwas zu essen und legte mich den ganzen Tag mit geschlossenen Augen auf die Couch. Ich konnte mir nicht im Entferntesten vorstellen am Sonntag zu fliegen. Ich hätte ja nicht mal meinen Koffer packen können. Irgendwann dachte ich: Für diesen Tag muss ich mich wohl oder übel krank melden. Es war wirklich gemein.

Mein einziger Strohhalm damals war die afrikanische Medizinfrau. Ich erinnerte mich an Andreas und das Angebot, jederzeit anrufen zu können. Jetzt war der Zeitpunkt gekommen. Ich rief Andreas an und bat ihn, Mama Looloo über meinen Zustand zu informieren und sie um Hilfe zu bitten. Glücklicherweise war ich allein. Ich betete, dass sie mir helfen würde, schlief aber bald darauf ein. Als ich wieder aufwachte, konnte ich zumindest wieder aufstehen, ohne sofort das Gleichgewicht zu verlieren. Am folgenden Tag ging es mir schon besser, sodass ich etappenweise meinen Koffer packen konnte. Zwischenzeitlich legte ich mich dann immer wieder hin. Loreen, ich glaube, ohne die Hilfe dieser afrikanischen Medizinfrau wäre das wohl nie möglich gewesen! So richtig fassen konnte ich es noch immer nicht ganz, was da eigentlich passiert war und wie es funktionierte. Das Ergebnis war aber eindeutig, ganz klar. Von da an wusste ich ganz sicher, dass ich irgendwie nach Cannes fliegen und die Woche relativ gut überstehen würde.

Der Konferenzservice war hervorragend durchorganisiert, so dass ich in der Gewissheit fliegen konnte, bestens betreut zu sein und mich um nichts kümmern zu müssen. Das hatte ich auch nötig, da ich mir doch nichts merken konnte und mir selbst für Kleinigkeiten im Alltag eine Liste anfertigen musste. Am Nachmittag in Cannes angekommen, registrierte ich mich bei der Konferenz, ging ins Hotel zurück und aß eine Banane. Anschließend legte ich mich ins Bett, las noch ein wenig in einem Buch über afrikanischen Schamanismus, schaute fern und schlief ein. Obwohl es gerade erst achtzehn Uhr war, schlief ich durch bis zum nächsten Morgen.

Dank der komfortablen Kinosessel und des halbdunklen Lichts konnte ich vollkommen relaxed der Konferenz folgen. Ich konnte mein Hirn trainieren und gleichzeitig den Kopf anlehnen. Es war einfach göttlich, ich genoss jede Minute. In den Pausen konnte ich mich in den großen Räumen unterhalten oder auch rausgehen. Draußen war es angenehm warm. Hier gab es kein Herbstwetter mit Regen und ersten Schneefällen. Hier konnte ich sogar fast kurzärmelig gehen und das Rauschen der Wellen genießen. Daran konnte ich mich gar nicht satt sehen. Auch die Mahlzeiten wurden bei einem angenehm ruhigen Ambiente gereicht, was mir absolut entgegenkam. Sie waren auch nicht zu üppig, sodass ich meine Übelkeit recht zügig überwand. Bei den Abendveranstaltungen konnte ich ebenfalls gemütlich sitzen oder gar stehen, was meinen Zustand erleichterte. Trotzdem ging ich recht früh ins Hotel, um meinem Körper Entspannung zu gönnen. Auch Nachts war es hier noch recht warm. Nur ein warmer Schauer an der einen oder anderen Ecke durchbrach für kurze Zeit das ruhige Wetter. Dafür war aber ein dünnes Regencape durchaus ausreichend. Und im Anschluss daran setzte das angenehm warme Wetter ja wieder ein.

Für mich war es ein Highlight gewesen und ich war glücklich, es geschafft zu haben. Ich hatte mich trotz dieser Verletzungen nicht kleinkriegen lassen. Allerdings bereiteten mir die Rückreise und die Gepäckbeförderung erhebliche Probleme. Die Woche hatte mir unheimlich viel gebracht, mir aber auch die letzte Kraft geraubt. Ich wusste gar nicht, wie ich heimkommen sollte. Irgendwie habe ich dann doch geschafft – wahrscheinlich habe ich all mein Adrenalin zusammengenommen, um auch die Rückfahrt durchzustehen. Dann fiel alles von ihr ab. Ich hatte das Gefühl, drei Tage durchschlafen zu müssen.

Am Folgetag ging ich wiederum zum Orthopäden, der mir etwas vorwurfsvoll eine Auszeit verordnete. Leider gingen mein Zustand und die Gesamtsituation auch an meiner Familie nicht spurlos vorbei. So bekamen auch noch Alexandra und Michael eine dicke Magengrippe. Nun mussten wir uns gegenseitig pflegen und die ersehnte Ruhe blieb aus. Alexandra muss wohl auch mehr unter meiner Abwesenheit gelitten haben, als mir damals bewusst war. Die Anforderungen in der Schule waren hoch und die Kinder untereinander gnadenlos. Das Schlimmste für mich war, wenn meine Tochter krank war. Es war auch immer meine größte Angst, dass ich für meine Familie nicht mehr da sein könnte. Das war im Grunde alles, was mich am Leben hielt: meine Familie. Und jetzt hatte ich meine Liebsten auch noch im Stich gelassen! Alexandra und auch Michael mussten mich sehr vermisst oder sich sogar Sorgen gemacht haben. Ich schwor mir, in nächster Zeit nie wieder solange allein wegzubleiben und mehr Zeit für die Familie zu haben, besonders für meine Tochter. Sie erholte sich Gott sei Dank relativ schnell wieder, aber nicht, ohne vorher ihren Papa anzustecken, den ich jetzt versorgen musste. Am Abend ging ich zum Querflötenunterricht, um mich abzulenken. Obwohl ich wusste, dass die Schmerzen schier unerträglich sein würden, war es doch einer kleiner Lichtblick, der mir Freude machte. Wir spielten ‚Cavatina'. Das Stück war wunderschön und ich konnte nicht an mich halten. Mir kamen die Tränen. Mir wurde erst jetzt so richtig klar, dass ich nicht nur meinen eigenen Kampf durchzustehen hatte. Ohne den Schutz der Familie würde Alexandra zerbrechen. Das war eine wichtige Erkenntnis und Aufgabe zugleich. Ich muss überleben, für Alexandra, für meine Familie!

In der nächsten Zeit war irgendwie keine Besserung in Sicht. Es vergingen Tage, Wochen, Monate. Ich hatte keinerlei Konzept, wie ich dieses ständige Auf und Ab abstellen könnte. Diese extremen Einbrüche waren einfach frustrierend. Ich hatte sogar einen weiteren Termin bei der afrikanischen Medizinfrau verstreichen lassen. Ich glaubte an nichts mehr. Die einzige Chance, die ich sah, war so eine Art Überlebenstraining, körperlich und geistig. So versuchte ich massiv, konzeptionell zu arbeiten, externe Firmenkontakte zu pflegen und Gastvorlesungen an Universitäten zu halten. Mein Arbeitgeber kam mir glücklicherweise entgegen, in dem ich zwei Tage die Woche daheim arbeiten durfte. So konnte ich zwischendurch die nötigen Ruhephasen einlegen, die ich dringend benötigte und in den unmöglichsten Stellungen arbeiten, um die Schmerzen besser zu ertragen. Außerdem konnte ich auch meine regelmäßigen Behandlungen ohne Stress wahrnehmen.

Und ich war in der Lage, die Fähigkeiten meines Gehirns zu trainieren. Langsam verbesserte sich meine Konzentrationsfähigkeit. Allmählich fand ich auch wieder die Buchstaben auf der Tastatur, sodass sich meine Tippfehler verringerten. Obwohl ich Entfernungen nicht richtig einschätzen konnte, fuhr ich jeden Tag mit dem Auto zur Arbeit. Auf meinem Arbeitsweg lag die Autobahn, deren Fahrstreifen erneuert wurden. Das hieß im Klartext, jeden Tag vier bis fünf Kilometer durch Baustellen zu fahren. Die Spuren waren schmaler als gewöhnlich. Ich hatte oft Schweißausbrüche, da ich weder die Entfernungen vor, noch hinter mir, geschweige denn neben mir einschätzen konnte. Das ging ungefähr ein halbes Jahr. Glaub mir Loreen, es war die Hölle auf Erden, aber es war ein auch ein super Training! Ich lief zwar jahrelang noch gegen irgendwelche Tische, Stühle, Türrahmen oder sonstige Dinge." Anna macht dazu eine komische Geste, die Loreen zum Lachen bringt, dann fährt sie fort: „Aber die Vielzahl der Blessuren verringerte sich bei weitem und ich fühlte mich nach einiger Zeit wieder etwas sicherer im Straßenverkehr.

Ansonsten wechselten Höhen und Tiefen. Mit der Zeit waren sie aber nicht mehr so exzessiv und bedrohlich. Ich gewann zunehmend an Zuversicht und Hoffnung und begann langsam, Schritt für Schritt nach vorn zu sehen. Schließlich war ich sogar so weit, dass ich wieder schwimmen gehen konnte. Das erste Mal wieder Ansätze von Sport! Aber das wichtigste war: Meine Träume und Visionen wurden zu meinen ständigen Begleitern. Visionen und Realität begannen von Zeit zu Zeit zu verschwimmen. Mein Leben änderte sich grundsätzlich. Es begannen ganz erstaunliche Ereignisse, die ich weder begreifen noch einordnen konnte. Ich machte Erfahrungen, die ich mir wissenschaftlich nicht erklären konnte und die all meine bisherigen Erfahrungen und Erklärungsversuche ad absurdem führten. Langsam ging ich davon ab, alles logisch oder wissenschaftlich erklären zu müssen. In diesem Zeitalter war man wohl einfach noch nicht in der Lage, diese Energien zu messen. Aber sie waren da! Ich sah es, spürte es, wieder und wieder. Mein neuer Leitspruch wurde: „Man muss nicht alles verstehen." Ich begann, diese Erfahrungen bewusster wahrzunehmen und zu glauben. Inzwischen wusste ich, dass ich von meinen Ahnen beschützt wurde und der ‚Spirit', der ‚große Geist' oder wer oder was auch immer es war, mir Zuversicht gab und mir den Weg wies. Nun musste ich nur noch seine Zeichen richtig deuten und dem Weg folgen.

Eines Tages wurde ich zu einer Fachtagung der Universität Linz für einen Vortrag eingeladen. Darauf freute ich mich riesig, denn es war wieder einmal eine richtige Herausforderung. Ich referierte gern vor Studenten. Das hielt mich selber jung und ich musste der Argumentation junger Leute folgen und darauf reagieren können. Außerdem war inzwischen Vorweihnachtszeit. Ich liebte das kalte und verschneite Wetter, es war einfach wunderbar. Ich hatte ein Hotel am Rande der Stadt gebucht, um ein paar Schritte durch das verschneite Linz gehen zu können. Im Eingangsbereich des Hotels stand ein riesiger Christbaum und es wurden Spekulatius, Lebkuchen und Stollen sowie Glühwein gereicht. Ich wollte mir kein Taxi zur Tagung nehmen und genoss lieber das langsame Erwachen der Stadt in den frühen Morgenstunden. Die Konferenz selbst fand nahe des Linzer Schlosses statt. Am Abend gab es die Möglichkeit den Christkindlmarkt mit offenen Feuern, heißen Maroni und sonstigen Leckereien zu besuchen. Eine Führung durch die Altstadt sowie ein Rittermahl am offenen Kamin rundeten die Konferenz entsprechend ab.

Am nächsten Tag musste ich mit dem Auto zurückfahren. Es war über Nacht total eingeschneit und ich hatte keinerlei Ausstattung, um es vom Schnee zu befreien. Darauf war ich nicht wirklich vorbereitet. Ich suchte das ganze Auto ab, nichts. Da fiel mir ein, dass ich ja noch die Parkuhr hatte. Ich dachte: Die müsste hart genug sein, um das Eis abzukratzen. Meine letzten Tempo-Taschentücher nutze ich, um die Scheiben vom Schnee zu befreien. Mit dem Schnee putzte ich dann die Scheiben. Das sah schon mal ganz gut aus. Aber dann kam die Rückfahrt.

Es war grausiges Wetter, schlechte Sicht, bewölkt aber kaum Neuschnee, sodass die Scheibe sofort wieder schmutzig war. Ohne Niederschlag waren die Fenster aber so trocken, dass ich nur die Spritzer des vorausfahrenden Fahrzeugs abbekam. Normalerweise wäre das kein Problem gewesen, aber es war so kalt geworden, dass die Scheibenwischerflüssigkeit eingefroren war. Nun hatte ich nur zwei Alternativen: mit vielen schmutzigen Punkten oder aber mit verschmierten Schmutzstreifen auf der Frontscheibe zu fahren. Ich fuhr den nächsten Parkplatz an, putzte die Scheiben und betete: Bitte lass mich die Fahrt gut überstehen. Dann stieg ich wieder ins Auto ein. In kürzester Zeit war die Scheibe so schmutzig, dass ich fast nichts mehr sehen konnte. Inzwischen war es dunkel geworden und die entgegenkommenden Fahrzeuge mit ihren Scheinwerfern gaben mir noch den Rest. Beim Autofahren hatte ich mir angewöhnt, laute Indianermusik zu hören. So spielte ich auch an diesem Tag die Rhythmen der Indianer mit den typischen Ahnenrufen. Ich sang mit und rief laut: „Ye la le yeye.., Papa bitte, hilf mir doch, dass ich besser sehen kann! Bitte hilf mir!" Ich sah wieder das Gesicht des Häuptlings vor mir, das ich in der Vision bei Tobias so deutlich erkannt hatte. Ich sang, so laut ich nur konnte. Die Fahrt war unheimlich anstrengend und ich befürchtete schon, dass ich nicht heil daheim ankommen würde. Gott sei Dank hielt das schlechte Wetter aber nicht lang an, denn auf einmal klarte es auf. Es wurde trocken, die Wolken waren wie weggeblasen und der Mond kam heraus. Es war, als ob jemand das Licht eingeschaltet hätte. Der Mond leuchtete so hell, dass ich den Rest der Fahrt problemlos hinter mich brachte und daheim gemütlich auf der Couch versank.

Es war einfach unfassbar, Loreen. Ich hatte zu viele Gedanken auf einmal: Was ist da passiert? Bilde mir das alles nur ein? Das gibt es doch gar nicht! Ich war jedenfalls unheimlich glücklich und dankbar. Es war irgendwie verrückt. In den nächsten Wochen hatte ich immer wieder Träume und Ahnungen, die ich anfangs noch nicht deuten oder einordnen konnte. Ich träumte zum Beispiel von vielen Leuten, die am Strand feierten. Es war ein schöner Strand nahe einer Felswand. Plötzlich wurden sie von einer Flutwelle erfasst und kletterten hoch, um sich zu retten. Was war das? Ich wachte schweißgebadet auf. In der nächsten Nacht gingen die Träume weiter. Wieder saßen Leute an einem Felsen am Strand. Ganz unerwartet kam eine riesige Welle auf sie zu und sie konnten ihre Handtücher gerade noch retten und fortlaufen. Ich war total irritiert. Ich überlegte und brachte diese Träume zuerst mit dem Hurrikan in Verbindung, den ich vor Jahren selbst erlebt hatte. Aber die Landschaft passte nicht. Erst Wochen später sah ich die Bilder vom Tsunami im Fernsehen und erkannte die felsige Landschaft wieder. Oh mein Gott, dachte ich, das gibt es doch nicht.“ Anna grinst: „Vor Schreck war ich nahe dran, mich zu übergeben. Ich konnte das einfach nicht glauben.“

Nun musste ich mich sammeln. Es war nicht der einzige Traum gewesen, in dem ich Dinge gesehen hatte, die später Wirklichkeit wurden. Ich hatte aber nie näher darüber nachgedacht und es einfach ignoriert. Jetzt wurde das anders. Ich begann, die Umwelt und meine Träume bewusster wahrzunehmen und zu interpretieren. Irgendwie machte mich das Ganze neugierig. Das musste ich wohl auch, denn kurz darauf hatte ich wieder einen intensiven Traum. Ich wusste nicht so recht, wie er zu deuten war.

Im Traum suchte ich meinen Vater. Ich rannte durch ein großes Gebäude mit vielen, riesigen Treppen. Ich betrat eine große Halle und sah ihn dort sitzen. Vorher hatte ich bereits meine Mutter getroffen. Nun saßen sie beide einfach da. Die große Halle hatte riesige Glasfenster vom Boden bis zur Decke. Am Ende der Halle nahe der Fensterfront sah ich sie. Mein Vater saß in einem Rollstuhl. Sein Schädel war transparent und mit einer urinfarbigen Flüssigkeit gefüllt. Er war an Geräte angeschlossen, aber geistig voll da. Ich sperrte meinen Mund auf und konnte es nicht glauben. Dann nahm ich meine Hand vom Mund und musste die Tränen unterdrücken. Meine Mutter stand hinter mir. Ich blieb wie angewurzelt stehen und blickte zu meinem Vater. Er sagte: „Je öfter sie das durchspülen müssen, je eher... mal sehen." Ich stand wie angewurzelt da und Mutter saß schweigend daneben. Hinter ihm saß ein weiterer Mann, bei dem das Stadium noch weiter fortgeschritten zu sein schien.

Ich wachte auf und war ziemlich schockiert und benebelt, aber das kannst Du Dir wohl denken. Warum kommen diese Träume zu mir? Was hat das alles zu bedeuten? Was soll ich daraus ableiten? Wie kann ich dieses Wissen nutzen? Was passiert mit meinem Vater? Was wird mich da erwarten und was kann ich tun? Oft hatte ich mich in den letzten Wochen gefragt, was eigentlich meine Lebensaufgabe sei. Ich hatte keine Antwort darauf. Ich wusste nur, dass ich am liebsten Menschen helfen wollte, so wie Swimming Bear es tat. Im selben Augenblick dachte ich jedoch, dass dieser Traum einfach zu vermessen war. Ich hatte keine Ausbildung, war kein Indianer und musste hier meinen ‚Job' tun, um die Familie zu ernähren und zu leben. Wie ich in diesen Job zurückkehren könnte, wusste ich nicht. Eigentlich wollte ich es auch nicht mehr. Stattdessen wollte ich meine Kraft einsetzen, um meine Aufgabe auf diesem Planeten herauszufinden. Ich wusste inzwischen, dass man nicht einfach Medizinmann werden konnte. Ich wusste auch, dass man dazu berufen wurde, von den Indianern ausgewählt.

Es war Winter und Weihnachten war nicht weit, die Zeit der Ruhe und Besinnung, Zeit für die Familie. Die Weihnachtsfeiertage verbrachte ich fast ausschließlich auf der Couch, in Literatur über Schamanismus vertieft. Ich begann, diese Bücher fast zu verschlingen. Es gab mir unheimlichen Auftrieb und die Gewissheit, dass ich mir das, was ich erlebt hatte, nicht nur einbildete. Da gab es Menschen, die ähnliche Erfahrungen gemacht und darin einen Weg gefunden hatten, sich selbst zu heilen und sogar anderen Menschen zu helfen. Faszination und letzte Irritationen wichen der Neugier und dem tiefen Wunsch, selbst einmal zu den Indianern zu reisen. Immer wieder stellte ich mir nur die eine Frage: Wie komme ich zu dem Medizinmann, der mir helfen kann?

Ich fühlte bald, dass diese afrikanische Medizinfrau nicht die Person war, die für mich zuständig war. Unterschwellig hatte ich in ihrem Umfeld immer noch ein sonderbar mulmiges Gefühl. Mir war aber auch klar, dass sie mir helfen würde und im Moment eine wichtige Bedeutung für mich hatte. Vielleicht war sie auch nur der Schlüssel für mein eigentliches Ziel. Ich hatte das Gefühl, dass sie geschickt worden war, um mich in die Heilverfahren der Naturvölker einzuführen und damit mein Leben zu retten. Schon Gleichzeitig spürte ich aber auch, dass die afrikanischen Heilverfahren nicht mein eigentlicher Weg sein würden, sondern nur eine Lebensetappe. Mir war zu viel Astrologie dabei und dieses mulmige Gefühl, dass ich einfach nicht los wurde. Warum ich Mama Looloo im Grunde wirklich begegnet war, war mir zu dieser Zeit eigentlich vollkommen unklar. Ganze drei Jahre sollte es dauern, das herauszufinden."

Unerwartete Begegnungen

„Erstmal musste ich mich entscheiden, denn Mama Looloo kündigte sich an und wollte mich daheim besuchen. Das war wohl etwas ganz Besonderes. Sollte ich mich darauf einlassen? Ich grübelte ein wenig, aber wahrscheinlich hat meine Neugier gesiegt. Es war das erste Mal, dass eine Afrikanerin meine Familie daheim besuchte. Sie betrat die Wohnung und zog ihre Schuhe aus. Zumindest Manieren hat sie, dachte ich. Auch die Dolmetscherin war dabei. Nach einer herzlichen Begrüßung ging Mama Looloo zielgerichtet zu meiner Glasvitrine ins Wohnzimmer, als wenn sie geahnt hätte, dass dort die ganzen spirituellen Gegenstände standen. Vor Jahren hatte ich den Wedel eines Häuptlings aus Benin geschenkt bekommen, der einen zentralen Platz in der Familienvitrine einnahm. Für mich war er so eine Art Schutz vor schwarzer Magie. Dazu kamen viele andere Gegenstände der Maori und anderer Volksgruppen. Auf dem Wohnzimmertisch hatte ich einen Kerzenständer für die Ahnen aufgestellt.

Es wurde ein interessanter Abend. Zur Einstimmung spielte ihr Alexandra ein wenig auf dem Klavier und ich etwas auf der Querflöte vor. Wir aßen Fisch und setzten uns zusammen. Wir unterhielten uns über Gott und die Welt und kamen vom Hundertsten ins Tausendste. Anschließend gingen wir gemeinsam zurück ins Wohnzimmer und Mama Looloo begann zu erzählen. Die Dolmetscherin übersetzte und ich versuchte, das wichtigste aus ihren Erzählungen niederzuschreiben. Ich hätte die ganze Nacht zuhören können.

„Wenn es regnet, gibt es viele Wolken. Dann steigen die Delphine auf und ‚gehen‘ an andere Orte. Dort tauchen sie wieder auf. Kein Mensch kann sich das wirklich erklären. Wenn ich arbeite, sehe ich meinen Großvater vor mir. Er ist einfach da und es ist so, als ob er mit mir spreche. An vielen spirituellen Orten dieser Welt, zum Beispiel in Indien, werden keine Zeremonien mehr für die Erde und das Wasser abgehalten. Auch in Afrika gibt es spirituelle Orte, an denen keine Zeremonien mehr stattfinden. Dann gibt es dort Katastrophen. Die Kelten hatten ihre ‚Kirchen‘. Die Katholiken dagegen haben Kirchen nicht gebaut, sie haben sie ‚verzwergt‘ und getreten. Nicht die Kirche bildet die Menschen. Es ist wichtig die Potentiale zu nutzen, die in Euch selbst stecken. Ich habe mich immer gefragt, warum habt ihr nur neun Ziffern, warum? Das ist viel zu wenig! Es gibt keine Erklärung dafür. Das deutsche Alphabet, auch hier in der Schweiz, hat nur sechsundzwanzig Buchstaben, auch die USA verfügen nur über sechsundzwanzig Buchstaben. Das ist ein Handicap.

Ein Alphabet muss mindestens hundert Buchstaben haben. Früher hatte Europa sechzehn Buchstaben, dann wurden zehn neue Buchstaben erfunden. Schaut Euch doch an, Ihr sprecht mehr als sechsundzwanzig Buchstaben. Viele Laute wurden noch nicht entdeckt. Die Sprache vieler afrikanischer Völker haben vierzig Zeichen oder mehr. Die Menschen entwickeln sich, wenn es viele Buchstaben in der Sprache gibt. Die Chinesen und Japaner verfügen über fünfzig Schriftzeichen und sie überholen uns jetzt. Ich lebe hier in Europa und weiß, der Planet zählt auf Euch, aber Ihr kümmert Euch nur um Bewaffnung. Ich habe keine Angst. Wenn man Angst hat, kauft man sich Waffen, statt das Geld für das Essen der Kinder auszugeben. Die Menschen benötigen das Gehalt für die Familie, mehr wollen die Leute nicht. Viele Menschen haben nichts. Die meisten Leute schlafen in kleinen Räumen, vielleicht fünfzehn Quadratmeter groß, legen sich hin, rollen sich zusammen, damit alle Platz zum schlafen haben. Die Reichen haben riesige Häuser. Europa hat kein Sozialwesen – der Stärkere gewinnt. Ich habe immer gesagt: Kümmert Euch um die Jungen, sonst sammeln sie sich, weil sie keine Arbeit haben. Wenn Du als Schwarzer in der Nähe bist, wo ein Auto verbrannt wird, wirst Du ausgewiesen. Die jungen Leute können ferngesteuert Autos verbrennen – wir alten können das nicht. Sie fahren mit dem Auto, lassen Benzin auslaufen. Sobald das Auto weg ist, zündet ein anderer ferngesteuert das Benzin an. Es ist kein Mensch draußen zu diesem Zeitpunkt. Auch die Revolution hat in Frankreich begonnen und Deutschland hat „Hurra" geschrien.

Ein kleiner Junge darf sich nicht mit Dummen zusammentun. Bringt ihm bei, richtig zu leben und ihn glücklich zu machen. Mein Cousin war ein exzellenter Schüler in Mathematik, hat an der Universität studiert. Dort gab es einen weißen Mitschüler. Ihm hat er alle Sachen erklärt, die er nicht verstanden hat. Im Examen war mein Cousin der Beste, sein Freund war dritter. Aber sie haben ihn auf die zehnte Stelle gesetzt. Ich habe ihm gesagt: Lass sie, sie haben die Methoden. Ich habe immer vorausgesagt, dass die Mauer fallen wird. Wenn Du einen Krieg gewonnen hast, bist Du der große Verlierer. Du hast unzählige Menschen und das Material verloren. Heutzutage befinden wir uns im Zeitalter der modernen Sklaverei. Früher haben die Sklaven die Peitschenhiebe am leiblichen Körper erfahren und die Schmerzen verspürt. Heute gibt es die intellektuelle Sklaverei, man trampelt auf Euch herum und Ihr merkt es nicht einmal. Ich möchte lieber die Schmerzen am Körper spüren, als seelische Grausamkeiten.

Schaut Euch die Entbindungen heutzutage an. In vornehmen Familien wurde irgendwann festgelegt, dass eine Frau bei der Entbindung in einem weißen Bett bequem liegen muss. Bei den Naturvölkern in Afrika entbindet die Frau in der Hocke mit breiten Beinen und sie wird von zwei Personen seitlich abgestützt, die dann das Baby in Empfang nehmen. Das Baby muss Platz haben, um das Licht der Welt zu erblicken. Beim Liegen ist die Vagina recht geschlossen, das Baby hat keinen Platz und so kommt es zu unzähligen Kaiserschnitten. Wenn ich mich in einer Situation befinde, die ich ganz schnell vergessen möchte, stütze ich meinen Kopf auf der linken Seite ab und drück auf die Stellen direkt hinter dem Ohr. Damit kann man eine Blockade erreichen, als wenn man Löcher stopfen und den Durchfluss unterbrechen möchte. Die Beziehung von Herz und Kopf muss erhalten sein, wie ein Kamin, der einen Abzug braucht. Ist dieser Abzug durchbrochen, ist der Kamin zu und man vergisst."

Plötzlich ging ein Ruck durch ihren Körper. Ihr Blick veränderte sich schlagartig. Sie wurde unruhig und wollte aufbrechen. Ihre Dolmetscherin telefonierte und erfuhr, dass einer ihrer Patienten einen Magendurchbruch erlitten hatte und gerade mit dem Krankentransport in die Klinik gebracht wurde. Sie mussten gehen. Das tat mir unheimlich leid. Trotzdem war ich in froher Erwartung auf die nächste Woche, denn ich hatte einen Gegenbesuch in seiner Residenz in Frankreich arrangieren können. Trotz meiner Zweifel hatte ich das Gefühl, dass ich Mama Looloo unheimlich viel zu sagen hatte und dass sie mir viel zurückgeben würde."

Fast empört entgegnet Loreen: „Aber das hat sie doch auch getan, oder etwa nicht? Ich verstehe Deine Zerrissenheit über diese Frau gar nicht!" „Ich denke, das wird sich mit der Zeit von selbst erklären – das Gefühl stimmte einfach nicht. Aber hör genau zu, Loreen, was jetzt kommt, gefällt Dir bestimmt: Es ist Winter. Der Schnee knirscht unter meinen Füßen. Ich habe mich auf den Weg zur Konsultation gemacht. Es gibt zwar einen Zeitplan, der wird aber fast nie eingehalten. Den Inhalt und Verlauf dieser Art der Behandlung kann man nie vorausplanen, das weiß ich. Es hängt davon ab, was gerade ansteht. Als ich ankomme, machen sie gerade Pause und so nutze ich die Zeit, um ein wenig in der Natur spazieren zu gehen. Als ich vom Spaziergang zurückkomme, kommt mir Mama Looloo schon aus dem Nebeneingang entgegen. Es ist eine herzliche Begegnung, ich würde sie am liebsten umarmen. Sie macht einen so mütterlichen Eindruck. Ich habe ihr zwei Bilder mitgebracht mit ihr, Alexandra und mir. Mama Looloo freut sich riesig und scheint überwältigt zu sein. Sie meint, dass diese Bilder viel aussagen. Ich bin ein wenig unsicher, was sie wohl damit sagen will. Mama Looloo erzählt mir, dass sie am Vorabend viel über mich nachgedacht habe. Mein größtes Anliegen sei nach wie vor, dass sie mir beim Heilen der Verletzungen an der Halswirbelsäule helfen solle. Ich erkläre ihr, dass sich mein Dens nach rechts verschoben hat und ich einen heftigen Bandscheibenvorfall zwischen den sechsten und siebentem Wirbel hinter mir habe. Ich erkläre ihr auch, dass mein Neurologe sehr nervös gewesen ist und mir klargemacht hat, dass mein Zustand nach wie vor kritisch sei.

Mama Looloo nickt langsam. Ich gebe ihr zu verstehen, dass ich es spüre, wenn sie mich behandelt. Am Freitag bin ich bei einer Konferenz gewesen, wo ich einen Vortrag kurz nach der Mittagspause gehalten habe. „Mir war den ganzen Vormittag speiübel, ich konnte kein Essen zu mir nehmen und hatte das Gefühl, dass ich den Vortrag nicht halten kann, weil ich umkippen würde." Mama Looloo wirft ein: „Wieso ging es Dir schlecht? Ich habe Dir doch geholfen?" Das stimmt natürlich. Ich fahre mit meiner Erzählung fort: „Ich ging raus an die frische Luft, um noch mal durchzuatmen, zu beten. Es war kalt, wolkenlos und die Sonne schien. Es war wunderschönes Wetter. Auf einmal rieselten winzige Eiskristalle genau auf meinen Kopf. Ich bekam einen Energiestoß und meine Übelkeit war wie weggeblasen. So konnte ich den Vortrag problemlos voller Energie halten und hatte anschließend in der Pause viele Interessenten um mich herum, die mir eine Vielzahl von Fragen stellten. Es war ein voller Erfolg. Eine Woche später erhielt ich noch eine Flasche Wein vom Veranstalter, als Dank für den hervorragenden Vortrag. Ich war stolz, dass ich das trotz meiner gesundheitlichen Probleme geschafft hatte."

Ich erzähle ihr auch von der Autofahrt zu dem Seminar in Österreich, wo ich in so dichtes Schneetreiben gekommen bin. Ich erzähle das wirklich lang und breit und versuche, kein Detail auszulassen. Mama Looloo lächelt die ganze Zeit und sagt am Ende nur: „Es stimmt. Du hast aber nichts von dem Lastwagen erzählt, der auf der Autobahn zehn Kilometer nach der Abfahrt im Graben liegengeblieben war." Es stimmt. Ich bin total verdutzt. Woher weiß sie das? Es ist nicht in den Nachrichten gekommen. Ich habe es nur von der Putzfrau im Hotel erfahren, deren Ehemann bei der Feuerwehr war. Der LKW ist ja in den Graben gerutscht und Mama Looloo weiß davon. Beflügelt beginne ich von meinen Visionen zu erzählen.

Als erstes frage ich Mama Looloo: „Ich wurde schon einmal gerettet, nicht wahr?" Mama Looloo nickt nur. „Es war aber nicht in Afrika und nicht in Europa." Wieder nickt sie zustimmend. Ich erzähle, dass ich auf einer Bahre lag und Mama Looloo zu meinen Füßen stand. Es standen auch noch Indianer an meiner Seite, die ich ganz deutlich vor sich sehe. Ich sage: „Rechts von meinem Kopf stand ein Arzt. Er hatte mich an diesen Ort gebracht. Er konnte mir damals schon nicht helfen und hatte mich nur hierher gebracht. Ich weiß, dass mir ein Indianer damals starke Medikamente gegeben hatte und unklar war, ob ich überleben würde." Wieder nickt Mama Looloo zustimmend. Ich sage ihr, dass links neben mir ein Häuptling stand und daneben eine Frau. Eher fragend wende ich mich an sie: „Ihre Rolle ist mir nicht klar. Kannst Du mir dazu etwas sagen?" Sie meint nur, das sei vielleicht mein zweites Ich.

Das verneine ich und erwidere, dass ich ihr Gesicht gesehen habe und mir nicht sicher über ihre Absicht gewesen bin. Spontan antwortet Mama Looloo: „Vielleicht ist sie neidisch?" „Ich weiß nur, dass sie in der Gunst sinken würde, wenn ich überlebe." Mama Looloo steht wortlos da und hält inne. Ihr stehen fast die Tränen in den Augen. Dann erwidert sie: „Du erzählst mir genau das, was ich mit meinen Schülern mache – Initiation. Aber Du bist viel weiter. Mama Looloo scheint ganz außer sich. Sie geht um den Tisch herum und setzt sich. Auf dem Tisch liegt das afrikanische Orakel. Nachdem sie das Orakel befragt hat, sagt sie, dass für mich jetzt die Zeit vorbei sei, die Wissenschaft zu studieren. Sie sagt auch: „Du bist dabei, den spirituellen Weg zu beschreiten. Du musst Dir mehr Freiräume schaffen, um Dich mit diesen Dingen auseinandersetzen zu können. Kannst du englisch sprechen?" Ich nicke. Mama Looloo prophezeit mir, dass ich einmal in der Weltbank arbeiten und das Geld an die richtigen Stellen verteilen würde, auch nach Afrika. Ich entgegne ihr, dass ich alle Möglichkeiten der Welt nutze, mehr Zeit für mich und die spirituellen Dinge zu haben. Das mit der Weltbank ignoriere ich, denn ich weiß, dass ich niemals in dieses Metier wechseln würde. Mit Nachdruck flehe ich Mama Looloo an: „Aber erst musst Du mich heilen von meiner Verletzung. Jeder Tag ist für mich ein einziger Kampf. Ich habe Schmerzen und bin kaputt, wenn ich von der Arbeit komme, sodass mir nicht genug Zeit für diese Dinge bleibt. Ich habe Angst, im Rollstuhl zu sitzen, mehr Angst davor als Angst vor dem Tod." Mir kommen die Tränen.

Mama Looloo steht auf, nimmt mich in die Arme und sagt: „Du darfst nicht weinen. Ich weiß, wie es ist, wenn man leidet. Ich war selbst ein Waisenkind und weiß, was das bedeutet. Ich werde alles tun, damit Du keine Angst mehr haben musst. Du darfst nicht im Rollstuhl sitzen, oder meinst Du, das würde mir gefallen? Morgens werde ich Deinen Kopf auf meinen Arm legen, nachts werde ich für Dich da sein und am Tage werde ich Dich behandeln. Ich brauche Dich noch." Mama Looloo schaut mich an, drückt mich kurz und setzt sich dann wieder auf ihren Platz. Sie erzählt mir noch viele Dinge. Die Zeit vergeht wie im Flug und so ist die Konsultation viel zu schnell vorbei. Zum Abschied gibt Mama Looloo mir noch mit: „Ich werde mit Dir fahren und Dich begleiten, auch wenn ich hier bleibe." Dann fahre ich ganz benommen heim. Es ist so tiefgreifend und einschneidend gewesen, dass ich noch lange darüber nachdenken muss. Am nächsten Morgen frühstücke ich gemeinsam mit meiner Familie gemütlich und ausgiebig. Der Kaffee heute schmeckt besonders gut. Ich bin normalerweise überhaupt kein Kaffeetrinker und habe daher auch nie einen besonderen Feingeschmack für Kaffeesorten entwickeln können. Heute ist das anders. Ich frage Michael: „Was ist das denn für eine Kaffeesorte?" Nie zuvor ist mir groß aufgefallen, wenn wir die Sorte gewechselt haben. Es ist ‚African Blue'. Ich grinse in mich hinein und trinke genüsslich einen weiteren Schluck."

Die Kraft des Geistes

„Am Tag nach der Konsultation nahm ich das Angebot meines guten Freundes und namhaften Orthopäden Dr. Janus in Anspruch, mich von ihm untersuchen zu lassen. Ich war auch neugierig auf seine Meinung über alternative Heilverfahren und wollte den wissenschaftlichen Beweis antreten, dass es Energien gibt, die Dinge bewirken, deren Zusammenhänge wir uns heute noch nicht erklären können. Er wohnte in einer Residenz in Luzern am Vierwaldstättersee. Die Fahrt dorthin war wunderschön. Es war traumhaftes Wetter und der Föhn tat sein übriges. Die Berge zeigten sich in wahrer Pracht und schneebedeckte Bäume säumten den Straßenrand. Es war kalt und schneebedeckt. Ich wurde bereits erwartet. Dr. Janus freute sich riesig und drückte mich. Wir tranken gemeinsam Kaffee und tauschten Neuigkeiten aus. Stolz berichtete er über seine neuen Forschungsergebnisse und Heilerfolge. Anschließend gingen wir zur Untersuchung in den Fitnessraum.

Während der Untersuchung stellte er fest, dass sich meine Halswirbelsäule nach rechts neigte und dabei im Übergang zur Schulter regelrecht abknickte. Er testete auch meine Reflexe. Mitten in der Untersuchung bekam ich plötzlich einen gewaltigen, ausgesprochen angenehmen Energieschub, der sich entlang der Wirbelsäule bis hin zu den Schultern ausbreitete. Ein gewaltiges Gefühl stieg in mir auf und die Schmerzen ließen langsam nach. Für mich gab es keinen Zweifel: Die afrikanische Schamanin war aktiv! Wahrscheinlich machte sie eine Zeremonie oder betete für mich. Ich spürte es ganz deutlich. Es tat ihr unheimlich gut. Ich muss wohl eine ruckartige Bewegung gemacht haben, denn Dr. Janus schaute mich ganz entgeistert an. Nochmals untersuchte er meine Wirbelsäule und rieb sich die Augen: „Was haben sie gemacht?", fragte er mich. „Nichts.", antwortete ich kurz. Er sah mich ganz ungläubig an und meinte: „Ich habe keine Erklärung dafür, aber Ihre Wirbelsäule hat sich ausgerichtet und ist nicht mehr so heftig abgeknickt." Langsam kam auch das Gefühl in meinem kleinem Finger zurück. Ich hatte ihn schon seit Tagen nicht mehr gespürt. Wir konnten es beide kaum glauben, auch wenn ich natürlich insgeheim wusste, woran es lag. Später erzählte er mir noch über seine Forschungsprojekte und dass er junge Leute gefunden hatte, die seine Aktivitäten fortführen wollten. Ich freute mich für ihn. Ich hatte das Gefühl, dass er hier gemeinsam mit seiner Frau ein zweites Zuhause gefunden hatte und sich wohl fühlte. Das erfüllte auch mich mit Freude. Wir hatten aber bereits den halben Tag verbracht und es war Zeit, heimzufahren.

Daheim rannte Alexandra auf mich zu und umarmte mich. „Rate mal, was heute in meinem Adventskalender war?!", fragte sie. Ich war glücklich, lächelte entzückt und sagte: „Keine Ahnung, aber Du wirst es mir jetzt bestimmt gleich verraten." „Ein Schlumpf, ein Schlumpf, ein Schlumpf an einem Computer. Dann bekomme ich bestimmt auch bald einen, hi, hiiii." Alexandra war kaum zu bändigen. Sie freute sich schon auf den Nikolaus und war ganz gespannt. Auch ihr Geburtstag war nicht mehr weit. Dann war sie aber auch oft nicht zu ertragen." Loreen und Anna lachen beide bei der Vorstellung einer aufgedreht herumspringenden Alexandra.

„Jedenfalls war sie gut gelaunt und ich glücklich. Auch das Wetter war der Jahreszeit entsprechend. Der Winter hatte das Land fest im Griff. Alles war weiß und es herrschte eine klirrende Kälte. Zu dieser Zeit wurden viele Weihnachtsfeiern veranstaltet, zu denen meist die ganze Familie eingeladen wurde. Ganz besonders freute ich mich jedes Jahr auf die eine, etwas ‚andere Weihnachtsfeier' mitten im Wald. Dafür wurden Zelte am Waldrand aufgebaut und daraus Gulaschsuppe, Würste, Glühwein und Plätzchen serviert. Beim Einbruch der Dunkelheit kam sogar der Nikolaus und brachte den Kindern kleine Leckereien. In den letzten Jahren war es uns nicht vergönnt gewesen, dieser Weihnachtsfeier beizuwohnen. Umso mehr freute ich mich, nun endlich wieder teilzunehmen.

Am Vortag ging ich zu einem neuen Therapeuten, um mich behandeln zu lassen. Ich hatte die stille Hoffnung, fit zu sein und diesen Tag in vollen Zügen genießen zu können. Aber es kam ganz anders. Diese Mal wurde mein linker Schulterstrang behandelt. Der Therapeut kündigte mir schon im Vorfeld an, dass es schmerzhaft werden würde. Hierfür waren ruckartige Bewegungen vonnöten. Der Schmerz war jedoch so stark, dass ich lauthals aufschrie. Ich fragte mich, ob das die afrikanische Medizinfrau oder gar meine Ahnen wohl mitbekommen hätten.

Am nächsten Tag bekam ich die Antwort für meinen Aufschrei. Die ganze Familie saß daheim fest. Wir sahen aus dem Fenster, Blitzeis! Will jemand verhindern, dass ich das Haus verlasse? Ich soll mich wohl einfach ausruhen, dachte ich. Ich war vor allem traurig. Michael hatte noch einiges zu erledigen und ich musste doch zumindest noch ein paar Kleinigkeiten einkaufen. Was sollte ich tun? Alle Gehsteige und Straßen waren von einem dünnen Eisfilm überzogen. Sogar das Salzen der Straße konnte die Glätte nicht eindämmen! Ich musste aber raus, also zog ich mich an und ging aus dem Haus. Ich versuchte, mich in ganz kleinen Schritten fortzubewegen. Teilweise hangelte ich mich die Gartenzäune entlang. Ich hatte Angst zu stürzen, denn das konnte ich mir mit meinen Verletzungen nicht leisten. Mein Weg durchkreuzte zwei Grundstücke, die nur durch einen schmalen Fußweg getrennt waren, an die zwei Hecken rechts und links angrenzten. Die Steine des Kopfsteinpflasters glänzten durch das Eis.

Auf einmal tauchte eine Amsel am Wegesrand auf. Sie tippelte ein paar Schritte vor mir bei den Schneeresten auf der linken Seite des Weges entlang. Ich folgte ihr und ging ebenfalls auf dem Schnee. Das war wohl die einzige Chance, nicht auszurutschen. Sobald ich mich bis auf einen halben Meter genähert hatte, tippelte die Amsel wieder ein paar Schritte die Hecke entlang vor mir her. Mittendrin wechselte sie die Seite des Weges und tippelte auf der anderen Seite weiter. Ich folgte ihr. Das wiederholte sich, bis ich das Ende des Weges erreicht hatte. Dann verschwand die Amsel in der Hecke und flog davon. Ich war gut angekommen. Ich wusste, dass ich allein einen anderen Weg genommen hätte. Wahrscheinlich wäre ich sonst ausgerutscht. Jetzt aber war auch der Rückweg kein Problem.

Ich war froh, ungeschoren wieder daheim angekommen zu sein. Ich erholte mich daheim ein wenig und legte mich im Wohnzimmer auf den Holzboden, um ein wenig zu meditieren. Dabei schaute ich mir das Bild der afrikanischen Medizinfrau intensiv an, um mich bei ihr zu bedanken. Aber was war das? Ihr Gesicht begann sich zu verwandeln und nahm die Gestalt eines Indianers an, den ich während der Wiedergeburt bei Tobias gesehen hatte! Nun wurde mir einiges klar. Mama Looloo war nur meine Verbindung zu den Indianern und würde mir helfen, meinen Weg und den Medizinmann zu finden. Hinter dem Ganzen steckte aber noch jemand anderes, ein Indianer. Mir blieb der Atem stehen, als ich begriff. Mein Vater! Es war wie ein Wunder. Ich rieb mir die Augen und schüttelte nur den Kopf. Wie konnte das sein? Es war so unglaublich. Das hätte ich keinem Menschen erzählen können.

Als ich am Nachmittag ein wenig putzte, schlief mein rechtes Bein ein und wurde taub. Schmerzen durchdrangen ganz plötzlich meinen Körper. Nun versuchte ich, meine Ahnen mental zu erreichen und um Hilfe zu bitten. Ich betete und meditierte. Ich muss damals wirklich einen Weg gefunden haben, mit ihnen zu kommunizieren, denn die Taubheit verschwand binnen zehn Minuten! Auch die Schmerzen ließen allmählich nach, sodass ich zumindest zu Ende putzen konnte. Eines wurde mir aber klar: Für diesen Tag war es besser, daheim zu bleiben. Diese Botschaft hatte ich verstanden.

In der kommenden Woche fragte meine Freundin, wie die ‚Waldweihnachtsfeier' gewesen sei. Ich erzählte ihr, dass ich aufgrund des Blitzeises nicht hatten fahren können. Meine Freundin war total irritiert, konnte das gar nicht verstehen und meinte nur: „Es war doch gar kein Eis. Bei uns war alles in Ordnung. Wir sind durch halb Zürich gefahren und es war nirgends glatt." Wie ich später erfuhr, hatte das Blitzeis in der Tat nur die unmittelbare Umgebung meines Wohnortes betroffen. Um so klarer war die Botschaft für mich.

Wie so oft in der Winterzeit war wieder einmal eine heftige Magengrippe in Umlauf. In meiner unmittelbaren Umgebung erwischte es im Grunde jeden. Der Verlauf war ziemlich heftig und ich hoffte, dass dieser Krug an mir vorüber gehen würde. Aber es sollte nicht sein. Eines Abends, als ich heimkam, wurde mir plötzlich übel. Es war schon spät abends und wir gingen ins Bett. Mir war speiübel und ich hatte entsetzliche Magenschmerzen. Ich bat meine Ahnen, mich zu meinem Vater zu bringen. Da passierte etwas Unglaubliches. Plötzlich spüre ich ein Leinentuch unter meinem Körper. Sechs Männer stehen an meiner Seite, drei rechts und drei links. Das Leinentuch ist zu beiden Seiten je um einen Holzstab gewickelt. Die Männer nehmen die Holzstäbe hoch und ich merke, wie ich im Bett schwebe. Sie tragen mich zum Häuptling. Am Fußende sehe ihn stehen. Dann sehe ich, wie Lichtenergie in ihren Körper eindringt und die Viren zerstört. Meine Übelkeit ließ langsam nach und nach einer Weile wusste ich, dass ich jetzt aufstehen und auf die Toilette gehen musste. Mir war zwar noch ein wenig mulmig zumute, aber die Schmerzen waren weg und ich hatte das Gefühl, den Virus ausgeschieden zu haben. Dann hörte ich die Ahnen sagen, dass ich noch einmal den Mund spülen solle. Das tat ich dann auch. Anschließend ging ich ins Bett und bedankte mich bei den Ahnen, betete noch ein wenig und schlief ein.

Am Folgetag musste ich dann zwar noch etwas vorsichtig sein und beschränkte mich im Wesentlichen auf Kräutertee und Diät, aber ansonsten ging es mir erstaunlich gut. Während der Fahrt zur Firma wurde ich von einem Vogel begleitet. Fast eine Minute lang flog er parallel zum Auto. Dankbar schaute ich ihn an und dachte: Es wäre doch genial, wenn es zum Mittagessen eine Kraftbrühe mit vielleicht ein paar Bratkartoffeln dazu gäbe. Das würde mich stärken und ich könnte vorsichtig das Essen beginnen. Als ich dann mit einer Freundin mittags in die Kantine ging, traute ich meinen Augen nicht: Es gab tatsächlich als Tagessuppe Pfannkuchensuppe, das heißt eine klare Brühe, bei der man sich die Pfannkuchenstreifen dazu mischen konnte. Auch Bratkartoffeln waren heute eine Beilage. Ich dankte den Ahnen, der afrikanischen Medizinfrau und dem großen Geist. Mehr fiel mir dazu nicht ein."

Loreen schaut zunächst ernst, muss dann aber lachen: „Das will ich auch können!" Anna stimmt mit ein: „Vielleicht war es ja auch Zufall, aber mit der Zeit konnte ich daran wirklich nicht mehr glauben. Ich hatte mir angewöhnt, jeden Tag eine Kerze für die Ahnen anzuzünden, Tabak im Garten als Dank zu verstreuen und mich regelmäßig mit Gebeten zu bedanken. Langsam fand ich einen Weg, mit meinen Beschwerden besser umzugehen. Die Gebete und Meditationen schufen tatsächlich Abhilfe bei akuten Problemen. Die Unfallfolgen bereiteten mir zwar nach wie vor immer wieder Schwierigkeiten, angefangen von Rückenschmerzen, Taubheit im Fuß oder Bein oder am rechten Kleinfinger bis hin zu starken Kopfschmerzen und Übelkeit. Ich versuchte aber, bewusst Highlights in mein Leben einzubauen, um die Schmerzen zu kompensieren.

Bald war zum Beispiel Nikolaus. Das war so ein Ereignis, auf dass ich mich jedes Jahr wie ein kleines Kind freute. In unserer kleinen Familie pflegten wir diese Tradition und freuten uns jedes Mal über die kleine Überraschung für jeden. Aber dieses Mal fiel ich aus allen Wolken. Michael hatte mir Karten für ein James Galway Konzert in München in die Stiefel getan. Ich war ganz aus dem Häuschen und meine Augen müssen vor Glück gefunkelt haben. Spontan riss ich die Arme hoch und jauchzte vor Glück. Ich umarmte Michael, in Tränen aufgelöst. Alexandra stellte sich dazu und wusste gar nicht, was los war. Zuerst war sie selbst im Jubel aufgegangen, dann aber neugierig geworden. „Wir fliegen nach München, Alexandra." Alexandra stand traurig und wie versteinert da und war den Tränen nahe. „Du kommst doch mit! Du gehörst doch dazu! Wir besuchen Familie Schmitt. Da kannst Du endlich wieder mit Nadine zusammen sein." „Ja, echt? Wann? Wirklich?" Alexandra tanzte im Zimmer umher: „Wir fliegen, wir fliegen, wir fliegen!" Nach einem kurzen Moment fragte sie ganz ungeduldig: „Wann müssen wir packen? Wann geht es los?" „Am Wochenende, Schatz", erwiderte Michael. Alexandra sprang immer noch umher und war ganz begeistert. Sie naschte ein wenig, musste dann aber in die Schule. Was für ein Tag!, dachte ich nur." Loreen erinnert sich plötzlich an diesen Tag: „Da habe ich Dich doch angerufen! Im Hintergrund war die ganze Zeit Gerumpel und Geschrei – das war also Alexandra?" „Ja, nur sie allein", entgegnet Anna herzlich lachend.

„Wir bekamen zum Glück eine Einladung von alten Freunden, die im Nordosten von München ein großes Haus hatten, wo es für Alexandra, Michael und mich genug Platz gab. Ein Auto war nicht nötig, darüber war ich sehr froh. Josef holte uns alle vom Flughafen ab, dann fuhren wir heim zur Familie Schmitt. Alexandra war schon ganz aufgeregt, schließlich hatte sie die Tochter der Familie, Nadine, schon jahrelang nicht mehr gesehen. Es war ein herzlicher Empfang. Daheim hatten die Großeltern schon gekocht und den Tisch gedeckt. Es gab ein typisch bayrisches Gericht, Schweinebraten mit Knödeln und Krautsalat. Nach dem Abendessen zogen sich die Kinder zurück und wir Erwachsenen setzten uns gemütlich zusammen. Bärbel und ich tranken Wein, die Männer Bier. Wir hatten uns viel zu erzählen. Am nächsten Tag fuhren wir alle sechs recht bald in die Stadt, bummelten durch die Fußgängerzone und besuchten den Christkindlmarkt. Alexandra und Nadine waren ganz begeistert. Dort gab es lauter Leckereien, an denen sie nicht vorbei gehen konnten. Auch ich war gut aufgehoben. Die beiden Männer nahmen mich unter den Arm, sodass ich nicht fallen konnte. Zum Abschluss aßen wir gemeinsam die traditionelle rote Bratwurst und tranken einen Glühwein. Für die Kinder gab es dazu natürlich einen leckeren Kinderpunsch. „Da bekommen wir wieder Ärger mit den Großeltern, wenn wir ohne Hunger heim kommen.", sagte Josef. „Da müssen sie durch.", erwiderte Bärbel, „Wir hatten gesagt, dass sie heute nicht zu kochen brauchen." Aber auf ihren Gesichtern sah ich: Sie wussten beide ganz genau, dass sie trotzdem kochen würden.

Am frühen Abend fuhren wir heim, um die Kinder zurückzubringen. Die Großeltern hatten schon Essen hergerichtet, wie Josef und Bärbel es geahnt hatten, aber niemand hatte Hunger. Josef, Michael, Bärbel und ich machten uns für das Konzert zurecht und fuhren nach München, zum Prinzregententheater. Ganz in der Nähe konnten wir parken, und so gingen wir gleich in das Theater hinein. Ich war schon ganz nervös und freute mich. Nachdem wir unsere Sitzplätze eingenommen hatten, dauerte es nicht lange und Sir James Galway erschien. Der Saal tobte.

Standing ovations, schon zu Beginn des Konzerts. Dann wurde es ruhig. Man hätte eine fallen gelassene Stecknadel hören können. James Galway hatte zwei Querflöten mitgebracht, eine silberne und eine goldene. Er spielte wie ein junger Gott, obwohl er auch schon in die Jahre gekommen war, aber vielleicht gerade deshalb. Er spielte schnelle wie langsame Stücke, improvisierte, bezog das Publikum mit ein, witzelte und spielte weiter. Das Publikum war begeistert und applaudierte immer wieder, bevor er das nächste Stück spielen konnte. Dann war Pause. Die Männer gingen zur Bar, um Sekt zu holen, aber Bärbel und ich warteten im Nebenraum. Ich musste mich kurz an einer Säule festhalten, um nicht umzukippen. Bärbel fragte: „Kannst du überhaupt Sekt trinken?" „Klar.", antwortete ich, „Dann wird mir wenigstens vom Sekt schwindelig. Außerdem betäubt er dann vielleicht ein wenig und ich spüre die Schmerzen nicht mehr so heftig." „So bist Du nun mal. Wie ich sehe, bist Du nach wie vor die Alte." An der Seite an einem Tisch saß James Galway, verkaufte CD's und gab Autogramme. Natürlich kaufte ich mir auch eine CD und ließ sie persönlich signieren. Es war ein unvergesslicher Abend für uns alle.

Am nächsten Tag ging es schon wieder zurück nach Zürich. Nun kam aber die gediegene, schöne Zeit des Jahres, die Weihnachtstage. Ich war daheim und so hatten wir viel Zeit miteinander. Alexandra genoss es, wie jedes Jahr unterm Christbaum zu spielen, zu lesen, Musik zu hören, oder was auch immer. Es war einfach die Gemütlichkeit, die besondere Atmosphäre zu dieser so speziellen Zeit. Auch in Zürich war bereits ein toller gemeinsamer Abend geplant. Wir besuchten die Römisch-Katholische Kirche Herz Jesu Zürich-Oerlikon zum Weihnachtsoratorium. Alexandra hatte keine Ahnung, was auf sie zukam, aber für mich war es ein echtes Highlight." Loreen nickt zustimmend, auch sie mag das Weihnachtsoratorium sehr. Heimlich hofft sie, es vielleicht einmal gemeinsam mit Anna hören zu können.

„Als wir vor der Kirche ankamen, war schon eine große Menschenansammlung zu sehen. Wir brauchten fast zwanzig Minuten, bis wir endlich reinkamen, obwohl wir feste Sitzplätze hatten. Langsam gingen wir nach vorn, die Reihen entlang. Am rechten Flügel saßen schon die meisten Zuschauer. Plötzlich stand ein alter Mann auf, der bereits gesessen hatte. Ich schaute ihn an und erkannte meinen Neurologen. Er begrüßte mich herzlich und umarmte mich wie seine eigene Tochter. Er war aus irgendeinem Grund ganz außer sich vor Freude, mich hier zu treffen. Damit hatte er wohl nicht gerechnet. Ich war ganz perplex und gerührt zugleich. Er war gemeinsam mit seiner Frau gekommen und so stellten wir uns gegenseitig vor. Dann drückte er mich nochmals und gab mir einen dicken Kuss auf die Wange. Anschließend gingen wir an unsere Plätze und lauschten dem Konzert. Ich spürte immer noch die Wärme und Herzlichkeit dieses Mannes. Er war fast wie ein Vater für mich geworden. Außerdem hatte ich tiefen Respekt vor ihm und es war eine Ehre für mich, ihn hier so herzlich begrüßen zu dürfen. Wir lauschten dem Chor und den Einzelgesängen. Für mich waren natürlich die Solostücke der Querflöte von besonderer Bedeutung…"

Loreen unterbricht Anna etwas unbedacht, lässt es sich aber nicht nehmen, ihren Satz zu Ende zu führen: „Du hast schließlich viele davon selbst gespielt und wusstest, wie viel man dafür üben musste." Lachend und beinahe zärtlich ermahnt Anna sie: „Du lässt mich ja gar nicht ausreden! Du musst das Weihnachtsoratorium wirklich lieben – vielleicht sollten wir einmal…" Loreens Gesicht fängt an zu strahlen, aber Anna erzählt schon weiter: „Naja, was ich eigentlich erzählen wollte: Alexandra hatte ein unheimliches Durchhaltevermögen und war sogar ganz angetan von der Musik. Das konnte ich gar nicht so recht glauben. Ich dachte für einen kurzen Augenblick, dass Sie vielleicht eine große Musikliebhaberin werden könnte." Eine Zeit lang schweigen Anna und Loreen. Sie schauen einfach aus dem Fenster auf die Landschaft, die vorbeizieht, als wären sie es, die still da stünden, während die Bäume, Felder und Berge ihnen entgegensausen. Nach einer Weile hebt Annas Stimme wieder an: „Der Winter wurde wieder einmal besonders kalt, und es schneite unentwegt. Aber wir liebten das, weiße Weihnacht war für uns das Allerschönste. Auch nach Neujahr blieb es noch lange kalt, denn der Winter zieht sich bei uns in den Bergen immer recht lang hin. Dieses Jahr kam es uns aber besonders lang vor. Der Schnee wollte nicht weichen, obwohl der Frühling schon nahte.

Der Alltag war schon lange wieder zurückgekehrt und damit auch der tägliche Kampf mit meinem Körper. Von Kontinuität und geregelten Verhältnissen bei der Arbeit war keine Rede mehr. Wahrscheinlich hatte die Zeit der Ruhe und Konstanz in der Firma schon viel zu lange gewährt. Bei einer Umstrukturierung wanderte ein weiteres Team in meinen Bereich. Mein Chef hatte bereits die Verhandlungen über Kapazitäten und Themen geführt. Kurz darauf offerierte er mir, dass ich nun dieses Team übernehmen solle. Meine Stelle, so wie sie jetzt war, würde es dann nicht mehr geben. Ich fiel aus allen Wolken und schluckte. Natürlich musste ich auch dieses Mal das Assessment durchführen, allerdings nur in abgeschwächter Form, über einen halben Tag hinweg.

Ich stellte mich dieser Prüfung nur widerwillig." „Aber Du hast sie doch mit Bravour bestanden?" „Ja, Loreen, es hat ganz gut geklappt. Geärgert habe ich mich trotzdem. Nachdem ich die Prüfung erfolgreich absolviert hatte, kam der Chef erneut auf mich zu. Ich ahnte schon, was er von mir wollte, aber nicht, dass es so schnell gehen würde. „In zwei Wochen kommt das Team zu uns rüber.", erklärte er, „Der Umzug ist bereits organisiert. Darum musst Du Dich nicht kümmern." Ich hatte keinerlei Ambitionen wieder ein Team zu führen und wollte mich eigentlich nur noch auf fachliche Themen konzentrieren. Wie sollte das funktionieren? Ich war mit mir selbst genug beschäftigt und froh, die jetzigen Aufgaben einigermaßen zufriedenstellend ausführen zu können. Es gab auch kaum Aussicht, mich innerhalb des Unternehmens zu verändern, noch dazu mit meinem Gesundheitszustand. Das konnte ich niemandem zumuten und niemand hätte mich unter diesen Umständen genommen. Ich stand erst einmal wie versteinert da und wusste nicht, was ich erwidern sollte. Er setzte seine Ausführungen fort: „In einer Stunde ist ein Meeting, in dem unsere Tätigkeiten dargelegt werden sollen und sich das Team kurz vorstellt. Ich kann den Termin leider nicht wahrnehmen. Das müsstest Du übernehmen." Mir fiel einfach nichts mehr ein. Es blieb mir ja nichts anderes übrig, also machte ich gute Miene zum bösen Spiel. Ich fuhr zu diesem Termin und nutzte ihn, um ein Gefühl dafür zu entwickeln, um welche Leute es sich handelte und was ihre Erwartungen, Präferenzen waren, welche Bedenken oder Ängste sie hatten und wo ich sie gegebenenfalls unterstützen könnte. Ich versuchte eben mich so gut wie möglich auf die neue Situation einzustellen und mich um die Leute zu kümmern. Ich hatte ja keine Alternative."

„Wie gemein! Einfach nur gemein!" Das ist das einzige, was Loreen dazu einfällt. „Ich hatte gar keine Zeit, mich über meinen Chef zu ärgern. Nach näherer Analyse musste ich feststellen, dass die meisten Themen der alten Einheit nunmehr nur noch mit einem Bruchteil des Personalbestandes umzusetzen waren. Ich konnte es einfach nicht glauben. Es war ein schlechter Deal gewesen. Ich hatte keinen Einfluss bei den Verhandlungen gehabt, musste es aber samt dem neuen Team ausbaden. Dazu kam, dass einige der Mitarbeiter völlig neu in diesen Themen waren und erst eingearbeitet werden mussten, was wiederum

Wochen, wenn nicht Monate kosten würde. Es war von Anfang an klar gewesen, dass die Themen mit dieser Personalbesetzung nicht umsetzbar sein würden. Externe Unterstützung gab es nicht. Was tun sprach Zeus?, fragte ich mich. Naja, es kam, was kommen musste. Die Arbeitslast wurde schnell zu hoch und mein Körper meldete sich wieder zu Wort. Das habe erst einmal weggeschoben. Als Erstes versuchte ich, jeden Einzelnen im Team näher kennenzulernen. Dafür investierte ich viel Zeit. Wenn die Arbeit auch nicht einmal ansatzweise zu schaffen war, wollte ich doch zumindest ein Umfeld schaffen, in dem sich jeder in seinem Rahmen wohlfühlen konnte und die Herausforderung bekam, in der er irgendwie seine Erfüllung fand. Das Ganze war gar nicht so einfach, waren doch die Niveauunterschiede und Interessen sehr unterschiedlich."

Loreen nimmt Annas Erzählung sichtlich mit. Trotzdem versucht sie, Ruhe zu bewahren und sich aufs Fahren zu konzentrieren: „Aber Du hattest doch nebenher mit den Anforderungen des Managements zu tun! Mit Deinem Kampf für die Mitarbeiter und Ressourcen musstest Du dich doch total unbeliebt machen!" Anna nickt betroffen: „Vielleicht hatte ich mir auch zu viel aufgehalst. Aufgeben wollte ich aber nicht. Oft kam ich erschöpft heim, sodass für ein Privatleben kaum noch Platz war. Früher hatte ich immer meine frühe Urlaubsplanung hochgehalten als Licht am Horizont, und jetzt? Urlaubspläne waren in weiter Ferne. Ich wusste ohnehin nicht, wozu ich in der Lage war. An große Reisen war gar nicht zu denken. Deshalb versuchte ich jeden Tag eine Kleinigkeit zu finden, an der ich mich festhalten konnte."

Neugierig fragt Loreen: „Was war denn mit Tobias und der Medizinfrau? Hattest Du sie etwa vergessen?" „Wow, Du bist gut! Als ich im Kalender blätterte, fiel mir ein Termin ins Auge. Es war ja schon wieder soweit. Ich hatte eine weitere Konsultation bei Tobias. Das war schon mal ein Lichtblick, ich freute mich riesig darauf. Am nächsten Morgen war es schon so weit. Ich stand auf, frühstückte und machte mich auf den Weg. Als ich in Richtung Autobahn fuhr, flog ein riesiger Greifvogel direkt rechts an mir vorbei. Ich konnte nicht genau erkennen, ob es ein Bussard oder ein Falke war. Es spielte auch keine Rolle. Für mich war es ein Zeichen, dass ich eine sichere Fahrt haben und die Behandlung von großer Bedeutung für mich sein würde. An diesem Tag wollte Tobias eine Reise mit in meine Ursprünge unternehmen, um das ,Gedächtnis, meiner Halswirbelsäule zu aktivieren. Tatsächlich begann eine weitere, beeindruckende schamanische Reise für mich. Tobias sagte mir, dass ich eine Medizinfrau bei den Cheyenne Indianern gewesen sei. Eines Tages seien Schwarzfußindianer gekommen, um Pferde zu rauben. Dabei sei ich vom Pferd gestoßen, schwer verletzt und misshandelt worden. Später sei ich fast leblos aufgefunden und zurückgebracht worden. Tobias sagte mir, dass sie in diesem Leben wieder gut machen wollten, was damals vorgefallen sei. Er sagte auch, sie würden mich um Vergebung bitten.

Ich legte mich hin und schloss die Augen. Ich fand mich in einem Tipi wieder, in dem viele große Medizinmänner zusammensaßen und gemeinsam an einer Pfeifenzeremonie teilnahmen. Auch ich durfte dieser Zeremonie beiwohnen. Unter ihnen saßen auch Swimming Bear, der Dalai Lama und die afrikanische Schamanin. Vielleicht war mein Wunsch des Zusammenseins so stark gewesen, dass ich mental Kontakt mit ihnen aufnehmen konnte, was meinst Du, Loreen? Für mich war diese Vision jedenfalls ein Symbol für eine zukünftige Ära, in der nicht nur die Globalisierung der Länder, Menschen, Firmen etc. voran getrieben, sondern auch Religionen und damit verbundene Heilverfahren zusammenwachsen und sich gegenseitig befruchten würden. Das gab mir Kraft und die Hoffnung, meinen oder meine Lehrer zu finden, die mir helfen würden, mich selbst für die Heilung von Menschen einsetzen zu können und meinen eigenen Weg zu finden.

Kurz darauf hatte ich einen weiteren Termin bei Tobias. Der war spannend! Du willst wahrscheinlich genau wissen, was passiert ist, nicht wahr?" Loreen braucht keine Sekunde, um die Frage zu bejahen. „Okay. An diesem Tag schweifen wir beide aus und unterhalten uns über unterschiedliche Behandlungsverfahren und deren Gemeinsamkeiten. Im Laufe des Gesprächs kommen wir auf Chakren zu sprechen und Tobias erzählt mir ausgiebig über seine unglaublichen Erfahrungen mit der meditativen Wasserdusche. Er stehe jeden Tag auf, den Körper bewusst fühlend. So gehe er auch täglich ins Bad und lausche angenehmer Meditationsmusik. Er hielt mir sogar einen kleinen Vortrag: „Die meditative Wasserdusche beruht auf dem Prinzip, die Chakren mit einem warmen Wasserstrahl zu behandeln und zu reinigen, um damit körperliche Leiden zu lindern, Blockaden zu lösen und die Selbstheilung in Gang zu setzen. Ich habe die meditative Wasserdusche inzwischen als festen Bestandteil in mein tägliches Leben integriert. Ich nutze diese Zeit für intensive Meditationen. Zu Beginn der meditativen Wasserdusche wähle ich die entsprechende Musik aus, die für mich zu diesem Zeitpunkt gerade die Richtige ist. Bei dir kann das vielleicht Indianermusik, Meditationsmusik oder auch buddhistische Chants oder Mantras sein. Anschließend beginne ich mit der Wasserdusche.

Dabei kann ich virtuell reisen oder auch für Patienten beten. Die folgende Prozedur führe ich einmal täglich durch. Dafür verwende ich einen so heißen Wasserstrahl, dass ich die Hitze des Wassers gerade noch ertragen kann. Ich dusche den Körper und die damit verbunden Chakren von oben nach unten ab und spüle jegliche negative Energien und Störfaktoren ab. Wichtig dabei ist es, dass ich den Wasserstrahl immer von oben nach unten leite, um die Störfaktoren vom Körper wegzuwaschen und zu erden. Ich beginne mit der Dusche am siebten Chakra, dem Kronenchakra, oben am Kopf, Dann gehe ich weiter zum sechsten Chakra, dem Stirnchakra oder so genannten dritten Auge und anschließend zum fünften Chakra, dem Halschakra. Über die Armhöhlen gehe ich weiter zum vierten Chakra, dem Herzchakra. Dann halte ich den Wasserstrahl am Oberbauch, beginnend zum dritten Chakra, dem Nabelchakra, etwa drei Finger oberhalb des Bauchnabels. Nun setze ich die Dusche bis zum zweiten Chakra, dem Sakralchakra zwischen dem Nabel und dem Schambein, fort. Dann gehe ich weiter zum Wurzelchakra" Ich habe darüber schon einiges gelesen, deshalb kann ich sogar etwas mitreden: „Moment, wo siehst Du das Wurzelchakra? Es gibt doch Glaubensrichtungen, die das Wurzelchakra in Verbindung mit den Genitalien, den Wurzeln, sehen. Bei anderen Glaubensrichtungen sitzt das Wurzelchakra doch an den Füßen, was durch den Lotussitz an die Genitalien gekoppelt ist. Dabei gelten doch die Füße als echte Verwurzelung mit der Mutter Erde, oder?"

Tobias schließt die Augen und sagt: „Ja das ist richtig, wobei ich das Wurzelchakra schon in Gesäßhöhe zwischen dem Anus und den Genitalien sehe. Dort liegt die Verbindung zur Mutter Erde, die sich mit den Beinen und Füßen letztendlich fortsetzt. Deshalb kommt auch den Füßen eine zentrale Bedeutung zu und sie werden in die meditative Wasserdusche mit einbezogen. Dabei dusche ich beide Beine über die Knie bis herunter zu den Füßen sehr intensiv. Zum Abschluss erhöhe ich nochmals die Wassertemperatur, um auch die Fußsohlen zu säubern. Du weißt ja, dass ich gern barfuß gehe. Neben der täglichen Anwendung nutze ich diese Behandlungsform auch des Öfteren in akuten Fällen. Bei Verletzungen oder angehenden Erkrankungen dusche ich die betroffen Körperteile heiß ab und bete. Jeden Tag danke ich Gott und meinen

Schutzengeln. Auch auf Reisen ist es eine gute Möglichkeit sich zu akklimatisieren. Immer wenn eine Erkältung im Anflug ist, dusche ich den Rachen so heiß und ausgiebig wie möglich, um den Rachenraum zu reinigen."

Ich bin erstaunt über seine differenzierte Erklärung und sage: „Wow, das ist gut. Das wird mir bestimmt auch etwas bringen. Allein das war ja mein Besuch heute schon wert. Ich kann Dir dafür nur danken." Wir lächeln uns an. Spontan fällt mir die Stichwunde an meinem linken Oberschenkel ein, die einfach nicht heilen will. Vielleicht kann Tobias mir ja heute helfen. Außerdem denke ich darüber nach, diese meditative Wasserdusche als Ergänzung täglich anwenden. Der Gedanke gefällt mir und ich bin froh, dort zu sein. Ich bin mir jetzt sicher, dass Tobias mir auch in dieser Situation wieder helfen wird und mich bei der Aufklärung diverser Ereignisse unterstützen kann. Zu diesem Zeitpunkt kann ich aber nicht aller seiner Aussagen deuten und überlege, vielleicht auch Tobias beraten zu können, da er zu diesem Zeitpunkt selbst recht ratlos erscheint. Er legt mir seine eigene Situation sehr ausführlich dar und bittet mich sogar indirekt um Rat. Es scheint mir aber vermessen zu glauben, dass ich zu diesem Zeitpunkt schon so weit sein könnte, Tobias eine Stütze sein zu können. Wenig später merke ich aber, dass diese ganze Thematik die Schattenseite ‚dieser Welt' beschreibt und unheimlich viel mit mir selbst zu tun hat."

Warnung

„Es war eine Warnung, Loreen, eine Warnung, die ich damals noch nicht verstanden habe." Loreen ist aber ungeduldig und sagt lachend: „Nun erzähl schon weiter, jetzt will ich es auch wissen!" „Ist ja gut. Ich erzähle Tobias von meinen turbulenten Erlebnissen in den letzten Tagen und davon, dass ich einen ‚FastUnfall' gehabt habe. Das nimmt Tobias ganz schön mit. Ihm wird ganz schlecht, sodass er spontan zur Toilette muss. Oh mein Gott! Was habe ich nur angerichtet?, denke ich. Tobias findet das alles aber in Ordnung, denn er habe sich damit ja selbst gereinigt. Trotzdem tut er mir unheimlich leid. Ich weiß, dass Tobias immer wieder die Krankheiten anderer ausbadet und ich habe noch keine Idee, ihn davor zu bewahren. Ich weiß auch, dass man sich vor jeder Behandlung selbst schützen muss, damit die Krankheit nicht überspringen kann. Wie man das macht, weiß ich nicht. Ich kann nicht verstehen, dass Tobias dabei so machtlos zu sein scheint und denke: Kann er sich denn nicht selbst schützen, wenn er diese ‚heilerischen' Fähigkeiten besitzt? Wozu hat er denn den Erzengel Michael?

Tobias erzählt mir von einer Freundin in Hamburg, die mit schwarzer Magie in Berührung gekommen ist. Diese Freundin verweile derzeit in Kapstadt und sei dort auf eine spirituelle Gruppe getroffen, wahrscheinlich eine Sekte. Seither sei ihr Sohn richtig böse und tyrannisiere sie. Anscheinend sei seine Freundin mit dieser Situation vollkommen überfordert und es ginge ihr unheimlich schlecht. Tobias habe im Moment auch keine Idee, wie er ihr helfen könne. Der Sohn ihrer Freundin scheine von schwarzen Mächten besetzt zu sein. Spontan muss ich an Alexandra denken, an ihre Alpträume und ihre Verletzung. Sie ist die Treppe heruntergefallen und hat sich an der Schulter verletzt. Bei Tobias Worten wird mir ganz heiß und ich spüre dass da noch mehr kommen wird. Das Ausmaß kann ich mir allerdings noch nicht vorstellen. Zu diesem Zeitpunkt betrachte ich alles als Herausforderung, der ich mich stellen muss. Es ist für mich aber auch ein Signal, wachsam zu sein. Momentan genieße ich nur die Zeit mit Tobias. Es gibt mir Kraft und Zuversicht.

Am Abend war etwas ganz merkwürdiges passiert: Plötzlich bemerkte ich eine tiefe Stichwunde am Oberschenkel, die ich mir überhaupt nicht erklären konnte. Von dem Sturz neulich konnte diese Wunde nicht kommen, denn auf diese Stelle war ich gar nicht gefallen. Außerdem war meine Jeans nicht kaputt, was bei dieser tiefen Wunde aber in jedem Fall passiert wäre. Tobias war auch ratlos, begann aber trotzdem mit der Behandlung. Da passierte wiederum etwas ganz Erstaunliches. Plötzlich sah ich Indianer, die auf mich zukamen und um mich herum tanzten. Sie nahmen einen Speer und tunkten ihn in einen Kräutersud. Die Speerspitze war mit Kräuterblättern umwickelt. Sie behandelten damit die Stichwunde an meinem Oberschenkel und wiederholten es mehrere Male. Zuletzt drückten sie die Pfeilspitze längere Zeit auf die Wunde und tanzten im Kreis. Ich trug ein helles Gewand aus dünnem Veloursleder mit aufwendigen Stickereien und Fransen an den Armen. Außerdem hatte ich Stiefel mit hellen Lederfransen an, die bis zu den Knien gingen. Wie kann so etwas passieren?" Anna hat diese letzte Frage direkt an die verwundert dreinschauende Loreen gerichtet. „Ich verstehe das nicht, Anna. Du hast doch nie gern Stiefel getragen. Du hast mir mal erzählt, sie seien Dir immer zu warm gewesen." „Ja, das stimmt. Und ich habe immer das Gefühl bekommen, nicht atmen zu können. Nun hatte ich auf einmal diese Stiefel an! Ich konnte und wollte sie auch nicht mehr ausziehen und liebte sie von diesem Tag an! Die Schmerzen meiner Stichwunde waren gegangen, nur die Narbe am Oberschenkel blieb.

Nach der Behandlung tauschte ich mich noch mit Tobias aus. Was er fühlte, sah ich und umgekehrt. Er hatte zwar auch das Gewand gefühlt, es aber nicht gesehen. Auch die Perlen hatte Tobias gefühlt, hatte die Farbenpracht, das Türkisblau mit dem tiefdunklen Rot gesehen.

Auch nach dieser Konsultation konnte ich noch immer nicht glauben, was ich gesehen und gespürt hatte. Helles Licht umgab mich und hob meine Stimmung. Ich hatte Helfer, das war ganz offensichtlich. Es gab also doch irgendwelche Energien, die eine heilende Wirkung hatten, ohne dass ich irgendwelche Medikamente einnahm. Ich konnte mir nur nicht so recht erklären, wie es funktionierte. Aber ich dachte: Vielleicht muss ich auch nicht alles verstehen. Für den Moment war ich nur glücklich, dass es funktionierte und bedankte mich jeden Tag bei meinen Ahnen."

Nach einem kurzen Schweigen, das Loreen wie eine Ewigkeit vorkommt, fährt Anna fort: „Ich war immer noch besessen von der Idee, mehr über meine Ursprünge zu erfahren. Inzwischen wusste ich, dass die afrikanische Medizinfrau irgendwie damit zu tun hatte. Eine plausible Erklärung dafür hatte ich aber noch nicht. Ich fühlte nur, dass Mama Looloo der Schlüssel war, ‚meine' Indianer zu finden. Die Lösung ließ nicht lange auf sich warten. Sie hatte mit den Ritualen der Afrikaner zu tun und meinem wachsenden Glauben, dass es nicht messbare Dinge auf dieser Welt gab, die unglaubliche Kräfte und Energien in sich bargen und Mechanismen im Körper in Gang setzten. So etwas hatte ich bis dahin für absolut unmöglich gehalten. Ich konnte mir nicht vorstellen, dass auch ich Teil dieses Systems werden und auf diesem Wege Energien zur Heilung weiterleiten könnte.

Ein wesentlicher Bestandteil von Mama Looloos Arbeit waren regelmäßige Zeremonien und Heilrituale für die Erde und ihre Patienten. So führte sie einmal wöchentlich Zeremonien pünktlich um Mitternacht durch. Während dieser Zeremonie ging sie eine mentale Verbindung mit ihren Helfern und den Ahnen Afrikas ein. In ihren Gebeten wurde sie von ihren europäischen Schülern unterstützt, die ebenfalls pünktlich um Mitternacht Kerzen anzündeten, wo immer sie waren, und gemeinsam mit ihr beteten. Zusätzlich dazu führte sie Erdheilzeremonien in verschiedenen Teilen Europas, wie zum Beispiel in der Steiermark und im

Schwarzwald, in Teilen Holland und Belgiens durch. Auch bei ihren regelmäßigen Afrika-Aufenthalten waren Zeremonien ein essentieller Bestandteil ihrer Tätigkeit. An diesen Zeremonien nahmen viele Leute vor Ort teil. Andere unterstützten die Zeremonien und die Heilung der Patienten durch ihre Meditation und Gebete. Die meisten Teilnehmer waren Patienten, die Hilfe suchten und damit Teil der Heilrituale waren. Sie konnten auch selbst für ihr Anliegen beten und die faszinierenden Kräfte auf sich einwirken lassen. Diese Energien konnten noch weit, weit später Veränderungen des eigenen Lebens hervorrufen. Als ich die afrikanische Medizinfrau bereits eine gewisse Zeit lang kannte, erfuhr ich von ihrer Zeremonie in Afrika. Zu dieser Zeit ging es mir wieder einmal schlecht. Das muss ich Dir ja nicht noch einmal ausbreiten, oder Loreen?" Loreen nickt nur, ist aber sichtlich genervt von der Unterbrechung.

„Also gut. Stell Dir vor: Ich bin kaum in der Lage aufzustehen, das ganze Programm. Also setze ich große Hoffnungen auf diese Zeremonie in Afrika. Ich weiß, dass selbst aus erheblicher Distanz große Heilerfolge möglich sind. Das habe ich bereits mehrere Male erfahren, auch wenn ich keine Ahnung habe, wer dabei eigentlich geholfen hat und was wirklich passiert ist. Allerdings ist die Distanz nie so groß gewesen wie jetzt. Das Telefon klingelt. Ich bekomme einen Anruf, dass am Samstag Zeremonie in Afrika sein wird und sich die Schüler von Mama Looloo sie unterstützen sollen. Ich denke nur: Was kann ich schon ausrichten? Ich weiß doch noch gar nichts. Ich habe noch nichts groß von ihr gelernt. Also was kann ich tun? Nichts! Seit einiger Zeit habe ich das Gefühl, dass mir irgendjemand alle Energie nimmt, die ich noch besitze. Ich bin total ausgelaugt und habe Mühe, mich auf den Beinen zu halten. Ich zünde eine Kerze an, lege mich bäuchlings auf die Couch und schließe die Augen. Ich hoffe, gedanklich reisen und damit der Zeremonie in Afrika auf diese Weise beiwohnen zu können. Da kommen mir die Tränen. Ich kann nichts tun! Es tut mir schrecklich leid und ich fühle mich unfähig. Ich schließe die Augen und will nichts mehr von der Welt mitbekommen.

Plötzlich sehe ich viele afrikanische Bäume vor mir. Ich sehe die Steppe und immer wieder diese wunderschönen grünen Bäume. Es mischen sich Gesichter darunter, die direkt vor mir stehen. Einige haben graue, andere schwarze Haare. Sie stehen im Kreis vor einem Feuer. Mein Rücken wird ganz heiß. Sie helfen mir! Ich kann es kaum glauben und drehe mich zur rechten Seite. In diesem Moment kommt Alexandra zu mir und küsst mich zärtlich. Ich fürchte, dass sie mich damit aus der

Vision herausreißen würde. Mitnichten! Sie ist Bestandteil des Ganzen. In Wirklichkeit hat nicht nur sie mich geküsst. Ihr Gesicht verändert sich und wird zu dem eines Indianers! Ich lege mich wieder auf den Bauch und nehme die Hände vor das Gesicht. Ich kann nicht mehr, es ist so heiß. Ich muss wieder weinen. Da passiert etwas Unglaubliches! Ein Adler setzt sich auf meine rechte Schulter. Ich spüre ihn ganz deutlich und rühre mich nicht von der Stelle. Ich habe Angst davor, dass er wieder wegfliegen könne. Es muss wohl mein Schutztier sein! Er schaut mich an. Als ich noch immer nicht reagiere, streichelt er mir mit seinem linken Flügel vom Hals ausgehend sanft über den Hinterkopf. Er rüttelte an mir, als wolle er mir sagen: „Spürst Du denn nicht, dass ich da bin?" Er legt seinen linken Flügel auf meinen Rücken, den rechten streckt er nach vorn. Dann nimmt er mich und fliegt mit mir davon."

Atemlos schaut Loreen Anna fragend an. Als diese nichts sagt, fragt sie: „Und dann? Was ist dann passiert? Rück schon raus mit der Sprache!" „Nichts." „Wie, nichts?" „Es ist nichts passiert. Ich bin einfach aufgewacht und es ging mir richtig gut. Ich konnte es mir auch nicht erklären. Der Adler ist mir aber bis heute treu geblieben und begegnet mir immer wieder in der Natur und in meinen Träumen. Seit diesem Traum weiß ich, dass er eine ganz besondere Bedeutung für mich hat. Ich betete damals jeden Tag, dass er auch künftig bei mir bleiben würde und dankte Gott für jede Begegnung, die ich mit ihm haben durfte. Später begann ich, mich regelmäßig an den wöchentlichen Zeremonien Mama Looloos zu beteiligen. Ich wunderte mich allerdings, dass ich keine Afrikaner gesehen hatte. Ich sah nur Indianer. Das passte irgendwie nicht zusammen.

Trotzdem hielt ich den Kontakt zu ihr. Ihre Zeremonien schienen Energiebahnen zu öffnen, die es mir ermöglichten, zu meinen Ahnen und den Indianern vorzudringen. Irgendwann sagte Mama Looloo: „Du brauchst nicht Französisch zu lernen, wir können uns auch auf anderem Wege verständigen." Diese Aussage hatte für mich unheimliches Gewicht, bestätigte sie mir doch, dass ich mir diese besondere Verbindung nicht nur einbildete. Du erinnerst Dich sicher, Loreen, ich habe Dir doch von der Telekinese erzählt?" „Ja, jetzt wird mir einiges klarer. Aber mach weiter, ich bin ungeduldig!", entgegnet Loreen grinsend.

„In meinem Bekanntenkreis konnte ich davon niemandem etwas erzählen. Ich dachte, sie würden es nicht verstehen und mich wohl doch zum Psychiater schicken. Selbst im Umfeld der afrikanischen Medizinfrau konnten meine deutschen Begleiter mit vielen Bemerkungen oft nichts anfangen und meinten zuweilen: „Ja ja, was die beiden sich wohl wieder ausgetauscht haben." Später eröffnete Mama Looloo mir, dass sie in der Lage sei, mir einen Vogel als Botschafter zu senden. Meine Freude war riesengroß, wurde aber bald überschattet, allerdings nicht durch meinen eigenen Zustand. Es betraf meinen Vater, der dringend Hilfe benötigte. Meine Eltern wohnten zirka achthundert Kilometer von unserem Wohnort entfernt, nahe der Hauptstadt Wien. Eines Tages bekam ich einen Anruf, dass es meinem Vater sehr schlecht ginge und er sich in einem kritischen Zustand befinde. Ich konnte mich entscheiden, entweder sofort hinzufahren, oder noch abzuwarten. Er hatte eine schwere Medikamentenallergie – seine zweite – und noch dazu vergangene Herzinfarkte, sodass er sofort in die Klinik eingeliefert worden war. Meine Eltern hatten die nächst gelegene Klinik ausgewählt, ein Fehler, wie sich später herausstellen sollte.

Jeden Tag rechnete ich mit einem Anruf, um sofort zu fahren. Trotzdem hatte ich das Gefühl, dass die Situation zwar kritisch war, aber ich noch nicht fahren solle. Ich wartete bereits auf die vereinbarte Konsultation mit der afrikanischen Medizinfrau, um mir bei ihr Rat zu holen. In ein paar Tagen hatte mein Vater Geburtstag und ich plante gemeinsam mit meiner Familie, die Pfingstferien nach Wien zu fahren. Auch unsere holländischen Freunde hatten sich angekündigt und wollten dorthin kommen. Die Medizinfrau teilte meine Meinung, dass es ausreichend sein würde, ihn an seinem Geburtstag zu besuchen. Ich wusste, dass nach ihrem Glauben die Lebens- und Energiephase um den Geburtstag herum als schwierig einzustufen war. Insbesondere alte Menschen starben oft in der Zeit vor ihrem Geburtstag. Daher benötigten nach ihrem Glauben Patienten in dieser Zeit eine besondere Betreuung. Mama Looloo sagte: „Ich werde mich um Deinen Vater kümmern und Dir helfen. Wenn Dein Vater die nächsten Wochen nach seinem Geburtstag gut übersteht, wird es ihm wieder gut gehen."

Am Samstag fuhren Michael, Alexandra und ich nach Wien, direkt zu ihm ins Krankenhaus. Als ich das Zimmer betrat, traute ich meinen Augen kaum. Ich musste mich unheimlich zusammenreißen, denn ich hatte meinen Vater fast nicht wieder erkannt! Sein Gesicht war teilweise eingefallen, andererseits aber dick angeschwollen. Die Gesichtszüge hatten sich total verändert. Es dauerte einige Zeit, bis ich mich wieder gefasst hatte. Ich wollte ihm gegenüber stark sein und ihm in keinem Fall zeigen, wie deutlich sein Zustand bereits nach außen sichtbar war. Ich ging an sein Bett und drückte ihn. Nachdem ich mich nach seinem Zustand erkundigt hatte, nahm ich ganz fest seine Hand und drückte sie lange und fest. Ich bat meine Ahnen um Hilfe. Ich betete, dass alle Energie, die meinem Vater helfen konnte, in seinen Körper einfließen und die Störfaktoren beseitigen sollte. Lange redete ich mit ihm über ganz persönliche Dinge und versprach ihm, mit ihm ganz allein essen zu gehen und nur für ihn da zu sein. Mit der Zeit merkte ich, wie er förmlich aufblühte und wie sein Gesicht sich veränderte.

Am nächsten Tag sah er schon viel besser aus. Nun nahm er langsam wieder das Aussehen an, dass ich gewohnt war. Auch an diesem Tag nahm ich mir viel Zeit für ihn. Alexandra legte sich zu ihrem Opa ins Bett. Das tat ihm gut. Am Sonntag, seinem Geburtstag, versuchte ich so früh wie möglich bei ihm zu sein. Es war mir wichtig, ihm als Erste zu gratulieren. Lange hatte ich mir Gedanken über ein passendes Geschenk gemacht. Es musste etwas Persönliches sein, was nur er benutzen sollte. Ich schenkte ihm einen edlen Schirm, einen Geldbeutel mit einem Bild von mir und noch ein paar Kleinigkeiten zum Anziehen. Er freute sich riesig. Wenig später kamen die anderen Gäste. Mein Vater war teilweise noch so verwirrt, dass er die Geschenke durcheinander brachte und nicht mehr wusste, wer ihm was geschenkt hatte.

Ich war noch zwei Wochen gemeinsam mit der Familie in Wien und besuchte ihn jeden Tag. Nach einer knappen Woche konnte er das Krankenhaus sogar verlassen. Wir waren noch mit unseren Freunden unterwegs und ich war froh über die willkommene Abwechslung. Wir machten Sightseeing, besuchten Konzerte und amüsierten uns prächtig." „Das hat Dir sicher gut getan, nachdem Dir der Zustand Deines Vaters so große Sorgen gemacht hat?" „Und wie! Jeden Tag war etwas anderes los, da konnte ich mich gut ablenken. Nach kilometerlangen Spaziergängen gingen wir meist zurück zu den Unterkünften, um uns später zu einem gemeinsamen Abendessen wieder zu treffen.

An unserem letzten Abend kamen Michael und Alexandra und ich etwas später. Unsere Freunde warteten schon im Restaurant. Es war ein heißer Tag, obwohl es erst Mai war. Meine Freundin war sehr durstig und hatte bereits einen Schoppen Rotwein getrunken. Das war normalerweise nicht ihre Art, da sie aber riesigen Durst hatte und der Getränkenachschub auf sich warten ließ, machte sie sich eben über den Wein her. Sie war leicht angeschwipst und lachte über jede Kleinigkeit.

Der Kellner brachte ihr noch einen Sambuca und zündete ihn an. Sie mochte die Kaffeebohnen so gern und freute sich schon darauf. Inzwischen hatten wir alle Platz genommen und witzelten. Sie nahm den Sambuca und lachte. Plötzlich fingen ihre Finger und der ganze Arm Feuer. Panisch stürzten sich alle auf sie, um das Feuer zu löschen. Für sie war das Ganze nur noch lustiger, sie lachte schallend und hörte nicht mehr auf zu lachen. Das Feuer war kurz davor, auf ihre Haare überzuspringen und sie lachte und lachte. Sie konnte gar nicht mehr aufhören zu lachen. Gott sei Dank waren genug Stoffservietten vorhanden, um das Feuer zu löschen. Es war nichts passiert, gar nichts. Weder die Hand hatte Schaden genommen, noch war der Stoff von ihrem Blazer betroffen. Es war alles in Ordnung. Irgendwie musste nun jeder schmunzeln und war froh, dass alles passte. Wir saßen noch lange beisammen. Schließlich war es unser letzter Abend und niemand wusste, wann wir uns wieder sehen würden.

Vor der Abreise am nächsten Tag hatten wir noch etwas Zeit und wollten meinen Vater noch einmal besuchen. Während wir noch gemütlich beisammen saßen, klingelte mein Handy. Es war mein Vater. Er sagte mir, dass sie jetzt bei Verwandten zu Gast wären und wir uns wohl nicht mehr sehen würden. Ich war tief enttäuscht, denn ich wusste, dass es nicht seine Entscheidung gewesen war. Mein Vater hatte sich, wie so oft, unterordnen müssen. So fuhren wir ohne einen richtigen Abschied heim.

Zwei Tage nach der Heimkehr erhielt ich einen Anruf. Mein Vater lag erneut mit Thrombose auf der Intensivstation. Ich war fertig mit der Welt, zündete Kerzen an und betete Nacht für Nacht für ihn, sah mich aber außerstande ihm zu helfen. Dennoch betete ich jeden Tag, dass die Thrombose langsam zurückgehen möge. Meine einzige Hoffnung war, dass die Gebete erhört würden und meine Kraft ausreichte, ihm nahe zu sein und ihm die Energie zu geben, die er so dringend brauchte. Anfangs hatten sie ihm auch noch das Telefon genommen, so dass ich nicht einmal anrufen konnte. Gott sei Dank sorgte ein Arzt dafür, dass ich mit meinem Vater telefonieren konnte. Jeden Tag rief ich ihn an und stand ihm zur Seite. Langsam erholte er sich wieder und konnte das Krankenhaus nach zwei Wochen Klinikaufenthalt wieder entlassen werden. Die Thrombose war ihm geblieben, aber er würde damit umgehen können. Nach einem halben Jahr konnte er uns sogar wieder in Zürich besuchen. Ganz stolz zeigte er mir da seinen Schirm." Anna muss schmunzeln. Auch Loreen lacht herzlich und ist einfach froh, dass auch diese Geschichte so ein glimpfliches Ende genommen hat.

Rückschlag

„Nun war bereits einige Zeit nach meinem Unfall vergangen und ich wurde wieder einmal zu einem Gutachter bestellt. Es reichte nicht aus, dass in zwei Gutachten der Kausalzusammenhang zum Unfall dargelegt wurde, meine Berufsunfähigkeit durch den Hauptgutachter attestiert wurde und mehrere Ärzte eine Erwerbsminderung aufgrund des Unfalls nachgewiesen hatten. Es musste ein weiteres Gutachten her. Für mich war die Sachlage ziemlich klar: Im Grunde ging es nur darum ging, um den Gegenbeweis anzustellen. Schließlich war viel Geld im Spiel. Aber was sollte ich tun? Ich hatte ja immer noch ein Quäntchen Hoffnung, vielleicht doch Recht zu bekommen.

Ich wurde in die Klinik bestellt, um ein sogenanntes ‚Spezialgutachten über den Zustand meiner Halswirbelsäule und des Gehirns aus neurologischer Sicht' zu erstellen. Ich wurde in den Behandlungsraum geführt. Der Arzt war fast zwei Köpfe größer als ich, hatte eine etwas festere Statur und etwas Robustes an sich, was mir ein wenig Angst einflößte. Es war, als stünde ich vor Gericht. Bei den Beschreibungen meiner Unfallhistorie und der Symptompalette fiel er mir immer wieder ins Wort, warf Spitzen in meine Richtung und versuchte mir immer wieder zu suggerieren, dass ich mir das Ganze nur einbilde und er sich des Eindrucks nicht erwehren könne, dass meine Beschwerden psychisch bedingt seien. Er erzählte von seinen zahlreichen Hirnoperationen an Patienten, die wirklich krank waren, bei denen große Teile von krankem Gewebe entfernt werden mussten. Ich wusste nichts zu antworten, schluckte nur und hätte am liebsten geweint. Mit Macht versuchte ich die Tränen zu unterdrücken. „Beginnen wir mit der Untersuchung. Dann werden wir schon sehen, was Sache ist." Er kam auf mich zu und begann ohne Ankündigung an meinem Kopf zu zerren und ihn hin- und her zu reißen. Zu guter Letzt schlug er mir mit der Faust von oben auf den Schädel. Ich hätte vor Schmerz schreien können, sank in die Knie und konnte mich gerade noch halten, um nicht umzufallen. Er erklärte mir allen Ernstes, dass mir nichts fehle.

Entsetzt, enttäuscht und niedergeschlagen ging ich hinaus. Gott sei Dank war ich mit dem Zug gekommen. Auto hätte ich in diesem Zustand nicht mehr fahren mögen. Nun konnte ich zumindest den Tränen freien

Lauf lassen. Aufgelöst ging ich durch die Fußgängerzone Richtung Hauptbahnhof. Denken konnte ich nicht mehr, denn die Schmerzen waren mit aller Wucht zurück gekommen. Da hatte ich wochen- und monatelang gekämpft, damit innerhalb von einer halben Stunde alles noch viel schlimmer geworden war. In der Folgezeit hatte ich gar keine Kraft mehr im rechten Arm und ein Stechen im rechten Handgelenk. Immer wieder schliefen mir die Finger ein. Auch alles, was ich mir mühsam erkämpft hatte, war dahin. Ich war völlig verzweifelt, hatte ich doch gehofft, langsam die Behandlungen reduzieren zu können. Daran war nun nicht mehr zu denken."

Vor lauter Wut schlägt Loreen aufs Lenkrad, beherrscht sich aber dann doch wieder: „Wie gemein kann ein Mensch sein, wieso darf so jemand seinen Beruf ausüben? Das tut mir schrecklich Leid!" „Ja, man darf so etwas eigentlich gar nicht erzählen, es glaubt einem ja doch keiner. Die nahende Faschingszeit war natürlich gestorben, denn ich musste das Bett hüten. Ich wollte mich aber um keinen Preis unterkriegen lassen. Dieses Mal begann ich, nach Mantras zu suchen. Ich wurde fündig, lauschte den energischen Tönen und war beeindruckt von der Kraft dieser Musik. Ich suchte nach entsprechender Literatur und bestellte mir Bücher. Das konnte mir ein wenig über die Situation hinweghelfen. Außerdem suchte ich nach buddhistischen Begrifflichkeiten, um mich einfach nur abzulenken und Trost zu finden. Ich wusste, dass ich nun wieder einen Zustand erreicht hatte, bei dem ich ohne medizinische Hilfe nicht mehr weiterkommen würde. Apathisch schaute ich in meinen Computer, als ich meinen Augen nicht trauen wollte. Was ist das für ein Bild?, dachte ich. Das ist doch der Buddha, den ich als Kind in meinem Traum gesehen habe. Das kann doch nicht wahr sein. Ich riss mich zusammen und schaute es mir näher an. Es war Manjushri, der Buddha der Weisheit. Er hatte dasselbe Buch in der linken, und das Feuerschwert in seiner rechten Hand, wie ich es damals in meinem Traum gesehen hatte. Ich nahm meine Hand vor den Mund und konnte es nicht glauben. Tränen rannen mir über das Gesicht. Intuitiv sah ich das Bild an und sagte laut: „Bitte hilf mir Manjushri, bitte hilf mir. Sag mir, was soll ich nur tun?"

Erstmal geschah nichts. In meiner Not konsultierte ich wieder den Neurologen. Vielleicht konnte er ihr helfen oder hatte zumindest eine rettende Idee. Außerdem wollte ich seine Meinung über meine Psyche erfahren. Die Worte des Gutachters hatten mich doch hart getroffen. Nie hatte ich Angst gehabt. Immer hatte ich dafür gekämpft, in ein normales Leben zurückzukehren, immer hatte ich nach vorn geschaut. Wie also konnte ich mir die Schmerzen und Beschwerden einfach nur einbilden? Das gab es doch einfach nicht. Außerdem hatten mir doch mehrere Spezialisten und sogar der Hauptgutachter nach einer mehrstündigen Untersuchung attestiert, dass ich wirklich schwerwiegende Verletzungen davongetragen hatte. Ich dachte: Wahrscheinlich bildete ich mir das alles auch nur ein."

„Das glaube ich nicht, Anna! Überleg doch mal, was Du alles durchgemacht hast. Das tut doch niemand freiwillig und wer so etwas behauptet... Ich könnte diesen Arzt..." „Loreen! Es gibt ja auch gute Ärzte, auch wenn einem so etwas den Glauben nehmen kann. Mein Neurologe zum Beispiel nahm sich wie immer viel Zeit für mich. Nach einer längeren Untersuchung meinte er nur ganz trocken: „Müssen Sie denn auch alles mitnehmen? Ich fürchte, dass Ihr Kiefergelenk auch von der Verletzung betroffen ist. Wir müssen ein weiteres MRT machen, um zu schauen, was da los ist. Ich schreibe Ihnen noch Schmerzmittel für den Notfall auf. Sie haben heftige Schmerzen, nicht wahr?" Ich nickte nur und sagte nichts weiter. Was sollte ich auch sagen. Er gab mir eine Überweisung und sagte: „Wir sehen uns. Bis dahin wünsche ich Ihnen gute Besserung. Sie wissen ja, sie können mich jederzeit am Handy erreichen. Jederzeit, also auch am Wochenende. Kopf hoch." „Ich bin ihnen so dankbar", erwiderte ich, nachdem er mich fast väterlich gedrückt hatte.

Zwei Tage später wurde das MRT gemacht. Die Untersuchung war ebenfalls schmerzhaft, aber erträglich. Wieder – ja, Loreen – wieder nahm sich auch der Radiologe viel Zeit für ein ausführliches Gespräch. Gemeinsam sahen wir uns die Bilder an. Er gab mir eine recht komplizierte Erklärung, die ungefähr so ging: „Ihr Kiefer hat sich verschoben. Bei jeder Kieferbewegung verändert bei Ihnen der Diskus pathologisch seine Lage. Als Folge haben Sie eine beginnende Arthrose im Kiefergelenk. Das Kiefergelenk und das Kopfgelenk sind eng verbunden. Wenn Sie den Mund öffnen, wird der Knorpel abgerieben. Die Wangenmuskeln versuchen permanent die Kieferstellung zu korrigieren. Diese Muskeln sind unheimlich stark. Das kann sogar dazu führen, dass Sie sich im wahrsten Sinne des Wortes Zähne ausbeißen. Ich überweise Sie zu einem guten Zahnarzt, der für derartige Verletzungen eine Aufbiss-Schiene für Sie anfertigen kann, um ihnen Entlastung zu geben. Kopf hoch! Es wird schon wieder. Schauen sie nach vorn. Sie können jederzeit gern wieder kommen, auch wenn sie einfach nur einen fachlichen Rat haben möchten."

Ich bedankte mich, war aber einfach nur verzweifelt. Er muss gesehen haben, wie betreten ich dagesessen hatte. Unvermittelt begann er von seinem Aufenthalt in Peru und einem peruanischem Medizinmann zu erzählen. Ich blickte erstaunt auf und lauschte interessiert. Die Tränen liefen mir über das Gesicht. Ich hatte keine Ahnung, warum er plötzlich begann, über dieses Thema zu berichten. Es hatte doch nichts mit mir zu tun. Er erzählte über seine Erfahrungen mit den Ureinwohnern und die spirituellen Kräfte dieser Heilverfahren. Dann fragte er mich, ob er mir mit einem Handgriff bei meinen Problemen helfen dürfe. Ich schaute ihn ganz entgeistert an und wusste nicht, was ich sagen sollte. Ich hatte mit allem gerechnet, aber nicht damit, dass ein Radiologe mich mit Methoden der peruanischen Ureinwohner behandeln würde. Mittlerweile war mir aber alles egal. Was solls!, dachte ich. Zu verlieren habe ich nichts. Schließlich stimmte ich zu. Er hatte eine längere Zeit in Peru verbracht und war dort von den Ureinwohnern in deren heilige Wissen eingeweiht worden. Dort hatte er auch spezielle Handgriffe gelernt, um Menschen in Notsituationen zu helfen oder sie gar zu retten. Du kannst Dir sicher vorstellen, wie irritiert ich war. Zumindest brachte der Handgriff ein wenig Entspannung und ich konnte wieder essen. Ganz benebelt verließ ich die Arztpraxis."

Loreen schaut ungefähr so verdutzt, wie Anna in Ihrer Erzählung geschaut haben muss und sagt: „Das ist ja total verrückt, was für ein glücklicher Zufall! Damit hätte ich niemals gerechnet." „Ja Loreen, das hat mir auch etwas Zuversicht gegeben, dass ich mich weiter auf alternative Heilmethoden konzentrieren sollte. Mittlerweile waren ja schon fast eineinhalb Jahre nach dem Unfall vergangen und ich hatte eher mehr als weniger Problemfelder. Es war also höchste Zeit, etwas handfestes zu unternehmen." „Du hast dich nicht klein kriegen lassen!" ruft Loreen begeistert. „Ich war mehrere Male kurz davor. Dieses mal fing ich zumindest wieder an, meine geistigen Fähigkeiten zu trainieren, Konzentrationsübungen zu machen und Bücher zu lesen. Ich versuchte Tag für Tag einen Schritt weiter zu kommen. Es half doch nichts, ich musste nach vorn schauen. Inzwischen hatte ich ein Bild von Manjushri aufgestellt und Bücher über diese Gottheit gelesen. Ich suchte Zuflucht in seiner Weisheit und betete dafür, die richtigen Entscheidungen zu treffen.

Ich telefonierte in dieser Zeit viel mit einer Freundin, die die Schüler und Patienten der afrikanischen Medizinfrau wie eine Assistentin betreute. Ihr Name war Linda. Die Gespräche taten mir wirklich gut. Linda appellierte an mich, dass ich die Ahnen nicht vergessen solle. Aber daran brauchte sie mich nicht zu erinnern. Die Ahnen zu ‚versorgen' war längst ein wichtiger Bestandteil meines Lebens geworden. Nach dem afrikanischen Glauben von Mama Looloo waren gemeinsame Feiern unter Einbezug der Ahnen ein wichtiges Ritual, um die Verbundenheit mit ihnen auszudrücken. So wurde zu diesem Zweck des Öfteren Wein oder gar eine Flasche Sekt im Garten vergossen. Ich hatte mir ebenfalls angewöhnt, den Ahnen regelmäßig eine Kerze und ein kleines Glas Wein, Sekt oder Schnaps hinzustellen, um mich auf diese Weise bei Ihnen zu bedanken. Witzigerweise fehlte am nächsten Tag ein Teil der Flüssigkeit, worüber ich mich immer wieder aufs Neue freute. Auch heute hatte ich die Kerze angezündet und mich hingelegt. Oft hatte ich trotzdem starke Angst, dass alles zu spät sein könnte." „Du warst sehr stark, Anna. Ich glaube, ich hätte längst aufgegeben.", gibt Loreen ehrlich zu.

„Wer weiß, Du bist stärker als Du denkst, Loreen! Aber dazu kommen wir später noch einmal zu sprechen! Ich musste also noch eine Zeit lang das Bett hüten. Zumindest konnte ich mich nun schon wieder vorsichtig auf die Couch legen. Ich zündete eine Kerze an und meditierte. Ich bat die Ahnen um – nichts. Da passierte etwas Erstaunliches. Ich hatte das Gefühl, dass jemand bei mir auf der Couch säße. Dabei berührte sein Hinterteil meinen Oberschenkel. Er streichelte mir sanft die linke Hand. Es tat richtig gut. Nach einer Weile musste ich die Hand wegnehmen, um mich anders hinzulegen. Sie nahm also die Hand kurz weg und legte sie dann doch wieder zurück. Nun streichelte der Unbekannte nur noch einmal sanft drüber und nahm seine Hand weg. Er blieb noch eine Weile sitzen. Später stand er hinter mir, nahm meinen Unterarm und drückte ihn in seine Hand. Ich horchte nochmals hin, wie um zu fragen: „Ist es wahr?" Er drückte nochmals zu. Ich erwiderte den Druck, worauf er wieder drückte. So ging das eine ganze Weile. Anschließend drehten wir uns zueinander und umarmten uns. Dann wachte ich mit dem Gedanken auf: Wenn ich doch nur wüsste, wer er war.

Am Folgetag konnte ich mit Halskrause aufstehen und versuchte ein wenig zu putzen. Das war ziemlich anstrengend. Es war immer noch Winter, aber die erste Sonne brachte schon ein wenig wohlige Wärme. Erst legte ich mich, in eine Decke eingehüllt, in den Garten. Lange hielt ich es nicht aus und ging zurück ins Wohnzimmer auf die Couch. Dort lag ich flach da, mit dem Fango-Kissen im Nacken. Dann, ich musste auf der Couch eingeschlafen sein, träumte ich wieder: Ich sah einen Indianer. Er hatte ein relativ schmales Gesicht und eine intensive Bemalung im Gesicht. Zwei weiße breite Streifen führten, links und rechts von der Stirn kommend, parallel zur Nase, die Wangen entlang und herunter bis zu den Mundwinkeln. Er hatte lange Haare. Er schaute mich einfach nur an, mehr nicht. Ich spürte, dass ich beschützt wurde.

Trotzdem wollte ich Gewissheit über meinen Zustand und einen fachkundigen Rat über Heilungsmöglichkeiten. Ich wusste, dass mein Neurologe eine Koryphäe auf seinem Gebiet war. Auch als Mensch und Berater war er für mich von unschätzbarem Wert. Er war mir ans Herz gewachsen und mein einziger Strohhalm. Auch die Gespräche und das Abtauchen in die Literatur, Kunst und Musik würden eine Wonne für mich sein. Ich hatte absolutes Vertrauen zu ihm als Arzt und Mensch, Loreen. Ich schätzte seine Exaktheit der Untersuchungen sowie die Brillanz der Diagnostik. Kurzum, er war einer der Menschen, die ich trotz meiner Abneigung gegen die Schulmedizin nie vermissen würde. Also vereinbarte ich einen Termin.

Wir begrüßten uns herzlich und wieder umarmte er mich wie ein Vater. Ich zählte ihm meine Symptompalette auf und zeigte ihm die ausgedruckten Bilder vom MRT. Er warf einen kurzen Blick darauf. Plötzlich wurde er ausgesprochen nervös und unruhig. So hatte ich ihn noch nie erlebt. Er wies seine Arzthelferin ziemlich bestimmt an, sofort den Computer vorzubereiten, damit er sich alle Bilder im Vergleich anschauen könne. Zwischenzeitlich begann er alle möglichen Reflexe zu messen. Anschließend verschwand er für eine Viertelstunde, um sich erneut die Bilder anzusehen. Entsetzt kam er zurück und konnte überhaupt nicht verstehen, dass ich nicht eher gekommen war. Ich erwiderte, dass ich keinen Termin bekommen hätte. Das akzeptierte er aber nicht und sagte nur: „Sie haben doch meine Handynummer! In einem Notfall müssen Sie mich anrufen!"

Er war außer sich, dass ich noch keine medikamentöse Behandlung erhalten hatte und erklärte mir, dass ich aus seiner Sicht operiert werden müsse. Ich war schockiert, denn ich hatte mit allem gerechnet, aber damit auf keinen Fall. Mir war klar, dass er alle Versuche unternahm, bevor er zu so einem Schritt raten würde. Es musste wohl doch recht heftig sein. Er erklärte mir, dass es sich um einen großflächigen Bandscheibenvorfall handele und Teile der Bandscheibe bereits beginnen würden, sich abzulösen. Oh mein Gott! Ich wusste nicht mehr, was ich sagen sollte. Gedanken schossen mir durch den Kopf. Mir geht es doch inzwischen wieder etwas besser. Ich verstehe das Ganze nicht. Vielleicht führt er alles allein auf die Bilder zurück? Dem war aber nicht so, leider. Die Untersuchungsergebnisse waren ebenfalls verheerend. Er meinte, dass er mir noch eine letzte Chance für eine konservative Behandlung geben würde, für maximal drei Monate. Sollte sich der Befund nicht bessern, müsse ich operiert werden. Ich musste ihm versprechen, ihn anzurufen, wenn es mir schlechter ginge."

„Hast Du es denn getan?", fragt Loreen besorgt. „Erstmal nicht. Einen Tag nach der schockierenden Nachricht bekam ich unerwarteten Besuch. Linda stand an der Tür. Das kam mir vor wie ein Licht am Horizont. Ich sah die Drohung des Neurologen vor einer eventuell bevorstehenden Operation als Damoklesschwert über mir schweben. Daher war meine Freude umso größer. Es war eine willkommene Abwechslung und vielleicht sogar Aussicht auf Hilfe. Wir setzten uns in die Küche. Linda liebte gemütliche Küchen und liebte es, lange und ergiebig zu essen und sich dabei ausgiebig zu unterhalten. Ich konnte zwar kaum sitzen vor Schmerz, aber ich genoss den Anblick, wie genüsslich Linda ein einfaches Käsebrot zu sich nahm. Lange hielt ich es aber nicht aus.

Linda begleitete mich ins Schlafzimmer und wich mir nicht von der Seite. Wir hörten schöne Musik und unterhielten uns über Gott und die Welt. Linda gab mir sieben Kapseln von Mama Looloo. Sie sagte, dass ich noch am selben Tag eine Kapsel einnehmen solle und dann jeden Tag eine weitere. Diese Kapseln bekamen nach ihren Worten nur Patienten, die wirklich ernsthaft krank waren. Das schockierte mich ein wenig, obwohl ich es eigentlich selbst wusste. Wahr haben wollte ich es wohl trotzdem nicht. Linda erklärte mir, dass ich die Medizin unbedingt nehmen solle, sonst schlüge Mama Looloo mich." „Sie wollte Dich wirklich schlagen?", ruft Loreen lachend. „Ja, und es gab mir einen unheimlichen Auftrieb. Es war lustig, sich vorzustellen, wie die rundliche afrikanische Medizinfrau mich schlagen würde, wo sie so etwas doch sowieso nie übers Herz gebracht hätte. Zum anderen hatte sie damit ihre Besorgnis unterstrichen. Das ehrte mich. Es schien ihr also wirklich wichtig zu sein, dass ich wieder gesund werden würde.

Linda meinte, dass Mama Looloo durch diese Medizin besser an mich herankäme. Für mich war das die erste Medizin in meinem ganzen Leben, der ich vollends vertraute und bei der ich keinerlei Angst vor irgendwelchen Nebenwirkungen hatte. Kurze Zeit nach der Einnahme spürte ich aber trotzdem eine sehr intensive Wirkung, die ich gar nicht beschreiben kann. Ein diffuser Schmerz durchdrang meinen Körper und ich hatte das Gefühl, das irgendetwas passierte, was mir jegliche Energie raubte. Dann war ich völlig fertig, hatte keinen Appetit und nur noch das Gefühl, meine Ruhe haben zu wollen. Trotzdem war ich mir sicher, dass es mir helfen würde. Linda und ich redeten viel. Es war Mittwoch, die Nacht, in der Mama Looloo ihre wöchentlichen Zeremonien abhielt. Wir verpassten die Zeit, um zu meditieren. Um zwei Uhr nachts gingen wir dann endlich schlafen. In dieser Nacht hatte ich einen der schönsten und intensivsten Träume meines Lebens. Die afrikanische Medizinfrau stand hinter mir. Es war eine ausgesprochen feierliche Stimmung. Wir waren von vielen Leuten umgeben, deren Gesichter ich nicht erkennen konnte. Sie trugen alle weiße Gewänder und tanzten. Es war dunkel. Nur das Licht des Feuers durchbrach die Dunkelheit. Ich stand mit angewinkelten Armen da und bewegte mich im Einklang mit der Musik. Mama Looloo nahm ihre Hände hoch und hielt meine Unterarme von unten fest. So schwangen wir gemeinsam im Takt der Musik. Ich trug eine weiße Bluse. Sie schob den Kragen meiner Bluse sanft zur Seite und strich mit ihrer rechten Hand ganz zart von hinten an meinem Hals entlang, während wir weiter zum Klang der Musik tanzten. Mama Looloo trug ein prachtvolles Gewand mit ganz hellen, bunten und schillernden Farben auf einem fast weißem Hintergrund, der mit aufwendigen goldenen Stickereien besetzt war. Ich fühlte mich vollkommen frei.

In dieser Nacht muss sich einiges an meiner Halswirbelsäule getan haben. Plötzlich stand eine dicke Wulst rechts am Halsansatz hervor und ich verspürte einen heftigen schneidenden Schmerz, wie bei einer Verbrennung. Die Kapsel hatte ihre Wirkung getan. Ich war wie gerädert. Trotzdem musste ich wieder zur Arbeit. Ich zählte fast jede Minute, um endlich heimgehen zu können. Ich fuhr eher heim, als geplant, um dort noch ein wenig weiter zu arbeiten, mich aber anlehnen zu können und meine Ruhe zu haben. Aber ich war so geschafft, dass ich auf der Stelle einschlief. Am Nachmittag bekam ich erneut Besuch. Es war wieder Linda. Ich richtete ein wenig Essen her, obwohl mir selbst der Magen wie zugeschnürt war. Nachdem Linda mit dem Essen fertig war, setzten wir uns auf die Couch. Linda begann, mir über das afrikanische Orakel zu erzählen. Ich lehnte mich bequem an die Rückenlehne der Couch und nahm Schreibsachen in die Hand, um Notizen machen zu können.

Ich werde versuchen, Dir möglichst wortgetreu wiederzugeben, was Linda mir erzählte: „Das afrikanische Orakel beschreibt den Lebenszyklus der einzelnen Menschen sowie gewisse Gesetzmäßigkeiten der Umwelt und des Zusammenspiels der Lebewesen zueinander. In diesem Zusammenhang werden den einzelnen Himmelsrichtungen Farben, Energien sowie die Elemente Feuer, Wasser, Holz und Metall zugeordnet. Eine gewisse Sonderstellung nimmt dabei das Zentrum des Rades ein. Jedes Individuum hat Präferenzen und Verbundenheiten zu den einzelnen Elemente. Es gibt aber auch Elemente, wo die Verbundenheit wenig oder sogar gar nicht vorhanden ist. Zudem gibt es starke Persönlichkeiten, was sich in der Energieverteilung äußert. Optisch musst Du dir gedanklich ein Rad vorstellen, das durch die Energieverteilung permanent am Laufen gehalten werden soll.

Dem afrikanischen Orakel kann man viel über die Elemente, deren Wirkung und den eigenen Bezug dazu entnehmen. Auch das ganze Leben eines Menschen findet sich im Symbolkomplex des afrikanischen Orakels wieder. Danach durchläuft jeder Mensch in seinem Leben unterschiedliche Energiephasen, die sein Leben, seine Gesundheit und seine persönlichen Energien in den jeweiligen Lebensphasen prägen. Dabei werden jeweils die weiblichen und männlichen Aspekte berücksichtigt. Zudem müssen diese individuellen Energien im Kontext des gesamten Energiesystems des Planeten und des jeweiligen Umfelds betrachtet werden. Diese Informationen helfen dem Medizinmann oder der Medizinfrau, die individuellen Defizite auszugleichen und den Patienten gezielt zu behandeln. Insbesondere in schwierigeren Energiephasen muss er oder sie sich intensiver um den Patienten kümmern. Zu den Energiephasen, die einen Menschen in den jeweiligen Lebensjahren prägen, gibt es auch täglich unterschiedliche energetische Höhen und Tiefen."

Ich saß da und hörte gespannt zu. Linda holte ein paar Unterlagen hervor und setzte ihre Ausführungen fort: „Die Sprache umfasst viele Schriftzeichen, mit denen die Lebensjahre und die damit verbundenen Lebenszyklen abgebildet werden. Die einzelnen Zeichen haben alleinstehend eine andere Bedeutung, als in Kombination mit anderen. Jedes Leben beginnt mit der ersten Sekunde, die für den Schrei der Mutter bei der Geburt des Kindes steht. Es ist mit allen Energien verbunden, die mit Fürsorge, und der Gefühlswelt der Mutter, aber auch der Mutter Erde zu tun haben. Dafür gibt es ein hoch spirituelles Symbol, das die Zahl Eins repräsentiert. Die Kombination der Zahl Eins in der elf hingegen symbolisiert das elfte Lebensjahr eines Kindes. Das Kind will ausbrechen. Es verlässt das Haus der Weisheit, versucht es zu zerschlagen. Die elf steht für knicken, knacken, kicken. Es kann etwas zerstört werden, damit Neues entstehen kann. Man kann sich aber auch die Beine brechen oder einen Spiegel.

Das dritte Lebensjahr des Kindes steht für Musik, Freude und Umarmung. Es ist ein Freudenfest, der dritte Tag nach Geburt, an dem der Vater Musik vorspielt, ein idealer Tag für Familienfeste. Hierbei wird die Zuwendung zu anderen Familienmitgliedern und im übertragenen Sinne auch zu anderen Menschen dargestellt. Dieses Symbol ist dem Osten und der männlichen Energie zugeordnet, mit der Farbe Grün, den Bäumen, Sträuchern und damit auch mit dem Element Holz verbunden. Diese Zahlen können dann auf Tage, Jahre Monate oder kombiniert interpretiert werden. Wenn du diese Zahlen auf andere Themen überträgst, kannst du damit auch andere Zählsysteme und deren Energiezustände beschreiben."

Linda erzählte an diesem Abend ziemlich viel. Für mich war das Ganze zwar unheimlich spannend, allerdings begannen meine Schmerzen langsam unerträglich zu werden. Ich hätte mir gern Notizen gemacht, konnte aber vor Schmerz kaum den Stift halten und gab auf. Irgendwann musste ich abbrechen und mich ein wenig hinlegen. Also hörten wir auf und schauten uns gemeinsam das Konzert von Bruce Springsteen in New York an. Es war das Album ‚Rising'. Ich liebte diese Musik, sie gab mir unheimlich Auftrieb und Energie. Auch Linda war beeindruckt und bewegte sich im Rhythmus der Musik. Das konnte ich gar nicht glauben, war doch auch Linda bereits jenseits der sechzig Jahre alt. Umso erfreuter schaute ich zu ihr herüber und erfreute mich an diesem Anblick und der schöne Musik. Nach dem Konzert gingen wir ins Bett und schliefen aus.

Am nächsten Tag schlug Michael vor, gemeinsam mit Linda zum Essen zu gehen. Er lud sie spontan ins Restaurant ein. Michael hoffte wohl, dass ich dort vielleicht ein wenig essen könnte. Ich muss ziemlich schlecht ausgesehen haben. Aber es half nichts, auch abends ließ ich das halbe Essen beim Griechen stehen. Warum ich mir einen Wein bestellt hatte, wusste ich selbst nicht so recht. Ich konnte ihn nicht trinken und rührte ihn nicht an. Meine Gedanken kreisten die ganze Zeit darum, wie ich nur den nächsten Tag überstehen sollte. Glücklicherweise hatte ich nur ein Meeting und konnte dann wieder heim kommen.

Eigentlich hatte ich vor, eine Esoterik-Messe in Zürich zu besuchen. Ich wollte mir die Lichtarbeiter anschauen, die mir eine Therapeutin empfohlen hatte. Außerdem gab es dort unterschiedliche Exponate von alternativen Heilpraktiken. Vielleicht konnte ich da etwas lernen oder einen Therapeuten finden. Linda war nicht gerade begeistert von der Idee. Nachdem ich mir die Vortragsthemen der Messe näher angeschaut hatte, war ich auch ziemlich entsetzt. Es war teilweise ziemlich offensichtlich, dass die Art der Präsentationen sich eher an materiellen Gesichtspunkten orientierten, als das Ziel zu verfolgen, Menschen zu helfen oder sie in der Selbstheilung auch nur irgendwie weiterzubringen. Wir nahmen davon Abstand und gingen ein wenig raus in die Natur. Das tat mir richtig gut.

Am Abend aßen wir Ofenkartoffel mit Creme Fraîche, eines meiner Lieblingsessen. Später bekam ich dann Lindas Fußmassage nach der Tradition von Mama Looloo. Dafür musste ich mich mit dem Bauch auf den Boden legen. Linda massierte mir den Rücken mit ihren Füßen und stellte sich teilweise sogar auf mich drauf. Sie sagte, dass man oft sogar auf den Rücken drauf springe. Auf diese Weise sollten die einzelnen Wirbel des Patienten mobilisiert werden. Davon nahm sie aber zum Glück Abstand." Loreen gluckst: „Das sah bestimmt zum Lachen aus, ich wäre gerne dabei gewesen." „Hör lieber auf, es war so schon schlimm genug.", entgegnet Anna belustigt, „Mit einem vom Schmerz verzerrten Gesicht versuchte ich danach wieder vom Boden aufzustehen. Ich dachte nur: Das war aber keine so gute Idee. Dafür ist es für mich wohl noch ein wenig zu früh. Naja, was solls. Das wird schon wieder vergehen., dachte ich dann.

So kam es dann auch. Der Buckel am Halsansatz hatte sich bald wieder zurückgebildet und der brennende Schmerz war kaum noch spürbar. Allerdings hatte sich nun eine noch viel größere Wulst gebildet, die den ganzen Hals umfasste und sich bis zu Halsansatz fortsetzte. Sie hatte fast die Form des Parallelogramms, das ich bei Tobias gesehen hatte. Die Wulst schien Richtung Bandscheibenvorfall zu wandern. Die Schwellung war knallrot und die Haut so dünn wie Seidenpapier. Sie drohte sich abzulösen wie bei einer Verbrennung. Ich traute mich kaum, irgendetwas anzuziehen. Die Beule selbst schmerzte wie ein Hämatom. Es war aber ein progressiver Schmerz und ich war zuversichtlich, dass die afrikanische Schamanin mich heilen würde. Ich hatte immerhin meine

Stabilität wieder gefunden und trug keine Halskrause mehr. Brav nahm ich eine weitere Kapsel und betete. Alle anderen Behandlungstermine sagte ich ab. Im Moment wollte ich ausschließlich auf die afrikanische Therapie setzen und abwarten, ob sie dauerhaft Erfolg zeigen würde.

Tja, Loreen, vielleicht war das der Moment, der mich endgültig dazu bewogen hat, mein Leben grundlegend zu ändern. Jetzt wusste ich, dass ich unbedingt Französisch lernen musste, um mich auch auf ‚normalem‘ Weg mit Mama Looloo austauschen zu können. Ich wollte mehr lernen und vielleicht auch eines Tages in diese Richtung gehen. Ich begann, mich mehr mit den Traditionen und Ritualen der afrikanischen Völker auseinander zu setzen und sah mir immer mehr Filme über Schwarze an. Ich war zwar schon länger von Afrika fasziniert gewesen, aber vor allem die Malaria hatte mich davon abgehalten, das Land jemals zu besuchen. Schon als Kind war mein Lieblingsfilm ‚Wer die Nachtigall stört‘ gewesen. Bei meiner Reise in die Südstaaten hatte ich ebenfalls die Gelegenheit ergriffen, das Leben und die Geschichte der Schwarzen dort näher kennen zu lernen und ihre Musik zu hören.

Sie begann auch, mich mit dem Sklavenhandel und sogar mit Voodoo näher auseinander zu setzen. Zum einen waren diese Vorgehensweisen bedrückend und beunruhigend, zum anderen interessant und hilfreich. Allerdings waren sie mir unterm Strich doch suspekt. Ich wollte damit nicht näher in Berührung kommen. Zumindest hatte ich vor langer Zeit die Wedel zweier afrikanischer Stammesführer aus Benin geschenkt bekommen. Ich hatte das Gefühl, damit beschützt zu werden vor allen schwarzen Mächten, die es dort oder wo auch immer sonst gab. Trotzdem war ich ein wenig neugierig, hatte mir diese Therapieform doch wirklich geholfen und meinen Zustand ein wenig verbessern können, sodass ich wieder anfangen konnte, nach vorn zu schauen. Es vergingen Wochen und ich versuchte jede Gelegenheit zu nutzen, mich mit diesen neuen Wegen näher auseinanderzusetzen.

Meine ureigenste Sehnsucht galt zwar nach wie vor den Indianern, aber wie sollte ich sie finden und zu ihnen Kontakt aufnehmen? Sie waren so weit weg und ich hatte keine Chance an sie heranzukommen. Bis dahin musste ich mich wohl mit dem begnügen, was ich hatte." „Und das hat funktioniert? Ich dachte, Du hättest bei Mama Looloo ein komisches Gefühl gehabt?", wirft Loreen ein. „Du bist eine sehr aufmerksame Zuhörerin, das zeichnet Dich aus –und eine ungeduldige!" Liebevoll stupst Anna Loreen von der Seite an. „Habe Geduld, dann wirst Du alles erfahren."

Erwachsen werden

„Während unseres Familienurlaubes auf Kreta hatte ich immer wieder Magenschmerzen. Als wir zurückkamen, befasste ich mich ausgiebig mit der meditativen Wasserdusche. Ich merkte schon während des heißen Duschens und der Meditation ein wohliges Gefühl. Und tatsächlich – es dauerte kaum zwei Tage und ich hatte keinerlei Beschwerden mehr! Von da ab führte ich die meditative Wasserdusche als regelmäßiges Ritual in meine morgendliche Körperpflege mit ein und genoss jede Minute. Auf diese Weise habe ich es geschafft, meine Nasennebenhöhlen in den Griff zu bekommen. Auch den unfallbedingten, immer wieder kehrenden Tinitus konnte ich damit immer wieder erfolgreich bekämpfen. Selbst meine Ohren, die häufig so dicht waren, bis ich kaum noch etwas hörte, konnte ich damit sozusagen wieder frei spülen.

Dabei setzte ich die Wasserdusche von außen am Kopf an den entsprechenden Stellen an und betete zu meinen Ahnen, mir zu helfen und die klebrige Masse im Ohr heraus zu spülen. Ich sah sie förmlich vor mir und bat auch das Element des Wassers, mir zu helfen. Das wiederholte ich jeden Tag. Nach etwa zwei bis drei Tagen war mein Ohr wieder frei. Es war das erste Mal, dass ich damit nicht mehr zum Ohrenarzt gehen musste! Noch erstaunlicher für mich war die Behandlung meiner Zyste. Ich hatte eine Schwellung an der linken Brust bekommen. Die Zyste hatte einen Durchmesser von zirka einem Zentimeter, was mich doch ziemlich beunruhigte. Ich suchte umgehend einen Gynäkologen auf, der mich ein wenig beruhigte und abwarten wollte, ob sich die Zyste allein zurückbilden würde. Er erklärte mir, dass es über den weiblichen Zyklus hinweg Zysten geben könne, die sich im Normalfall auch wieder zurückbildeten. Er wollte mich aber mit einer Salbe behandeln und den Befund nach einer gewissen Zeit kontrollieren, um dann weiter zu sehen.

Ich lehnte dankend ab, denn ich war mir sicher, es allein in den Griff zu bekommen. Ich behandelte die Zyste mit der meditativen Wasserdusche. Und tatsächlich: Innerhalb von zwei Tagen war die Schwellung komplett wieder weg! Seither dusche ich mich auch in diesem Bereich regelmäßig und habe seither keinerlei Schwellung mehr gehabt! Mittlerweile war mir klar geworden, dass ich nicht träumte und so begann ich, eine tiefe Ehrfurcht vor dem großen Geist und seinen Helfern zu entwickeln. Ob es die Elemente, die Tiere, die Pflanzen, die Ahnen oder Energien waren, die Erstaunliches leisteten. Für mich war es unglaublich, mit welch simplen Methoden selbst schwerwiegende Schmerzen gelindert oder gar geheilt werden konnten. Langsam wuchs mein Vertrauen und damit auch die Zuversicht, dass ich eines Tages geheilt werden könnte. Abwarten und Teetrinken war mir nun aber nicht mehr genug. Ich wollte mich weiterentwickeln und mehr darüber lernen. Dabei machte ich rasante Fortschritte und es gab immer wieder erstaunliche Dinge, die ich einfach nicht fassen konnte und die mich entzückten.

Es war Wochenende. Michael und Alexandra waren bei einem Handballturnier und ich allein daheim. Ich nutzte die Zeit, um in Ruhe die Wohnung zu putzen und die Wäsche zu waschen. An diesem Tag war ich ganz gut drauf und wollte mich selbst aufbauen. Du weißt ja, wie das bei mir am besten geht, oder Loreen?" „Mit sehr, sehr lauter Musik. Mir tun schon bei der Vorstellung die Ohren weh", sagt diese lachend. „Ganz genau! Ich legte die Bruce Springsteen DVD auf und drehte die Lautstärke hoch. Der Takt und der Spirit inspirierten mich. Ich begann, durch das Wohnzimmer zu hüpfen und zu tanzen. Ich lief hin und her und sang mit. Dabei sprang ich immer wieder hoch und strahlte vor Energie. Was für eine Kraft lag in dieser Musik. Jeder Titel hatte seinen eigenen Charme und ich schwebte in anderen Sphären. Aber irgendetwas lag in der Luft. Nach einer halben Stunde klingelte es erwartungsgemäß. Die Nachbarn beschwerten sich über die laute Musik. Ich lächelte nur und machte die Musik leiser, um Rücksicht zu nehmen, auch wenn es mir schwerfiel. Ich hörte noch ein wenig vom Konzert und widmete mich der Hausarbeit. Heute ging mir alles leicht von der Hand und ich erwartete schon voller Freude die Rückkehr meiner beiden Lieben. Ein großer Teil der Wäsche war bereits fertig und ich konnte die Wäschestücke zusammenlegen. Plötzlich klingelte das Telefon. Da die Musik nun leiser war, konnte ich das Klingeln überhaupt hören. Das Konzert war inzwischen ohnehin vorbei und ich hörte nun Meditationsmusik. Ich grinste in sich hinein bei dem Gedanken, dass ich nun wieder erreichbar war. Ich erwartete keinen Anruf und nahm neugierig den Telefonhörer ab.

Es war Linda. Sie erkundigte sich nach mir und sollte mich von Mama Looloo herzlich grüßen. Sie war gerade zu Besuch bei ihr und machte die

Planung für das ganze Jahr. Sie schien super drauf zu sein, sang am Telefon und ihre Stimme klang euphorisch. Ich bedankte mich und grüßte zurück. Linda erzählte und schwärmte von Mama Looloos Plänen, den Seminaren und Zeremonien, die dieses Jahr stattfinden sollten. Ich lauschte interessiert und neugierig und dachte: An einer Zeremonie würde ich auch gern teilnehmen. Das interessierte mich brennend. Linda sprudelte regelrecht und erzählte und erzählte. Ich hörte geduldig weiter zu. Linda erzählte ganz aufgeregt, dass sie gerade ferngesehen hatten und das Programm plötzlich umgesprungen und das Bruce Springsteen Konzert zu sehen gewesen sei. „Was sagt Du dazu?", fragte Linda, „Das Konzert, das wir bei Dir gemeinsam angeschaut haben, weißt Du noch?"

Mein Mund wurde ganz trocken und ich brachte keinen Ton heraus. Linda fragte: „Bist Du noch da? Du weißt doch, welches Konzert ich meine, oder? Das ist doch noch gar nicht lange her?" „Wurde das kurzfristig bei Euch übertragen?", wollte ich wissen. „Nein. Das stand nicht im Programm und auch nicht im Videotext. Wir waren in einer Sendung. Dann gab es eine Störung und plötzlich war das Konzert zu sehen. War wohl ein Exklusivprogramm für uns. Ich hatte Mama Looloo von der tollen Musik und dem Flair erzählt und sie wollte es unbedingt sehen. Und nun haben wir es angeschaut. Toll, oder?" „Und was sagt sie?", fragte ich. „Oh, sie ist auch ganz begeistert." Ich hatte das Gefühl zu träumen und zwickte mich sicherheitshalber in den Arm. Autsch! Es war kein Traum, sondern Realität und Linda war immer noch am Telefon.

Nachdem wir aufgelegt hatten, setzte ich mich erst einmal auf die Couch und schloss die Augen. Das musste ich erst einmal sacken lassen. Es war zu viel für mich. Von der Ferne hörte ich ein Klingeln. Ich musste eingenickt sein und es war inzwischen dunkel geworden. Durch das Klingeln aufgeschreckt, ging ich zur Tür, musste aber gar nicht aufmachen. Michael schloss bereits auf und kam herein. Ich war glücklich, ging auf ihn zu und drückte ihn ganz fest. Alexandra jubelte und rannte auf mich zu. „Wir haben gewonnen, wir haben gewonnen und ich habe viele Gegentore verhindert." Alexandra und ich drückten uns und tanzten gemeinsam im Gang. Was für ein Tag! Ich war einfach nur glücklich. Mir schwante aber, dass noch etwas kommen würde. Irgendetwas lag noch in der Luft. Michael sah uns beiden zu und grinste über beide Ohren. Ich wollte wissen, was los sei, aber er sagte nichts. Was brütet er wieder aus?, dachte ich.

Heute war es irgendwie ein typisch italienischer Abend. Michael hatte leckeren südtiroler Schinken, italienische Salami und dazu einen alten Parmesan mitgebracht. Er deckte Gläser und öffnete einen edlen italienischen Rotwein. Alexandra hatte bereits ausgiebig mit der Mannschaft gegessen und hatte keinen Hunger mehr. Sie ging in ihr Zimmer und beschäftigte sich mit ihrem Computer. Michael legte einen Brief auf den Tisch. Ich hatte keine Ahnung, was auf mich zukam. Was konnte das sein? Lotto spielten wir nicht und eine Gehaltserhöhung war auch nicht in Sicht. Erwartungsvoll blickte Michael zu mir herüber. Seine Augen wanderten von dem Brief zu mir und wieder zurück auf den Brief. Ich hielt es nicht mehr aus, nahm den Brief und öffnete ihn. Es war die Buchungsbestätigung für Stresa für zwei Personen in einem edlen Hotel am Lago Maggiore. Ich war platt und wäre am liebsten an die Decke gesprungen. Oft hatte ich davon geträumt, dorthin zu fahren. „Wenn Alexandra im Schullandheim ist, haben wir endlich ein wenig Zeit ganz allein für uns.", sagte Michael und lächelte mich erwartungsvoll an. Ich strahlte, auch wenn ich ein wenig Bedenken hatte, ob ich die Reise gut überstehen würde. Spontan sprang ich auf, nahm ihn in die Arme und küsste ihn. Nun konnte das Frühjahr kommen. Ein tolles Ziel hatte ich allemal. Vor allem war auch Alexandra versorgt und hatte Spaß. Das war für mich das Allerwichtigste. Ich hätte es eigentlich nicht übers Herz gebracht, ohne Alexandra zu reisen, das stand fest. Unter diesen Umständen war es allerdings etwas Anderes und ich konnte mich wirklich freuen.

Die nächsten Wochen vergingen wie im Flug. Das riesige Osterfeuer läutete das Frühjahr ein. Die Blumen begannen zu sprießen. Die Krokusse, Tulpen und der Enzian begannen zu blühen. Auch die ersten Bodendecker im Steingarten zeigten ihr zartes Grün. Dann war es soweit. Michael und ich brachten Alexandra zum Treffpunkt für das Schullandheim. Nachdem wir uns verabschiedet hatten, fuhren wir heim, packten unsere Sachen und los gings! Ich freute mich schon auf die Fahrt, denn ich liebe die Berge und die Gebirgsseen. Ja, das tue ich heute noch! Für mich war die Reise einfach traumhaft. Ich lehnte mich zurück und sog die Bilder der Landschaft in mich hinein. Ganz besonders die Fahrt am Westufer des Lago Maggiore war ein Traum. Als wir ankamen, war die Sonne fast untergegangen. Vom Hotelzimmer konnten wir den See überblicken. In der Ferne waren die Umrandungen und Lichter der Borromäischen Inseln zu sehen. Am Abend setzten wir uns noch mit einem Glas Wein auf den Balkon und genossen den lauen Wind. Hier war es tatsächlich fast Sommer. Auch Abends war es noch recht warm und man brauchte keine Jacke. Es war beinahe windstill. Als die Sonne untergegangen war und der Mond das Wasser des Sees wie Silberstreifen hell aufleuchten ließ, gingen wir gemeinsam am Ufer spazieren und lauschten den schwachen Brisen, die den See fast streichelten. Nach so vielen Jahren hatten wir es nun endlich geschafft, wieder einmal ein paar gemeinsame Tage ganz allein zu verbringen und einfach zu genießen, uns um nichts kümmern zu müssen. Wir waren einfach nur da und versanken in den Momenten des Glücks.

In den nächsten Tagen machten wir ein paar Ausflüge. Wir wanderten und stiegen zum Monte Mottarone auf, legten uns auf eine Wiese, blickten auf den See hinab und erzählten. Wir genossen den Ausblick und stiegen später langsam wieder ab. Wir machten auch Bootstouren, besichtigten Kirchen und Gärten, tranken Kaffe in den Restaurants, schlenderten durch die Gassen und Geschäfte und kauften auch das eine oder andere Andenken ein. Die Zeit verflog. Kaum hatten ich mich umgedreht, schon war die Zeit auch schon wieder vorbei und wir mussten wieder heim. Auf dem Heimweg fuhren wir noch um den Comer See und über den Splügenpass zurück in die Schweiz. Am Pass angekommen, liefen mir die Tränen über die Wangen. Die schöne Zeit war vorbei und der Alltag stand direkt vor uns. Ich musste einfach aussteigen und diese Höhenluft ein letztes Mal genießen. Hier lag noch Schnee in den Bergen und es war kalt. Ich dachte an Alexandra und hoffte, bald wieder in der Lage zu sein, längere Reisen durchzuhalten, um schöne gemeinsame Urlaube verbringen zu können. Wir verweilten noch ein wenig auf dieser Höhe, ehe wir endgültig die Heimreise antraten. Nun war es ja ohnehin nicht mehr weit.

Daheim angekommen, konnte ich es kaum noch erwarten, Alexandra wieder in die Arme zu nehmen und holte sie vom Bus ab. Sie hatte ganz geschwollene, rote Augen, denn der Heuschnupfen hatte ihr gemein zugesetzt. Die ersten Gräser hatten zu blühen begonnen und viele Niesanfälle bei ihr ausgelöst. Ich war entsetzt und machte mir Vorwürfe. Es tat mir so leid, dass sie die freie Zeit nicht so hatte genießen können, wie Michael und ich. Die ganze Erholung war im Nu dahin. Sofort versuchte ich alle Hebel in Bewegung zu setzen, um Alexandra zu helfen." Loreen verzieht mitfühlend das Gesicht und fragt: „Hat es denn geklappt? Es tut mir auch Leid, obwohl ich gar nicht dabei war!" „Im Nachhinein war es gar nicht so schlimm. Ich habe viel für sie gebetet und mich um sie gekümmert. Zwei Tage, dann ging es wieder zurück."

„Na, da haben Dich der Alltag und die Sorgen ja schneller als gedacht wieder eingeholt, was?"„In der Tat. Meine Beschwerden kamen damit auch wieder an die Oberfläche. Nun machte mir besonders mein Kiefergelenk zu schaffen. Um diesen Beschwerden Herr zu werden, kam ich zum Glück mit sanften Therapien in Berührung, die mir etwas Erleichterung verschafften. Nachdem ich vom Zahnarzt vermittelt worden war, begann ich mit einer Kraniosakraltherapie. Mit dem Therapeuten arbeitete der Zahnarzt schon lange sehr eng zusammen , sodass sie ihre Behandlungen aufeinander abstimmen konnten. Der Therapeut hieß Manfred Brados. Nach zwei Tagen ging ich das erste Mal zu ihm. Ich hatte keine Ahnung, was auf mich zukam und wartete einfach ab. Er wohnte in einem kleinen Ort am Rande von Zürich. Er war sehr gepflegt, hatte dunkle, fast schwarze Haare und einen praktischen Kurzhaarschnitt, bei dem man keinen Kamm benötigte. Er achtete auf absolut akkurate Kleidung, auch wenn seine Hemden zuweilen etwas farbenprächtig waren und nicht immer zu seinen Hosen passten." Anna muss lachen, bevor Sie weitererzählen kann: „Trotzdem hatte er das Talent, seine etwas korpulente Statur geschickt zu überdecken, so dass er auf mich einen recht schlanken Eindruck machte. Er war nur einen halben Kopf größer als ich und wirkte gemütlich, aber auch sehr bestimmt. Dieser neue Therapeut zeigte mir Wege auf, die ich bis dahin nicht für möglich gehalten hätte. Mir schien, dass er goldene Hände hätte, denn jede seiner Berührungen war ein Segen. Ich spürte, wie es mir von Behandlung zu Behandlung besser ging. Es gab Phasen der Erleichterung, die ich bisher noch nicht erlebt hatte. Manfred hatte sich zusätzlich mit Reiki auseinandergesetzt und wandte es erfolgreich an. Er sagte mir, er wirke als ,Lichtkanal' und ebne mir mit den einwirkenden Energien den Weg, meine Selbstheilung zu aktivieren. Auch bei diesen Behandlungen sah ich Bilder, die absolut real erschienen. Aber dieses Mal waren es andere.

Kleine Insekten schienen meine verletzten Bänder am Kopfgelenk zu flicken. Sie schmierten die Gelenksbänder mit einer honigähnlichen Substanz ein, um sie zu schützen und geschmeidig zu machen. Dann erschien mir ein großes Tier. Anfangs glaubte ich, es sei ein Löwe. Dafür hatte er aber zu große Tatzen. Später wurde mir klar, dass es ein Bär war, der hinter mir stand und seine Tatzen auf meine Schultern legte. Auch lange danach spürte ich ihn zuweilen. Irgendwie wusste ich, dass nicht nur der Schutz des Bären war, sondern vor allem die Kraft meines spirituellen Vaters, Swimming Bear. Zu diesem Zeitpunkt war mir das alles allerdings noch nicht richtig bewusst und ich genoss einfach nur den Schutz, die unheimlich Kraft, die mir Zuversicht und Optimismus einhauchte.

In diesem Augenblick starrt Loreen Anna entgeistert an und hätte die Kontrolle verloren, wenn Anna Sie nicht sanft an der Schulter berührt und ihre Aufmerksamkeit zurück ans Steuer geführt hätte. „Dir muss in diesem Prozess endgültig klar geworden sein, dass Fähigkeiten in Dir schlummerten, die Dir Zugang zu einer bisher nicht sichtbaren Welt ermöglichten!" „So einfach war das leider nicht, Loreen. Das Geschehene war mir vor allem unheimlich. Mir tat sich eine völlig neue Welt auf, die anscheinend ganz eng mit den Heilmethoden diverser Ureinwohner verbunden war. Nachdem ich die erste Scheu abgebaut hatte, war ich auf einmal unheimlich glücklich und dankbar dafür und wollte ohne diese neue Welt nicht mehr leben. Für mich war sie ein Geschenk Gottes, Loreen, es war ein Geschenk, dass ich diese Bilder zu sehen bekam.

Schritt für Schritt begann ich, die Bilder bewusst wahrzunehmen und zu lernen, sie zu interpretieren und bei meinen Gebeten aktiv für die Heilung anderer Menschen mit einzubeziehen. Ich merkte aber auch, dass meine eigenen Verletzungen und Beschwerden viel mit meiner Persönlichkeit und meiner Vergangenheit in diesem und dem vorhergehenden Leben zu tun hatten. Du weißt ja: In meiner Kindheit hatte ich mich früh von meinen Eltern gelöst und war weit, weit weggezogen, um Distanz zu allem zu bekommen, was mit meinen Ursprüngen zu tun hatte. Heute denke ich, dass es eine Flucht war. Schließlich hatte ich nicht all zu viele gute Erinnerungen an meine Kindheit. Immer wieder hatte es Streit zwischen meinen Eltern und mir gegeben und ich war zu Freundinnen geflüchtet. Oft war mir die Schuld an diesen Auseinandersetzungen gegeben worden. Schließlich war ich eben umgezogen in der Hoffnung, durch die örtliche Distanz Abstand gewinnen und mich neu orientieren zu können. Ich wollte damals einfach vergessen und ein neues Leben beginnen. Aber das half nicht. Unterschwellig hat es weiter in mir gebrodelt. Heute weiß ich auch, dass mir das Wegrennen vor allem Sorgen und sogar körperliche Leiden brachte. Das ging soweit, dass ich schon typische Krankheitssymptome bekam, wenn meine Eltern nur ihren Besuch ankündigten." „Davon hast

Du schon einmal erzählt, Du hattest über Jahre hinweg Magenprobleme und konntest nicht richtig essen." „Ja. Das kam eigentlich bei jedem Zusammentreffen. Aber lass uns nicht mehr davon reden, bitte. Es gibt Wichtigeres zu erzählen. Inzwischen hatte ich nämlich einen Zustand erreicht, in dem ich einen ganz neuen Blick für die Beziehung zu anderen Menschen und Lebewesen feststellte. Dabei halfen mir sicherlich die therapeutischen Maßnahmen von Manfred und Tobias, die ich seit einiger Zeit regelmäßig wahrnahm.

Eines Tages war ich wieder bei Manfred zu einem Therapietermin einbestellt. Er begann mit seiner sanften Behandlung im Nackenbereich. Nach einer Weile sah ich, wie mein Vater als riesige Krake über mir schwebte. Seine grünen Fangarme hatten einen Durchmesser von der Dicke meiner Oberschenkel. Sie umgaben mich und wickelten mich ein, schlangen sich um meine Arme und Beine. Sie schnürten meinen ganzen Körper ein, bis ich Magenschmerzen bekam. Dann nahm ich die Spitzen der Krakenarme, hob sie vom Körper weg, bis sie sich lösten, wickelte sie einfach ab von meinem Körper und befreite mich aus diesen Zwängen. Aber das war noch nicht alles. Einige Zeit später, ich lag gerade auf der Couch, träumte ich von meiner Mutter. Sie lag als riesiger Krebs mit Krakenarmen auf meinem Bauch. Sie schien übermächtig zu sein, aber ich schob ihr alle Beine nach außen. Der riesige Krebs sank dahin und fiel fast mit seinem gesamten Gewicht auf meinen Körper. Nur mit großer Mühe konnte ich den Krebs ein wenig anheben, mich seitlich weg rollen und mit dem Kopf voran heraus kriechen. Dann war ich frei. Es war tatsächlich wie eine innere Befreiung. Danach ging es mir richtig gut."

Loreen wirft ungeduldig ein: „Du bist endgültig erwachsen geworden und unabhängig!" „Vielleicht hast Du recht und es war wirklich mein Übergang von der Kindheit zum Erwachsenwerden. Mit diesem Ritual hatte ich jedenfalls alles Negative gegenüber meinen Eltern abstreifen und loslassen können. Damit hatte ich aber auch die höheren 'spirituellen Eltern', die Mutter Erde und den großen Geist, den Himmel entdeckt. Nun wusste ich, dass ich niemals allein sein würde, was immer auch geschehen würde. Ich konnte also meinen eigenen Weg gehen." „Dir wurde bewusst, dass Du nicht für die Streitigkeiten und Unzulänglichkeiten Deiner Eltern verantwortlich warst und dich nicht schuldig fühlen musstest!" „Wow, das hast Du schon wieder gut getroffen, Loreen. Ich habe ziemlich lange gebraucht, um das zu verstehen. Die Befreiung gab mir auf jeden Fall die Möglichkeit, die Ursachen für diese

Auseinandersetzungen verstehen zu lernen. Später konnte ich sogar meinen Teil dazu beitragen, wieder mit ihnen zusammen zu kommen. Das war der Ausgangspunkt für eine völlig neue Beziehung zu meinen Eltern. Dafür war ich unheimlich dankbar."

Loreen schaut zu Anna herüber. Sie möchte genau wissen, was passiert ist. „Wie muss ich mir das eigentlich vorstellen? Hast Du in der Nacht geträumt?" „Nein", antwortet Anna, „Ich lag da mit geschlossenen Augen und hatte plötzlich diese Bilder vor mir. Es war aber auch das erste Mal in meinem Leben, dass ich keinen Groll oder Wut empfand, obwohl ich schreckliche und riesengroße Ungeheuer vor mir gesehen hatte. Was meinen Vater anging, suchte er Hilfe, die ich ihm nicht in vollem Umfang geben konnte. Er wollte mich umschlingen und konnte sich nicht damit abfinden, dass ich so weit weg war und wir uns so selten sahen. Er konnte sich einfach nicht von mir lösen, loslassen und seinen Weg gehen. Ich wiederum musste mich lösen, damit er seinen und ich meinen Weg gehen konnte. Bis zu diesem Zeitpunkt raubte er mir wahrscheinlich unbewusst jegliche Energie und ich fühlte mich immer schuldig, weil ich nicht immer für ihn da gewesen war. Nach diesem Akt der Trennung begann für uns beide ein völlig neuer Lebensabschnitt. Nur noch das Positive war übrig geblieben. Wir konnten immer offen über alles reden, auch wenn es dem anderen nicht immer gefiel."

„Und Deine Mutter?" „Als Kind war sie immer eine Übermacht für mich. Wahrscheinlich war es ihr nicht einmal bewusst. Ich hatte jahrelang damit zu kämpfen und es dauerte lange, bis ich selbstbewusst genug war, um mich an den entscheidenden Stellen durchzusetzen. Nun hatte ich mich von dieser Übermacht befreit und war erwachsen geworden, frei für meinen Weg. Auch mit ihr hat sich in der Folgezeit das Verhältnis geändert. Wir gingen sorgsamer miteinander um und akzeptierten mehr und mehr den Weg des Anderen. Schließlich waren wir nun beide erwachsen. Ich denke, das Ganze hat einfach viel mit Loslassen zu tun. Außerdem hatte ich nun Vertrauen – Vertrauen in meine spirituellen Beschützer und ihre Signale. Ich fühlte mich sicher und geborgen, wie sich ein Baby nur bei seinen Eltern fühlt. Jegliche Angst war gewichen.

Leider sind bei uns viele Rituale des Erwachsenwerdens verloren gegangen oder erfüllen nicht mehr den ursprünglichen Zweck. Schaut man auf die Naturvölker, wird auf all diese Naturgesetze weit mehr Wert gelegt als bei uns. Dort wird der Übergang des Erwachsenwerdens in

Form von Ritualen, Zeremonien oder Initiationspraktiken durchgeführt, um den Jugendlichen die ständige Verbindung mit Mutter Erde, die sie niemals verlässt und Vater Himmel, der ein duldsamer Vater ist und auf den man sich verlassen kann, zu ermöglichen. In der westlichen Welt gibt es derartige Praktiken kaum noch, sodass vielen Menschen das Loslassen und Erwachsenwerden schwer fällt. Hinzu kommt, dass sich viele Menschen allein fühlen, also gleichsam ohne Mutter und Vater als ständige Begleiter. Später wissen sie selbst oft nicht so recht, wie sie den eigenen Kindern zuverlässige Eltern sein können. Sie kämpfen noch mit den Zwängen ihrer eigenen Kindheit und treten auf der Stelle. Seit dieser Erfahrung und dem Bewusstsein, loslassen zu können, hatte sich mein Verhältnis zu meinen Eltern grundsätzlich verändert. Ich konnte von da an über alles Mögliche offen mit ihnen reden und zumindest viele Dinge nachvollziehen, auch wenn ich vielleicht niemals alles verstehen werde."

Intuition

„Durch Manfreds Behandlungen begann ich, mich näher mit Reiki auseinanderzusetzen und einschlägige Literatur des japanischen Reiki-Meisters Dr. Mikao Usui aus Kyoto zu studieren, der Ende des letzten Jahrhunderts diese Heilkunst in Japan neu entdeckt hatte. Ich las über Reiki als eine buddhistische Variante des QiGong und deren Einfluss durch den Shintoismus. Ich fand die Ausführungen von Dr. Mikao Usui, der diese Kraft ‚Reiki' aus dem Zeichen ‚Rei' , das für das japanische Wort ‚heilig' steht und den Geist, der für ‚naturgemäß oder unsichtbarer Geist, Geheimnis' steht, sehr interessant. Ich erfuhr, dass das Schriftzeichen ‚Ki' soviel wie Energie, Natur, Talent oder Gefühl bedeutet. Vielleicht erinnerst Du Dich, Loreen: In der Vergangenheit hatte ich schon einmal Berührungspunkte mit der japanischen Kultur durch meine jahrelange, enge Zusammenarbeit mit einem japanischen Gastwissenschaftler gehabt. Ich hatte aber immer eine gewisse Distanz und trotz mehrfacher Einladungen nie wirklich das Bedürfnis, nach Japan zu reisen oder intensive Kontakte dorthin zu pflegen. Diese Kultur und die Menschen waren mir einfach zu fremd" „Vielleicht hattest Du dort einfach keine Ursprünge oder es gab etwas anderes, was Dich davon abhielt?", kommt es mehr fragend als bestimmt aus Loreen heraus.

„Was es auch immer war. Jedenfalls konnte ich auch dieser Therapieform nichts abgewinnen. Allerdings entdeckte ich auch hierbei gewisse Parallelen oder Ähnlichkeiten ausgewählter Mechanismen der

Energieheilung im Vergleich zu anderen Naturvölkern. Um zumindest eine vage Vorstellung von diesen Heilverfahren zu bekommen, wollte ich mir zumindest Reiki-Grundkenntnisse aneignen. Das bot sich auch an, denn mittlerweile hatte ich Manfred etwas näher kennengelernt. Wir unterhielten uns mehr und mehr und tauschten uns manchmal auch privat aus. Eines Tages bot er mir an, an einem Informationsabend mit Lichtarbeitern, die sich mit Reiki befassten, teilzunehmen. Dort gab es eine Gruppe von Lichtarbeitern, die sich regelmäßig traf. Sie wurden von einer Reiki-Meisterin geführt, deren Name Anita Weichert war. Sie bildete auch Schüler aus, um verschiedene Grade als Ausbildungsschritte auf dem Weg zum Reiki-Meister zu erreichen.

Bei dem Gedanken, dieser Veranstaltung beizuwohnen, hatte ich irgendwie gemischte Gefühle. Mir war das Ganze suspekt, obwohl ich nicht genau sagen konnte, warum. Ich hatte mich inzwischen ausgiebig darüber belesen und fand diese Therapieform hochinteressant. Auch konnte ich mir vorstellen, dass die Nutzung dieser Energien zur Heilung sicherlich hilfreich sein konnte. Es war aber außerhalb meiner Vorstellungskraft, jemals selbst Reiki-Grade anzustreben. Heilung musste bereits aus meiner damaligen Sicht aus dem Herzen kommen und eine tiefe Verbindung zu Gott und der Natur in sich tragen. Da waren mir die Ansätze und Konsultationen bei Tobias und Mama Looloo doch tausendmal lieber.

Vielleicht habe ich mich trotzdem weiter mit Reiki beschäftigt, um die Bestätigung bekommen, dass dies nicht mein Weg war. Außerdem war ich es leid, ständig gefragt zu werden, worum es da genau ging. Ich wollte es mir einfach einmal anschauen, um dann sagen zu können, dass es nichts für mich ist. Natürlich konnte ich mich mit der Aussicht nicht wirklich anfreunden, diesen Abend über sogenannte ‚Energiearbeit' gemeinsam mit Leuten zu absolvieren, die ich nicht kannte und deren Prinzipien mir fremd waren. Davor hatte ich, ehrlich gesagt, sogar ein wenig Angst. Das würde mehr werden als nur eine Informationsveranstaltung, das wurde mir mit der Zeit bewusst. Ich dachte: Dabei wäre ich dann wirklich mittendrin und könnte nicht einfach raus und nach Hause gehen. Ich war mir aber keinesfalls sicher, ob ich inzwischen mental stark genug war, unangenehmen Energien entgegentreten und mich, wenn es nötig war, hinreichend zu schützen. Ich wusste, dass die anderen Teilnehmer seit Längerem zusammenarbeiteten und daher als Gemeinschaft sehr stark waren.

Außerdem hatte mein Magengrummeln bis dahin immer einen Grund gehabt.

Manfred bot mir an, entweder in einem Kleinbus oder dem Zweisitzer mitzufahren. Plötzlich schoss mir nur noch ein Gedanke durch den Kopf: In den Zweisitzer steige ich nicht ein! Niemals! Meine innere Stimme warnte mich, dass etwas Schlimmes passieren würde und ich in keinem Fall in diesen Zweisitzer einsteigen oder mitfahren durfte. Trotzdem verabredeten wir uns an dem geplanten Mittwoch im Januar, um zu diesem Informationsabend zu fahren. Wer mit welchem Auto fahren würde, wollten wir kurzfristig entscheiden. Hatte ich mich mit dem mulmigen Gefühl geirrt? Oder gab es etwas, dass mich davon abhalten sollte?" Diese Fragen erscheinen Loreen völlig naiv, sodass sie empört einwirft: „Natürlich solltest Du es lassen! Wieso hast Du nicht auf Dein Gefühl gehört? Jetzt passiert bestimmt etwas ganz Schlimmes!"

„Beruhige Dich! Ich sitze doch hier neben Dir, so schlimm kann es also nicht gewesen sein. Naja, schön war es auch nicht, aber hör einfach weiter zu. Glücklicherweise hatte ich vor dem Informationsabend noch eine Konsultation bei der afrikanischen Medizinfrau und hoffte einen weisen Rat von ihr zu bekommen. Meine Neugier war allerdings so groß, dass ich sie lediglich bat, mich während der Fahrt zum Informationsabend sowie bei der Veranstaltung selbst zu beschützen. Nach allem, was geschehen war, hatte ich das Gefühl, dass sie dazu mit ihren Gebeten in der Lage war. Ich hatte Mama Looloo nicht erzählt, welche gemischten Gefühle sie zu dieser Veranstaltung hatte. Ich war sicher, dass sie es ohnehin schon wusste.

Ich war dann ziemlich schockiert über die entsetzte Reaktion Mama Looloos. Sie war außer sich und fragte, ob ich denn unbedingt dort hin müsse. Sie stand sogar spontan auf. So hatte ich Mama Looloo noch nie gesehen. „Wenn Du Dich nicht davon abbringen lässt, darfst Du keine Schecks mitnehmen und dort nichts trinken." Sie wiederholte diese Warnung immer wieder. Ich hatte zwar Bedenken, konnte eine solche Aufregung aber gar nicht verstehen Also ließ ich nicht locker und fragte weiter: „Wenn ich dort hinfahre, soll ich dann besser mit meinem Auto fahren oder kann mich jemand mitnehmen?" Nun wurde Mama Looloo fast etwas ungehalten. Ihre Antwort war das erste Mal recht barsch und eindeutig: „Habt Ihr nicht alle eigene Autos?" Mir fiel nichts mehr ein und ich überlegte ernsthaft, das Ganze fallen zu lassen. Ich hatte keine Erklärung für diese barsche Reaktion, wusste aber, dass jedes Nachfragen zwecklos war. Spontan erinnerte ich mich jedoch daran, dass eine junge Frau gegen den Rat eines berühmten nordamerikanischen Medizinmannes eine Gebirgstour mit ihrem Auto unternommen hatte. Sie war den Abhang hinunter gestürzt und gestorben. Es musste also etwas Gravierendes sein, das dämmerte mir langsam. Kurze Zeit später erfuhr ich, dass sie ausrichten ließ, dass ich in keinem Fall hinfahren dürfe, wenn ich sie wieder sehen wolle. Ich habe ernsthaft darüber nachgedacht, trotzdem zu fahren." „Das hättest du aufs Spiel gesetzt? Du wusstest doch, wie energisch und konsequent Mama Looloo war!" „Ich war einfach verdammt neugierig und habe die Situation unterschätzt, Loreen. Ja, vielleicht war ich einfach nur naiv. Aber ich hatte Glück. Am kommenden Abend war ich mit einer guten Freundin unterwegs, als das Handy klingelte. Manfred musste den Termin zum Informationsabend absagen. Irgendwie war ich erleichtert, denn Tag für Tag war mein Unbehagen gewachsen. Wie sich später herausstellte, war es tatsächlich meine Rettung gewesen! Bei meinem nächsten Behandlungstermin erzählte mir Manfred zögerlich, was vorgefallen war. Erst druckste er herum, aber ich ließ nicht locker. Nun wollte ich es ganz genau wissen. Nach langem Nachfragen rückte er dann mit der Sprache heraus.

Er war mit seiner Freundin im Zweisitzer zu diesem Treffen gefahren, einen Tag später als geplant. Auf der Autobahn hatte Manfred nach einem Fahrspurwechsel einen Autounfall verursacht, in den vier Autos verwickelt waren. Bis auf ein Schleudertrauma war ihm selbst Gott sei Dank nichts Ernsthaftes passiert. Er wirkte erstaunlich gefasst, fast fröhlich, was ich seltsam fand. Ich war geschockt und schluckte. Mir wurde ganz schlecht bei dem Gedanken, dass ich vielleicht in dem Auto gesessen hätte, denn ich hätte diesen Unfall niemals überlebt. Ich wollte genau wissen, was vorgefallen war. Zögerlich fing Manfred an zu erzählen, dass sich die eine Fahrerin den rechten unteren Arm gebrochen habe und ins Krankenhaus geflogen worden sei. Es habe sich um einen offenen Bruch gehandelt. Inzwischen sei die Fahrerin schon mehrfach operiert, aber es gehe ihr soweit schon wieder besser.

Manfred selbst ging es inzwischen wieder gut. Er sagte mir, dass er sich seine Traumata von einer Kinesiologin hatte löschen lassen und es ihm nun wieder gut ginge. Ich war immer noch tief erschüttert über den Unfall und mein Glück, nicht dabei gewesen zu sein. Ich begann sogar innerlich zu zittern. Nun war mir klar, warum Mama Looloo mich um jeden Preis davon hatte abhalten wollen, mitzufahren. Das Ganze war für mich einfach unfassbar. Wie groß musste mein Schutzengel gewesen sein? Immer wieder schoss mir ein Gedanke durch den Kopf: Ich hätte diesen Unfall in keinem Fall überlebt. Ich hätte diesen Unfall in keinem Fall überlebt. An diesem Tag war ich heilfroh, als die Behandlung vorbei war. Ich hätte die Therapie am liebsten sofort abgebrochen. Trotzdem hatte das alles auch etwas Positives. Nun war ich mir vollkommen sicher – ich konnte mich absolut auf meine innere Stimme verlassen. Trotzdem war das Ganze für mich ein tiefer Bruch. Es bestätigte mich in dem Gefühl, dass ich einen anderen Weg gehen sollte. Auch Tage danach musste ich immer wieder an diesen Vorfall denken, sodass ich lange überlegte, ob ich überhaupt noch einmal zu Manfred gehen sollte." „Ich hoffe stark, du hast es nicht getan.", sagt Loreen fast böse. „Aber wie ich dich kenne, konntest Du es nicht lassen, was?" „Du hast recht, einmal wollte ich es noch versuchen. Ich wollte die Therapie zumindest abschließen. Meine Beschwerden waren ja schon besser geworden, aber noch nicht weg.

Nach meiner letzten Behandlung war nun fast eine Woche vergangen und ich beschloss, noch den letzten Termin wahrzunehmen. Ganz stolz erzählte mir Manfred, dass er bei einem Live-Rollenspiel nun endlich einen Alchemisten spielen könne, der mit unterschiedlichsten Chemikalien bis hinzu Sprengstoffen experimentiere. Er war ganz begeistert über seine Errungenschaften. Für ihn war es das Höchste, wenn die Ergebnisse seiner Experimente unerkannt blieben. Allerdings habe er sich mit anderen Alchemisten zu einem Geheimbund zusammengeschlossen, um ihr Wissen zu teilen und die Ergebnisse für gemeinsame Ideen und Ziele nutzen zu können. Seine Freundin, sagte er, wolle eine Hexe spielen. Ich wusste nicht so recht, was man bei so einem Liverollenspiel wirklich tat. Manfred erklärte mir, dass sie dafür Räume in einem alten Schloss in der Nähe von Graz mieteten und für mehrere Tag dort gemeinsam mit zirka zwanzig anderen Teilnehmern verweilten. Sie kleideten sich dafür in typisch mittelalterliche Kleidung. Jeder der Teilnehmer bekam eine Rolle zugeteilt, die er in diesem freien Theater spielte. Dabei gab es kein Manuskript oder feste Texte. Jeder der Teilnehmer versuchte seine eigene Rolle ganz nach seiner eigenen Phantasie zu spielen. Dabei kamen in der Regel ganz unterschiedlichen Stücke und Konstellationen heraus und es war jedes Mal spannend wie ein Krimi.

Manfred sprudelte und erzählte voller Begeisterung. Schon bei seinen Erzählungen tauchte er tief in diese Welt ein und begann zu schwärmen. Für ihn bestand die größte Kunst darin, dass ihn niemand in seiner eigentlichen Rolle erkannte. Es war quasi wie ein zweites Gesicht, dass niemand kannte. Ich lächelte nur und folgte seinen Ausführungen, konnte damit aber nicht viel anfangen. Hexen und Magier waren mir suspekt. Mir kam das alles zu dunkel, düster und undurchsichtig vor und mein Bauch begann zu grummeln. Ich dachte: Was geht hier vor? Was ist das für eine Welt? Ich brauche doch Licht und Natur, die Wolken, den Himmel, die Berge, die Tiere und Pflanzen! Immer mehr überkam mich das Gefühl, dass es Zeit war zu gehen. Manfred wurde mir immer fremder und so sagte ich alle weiteren Behandlungstermine ab. Ich brauchte auf einmal sehr viel Distanz. Damit war aber für mich noch lange nicht alles erledigt, das bekam ich schon bald zu spüren. Für den Moment war mir jedenfalls klar: Manfred wollte ich nie, nie wieder sehen, niemals.

Der Regen setzt wieder ein. „Wow", sagt Loreen trocken, „das war aber ganz schön haarig, oder?" „Tja das war es in der Tat. Es war für mich aber auch ein wichtiger Schritt. Meine eigentlichen Prüfungen kamen aber erst viel später. In diesem Zusammenhang waren die Signale nur sanfte Vorboten. Das konnte ich mir zu diesem Zeitpunkt nur noch nicht vorstellen. An dieser Stelle war für mich sonnenklar, dass ich hier die Zelte abbrechen und ich mich zu hundert Prozent auf meine innere Stimme verlassen musste. Zu meinem Glück stand mir Mama Looloo damals noch zur Seite. Ich ahnte aber, dass irgendwann der Zeitpunkt kommen würde, auf eigenen Füßen zu stehen und selbst diese Entscheidungen treffen zu können. Das war mein Ziel, meine Vision. Ich war nur fassungslos über diese harten Auseinandersetzungen. Das war für mich einfach unvorstellbar. Ich konnte es mir beim besten Willen nicht vorstellen, mit Verletzungen anderer in dieser Art und Weise umzugehen oder undurchsichtige Methoden anzuwenden, vor allem in so einem Beruf. In diesem Fall war ich davon gekommen und stand nicht im Zentrum der Auseinandersetzung, aber was hieß das schon? Es hätte mich trotzdem treffen können und ich hatte keine Idee, wie ich mich gegen diese Angriffe hätte wehren und verteidigen können, ohne dem Gegenüber weh zu tun. Eines war mir aber sonnenklar: Ich war kein Kämpfer, kein Krieger.

Mein Kampf galt nur der Beseitigung von Krankheiten und negativen Energien mit Hilfe von Licht, Wärme und Liebe. Mein Ziel war es, Wege zu finden, die Selbstheilung zu aktivieren und das notwendige Gleichgewicht wieder herzustellen. Sicherlich gab es dabei auch Situationen, bei denen ich unbewusst anderen Menschen weh getan habe. Aber ich habe immer versucht alles zu tun, offen und ehrlich zu sein und niemanden bewusst zu verletzen. Ich bin mir sicher, dass das nicht immer gelungen ist. Ich musste dabei auch lernen, dass es manchen Menschen schwer fällt, mit Offenheit und Ehrlichkeit umzugehen und sich mit schwierigen Themen auseinanderzusetzen und sich auch Fehler einzugestehen. Ich war dankbar über jedes offene Feedback, insbesondere bezüglich meiner Fehler. Das war für mich das größte Geschenk.

Eine wesentliche Erkenntnis war für mich dabei, dass man sehr behutsam mit der Kommunikation umgehen muss und nicht zu jeder Zeit alles sagen darf und kann. Manche Dinge brauchen Zeit und dürfen erst dann besprochen werden, wenn die Zeit und die Person reif dafür sind. In dieser Lebensetappe lernte ich viel über unterschiedliche Naturen und Charaktereigenschaften. Das war für mich zu diesem Zeitpunkt wirklich harter Tobak. Mir war bis dato nicht bewusst gewesen, wie unterschiedlich wir Menschen unterwegs sind und uns durchs Leben schlagen. Es gab mir aber auch die Gewissheit, dass ich meinen inneren Gefühlen und den Signalen, die ich bekam, voll vertrauen konnte. Das war ein riesiger Schritt für mich und gab mir Kraft und Zuversicht. Erst nach dieser Erfahrung war ich über jeden Zweifel erhaben, dass dies hier nicht mein Weg sein konnte.

Betrachte ich heute den von mir gegangenen Weg, war das aber erst der erste, ganz kleine Gipfel am Fuße des Berges. Sobald ich diese Hürde überschritten hatte, war schon die nächste in Sicht. Ich vergleiche das immer gern mit einer Bergwanderung. Zuerst musst du viele kleine Gipfel überwinden, um in der Lage zu sein, die großen überhaupt ermessen zu können. Wer gleich mit den ganz großen Gipfel beginnt, setzt sich unglaublichen Gefahren aus. Viele scheitern daran und Manchen kostet es sogar das Leben. Das ist im spirituellen Bereich ganz ähnlich. Aber auch bei einer Bergwanderung ist es das A und O, den richtigen Weg zu wählen. Zudem müssen die Umstände passen und der Zeitpunkt muss der richtige sein." „Was ist der richtige Weg?", wendet Loreen ein. „Das musst Du für Dich selbst herausfinden, das kann dir niemand abnehmen. Ich kann Dich dabei unterstützen und Dich begleiten. Du wirst aber immer wieder vor einer neuen Kreuzung stehen und eine Richtung einschlagen müssen. Vielleicht wirst Du eines Tages feststellen, dass sich unsere Wege trennen und Du einen anderen Lehrer brauchst. Alles ist endlich, alles ist in Bewegung. Ich kann Dir nur meine Ideale weitergeben, Gefahren aufzeigen und Dich vielleicht sogar an der einen oder anderen Stelle beschützen. Entscheiden musst aber immer Du selbst.

Mittlerweile weiß ich, dass ich tiefe Wurzeln bei den Indianern und Buddhisten habe und ihnen mein Leben lang verbunden sein werde. Ich weiß auch, wohin meine Reise auch über mein Leben hinaus gehen wird. Dafür bin ich dankbar und glücklich. Ich bin mir aber auch im Klaren darüber, welche Religionen, Gegenden, Energien und Lehrer ich immer meiden werde. Aber es hat mich viele Jahre und noch mehr Mühen gekostet, das für mich herauszufinden und diese Entwicklung wird niemals enden. Dafür braucht man jede Menge Erfahrungen und Prüfungen. Ich weiß zum Beispiel, dass für mich die Welt der Magie für immer verschlossen bleiben wird. Meine Ideale liegen in der Helligkeit, dem Licht, der Klarheit und Offenheit der Natur, Sonne, Licht, Wasser und Feuer und der engen Naturverbundenheit mit allen Lebewesen auf der Erde. Daher gehören für mich Transparenz und Offenheit zu den wichtigsten Idealen.

Magische und mystische oder undurchsichtige Symbole oder Charaktereigenschaften sind mir eher fremd und vielleicht auch ein wenig unheimlich. Ich kann damit nichts anfangen und möchte mich davon fern halten. Vielleicht bin ich damit leichter durchschaubar, kann sein. Sicherlich bin ich damit auch für so Manchen ein unangenehmer Partner, da nicht jeder offen mit Transparenz, Geradlinigkeit und der Wahrheit umgehen kann oder will. Für mich selbst sind diese Offenheit und Geradlinigkeit aber immer wichtig gewesen, damit ich meinen Idealen folgen kann, die ich tief in meinem Herzen trage und jederzeit nach außen vertreten werde. Auch wenn ich mir zuweilen den Vorwurf machen lassen muss, ein viel zu großer Idealist zu sein und es daher nie zu etwas zu bringen. Aber was bedeutet das schon? Ich bin glücklich, wenn ich anderen helfen kann und bin immer wieder erstaunt, wenn jemand zu mir zurückkommt, auch wenn manchmal lange Zeit vergeht. Außerdem hat das den Vorteil, dass ich mir nicht viel merken muss."

„Das verstehe ich nicht. Was hat Offenheit mit ‚merken‘ zu tun?", wendet Loreen ein. „Nein? Das verstehst Du nicht?", erwidert Anna und lacht. „Ich muss mir keine Geschichten und Lügen ausdenken. Ich brauche mich nur daran zu erinnern, was wirklich passiert ist, meine Erfahrungen eben, mehr nicht. Und das gibt mein Hirn, sprich mein Speicher, gerade noch her. Ich muss auch in keine andere Rolle schlüpfen, die ich nicht spielen will oder muss, nur um dem Erwartungsbild der anderen zu genügen und vielleicht bessere Chancen der Weiterentwicklung zu bekommen. Ich werde nie mehr eine Rolle einnehmen, mit der ich mich nicht identifizieren kann und will." „Aber für Manfred war es keine Rolle, die er nicht spielen wollte. Er konnte doch dabei sein Wissen anwenden und endlich die Rolle spielen, die er liebte. Er konnte sich damit identifizieren." „Das ist wohl wahr und ich akzeptiere das auch.", erwidert Anna. „Für mich war es aber die Entscheidung, dass ich mich niemals mit diesen Rollen oder Themen identifizieren werde und kann.

Ich bin kein Schauspieler und versuche authentisch zu sein. In seiner Rolle bestand ein großer Teil darin, nicht erkannt zu werden. Damit gewisse Dinge und Tatbestände nicht ans Tageslicht kommen, mussten sie sich dafür Geschichten überlegen, um diese Sachverhalte und Umstände nach außen erklären zu können. Damit gibt es für diese Leute eigentlich zwei Wahrheiten, die sie sich merken müssen. Vielleicht müssen sie an verschiedenen Stellen auch unterschiedliche Erklärungen abgeben. Ich stelle mir das ziemlich schwierig vor, denn dieses Vorgehen setzt ein hohes Maß an Merkfähigkeit voraus und die Fähigkeit, eine zweite Identität anzunehmen. Vielleicht identifizieren sich diese Leute auch mit ihrer Rolle derart, dass sie darin aufgehen und eins mit ihr werden. Das birgt aber eine gewisse Gefahr, den Bezug zur Realität zu verlieren und in einer Parallelwelt zu verschwinden.

Das perfekte Beispiel dafür sind für mich Agenten. Sie dürfen nicht einmal ihrer Familie die ‚echte Wahrheit' preisgeben. Sie Leben in zwei Welten, der Familie und dem beruflichem Umfeld. Das entspricht nicht meinem Naturell. Ich stehe zu dem, was ich tue und möchte mich auch entsprechend nach außen präsentieren, einfach authentisch sein. Undercover, das ist nicht meins. Ich kann das nicht und will es auch nicht. Ich möchte mich nicht verstecken. Ich möchte immer so leben können, dass all meine Aktivitäten nach außen sichtbar sein können, mit allen Vor- und Nachteilen, meinen Fehlern und Unzulänglichkeiten. Fehler macht jeder. Das macht uns menschlich. Aus meiner Sicht ist nur das Allerwichtigste, dass man immer versucht, Gutes zu tun, niemandem bewusst zu schaden, seine Fehler einzugestehen und daraus zu lernen.

Wenn ich Manfred rückblickend betrachte, hat mir seine Behandlung sehr gut getan und mir geholfen, meinen kritischen Gesundheitszustand zu überwinden. Außerdem hat er mir bewusst oder unbewusst neue Wege geebnet, die mir bis dahin verschlossen gewesen waren. Er war ein hervorragender Therapeut für mich. Er konnte aber nicht mein Lehrer sein. Er hat mir aber mit Sicherheit unbewusst aufgezeigt, welche unterschiedlichen Charaktere es gibt, die ich bis dahin noch nicht bewusst wahrgenommen hatte. Um das zu erkennen, war ich damals vielleicht noch zu naiv oder gutgläubig gewesen. Später bin ich derartigen Charakteren des Öfteren begegnet und konnte dann besser damit umgehen, auch wenn es mir zugegebenermaßen heute noch schwerfällt, manche Verhaltensweisen zu verstehen. Für mich ist es eine große Herausforderung, Charaktere und Menschen verstehen zu lernen, insbesondere diejenigen, die vieles bewusst im Verborgenen halten, um es nach außen nicht transparent zu machen, die sogenannte ‚hidden agenda‘.

In diesem Bereich muss ich noch lernen, auch hinter die Kulissen zu schauen und die wahren Ideale und Ziele dieser Menschen zu erkennen und besser zu verstehen. Wie dem auch sei. Aus meiner Sicht stoßen hier in gewisser Weise Welten aufeinander. Letztendlich muss jeder für sich selbst entscheiden, welchen Weg er gehen möchte, mit allen Konsequenzen. Ich möchte keinesfalls urteilen und bewerten. In jedem von uns stecken zwei Seiten und man kann nie dafür garantieren, was in der Zukunft passieren wird. Ich weiß nur, wofür ich mich einsetzen und mein Leben lang kämpfen werde.

Naja, nachdem ich diesen Schock für mich verarbeitet hatte, kamen so viele positive Dinge zu mir, die mich in meinem Weg bestätigten und mich beflügelten, weiter zu machen, mich nicht beirren zu lassen, aber auch gewisse Etappen hinter mir zu lassen und das Positive auf meinem Weg mitzunehmen. Auf jedem Weg gibt es immer Höhen und Tiefen. Und wie kann man wirklich ein überschwängliches Glücksgefühl entwickeln, wenn man niemals erfahren hat, was Leid und Rückschläge sind?" Anna lächelt und zwinkert Loreen zu. „Nun brauche ich erst einmal eine Pause", sagt Loreen. Sie schauen sich beide an und fangen an zu lachen. Sie spüren beide, dass sie dasselbe denken. Dann fahren sie zum nächsten Parkplatz und gehen ein wenig an die frische Luft. Nach einem kurzen Rundgang müssen sie aber schon weiter. Die Zeit ist bereits fortgeschritten und sie wissen, dass sie noch einen langen Weg vor sich haben.

Freundschaft und Abschied

„Im Laufe der Zeit entwickelte ich eine tiefe Verbundenheit zu Tobias. Es war keine Liebe. Er war für mich wohl eher Berater, Lehrer und Therapeut in einer Person. Einfach ein guter Freund. Bei ihm fand ich, was ich bei meinen Brüdern immer so vermisst hatte. Manchmal war er mir sogar näher als die beiden und ich fragte mich ernsthaft: Warum kann er nicht mein Bruder sein? Er kümmerte sich um mich und hörte zu, wenn ich es brauchte. Er dachte für mich, ohne dass ich danach fragen musste. Wir diskutierten auf Augenhöhe, obwohl Tobias deutlich älter war. So kam es, dass er mich eines Tages am Sonntag Nachmittag zu einem gemeinsamen Kaffeetrinken mit seiner Familie einlud. Tobias war verheiratet und hatte zwei schon erwachsene Söhne. Inzwischen war er sogar schon zweimal Großvater geworden und kümmerte sich voller Enthusiasmus um seine Enkelkinder.

Es war Sommerzeit und die Sonne schien, sodass wir auf der kleinen Terrasse sitzen konnten. Es gab selbst gebackenen Erdbeerkuchen. Seine Frau war eine hervorragende Köchin. Tobias hatte ihr mit seinen Behandlungen vor Jahren eine Bandscheibenoperation erspart und sie war unheimlich stolz auf ihn. Ich wollte ihm und seiner Frau etwas mitbringen, um ihnen etwas Gutes zu tun. Tobias verausgabte sich für seine Patienten und hatte ständig wunde, rote Hände. Die Haut schälte sich zuweilen von seinen Handflächen, sodass er hin und wieder Handschuhe tragen musste und nicht in der Lage war, seine Patienten zu massieren. Tagelang suchte ich nach einem handgroßen Stein, den ich mit den Fingern umschließen konnte. Der Stein musste die richtige Größe, Form und das richtige Material haben. Nach drei Tagen fand ich ihn. Vor dem Besuch versuchte ich, mit einem eigenen Ritual den Stein mit Lichtenergie aufzuladen, um Tobias in seiner Heilung zu unterstützen. Ich wollte auch später noch in der Lage sein, Tobias über den Stein positive Energien zu senden. Zusätzlich dazu schenkte ich seiner Frau einen kleinen, durchsichtigen Glaskerzenständer mit einer Meditationskerze, der in einem schmiedeeisernen Rahmen eingebettet war.

Als ich bei ihm ankam, erkannte ich Tobias fast nicht wieder. Er hatte keine Haare mehr auf dem Kopf. Ich verstand nicht ganz. Er meinte nur, dass dies ein Teil seiner inneren Reinigung und damit Bestandteil seiner Transformation sei." Anna zuckt nur mit den Achseln, worauf Loreen sagt: „Bestandteil seiner Transformation, dass ich nicht lache. Ich finde, das klingt einfach nur komisch" „Ja, da hast Du vollkommen recht. Ich war total irritiert und etwas schockiert. Für mich hatte er mit dieser Veränderung einen Teil seiner Persönlichkeit verloren und sich zumindest rein äußerlich unheimlich verändert. Ich schluckte und versuchte, mir nichts anmerken zu lassen. Aber irgendwie war das nicht mehr der Tobias, den ich kannte und zu schätzen gelernt hatte. Ich überreichte ihm das Geschenk, worauf er über das ganze Gesicht strahlte. Liebevoll nahm er den Stein in seine Hand und fühlte die Energie. Er meinte, der Stein würde wie ein Gehirn aussehen und hätte viel Wissen in seinem Innersten. Er streichelte den Stein wie ein kleines Kind und legte ihn ins Licht. Auch seine Frau freute sich über die Kerze. Ich war froh, ihren Geschmack getroffen zu haben.

Anschließend zeigte mir Tobias seinen Engel. Es war eine Holzplatte als Engelsform, die beidseitig bemalt und normalerweise außen an der Hauswand befestigt war. Der Engel war genau am Hals zerbrochen. Er schien von großer Bedeutung für Tobias zu sein, denn er war ziemlich betroffen. Er hatte ihn vor langer Zeit an der Außenfassade des Hauses zur Straßenseite aufgehängt und konnte sich das Ganze nicht erklären. Allein durch die Wetterverhältnisse hätte der Engel nicht zerbrechen können. Tobias hatte keinerlei Erklärung dafür, wer ihm so etwas antun konnte. Er schien ziemlich ratlos zu sein und wusste nicht, was er tun sollte. Ich empfahl ihm, den Engel zu reparieren, ihm eine schöne Kette als Schmuck und Schutz um den Hals zu legen und ihn wiederum an die Außenfassade zu hängen. Das tat er dann auch, schon um allen zu zeigen, dass es diesen Engel weiter gab und er dieses Haus auch in Zukunft beschützte.

Ich war über sein Verhalten etwas irritiert, nahm es aber einfach hin wie es war, ohne es weiter zu interpretieren. Tobias schien sich sichtlich über den Stein zu freuen und meinte, dass er das Gefühl habe, der Stein gehöre zu ihm. Das ehrte mich. Wir setzten uns auf die Terrasse und tauschten Erfahrungen und Visionen aus. Ein Star setzte sich auf einen Ast des Strauches direkt neben der Terrasse und beobachtete uns die ganze Zeit. Es tat so gut, sich auf dieser Ebene austauschen zu können. Es war unheimlich schwer, Leute zu finden, die für diese Themen

Verständnis zeigten. Oft hatte ich es erlebt, belächelt oder schräg angeschaut zu werden.

Seit Neuestem arbeitete Tobias mit einem anderen Therapeuten eng zusammen. Er hieß Jan. Später kam auch er noch dazu. Er war braungebrannt und tschechisch-jugoslawischen Ursprungs. Aus seinen Erzählungen konnte ich entnehmen, dass er mit seinen Heilpraktiken viel in Tschechien unterwegs war. Jan setzte sich dazu und sah mich an. Plötzlich sprach er mich an und erzählte mir viel über mich selbst, meine Persönlichkeit, meine Familie und mein Umfeld. Ich war baff und erstaunt über seine Offenheit. Seine Trefferquote der wahren Ereignisse lag dabei bei etwa sechzig bis siebzig Prozent, was mich bezüglich seiner hellseherischen Fähigkeiten nicht unbedingt überzeugte. Trotzdem glaubte ich, dass er sehr stark war, was immer das auch bedeutete. Ich wollte ihn zumindest nicht als Feind haben, da war ich mir ganz sicher. Es war schon nach den ersten Minuten ganz offensichtlich, dass Jan sich hervorragend mit Tobias ergänzte. Was Jan nicht sah, fühlte Tobias und umgekehrt. Er war mir immer noch ein wenig suspekt, allerdings traf Jan mit seinen Aussagen bei einigen für mich sehr wichtigen Dingen genau ins Schwarze. So hatte ich versucht, für eine Familienangehörige zu beten, ihren Brustkrebs zu besiegen. Dabei hatte ich aber immer das ungute Gefühl gehabt, dass der Krebs auf mich übergegangen sein könnte. Inzwischen wusste ich, dass ich mich dabei nicht hinreichend geschützt hatte. Genau diesen Sachverhalt sagte Jan mir auf den Kopf zu, obwohl wir vorher kein Wort darüber gesprochen hatten. Auch Tobias gegenüber hatte ich nie ein Wort darüber erwähnt.

Ehe ich mich versah, wurde ich von beiden behandelt, um diese schlechten Energien aus meinem Körper rauszuziehen. Abschließend empfahl Jan mir noch, bei der Behandlung von Verwandten sehr achtsam zu sein, da es hierbei energetische Verstrickungen geben könne, die einem nicht erlaubten, genug Distanz bei der Behandlung zu wahren. Vielleicht hatte er Recht. Vielleicht waren es damals aber auch meine eigenen Ängste und Befürchtungen. Zumindest diesen Rat nahm ich dankend an. Spontan fielen mir die Worte von Swimming Bear ein, der doch immer so schön sagte: „Denke niemals einen schlechten Gedanken zu Ende." Dieser Ausspruch bekam nun eine ganz andere Bedeutung für mich. Ich achtete von nun an genau darauf, was ich tat und dachte. Daran habe ich mich auch später immer strikt gehalten. Desweiteren sagte er mir, dass ich vor der Behandlung schwerer Krankheiten diese erst erden müsse, bevor ich mit der Behandlung beginnen könne. Er sagte: „Andernfalls läufst du Gefahr, dass die Krankheit verweht und dadurch übertragen werden kann."

Heute kenne ich die Rituale, Krankheiten zu erden oder an einen sicheren Ort im Universum zu bringen. Damals war ich dem Mitstreiter von Tobias sehr dankbar und mein Misstrauen war erst einmal verschwunden, hatten Jan und Tobias mich doch von einer Krankheit befreit. Wir unterhielten uns über unterschiedlichste Themen. Gemeinsam versuchten Tobias und er, verschiedene Dinge, die sie bei meiner Tochter sahen, zu behandeln. Es schien ihnen richtig Spaß zu machen. Sie schaukelten sich gegenseitig hoch. Mir war es fast peinlich, was sie alles für mich taten, wollte ich doch lediglich einen Besuch abstatten. Ich war ihnen aber unheimlich dankbar dafür. Irgendwann kamen wir auch auf meinen Weg zu sprechen. Jan riet mir dringend davon ab, nach Afrika zu gehen. In Afrika würde es spirituelle Kräfte geben, die sehr viel stärker wären als hier. Er sagte mir, dass ich diesen Einflüssen dort vollkommen ausgesetzt sei und den Kräften womöglich nicht standhalten könne. Mir würden diese Kräfte definitiv nicht nur gut tun. Ich erschrak ein wenig über diese Aussage, denn ich konnte mir zum damaligen Zeitpunkt doch überhaupt nicht vorstellen, dass mir in Afrika etwas passieren könnte, wenn ich mit einer Medizinfrau reise. Auf der anderen Seite hatte mich schon immer irgendetwas davon abgehalten, dort hin zugehen. Ich wusste nicht, was es war, aber es war ein mulmiges Gefühl, das durch diese Aussage wieder in mir hoch stieg."

„Hattest Du nicht schon vor langer Zeit eine Einladung von einer Freundin erhalten, die in Benin für die Unesco arbeitete? Du hast mir doch sowas schon mal erzählt! Sag blos, Du wolltest wirklich fahren." Anna lacht und beruhigt die aufgeregte Loreen: „Keine Angst, Loreen, ich habe es nicht getan. Ich hatte in der Vergangenheit immer wieder mit dem Gedanken gespielt, Nairobi oder Kenia zu besuchen, mich aber nie entschließen können, es wirklich zu tun. Es gab einfach zu viele Unsicherheiten. War es wirklich nur die Malaria und meine permanente Angst vor Tropenkrankheiten, oder war es doch etwas anderes? War es die stille Angst vor den Nebenwirkungen der Schutzimpfungen, da ich im Grunde alle Medikamente und Impfungen um jeden Preis zu umgehen wollte? War es meine eigene Vergangenheit? Was es auch immer war, immer hatte das Gefühl überwogen, als Erstes zu ‚meinen Indianern' nach Amerika reisen zu müssen. Das wurde mir in diesem Augenblick noch einmal bestätigt. Inzwischen dämmerte es schon. Zeit, heim zu fahren. Ich bedankte mich bei allen und fuhr heim.

Ein paar Tage später, als ich auf dem Weg in die Innenstadt war, es war noch früh am Tag, sah ich erstaunliche Bilder. Ich fuhr mit dem Zug und war noch ein wenig müde, also schloss ich kurz die Augen. Plötzlich sah ich den Stein, den ich Tobias geschenkt hatte. Ich betete für ihn. Auf einmal war da ein helles Licht, das sternförmig ausgehend vom Stein in alle Himmelsrichtungen strahlte. Er brannte sich wie ein Feuerball in seine Hände hinein und heilte ihn. Plötzlich aber sah ich eine zweite Hand, die Tobias den Stein entriss. Ich öffnete erschrocken die Augen, aber das Bild war immer noch da. Ich war entsetzt. Was nun? Ich betete, damit er den Stein zurückbekäme. Da kam eine dritte dunkelhäutige Hand und legte sich über die zweite, um diese wegzuziehen, aber die Hand konnte nichts ausrichten. Plötzlich gab es einen kräftigen Ruck und der Stein fiel herunter, direkt in Tobias andere Hand. Jetzt umklammerte Tobias den Stein fest mit seinen Fingern.

Ich war erleichtert und glücklich. Trotzdem blieb ein merkwürdiges Gefühl zurück. Anscheinend gab es Kräfte, die gegen Tobias arbeiteten und ihm etwas wegnehmen wollten. Das gab mir zu denken. Ich hatte kein gutes Gefühl mehr, was Tobias anging. Das war hart. Trotzdem versuchte ich, zuversichtlich nach vorn zu schauen und es als eine neue Wegkreuzung anzusehen, die mir wohl bald bevorstehen würde. Ich fuhr heim und machte eine Zeremonie. Es war Wochenende und ich freute sich schon auf meinen Garten. Am nächsten Tag flog ein riesiger Vogelschwarm auf Höhe unseres Dachstuhles direkt über das Haus hinweg, von Süden nach Norden. Es waren sicherlich an die zweihundert Vögel. Was für ein Gruß! Ich war begeistert und grüßte zurück.

In den nächsten Wochen suchte Tobias den engen Kontakt zu Energieheilern und nahm an vielen Seminaren zur Chakren-Heilung und Reinigungsritualen des eigenen Körpers teil. Dabei arbeitete er mit mehreren Heilpraktikern zusammen und schloss sich den ‚Lehren der Heilung mit lichtvoller Energie des Erzengels Michael' an. Eines Tages besuchte er mich und erzählte von seinen Heilerfolgen, aber auch von schmerzhaften Erfahrungen. Michael und Alexandra waren beim Handball und so hatten wir einen ganzen Nachmittag für uns. Am Abend war dann gemeinsames Grillen geplant. Für mich war diese Begegnung mit Tobias der Beginn, mich intensiver mit dem Für und Wieder der ‚energetischen Kommunikation' auseinanderzusetzen. Ich lernte auch, äußerst sorgsam mit der Auswahl der Berater und Lehrer. Tobias erzählte mir, dass ein Seminar zur Chakraheilung angesetzt sei, an dem er teilnehmen wolle. Dabei sollten die Teilnehmer selbst Chakraheilungen durchführen und sich gegenseitig unterstützen.

Wenn Du magst, erzähle ich Dir kurz, wie diese Chakraheilung funktionieren soll." „Na, habe ich denn eine Wahl, jetzt, wo Du schon angefangen hast?", antwortet Loreen grinsend. „Eigentlich nicht", stimmt Anna mit ein, „Nach der Philosophie dieses Heilverfahrens trägt ein jeder Mensch, bildlich gesprochen, einen faustgroßen elliptischen Kristall in seiner Hand. Im Laufe des Lebens kann dieser Kristall durch körperliche oder seelische Leiden Kratzer, Furchen oder andere Beschädigungen aufweisen. Ziel des Heilers ist es, diesen Kristall zu ‚reparieren', um ihn wieder in vollem Glanz erscheinen zu lassen und damit körperliche oder seelische Leiden heilen zu können. In diesem Seminar sollte die Behandlung derart erfolgen, dass der Kristall des Patienten komplett ersetzt würde. Tobias konnte sich mit diesem Vorgehen nicht ganz anfreunden, was ich vollkommen verständlich fand. Nach seinen Ausführungen wurde mir kalt und heiß zugleich. Unwillkürlich fiel mir der Stein ein, den ich Tobias geschenkt hatte. Parallel dazu sah ich Bilder von Voodoo Priestern, die einen Teil der Seele in Urnen deponierten. Ich hatte das Gefühl, dass diese sogenannten ‚Heiler' die Seele nehmen und sie ersetzen wollten. Mir wurde ganz schlecht. Tobias öffnete seine Hand und ich ‚sah' Tobias eigenen klaren Kristall pulsieren. An den zahlreichen Eckpunkten befanden sich kleine Perlen, die wie Lämpchen, Diamanten oder etwas in dieser Art leuchteten. Spontan hatte ich nur ein Gefühl: dass dieser Kristall heilig war und nicht angerührt werden durfte.

Für mich war klar, dass diese Art der Heilung für mich nicht geeignet war. Ich fragte nur, ob sich Tobias denn in diesem Umfeld wohl fühle und es wirklich sein Weg sei. Tobias war im Grunde nicht wirklich begeistert, aber er wollte für das Gute kämpfen. Er meinte, dass er sich stark genug fühle, die Herausforderungen anzunehmen und unbedingt noch den letzten Seminarteil absolvieren wolle. Danach sei er dann so weit, eigenständig Rituale durchzuführen. Tobias hatte das Gefühl, seinen Körper noch nicht hinreichend genug gereinigt zu haben. Ich konnte es nicht ganz verstehen, akzeptierte jedoch seinen Standpunkt. Vielleicht muss auch Tobias seine Prüfungen ablegen, dachte ich, jeder muss seinen eigenen Weg gehen und die Erfahrungen machen, die für ihn zu dem jeweiligen Zeitpunkt angesagt sind. Trotzdem machte ich mir ein wenig

Sorgen um ihn. Er war mir inzwischen ans Herz gewachsen. Seine Behandlungen waren ein Segen für mich und er hatte mir völlig neue Perspektiven aufgezeigt. Ich hoffte für Tobias, dass er auf seinem Weg von wertvollen Menschen umgeben sein würde, die ihm beistehen und ihn unterstützen würden.

Tobias hatte einen wunderschönen Blumenstrauß aus dem eigenen Garten und ein interessantes Kartenset namens ‚Weisheit der vier Winde‘ mitgebracht. Ich wusste zwar nicht, ob mir Kartenlegen jemals etwas bringen würde, fand es aber eine sehr nette Geste. Die Karten waren sehr kraftvoll und kamen aus Neuseeland. Sie enthielten keine Engel, was dann schließlich doch meine Neugier weckte. Du weißt ja, ich hatte mich oft gefragt, was wohl mein Weg war und welche Praktiken für mich relevant sein könnten. Pendeln konnte ich mir nicht vorstellen und auch Kartenlegen war mir fremd. Aber was dann? Mit Chakren hatte ich mich durch Tobias bereits auseinandergesetzt. Das Wissen darum fand ich sehr wichtig und die meditative Wasserdusche, die ja auch dazu gehörte, wandte ich neben anderen Meditationen ja nun schon über eine lange Zeit regelmäßig an. Seminare mit Engelsanbetungen konnte ich mir aber nicht so recht vorstellen, das war doch etwas zu viel des Guten. Afrikanischer Schamanismus konnte auch nicht mein Weg sein, das fühlte ich ganz deutlich. Ich hatte zwar viel von Mama Looloo gelernt und wandte auch gewisse Teile davon regelmäßig an. Es hing aber nicht mein Herzblut daran.

Gemeinsam mit Tobias begab ich mich wiederum auf die Reise in meine Vergangenheit, um vielleicht mehr Aufschluss darüber zu bekommen. Dabei kam zum Vorschein, dass ich einen Großteil meiner Vergangenheit, also eine Vielzahl von Inkarnationen, in Tibet verbracht hatte. Ich hatte aber auch in Westafrika gelebt und war von dort aus wahrscheinlich über Sklavenschiffe nach Nordamerika, nach New Orleans gekommen, um später bei den Indianern zu leben. Vielleicht war es aber auch nur ein weiterer Erklärungsversuch meiner tiefen Verbundenheit mit den nordamerikanischen Indianern und den Tibetern.“

Loreen unterbricht Anna und fragt kritisch nach: „Ist das nicht alles sehr weit hergeholt?“ „Mag sein.“, erwidert Anna nur, „Ich glaube jedoch ganz fest an Inkarnation und die Bilder, die ich in meinen Visionen sehe. Ich denke, dass die Seele eines jeden Einzelnen schon viele Leben durchschritten hat und dabei an den unterschiedlichsten Orten gewesen ist. Anders kann man sich wohl kaum Träume oder Visionen erklären, die an Plätzen stattgefunden haben, die der Betreffende niemals zuvor gesehen oder betreten hat. Betrachtet man gewisse Fähigkeiten, wie zum Beispiel die Kompositionen und Fertigkeiten von Wolfgang Amadeus Mozart, so können diese in seinem zarten Lebensalter kaum in dieser Brillanz vorhanden gewesen sein. Außerdem hat jeder Mensch gewisse Orte an diesem Planeten, zu denen er sich hingezogen fühlt und andere, die er dafür niemals bereist oder auch nur das Bedürfnis hat, sie zu sehen, ganz im Gegenteil. Ich bin überzeugt davon, dass hierbei die Ursachen in den vorangegangen Leben einer jeden Seele liegt." Loreen nickt schweigend und wartet gespannt.

„Aber zurück zum Thema: Meine Sehnsucht zu den Indianern war mit der Zeit immer stärker, geworden, obwohl ich nach wie vor keine genaue Vorstellung darüber hatte, wie und wo sie zu finden wären. Tobias meinte dazu: „Was hast Du als erstes Buch nach Deinem Unfall gelesen? Du weißt, dass Du Deinen Unfall von damals in diesem Leben nochmals durchlebst." Ich wusste nicht, was ich sagen sollte. Natürlich war es Swimming Bear, der mich seither immer wieder in meinen Gedanken begleitete, aber als Person war er für mich so weit entfernt, dass ich keinerlei Chance sah, ihn jemals aufzusuchen, geschweige denn von ihm empfangen zu werden oder sogar von ihm lernen zu dürfen. Er war für mich ungefähr so weit weg wie der Dalai Lama, bei dem ich ebenfalls niemals eine Privataudienz erhalten würde. Mit der Aussage von Tobias hatte ich allerdings einen konkreten Anstoß bekommen und neuen Mut geschöpft, mich intensiver mit der Frage auseinanderzusetzen, wie ich ihn finden konnte. Daher war mir das Kartenset ein willkommenes Medium, das vielleicht bei der Beantwortung der einen oder anderen Frage doch ein wenig behilflich sein mochte. Ich begann mich intensiver mit dem Kartendeck auseinanderzusetzen, schaute mir die Karten näher an und begann einige Fragen zu stellen. Ich fragte zum Beispiel nach meiner Rolle auf diesem Planeten, nach der von Tobias, nach der Mission der afrikanischen Medizinfrau und vor allen Dingen natürlich nach Swimming Bear. Sie kamen zu erstaunlichen Ergebnissen.

Die Karten aus Neuseeland zeigten mir, dass Swimming Bear für mich den Baumfarn als Träger des Versprechens repräsentierte. Der ‚Mamaku‘ oder Baumfarn ragte aus dem Dunkel des Waldes hervor. Die Sporen dienten zur Fortpflanzung, sein Sprössling nannte sich ‚Koru‘ und war eine perfekte Spiegelung von Wachstum in vollendeter Ausgewogenheit.

Die Botschaft des Mamakus war die Hoffnung. Für mich bedeutete es schlicht, dass einem jeden endlose Möglichkeiten offen stehen. Es war die Zeit der Entfaltung gekommen, die Zeit, um die Wahrheit ans Licht zu bringen. Später kam in diesem Zusammenhang auch noch ‚Kereru‘, die Rindeltaube, dazu, die das Vertrauen repräsentiert. Laut Tobias sollte sie mich auch in der Realität immer wieder begleiten und mir Kraft auf meinem Weg geben.

Ich fragte auch nach der Rolle der afrikanischen Medizinfrau. Ich zog die Karte des Priestervogels ‚Tui‘, vergleichbar mit der europäischen Amsel, dem Raben oder der Krähe. ‚Tui‘ symbolisierte das Tor zu den Sternen, das Lied für die Reise, die immer ihre Bestimmung erlangte. Es war die Ausrichtung. Ich dachte: Ist er der Schlüssel für mich, Swimming Bear zu finden? Zeigt er mir den Weg meiner schamanischen Ausrichtung? Auch hierbei gab es eine Verbindung zur Realität. Amseln und Krähen begleiteten mich seit längerem regelmäßig, das hast Du ja immer wieder mitbekommen. Entweder saßen sie auf dem Gartenzaun, flogen durch den Garten, setzten sich ins Gras oder bauten aus Grashalmen in meinem Garten ihr Nest. Ich konnte gar nicht glauben, was ich in den Karten sah und wiederholte das Kartenlegen mit denselben Fragen. Witzigerweise kamen auch nach mehrmaligem Nachfragen immer wieder das vorherige Ergebnis zu Tage, so dass ich langsam Vertrauen in die Karten bekam. Immer wieder nutzte ich sie. Nun hatte ich ein Medium gefunden, dass mir persönlich bei der Beantwortung wichtiger Fragen immer wieder behilflich sein würde.“

„Ein paar Wochen später regnete es unentwegt. Es war Sonntag. Eine riesige Kröte saß mitten auf meinem Steingarten. So eine große, braune Kröte hatte ich in meinem ganzen Leben noch nie gesehen. Ich blieb lange sitzen und ging dann langsam weiter. Es gab keine Feuchtgebiete in dieser Gegend, auch keine Teiche, wo Kröten vielleicht ihren Lebensraum haben konnten. Deshalb war es mir unerklärlich, wie diese Kröte hier leben konnte. Ich interpretierte es als ein Signal: Die Kröte musst Du jetzt schlucken. Tatsächlich läutete sie eine düstere Zeit ein.

Das Gespräch mit Tobias ging mir noch lange durch den Kopf. Ich hatte das Gefühl, dass ich für Tobias beten und ihn mit dem Licht begleiten sollte, das ich in Visionen oft gesehen hatte.“ Anna macht eine kurze Pause, ganz so, als wolle sie Luft holen. Dann richtet Sie sich ganz offen an Loreen: „Du hast es doch mitbekommen: Tobias war aufopfernd und gab wirklich alles für seine Patienten. Vielleicht war das Ganze nur eine Prüfung für ihn, aber ich wollte ihm in jedem Fall ‚Licht schicken‘ und für ihn beten, wenn er zu seinem nächsten Seminar fahren würde. Vielleicht konnte ihn das beschützen. In der nächsten Zeit fiel die Konsultation dann jedes Mal wie durch Zufall aus. Erst war Tobias krank, anschließend meine Freundin und schließlich ich." Loreen unterbricht Anna selbstsicher: „Da wollten irgendwelche Mächte die Konsultation partout verhindern! Oder war doch etwas seltsam an Tobias?" „Ich wusste es nicht, fand keine plausible Erklärung dafür. Ich war sicher, es lag nicht an ihm, denn er war ein herzensguter Mann. Ich rief ihn an, um mich nach seinem nächsten Seminar zu erkundigen. Ich wollte Tobias einfach mit Gebeten begleiten. Er sagte, für ihn sei es unheimlich wichtig an diesem Seminar teilzunehmen, um danach endlich seinen eigenen Weg gehen zu können. Er schien recht froh über meinen Anruf zu sein und bedankte sich dafür. Ich hoffte, dass Tobias dieses Seminar erfolgreich abschließen und damit den Grundstein für seine weitere Arbeit legen würde. Ich hatte aber nach wie vor ein merkwürdiges Gefühl, das auch nach dem Telefonat blieb."

Am Abend darauf wurde mir schrecklich schlecht bei dem Gedanken an Tobias. Je mehr ich über ihn nachdachte, desto stärker wurden meine Bauchschmerzen. Ich kann es Dir gar nicht sinnvoll erklären, aber irgendwann in dieser Nacht zog ich plötzlich die Konsequenz aus den ganzen schlechten Gefühlen der letzten Zeit. Ich dachte noch einmal an die Kröte und daran, dass sie ein Zeichen gewesen war. Dann beschloss ich, den Kontakt zu Tobias für immer abzubrechen. Ich habe mich seitdem nie mehr bei ihm gemeldet und denke, dass es gut so ist. Er war auf dem falschen Weg und ich konnte nichts mehr für ihn tun." „Wow, dass Du das durchgehalten hast, Anna! Ich konnte ihn zwar in Deiner Erzählung nicht leiden und hatte auch ein bisschen Angst vor ihm. Aber das hätte ich bestimmt nicht geschafft!." „Das hättest Du, Loreen, glaub mir. Und denk doch mal daran, wie lange ich schon dieses Hin- und Her mitgemacht habe. Ich hätte es schon viel früher tun sollen. Aber gut, so war es einfach. Mir fällt dazu nur das altbekannte Sprichwort ein: Besser spät als nie." Für eine kurze Zeit schweigen beide und schauen einfach aus dem Fenster, während Loreen das Auto über die kaum befahrene Straße fährt.

„Wieder stand ich an einem Scheideweg – wie eine weitere Etappe meiner eigenen Bergwanderung. Langsam bekam ich den Eindruck, einzelne Stationen zu durchlaufen, in denen ich immer wieder neuen

Menschen und Lehrer begegnete. Manche blieben, manche gingen. Nichts war endlos, alles war nur eine Etappe. Mit der Zeit habe ich auch Tobias aus den Augen verloren." Nach diesen wehmütig ausgesprochenen Worten schweigt Anna bedächtig. Loreen ist sich nicht sicher, ob sie der Freundin gut zureden will oder einfach die fragende Stille nicht erträgt: „Aber er hatte Dir doch unheimlich viel gegeben und Dich gesundheitlich sehr weit nach vorn gebracht! Vielleicht war es einfach an der Zeit, zu gehen. Vielleicht ist es Dein Schicksal, ewig zu wandern. Vielleicht wirst Du auch irgendwann zur Ruhe kommen. Aber es ist doch so, dass es Dich schon immer in unterschiedlichste Regionen und auch Wissensgebiete zog. Womöglich wärst Du sonst nicht dort, wo Du heute stehst!"

Anna lacht: „Ja, Du hast wahrscheinlich recht, Loreen! Der einzige feste Ankerpunkt in meinem Leben war wohl meine kleine Familie. Die gab mir immer wieder Kraft, weiter zu machen. Aber gut, ich will weiter erzählen. Komischerweise konnte ich die Karten von Tobias eine Zeit lang nicht mehr benutzen. Sie gaben plötzlich falsche Antworten. Ich stellte immer wieder Kontrollfragen, um ungewollte Energieeinflüsse von außen oder im Raum vorhandene Energien, die das Ergebnis hätten verfälschen können, fernzuhalten. Später bestätigte mir sogar Mama Looloo, dass die Karten derzeit nicht benutzbar wären. Sie prophezeite mir, dass die Karten nach einem guten halben Jahr wieder gereinigt und einsetzbar sein würden. Oft musste ich noch an Tobias denken. Wer war dieser Lehrer, den er hatte? Was war passiert? Ich war ziemlich betrübt. Es fiel mir verdammt schwer, den Kontakt abzubrechen, aber ich wusste, dass es notwendig war, um mich selbst zu schützen. Ich hatte das Gefühl, dass ich mich selbst erst einmal von den unterschiedlichsten Einflüssen reinigen und mir über den Weg meines Herzens klar werden musste." „Vielleicht hatten die Karten nun ihren Zweck für Dich erfüllt", sagt Loreen nur. „Vielleicht. Ich ging auf die Suche nach neuen Karten, waren sie doch zu einem wichtigen Medium geworden, auf wichtige Fragen entsprechende Antworten zu bekommen. Inzwischen hatten ja auch andere Menschen die Antworten schätzen gelernt, die ich ihnen mit Hilfe der Karten hatte geben können. Sie baten mich immer wieder, für sie Karten zu legen. Die richtigen Karten zu finden, war gar nicht so einfach. Ich wusste, dass es Indianerkarten sein mussten.

So begab ich mich auf die Suche und fand einige Zeit später ein interessantes Kartendeck der Sioux-Indianer, das eng an die INIPI-Tradition angelehnt war. Die beschriebenen Rituale waren hochinteressant, allerdings konnte ich mich mit den Karten selbst nicht so recht anfreunden. Sie waren einfach zu düster. Ich durchsuchte regelmäßig verschiedene Anbieter von Kartendecks im Internet, leider ohne Erfolg. Eines Tages wurde mir ohne mein Zutun ein Kartendeck im Internet angeboten, dass mich regelrecht anstrahlte. Es kam aus New Mexiko. Die Beschreibung entsprach genau meinen Vorstellungen. Umgehend bestellte ich dieses indianische Weisheitstarot namens Vision Quest. Ich liebte es vom ersten Tag an." Loreen ruft begeistert: „Das kenne ich! Du hast es heute noch!"

Wieder muss Anna grinsen. Stolz präsentiert sie Loreen das Kartendeck, während sie davon erzählt: „Es ist bis heute mein ständiger Begleiter geblieben und ist immer dann besonders stark gewesen, wenn die mir lieb gewonnenen Indianer weit weg waren. Mit Hilfe der Karten kann die Verbindung mit Ihnen herstellen und schöne Erinnerungen wieder vor mir sehen. Auch wenn ich die Karten mit der Zeit nicht mehr so regelmäßig benutzte, weil ich inzwischen andere Medien gefunden hatte und meine Visionen mich regelmäßig begleiteten. Zuweilen war es aber eine wertvolle Ergänzung, um zu prüfen, ob ich die Antworten durch Visionen richtig interpretiert hatte. Was Tobias betraf, so hatte er mir viele Wege geebnet, wie etwa den zum Pendel, das ich erst viel später als weiteres Medium für mich entdeckt und in mein Leben integriert habe. Ich hoffte damals, Tobias würde seinen Weg finden und stark genug sein, die schweren Proben, die ihm auferlegt wurden, erfolgreich zu meistern. Aber auch für mich selbst hoffte ich, recht bald in der Lage zu sein, meine Ahnen zu finden. Immer mehr kam mir zu Bewusstsein, dass ich hier in Europa wohl kaum einen geeigneten Lehrer finden würde. Aber wie sollte ich zu den Indianern kommen, Loreen? Wie zu Swimming Bear finden? Manchmal wäre ich fast verzweifelt. Hatte ich etwas übersehen? Sollte es nicht sein? Wurde nur meine Geduld ein weiteres Mal auf eine harte Probe gestellt?

Bis auf ein letztes Mal habe ich Tobias niemals wieder aufgesucht. Über dubiose Wege erfuhr ich später, dass er in inzwischen in sektenähnlichen Strukturen verbandelt war und damit ein Teil einer riesigen Vertriebskette für Wellness-Erzeugnisse bis hin zu Medikamenten geworden war. Auch wenn es der endgültige und auch schmerzliche Abschied von Tobias war – mein Gefühl hatte gestimmt."

Harte Prüfungen

„Ein paar Tage nach meiner letzten Konsultation bei Tobias kam Alexandra heim und war wie verwandelt – richtig böse, Loreen! Ich erkannte meine eigene Tochter nicht mehr wieder. Sie hatte auf einmal die glorreiche Idee, ihr Klavier rauszuwerfen. Dabei war es mein Klavier, das ich noch aus der Studienzeit mitgenommen hatte. Nachdem wir in diese Wohnung gezogen waren, hatte Alexandra darauf bestanden, dass dieses Klavier in ihr Zimmer kam. Es war ihr immer heilig gewesen! Sie hatte unbedingt Klavier spielen lernen wollen und hatte in den letzten fünf Jahren ein wirklich schönes Spiel entwickelt! Es war einzig und allein Alexandras Entscheidung gewesen, die wir ihr bewusst offen gelassen hatten.

Eine Tages kam Alexandra also und sagte: „Ihr müsst mir ein Keyboard kaufen. Das Klavier kommt raus!" Sie legte einen Befehlston an den Tag, den ich nie zuvor von ihr gehört hatte. Sie verkaufte außerdem ihre wertvollen Münzen, die sie jahrelang gesammelt hatte und schaffte sich von dem Geld unsinnige Sachen an. Sie trennte sich von allem, was ihr heilig war. Das ging nicht mit rechten Dingen zu. Das war nicht meine Tochter, Loreen! Ich stellte mich unter die Dusche, legte Indianermusik ein und versuchte mit Gebeten, Licht in Alexandra Kopf zu bringen. Da sah ich erst, was passiert war. Alexandras ganze linke Körperseite war schwarz, mit einer teerartigen Masse überzogen! Ich versuchte, diese schwarze Masse gedanklich herunterzuspülen. Es gelang mir nicht. Dieser sämige schwarze Schleim klebte an ihrem ganzen Körper fest. Allmählich schliefen mir die Füße ein und dieses taube Gefühl stieg kriechend an meinem Körper herauf. Ich bat meine Ahnen um Hilfe, alles wegzuspülen, aber es war zu zäh. Dann sah ich ihre Gesichter. Es wurden immer mehr. Zum Schluss waren es bestimmt zwanzig, dreißig Indianer! Das machte mir richtig Angst! Ich hatte das Gefühl, dass sie mich mitnehmen wollten. Ich flehte sie an: „Bitte lasst mich noch ein wenig auf dieser Erde, bitte!" Langsam entglitt mein Körper und ich brach zusammen. Ich schaffte es noch, die Augen aufzureißen, um aus diesem Trancezustand zu erwachen. Dann schleppte ich mich ins Bett. Dort blieb ich zusammengesackt liegen und betete.

Ich sah wieder viele Indianer vor mir. Langsam wich das taube Gefühl und ich spürte meinen Körper wieder. Was war das?, fragte ich mich, Wo ist das hergekommen und wer hat mir geholfen?" Loreen, die die ganze Zeit gespannt zugehört hat, kann nicht mehr an sich halten: „Das waren bestimmt Deine Ahnen, oder konntest Du doch mental Kontakt zu den Indianern aufnehmen?" „Das wusste ich auch nicht genau. Aber zumindest wurde mir langsam bewusst, dass ich es hierbei mit Kräften zu tun hatte, denen ich nicht gewachsen war. Es schien eine völlig neue Form der Auseinandersetzung zu sein, der ich fast machtlos gegenüberstand. Trotzdem mussten die Gebete irgendetwas bewirkt haben. Ohne diese Unterstützung hätte ich gegen diese Macht wohl nicht ankämpfen können! Nun wurde mir endgültig klar, dass ich auch die Kehrseite energetischer Heilverfahren und Energien kennenlernen musste. Mir war bis dahin nicht bewusst gewesen, dass so etwas derart intensiv in allen Schattierungen zu spüren sein konnte."

„Hah", ruft Loreen triumphierend, „also gibt es wohl doch so etwas wie schwarze Magie oder wie die Indianer sagten, ‚Zauberer', vor denen man sich in acht nehmen und schützen muss!" „Es ist zumindest möglich", entgegnet Anna trocken, „mir wurde jedenfalls schnell klar, dass das alles noch lange nicht vorbei war und mir noch einiges bevorstand. Ich dachte: Aber warum? Was habe ich getan? Was hat meine Tochter damit zu tun? Wer tut so etwas? Sind es Rivalitäten der Heiler, mit denen ich zu tun habe? Oder wollen sie mich in ihre Abhängigkeit bringen? Wenn ja, wer ist es? Wenn ich doch wenigstens sehen könnte, wer es ist. Am nächsten Tag ging es mir vorerst etwas besser. Mir wurde klar, warum es in der Vision so viele Indianer gewesen waren: Es waren tatsächlich meine Ahnen gewesen, die mich noch nicht mitnehmen, aber mir helfen wollten. Sie wollten mir vermutlich auch zeigen, dass ich niemals allein sein würde, auch wenn ich eines Tages die Erde verlassen müsste. Das war zumindest ein sehr beruhigendes Gefühl.

Kurz darauf war mein Geburtstag. Nach dem Frühstück duschte ich und machte wie gewohnt die meditative Wasserdusche. Wieder sah ich Alexandra vor mir. Heute wollte ich ihr die schwarze Brühe abwaschen. Ich wollte es einfach wissen. Es war mir ein Ansporn, nun erst recht dagegen anzugehen." Loreen jubelt: „So schnell kann Dich niemand besiegen! Du schaffst das!" Dankbar lächelt Anna sie an: „Ich sah, dass Alexandras linke Seite immer noch immer schwarz war und versuchte abermals, die Farbe abzuspülen. Sie wurde dadurch noch sämiger und der Klebstoff wich mit der Zeit. Es dauerte einige Zeit, bis Alexandras Körper wieder langsam die Hautfarbe annahm und sie rein gewaschen war. Lediglich an den Fingernägeln befanden sich noch klebrige Farbreste, die ich nicht wegbekam. Ich war zutiefst dankbar und wusste nicht, wie ich mich bei dem großen Geist erkenntlich zeigen könnte. Aber eines war gewiss: dass der Tag kommen würde, es zu tun! Daran hatte ich keinen Zweifel und ich wollte alles daran setzen, diesen Dank in irgendeiner Form zurückzugeben.

Nachdem sich Alexandra ihre Fingernägel abgeschnitten hatte, war sie wieder die alte, liebe Tochter, die ich kannte und liebte! Gibt es ein schöneres Geburtstagsgeschenk?, dachte ich bei mir. Ein Glücksschauer durchdrang meinen Körper. Jetzt konnte ich mich in Ruhe in den Whirlpool setzen und schöne Musik hören – natürlich Indianermusik. Ich schaute mir das Cover der CD etwas näher an und bemerkte, dass sich hinter dem eigentlichen Bild viele andere Bilder versteckten. Der Indianerblick war unheimlich intensiv. Es war das erste Mal, dass ich einen wirklich fordernden Blick von ihnen sah! Dahinter verbarg sich für mich die Aufforderung, doch endlich zu kommen... Kurz darauf häuften sich die Visionen, in denen die Indianer mich riefen und aufforderten, meinen Weg zu gehen. Wenn ich nur wüsste, wo sie sind? Ich muss es herausfinden und ich werde es tun!

Trotzdem ging es mir noch nicht richtig gut. Am Abend reichte mir eine ungeschickte Bewegung und die gesamte Symptompalette schlug wieder einmal in aller Härte zu. Es war wie ein Schlag ins Genick. Wir hatten Besuch und die Gäste wollten meinen Geburtstag feiern. Eigentlich hätte ich mich darüber freuen sollen. Es waren schließlich meine Gäste. Aber ich wollte nur allein sein. Dieses Mal war ich mir sicher, wer mit mir Kontakt aufnahm. Ich sah das Gesicht vor mir, obwohl der ‚Schlag‘ von hinten kam. Ich grübelte unentwegt, wie ich verhindern konnte, dass er auf diese Weise an mich herankam. Es musste einen Weg geben, dem Gegenüber nichts anzutun und mich trotzdem davon zu befreien, für immer und ewig. Als der Besuch gegangen war, stellte ich mich unter die Dusche und meditierte. Das war schon des Öfteren ein probates Mittel gewesen, mir den Weg zu weisen. Sofort sah ich, was ich zu tun hatte, um alle Verbindungen zu kappen und mich damit selbst zu befreien. Ich sah auch, wie sich ein Schutzmantel rund um meinen Körper bildete. Damit hoffte ich, nun endgültig Ruhe zu haben.

Eines Abends kam Michael spät heim. Ich saß noch vor dem Fernseher und sah einen interessanten Film über einen genialen Nobelpreisträger. Es war schon spät geworden und wir gingen ins Bett. Mitten im Tiefschlaf bekam ich einen kräftigen Schlag von der Seite und wachte auf. Ich legte mich im Bett auf den Bauch und nahm die Hände vors Gesicht. Eigentlich wollte ich gerade überlegen, was passiert war und was ich tun könnte. Michael schlief friedlich, mit dem Rücken zu mir gewandt. Er konnte es also nicht gewesen sein. Plötzlich sah ich ein Gesicht vor mir! Ich merkte, dass ich von einer Schutzhülle umgeben war, meine Schädeldecke aber lag frei. Ich sah und spürte, wie eine Hand an meinen Haaren riss! Ich schrie in Gedanken: „Du wirst mir nichts antun! Du massierst mich nur! Du kannst mir nichts anhaben!" Plötzlich wurde mir speiübel. Meine Füße fingen an einzuschlafen und ich merkte, wie mir alle Lebenskraft genommen wurde. Ich hatte ihm nichts mehr entgegenzusetzen. In Gedanken schrie ich mir die Seele aus dem Leib, schrie nur noch: „Papa, Papa hilf mir! Hilf mir! Daddy – bitte hilf mir! Oh mein Gott, bitte hilf mir." Ich hatte das Gefühl, als hätte die ganze Welt diesen Aufschrei gehört. Das allerwichtigste aber war – er, mein Daddy, der Indianerhäuptling, den ich bei Tobias gesehen hatte, musste mich erhört haben. Langsam fing mein Körper wieder an zu pulsieren. Ich spürte, wie die Lebensenergie langsam wieder zurückkam und meinen Körper erwärmte. Es ging mir zunehmend besser.

Ich musste etwas übersehen haben. Natürlich! Meine Haare waren der Schlüssel. Vielleicht waren welche auf den Boden der Praxis gefallen. Ich betete von ganzem Herzen: „Bitte lieber Gott, lass all meine Haar versengen, die irgendwo herumliegen und bitte trenne jegliche Energieverbindungen zu Manfred und diesen Energieheilern!" Das wiederholte ich wie ein Mantra immer wieder. Obwohl es mir wieder etwas besser ging, war es deshalb noch lange nicht überstanden. Das fühlte ich ganz deutlich. Aber wie schon so oft gab es auch hierbei wieder ein ‚Zwischenhoch', das mir bestätigte, dass ich auf dem richtigen Weg war. Ich fühlte nun eine permanente Lichthülle, die mich umgab. Lediglich an der Schädeldecke gab es einen dunklen Bereich."

Loreen starrt Anna erstaunt an und vergisst fast, sich auf das Auto zu konzentrieren. Nachdem sie sich etwas gefasst hat, sagt sie: „Das ist ja fast wie Siegfried mit dem Feigenblatt! Unglaublich! Für mich bist Du auch so eine Heldin." Als sie bemerkt, was sie da gesagt hat, wird sie rot. „Na, übertreib mal nicht.", erwidert Anna ruhig, „Ich habe mich vor allem dumm und naiv verhalten. Darauf hätte ich achten müssen, ich habe eine Menge Glück gehabt! Wie auch immer. Ich versuchte mit meinen Gebeten, alles mit Licht zu erhellen und hoffte, so der Dunkelheit trotzen zu können. Zunächst fühlte ich mich stark, ging es mir doch wieder besser. Ich lebte zumindest in der Gewissheit, zu meinen Ahnen und der afrikanischen Medizinfrau jederzeit Kontakt aufnehmen zu können.

Ein weiteres Mal traf mich Aufbäumen dieser Mächte, denen ich beim letzten Mal noch nicht hatte trotzen können. Auch dieses Mal erwischte es mich heftig. Trotzdem hatte ich das Gefühl, nicht mehr ernsthaft, also lebensbedrohlich in Gefahr zu sein. Es war der erste sehr warme Frühsommertag des Jahres nach einem sehr kühlen und verregneten Frühling. Die Sonne schien unentwegt und die Temperaturen kletterten auf fast 38°C. Ich hatte eine arbeitsintensive Woche hinter mir. Besuch hatte sich angekündigt, sodass ich Vorbereitungen treffen und fit sein musste. Spät nachts fiel ich erschöpft ins Bett. Am Folgetag ging es dann los. Paradoxerweise gab mir das schöne Wetter den Rest. Es war Frühjahr und die Sonne ließ die Gräserpollen förmlich explodieren. Ich versuchte, die Clematis im Garten von den hohen Gräsern am Gartenrand zu befreien. Das war aber vermutlich keine so gute Idee, denn ich bekam Niesanfälle, die partout nicht enden wollten. In Sekundenschnelle schwollen meine oberen Atemwege vollkommen zu und das Ganze verlagerte sich auf den Lungenbereich. Ich bekam keine Luft mehr. Mühsam ging ich in die Wohnung und suchte nach Antiallergika. Leider waren die Medikamente nicht mehr verwendbar. Hätte ich sie doch rechtzeitig ersetzt! Mein einziger Rettungsanker waren Alexandras Präparate und ihr Kortisonspray. Ich hatte gehofft, es dieses Jahr ohne Medikation zu schaffen, aber es sollte wohl nicht sein. Nun gab es nur noch eines, ruhig bleiben und keine Panik aufkommen lassen! Mein Zwerchfell schmerzte heftig und ich hatte immer noch das Gefühl zu ersticken.

Ich betete und versuchte meine Ahnen zu erreichen. In meiner Verzweiflung versuchte ich auch Linda anzurufen, damit die afrikanische Medizinfrau mir helfen könne. Mama Looloo war aber gerade nicht erreichbar. Nach einer Erdheilzeremonie fanden Feierlichkeiten in einem Tal statt, in dem sie nicht telefonieren konnten. Erfreulicherweise lief die Hausherrin zu ihr und überbrachte ihr die Nachricht. Ich stellte mich unter die Dusche, um die Pollen herunterzuwaschen und erneut die Ahnen anzurufen. Kurz darauf erreichte mich die erlösende Botschaft. Die Hausherrin rief zurück. Sie habe Mama Looloo erreicht und diese habe gesagt, dass sie sich darum kümmern werde. Völlig erschöpft rang ich nach Luft und versuchte langsam durchzuatmen, damit sich die akute Atemnot langsam verbesserte. Ich spürte, wie Stück für Stück wieder Luft durch meine Lungen drang und ich, wenn auch schwer, wieder in der Lage war zu atmen. Wie lange der Zustand angehalten hatte, wusste ich nicht mehr so genau. Irgendwann hatte ich aber das Gefühl, das Schlimmste überstanden zu haben. Vollkommen aufgezehrt konnte ich mich gerade noch hinlegen und ausruhen.

Am Folgetag duschte ich frühzeitig, um mich wiederum von den Pollen zu befreien. Ohne mein Kortisonspray kam ich aber doch nicht aus. Eigentlich wollten hatten wir heute einen Ausflug mit ihrem Besuch machen wollen, aber daran war natürlich nicht zu denken. Meinen Zustand konnte ich kaum verbergen. Zum Glück wurde ich von Michael verwöhnt, konnte mich ausruhen und in aller Ruhe duschen. Ich schloss die Augen und lauschte entspannt der Musik. Plötzlich sah ich ein grinsendes Gesicht. Das kann doch nicht wahr sein!, dachte ich. Es war Anita Weichert, die Reiki Meisterin, die ich bei diesem Informationsabend besuchen wollte. Ich kannte das Gesicht nur von Fotos und war zum Glück nie dort hingefahren. Ich bekam ganz weiche Knie. Es machte mich aber auch so unglaublich wütend, dass ich spontan die Arme ausbreitete, um meine positiven und hellen Energien zu senden. Ich wollte niemandem auf dieser Welt etwas antun, egal, was auch geschehen sollte. Ich sah, wie aus allen meinen Gliedmaßen, vor allem aus den Armen und Händen, Lichtstrahlen ausströmten und sich auf dem gegenüberliegenden Körper bündelten. Die Reiki-Meisterin wurde regelrecht weggefegt und verlor an Größe. Sie wurde schließlich so klein, dass sie kaum noch zu sehen war. Gleichzeitig spürte ich, wie die Schutzhülle um meinen Körper stärker wurde. Das kannst Du Dir wohl kaum vorstellen, nicht wahr Loreen?" Loreen schüttelt nur den Kopf und zeigt mir ihren großen Augen, dass sie wenig Lust auf diese Unterbrechung hat.

„Jaja, ich erzähle ja schon. Das sah fast aus wie ein Mantel, den mir ein Engel um den Körper geworfen hatte. Es war ein unglaublich erhebendes und beruhigendes Gefühl. Nun muss ich es mit Gottes Hilfe endgültig geschafft haben, dem Angriff entgegnen zu können. Trotzdem hatte ich das Gefühl, dass die Reiki-Meisterin wiederkommen würde. Und so war es dann auch. Kurze Zeit später sah ich das Gesicht noch einmal vor mir stehen. Nun stand aber ein Medizinmann plötzlich neben mir und ging gemeinsam mit mir auf meine Widersacherin zu. Es war Swimming Bear, mein Vater. Eine Vielzahl von hellen Lichtstrahlen trat aus unseren Körpern aus. Sie fielen gebündelt auf den Körper der Rivalin, oder was auch immer sie war. In Gedanken sagte ich mir: Wir sind stärker als Du. Du kannst uns nichts anhaben. Du wirst mir nichts mehr tun. Plötzlich ging es mir besser. Mein Körper wurde ruhig und ich hatte ein Gefühl von Stärke und Entspannung zugleich. Ich ging hinaus und schaute hoch zum Himmel. In diesem Augenblick flogen zwei hellbraune Tauben über das Haus hinweg. Es war der Gruß von Swimming Bear, das wusste ich inzwischen. Ich war überwältigt und Tränen liefen über meine Wangen. Tränen der Freude, Tränen der Erleichterung, ich weiß es gar nicht so genau. Am Abend flog dann noch ein riesiger Vogelschwarm von dreißig, vierzig Vögeln direkt über das Haus hinweg von Nord nach Süd. Da wusste ich endgültig, ein schweres Kapitel hinter mir gelassen zu haben und nach vorn schauen zu können. Es sollte mein endgültiger Abschied von dieser Therapieform sein.

Eine Zeit lang hatte ich tatsächlich meine Ruhe. Aber manchmal ist Abschied nehmen auch eine einseitige Sache, die der andere nicht akzeptieren kann. Das merkte ich später." Erstaunt schlägt Loreen ihre Hand aufs Lenkrad. „Jetzt sag bloß, da kam nochmal was nach? Das kann doch nicht angehen, Anna! Du hattest doch endlich damit abgeschlossen." „Ja, ich schon, Loreen. Aber nach einem schönen Sommer folgte ein harter Winter mit einer erneuten Kontaktaufnahme. Es war Anfang Dezember, das Wochenende von Alexandras Geburtstagsfeier. Die Geburtstagsgäste hatten Kuchen gegessen und setzten sich gerade in den angemieteten, abgedunkelten Raum, um einen Kinofilm anzuschauen. Ich war warm angezogen und setzte mich ebenfalls gemütlich hin, um mich zu entspannen. Plötzlich merkte ich einen kräftigen Ruck am Hals, wieder einmal von hinten, wie konnte es auch anders sein. Es war das Gefühl, als ob mir jemand einen Schlag ins Genick versetzt hätte. Mir wurde speiübel und ich bekam höllische Schmerzen in der Halswirbelsäule. Ich wusste nicht, was ich tun sollte und dachte: Wieder von hinten. Zu feige, sich sehen zu lassen. Ich betete und versuchte zu erkennen, was passiert war. Wie damals sah ich das Gesicht von Anita Weichert hinter mir stehen. Aber dieses Mal hatte sie Verstärkung mitgebracht: einen starken, großwüchsigen Mann.

Spontan rief ich die Indianer und bat sie um Hilfe. Plötzlich sah ich zwanzig bis dreißig Indianer, die sich im Halbkreis an meiner rechten Schulter aufstellten und mit Pfeil und Bogen ausgestattet waren. Sie richteten ihre Pfeile gegen Anita und ihren Freund und beschützten mich. Ich bat: Bitte, tut ihnen nicht weh! Tötet sie nicht! Zahlreiche Pfeile zischten an mir vorbei in Richtung der Gegner. Sie zielten auf den Boden kurz vor ihren Körpern Anita wurde am Unterschenkel von einem Pfeil getroffen und humpelte ein wenig. Gemeinsam ergriffen sie so schnell es ging die Flucht. Sie wurden immer kleiner und waren bald nicht mehr zu sehen. Schlagartig ging es mir besser. Ich atmete auf und bat die Indianer, bei mir zu bleiben. Ich sah sie den ganzen Abend und konnte die Feier so richtig genießen. Die Indianer blieben die ganze Nacht bei mir und auch am nächsten Tag waren sie noch da. Ich wusste nicht genau, wer sie waren, eines wusste ich aber ganz genau. Ich würde ihnen ewig dankbar sein.

Langsam wurde mir bewusst, dass es eine weitere Art der Kommunikation gab, die vielen Menschen einfach verschlossen blieb oder die sie einfach ignorierten. Vielleicht war es das erste Mal in meinem Leben, dass ich ernsthaft begann, wieder an etwas Höheres wie Gott zu glauben. Ich war niemals allein, Loreen, niemals, auch wenn ich am dringendsten Hilfe brauchte. Es war immer jemand da, auch wenn ich meine Helfer bis dahin nur in Visionen gesehen hatte. Sind es Menschen, die heute auf diesem Planeten leben? Sind es die Ahnen, die nach den Lehren verschiedener Naturvölker vielleicht für mir zuständig sind? Solche und andere Frage stellte ich mir wieder und wieder. Ich wusste von Mama Looloo, dass für sie die Ahnen des südlichen Teils des afrikanischen Orakels zuständig waren und sie beim Heilen von Patienten unterstützten. Wenn sie meditierte, konnte sie mit ihrem Großvater Kontakt aufnehmen und sich mit ihm unterhalten, als säße er vor ihr. Diese Mechanismen und Zusammenhänge hatte ich mir bis dahin noch nicht vorstellen können. Momentan war ich einfach nur dankbar. Ich betrachtete es als Geschenk Gottes, so wie Gott den Menschen das Licht, das Wasser, die Luft und die Erde gegeben hatte. Mir wurde immer mehr bewusst, dass es an jedem Einzelnen lag, diese Gaben in der einen oder anderen Richtung zu nutzen, aber auch sehr sorgsam damit umzugehen. Aber mit welchen Indianern kommunizierte ich? Welche Ahnen waren denn vielleicht für mich zuständig? Ich musste es herausfinden. Ich wollte von ihnen lernen, wollte ihnen und Gott dienen, um mich für alles zu bedanken, was sie für mich getan hatten."

Zuversicht

„Langsam begann für mich ein neuer Lebensabschnitt und ich wurde zuversichtlicher. Auch meine Tochter wuchs mit diesen spirituellen

Dingen auf und schien vieles bereits als ganz normal anzusehen, was ich teilweise noch gar nicht glauben oder fassen konnte. So forderte Alexandra von Zeit zu Zeit meine geistige Hilfe ein, was für sie langsam aber sicher das normalste der Welt zu sein schien. So wurde sie eines Tages beim Handball am Oberschenkel verletzt und klagte über heftige Schmerzen. Sie bat mich um Hilfe. Ich betete die ganze Nacht durch. Dabei sah ich erstaunliche Bilder. Manchmal sah ich sogar das Innenleben des Körpers wie ein Röntgenbild. Irgendjemand führte mich zu der verletzten Stelle und zeigt mir, was gebraucht wurde und wofür ich beten musste. Am nächsten Tag kam Alexandra auf mich zu und fragte, was ich denn gemacht habe. Ihr tue plötzlich gar nichts mehr weh.

Loreen ist sichtlich beeindruckt und will eigentlich etwas sagen. „Du kannst den Mund wieder zumachen!", sagt Anna lachend, „Es war wohl kaum mein Verdienst, auch wenn ich mich sehr bemüht habe. Aber Du hast schon recht, es hat mich auch immer wieder erstaunt, wie stark die Ahnen mir beistanden. Ich merkte nun aber auch, dass sie im zunehmenden Maße sorgsamer mit meinen Gedanken umgehen musste als früher. Es gab zahlreiche Fälle, bei denen ich mir in Gedanken versunken etwas vorgestellt hatte, was früher oder später in Erfüllung ging. Immer wieder war ich überrascht darüber, manchmal sogar erschreckt. Oft waren es fast nebensächliche Gedanken. So kam es, das wir eines Tages in einem netten Straßencafé mitten in Zürich saßen, als ein netter Nachbar auftauchte. Er war Franzose, mit dem wir seit einiger Zeit eine sehr herzliche Beziehung aufgebaut hatten. Wie so oft, hatten wir uns schon fast ein halbes Jahr nicht mehr gesehen. Ich sah ihn auf der anderen Seite des Platzes vorübergehen, ohne dass er meine Familie und mich bemerkt hätte. Ich sah ihn an und dachte so bei mir: Es wäre so schön, wenn wir uns mal wieder treffen könnten. Wir haben uns schon so lange nicht mehr gesehen. Just an diesem Abend rief er bei uns daheim an und lud die ganze Familie zum Abendessen ein!

Gemeinsam mit der Familie verbrachte ich den Urlaub auf Kreta. Ich hatte kein gutes Gefühl, was diesen Urlaub betraf. Es war wohl der erste Urlaub meines Lebens, auf den ich mich nicht wirklich freute. Es ging mir besser und so nahm ich das erste Mal keine Halskrause mit in den Urlaub. Ich wollte meine Konstitution einfach austesten und hatte wirklich genug davon, die Halskrause im Auto zu tragen. Wir wollten doch ohnehin nur einen Tagesausflug mit dem Mietwagen machen. Der hatte es aber in sich!

Die Nacht vor diesem Ausflug träumte ich, dass es eine gefährliche Autotour werden würde. Die Fahrt ging am Gebirge entlang mit engen Serpentinen ohne Leitplanken. Am Ende der Fahrt stürzten wir den Berg herunter ins Meer. Ich wusste, dass wir in keinem Fall bis zum Ende der Insel fahren durften. Aber wie sollte ich Michael überzeugen? Wenn ich ihm von dem Traum erzählen würde, würde er mich sicher auslachen. Schon während der Autofahrt am Nordteil der Insel entlang – Richtung Westen zum Markt von Rethymnion –, zirka dreißig Kilometer von unserem Urlaubsort entfernt, wurde mir langsam speiübel. Ich musste meinen Kopf stützen, fand partout keinen Halt. Die Schmerzen schaukelten sich langsam hoch und ich dachte, dass es ein folgenschwerer Fehler gewesen war, ohne Halskrause zu fahren. Die Am Markt angekommen, brannte die Hitze herunter, die Luft im Zelt war stickig. Michael und Alexandra suchten nach T-Shirts. Ich hatte unerträglichen Durst, ging hin und her und sang leise vor mich hin: „Papa bitte hilf mir… ye la le ye, lala", immer wieder. Ich merkte, dass ich ihn, den Häuptling, tatsächlich erreichen konnte und die Übelkeit erträglicher wurde.

Nach einer halben Stunde waren die beiden fertig und hatten zumindest ein T-Shirt gefunden. Langsam ging es mir auch wieder deutlich besser und wir setzen den Ausflug fort. Bei der Fahrt zur Westküste der Insel war es mir aber schon ziemlich unbehaglich zumute. Auf der Karte war die Küstenstraße als ‚breite' Straße markiert und im Reiseführer wurde die Tour als recht schön und unproblematisch beschrieben. Es kam aber ganz anders. Es handelte sich um eine ganz schmale Straße, die kaum Platz für Gegenverkehr bot, keine Leitplanken hatte und mit engen Serpentinen und schmalen, unübersichtlichen Kurven bestückt war." „Wie in Deinem Traum! Oh nein, hoffentlich passiert Euch nichts! Du musst doch etwas unternehmen." „Ja, Loreen, es war genau wie im Traum. Wir konnten nicht mehr umkehren. Zum Wenden war die Straße zu schmal und die Straße bis zur Südküste zu fahren hieß eine Rückkehr in der Dunkelheit. Ich sah nur noch die Bilder aus dem Traum vor mir und war schweißgebadet. Ich hatte nur noch einen Gedanken: Wie kommen wir zum Landesinneren? Wir müssen abbiegen, unbedingt. Ich studierte die Karte, und siehe da: Etwa bei der Hälfte der Insel gab es eine Abfahrt Richtung Osten. Ich war total erleichtert. Wir beschlossen, in der Mitte der Insel die Fahrt abzubrechen und landeinwärts weiterzufahren. Sobald wir die Abzweigung durchfahren hatten, spürte ich, dass die Gefahr vorüber war. Mir ging es plötzlich unheimlich gut und ich genoss die Landschaft. Auch meine Beschwerden ließen schlagartig nach.

Meine Träume und Ahnungen zogen sich durch den ganzen Urlaub. Wir genossen das schöne Wetter auf Kreta und saßen den ganzen Tag am Strand. Wir badeten an der Bucht, wobei Alexandra Gefallen daran gefunden hatte, am Eingang der Bucht zu baden. Dort war es ganz flach und teilweise felsig. Ich hatte ein schlechtes Gefühl und Bedenken, dass es dort Seeigel geben könnte und sagte Alexandra, dass sie sich von dort fern halten solle. Aber Alexandra ließ sich nicht beirren und auch nicht vom Schwimmen mit den Wellen abhalten. Da war es auch schon passiert. Sie kam mit drei eingetretenen tiefen Seeigelstacheln zurück und konnte nicht mehr auftreten. Das war offensichtlich eine sehr schmerzhafte Erfahrung, die ich hatte kommen sehen. Wir mussten eine Ärztin kommen lassen, um die giftigen Stachel zu entfernen. Die Ärztin hatte kein Betäubungsmittel und die Stachel saßen sehr tief. Ich stand Alexandra bei, aber die Schmerzen waren so heftig, dass Alexandra sich die Kehle aus dem Leib schrie. Nach etwa einer halben Stunde war es geschafft, Gott sei Dank! Am Abend betete ich, dass alles Giftige durch einen riesigen, hellen und goldgelben Energiestrahl aus Alexandras Zeh entschwinden und direkt zum Himmel aufsteigen und dort verwehen sollte. Ich war mir sicher, dass am nächsten Tag alles vorbei sein würde. So kam es dann auch. Alexandra hatte zwar noch einen sterilen Verband, aber keine Schmerzen mehr und es ging ihr soweit gut. Ein anderer Tourist war schon vor zwei Tagen in einen Seeigel getreten und war ebenfalls von der Ärztin behandelt worden, hatte aber noch mehr als eine Woche danach Probleme und ging nicht mehr baden.

Auch daheim gab es immer wieder erstaunliche Dinge, die mich fassungslos machten. Eines Tages kam Alexandra ganz verzweifelt aus der Schule. In ihrer Klasse gab es Buben wie Fabian, die gern rauften und sich schlugen. Er zog Alexandra an den Haaren und boxte zuweilen. Alexandra hatte Angst davor und wollte sich körperlich nicht auseinandersetzen, zumal eine Freundin von ihr dabei gegen einen Heizkörper gefallen war und sich eine Platzwunde im Gesicht zugezogen hatte. Sie wurde immer verlacht, weil sie noch keinen Freund hatte und nicht mitmachte. Sie sagten, Alexandra solle es doch den Buben einfach zeigen und zurückschlagen. Das aber kam für sie nicht in Frage, weil die Schlägerei dann eskalieren würde. Ich dachte fest an Fabian und riet Alexandra: „Sag Fabian doch einfach, dass er sich mit den anderen schlagen, aber Dich in Ruhe lassen soll!". Zusätzlich empfahl ich ihr, sich mit anderen aus der Klasse zusammenzutun und ihm einfach aus dem Weg zu gehen.

Am Tag darauf meditierte ich, dachte an Alexandra und betete, dass Fabian und die anderen Buben sie in Ruhe lassen sollten. Auf einmal sah ich das Gesicht eines Indianers mit seinem Federgewand ganz deutlich vor mir, nur ganz kurz aber deutlich. Ein Lächeln kam über meine Lippen. Ich hatte auf einmal ein gutes Gefühl und lies meine Gedanken schweifen. Nachmittags kam Alexandra heim und berichtete voller Enthusiasmus: „Es ist, als ob Fabian Dich gehört hätte. Er ist ganz freundlich zu mir und schlägt mich nicht mehr. Er hat sich entschuldigt und mir sogar Gummibärlies geschenkt." Seither hat Fabian nie wieder die Hand gegen Alexandra erhoben.

Eines Tages rief meine Mutter ganz aufgeregt an und sagte: „Vater muss am Augenlid operiert werden. Es sieht ganz schlimm aus." Ich saß aber ganz ruhig da und machte mir keine Sorgen, denn wusste, dass es nicht schlimm sein würde. Ich hatte das im Gefühl. Ja, sie hatte Recht, als Spätfolge seiner Medikamentenallergie musste bei meinem Vater das untere Augenlid durch einen kleinen Schnitt gesenkt werden, damit die Augenwimpern nicht die Bindehaut zerstörten. Ich schloss die Augen, betete und versuchte mir im wahrsten Sinne des Wortes ein Bild zu machen. Ich konnte ihn nicht so schnell besuchen, schließlich wohnte er fast achthundert Kilometer von mir entfernt. Dann sah ich ihn vor mir. Ich versuchte, mir sein Auge vorzustellen. Ich erkannte, dass nur ein kleiner Schnitt zurückbleiben würde, der kaum sichtbar wäre. Dann war ich wirklich überzeugt, dass das Ganze unproblematisch vonstatten gehen würde. Ich versuchte meine Mutter zu beruhigen und erklärte ihr, dass der Eingriff nach ein paar Wochen nicht mehr zu sehen sein würde.

Der Eingriff unter lokaler Betäubung war zwar ausgesprochen schmerzhaft für ihn und das Auge nahm anschließend alle möglichen Farben an. Doch bereits nach einer Woche hatte er kaum noch Probleme und nach vier Wochen war fast nichts mehr zu sehen. Es dauerte aber nicht lange, als meine Mutter abermals ganz angsterfüllt anrief. Sie musste sich einer Blasenoperation unterziehen, um ihre Bindegewebsschwäche in den Griff zu bekommen. Ich war auch dieses Mal zuversichtlich, dass die Operation problemlos verlaufen würde. Kurze Zeit danach kamen meine Eltern zu Besuch. Meine Mutter erzählte von ihren postoperativen Problemen, die mit starken Blutungen einhergingen. Ich ‚sah‘, dass die linke Seite der Blase oben nicht nah genug festgenäht war. Es waren wohl vier oder fünf Fäden, die zwar straff, aber doch mit einem Abstand von drei Zentimetern die Blase mit dem Oberbauch verbanden. Ich betete, dass alles richtig zusammenwachsen und die Fäden sich so zusammenziehen würden, sodass es keinen Abstand mehr gab. Dann versuchte ich alles, um ihr die nötige Ruhe zu verschaffen. Die Blutungen ließen im Laufe der nächsten Tage allmählich nach. Kurze Zeit später ging es ihr ausgezeichnet und sie hatte eine völlig neue Lebensqualität zurückerworben.

Eines Tages, ich war nach wie vor arbeitsunfähig daheim und mal wiederkraftlos. Ich betete um jede Minute Schlaf, um mich erholen zu können. Umso schlimmer war es, dass Alexandra eines Morgens um halb fünf plötzlich lauthals aufschrie. Ich stand im Bett und eilte zu ihr. Sie hatte ein hochrotes Gesicht und war heiß. Ich nahm sie mit ins Wohnzimmer und kochte ihr einen Tee. Sie hatte fast 38 Grad Celsius Körpertemperatur. Auch das noch! Ich stellte mir schon vor, dass ich mit ihr zum Arzt gehen und meinen eigenen Arzttermin absagen musste, den ich so dringend nötig hatte. Ich nahm Alexandra in den Arm und versuchte ihr durch Gebete zu helfen. Dann sah ich, wie ein heller, starker Lichtstrahl in ihren Körper eindrang und alle störenden Blockaden auflöste. Alexandra trank ihren Tee und legte sich wieder ins Bett. Sie schlief schnell wieder ein. Ich ging ebenfalls ins Bett, betete weiter und sah, wie abermals der helle Energiestrahl in Alexandras Körper einströmte, und alles was sie behinderte und krank machte, wegnahm und mit Licht überstrahlte. Um etwa halb neun wachte meine Kleine wieder auf. Ich ließ sie daheim und maß Fieber. Sie hatte wieder Normaltemperatur! Eine kleine Erkältung machte ihr zwar noch zu schaffen, aber das Fieber war weg! Also konnte ich meinen Termin wahrnehmen und Alexandra war am nächsten Tag wieder fit! Ich schüttelte nur den Kopf." Loreen ist ganz begeistert und ruft fröhlich: „Das ist irgendwie fantastisch. Die Gebete haben Euch beiden geholfen." „Auch wenn ich immer wieder gezweifelt habe, muss es tatsächlich so gewesen sein. Das gab mir natürlich Zuversicht, dass meine Gebete wirkten und auch ich vielleicht doch einen Medizinmann finden könnte, der auch mir helfen würde.

Nun ging es Alexandra wieder gut und ich hatte Zeit gewonnen, mich zu erholen. Ich glaubte damals, dass ich mir nicht mehr so viele Sorgen machen musste. Aber heute weiß ich, dass es ein Trugschluss war. Es kam eine lange, harte Phase. Die Krankheit von Alexandra läutete eine bittere Zeit ein.

Alexandra war immer unterwegs und turbulent. Da gab es des Öfteren Hiobsbotschaften von Verletzungen und Knochenbrüchen. So war sie vor ein paar Wochen vom Fahrrad gestürzt, hatte sich die Schulter verletzt und war längere Zeit außer Gefecht gesetzt. Eines Nachts schrie sich Alexandra wieder die Kehle aus dem Leib. Sie schlief in einem Hochbett und trommelte wie verrückt gegen die Holzdecke. Ein Alptraum quälte sie. Sie erzählte mir, dass sie geträumt habe, dass jemand lauter Stühle auf ihren Kopf geworfen habe. Dabei hatte sie wild um sich geschlagen und mit ihrem Arm so sehr gegen die Decke gehämmert, dass ihre Verletzung an der Schulter wieder aufgebrochen war. Sie hatte heftige Schmerzen. Ich salbte ihr die Schulter ein und legte sie still. In den folgenden Nächten versuchte ich, Alexandra mit meinen Gebeten zu begleiten. Tag für Tag wurde es besser. Sie mussten nicht einmal einen Arzt aufsuchen." „Die Gebete waren stark genug, Du hast es auf Deine Weise geschafft!", jubelt Loreen. „Es sah wirklich so aus, ja. Ich konnte es gar nicht fassen. Aber ich erlebte immer wieder neue Dinge.

Inzwischen war wieder der Winter eingekehrt und das Autofahren war schwierig geworden. Zudem gab es ein fürchterliches Schneetreiben und ich musste noch zu einem Tochterunternehmen der Firma am anderen Ende der Stadt, wo ich zu einem Meeting eingeladen war. Mein Büro befand sich im fünften Obergeschoss. Ich blickte aus dem Fenster und sah nur eine weiße Wand, die ohne Zweifel aus Schnee bestand. Wie sollte ich nur ungeschoren durch Zürich kommen? Die Straßen waren vereist und es hörte nicht auf zu schneien. Dennoch ging ich in die Tiefgarage und fuhr los. Aber was war das? Es hatte plötzlich aufgehört zu schneien. Problemlos brachte ich die Fahrt hinter mich. Kaum erreichte ich aber das Ziel und war im Gebäude, begann der Schneesturm von neuem. Es baute sich eine riesige Schneewand auf. Das Gebäude auf der gegenüberliegenden Seite war nicht mehr zu erkennen. Nach der Sitzung brach ich auf, um heimzufahren. Da wiederholt sich dasselbe Prozedere. Es war wie ein Wunder. Kaum verließ ich das Gebäude, hörte der Schneesturm auf. Die Autobahn war frei und ich war in kürzester Zeit daheim.

Michael fragte mich ganz erstaunt: „Wieso bist Du schon da? Es wurden doch zwanzig Kilometer Stau auf unserer Autobahn wegen der

Massenkarambolage gemeldet!" Mir fiel nichts mehr ein. Irgendwer beschützte mich, damit ich alles überstand. Es passierten auch immer wieder fast witzige Dinge, die mich zum Schmunzeln brachten. Ich hatte mir zum Beispiel beim letzten Kretaurlaub schwarze Schlappen gekauft. Leider war für mich die Sohle zu flach und die Sohle färbte zudem derart ab, dass das Tragen der Schuhe fast unmöglich war. Ich hatte die Innensohle gerubbelt, geschrubbt und geputzt, aber vergeblich. Sobald ich die Schlappen trug, war meine Fußsohle schwarz. Irgendwann träumte ich von Schlappen aus weichem, schwarzen Leder, schön absteppt mit leicht erhöhtem Absatz und einer dezenten Stickerei meiner Lieblingsfirma oben auf dem Fuß. Eines Nachts sah ich mich in diesen Schlappen im Sommer die Straße entlang laufen. Als ich aufwachte, war es noch immer Winter und eigentlich hatte ich heute nur einen unangenehmen Termin vor mir. Ich hatte eine Wurzelbehandlung beim Zahnarzt in Aussicht und schon die Schmerzen vor Augen.

Als ich in der Innenstadt ankam, hatte ich noch genug Zeit, um gemütlich durch die Straßen zu gehen. Du weißt ja, wie ich diese kleinen Augenblicke liebe, Loreen!" Loreen nickt nur und grinst. „Ich ging gern die Geschäfte entlang, um zu schauen, was modern war. Die meisten Dinge konnte ich mir ohnehin nicht leisten, aber ich hatte neue Ideen und Träume für die Zukunft. Auf dem Weg zum Zahnarzt gab es viele kleine und große Geschäfte. Am meisten liebte ich ein kleines, unscheinbares Schuhgeschäft, das direkt auf dem Weg zum Zahnarzt lag. Ich hatte nie wirklich daran gedacht, dort einzukaufen, da die Schuhe in einer unerschwinglichen Preisregion waren. Heute hatte ich noch ein wenig Zeit und schaute interessehalber die Schuhe näher an." „Ganz so, wie ich Dich kenne, Anna! Du hast es schon immer geliebt, schöne Schuhe zu bewundern, auch wenn Du gar nicht das Geld hattest, sie zu kaufen." „Du hast recht, es macht mir einfach unheimlich Spaß, sie mir an meinen Füßen vorzustellen. Aber was war das? Da standen die Schlappen aus meinem Traum! Ich glaubte es einfach nicht. Der Preis war zwar hoch, aber erschwinglich. Für diese Qualität und in der Erwartung, diese Schlappen noch mehrere Jahre tragen zu können, war ich durchaus bereit, ihn zu zahlen. Ich freute mich wie ein Schneekönig und konnte es kaum erwarten, die Schlappen endlich anzuziehen. Nun ging ich mit Freude zum Zahnarzt und war zuversichtlich. Ich konnte mich auf den nächsten Sommer freuen und wusste, dass ich diese Schlappen eine halbe Ewigkeit haben würde.

Aber das war nicht das letzte Mal, dass sich meine Wünsche genau nach meinen Vorstellungen erfüllten. Ich träumte schon über ein Jahr lang von weißen, sportlich eleganten Pumps. Sportschuhe waren mir für den Sommer zu warm und die meisten Pumps hatten zu hohe Absätze und waren seitlich geschlossen. Für den Job musste ich außerdem elegant gekleidet sein, was für mich eine tägliche Überwindung war. Dazu kam, dass ich nach wie vor Probleme mit dem Gleichgewicht hatte und einen festen Stand brauchte. Bei jeder Treppe musste ich mich festhalten, um nicht herunterzustürzen. Deshalb mussten die Schuhe Gummisohle haben und Absätze waren auch nicht möglich. Somit schieden viele Schuhe aus. Ich träumte von Schuhen, die weiß und nicht zu elegant waren, die ich aber auch beruflich nutzen konnte. Idealerweise sollten sie seitlich offen sein. Und siehe da! Das gleiche Spiel. Eines Tages sah ich die Schuhe im Traum vor mir und ein paar Wochen später hatte ich meine Pumps gefunden. Sie sahen genauso aus wie im Traum."

Wieder schaut Loreen verdutzt drein: „Das kann ich ja gar nicht mehr glauben, das ist ja einfach witzig!" „Doch, es war wirklich so, ich kann Dir die Schuhe beim nächsten Mal zeigen! Jahre später hatte die sportlich elegante Schuhmode im größeren Umfang Einzug gehalten. Nun konnte ich diese geliebten, bequemen Schuhe sogar in der Firma tragen. Was für ein Geschenk!

Es gab mir Mut, mich auf meinem Weg nicht beirren zu lassen. Ich musste Swimming Bear unbedingt finden, das war mein oberstes Ziel. Nur wie kam ich dahin? Regelmäßig recherchierte ich und setzte alle Hebel in Bewegung, um ihn zu finden. Durch eine Internetsuche über die Schwarzfußindianer war ich auf eine sehr interessante Frau gestoßen, die Kontakt zu einem Medizinmann in Kanada hatte. Ihr Name war Barbara Müller, sie wohnte in Salzburg und hatte seit ihrem dritten Lebensjahr mit Diabetes zu kämpfen gehabt, mit all den damit verbundenen Spätfolgen. Obwohl wir uns nicht kannten, kam es nach kürzester Zeit zu einem unglaublich intensiven Austausch über Telefon und E-Mail.

Es war, wie auf der gleichen Welle zu schwimmen, unglaublich. Gern wollte ich Barbaras Medizinmann kennen lernen! Sie erzählte mir von ihren Reisen und der Begegnung mit ihm. Ihr war es in gewisser Weise ähnlich ergangen wie mir. Barbara hatte schon länger gewusst, dass sie ihr Leben ändern musste und die klassische Medizin mit ihren Möglichkeiten ihr nur im begrenzten Maße helfen konnte. Sie hatte sich auf den Weg nach Amerika und Kanada gemacht, um ihren Medizinmann zu finden. Nachdem sie wochenlang gesucht und tausende Meilen gefahren war, war sie schließlich zum Ziel gekommen und hatte einen Medizinmann der Schwarzfußindianer in Kanada gefunden. Diese Begegnung hatte ihr ganzes Leben verändert."

„Und dann, was ist dann passiert? Wie ging es ihr, als Du sie getroffen hast?", will Loreen wissen. „Es ging ihr offensichtlich ziemlich gut. Sie besaß ein kleines Café in Salzburg und war nun fest entschlossen, es in den nächsten Wochen aufzugeben, um sich ganz dem Schamanismus zu widmen. Sie wollte eine Praxis eröffnen und heilen. Einfach so, von heut auf morgen alles aufgeben und neu anfangen! Sie erzählte mir, dass sie bei ihrem Medizinmann lernen würde und war überzeugt, das auch tun zu können. Es war einfach herzerfrischend, sich vollkommen uneigennützig und frei über diese Themen unterhalten zu können, in der Gewissheit, dass Barbara ebenfalls ähnliche Erlebnisse gehabt hatte und wusste, was man mit Gebeten bewirken konnte. Und sie redete nicht nur, sondern setzte ihre Träume in die Tat um. Sie ließ alles stehen und liegen, gab ihr Cafe auf und reiste nach Kanada. Nach einem Vierteljahr Aufenthalt bei ihrem Medizinmann kam sie zurück und eröffnete tatsächlich ihre Praxis. Für mich war das Ganze ein Wegweiser, mich ernsthafter mit dem Gedanken auseinanderzusetzen, es ihr gleich zu tun. Allerdings war ich inzwischen überzeugt davon, dass ich das Wissen der unterschiedlichen Heilverfahren kombinieren wollte. Zuvor musste ich mir jedoch endlich meinen Herzenswunsch erfüllen, in indianisches Wissen eingeführt zu werden und meine Ahnen, meine Heimat und Swimming Bear zu finden. Ich war immer mehr davon überzeugt, ihn bald finden und besuchen zu können. Warum sollte ich es nicht auch schaffen?"

Es ist sonnig. Anna ist geblendet und braucht eine Sonnenbrille. Loreen schaut Anna nur an und hat ihre Brille schon in der Hand. Anna lacht und setzt die Sonnenbrille auf. „Danke!", kommt lächelnd über Annas Lippen. Loreen ist neugierig und fragt: „Und Barbara hat wirklich den Absprung geschafft? Davon musst du mir unbedingt genauer erzählen." „Ja. Sie ging, wie gesagt, für ein Vierteljahr nach Kanada und lebte dort mit den Indianern zusammen. Sie hatte sich dafür auch noch die kälteste Jahreszeit, den Winter, ausgesucht. Dort lernte sie Rituale kennen, nahm an Zeremonien teil, machte handwerkliche Arbeiten mit und begleitete die Indianer mit ihren Gebeten. Sie erlebte auch die schwierigen Bedingungen der Indianer hautnah mit und wurde dort mit unheimlich positiven, aber auch negativen Energien konfrontiert. Für sie und die Indianer gab es Plätze, von denen sie sich fern hielten, weil die Energien zu negativ waren, und andere Plätze, an denen sie sich wohlfühlten und ihre Zeremonien abhielten. Dabei hatte Barbara eine Menge gelernt und vielen Kranken mit ihren Gebeten helfen können.

In der Zwischenzeit hatte ein guter Freund ihr Cafe übernommen. Als Barbara wieder zurückkam, eröffnete sie eine Praxis für Energieheilung. Das Cafe gab sie wirklich endgültig auf. Sie arbeitete dort nicht einen Tag mehr! Ich weiß nicht genau, was später aus ihr geworden ist. Ich habe den Kontakt verloren. Allerdings weiß ich, dass es ihre Praxis auch heute noch gibt. Ich habe sie damals echt bewundert. Sie hat alles aufgegeben, von heut auf Morgen! Und das Café war gut besucht gewesen. Sie hatte allerhand Stammkunden gehabt, aber gab alles auf, so nach dem Motto ,no risk no fun'. Einfach so, um ihren Weg zu gehen. Dabei war sie damals noch recht jung gewesen, so Ende zwanzig. Vielleicht war auch das der Grund. Sie hatte noch alles vor sich und war frei. Familie hatte sie keine und auch keine feste Beziehung.

Wie dem auch sei. Das Ganze hatte mir einen riesigen Schub gegeben, dran zu bleiben und nicht aufzugeben." „Was hat denn aber eine ,Heilpraxis' mit indianischen Ritualen zu tun?", will Loreen wissen. „Naja, das ist ein anderes Thema. Ich für mich kann mir keine Praxis vorstellen. Ich möchte ziemlich stringent die gelernten Traditionen einhalten und könnte mir auch nicht vorstellen, eine Praxis zu eröffnen, um für Geld zu beten, auf das ich angewiesen bin. Für mich ist das ein grundsätzlicher Widerspruch. Um Geld für mein Leben zu verdienen, muss ich arbeiten. Nun kannst Du berechtigter Weise sagen, Gebete und Zeremonien sind auch aufwendig und verursachen Kosten und Arbeit. Das ist sicherlich richtig. Aber ich denke, wenn ich nicht frei bin in den Gebeten und damit nicht in der Lage bin, die Commitments der heiligen Pfeife einzuhalten, werden die Gebete nicht wirken." „Aber Du kannst doch dafür nicht auch noch Geld verdienen, oder? Wie soll das funktionieren?", wendet Loreen ein.

Anna lächelt: „Das ist wohl wahr. Nach meinem Unfall hatte ich ja eigentlich nur meinen Überlebenskampf, um genug Geld zu verdienen, meine Familie zu unterhalten und nicht unterzugehen. Das war und ist für mich nach wie vor die größte Herausforderung. Aber ich glaube trotzdem, dass man in seinen Gebeten frei sein muss. Aus meiner Sicht gibt es genug lebende Beispiele dafür, dass Medizinmänner,

Medizinfrauen oder auch Lamas und Nonnen sich mit Spenden finanzieren und damit hinreichend abgesichert sind, auch wenn es vielleicht nicht das geregelte Einkommen ist, was ein Angestellter in der freien Wirtschaft erhält. Wenn ich mir allerdings die schnelllebige Welt anschaue und die zunehmenden Wirtschaftskrisen, wächst damit auch die allgemeine Unsicherheit und Arbeitslosigkeit. Mein Traum ist es, beide Säulen zu erhalten." „Welche Säulen?", fragt Loreen. „Zum einen möchte ich meinen Beruf erhalten, um mein Leben abzusichern. Vielleicht bekomme ich ja doch noch eine Entschädigung für meine Unfallfolgen, auch wenn die Realität es wohl in dieser Generation noch nicht zulässt. Ich bete dafür, dass ich meine Arbeit mehr und mehr reduzieren kann und mich parallel dazu mehr und mehr den Gebeten und Zeremonien widmen kann. Das ist mein Traum. Sicher werde ich damit auch Einnahmen haben, aber ich möchte nicht darauf angewiesen sein." Loreen grinst in sich hinein und denkt: *Heute wird mein Tag. Heute wird es das erste Mal sein, dass ich Dich überraschen kann. Wenn Du wüsstest, was Dich heute erwartet. Hihiiiii.* Sie versucht, sich nichts anmerken zu lassen und blickt vorsichtshalber aus dem Fenster.

Afrikanisches Wissen

„Nachdem ich durch die Einführung von Linda einen kleinen Einblick in die Philosophie des afrikanischen Orakels und die Interpretation der Zeichen, Zahlen, Elemente und Farben erhalten hatte, ergab sich bald die Möglichkeit, selbst an einem von Mama Looloos Seminaren teilzunehmen. Es fand in den Bergen nahe Belfort in einer gemütlichen Pension statt, was für mich eine längere Anreise bedeutete. Ich nahm mir ein Zimmer, um ein längeres Wochenende nahe des Seminarortes zu verbringen und mir die Gegend etwas näher anzuschauen.

Das Seminar selbst fand im Essensraum einer kleinen Pension statt. Es waren an die fünfzehn Teilnehmer aus unterschiedlichen Gegenden und Ländern Europas gekommen, um Mama Looloos Ausführungen zu folgen. Alle Tische waren zu einer langen Tafel zusammengeschoben. An der Fensterseite gab es eine lange Bank und auf der anderen Seite waren Stühle aufgestellt. Gegenüber von der großen Tafel gab es einen alten, dunkelgrünen Kachelofen, der eingeheizt wurde, weil es draußen doch noch recht frisch war. Die Teilnehmer hatten bereits Platz genommen, als Mama Looloo den Raum betrat. Sie kam herein und schenkte den Anwesenden ein warmes Lächeln, begrüßte sie, nahm an dem alten

Kachelofen Platz und begann zu reden. Wenn sie erzählte, kam sie von einem Thema zum anderen. Das kannst Du Dir ganz ähnlich vorstellen wie damals, als ich mit ihr gesprochen habe, Du erinnerst Dich doch, Loreen?" „Na klar, ich war ganz verwirrt, wie jemand so schnell vom Hundertsten ins Tausendste und wieder zurück kommen kann." Anna überlegt kurz und sagt dann: „Hmm..Ja, das ist wirklich etwas gewöhnungsbedürftig, aber Sie zieht einen sofort in den Bann. Dieses Mal orientierte Sie sich vor allem an den Teilnehmern und den Themen, die zu diesem Zeitpunkt einfach anstanden. Dabei waren wohl für jeden Teilnehmer wichtige Botschaften enthalten, offensichtlich oder versteckt. Sie kombinierte ihre Ausführungen mit verschiedenen Trommelelementen. Dazu lud sie verschiedene Teilnehmer in eine kleinere Runde ein, die sie mit verschiedenen, vorgegebenen Takten spielen ließ, um selbst dazu beliebig zu improvisieren. Naja, aber eins nach dem anderen!

Am Morgen vor Seminarbeginn überlegte ich, welche Kleidung für den Anlass wohl passend wäre und entschied mich für meinen weißen Pullover. Als Mama Looloo später den Raum betrat, traute ich meinen Augen nicht. Auch sie war weiß gekleidet. Sie trug ein weißes, zweiteiliges Gewand. Es war dasselbe, das ich in meiner Vision gesehen hatte, als sie mich behandelt hatte. Es fehlten nur die Stickereien. Ich konnte es kaum fassen und erzählte ihr davon. Sie lachte nur und sagte: „Schau genauer hin. Es sind kleine goldfarbene Stickereien, die nur im Sonnenlicht glitzern." Und tatsächlich, ich musste nur genauer hinschauen, um es zu sehen. Die Stickereien nahmen lediglich bei Lichteinfall die goldgelbe, glitzernde Farbe an. Es war einfach unglaublich.

Die Teilnehmer warteten schon gespannt auf Mama Looloos Ausführungen. Sie setzte sich auf die Bank vor den Kachelofen und begann zu reden. Ich werde versuchen, alles so genau wie möglich wiederzugeben. Sie sprach ungefähr so: „Ein Schamane ist wie ein Chamäleon. Ein Chamäleon denkt, es ist schwerer als ein Elefant und geht dabei ganz sanft, hoch spirituell. Es kann hoch und runter, nach links und nach rechts schauen. Der Kopf ist dabei immer nach vorn geneigt. Es jagt mit der Zunge und trifft immer, wie ein Schamane. Ein Schamane kann auch in alle Richtungen sehen, ohne den Kopf zu bewegen. Ein Chamäleon ändert sich ständig und kann sich sogar in einen Vogel oder Fisch verwandeln." Sie wechselte immer wieder die Themen: „Der Schamane nimmt das Tamburin. Wenn Du alles Licht löschst, zündest Du eine Kerze an und schlägst das Tamburin. Du schließt die Augen und gehst in Dich. Wenn Du in Dich gehst, streichelst Du es. Gott kommt wie der Wind oder eine Welle aus dem Meer zu Dir. Aber du musst sorgsam mit ihm umgehen. Du musst Deinen Körper lieben. Du kannst Gott rufen mit yeh, yeh, yeh. Das Trommeln ruft Gott. Ihr könnt ihm eure Probleme erzählen, aber Ihr dürft ihn nur einmal rufen, sonst stört Ihr ihn.

Fordert ihn nicht immer wieder, denn dann legt Gott Euer Anliegen wieder ab. Man muss geduldig sein. Nur die Trommel zu schlagen hat keine Bedeutung. Wenn ich die Trommel schlage, denke ich an Gott. Er ist in mir. Das Blut der Ahnen fließt auch in Deinen Adern. Wenn ich etwas falsch gemacht habe, rufe ich Gott: 'Verzeihe.' Ich bitte ihn um neue Ideen. Ich bin auch krank. Aber ich bitte darum, die anderen zuerst zu heilen. Ich existiere in Dir. Gott, ich bin Dein Kind. Ich bin nichts. Ein Schamane ist Energie. Ihr seid ein Auto, das tankt. Füllt man ein Benzinauto mit Diesel, fährt es keinen Schritt mehr. Bist Du gewohnt, Fruchtsaft zu trinken und änderst diese Gewohnheit und trinkst Schnaps, wehrt sich Dein Magen und Du wirst krank. Fährst Du zu schnell mit dem Auto, passt der Schamane auf Dich auf und bremst das Auto ab." Später fuhr sie fort: „Der Krebs ist eine Krankheit der westlichen Welt. Man muss den Krebs mit einer Schlange vergleichen und den Menschen mit einem Igel. Eine Schlange kann niemals einen Igel fressen." Ich hätte ihr stundenlang zuhören können und merkte kaum, wie die Zeit verging. Trotzdem konnte ich nicht immer ihre Meinung teilen. Wie kann ein Schamane jemanden zuverlässig schützen? Er kann doch nur beten und damit um Hilfe bitten. Das konnte ich nicht verstehen.

Nun ging Mama Looloo zum gemeinsamen Trommeln über. Sie gab unterschiedliche Grundrhythmen für die Teilnehmer vor und improvisierte. Dabei erklärte und trommelte sie die unterschiedlichen Rhythmen der jeweiligen Anlässe oder Gegebenheiten ihres Dorfes. Nun kam sie zu einem Rhythmus, der Gefahr ankündigte. Diese Trommelsequenz war so schnell und intensiv, dass ich es im Seminarraum einfach nicht mehr aushielt. Plötzlich sah ich das Bild eines Häuptlings vor mir, der direkt auf mich zuritt und lauthals „Hilfe" schrie. Er war vom hellen, goldgelben Schein der Sonne umgeben und ritt einfach mitten durch mich durch. Ich musste den Raum verlassen.

Draußen war wunderschönes Wetter. Die Sonne schien und mir liefen Tränen über die Wangen. Ich hatte sein Gesicht nicht genau erkannt, glaubte aber, dass es Swimming Bear gewesen war. Ich wusste nicht, was ich tun sollte und wollte nur allein sein. Dann betete ich sogar, dass dieses Trommeln endlich aufhörte. Es zerriss mir das Herz. Ich verspürte plötzlich eine unendliche Sehnsucht zu den Indianern, konnte mir aber noch nicht ganz erklären, was diese Bilder wirklich bedeuteten. War es eine Warnung? Oder war es der Ruf, dass ich endlich kommen sollte? Sollte ich helfen kommen? Konnte ich überhaupt helfen? Es sah tatsächlich so aus. Ich hatte zwar keine Ahnung, wie ich das anstellen sollte, aber ich dachte mir: Vielleicht gab es ja etwas, was ich ihnen geben kann. Mir fehlte aber immer noch jegliche Vorstellung darüber, wo um Himmels Willen ich meine Ahnen finden sollte. Ich wusste lediglich, dass es irgendeine Verbindung mit den Indianern gab. Wie ich aus den Visionen bei Tobias wusste, war ich vom Pferd gefallen und verletzt von den Cherokee und Cheyenne Indianern aufgenommen worden. Aber damit tappte ich nur im Dunkeln.

Spontan wurde in mir wieder die USA-Reise wach, wo wir die Gebiete der Cherokee in der Nähe des Great Smokey Mountain besucht hatten. Erinnerst Du Dich, Loreen? Das war damals, kurz nachdem ich Michael kennengelernt hatte. Ich habe Dir schon erzählt, wie traurig ich war, weil ich mich einfach nicht getraut hatte, zu den Indianern am Feuer zu gehen. Als wir in das Tal des Chimney Rock gefahren waren, hatte ich dann noch einmal das Gefühl gehabt, dort bleiben zu müssen. Damals waren wir an das Ufer eines kleinen Flusses am Rande der Berge gegangen, fasziniert von den wunderschönen Bildern. Zahlreiche Adler hatten direkt über uns gekreist. Ich war wie angewurzelt stehengeblieben, um diesen seltenen Anblick zu genießen. Am liebsten hätte ich damals alles aufgegeben und wäre dort geblieben.

Nun stand ich aber hier im französischen Bergland und ließ die Bilder der Erinnerung an mir vorbeigleiten. Ich wusste noch immer nicht genau, welche Verbindung ich zu Swimming Bear hatte. Er gehörte den Muskogee Indianern, einem Stamm der Creek Indianer, an. Aber welche Verbindung hatte er zu den Cherokee oder Cheyenne? Warum hatte Swimming Bear mir bei dem Unfall damals als Häuptling und Vater zur Seite gestanden? Diesen Knoten musste ich irgendwie noch lösen. Ich musste es einfach herausfinden, Loreen! Es hat mich schon richtig gequält. Naja, im Augenblick betete ich vor allem, dass die Seminarteilnehmer bald das Trommeln einstellen würden.

Gott sei Dank gab es bald eine Pause und ich konnte aufatmen. Es war wie eine Erlösung. Verschiedene Teilnehmer zogen sich ein wenig zurück, um mit sich allein zu sein und alles noch einmal zu verarbeiten. Auch ich hatte die Ruhe gesucht, war dann aber bald wieder zurückgekehrt, um mich auszutauschen. In den Pausengesprächen kam ich auch mit verschiedenen Teilnehmern in Kontakt und führte angenehme Gespräche. Es gab aber auch Teilnehmer, bei denen ich mich nicht sonderlich wohl fühlte. Diese erzählten ausschließlich von ihren Problemen und wie schlimm doch eigentlich alles sei. Einige befassten sich vorzugsweise mit der Interpretation spezieller Zeichen als Erklärungsversuche ihrer Streitigkeiten und Unzulänglichkeiten und erzählten unentwegt Dinge wie: „Wir mussten uns streiten, wir standen unter der negativen Energie, alles kaputt zu machen." Oder „Oh ja, ich habe auch eine Tasse fallen lassen. Ich hatte eine negative Energie." So ging es die ganze Zeit. Ich wäre am liebsten weggerannt. Mir prallte Hass und Verbitterung entgegen, dass sich mein Körper zu wehren begann und ich massive Kopfschmerzen bekam. Wo bin ich hier nur hingeraten?, dachte ich bei mir. Es gab doch so viele positive Aspekte und neue Perspektiven in diesem Vortrag. Ich war alles in allem ziemlich irritiert und etwas fassungslos. Das konnte und wollte ich auch gar nicht verstehen. Die Mittagspause war ziemlich schnell vorbei und ich hoffte nur, Teilnehmer zu finden, die anders waren und ähnliche Ideale hatten, wie ich."

Während der letzten Minuten hat Loreen Anna häufig wie gebannt angestarrt und nichts gesagt. Es hat ihr die Sprache verschlagen. Ihr Blick verrät eine Mischung aus unbedingter Neugier und Traurigkeit, ja fast Ärger über die Verständnislosen Seminarteilnehmer. „Du brauchst dazu gar nichts zu sagen, ich weiß, dass es schwer genug sein muss, das alles zu ordnen. Mit dem Vorsatz, weiter nach diesen Leuten Ausschau zu halten, ging ich zurück in den Seminarraum. Nach der Mittagspause ging es mit einem zweiten langen ‚Vortrag' weiter. Gegen achtzehn Uhr war das Seminar dann im Grunde beendet. Ich war ein bisschen froh darüber, endlich raus zu kommen und alles noch einmal Revue passieren zu lassen. Da setzte Mama Looloo noch einmal zur Fortsetzung an. Was dann kam, ging mir wirklich unter die Haut, es war wie ein Schlag ins Gesicht.

Mama Looloo zeichnete eine Ellipse auf das Flip Chart, die aussah wie ein aufrecht stehendes Ei. An der Außenschale des Eis entlang zeichnete sie lauter Querstriche, die im rechten Winkel zur Ellipse standen. Sie erzählte, dass man sich die einzelnen Völker der Erde als unterschiedliche Orte auf dieser Ellipse vorstellen müsse. Danach entspreche jeder Mensch einer Position auf dieser Ellipse. Jeder Mensch sei somit als Bestandteil eines Volkes und damit eines konkreten Punktes auf diesem eiförmigen Kreis zu betrachten. Damit die Seele eines Menschen auch nach seinem Tod auf die ihm zugedachte Ellipsenposition zurückkehren könne, müsse für den Verstorbenen eine Totenzeremonie durchgeführt werden. Andernfalls bestünde die Gefahr, dass die Seele dieses Menschen dem Körper entweichen und auf einem ganz anderen Platz dieser Ellipse wieder in einen neuen Körper eintreten könne.

Bei diesen Erklärungen wurde mir spontan mulmig und schwindelig zugleich. Nun wurde mir klar, dass in meinem vorherigen Leben etwas ziemlich Schreckliches passiert sein musste, wodurch ich jetzt in Europa wiedergeboren worden war. Als Erstes ging mir durch den Kopf, dass ich wohl etwas ganz Fürchterliches verbrochen haben müsse, dass man mich auf diese Art verbannt hatte. Ich hatte in Europa nie eine Heimat für mich gesehen, weder in Österreich, Deutschland, der Schweiz, Spanien, Frankreich noch sonst irgendwo. Indianer hingegen hatten schon immer eine große Rolle für mich gespielt und die Sehnsucht nach ihnen wurde ja auch immer größer.

Nun wollte ich nur noch gehen und war froh, dass das Seminar zu Ende war. Bevor ich gehen konnte, kam ich noch mit einem Biologen ins Gespräch. Sein Name war Peter. Er war ein sympathischer Mensch, ruhig, groß gewachsen, schlank und noch sehr jung. Er überragte mich um mehr als einen Kopf. Peter hatte gerade sein Studium beendet und hatte bereits schütteres Haar. Er wollte einen Spaziergang machen und fragte mich, ob ich mitkommen wolle. Das war eine willkommene Einladung, von der vielleicht meine Kopfschmerzen weggehen würden. Außerdem konnte ich endlich weg von den Teilnehmern, die sich an ihren negativen Erfahrungen hochschaukelten. Peter zeigte und erklärte mir ausführlich die Merkmale und Wirksamkeiten vieler Pflanzen und Kräutern im Wald. Ich sog dieses Wissen gierig auf und genoss die Zeit, obwohl ich mit massiven Kopfschmerzen und Schwindel zu kämpfen hatte. Auch die frische Luft konnte dagegen nichts mehr ausrichten, dass mir fast der Kopf zersprang. Es war gerade Zeckenzeit und wir gingen durch einen typischen, hochgewachsenen Nadel- und Mischwald mit hohen Sträuchern. Ich sagte: „Oh, hoffentlich werden wir nicht von Zecken gebissen. Es ist doch typische Zeckenzeit, oder?" Peter zog spontan seine Jacke an. Ich musste fast lachen. Es sollte doch nur ein Witz sein. Ich fand das Ganze fast lustig, denn ich war sicher, dass mir keine Zecke dieser Welt etwas anhaben würde. Nach dem Spaziergang ging es mir so schlecht, dass ich das Abendessen absagen musste.

Am späten Abend klingelte mein Handy. Lindas Anruf kam völlig unerwartet. Mama Looloo habe sich nach mir erkundigt, mich vermisst und sich Sorgen gemacht. Ich war dankbar dafür. Mama Looloo wolle mich heute noch sehen. Ich hatte keine Idee, was sie von mir wollte und konnte mir gar nicht vorstellen, mich aus dem Bett zu bewegen. Aber Linda ließ nicht locker. Ich hörte, wie Linda und Mama Looloo sich austauschten, dann ging Mama Looloo persönlich ans Telefon. Ich verstand kein Wort, denn sie sprach französisch. Die Worte reichten jedoch aus, eine Energieübertragung hervorzurufen, sodass meine Übelkeit und die Kopfschmerzen plötzlich wie weggeblasen waren. Einfach so, als ob sie einen Schalter umgelegt hätte. Ich war verblüfft und hatte keine Ahnung, was passiert war, aber die Kopfschmerzen waren weg. Nun raffte ich mich auf und nahm alle Kraft zusammen. Ich beschloss, mit dem Auto zu ihr zu fahren, um sie noch zu treffen und mich zu bedanken. Vielleicht hatte Mama Looloo doch Möglichkeiten, mich zu heilen und hatte es mir nur nicht direkt sagen wollen. Ich fasste neuen Mut und wollte die Gelegenheit nutzen, sie zu treffen, bevor sie wieder nach Afrika zurückging. Inzwischen war sie ohnehin schon sehr alt und wollte sich zur Ruhe setzen. Die Patienten sollten dann in Zukunft nach Afrika kommen, weil die Reisen ihr inzwischen zu beschwerlich geworden waren.

Bei diesem Seminar war Mama Looloo im Nachbartal untergebracht, etwa zwanzig Autominuten von meiner Unterkunft entfernt. Als ich aufstand, fand ich eine Zecke auf meinem Kopfkissen. Sie musste in meinen Haaren gewesen sein, hatte mir aber nichts getan. Sie lag einfach nur tot im Bett. Auf dem Weg zu Mama Looloo hörte ich Indianermusik als Schutz. Die wunderschöne Landschaft war einfach herrlich, obwohl aufgrund der Dunkelheit gar nicht mehr so viel davon zu erkennen war. Ich musste kleine Straßen und Wege fahren und war mit mir und der Natur allein. Als ich dort ankam, wurde ich schon erwartet. Linda und Mama Looloo saßen da und boten mir Tee an. Es fielen nicht viele Worte. Mama Looloo meditierte und betrachtete mich dabei sehr intensiv. Ich konnte nicht wirklich einschätzen, was vor sich ging, fühlte aber

Erleichterung und Hoffnung. Trotzdem wollte ich wieder weg. Ich bedankte mich herzlich bei Linda und Mama Looloo und ging zurück zum Auto, noch ganz aufgewühlt. Mir ging es allerdings deutlich besser. Vermutlich hatte ich diese Therapie oder einfach die Natur gebraucht, was genau es gewesen war, wusste ich nicht. Es blieb nur ein leichtes Schwindelgefühl, die Schmerzen waren verflogen. Ich schaltete Indianermusik ein und fühlte mich beschützt.

Während der gesamten Rückfahrt regnete es unentwegt. Erst als ich aus dem Auto stieg, hatten sich die Wolken kreisförmig gelichtet. Rundherum war der Himmel voller Wolken, nur direkt über mir waren die Sterne zu sehen und der Mond leuchtete wie eine helle Laterne. Fasziniert ging ich noch ein wenig spazieren. Nun konnte ich einfach noch nicht ins Bett gehen, obwohl es inzwischen schon fast Mitternacht war. Der Himmel bot einen wunderschönen Anblick. Das Sternbild des Großen Bären zeigte sich in voller Schönheit und der Mond schien so hell, dass ich selbst ohne Beleuchtung den Heimweg problemlos fand." „Oh man, das klingt ja unglaublich! Allein für diesen Himmel war es doch die Autofahrt schon wert, oder nicht?" Die Begeisterung kann Loreen schlecht verbergen, denn auch ohne diese Worte hätte Anna es wohl an ihren glitzernden Augen gemerkt. „Das war es. Noch am nächsten Morgen beim gemeinsamen Frühstück schwärmte ich von dem schönen Wetter in der Nacht. Die anderen schauten mich fassungslos an und erwiderten: „Es hat doch geschüttet wie aus Eimern." „Bei uns hat es rein geregnet, dass ich den Boden wischen musste..." Ich lächelte nur und trank genüsslich meinen Kaffee. Vielleicht war es doch ein gutes Omen, dass ich im Licht stand und im wahrsten Sinne des Wortes nicht nass wurde. Als wir am Frühstückstisch saßen, fragte ich Mama Looloo, ob ich für ihre Gelenke beten dürfe. Ich hatte in dieser Nacht ‚gesehen', dass Mama Looloo Probleme mit ihren Kniegelenken hatte. Sie antwortete nur: „Wenn Du das kannst..."

Kurz darauf wurde Mama Looloo unruhig und wollte aufbrechen, um ihren Flieger rechtzeitig zu erreichen. Im Radio wurde Stau durchgesagt und so war sie etwas nervös. Ich hingegen war völlig entspannt, denn ich hatte ein gutes Gefühl und war trotz der Durchsagen sicher, dass es keinen Stau geben würde. Unterwegs wurde ebenfalls überall Stau angezeigt. Ich fand das fast lustig, war ich doch überzeugt davon, dass wir problemlos mit der normal üblichen Geschwindigkeit am Flughafen ankommen würden. So kam es auch! „Seht Ihr, habe ich doch gesagt. Es ist kein Problem.", jubelte ich. Mama Looloo sagte dazu nichts. Zielstrebig ging sie zu einem kleinen Cafe am Flughafen. Damit hatten wir noch ein wenig Zeit uns zu unterhalten. Das schien ihr sehr wichtig zu sein. Mittendrin wandte sich Mama Looloo an mich und sagte plötzlich: „Du kannst meiner Lendenwirbelsäule, meinen Knie- und Hüftgelenken und meinen Augen helfen." Ich traute meinen Ohren nicht. Das war für mich die größte Ehre, die ich mir vorstellen konnte.

Anna und Loreen fahren eine Weile schweigsam durch die Lande. Dann fragt Loreen: „Nun hast Du schon so viel von Mama Looloo und ihren Heilverfahren erzählt, aber was hat es mit dem afrikanischen Orakel auf sich? Ich kann mich noch erinnern, dass es ein äußerst komplexes Gebilde ist, dass auf die Zuordnung einzelner Zahlen und Zeichen sowie Farben und den Elementen zu den einzelnen Himmelsrichtungen und dem Zentrum, der Erde, beruht. Enthält es nicht vierzig Zeichen, denen entsprechende Zahlen zugeordnet sind?" „Gar nicht schlecht, Loreen! Die Zahlen und gewisse Zahlenkombinationen, sowie deren Gesetzmäßigkeiten repräsentieren Energiezustände, die jeweils eine gewisse Zeit andauern und sich dabei auf Menschen, Tiere, Pflanzen auswirken können und deren Energiezustand während dieses Zeitraums widerspiegeln. So bedeutet zum Beispiel die Zahl ‚Eins' den Ursprung und hat eine hohe, spirituelle Bedeutung als Verbindung zu Gott. Sie ist dem Wasser und der Luft sowie den Farben schwarz und blau zugeordnet.

Betrachtet man nun aber die Zahlenkombination aus zwei Einsen, d.h. Elf, bekommt die Kombination eine völlig andere Bedeutung. Die Zahl Elf steht als Synonym für den Buchstaben ‚K' für ‚knacken', ‚knicken' und symbolisiert das ‚Kaputtmachen'. Die Zahl Neun zum Beispiel ist dem Westen zugeordnet und repräsentiert das Metall. Die Neun stellt damit eine Verbindung mit allen Metallen dar wie zum Beispiel auch Gold und Geld, Waffen, Computer und so weiter. Betrachtet man unser Zeitalter und legt dieses Zahlensystem zugrunde, kann man hiermit interessante Entwicklungen interpretieren und zuordnen. Die Neunziger Jahre waren von großem Machtstreben, Aufrüstung insbesondere in den USA und hohem Profitstreben und zweifelhaften Geschäftsmodellen geprägt, die den Grundstein für die Wirtschaftskrise wiederum im Jahr Zweitausendneun legten. Andererseits stellt die Zahl Null die Verbindung zum Zentrum unseres Planeten, zur Erde dar. Mit der Jahrtausendwende begann ein langsamer, globaler Umschwung und Ansätze zur Besinnung auf ursprüngliche Werte. Die Bestrebungen waren zunehmend auf die Erhaltung der Erde sowie den Umweltschutz ausgerichtet.

Der afrikanische Stamm, über den wir hier sprechen, ist von jeher an der Herstellung und Beibehaltung einer Balance in ihrer Gesellschaftsform ausgerichtet, in deren Beziehung zur Umwelt, den Tieren und Pflanzen, der Erde. Für die Balance spielt das afrikanische Medizinrad eine große Rolle. Schon bei der Geburt eines Kindes werden anhand der Geburtsdaten seine zukünftigen Präferenzen und Potentiale abgelesen. Somit ist schon bei der Geburt eines Kindes dessen zukünftige Rolle in dieser gesamten Gesellschaft oder nur einem kleinen Dorf mehr oder weniger vorgezeichnet. Das geht sogar soweit, dass diese Ureinwohner gezielt darauf achten, innerhalb eines Stammes die unterschiedlichen, notwendigen Präferenzen in einem Dorf präsent zu haben, um eine Balance der einzelnen Rollen, Zuständigkeiten und Tätigkeiten und die damit verbundene Arbeitsteilung sicherzustellen. Auch in der Partnerschaft wird darauf geachtet, dass sich beide Partner gut ergänzen, um die Potentiale des einen durch die Präferenzen des anderen auszugleichen und damit ein stabiles Familiengefüge zu bilden.

Ein grundlegender Unterschied der afrikanischen Medizin im Vergleich zur ‚klassischen' besteht darin, dass die Gesamtheit des Menschen und seine Verbundenheit zu allen Tieren und Pflanzen, Elementen und Energien, sowie der Körper und die Seele jedes Einzelnen betrachtet werden. Daher beruht auch die Behandlung von Patienten auf der Analyse und Behandlung dieses Gesamtsystems. Dort ist der Medizinmann Arzt und Priester in einer Person. Betrachtet man die Ursprünge des Christentums, wird man feststellen, dass auch hierbei die Gesamtheit der Individuen eine große Rolle gespielt hat. Erst später entwickelten sich die medizinische Wissenschaft und die Astrologie als völlig eigenständige Wissenschaften komplett auseinander. Auch die Kirche trennte sich von der Medizin. Zudem spalteten sich die einzelnen Medizinzweige wie Orthopädie, Neurologie, Endokrinologie in Spezialgebiete auf, sodass noch heute bei jeder Behandlung eines Patienten lediglich ein Teil des menschlichen Organismus eine Rolle spielt und das Zusammenspiel der Einzelprobleme teilweise gänzlich in den Hintergrund gerät, oder immer wieder zu Problemen führt.

Zudem spielen in der klassischen Medizin die Spiritualität und die nicht zu unterschätzenden Möglichkeiten der Selbstheilung sowie der besondere Seelenzustandes jedes Einzelnen leider immer noch eine sehr untergeordnete Rolle. Auch dem seelischen Zusammenspiel mit den Verwandten und anderen Verbindungen des Patienten wird in der klassischen Medizin nach wie vor zu wenig Bedeutung beigemessen. Eines Tages wird man vielleicht in der Lage sein, die Wirkmechanismen spiritueller Behandlungsmethoden mit modernen Messgeräten nachzuweisen. Vielleicht wird dann die Menschheit bereit sein, diese unglaublichen Potentiale zu akzeptieren und zu honorieren. In unserem Gesellschaftssystem spielen nach wie vor die Vernunft, der Job, ein gesichertes Einkommen, Absicherung eines Lebensstandards und so weiter eine dominante Rolle. Alles in unserem Leben muss messbar, nachweisbar und logisch nachvollziehbar sein. Das heißt, eine wesentliche Rolle in all unseren Entscheidungen spielt der Kopf. Wir haben verlernt, uns auf unsere innere Stimme zu verlassen. Wir haben verlernt, ihr zu vertrauen. Hinzu kommt, dass wichtige, wegweisende Entscheidungen für uns meist bereits in der Kindheit aus Vernunftgründen getroffen werden und unser Lebensweg somit für viele Jahre bereits vorbestimmt ist. Ob dieser Weg für uns passt, wirklich unseren Präferenzen entspricht und wir glücklich damit sind, ist dabei meist nachrangig.“

„Was hat das mit Dir zu tun und was hat das Ganze Dir denn gebracht?“, will Loreen wissen. Anna antwortet spontan: „Heute kann ich dieses Wissen bewusst einsetzen. Hätte ich es schon früher gehabt, hätte ich es nutzen und mich anders verhalten können. Dann wäre mein Leben anders verlaufen. Das habe ich aber nicht, weil ich unwissend war. Es war meine Entscheidung. Nur ich allein bin für mein Leben und meine Entscheidungen verantwortlich, niemand sonst.“ Loreen schaut Anna fragend an. „Du hattest nun sogar zwei Verkehrsunfälle – Auffahrunfälle – gehabt, bei denen Du nicht schuld warst. Hast Du diese Unfälle nun auch selbst zu verantworten?“ Anna antwortete schlicht: „Ja. Ich habe mir ausgesucht, zu dieser Zeit an dieser Stelle zu sein und nirgendwo anders.“ Loreen ist sprachlos und erwidert. „Wie hättest Du denn diese Situationen abwenden können?“ Anna lacht nur und entgegnete: „…wie ich schon sagte, indem ich mein Leben anders gestaltet hätte.“ „Ja aber Du bist doch bei dem letzten Unfall nur knapp dem Tod entronnen und konntest nicht absehen, dass Dir jemand von hinten auf das Auto auffährt. Du hast es doch nicht einmal kommen sehen.“

Mit einem breiten Lächeln antwortete Anna ausgedehnt: „Jaaa. Es war weiß Gott die letzte Warnung, nun endlich meiner echten Bestimmung zu folgen und nicht immer den ‚vernünftigen Argumenten' nachzugeben und irgend jemandem oder dem vorgegebenen Muster der Gesellschaft genügen zu wollen. Ich bin überzeugt davon, dass jeder Mensch einer höheren, göttlich vorgegebenen Aufgabe dienen soll. Die Naturvölker in Afrika und Amerika achten auf diese Zeichen. Auch bei den tibetischen Buddhisten wird ja bekanntlich der Lama und dabei insbesondere der Dalai Lama nach diesen göttlichen Fügungen ausgewählt. In der industrialisierten Gesellschaft werden uns jedoch diese Urinstinkte und natürlichen Möglichkeiten der Orientierung bis hin zur Selbstheilung abtrainiert. Zeremonien und Meditation rücken immer mehr in den Hintergrund. Religion ist bestenfalls ein Nebenfach in der Schule oder kirchliche Verpflichtung, die in den wenigsten Fällen von ganzem Herzen ausgeübt, beachtet oder regelmäßig praktiziert wird. Dabei können gerade diese Zeremonien und Meditationspraktiken in der industriellen Welt einen wertvollen Beitrag leisten, um das innere Gleichgewicht eines jeden Menschen sowie das Gleichgewicht und die Verbindungen zur Natur wieder zu erlangen und viele Krankheiten abzuwenden oder zu heilen.

Bei den nordamerikanischen Indianern gelten Körper und Seele als unzertrennliche Bestandteile. Nur wenn sie sich in Balance befinden, kann man glücklich leben. Sobald der Mensch seelische Probleme hat, wird er krank. Ist er über einen längeren Zeitraum nicht in der Lage, diese Probleme zu lösen, kann es zu schweren Krankheiten kommen. Unser ganzes Leben lang stehen wir vor neuen Herausforderungen, die zwangsläufig auch Misserfolge und Frustration mit sich bringen. Diese Misserfolge sind wertvolle Lehrstunden, die uns in unserer Entwicklung weiterbringen. Sie sollten uns aber nicht dauerhaft überfordern, sonst laufen wir Gefahr, seelisch und damit zwangsläufig auch körperlich krank zu werden.

Misserfolge sind Aufforderungen für uns, den eingeschlagenen Weg zu korrigieren oder sogar neue Wege zu gehen. Sie sind ein notwendiger Bestandteil unseres Lebens, damit wir in der Lage sind, uns und damit die Menschheit Schritt für Schritt weiterzuentwickeln. Andernfalls würden wir immer nur unsere Erfolge feiern und auf demselben Stand stehen bleiben. Sind wir glücklich und erfolgreich, gibt es keinen Grund etwas zu ändern. Wir sind ja glücklich. Betrachtet man das ganze Leben ohne die Misserfolge, würde man sich auch als Erwachsener auf dem Entwicklungsstand eines Babys befinden. Glück und Erfolg sind jedoch endlich, wie alles auf der Welt. Daher kann man nie permanent glücklich sein. Glückszustände muss man sich ständig erarbeiten. Zudem gibt es aber auch Warnsignale, die uns zeigen, dass wir nicht den ‚vorgegebenen‘ Weg eingeschlagen haben. Wir haben uns verirrt, geirrt. Wir können diese Warnungen beachten und über eine Änderung unseres Lebens nachdenken, oder diese Warnung ignorieren. Wir können auch andere Menschen um uns herum, unsere besonderen Lebensumstände oder sogar unsere Kindheit, was auch immer für unseren Zustand verantwortlich machen.

Es wird einige Zeit vergehen, dann erhalten wir ganz sicher die nächste Warnung, wo auch immer sie herkommt. Meist sind diese Warnungen mit ersten Krankheitssymptomen verbunden. Sie sind noch zu ertragen und zu tolerieren. Ignoriert man sie weiterhin, wird man irgendwann jedoch schwerkrank oder hat einen, vielleicht auch, wie ich, zwei Unfälle. Zu einem späteren Zeitpunkt – oder in meinem Fall nach diesem zweiten Unfall – sind diese Signale nicht mehr zu ignorieren und man muss seine Richtung ändern. Andernfalls kann es zu weitreichenden Konsequenzen führen. Natürlich gibt es auch tragische Fälle, die anderen, höheren Zielen dienen, die die Vorstellungskraft und das Verständnis der Menschheit zumeist bei weitem übersteigen.

Ich betrachte meine eigenen Lebensabschnitte jedenfalls als notwendige Schritte, um nun meinen eigentlichen Aufgaben nachgehen zu können. Manchmal bin ich ein wenig betrübt, dass ich die ‚Signale‘ erst so spät verstanden und somit erst sehr spät meinen Weg geändert habe. Aber das ist Vergangenheit. Nun gilt es nach vorn zu schauen. Ich bin zuversichtlich, dass nun ein Zeitalter angebrochen ist, dass von Integration und Globalisierung nicht nur aus wirtschaftlicher Sicht, sondern auch aus religiöser und medizinischer Sicht geprägt ist. Ich glaube ganz fest, dass es künftig ein Verschmelzen der klassischen Medizin mit natürlichen Heilverfahren der Urvölker sowie den damit verbundenen unterschiedlichen Religionen geben wird. Bis dahin ist es sicherlich noch ein langer Weg und wer weiß, ob diese Generation die ersten Ansätze dieser Entwicklung erleben wird, aber ich hoffe, dass ich mit meinem Leben einen Beitrag zu dieser Entwicklung leisten kann.“

Ruf der Indianer

„Mein Gesundheitszustand war noch immer nicht stabil und so verbrachte ich den gemeinsamen Urlaub mit der Familie am Gardasee.

Von dort aus war es ein Katzensprung zurückzukehren, wenn es nötig sein würde und es war eine ruhige Gegend. Wir hatten einen Bungalow auf einer Höhe von siebenhundert Metern in den Bergen an der Westküste des Sees gemietet. Kurz vor dem Urlaub war ich erneut zusammengebrochen und hatte über längere Zeit das Bett hüten müssen. Das hing wahrscheinlich auch mit einem Problem bei der Arbeit zusammen.

Du weißt ja, wie wichtig es mir war, meinem Arbeitgeber zu zeigen, dass ich trotz meiner Probleme immer auch dem neuesten Stand war. Ich nahm sogar an Manager-Seminaren Teil und war ganz sicher über meine Pflicht hinaus engagiert. Dafür hatte ich viel zu viel Angst, mit meinem Gesundheitszustand nicht mehr als Führungskraft zu taugen. Naja, es hätte sich also eigentlich niemand beschweren können. Trotzdem kam irgendwann, was kommen musste. Ich war wohl unbequem geworden und passte nicht in die gegenwärtigen Firmenziele, denn mein Chef kam auf mich zu und sagte nur: „Ich habe gehört, dass Du Dich von einer afrikanischen Medizinfrau behandeln lässt. Ich möchte davon nichts mehr hören, sonst wirst Du entlassen." Ich sah ihn an und wusste nicht, was ich sagen sollte und dachte nur: Woher weiß er das? Ich habe es doch nur einer einzigen Freundin erzählt. Aber ohne die Hilfe von Mama Looloo kann ich es doch niemals aushalten! Ganz schön gemein, was?

Loreen ist über die Maßen empört: „Eine Sauerei ist das! Was geht es ihn denn an, was Du in Deiner Freizeit machst? Der konnte doch froh sein, dass Du so gute Arbeit geleistet hast! Dieser Mistkerl!" „Was hätte es denn geholfen, wütend zu werden? Damit hätte ich alles nur noch schlimmer gemacht. Ich nahm diese Aussage also einfach zur Kenntnis und ging. Nun wollte ich mich einfach nur erholen und meiner Familie ein wenig Abwechslung und Spaß bieten. Oder zumindest für eine Weile alles vergessen. Naja, dann kam eben der Urlaub. Unser Quartier war nur über eine kleine, schmale Straße mit zahlreichen Serpentinen erreichbar. Der Höhenunterschied der letzten zehn Kilometer betrug über siebenhundert Meter." „Oh mein Gott!", ruft Loreen bei der Vorstellung, „Das klingt ja abenteuerlich!" Anna lacht herzlich und fährt fort: „Ja, schon. Damit hatte ich ja überhaupt nicht gerechnet. Ich bekam riesige Angst. Die Serpentinen waren Gift für mich, das wusste ich, denn ich konnte das Gewicht meines Kopfes in den Kurven kaum halten. Ich war heilfroh, als wir angekommen waren.

Mein erster Gedanke galt Alexandra, die in einem Alter war, in dem ‚Action‘ angesagt war. Für jeden Ausflug mussten wir hier aber die Serpentinen überwinden. Außerdem gab es kaum Einkaufsmöglichkeiten. Zwar gab es reichlich Angebote zum Baden und Möglichkeiten für sportliche Aktivitäten, aber andere Unternehmungen in unmittelbarer Umgebung waren hier fast unmöglich. Jede Fahrt über würde für mich einen weiteren Höllentrip bedeuten. Hier war es sehr abgeschieden, also Natur pur und eher keine ‚Action‘ für Alexandra. Südlich des Bungalows gab es eine wunderschöne Terrasse aus Naturstein, von der man den Gardasee überblicken konnte. Auf der gegenüberliegenden Seite erstreckte sich das östliche Gebirgsmassiv. Abends leuchtete uns ein heller Stern über dem Berg direkt entgegen. Es war der Hundsstern, die Verbindung zu meiner Heimat, den Indianern, das fühlte ich.

Als wir ankamen, schien jedoch die Sonne. Es war wunderschönes Wetter. Auf der Spitze einer riesigen Tanne saß ein Zaunkönig. Er war wunderschön und zwitscherte uns zur Begrüßung entgegen. Ich wollte gerade den Berg heruntergehen und die Gegend inspizieren, da hörte ich ihn rufen. Er saß immer noch auf der Tanne und ich stellte mir vor, dass er rief: „Bleib doch hier, geh nicht weg.“ Ich antworte ihm in Gedanken: Ich komme doch gleich wieder! Nachdem Ich ein Stück weitergegangen war, setzte er sich auf die nächste Baumspitze und zwitscherte mir wieder entgegen. Was für ein wunderschöner Empfang. Wir würden jeden Tag auf der Terrasse frühstücken und die Landschaft genießen können!

Am Folgetag fuhren wir zum Einkaufen in die nächste Ortschaft, die etwa dreißig Kilometer entfernt war. Wie es das Schicksal wollte, hatte ich an diesem Morgen vergessen, meine Medikamente einzunehmen. Zudem waren die Tabletten für die Urlaubszeit ohnehin knapp bemessen, sodass ich sie gut einteilen musste. Bei der Abfahrt wurden meine Schmerzen auf einmal schier unerträglich. Ich wusste nicht mehr, was ich tun sollte. Nach einer knappen Stunde waren wir endlich am Supermarkt angelangt. Dort begann ich dann zu schwanken und konnte mich gerade noch am Einkaufswagen festhalten. Ich war wohl kurz davor, hinzufallen und das ganze Regal einzureißen. Ich konnte kaum noch einen klaren Gedanken fassen. Ich dachte nur noch, dass ich so schnell wie möglich Wasser trinken musste, um mein Blut zu verdünnen. Wieder fiel ich beinahe gegen ein Einkaufsregal, bevor ich mich zur Kasse schleppen und Wasser trinken konnte. Ich setzte mich ins Auto und trank, trank, trank. Gott sei Dank war ich nicht allein und konnte das Einpacken Michael und

Alexandra überlassen. Ich betete um Hilfe, betete dafür, dass ich die Rückfahrt einfach nur überstehen würde. Mir wurde schon ganz übel bei dem Gedanken, dass wir nun wieder zurück über die Serpentinenstraße fahren würden. Wie soll das nur weiter gehen? Was kann ich meiner Familie bieten?, dachte ich bei mir. Gott war Dank war die Rückfahrt angenehmer und der Schwindel wurde langsam besser.

Im Quartier angekommen, kümmerte ich mich um Alexandra, setzte mich anschließend auf die Liege und genoss einfach die Sonne. Ich las viel über die Indianer, um über diesen Weg vielleicht meinen Ursprüngen näher zu kommen und Swimming Bear zu finden. Im Wohnzimmer gab es viele interessante Bücher und einen Fernseher, was für meine beiden Sportfans unheimlich wichtig war. Ich fand aber auch ein Buch mit Kurzgeschichten und traute meinen Augen nicht. Eine Geschichte handelte von den Cherokee. Ich nahm das Buch sofort mit und legte mich wieder auf die Liege. Es war wie ein Geschenk Gottes. Ich hatte einen wunderschönen Ausblick auf den Gardasee und genoss die Natur. Rechts von der Liege waren Sträucher angepflanzt, die als Begrenzung zum Nachbarn dienten.

Plötzlich raschelte es im Gebüsch. Ein kleiner Vogel schob die trockenen Blätter zur Seite, kam ein paar Schritte näher, schob wieder ein paar Blätter zur Seite und kam immer näher. Flugs stand er mir direkt gegenüber, nur zirka zwei Handbreit entfernt und sah mich an. Er blieb ein paar Minuten stehen und flog weg. Ich begann zu lesen und in die Gegend des Buches abzutauchen. Zwischendurch ging ich ein paar Schritte und schaute mir den wunderschönen Ausblick auf den See an. Als ich mich auf die Liege zurücklegte, sah ich den Vogel schon wieder am Fußende stehen. Er schaute mich einfach nur an. Gleichzeitig liefen immer wieder Eidechsen über die Terrasse. Manchmal blieben sie stehen und schauten, dann fanden sie Löcher unter den Steinen der Terrasse oder am Bungalow, in denen sie blitzschnell verschwanden. Ab und zu flatterten Schmetterlingspaare vorbei.

Am nächsten Tag regnete es unentwegt. Ich las weiter in dem Buch über die Cherokee. Es musste irgendeine tiefe Verbindung zu meinem eigenen Leben geben, davon war ich fest überzeugt. Je weiter ich las, um so weniger konnte ich an mich halten. Irgendwann kamen mir die Tränen. Das Buch handelte von einem Jungen, dessen Eltern umgekommen waren. Er war bei seinen indianischen Großeltern aufgewachsen. Eines Tages war er von den Behörden abgeholt und in ein

Waisenheim gebracht worden. Nun hatte er nur noch eine Verbindung zu seiner Familie – den Hundsstern. Er wurde von einem Indianer, seinem innigsten Freund gerettet. Er besuchte den Jungen und versprach ihm, dass er sich um ihn kümmern würde. Ein paar Tage später bekam der ansässige Pfarrer Alpträume. Er bekam Angst, dass es ihm schlecht ginge, wenn er das Kind weiter im Waisenheim ließe und so schickte er ihn fort. Es wurde immer wieder spekuliert, ob diese Geschichte wohl der Wahrheit entsprach. Für mich spielte das keine Rolle, hatte die Geschichte doch einen symbolischen und tiefgreifenden Bezug zum Leben der Cherokee. Sie erinnerte mich an meine eigenen Erlebnisse am Fuße des Chimney Rocks. Ich wollte zu ihnen zurück. Wieder sah ich auch den kreisenden Adler vor mir, den ich damals am Fluss gesehen hatte. Ich wäre am liebsten dort geblieben. Es hatte mir fast das Herz zerrissen, meine Reise fortsetzen zu müssen. Nun war ich in Gedanken wieder bei ihnen und versuchte nur allein zu sein, damit niemand meine Tränen sah.

Spontan nahm ich meine Musik mit, um in den Bergen spazieren zu gehen. Das einzige, was im Moment zählte, war einfach allein zu sein, allein mit der Natur. Nachdem es fast den ganzen Tag geregnet hatte, kam nun die Sonne heraus, sodass zwei riesige, wunderschöne Regenbogen nördlich und südlich des Gardasees farbige Halbkreise bildeten. Ich beschloss, die Natur der Umgebung zu erkunden. Nach zirka einer halben Stunde kam ich an eine Lichtung mit vielen Buchen, die mit Bucheckern bespickt waren. Ich schaute voller Ehrfurcht auf und bat den großen Geist um Antworten. Die Zweige nickten mir geheimnisvoll zu. Auf dem Rückweg streifte der Wind durch die Bäume, wo immer ich gerade entlang ging.

Am nächsten Tag war das Wetter besser und ich ging wiederum zu diesem geheimen Platz. Um dorthin zu gelangen, ging ich Serpentinen entlang an zahlreichen Bäumen vorbei. Es wehte ein leichter Wind, der mir den Weg zu weisen schien. Die Lerchen und Buchen vor mir begannen mit den Ästen und Blättern zu wedeln. Sobald ich eine Lerche erreichte, hörte diese auf zu wedeln und die Blätter der nächsten Bäume begannen sich zu bewegen. Es war, als ob sie mich grüßen würden. Dann erreichte ich eine Anhöhe, von der ich das ganze Tal überblicken konnte. Hinter ein paar Sträuchern fand ich sogar einen geschützten Platz auf einer großen Wiese. Der Abgrund war zwar recht steil, dafür gab das Tal die Sicht zum Gardasee und zum gegenüber liegenden Gebirge frei. Ich legte mich ins hohe Gras und betrachtete den Himmel. Mir standen immer wieder Tränen in den Augen, so eine tiefe Sehnsucht hatte ich zu meinen Ahnen.

Ich ging ein Stück den Berg hinauf zu einer wunderschönen Lerche, die mir entgegen gewunken hatte. Am Wegrand wuchs ein zartes Heidepflänzchen. Ich fragte es, ob ich ein paar Blütensträuße zum Trocknen pflücken dürfe. Plötzlich kam Wind auf und da war es schon zu spät. Es tat mir sehr leid, aber ich hatte schon ein paar Blüten in der Hand. Ich entschuldigte mich bei der Blume und setzte mich direkt unter die Lerche. Er war für mich das Symbol für den Baum, den ich finden musste, um die Visionen für die Zukunft, für meine Aufgabe, hier in diesem Leben zu finden. Ich hatte die Indianer doch schon so oft in meinen Träumen und Visionen gesehen. Ich versank in Gedanken. Wo sind sie wirklich? Welche Verbindung haben die Cherokee zu Swimming Bear? Er gehört doch dem Stamm der Muskogee Indianer, einem Tribe der Creek Indianer, an. Stimmen meine Visionen, oder sind es doch nur Träume?

Am nächsten Tag kam ich wieder an die gleiche Stelle. Das Heidepflänzchen hatte sich erholt. Ich strich mit der Hand sanft über seine Blüten und bedankte mich. Alles war ruhig. Keine Menschenseele war weit und breit zu sehen. Ich war schon über zwei Stunden unterwegs. Es war Zeit für die Rückkehr. Auf dem Rückweg fand ich wunderschöne Steine, es waren Rhodoniten. Ich bedankte mich bei Mutter Erde dafür. Als ich den Weg entlang ging, flogen immer wieder Schwalben umher. Ich dachte so bei mir: Wie schade ist es doch, dass es in dieser Gegend keine größeren Vögel gibt!"

Da tauchte plötzlich ein riesiger Greifvogel vor meinen Augen auf und zog seine Kreise. Ich rieb mir die Augen und konnte es kaum glauben. Es war tatsächlich ein Adler. „Danke, danke!", kam über meine Lippen. Vor lauter Dankbarkeit kletterte ich auf einen Felsen neben dem Baum, der mir am Tag zuvor so vertraut zugewedelt hatte und sang lauthals den ‚Cherokee Morning Song'." Anna und Loreen lachen beide aus vollen Halse. „Das ganze Tal muss es gehört haben, vielleicht auch die gegenüberliegende Seite, vielleicht auch meine Ahnen, die Indianer, oder die Vögel, die diese Botschaft weitertragen konnten. Ich setzte mich wieder an meinen geheimen Platz und lauschte der Natur. Dann legte ich mich ins hohe Gras und betrachtete den Himmel. Ich sah noch immer den Adler kreisen. Es war ein Steinadler. Er zog seine Kreise direkt über mir. Er flog sehr hoch und stieg dann so hoch auf, dass ich ihn kaum noch erkennen konnte. Wie gebannt schaute ich gen Himmel. Das muss ewig gedauert haben. Mir war nicht klar gewesen, dass es in dieser Gegend Adler gab."

Erdheilzeremonie

„Kurz darauf war der Tag gekommen, dass ich das erste Mal gemeinsam mit Alexandra einer afrikanischen Erdheilzeremonie beiwohnen konnte. Beide hatten wir uns intensiv auf die Zeremonie vorbereitet. Wir hatten nach Indianerweisheiten gesucht, die Alexandra vortragen wollte. Schließlich entschieden wir uns, einen Auszug der Rede von Häuptling Seattle, dem Häuptling der Duwamish, die er im Jahre 1855 vor dem Kongress der Vereinigten Staaten von Amerika dargeboten hatte, sowie eine Indianerweisheit über den großen Geist vorzutragen. Dazwischen wollte ich mit meiner Querflöte ein indianisches Flötenstück namens ‚Sunset Impression' spielen, um der afrikanischen Medizinfrau und den anderen eine Freude zu bereiten, aber auch Swimming Bear und die Indianer anzurufen. Linda organisierte die Zeremonien mit unzähligen Helfern. Ich wusste, dass sie deshalb schlecht zu erreichen war. Trotzdem wollte ich die Texte mit ihr vor der Zeremonie unbedingt abstimmen. Ich dachte ganz fest daran, dass ich sie jetzt unbedingt erreichen musste. Wieder hörte ich das Besetzt-Zeichen, doch plötzlich hob Linda ab. Sie war ganz irritiert und meinte, dass ich gerade ihr anderes Telefonat unterbrochen habe und das Gespräch wie ein Wunder, ganz ohne Auflegen, direkt an mich umgeleitet worden war. Ich war ebenfalls ganz perplex. Linda lachte nur und meinte nur ganz trocken: „Mama Looloo macht das auch manchmal mit mir." Es war mir fast peinlich, also fasste ich mich kurz und erzählte nur das Notwendigste, um die Leitung wieder frei zu machen.

Dann ging ich in den Garten. Viele Nacktschnecken belagerten meine Pflanzen. Ich sammelte sie ein und brachte sie an einen anderen feuchten Ort außerhalb des Gartens. Ich konnte sie nicht töten, das brachte ich einfach nicht übers Herz. Als ich den Eingang des Gartens erreichte, hörte ich plötzlich ein Rascheln in der Platane über mir und schaute hinauf, wo ich eine Taube sah. Sie war hellbraun und wunderschön. Ich dachte mir nichts weiter dabei und wunderte mich nur ein wenig, denn es war ungewöhnlich, dass mitten im Baum eine Taube saß. Als ich wiederkam, saß die Taube immer noch dort und schaute mich an. Ich wusste zwar nicht so recht, was das zu bedeuten hatte, aber spontan sagte ich der Taube: „Bitte grüße Swimming Bear und meine Ahnen." Die Taube schaute mich noch kurz an und flog weg, als ob sie meine Worte verstanden hätte."

„Das verstehe ich nicht. Also entweder es war ein seltsamer Zufall oder Du hattest Halluzinationen", sagt Loreen fröhlich. „Hey, ich hatte nicht getrunken, ja?", antwortet Anna und gibt Loreen einen zärtlichen Knuff auf die Schulter. „Damals wusste ich noch nicht, wer mir die Taube geschickt hatte. Die afrikanische Medizinfrau konnte es nicht gewesen sein, denn hatte keinen Bezug zu Tauben. Sie schickte mir zuweilen Amseln oder Stare. Mit ihnen konnte sie kommunizieren und mir über diesen Weg Botschaften übermitteln. Was die Tauben zu bedeuten hatten, wusste ich allerdings nicht. Erst viel später erfuhr ich, dass es ein ganz besonderer Gruß gewesen war." „Da ist gemein, Anna, sag es mir sofort, sag mir, von wem der Gruß stammte!", bettelt Loreen. „Meine Güte, Du bist ja fast so schlimm wie Alexandra! Du wirst es noch zur richtigen Zeit erfahren, meine Liebe." Nachdem Loreen erst trotzig dreinschaut, fängt sie sich wieder und beschließt, ihre Neugier noch etwas zurückzuhalten. Das ist ihr lieber, als gar nicht zu hören, wie es weitergeht.

„Die Zeremonie stand für Alexandra und mich leider nicht nur unter einem guten Stern. Es ging schon mit der Reise los. Ich hatte wieder einmal Schwindelattacken und damit kein gutes Gefühl, die Fahrt nach Frankreich auf mich zu nehmen, auch wenn es nicht mehr als zwei Stunden waren. Wir wollten aber noch Renate, eine Freundin von Linda, mit ihrer erwachsenen Tochter Bettina aus Wettingen, mitnehmen und mussten dafür zusätzlich einen Umweg fahren. Das bedeutete natürlich auch, dass ich eine hohe Verantwortung auf mich nahm. Dazu kam, dass Bettina große gesundheitliche Probleme hatte und permanent von Alpträumen und Angstzuständen geplagt war. Zudem gab es auf dieser Strecke unzählige Baustellen, die das Ganze noch erschwerten. Als wir losfuhren, schlug uns eine geschlossene Wolkendecke entgegen. Ich betete leise, dass es zumindest nur leicht regnen solle und siehe da, die Wolken zogen weiter Richtung Westen. Es war zwar genau unsere Fahrtrichtung, aber die Wolken zogen immer vier bis fünf Kilometer vor uns her, sodass darunter sogar die Sonne zum Vorschein kam. Wir kamen super voran.

In Wettingen warteten Renate und Bettina bereits auf uns. Bettina freute sich schon sichtlich auf die Zeremonie; oder über uns? Jedenfalls strahlte sie über das ganze Gesicht. Wir hatten uns in der Vergangenheit schon des Öfteren getroffen und über die Behandlungen, Erfolge und andere Dinge gesprochen. Die beiden brachten ihre Sachen ins Auto, stiegen ein und schon fuhren wir los. Für Bettina war das nicht selbstverständlich, denn sie hatte massive Platzangst, was das Einteigen in ein Auto schon so manches Mal zu einem unüberwindlichen Tatbestand für sie gemacht hatte. Ich betete und versuchte über diesen Weg, alles für Bettina zu tun, damit sie sich wohlfühlen und diese Fahrt gut überstehen konnte. Die ganze Fahrt über fuhren wir zwar den Wolken entgegen, aber wie durch ein Wunder schoben wir schon wieder die Wolken sechs oder sieben Kilometer vor uns her. Erst als wir nahe der deutschen Grenze waren und gen Norden abbogen, schienen die Wolken westlich stehenzubleiben. Das Wetter war stabil, sodass wir zügig vorankamen und bereits nach zwei Stunden den Zielort erreichten. Bettina hatte fast die ganze Zeit im Auto geschlafen. Das erste Mal in ihrem Leben. Ich war unheimlich dankbar dafür, war es doch ein Zeichen des Vertrauens.

Alexandra und ich waren in einer schönen Pension untergebracht. Wir hatten dort ein kleines, aber wunderschönes Zimmer mit Aussicht auf die Berge und Felder. Ab und zu zogen Bussarde ihre Kreise. Es war ein wundervoller Anblick. Alexandra packte ihre Sachen aus, legte sich aufs Bett und begann zu lesen. Ich holte meine Flöte heraus und begann zu spielen. Ich hatte die Balkontür geöffnet, schaute raus aufs Feld und übte. Ich wollte mich auf keinen Fall blamieren und gut spielen. Kaum hatte ich begonnen, setzte sich ein Bussard mitten aufs Feld, ganz so als ob er zuhören wollte. Er war gerade mal an die fünfzig Meter entfernt. Ich war verzückt.

Am Nachmittag ging ich mit Alexandra zu einer Anhöhe, um ein paar Blumen für die Zeremonie zu pflücken. Damit sollte die Mutter Erde gesegnet werden. Eigentlich taten mir die Blumen leid, die ich nun dafür opfern sollte. Kurz darauf kreisten einige Falken direkt über uns, was ich als Zeichen nahm, dass das schon so in Ordnung und zu vertreten war. Es war ein wunderschöner Anblick, dem Kreisen der eleganten Segelflieger zu folgen. Am Vorabend der Zeremonie bereiteten Alexandra und ich schließlich unsere Briefe vor. Es waren zwei Briefe mit Gebeten, Wünschen und Bitten, die wir als vorgegebenes Ritual bei der Zeremonie im Feuer verbrennen und damit an den großen Geist weitergeben wollten. Im ersten Brief schrieben wir all die Dinge auf, die wir loswerden und abstreifen wollten, im zweiten nannten wir diejenigen Wünsche, für deren Erfüllung wir beten wollten.

Am nächsten Morgen überlegte ich, was wir wohl anziehen sollten. Morgens war es noch frisch, aber es war Sommer und sollte sehr heiß werden. Ich zog mein khakifarbenes Kleid an. So konnte ich die beiden Briefe an den Seiten des Kleides unterbringen und musste nicht überlegen, welcher Brief wofür gedacht war. Ich hatte auch meinen Jadering aus Neuseeland als Schmuck für die Zeremonie ausgewählt. Den hatte ich nie zuvor getragen. Warum ich gerade heute diesen Ring tragen wollte, wusste ich zu diesem Zeitpunkt selbst nicht so genau, hatte aber das Gefühl, dass es der richtige Moment war. Vielleicht ist es die Verbindung zum östlichsten Teil der Welt, zur anderen Seite der Erde. Wer weiß das schon, dachte ich. Alexandra wollte lieber Jeans und eine schöne Bluse tragen. In den Taschen der Jeans konnte sie dann ihre Briefe unterbringen, das war ihr lieber.

Gleich nach dem Frühstück fuhren wir los und ließen das Auto vor der Wirtschaft stehen. Zu Fuß gingen wir den Berg hinauf zum Zeremonieplatz. Dieser wurde bereits von mehreren Helfern vorbereitet, die gerade einen großen Wassercontainer und eine Feuerstelle aufbauten. Die Feuerstelle musste sorgsam hergerichtet werden, um sicherzustellen, dass auch bei Regen das Feuer nicht ausgehen konnte. Anschließend wurde ein großer Kreis von zirka fünf Metern Durchmesser um das Feuer markiert. Am Vormittag pilgerten dann die Anderen langsam zum Platz. Später erschien auch die afrikanische Medizinfrau gemeinsam mit ausgewählten Teilnehmern und ihrer Dolmetscherin. Sie war mit einem ihrer prachtvollen Gewänder mit den aufwendigen Stickereien darauf bekleidet. In ihrer rechten Hand hielt sie ein prunkvoll mit goldenen Elefanten bestücktes Zepter. Auch ihre Kopfbedeckung, ein unheimlich edles, glitzerndes Kopftuch, war mit goldenen Elefanten verziert. Bei den Medizinfrauen ihres Stammes gab es fünf Initiationsstufen, wobei der Elefant die höchste repräsentierte. Es nahmen auch noch weitere Medizinmänner und -Frauen unterschiedlicher Kulturkreise an der Erdheilzeremonie teil. Vielleicht zeigte Mama Looloo damit ihre Offenheit anderen Religionen gegenüber? Gemeinsam mit ihren Begleitern ging sie in den Zeremoniekreis hinein. Die Teilnehmer stellten sich rund um die Feuerstelle, außerhalb des markierten Kreises, auf. Seitlich des Feuers, aber noch innerhalb des Kreises, lag eine Decke ausgebreitet, auf der jeder Teilnehmer sehr persönliche Gegenstände ablegen konnte, die gesegnet werden sollten. Meine Tochter hatte ein paar Gummiarmbänder und ihr Kuscheltier zum Segnen mitgebracht. Das weiße Gummiarmband war fürchterlich schmutzig und enthielt allerhand Schreibspuren von Kugelschreibern. Ich ließ eine Kette, zwei Steine, die ich vom Gardasee mitgebracht hatte und mein Schreibset segnen. Es sollte mir Glück bringen, was immer ich auch zu Papier bringen würde.

Mama Looloo stellte sich im Zentrum des Kreises auf und segnete die Elemente Wasser, Erde, Feuer und Luft. Sie ging mit ihrem Wedel alle Himmelsrichtungen ab, vom Norden für Luft und Wasser, den Süden für das Feuer, vom Westen für alles Metallische, zum Osten Symbol für die Natur und schließlich wieder zum Mittelpunkt des Kreises – die Verbindung zur Erde. Anschließend tauchte sie ihren Wedel in Weihwasser ein und ging den Kreis rundherum ab, um jeden einzelnen Teilnehmer zu segnen. Dazu bewegte sie ihren Wedel hin und her und anschließend dem zu Segnenden entgegen und sprach für jeden ganz eigene Gebete. Plötzlich zupfte Alexandra mich am Arm, tanzte vergnügt umher und rief ganz begeistert: „Mama schau, eine Maori! Mama schau!!!" Ich erwiderte nur: „Eine Maori hier? Das kann ich mir nicht vorstellen. Da hast Du Dich sicher geirrt." Ich winkte nur ab und konzentrierte mich auf die Zeremonie. Aber Alexandra ließ nicht locker: „Mama schau doch endlich, eine Maori! Mama schau doch!!!" Alexandra zuliebe schaute ich mich um, um die vermeintliche Maori zu enttarnen und traute meinen Augen nicht. Tatsächlich, es war eine Maori. Niemand der Organisatoren hatte vorher gewusst, dass sie kommen würde. Nun stand sie einfach da. Für mich war es ein Geschenk Gottes, das mir ein besonders heimisches Gefühl vermittelte. Spontan liefen wir aufeinander zu und umarmten uns, als ob wir uns nach langer Trennung endlich wiedergefunden hätten. Mir kamen die Tränen der Freude. Symbolisch gesehen hatte ich meine Mutter wieder gefunden.

Die Maori trug einen riesigen Federfächer in ihrer Hand, wie ich es aus indianischen Zeremonien kannte. Im Wald hatte sich die neuseeländische Medizinfrau mit Goldruten geschmückt, wie Du sie vielleicht aus Deiner Kindheit kennst, Loreen." „Oh ja, davon hatten wir ganze Büsche hinter dem Haus! Ich habe mich, bestimmt seit ich zehn war, jeden Frühling darauf gefreut und dann Krönchen daraus gemacht!" „Ich kann es mir blühend vorstellen", grinst Anna Loreen an. „Wir benutzen die Goldruten allerdings meist als Pfeil und Bogen für unsere Indianerspiele. Aber zurück zur Geschichte! Auch die Maori segnete alle Elemente und Teilnehmer. Weitere Besucher, die vermutlich auch bei Indianern gelernt hatten, führten ihre eigenen Rituale durch. Damit konnte ich mich aber nicht so recht anfreunden, es passte irgendwie nicht dazu. Indianer haben ihre eigenen Zeremonien, die einfach ganz anders sind, als alles, was ich dort erlebt habe. Mit dieser Art der Gebete konnte ich schon damals nichts anfangen, das hatte für mich nichts mit Indianern zu tun. Es erinnerte mich eher an die Karnevalszeit mit den ganzen Kostümen und war in meinen Augen einfach unangebracht. Momentan faszinierten mich aber ohnehin nur die Maori und die Energien, die vom Feuer und dem Zeremoniekreis ausgingen.

Nachdem die Eingangsrituale beendet waren, durfte jeder Teilnehmer seine Briefe dem Feuer übergeben und beten. Dabei warf jeder mit der linken Hand den ersten Brief mit den Dingen ins Feuer, die er loslassen und abstreifen wollte. Anschließend verbrannten alle Teilnehmer die Briefe mit den Wünschen und Gebeten, die ihnen wichtig waren. Dazu nahmen wir diesen zweiten Brief in die rechte Hand und warfen ihn ins Feuer. Alexandras erster Brief lag sehr am Rande des Feuers. Der Brief mit den Dingen, die sie loslassen wollte, fing einfach kein Feuer und wollte nicht so recht brennen. Alexandra entschloss sich, den Brief nochmals aus dem Feuer zu nehmen und erneut rein zu werfen, auch auf die Gefahr hin, sich die Finger zu verbrennen. Ein wenig später kam die Maori dazu und stach mit einer Goldrute wie einen Pfeil ins Feuer und durchbohrte dabei Alexandras Brief genau in der Mitte. Das war für mich das Symbol, dass Alexandra den Anschub ihrer Mutter, aber auch der Mutter Erde und des Feuers brauchen würde, um die wichtigsten Dinge abstreifen zu können. Mir wurde klar, dass mir noch einiges bevorstehen würde, um Alexandra zu unterstützen. Ohne diese Unterstützung würde es wohl kaum gehen. Ich dachte, es könnte wohl ein hartes Stück Arbeit werden, bis Alexandras selbst das Feuer entfachen und in die richtige Richtung laufen würde.

Die Erdheilzeremonie war aber noch nicht beendet. In einem weiteren Schritt wurde die Mutter Erde gesegnet. Zu diesem Zweck wurden die mitgebrachten Blumen, Kartoffeln oder was immer man der Erde entnommen hatte, in das Feuer geworfen und gesegnet, um es der Erde symbolisch wieder zurückzugeben und sich zu bedanken. Nachdem die Zeremonie beendet war, konnten alle Teilnehmer ihre mitgebrachten, gesegneten Gegenstände wieder von der Decke nehmen. Meine beiden

Steine waren noch ganz heiß vom Feuer, obwohl es ein paar Meter entfernt war. Alexandras Gummiarmband strahlte in so reinem Weiß, dass sie sprachlos war. So etwas hatte sie noch nie vorher gesehen. Es gab keinerlei Schmutzspuren oder Kugelschreiberreste mehr auf dem Gummiband. Sie streifte das Gummiband über ihre Hand und schaute immer noch wie gebannt darauf. Ich hielt die Steine noch immer in ihren Händen und genoss die Wärme, die von ihnen ausging. Einen davon wollte ich der afrikanischen Medizinfrau als Dank überreichen. Ich hielt den Stein fest in der Hand. Plötzlich zerbrach mein Ring aus Rhodonit, den ich bei einem südamerikanischen Indianer erstanden hatte. Der Rhodonit hatte meine Lunge stärken und mir helfen sollen, meine Allergien zu überwinden. Es störte mich aber nicht, ich dachte sogar: Vielleicht brauche ich ihn nun nicht mehr.

Mama Looloo saß unter einem Baum und war umringt von einer Menschentraube. Sie führte noch eine spirituelle Trauung und eine Kindstaufe durch. Als sie fertig war und sich eine Lücke auftat, stellte ich ihr beide Steine zur Auswahl. Sie wählte den Größten und meinte: „Ich bin der Elefant und nehme mir den größten Stein." Ich war etwas irritiert, hatte ich doch mehr Bescheidenheit erwartet. Ich ging nur zur Seite und dachte an meine Ahnen. In diesem Augenblick spürte ich, wie ich mich langsam innerlich distanzierte. Ich hatte symbolisch meine Mutter wiedergefunden und Frieden mit ihr geschlossen. Brauchte ich Mama Looloo nun nicht mehr? Dann wurde mir plötzlich klar, dass ich in Mama Looloo die fehlende Liebe und Zuneigung meiner Mutter gesucht hatte. Nun hatte ich Frieden mit ihr geschlossen und konnte auf eigenen Füßen stehen. Außerdem war ich fest überzeugt, dass diese Zeremonie mich im Innersten ein großes Stück näher an die Indianer gebracht hatte. Ich genoss die starken Energien, die tage-, ja sogar wochenlang anhalten sollten.

Im Anschluss an die Zeremonie gab es eine deftige Brotzeit im Weingarten bei einem Bauern mit selbstgemachtem Saft und Wein aus eigenem Anbau sowie hiesigem Schinken. Der Weingarten lag am Fuße der Berge direkt an einem Bach mit einer Wassermühle. Nachdem die meisten Teilnehmer gegessen hatten, trug Alexandra die Indianerweisheiten vor und ich spielte das indianische Flötenstück. Es war meine Art, mich bei der Medizinfrau, Gott und den Ahnen für alles, was sie getan hatten, zu bedanken. Mama Looloo lauschte der Musik und schloss die Augen. Ich fühlte das Vibrieren der Luft, den Spirit, die

Energien. Gleichzeitig war es auch die Einleitung meines Abschieds. Nach den intensiven Erlebnissen am Gardasee war mein Weg klarer geworden. Nun ging es im Grunde nur noch darum, die Indianer und Swimming Bear zu finden und ihnen im Zeichen der heiligen Pfeife dienen zu können. Anschließend brachte ich meine Querflöte zurück zum Auto am nahe gelegenen Parkplatz. Als ich zurück kam, sang die Maori ein kraftvolles und stimmungsvolles Dankeslied an die afrikanische Medizinfrau. Es war wunderschön und riss die Leute mit.

Für die Kinder und einige Erwachsene gab es dann noch eine Führung durch die Mühle und das Anwesen. Alexandra war ganz begeistert, hatte sie doch noch nie gesehen, wie man Mehl mahlen konnte. Ich traf auf ein älteres Ehepaar aus der Schweiz, das schon viel in der Welt herumgekommen war. Gleich fühlte ich mich heimisch, war doch die Schweiz zu ihrer Wahlheimat geworden. Das Ehepaar war auch längere Zeit in Mexiko bei den Azteken gewesen. Der Mann trug ein rotes, indianisches Gewand, das er von dort mitgebracht hatte. Es hatte sehr große Ähnlichkeit mit einem der Gewänder, die ich von Swimming Bear kannte. Damit stieg meine Sehnsucht zu den Indianern ins schier Unendliche und es klingelte in meinem Kopf."

Als Anna aufgeregt das Wichtigste erzählen will, unterbricht Sie Loreen etwas unüberlegt: „Warte mal – hast Du mir nicht vor einiger Zeit erzählt, dass Swimming Bear in New Mexico wohnte? Das ist doch ganz nah dran!" Anna kann gar nicht böse sein, denn sie muss herzlich lachen. Dann übernimmt sie wieder: „Du hast ja gleich Lunte gerochen! Es stimmt: In diesem Augenblick wurde mir bewusst, dass Swimming Bear in New Mexico wohnte und damit auch eine enge Verbindung zu den vielen Pueblo-Indianern hatte, die aus Mexiko weiter nördlich gezogen waren und sich im heutigen New Mexiko niedergelassen hatten. Das wars, Loreen! Ich war außer mir.

Am Abend war noch ein gemeinsames Abendessen geplant, aber ich wäre am liebsten heim gefahren. Ich brauchte eine Auszeit, um allein zu meditieren und mit den Indianern Kontakt aufzunehmen. Aber das konnte ich Alexandra nicht antun. Ich war im Moment trotzdem nicht in der Lage, mit allen gemeinsam zu speisen und brauchte zumindest ein wenig Zeit für meine eigenen Gebete in der Natur. Also bat ich meine Tochter, mir einen schönen Platz freizuhalten und mit den anderen Teilnehmern schon das Abendessen zu beginnen. Ich selbst ging einen einsamen Feldweg am Wald entlang, bis ich an eine Lichtung kam. Es war bereits dunkel geworden. Ich setzte mich an einen Feldrand und beobachtete die aufgehenden Sterne. Mir kamen Tränen der Sehnsucht. Eigentlich war noch eine Konsultation geplant, die ausfallen musste. Aber das war nun nicht mehr wichtig. Nun hatte ich den entscheidenden Anhaltspunkt bekommen, ihn zu finden. Nun brauchten andere Patienten dringender Hilfe als ich. Mama Looloo konnte nichts mehr für mich tun. Die Energien der Zeremonie wirken noch nach und die Tränen liefen mir weiter übers Gesicht.

Ich konnte mich gar nicht beruhigen und wollte weg von hier, weit, weit weg. Tief im Herzen spürte ich, dass ich einen anderen Weg einschlagen würde. Aber wie in Gottes Namen kam ich dahin? Das Ganze war mir vermutlich doch näher gegangen, als ich mir zugestehen wollte. Ich dachte unentwegt an ‚meine‘ Indianer und betete, sie zu finden. Es dauerte ziemlich lange, bis ich mich wieder fasste. Zumindest war ich jetzt ein Stück weiter gekommen und konnte die Suche auf einen Bundesstaat begrenzen. Die Natur gab mir Kraft. Vor allem war es ein Signal, endlich unabhängig und selbständig zu werden und meinen eigenen Weg zu gehen. Nun war ich kein Patient mehr und musste akzeptieren, dass jetzt andere wichtiger waren und ich mich nun von Mama Looloo verabschieden musste. Langsam ging ich wieder zurück. Die anderen waren schon mitten beim Essen. Ich war froh darüber, denn mein Magen war wie zugeschnürt und es fiel gar nicht auf, dass ich mir nur einen Salat bestellte. Ich lauschte den Unterhaltungen, machte Späße mit Alexandra und war froh, wenn ich nichts weiter sagen musste.

Am nächsten Morgen traten wir die Rückreise an. Zuvor wollten wir noch einen Abstecher zur nächst größeren Stadt in Frankreich machen, um ein paar französische Spezialitäten mit heim zu nehmen. Ich liebte französischen Käse und die leckeren Desserts. Ich freute mich zwar auf Frankreich, nicht aber auf die Fahrt dahin. Mir war nicht ganz wohl dabei, hatte ich doch noch die Bilder der letzten Fahrt vor Augen, bei der die ganze Gegend überschwemmt gewesen war. Je näher wir der Rheingegend kamen, desto schlimmer wurde es. Mir wurde ganz schlecht, die Bilder wurden immer intensiver und ich dachte nur noch, dass ich unbedingt anhalten müsse, damit kein Unglück passierte. Wir fuhren eine kleine Straße unter einer riesigen Autobahnbrücke hindurch. Auf der linken Straßenseite war ein großer, sandiger Platz direkt unter der Autobahnbrücke, der von Sträuchern umgeben war. Ich bog ab, fuhr auf die Sandfläche und bremste. Da war es auch schon passiert. Es gab einen kräftigen Ruck von unten und das Auto stand schlagartig.

Ich wusste sofort, dass ich mit dem Motorraum auf einem großen Stein aufgesetzt war. Ich sah, wie es unter dem Auto tropfte und betete, dass nichts Ärgeres fehlte und wir heil nach Hause kommen würden. Schließlich waren wir nicht allein und mussten Bettina und Renate unversehrt abliefern. Mit einem Blatt Papier testete ich, ob Öl auslief. Gott sei Dank war es nur Wasser! Nun hoffte ich nur, dass es lediglich das Wasser der Klimaanlage war und wir bis nach Hause kommen würden. Trotzdem fuhren wir noch Einkaufen und Tanken. Das wollte ich mir auf keinen Fall nehmen lassen. Außerdem gab es mir die Möglichkeit, doch nochmals zu überprüfen, ob am Auto etwa ein größerer Schaden entstanden war.

Plötzlich bekam ich einen Anruf. Ganz unerwartet rief Michael an. Ich war total glücklich – ein Lichtblick, der die ganzen negativen Energien wegblies! Am liebsten wäre ich in die Luft gesprungen vor Freude. Es war, als ob sich ein Engel gemeldet hätte. Ich hatte das Gefühl, dass wir nur noch so schnell wie möglich heim fahren mussten, weg aus dieser Gegend und zurück in die Schweiz. Ich fühlte mich beschützt und wusste, dass uns allen nichts passieren würde und wir heil wieder daheim ankommen würden. Als wir die Autobahn Richtung Zürich erreichten, war ich trotzdem erleichtert. Kritisch hatte ich während der gesamten Fahrt alle Anzeigen und Warnlampen beobachtet, insbesondere die Ölanzeige und die Motortemperatur. Je näher wir der Schweizer Grenze kamen, desto besser ging es mir. Gott sei Dank kamen wir zügig voran, konnten Bettina und Renate abliefern und kamen unversehrt daheim an. Die Reparatur kam mich allerdings teuer zu stehen. Aber das war alles egal – alle waren gesund heim gekommen, und nur das zählte. Ich konnte nicht sagen warum, aber dieses Erlebnis war für mich ein innerer Abschied von dieser Gegend und dieser Religion.

Aufbruch

„Deine nächste Crossroad, oder? Und der nächste endgültige Cut, richtig?" Loreen lächelt schelmisch. Auch Anna kann ihr Lächeln nicht verbergen. „Bei Dir ist ja doch noch nicht ganz Hopfen und Malz verloren, oder?", antwortet sie. „Steile Lernkurve, nicht wahr? Bin ich nicht eine prima Schülerin?" Sie können sich beide kaum noch das Lachen verkneifen: „Du hattest ja auch mich als Lehrer, der ich zwar kein guter und braver Schüler war, aber als Lehrer...." Nun können beide nicht mehr an sich halten und prusten los. „Da musst Du selber lachen, oder?", setzt Loreen noch eins nach. „Tjaaa. Aber mal im Ernst. Das war wohl eine meiner wichtigsten Entscheidungen. Es war der Anfang meiner richtigen Suche nach Swimming Bear und von allem, was danach kam. Ich hatte verschiedene Wege kennengelernt und für mich abgehakt.

Das war der erste Schritt. Damit hatte sich die Möglichkeiten eingrenzt und ich konnte mich nun auf die Suche nach den Lehrern beschränken, die ich in meinen Visionen sah. Das waren Indianer und tibetische Lamas. Was die Lamas anging, ist es mir bis heute nicht vergönnt gewesen , einen Lehrer zu finden und von ihm zu lernen. C'est la vie. So blieb mir bisher nichts anderes übrig, als mich auf verschiedene Bücher, Mantras und Literatur zu diesem Thema zu stürzen. Über diesen Weg habe ich viel gelernt, mir Meditationspraktiken angeeignet und es zumindest geschafft, meinen Heuschnupfen über eine harte Pollensaison hinweg ohne Medikamente zu überwinden. Vielleicht brauche ich auch erst ein gewisses Level in meinem Leben, um mit Hilfe eines Lamas weitergehen zu können."

„Wie hast Du das gemacht? Ich meine, Deinen Heuschnupfen zu überwinden", fragt Loreen. „Ich vertiefte mich in die Literatur, begleitet von tibetischen Mantras. Ich studierte Buddha und die tibetischen Dämonen und Drachen. Dann begann ich, mir eine Gebetskette zu fertigen. Ich setzte mich im Garten der Pollenbelastung aus, in der vollen Blütezeit der Birke. Ich nahm meine Gebetskette und begann zu beten. Ich meditierte Tag für Tag, immer einen halben Tag lang. Nach einiger Zeit hatte ich ein besseres Gefühl und das Niesen hörte auf, obwohl ich keine Medikamente genommen hatte. Den ganzen Sommer über hatte ich keinerlei Symptome des Heuschnupfens mehr. Es war vorbei, obwohl es ein Jahr von extrem hoher Pollenbelastung war." „Wie erklärst Du Dir das?" „Ich denke, dass man mit den Gebeten, Gedanken und Gefühlen verschiedene ‚Helfer' auf den Plan ruft, die einen erhören und die Heilung unterstützen oder als eine Art Initiator die Selbstheilungskräfte aktivieren. Ich habe die Helfer unzählige Male gesehen.

Im Grunde ist jeder Körper in der Lage, fast alle Chemikalien, die der Heilung dienen, selbst herzustellen. Nur wenn der Körper zu sehr geschwächt, geschädigt oder bereits zerstört ist und der Mensch keine Lebenskraft oder keinen Lebensmut mehr besitzt oder Probleme von außen nicht mehr für sich lösen kann, dann ist er machtlos. Es gibt natürlich auch Krankheiten, die dem Körper unbekannt sind und wo das Immunsystem versagt, weil es keine Mechanismen dagegen entwickeln kann. Das war zum Beispiel der Fall, als die Indianer und Ureinwohner von Amerika mit europäischen Krankheiten, vor allem Kinderkrankheiten, konfrontiert wurden, gegen die sie nichts ausrichten konnten. In diesen Fällen benötigt man mit Sicherheit medikamentöse Unterstützung oder vielleicht sogar einen operativen Eingriff. Sobald die Akutsituation jedoch überwunden ist, sollte man schnellstmöglich die verschiedenen Behandlungsarten miteinander verbinden.

Natürlich unterstützen Gebete insbesondere Akutsituationen und können manchmal fast Wunder auslösen. Allerdings ist dabei die klassische Medizin unverzichtbar." Loreen schaut etwas erstaunt und lässt nicht locker. „Glaubst Du nicht, dass es auch möglich sein kann, nur durch Meditation und Gebete geheilt zu werden?" „Vielleicht bei Lamas, die sich kurz vor der Erleuchtung befinden. Ansonsten wahrscheinlich kaum", erwidert Anna. „In den meisten Fällen sind sie eine sinnvolle Ergänzung zur klassischen Medizin und können positiv zur Heilung beitragen. Außerdem kann der Patient damit selbst viel zu seiner eigenen Heilung beitragen. Diese Prinzipien sind meines Erachtens darauf ausgerichtet, den Körper und die Seele wieder in Einklang zu bringen. Wenn wir aus dem Gleichgewicht geraten, unzufrieden oder unwissend sind, geht es selten am Körper vorbei. Dieses Gleichgewicht kann man aber kaum mit einem chirurgischen Eingriff oder eine Spritze wiederbekommen, auch wenn damit die Akutsituation des Körpers behoben oder gelindert wird. Für diese Ausgeglichenheit muss man das ganzen Leben und das Bewusstsein ändern.

Gebete können auch Schädigungen des Körpers lindern helfen, oder dem Körper Möglichkeiten geben, damit besser umzugehen. Ist das Immunsystem jedoch zu sehr geschwächt, benötigt der Patient zusätzliche Medikamente. Ich denke, die beiden Seiten können sich wunderbar ergänzen und helfen, die Lebensqualität zurückzugewinnen oder zumindest zu verbessern. Für mich ist aber einer der entscheidenden Punkte, wie jeder Einzelne sein Leben gestaltet, Weisheit verinnerlichen und danach leben kann. Damit kann jeder wohl den größten Beitrag zur eigenen Gesundheit beitragen. Das ist es, wobei ich den Menschen helfen will."

Langsam lichten sich die Wolken und der blaue Himmel kommt zum Vorschein. Anna beginnt, nervös zu werden. Sie fühlt, dass etwas

Besonderes vorgeht, kann aber noch nicht einordnen, was sie erwarten wird. Für Loreen gibt es noch viele offene Fragen, aber sie müssen weiter. Schnurstracks gehen sie zum Auto und fahren los. „Im Herbst suchte ich dann doch nochmal Mama Looloo auf, um mich von ihr zu verabschieden. Dieses Mal war aber alles anders und ich hatte ein mulmiges Gefühl. Ja, es war das erste Mal, dass ich das Gefühl hatte, mich in Acht nehmen zu müssen. Zudem waren mächtige Kräfte im Gange, die meinen Termin zu verhindern suchten. Zwischenzeitlich bekam ich immer wieder Absagen oder Verschiebungen. Aber was auch vor sich ging und wer sich auch immer einmischte, es gelang nicht, mich von der Konsultation fern zu halten. So kam ich nach langem Hin und Her endlich zu Mama Looloo.

Aber kurz bevor ich dann losfahren wollte, wurde mein Termin erneut um zwei Stunden verschoben. Ich nutzte diese Zeit, um nochmals nach Swimming Bear im Internet zu suchen und siehe da: Plötzlich fand ich ein Foto von ihm, vom letzten Jahr! Ich traute meinen Augen nicht. Das gibt es doch gar nicht. Er lebt, er lebt, er lebt! , dachte ich und tanzte vor Freude und sprang hin und her. Ich war überglücklich, heilfroh und vor allem erleichtert. Das war wirklich ‚just im time‘, quasi in letzter Minute vor der Konsultation. Nun war ich vollkommen sicher, dass Swimming Bear noch lebte und ich ihn finden würde. Ich wäre vor Glück am liebsten an die Decke gesprungen.

Mama Looloo würde mir bestimmt den letzten Hinweis geben, ihn zu finden. Trotzdem ging ich mit gemischten Gefühlen dorthin. Irgendetwas lag in der Luft. Ich versuchte aber, mich nicht irritieren zu lassen und nahm den Termin einfach wahr. Wir redeten über verschiedene Themen und kamen schließlich auf Swimming Bear zu sprechen. Die afrikanische Medizinfrau sagte mir: „Schau in dem Buch von Swimming Bear nach. Dort steht, wo Du ihn finden wirst.“ Ich bedankte mich, war aber trotzdem ziemlich irritiert. Das Buch hatte ich doch bestimmt tausend Mal in der Hand gehabt, darin gelesen und nach Indizien gesucht, ihn zu finden. Hatte ich etwas übersehen? Nun konnte ich natürlich an nichts anderes mehr denken. Eigentlich hatte ich noch das eine oder andere Thema mit Mama Looloo zu besprechen, aber das war jetzt nicht mehr wichtig. Ich wollte nur noch heim und weitersuchen. Die ganze Zeit hatte ich an alles gedacht, aber nicht an das Naheliegende. Ich fasste mir spontan mit der Hand an die Stirn und dachte: Manchmal sieht man den Wald vor lauter Bäumen nicht. Was habe ich denn bloß übersehen? Das gibt es doch nicht. Ich trage das Buch ständig mit mir herum. Ich habe schon so oft nachgeschaut und nichts gefunden. Was ist es? Steht vielleicht seine Adresse im Buch?

Nach Mama Looloos Konsultationen saßen wir wie immer gemeinsam mit allen Schülern gemütlich zusammen und lauschten ihren Ausführungen. Für mich war es eine Zeit des Dankes. Es war aber auch ein Scheideweg. Ich fühlte es, tief in meinem Herzen. Ich hatte viel gelernt und mein Gesundheitszustand hatte sich stabilisiert. Aber über meine Rückschläge konnte Mama Looloo mir auch nicht hinweghelfen, das war mir in den letzten Wochen und Monaten klar geworden. Ich wollte mich aber auch nicht damit abfinden, nun auf diesem Level stehen zu bleiben. Es musste doch auch noch andere Möglichkeiten geben. Auch die Zeremonien waren nicht das, wonach ich suchte. Viele der Teilnehmer waren mir zu negativ eingestellt, zogen mich runter und nahmen mir den letzten Mut. Das konnte ich wirklich nicht brauchen. Stattdessen brauchte ich Licht, Enthusiasmus und ein neues Ziel vor Augen. Damit war eines klar: Nunmehr war es an der Zeit, neue, eigene Wege zu gehen. Bei meiner Rückfahrt am späten Abend, sah ich, wie ein Stern am Himmel unterging. Sonst hatte ich mich immer über Sternschnuppen gefreut. Sie flogen waagerecht durch das Weltall und waren es gutes Omen. Dieses Mal war es anders. Der Stern ging unter und ich spürte, dass dieser untergehende Stern viel mit ihr selbst zu tun hatte. Es war mein Stern, Loreen! Ich spürte es einfach.

Daheim angekommen, ließ ich alles fallen und suchte im Buch nach Swimming Bears Adresse. Außer Danksagungen fand ich aber nicht sehr viel. Mmmh, was kann es denn sonst noch sein? Da sah ich plötzlich das entscheidende Schlagwort, der Ort der Buchveröffentlichung. Nun würde es nur noch ein paar Tage dauern, ihn zu finden, endlich. Damit war aber auch mein weiterer Werdegang geebnet. Jetzt gab es nur noch ein Ziel, in die USA zu reisen und Swimming Bear zu besuchen. Diesem Ziel meiner Träume war ich noch nie so verdammt nahe gekommen.

Das Jahr näherte sich dem Ende. Es war ein Tag wie jeder andere. Ich war allein zu Haus und betete nochmals für die afrikanische Medizinfrau. Ich sah, wie sich langsam ein Lichtstrahl zwischen uns beiden aufbaute. Plötzlich wurde mir ganz übel. Irgendjemand wollte die Kommunikation mit Macht unterbinden, das spürte ich ganz deutlich. Dann sah ich, wie sich eine riesige Krake auf diesen Lichtstrahl setzte und ihre Arme ausbreitete. Plötzlich wurde alles dunkel und ich hatte das Gefühl, als ob ich in eine Leere fallen würde. Sofort unterbrach ich meine Gebete und zog mich zurück. Für den Moment ging es mir besser, aber die Dunkelheit und Finsternis wurden in den nächsten Tagen und Nächten zu meinen ständigen Begleitern. Ich bekam fürchterliche Magenkrämpfe, wieder und wieder. Ich versuchte, das Licht zu finden, betete um Licht und sucht nach meinen Ahnen. Ich rief ‚meine‘ Indianer und Buddhisten in Gebeten zur Hilfe und betete, ins Licht zurückkehren zu können. Ich schrie in Gedanken nach Swimming Bear und dem Dalai Lama.

Noch immer hatte ich das Gefühl, an den Füßen in die Dunkelheit gezogen zu werden. Ich war ganz verzweifelt und dachte: Was kann ich nur tun? Ich konnte die Augen schließen oder öffnen, es machte keinen Unterschied. Es war alles dunkel. Bitte helft mir. Bitte helft mir, rief ich wieder in Gedanken. Dann nahm ich das Buch vom Dalai Lama und betrachtete sein Gesicht näher. Plötzlich entdeckte ich sechs, sieben, acht, neun, zehn andere Gesichter. Das irritierte mich total. Noch immer hatte ich Schweißausbrüche und außerdem das Gefühl, diesen Planeten verlassen zu müssen. Die Dunkelheit war stark, sehr stark. Irgendetwas riss mich immer wieder zu ihr zurück und ich wusste nicht, wie ich mich wehren konnte. Aber ich versuchte, mich nicht irritieren zu lassen und betete und betete. Auf diese Weise hatte keine Angst, sondern nur das Gefühl, dass ich eine Prüfung zu bestehen hatte. Aber warum? Ich wusste nur, dass ich nicht aufhören durfte zu beten. Das Gefühl in die Tiefe, in die Dunkelheit gezogen zu werden, war immer noch da.

Irgendwann muss ich das Bewusstsein verloren haben. Plötzlich sah und spürte ich, wie Swimming Bear und der Dalai Lama rechts und links meine Hände nahmen und mich hoch zogen. Irgendjemand hielt mich nach wie vor an den Beinen fest und zog mich in die Dunkelheit. Aber die beiden waren stärker. Langsam kam ein ganz helles Licht auf mich zu. Es breitete sich aus und nun tat sich vor mir eine riesige Halbkugel in Form einer Ellipse auf. Sie war lichterfüllt und strahlte. Indianer und Buddhisten standen in diesem Raum, rechts Indianer, links Buddhisten. Sie legten mich auf eine Bahre am Ende der Längsseite der Halbkugel. Links neben mir saß Swimming Bear, rechts der Dalai Lama. Realität und Vision begannen ineinander zu verschwimmen. Ich saß im Wohnzimmer auf der Couch, sah mir wieder und wieder das Foto vom Dalai Lama an und versuchte, Botschaften von ihm zu erhalten. Erst veränderte er sein Gesicht, dann sah ich immer neue Gesichter in seinem Antlitz. Nun war ich wieder in diesem lichterfüllten Raum. Die reale Umgebung nahm ich gar nicht mehr wahr. Warme, fast heiße, angenehme Energieschübe drangen in meinen Magen ein, bis ich einen leicht brennenden Schmerz in der Mageninnenwand spürte. Es fühlte sich an wie das Brennen einer frisch versorgten Wunde.

Mir kamen fast die Tränen. Sie helfen mir. Sie helfen mir. Meine Schmerzen gingen langsam zurück. Sie behandelten mich Tag und Nacht und meine Visionen blieben bestehen. Ich sah die Bilder wirklich Tag und Nacht, Loreen, auch in meinen Träumen. Was immer ich tat, die Bilder waren da. Ich lag immer noch auf der Bahre und wurde mit Kräutern behandelt, mitten im lichterfüllten Raum. Dann erschien die afrikanische Medizinfrau. Sie hatten also auch Mama Looloo mitgezogen. Sie setzte sich in die Mitte der elliptischen Halbkugel, wo bis dahin das Feuer gebrannt hatte und blieb dort ruhig sitzen, Tag für Tag, Nacht für Nacht. Mama Looloo schien mich zu beobachten. Ich wusste nicht so recht, was das zu bedeuten hatte."

Ein kurzes Schweigen erfüllt das Auto, Loreen ist sichtlich betroffen. „Vielleicht zeigten diese Visionen Deinen inneren Kampf. Du musstest Dich für einen Weg entscheiden!" „Du hast vollkommen recht! Das war eine wichtige Entscheidung, eine Wegkreuzung. Vielleicht war es sogar die größte Prüfung meines Lebens. Tage und Nächte vergingen, während ich weiterhin auf der Bahre lag. Mama Looloo saß immer noch in der Mitte der Kugel und beobachtete mich. Witzigerweise tat sie mir irgendwie leid. Die Indianer und Buddhisten schienen zu warten, wie ich mich entschied, aber ich wusste es selbst nicht. Innerlich spürte ich, dass es wohl ein Abschied war und ich Mama Looloo gehen lassen musste, auch wenn es mir schwer fiel. Mama Looloo hatte so viel für mich getan. Ich hatte aber bis dahin die heimliche Illusion gehabt, diese verschiedenen Wege verbinden zu können. Aber es ging nicht, sie waren unvereinbar. Das spürte ich ganz tief in meinem Herzen.

Ich gehörte nicht zu Afrika. Die Welt der Magie war nicht mein Weg, das war nicht meine Rolle auf diesem Planeten. Ich hatte eine andere Aufgabe und konnte mir auch nicht mehr vorstellen, Afrika jemals zu betreten. Spontan erinnerte ich mich daran, dass Mama Looloo mir einmal gesagt hatte, dass sie allein und einsam irgendwo in Afrika sterben würde. Vielleicht hatte sie damit recht gehabt. Fakt war zumindest, dass ich mich nun entscheiden musste. Ich schwor mir, dass ich niemals in Afrika sterben würde, niemals! Nicht in diesem Leben und nicht im nächsten! Ich hatte zahlreiche Einladungen bekommen, nach Afrika zu reisen, aber immer abgelehnt. Dort waren zu viele, starke Kräfte, denen ich nicht gewachsen war. Aber warum war ich immer wieder heruntergezogen worden in die Dunkelheit? Was war das? War es mein eigener Kampf ums Überleben?

Immer wieder war es dunkel um mich geworden, so dunkel, dass wirklich nichts mehr zu sehen war, nicht einmal der Schein eines entfernten Sternes, auch nicht das Lodern des Fegefeuers. Es war wie eine Reise durch das Weltall, aber ohne Sterne, ohne Perspektive, nur Leere und unendliche Kälte. Ich sah und spürte nichts mehr. Plötzlich fand ich mich an einem anderen Ort wieder. Ich saß auf einem Hügel. Mein Haar war in ein breites Haarband eingefasst und ich trug ein indianisches Gewand und sah den Berg herunter. Hunderte, ja fast tausende von betenden Mönchen waren mir zugewandt und beteten. Gegenüber lag ein riesiges Gebirge. Die Spitzen der Berge waren von Gletschern umgeben. Kein Zweifel, ich war in Tibet und die Mönche beteten mich an. Warum? Ich bin doch nichts besonderes, also warum beten sie zu mir?, dachte ich noch.

Plötzlich wachte ich auf. Ich saß im Bett und es war mitten in der Nacht. Ich riss die Augen auf, um in die Realität zurückzukehren. Das Bild blieb aber bei mir und begleitete mich weiter. Die Mönche waren immer noch da. Taumelnd ging sie ins Wohnzimmer. Was hatte das alles zu bedeuten? Ich befragte meine Karten. Ich war an einem Punkt angelangt, bei dem es kein Vielleicht mehr gab. Ich musste mich entscheiden. Es gab nichts dazwischen. Ich spürte, sah und fühlte, dass es zahlreiche Helfer gab, die mir beistanden und mich beschützten, auch wenn ich es gar nicht fassen konnte. Aber warum? Ich war nie in ein Kloster gegangen oder hatte regelmäßig die Kirche besucht. Ich wusste nur, dass es etwas gab, an das ich ganz fest glaubte. Es war Gott, es waren die Pflanzen und Tiere, es waren die Ahnen. Ja daran glaubte ich mittlerweile ganz fest, Loreen. Ich war überwältigt von der Großzügigkeit, der Unterstützung und ihrer Hilfe. Wie würde ich jemals danken können? Wie?

Lange blieb ich noch im Wohnzimmer sitzen und dachte nach. Die betenden Mönche wichen mir nicht von der Seite. Also brauchte ich wohl noch Hilfe. Irgendwann ging ich wieder zurück ins Bett um zu schlafen. Aber auch als ich aufwachte, waren die Mönche immer noch da. Ich war ihnen so dankbar und musste das Bild einfach zu Papier bringen, auch wenn ich wusste, dass ich nicht gut malen konnte. Nachdem Frühstück begann ich zu zeichnen. Irgendjemand führte meine Hand. Alexandra kam dazu und war neugierig. Ich erzählte ihr von den Bildern, die ich im Kopf hatte. Spontan setzte sie sich auf den Boden und betete. „Komm, male mich", sagte sie. Ich lächelte und malte. Nun musste doch tatsächlich Alexandra dran glauben und Modell stehen, damit ich die Proportionen richtig darstellen konnte. Ich musste über meine schrecklichen Entwürfe fast lachen. Auch Alexandra amüsierte sich köstlich. Wir lagen uns bald in den Armen und lachten. Das tat gut. Irgendwann war ich halbwegs zufrieden und legte das Bild ab. Es motivierte mich weiterzumachen. Also begann ich, meine Visionen zu zeichnen. Es waren doch ohnehin Bilder, die mir gesandt worden waren. Es hatte seinen Sinn und machte Spaß. Ich bekam außerdem immer mehr Abstand zur Dunkelheit. Hoffnung überkam mich und breitete sich aus. Ich wollte nach vorn schauen. Es musste einen Sinn haben, warum so viele Helfer da waren. Ich würde sie finden, irgendwann. Ganz bestimmt.

Als es Abend wurde, kamen die Bilder der Halbkugel zurück. Immer noch war ich von Indianern und Buddhisten umgeben. Nun saß ich am Ende der Halbkugel, links saß wieder Swimming Bear, rechts der Dalai Lama. In der Mitte saß immer noch Mama Looloo, mitten auf der Feuerstelle. Das Feuer war aus. Das hatte sie also geschafft. Trotzdem war der Raum lichterfüllt. Ich hatte das Gefühl, dass die Wärme des Feuers fehlte. Ich musste mich entscheiden und das Feuer zurückbringen. Das Feuer gehörte in diesen Raum, in diese Welt, die umgeben war von Indianern und Buddhisten, genauso wie ich selbst. Ich stand auf und ging auf Mama Looloo zu. Es war Zeit, Abschied zu nehmen. Mit Gesten verabschiedete ich mich. Augenblicklich öffnete sich am Ende der Halbkugel eine riesige Tür. Draußen war es stockdunkel. Es war die Dunkelheit, die ich die ganze Zeit gespürt hatte und jetzt vor mir sah. Mama Looloo stand auf, nahm ihren Gehstock und ging zum Tor. Neben mir an der rechten Seite stand der Dalai Lama, links begleitete mich Swimming Bear. Gemeinsam geleiteten Mama Looloo zur Tür. Sie verließ die elliptische Halbkugel und stieg die Treppen hinab. Mit offenen Armen wurde sie von ihren Helfern und Schülern empfangen. Wehmütig hob ich meine Arme. Welten trennten uns nun. Es musste sein. Ich wollte meinen eigenen Weg gehen, obwohl ich viel von dem mitnahm, was ich in den letzten Jahren gelernt hatte. Durch Mama Looloo war mir der Weg in neue Welten eröffnet worden. Sie hatte mir mehr geholfen als jeder Mediziner. Nun musste ich die nächste Etappe bestreiten und konnte dieses Wissen und die Erfahrungen mitnehmen. Dann wurde ich zurückbegleitet. Nun war ich zumindest stark genug zu sitzen. So saß ich in der hellerleuchteten Ellipse, die Tränen im Gesicht. So richtig konnte ich nicht begreifen, was passiert war. Doch ich wusste, dass mein künftiger Weg von nun an tief mit den Indianern und den tibetischen Buddhisten verbunden sein würde. Wahrscheinlich waren diese beiden Wege zu unterschiedlich zum afrikanischen Schamanismus, um sie verbinden zu können, wer wusste das schon. Vielleicht waren es auch die Leute, die Mama Looloo umgaben oder ihr eigener Zauber, in dem sie gefangen war.

Letztendlich spielte es nun auch keine Rolle mehr. Ich war Mama Looloo sehr dankbar für alles, was sie für mich getan hatte, aber nun trennten sich unsere Wege. Trotzdem wusste ich, dass mich die vielen wertvollen Erkenntnisse der traditionellen afrikanischen Wege in meiner Entwicklung weitergebracht hatten. Seit Tagen und Nächten war ich unzertrennlich mit den Lehren und Bildern des Dalai Lama und Swimming Bear verbunden gewesen. Ich wusste, dass ich nur einen Bruchteil ihrer Weisheit jemals erreichen konnte. Trotzdem war ich ihnen ewig zu Dank verpflichtet, denn sie hatten mir das Leben gerettet. Auch später noch sah ich mich in dieser Ellipse sitzen, im Licht verbunden mit Indianern und Buddhisten. Ich wusste, dass ich jetzt zu ihnen gehörte und fühlte mich sicher und beschützt. Meine Magenprobleme waren endgültig verschwunden. Ich war Gott unendlich dankbar für alles.

Draußen scheint inzwischen die Sonne. Loreen ist neugierig und fragt: „Hast Du Dich wirklich radikal von allen Heilern getrennt?" Anna sitzt fragend da: „Was verstehst Du unter Heilern?" „Naja, ich meine Tobias, Mama Looloo, Manfred Brados? Hast Du zu ihnen noch irgendeinen Kontakt? Oder hast Du von ihnen gehört?" „Nein habe ich nicht. Von Tobias weiß ich, dass er nach wie vor seine Sprechstunden und Seminare macht. Er ist allerdings Vertriebsmitarbeiter einer Verkaufskette von kosmetischen Produkten. Damit ist er für mich uninteressant geworden. Ich finde es schade für ihn. Ich glaube nach wie vor, dass er ein herzensguter Mensch ist und nicht stark genug war, auszubrechen. Aber vielleicht ist er nun glücklich, wer weiß? Ich für meinen Teil möchte niemals mehr Kontakt aufnehmen und weiß, dass viele meiner Freunde sich ebenfalls abgewendet haben. Mama Looloo ist nach Afrika zurückgegangen und hat dort ein Behandlungszentrum aufgebaut. Von

Zeit zu Zeit pilgern Europäer zu Behandlungen oder Zeremonien dorthin. Sie behandelt Einheimische und Touristen und das ist gut so. Ich möchte niemals dort hingehen. Mir ist dieses Umfeld zu düster und magisch, das ist alles.

Tja, was Manfred Brados und Anita Weichert angeht, habe ich keine Ahnung, was aus ihnen geworden ist. Um ehrlich zu sein, interessiert es mich auch nicht. Was aber bemerkenswert ist, ist die Tatsache, dass Frau Julius ihre sogenannten Heilkräfte verloren hat und nicht mehr praktiziert. Sie hat all ihre Patienten verloren." Loreen fragt erstaunt: „Wer ist Frau Julius?" „Ach, hatte ich Dir noch nicht von ihr erzählt?", fragt Anna nach. Loreen schüttelt den Kopf. „Dann merke Dir einfach den Namen. Er wird Dir noch über den Weg laufen, ja?" Loreen nickt und fragt weiter: „War die radikale Trennung nicht hart? Trauerst Du dem nicht manchmal nach?" „Nein, keinen Moment. Die Trennung war absolut notwendig und auch ein gewisser Reinigungsprozess für mich, nur das in mein weiteres Leben mitzunehmen, was zu mir gehört und auch künftig bei mir bleiben soll. Von dem Rest musste ich mich trennen, um frei zu sein. Das ist wie mit einer Wohnung. Von Zeit zu Zeit musst Du da auch mal tabula rasa machen und Dich von alten Ballasten befreien, um Dich wieder wohl zu fühlen, oder?" Loreen sitzt da und nickt. Ihr gehen viele Szenen aus ihrem Leben durch den Kopf.

Therapie und Freundschaft

Loreen schaut zu Anna, die entspannt auf dem Beifahrersitz aus dem Fenster schaut, herüber und schüttelt den Kopf. „Ich kann einfach noch nicht glauben, was Du mir alles erzählt hast. Es war ja wirklich ein Auf und Ab wie es im Buche steht, wau. Und jetzt sitzt Du einfach so ruhig vor mir. Geht das bei Dir immer so weiter? Hört das niemals auf? Warum gerade Du?" Anna sitzt da und hört zu, scheint jedoch weit weg zu sein. „Ich denke, dass jeder Mensch in seiner Entwicklung Höhen und Tiefen durchschreiten muss. Damit man Glück erfahren kann, muss man sich Schritt für Schritt entwickeln. Glück ist nie allgegenwärtig und kein Dauerzustand. Es sind eher Glücksmomente, die auch wieder vergehen, um neues Glück erfahren zu können. Nimm zum Beispiel das Essen. Wenn Du neues Essen testest, einen Jogurt zum Beispiel, findest du einige Sorten, die Dir nicht schmecken, bis Du auf eine ganz besondere triffst. Isst Du diesen Jogurt jeden Tag, schmeckt er nicht mehr so gut und Du brauchst neue Geschmackserfahrungen, um ein Glücksmoment des vollen Genusses auszulösen. Du entwickelst Vorlieben und Herzenssachen. Das Gleiche gilt für Deine Kleidung." Loreen lacht: „Ich hab schon so viel über den Jordan geworfen." „Genau das meine ich. Du fängst erst an auszusortieren, um langsam Deinen Stil zu entwickeln, in dem Du Dich wohl fühlst. Dazu kommt, dass Du die Dinge mehr schätzen kannst und es genießt, diese Kleidung zu tragen, oder?" Loreen betrachtet ihr Gewand und denkt. Was hält sie wohl davon? Grinsend sagt Anna: „Du willst jetzt nochmals hören, dass dieses Gewand hübsch ist, nicht wahr? Mir gefällt es und Dir auch, oder?" Loreen nickt. „Aber mal Hand aufs Herz, was hat das mit den vielen Tälern   zu tun, die Du durchschritten hast?", will sie wissen. „Ich bin zeitweise vom Weg abgewichen und habe gewisse Signale ignoriert. Nachdem ich mich darauf besonnen habe, meinem Herzen zu folgen und einfach ‚Ich' zu sein, bin ich Schritt für Schritt meinem Herzenswunsch näher gekommen. Und jetzt bin ich einfach nur glücklich und dankbar." „Aber Deine Beschwerden sind doch nicht weg?" „Nein, aber erträglich, und ich kann damit umgehen, die Signale lesen, mich darauf einstellen und in Harmonie leben. Damit nehmen diese Beschwerden keinen großen Raum ein. Sie gehören zum Leben dazu. Ich akzeptiere sie als guten Freund, der mir meinen Lebenstakt ein Stück weit vorgibt.

Aber weiter im Takt! Die Geschichte ist noch nicht zu Ende. Mein Neurologe empfahl mir eine Osteopathin namens Antonie Minét. Sie habe mehrere Jahre in Kanada gelebt und dort eine spezielle osteopathische Ausbildung hinter sich gebracht. Ich spitzte die Ohren, lauschte und hörte zwar zu, als der Neurologe begeistert von ihrer Ausbildung und ihren exzellenten Fähigkeiten sprach. Ich war nicht gerade begeistert, denn ich hatte nun schon so viele Therapeuten ausprobiert und dabei auch so viele schlechte Erfahrungen gemacht, dass ich regelrecht Angst davor hatte, dass mir jemand zu nahe kommen und neues Leiden und Schaden zufügen könnte. Im Grunde brauchte ich nun Abstand zu allem, aber mein Gesundheitszustand ließ es nicht zu. Einfach daheim bleiben konnte ich auch nicht. Das Leben ging weiter und niemand fragte, wie es mir ging und wie ich die Arbeit im Beruf und daheim bewältigte. Inzwischen beschäftigte ich sogar einen Anwalt, aber ohne Erfolg. Meine Schäden waren mit den bekannten Messverfahren nicht adäquat nachweisbar und damit per Definition nicht vorhanden, oder als altersgerecht oder psychosomatisch tituliert worden. Ich sah einfach kein Land und vegetierte nur noch dahin. Jeglicher Lebensmut war von mir gegangen. Nur Alexandra hielt mich noch hoch, denn ich wusste, dass ich für sie da sein musste. Was sollte ich also tun? Sollte ich noch eine neue Therapie ausprobieren? Wozu? Helfen konnte mir doch sowieso niemand! Ich konnte mir nicht mehr vorstellen, dass irgendjemand meinen Körper anlangte. Aber was hatte ich für Alternativen? Nach langer Überlegung wollte ich noch einen letzten Versuch wagen.

Meine ganze Hoffnung galt nach wie vor den Indianern. Ich musste aber zumindest stabil genug sein, dorthin kommen zu können. Schließlich war es ein langer Flug und ich hatte seit dem Unfall keine lange Reise mehr unternehmen können. Also blieb mir nichts weiter übrig, als die Osteopathin aufzusuchen. Ich wusste, dass ich dem Neurologen voll und ganz vertrauen konnte und dass er mir nur die besten Experten empfehlen würde. Trotzdem war ich unheimlich skeptisch. Aber er war so begeistert von ihr, dass ich mich am Ende breitschlagen ließ. Zudem war sie Französin, was für mich irgendwie witzig war. Mein Musiklehrer war auch Franzose gewesen und ich war immer gut bei ihm aufgehoben gewesen. Ich liebte die französische Sprache und die charmante Art der Franzosen, die ich bisher kennengelernt hatte. Ich war gespannt und hatte letztendlich irgendwie doch ein gutes Gefühl. Ich musste in die Stadt fahren, was mir missfiel, kostete doch schon die Anfahrt eine Menge Zeit. Aber was half das Jammern. Umso besser musste natürlich die Behandlung werden, damit sich der lange Weg auch wirklich rentierte.

Die Praxis von Frau Minét war sehr zentral gelegen, in einem alten Wohnhaus. Es war eine umgebaute Wohnung mit Küche und Bad. Die erste Begegnung mit ihr war recht interessant und machte mich neugierig. Sie war eine ganz stolze Französin. Erhobenen Hauptes öffnete sie die Tür und kam auf mich zu. Sie begrüßte mich mit einer warmen Stimme. Ich zog die Schuhe aus und legte den Mantel ab. Frau Minét war schon vorgegangen zum Behandlungszimmer und wartete dort. Als ich fertig war, ging ich den kurzen, schmalen Gang entlang zum Behandlungsraum und betrachtete die Frau ganz genau. Sie war nicht nur stolz, sondern war auch eine sanfte, fast scheue Persönlichkeit. Sie stellte sich vor und begann ein wenig zu erzählen. Sie war einen Kopf größer als ich und hatte einen französischen Akzent. Sie kam aus der Provence und nutzte jede Gelegenheit, daheim wieder ein paar Tage in ihrem Landhaus in Frankreich zu verbringen. Die Behandlungen waren für mich dann überraschend angenehm und so beschloss ich, regelmäßig ihre Behandlungstermine wahrzunehmen. Ich wollte ihr zumindest eine Chance geben und ein paar Behandlungen abwarten. Frau Minét behandelte sanft und betrachtete den ganzen Körper, was mir entgegenkam. Ich schöpfte neuen Mut und begann wieder, neben den Behandlungen regelmäßig zu meditieren und zu beten. Außerdem fing ich wieder an, die Signale der Natur aktiv wahrzunehmen und zu interpretieren. Nach und nach kamen wir uns näher und freundeten uns schließlich an.

Antonie Minét war eine leidenschaftliche Malerin und malte in unterschiedlichen Techniken von Handskizzen über Kalligrafie bis hinzu Maltechniken mit Eierschalen und Ölmalerei. Ich war ganz angetan von ihren Bildern. Spontan hatte ich Ideen, wie sie ihre Praxis mit diesen schönen Bildern und positiven Energien schmücken könnte. Wir begannen, uns über alles Mögliche zu unterhalten. Das Eis war gebrochen und ich begann, sich zu öffnen. Ich fing tatsächlich an, von mir zu erzählen. Die Gespräche wurden immer persönlicher und es entwickelte sich eine intensive Freundschaft. Irgendwann bat mir Frau Minét das Du an. Ich war unheimlich stolz darüber und betrachtete es als große Ehre, war doch dieser Tatbestand bei Franzosen eher eine Ausnahme.

Eines Tages ergab es sich, dass ich begann, von meinen extremeren Erfahrungen zu erzählen. Antonie wurde neugierig und wollte mehr darüber erfahren. Also erzählte ich von meinen Zeichnungen. Nun kam ich nicht mehr aus der Situation heraus, denn Antonie pochte darauf, dass ich ihr welche mitbrachte und erzählte, was ich gesehen und erlebt hatte. Ich versprach ihr, die Zeichnungen das nächste Mal mitzubringen. Als ich daheim ankam, packte ich als Erstes die Zeichnungen ein, damit ich sie beim nächsten Mal bloß nicht vergessen würde. Ich wusste, dass ich Antonie anhand der Skizzen am besten erklären konnte, was ich gesehen und geträumt hatte und welche Bilder ich nach wie vor in meinem Kopf herumtrug. Mir war es aber trotzdem ein bisschen peinlich, Antonie die Bilder zu zeigen, waren sie in meinen Augen doch einfach nur fürchterlich und für Antonie mit Sicherheit unakzeptabel. Trotzdem wollte ich ihre Meinung darüber wissen. Ich wollte einfach eine Idee haben, ob Antonie zumindest einen Hauch einer Vorstellung hatte, was auf meinen Bildern zu sehen war oder ob in ihren Augen bereits Hopfen und Malz verloren waren.

Gespannt packte ich bei der nächsten Behandlung meine Bilder aus. Sie schaute die Bilder genau an und war ganz begeistert, was ich gar nicht fassen und verstehen konnte. Irritiert dachte ich: Vielleicht will sie nur höflich sein? Sie freute sich aber unglaublich, ließ gar nicht locker und ging auf die ganzen Einzelheiten der Gesichter, Kleidung und Schattenspiele näher ein. Ich konnte es immer noch nicht glauben, begann aber zu zweifeln: Sind die Bilder vielleicht doch nicht so schlimm? Ich begann ernsthaft darüber nachzudenken, vielleicht weiterzumachen. Antonie war eine exzellente Malerin und ich wusste, dass ich mich damit nicht vergleichen konnte. Im Innersten war ich aber über jeden Anstoß froh, den ich bekam. Es war eine große Ehre für mich, dass Antonie die Bilder gefielen. Das inspirierte mich, weiterzumachen und nach neuen Motiven zu suchen.

Auch Antonie ließ sich bei einer Heilerin behandeln, um ihre mentalen Stärken wieder zu finden. Das fand ich besonders interessant, hatte ich doch immer die Vorstellung gehabt, dass Therapeuten für sich selbst schon berufsbedingt einen Weg kennen, ihr Leben entsprechend auszugestalten und die gelernten Methoden einfach umzusetzen. Aber vielleicht war es doch ein bisschen wie bei einem Friseur, der sich seine Haare auch nicht allein schneiden konnte, auch wenn er noch so gut wusste, wie es ging. Antonie erzählte von ihren Sitzungen mit Barbara Julius. Ich kannte die Frau zwar nicht, aber immer wenn Antonie von ihr sprach und ihren Namen erwähnte, lief mir ein kalter Schauer über den Rücken. Eines Tages behandelte Antonie gerade meinen Kopf, als sie von der Heilerin erzählte. Da schossen mir plötzlich Schmerzen in den Schädel, dass mir ganz schlecht wurde. Ich lenkte Antonie auf ein anderes Thema und umgehend gingen die Schmerzen vorüber. Beim Abschied bat ich Antonie, aufzupassen und sich spirituell zu schützen, wann immer sie dort hingehen würde. Ich hatte überhaupt kein gutes Gefühl dabei und hoffte, dass Antonie eine andere Therapeutin finden möge.

Trotz dieser Erfahrungen ging ich weiterhin regelmäßig zu ihr. Stell Dir nur vor, Loreen: Endlich hatte ich wieder eine Therapie gefunden, die mich wirklich weiter brachte. Und dazu hatte ich eine neue Freundin gewonnen. Das machte mich sehr glücklich und gab mir neuen Lebensmut. Jede Behandlung war anders. Zu Beginn betrachtete Antonie meinen ganzen Körper und machte mit mir sanfte Koordinationsübungen, um genau zu sehen, wo ich aus dem Gleichgewicht geraten war und wie sie mir zu diesem Zeitpunkt helfen konnte. Dabei kam es nicht selten vor, dass Antonie die Füße, ein Knie oder sogar Probleme im Verdauungssystem behandeln musste, weil sich gerade in diesem Bereich Blockaden bemerkbar machten, oder ich so aus dem Gleichgewicht geraten war, dass es sich dort auswirkte. Kurz und gut: Jede Behandlung war ein Segen. Dafür nahm ich auch gern einen Fahrtweg von jeweils einer Stunde hin und zurück in Kauf.

Ich begann wieder nach vorn zu schauen und begann, mich an vielen kleinen Dingen zu erfreuen. Einen kleinen Durchbruch brachte mir erstaunlicherweise eine partielle Sonnenfinsternis. Es war wundervolles Wetter. Ich stand auf der Terrasse und beobachtete, wie sich der Mond langsam vor die Sonne schob, bis er sie zu einem Drittel bedeckte. Es war einfach wunderbar. Vor lauter Freude machte ich spontan den Ahnengruß und tanzte. Dann musste ich losgehen zum Behandlungstermin. Heute fühlte ich mich so richtig gut. Die Bahn kam nicht gleich und so konnte ich noch die Vögel beobachten. An die fünfzehn Zugvögel kamen vorbei, flogen direkt auf mich zu, über mich hinweg und verschwanden langsam am Horizont. Wie gebannt schaute ich den Vögeln nach. Sie flogen in Formation und hatten indianische Zeichen an den Himmel gemalt! Drei riesige Zeichen. Sie sagten mir: „Der mühsame Weg ist vorbei. Du hast das Tal durchschritten. Es beginnt eine neue Ära!" Ich war sprachlos und konnte nur mit dem Kopf schütteln. Dann schlug ich mir mit der Hand auf die Stirn – natürlich, das war es! Es war meine eigene Lebensenergie! Mit meinem Geburtstag war ich nach dem afrikanischen Medizinrad in eine neue, bessere Lebensenergie gerutscht. Es ging voran! Das hatten mir nun die Vögel aufgezeigt, unglaublich!

Als ich dann bei Antonie eintraf, musterte sie mich ganz aufgeregt und meinte: „Was ist passiert? Ich erkenne Dich kaum wieder. Du hast so strahlend blaue Augen! Kein Vergleich zu den letzten Malen!" Ich lächelte entzückt. Antonie fuhr fort: „Um ehrlich zu sein, konnte ich Dir die letzten Male kaum in deine Augen schauen – sie waren fast tot." Ich war entsetzt und glücklich zugleich, aber auch etwas geschockt über diese Aussage. Ich dachte nur: Man hat es mir also angesehen, wie ich mich fühle. Ich erwiderte: „Immer wenn man glaubt, dass man sich in einer Sackgasse befindet, gibt es doch einen Ausweg. Die Natur kennt keine Straßenschilder! Sie hat ihre eigenen Gesetze, auch wenn wir Menschen immer wieder annehmen, diese Gesetze umgehen zu können. Die Folge sind Katastrophen unserer Unwissenheit, oder?" Ich wollte Antonie ein wenig herausfordern und setzte fort: „Aber heute ist mein Tag! Die Vögel haben es mir gesagt." Ich erzählte, was passiert war. Antonie umarmte mich vor Glück und tat so, als ob sie mit ihrer Behandlung beginnen wollte. Dann hielt sie inne. Es war nämlich noch nicht alles. Antonie hatte eine Überraschung für mich parat. Sie sagte mit einem verschmitzten Lächeln: „Alles Gute zum Geburtstag, ich habe etwas für Dich." Ich war ganz erstaunt, damit hatte ich nicht gerechnet. Es war ein Skizzenbuch und ein dazu passender Stift. Was für eine Aufforderung!, dachte ich. Ich muss vor Glück über beide Ohren gestrahlt haben. Nun musste ich wohl wirklich weiter malen!

Daheim angekommen, fing ich gleich an die Erlebnisse niederzuschreiben, um mich auch später noch daran zu erinnern. Es war immer noch schönes Wetter, die Sonne schien. Als ich mit dem Schreiben begann, ergoss sich ein heftiger Regenschauer über unsere Terrasse. Kaum hatte ich aber den Satz beendet, war der Regen vorbei. Es musste wohl ein Zeichen Gottes gewesen sein. Nun wurde mir klar, dass ich wirklich eine ganz kritische Lebensphase hinter mich gebracht hatte und nun endlich nach vorn schauen konnte."

Loreen stoppt den Wagen und fährt einen Parkplatz an. „Ich brauche jetzt eine Pause. Ich glaube, das haben wir uns verdient", sagt sie lächelnd zu Anna. „Dann zeigst Du mir bestimmt Deine Bilder, nicht wahr? Ich habe schon lange auf diesen Augenblick gewartet." Anna reagiert mit gespielter Gereiztheit: „Heute gibst Du ja gar keine Ruhe! Ich habe wohl keine andere Wahl, nicht wahr?" „Nein. No Chance!", erwidert Loreen siegessicher. Sie steigen aus und vertreten sich die Beine. Loreen hat das Skizzenheft mitgenommen, wie Anna es ihr unvorsichtiger Weise erlaubt hat. Auf den ersten Seiten sind zahlreiche Entwürfe von Menschen und Nasen zu sehen. Aber dann folgen andere Bilder. Der große, kraftvolle Kopf eines Weißkopfadlers schaut zur Seite. Im Hintergrund befinden sich Berge und Almen. „Wie kommst Du auf Deine Motive?", möchte Loreen wissen. „Naja, hinter jedem Bild steckt eine eigene Geschichte." Loreen blättert weiter. Ein weiterer Kopf, der eines Steinadlers, ist zu sehen, der Loreen beim Betrachten direkt anschaut und mit ihr zu sprechen scheint.

Anna lächelt. „Dieser Adler ist mir während einer Pfeifenzeremonie erschienen. Mein Vater war damals sehr krank. Er ist Langzeitdiabetiker und war zu dieser Zeit in seiner schwierigsten Lebensphase. Ich betete für ihn und sah das Bild vor mir. Da war mir klar, dass der Adler ihn beschützen und würde. Er wollte aber auch mit meinem Vater direkt reden. Also malte ich das Bild und schenkte es ihm. Er hat es überall hin mitgenommen. Der Adler hat ihm Kraft gegeben, viel Kraft. Trotz seines endlosen Leidens entwickelte mein Vater in dieser Zeit einen Lebensmut, eine Energie und Kraft, die ich nie zuvor bei ihm erlebt hatte. Sein ganzes Leben lang nicht. Nach einem halben Jahr Krankenhausaufenthalt und unzähligen, schweren Operationen und sogar einer Amputation konnte er die Klink verlassen. Am Tag der Entlassung standen die Ärzte, die ihn betreut hatten, Schlange. Sie wollten sich persönlich bei ihm verabschieden. Lange Zeit vorher hatten sie ihn bereits aufgegeben." „Wie geht es ihm heute?" „Ich bin immer noch in tiefer Trauer über seinen Tod. Gott hat ihm noch ein weiteres Jahr geschenkt. Seither musste er tiefe Einschnitte und Einschränkungen in seinem Leben hinnehmen, aber er war auf seine Art glücklich. Je mehr er leiden musste, je älter er wurde, desto stärker wurde er. Ich habe ihn und seine Kraft oft bewundert. Der Adler, andere Schutztiere und Gebete sind zu seinen ewigen Begleitern geworden. Du wirst bald noch mehr von ihm erfahren. Für mich gab es gerade während dieser schweren Zeit viele Wunder, die ich bis heute noch nicht ganz fassen und glauben kann, aber sie sind wahr und haben nicht nur mein eigenes Leben von Grund auf verändert."

Loreen blättert weiter im Skizzenheft. „Was ist das für ein Mönch? Wie ich weiß, hast Du Dich mit dem Buddhismus auseinandergesetzt?" Anna antwortet lächelnd: „Naja. Ich bin noch keinem Mönch persönlich begegnet. Ich habe viel Literatur über tibetische Medizin gelesen und mich mit Literatur des Dalai Lama und dem damit verbundenen tibetischen Buddhismus auseinandergesetzt. Und wie Du weisst, haben sie mich in meinen Visionen immer wieder begleitet, warum auch immer. Ich habe sie immer bewundert und mein Traum ist nach wie vor, von Ihnen lernen zu können. Dieses Glück hatte ich aber leider bis heute nicht. So suchte ich nach Literatur über den tibetischen Buddhismus, ob es Romane waren oder die Lehren von Lamas oder dem Dalai Lama selbst. Du wirst lachen, aber ich habe auch spannende Romane über Tibet gelesen, die mich zum meditieren brachten. Ich beschäftigte mich außerdem mit den Chants." Sie lächelt verschmitzt und schaut aus dem Fenster. „Ich hatte Dir schon erzählt, dass ich mit der Gebetskette meinen Heuschnupfen überwunden hatte, oder? Ich habe irgendwann begonnen, verschiedene meiner eigenen Mimiken näher zu studieren und bemerkte, dass ich unbewusst viele Sitzstellungen und Handbewegungen machte, die einen tieferen Hintergrund hatten. Wie tief, war mir allerdings zu dieser Zeit noch nicht bewusst. Nachdem ich mir die Hintergründe ins Bewusstsein gebracht hatte, habe ich diese Mimiken viel öfter und bewusster eingesetzt."

„Und wieso hast Du den Mönch gezeichnet?" fragt Loreen. „Das ist eine skurrile Geschichte.", antwortet Anna. „Ich hatte mal wieder ein Tief und heftige Schmerzen, Schwindel und so weiter., musste daheim das Bett hüten und war froh, allein zu sein. In solchen Situationen nehme ich mir immer besonders viel Zeit für Gebete und Meditationen. Leider hatte ich es zu diesem Zeitpunkt noch nicht geschafft, die Gebete auch in mein stressiges Berufsleben zu integrieren. Das rächte sich von Zeit zu Zeit bitter. Ich hatte mir noch nicht zugestanden, dass ich nicht mehr voll arbeitsfähig war. So kam natürlich, was kommen musste: ein neuer Rückschlag. An diesem Tag war ich daheim und hörte in mich hinein. Ich hatte das Gefühl, dass ich tibetische Musik hören müsste. Ich meditierte, wie so oft. Ich wollte aber auch unbedingt einen Mönch zeichnen. Ich hatte das Gefühl, dass ich das unbedingt jetzt zu diesem Zeitpunkt tun müsse, jetzt an diesem Tag, zu dieser Stunde, in diesem Augenblick zu dieser Musik. Ich hatte das Bild direkt vor Augen. Er musste hoch in den Bergen stehen mit Gletschern im Hintergrund. Ich dachte nicht lange nach, nahm meine Kreidestifte und begann zu zeichnen. Im Hintergrund hörte ich keine Nachrichten, kein Radio, kein nichts. Ich lauschte nur den tibetischen Chants. Nach einem halben Tag war das Bild fertig. Ich lehnte mich zurück und verbrachte auch den Rest des Tages mit Gebeten. Am Nachmittag versank ich schließlich in einen tiefen Schlaf. Als Michael abends heimkam, weckte er mich und wir hörten Nachrichten. Ich konnte nicht so recht glauben, was ich da hörte. Es war der fünfzigste Jahrestag des Exils des Dalai Lama."

Anna macht eine kleine Pause und fährt fort: „Komm, lass uns weiterfahren. Wir wollen doch nicht zu spät kommen, oder?" Anna zwinkert mit den Augen und steigt in den Wagen ein. Loreen ist noch etwas sprachlos, kommt dann langsam nach und steigt ebenfalls ein. Im Auto lässt sie nicht locker. „Das Exil des Dalai Lama? Hat Dich das nicht zusätzlich traurig gemacht? Er konnte doch nie wieder zurück!", Anna lächelt und erwidert: „Oh doch, er kann, wenn auch vielleicht nicht in diesem Leben. Wenn ich unser Jahrhundert betrachte, musste aus meiner Sicht ein wichtiger Schritt für diese Welt getan werden. So hart es klingt. Ich glaube, dass das Exil des Dalai Lama ein notwendiger

Evolutionsschritt war. Mit dem Weggang des Dalai Lama aus Tibet hat der Buddhismus eine Globalisierung erfahren, die ohne diese Unterdrückung der Tibeter in Tibet niemals möglich gewesen wäre. Wenn ich zurückdenke, wie viele Tibeter auch zu uns in die Schweiz gekommen sind und wie nachhaltig sich diese Religion allein bei uns etabliert hat, ist das sehr erstaunlich. Schau nach Amerika. Auch dort hat der Buddhismus eine Popularität erfahren, die ohne das Exil des Dalai Lama undenkbar gewesen wäre" „Stimmt eigentlich. Aus dieser Warte habe ich das Thema noch nie betrachtet, aber Du hast recht."

Anna fährt fort: „Insgesamt glaube ich, werden die Glaubensrichtungen näher zusammenrücken und vielleicht sogar verschmelzen. Je mehr ich mich mit verschiedenen Religionen auseinandersetzt habe, desto mehr Ähnlichkeiten habe ich feststellen können." Loreen schaut verblüfft: „Aber die ganzen Riten und Zeremonien sind doch ganz unterschiedlich." „Das ist richtig", antwortet Anna. „Allerdings was die Verhaltensweisen und Ideale, die Bewusstseinsänderungen sowie das Leben im Einklang mit der Natur und dem Universum angeht, sind die Gemeinsamkeiten bemerkenswert. Das sind zumindest meine Erfahrungen." „Mmmh, weiß ich nicht so recht." Anna schaut zu Loreen herüber und lächelt. „Natürlich gibt es auch sehr große Unterschiede, aber diese unterschiedlichen Prinzipien haben doch immer sehr ähnlich gelagerte Ziele und Mechanismen. Das gilt zum Beispiel, wenn du die Arbeit mit Klängen und Vibrationen nimmst. In den asiatischen Gebieten wird viel mit Klangschalen und Gongs gearbeitet, um die Balance herzustellen und die 'Ordnung im Mikrokosmos des Organismus, aber auch zum Universum' herbeizuführen. Bei den Indianern arbeitet man viel mit Trommelklängen, was ähnliche Effekte zur Folge hat. Oder nimm die Ernährung und das Thema 'Fasten und innere Reinigung'. Auch diese Wege zur Balance findest Du in fast allen Religionen. Auch diverse Düfte für unterschiedliche Zwecke findest Du sowohl in der christlichen Religion, als auch im Buddhismus und bei den Indianern. Natürlich gibt es regionale Unterschiede bei der Nutzung dieser Düfte, wie auch bei der Behandlung mit Kräutern oder Steinen aber auch viele Gemeinsamkeiten. Ich bin gespannt, wie diese Entwicklungen in ein paar Jahrzehnten oder Jahrhunderten ausschauen werden." Loreen nickt zustimmend. „Das bin ich allerdings auch, soweit wir das noch erleben können." Lächelnd fahren sie weiter.

Heimkehr

„Ich setzte alle Kraft ein, um Swimming Bear zu finden. Nun hatte ich den entscheidenden Hinweis bekommen. Ich nahm ihn als das letzte Geschenk, das ich aus Afrika bekommen hatte. Ich fand ihn wirklich, dass heißt seine Adresse und Bilder, und konnte es kaum fassen! Nach vier Jahren! Ich rieb mir die Augen und schaute nochmals genau hin. Ich kam mir fast etwas blöd vor, sogar Telefonnummern fand ich! Nervös wie ich war, wollte ich am liebsten gleich anrufen. Ich fieberte und war ganz kribbelig. Wie sollte ich es am geschicktesten anstellen? Würde ich gleich abblitzen? Da war ich so nah dran und durfte keinen Fehler machen. Ich zögerte, denn guter Rat war teuer. Es war Weihnachten, die Zeit der Ruhe und Gebete, der Familie und Andacht. Da konnte man doch niemanden stören, oder? Ich wusste ja, dass Weihnachten in den USA anders gefeiert wurde als hier. Aber wie war es bei den Indianern? Du siehst, Loreen: Tausend Fragen schossen mir durch den Kopf. Nun hatte ich das schönste Geschenk der Welt bekommen und musste es nur noch aufmachen und aufpassen, es nicht gleich kaputtzumachen. Ich überlegte und überlegte: Aber Weihnachten kann ich doch nicht anrufen, oder? Aber wenn ich es nicht tue? Darf ich es denn tun? Da ging ziemlich lange so weiter und ich zitterte schon vor Ungeduld. Dann nahm ich schließlich all meinen Mut zusammen und rief an. Ich lauschte und hörte den Freiton am anderen Ende der Leitung. Bloß keinen Fehler machen!, schoss mir durch den Kopf.

Am anderen Ende meldete sich eine gewisse Rosalyne Healing Waters, die Lebensgefährtin von Swimming Bear. Sie hatte eine angenehme, warme Stimme. Ich stellte mich kurz vor und erzählte von meiner Vision mit Swimming Bear. Ich hatte überhaupt keine Ahnung, was kommen würde. Mein Herz begann zu schlagen und ich dachte noch: Hoffentlich bilde ich mir die Visionen nicht nur ein und werde abgewiesen oder gar ausgelacht. Aber Rosalyne Healing Waters hörte genau zu und bat mich, ihr doch ein Foto und eine E-Mail zu schicken. Ich war erleichtert und glücklich und hätte vor Glück am liebsten an die Decke springen können. Ich hatte es geschafft, wir kamen in Kontakt! Swimming Bear war allerdings schwerhörig und konnte nicht telefonieren. Das bedauerte ich sehr, verstand und akzeptierte es aber, auch wenn es mir unheimlich schwer viel. Nun hatte ich so lange gesucht und musste mich nochmals gedulden. C'est la vie, dachte ich, Was solls. Ich werde es schon schaffen, ihm zu begegnen. Ganz bestimmt. So begnügte ich mich zunächst mit

Rosalyne Healing Waters. Ich hatte ein gutes Gefühl und war ganz gespannt, wie beide reagieren würden. Es war das Gefühl, Großeltern und Eltern zugleich wiedergefunden zu haben.

Was dann passierte, hätte ich mir in meinen kühnsten Träumen nicht ausmalen können: Spontan bekam ich eine Einladung. Ich war überwältigt und hatte zwar keine Ahnung, was mich erwarten würde, aber das spielte überhaupt keine Rolle. Was für ein Weihnachtsgeschenk, dachte ich, Was für ein Weihnachtsgeschenk. Sollte nun endlich der Traum meines Lebens in Erfüllung gehen? Sollte er mir vielleicht mein Leben zurückgeben können? Gibt es wirklich noch Hoffnung? Dann kreiselten meine Gedanken nur noch um meine Familie. Was werden Alexandra und Michael wohl sagen? Kann ich die beiden für eine Weile allein lassen? Was werden sie denken? Ich war normalerweise nur zu Dienstreisen unterwegs und dann aber auch nur für ein paar Tage. Der gemeinsame Urlaub war uns immer heilig gewesen. Es war die schönste Zeit des Jahres, bei der man einfach alles vergessen konnte. Niemals war ich privat ohne Familie auf Reisen gegangen. Was also tun? Inzwischen war Swimming Bear bereits im stattlichen Alter von neunundachtzig Jahren. Ich wusste, dass ich ihn unbedingt noch dieses Jahr besuchen musste, betete und dachte unentwegt an meine Familie. Was sollte ich nur tun? Es war meine einzige Chance, Swimming Bear noch einmal zu sehen. Das fühlte ich, tief in meinem Herzen. Rosalyne Healing Waters vermittelte mir sogar gleich einen Kontakt zu einem deutschen Freund, der mich bei den Vorbereitungen für die Reise unterstützen sollte.

Ich konnte das Ganze einfach nicht glauben. Sollte es wirklich so einfach sein, Swimming Bear einfach so zu besuchen? Sie wollen mich einfach empfangen, obwohl sie mich gar nicht kennen?! Ich schüttelte nur für mich den Kopf. Das alles war unfassbar und einfach noch nicht real. Und nun hatte ich auch noch Bernd Schneider, einen Freund der Familie, als Kontaktperson bekommen. Ich zwickte mich selbst in den Arm, um ganz sicher zu sein, dass ich nicht träumte. Es tat verdammt weh.

Bernd Schneider war vor langer Zeit aus Deutschland ausgewandert und sprach sogar noch ein wenig deutsch. Ich war fasziniert von seinem Engagement. Das hätte ich nie erwartet. Nun war meine Reise langsam zum Greifen nahe, aber ich wusste gar nicht so recht, was ich tun und an was ich alles denken sollte. Ich hatte ja keine Ahnung, wen ich alles treffen würde und wie ich ihnen am besten eine Freude bereiten konnte!

Auch meine Rückkehr müsste ich besonders gut vorbereiten. Michael hatte einen runden Geburtstag vor sich, der gebührend gefeiert werden musste und sich unmittelbar an die Reise anschließen würde. Dieses Mal musste sein Geburtstagsgeschenk ein ganz besonderes sein, das ich unbedingt vor der Reise besorgen wollte, denn danach hätte ich nur noch drei Tage Zeit bis zur Feier. Wie soll das alles funktionieren? Kann ich die Zwei wirklich allein lassen? Wird Michael böse auf mich sein? Ich war absolut unschlüssig, was ich tun sollte. Auf der einen Seite war ich so nah am Ziel wie noch nie und ich wusste, dass es meine einzige Chance war. Auf der anderen Seite hatte ich Skrupel, meine Familie wirklich allein zu lassen und mir selbst diesen Wunsch zu erfüllen. Vielen Fragen kamen in mir hoch. Habe ich genug Zeit Michaels Geburtstag vorzubereiten? Halte ich den langen Flug allein durch? Was mache ich mit meinem Gepäck? Ich habe niemanden zum Tragen und allein kann ich es mit meinen Verletzungen nicht. Was kann ich da nur tun? Wird es Leute geben, die mir helfen? Äußerlich sieht mir niemand meine Verletzungen an. Wird man mich einfach stehen lassen?' Außerdem wusste ich immer noch nicht, wie ich es Michael und Alexandra beibringen sollte. Gott sei Dank ergab es sich, dass unsere Familie zu einem Austausch vom Handballverein eingeladen wurde. Dieses Mal wollte Alexandra unbedingt mit ihrem Vater fahren. Damit waren meine Probleme auf einen Schlag erledigt, was ich kaum glauben konnte.

Nun hatte ich ein Wochenende ganz für mich allein. Auch das war ein ganz neues Gefühl. Das klingt jetzt zwar komisch, aber es war tatsächlich das erste Mal in meinem Leben, dass ich über mehrere Tag hinweg ganz allein daheim war. Ich beschloss in die Stadt zu fahren, um die ganzen Geschenke einzukaufen, zuerst für Michael und dann natürlich auch für meine neuen Bekanntschaften bei den Indianern, auch wenn ich sie noch gar nicht kannte. Zuerst hatte ich keine Ahnung, was ich mitbringen sollte und für wen. Aber dann sagte meine innere Stimme mir, dass ich dreimal Tabak brauchen würde. Von Bernd Schneider wusste ich, dass der Tabak in ein rotes Tuch eingepackt werden musste. Also kaufte ich drei rote Tücher mit einem Marienkäfer als Glücksbringer. Warum es gerade dreimal Tabak war, wusste ich nicht. Dann sah ich noch vier wunderschöne große Kaffeetassen mit den vier Jahreszeiten darauf. Ich wusste zwar nicht für wen, aber mir war klar, dass ich die Tassen mitbringen musste. Zudem sah ich kleine Geschenkdosen. Auch davon musste ich zwei Stück kaufen und noch drei wunderschöne rote Beutel mit Stickereien von Getreide und Brot, als Symbol immer genug zu essen zu haben.

Für Swimming Bear hatte ich ein traditionelles Schweizer Taschenmesser sowie einen Fahrtenmesser vorgesehen. Rosalyne Healing Waters hatte sich eine Tischdecke gewünscht. Das war ein Segen für mich, so konnte ich zumindest hier sicher sein, ihr in jedem Fall eine Freude zu machen. Ich suchte lange, bis endlich die richtige gefunden war. Um für immer mit ihnen verbunden zu bleiben, wählte ich noch einen hübschen Kerzenständer mit einer Kerze aus. Du weißt ja, dass ich oft Kerzen zum Meditieren benutze. Für mich sind sie ein Zeichen meiner Verbundenheit, der Verbundenheit zu allen Lebewesen, den Ahnen und zu Gott. Vielleicht zünden auch sie ja zuweilen eine Kerze an. Wer weiß, dachte ich. Glücklich und erleichtert setzte ich meinen Einkauf fort. Jetzt brauchte ich nur noch die Kamera für Michael. Er war ein ausgezeichneter Hobbyfotograf und wünschte sich seit langem eine ganz spezielle Kamera. Ich hatte mich schon lange vorher informiert, welche Kamera es sein musste und wo es sie zu kaufen gab. So ging ich gezielt in den Fotoladen und kaufte die Kamera. Sie war ziemlich schwer und ich dachte nur noch an die Heimfahrt.

Das Gewicht der Geschenke war ziemlich heftig, sodass mit jedem Schritt die Rückenschmerzen hochkamen und sich verstärkten. Ich war froh, als ich wieder daheim war und mich erholen konnte. Glücklicherweise war noch genug Zeit bis zur Abreise und die Sachen hatte ich schon endgültig gepackt. Noch ein paar Tage harte Arbeit standen vor mir, um dann in ein anderes Extrem einzutauchen. Daheim ging ich im Garten umher und grübelte nach, was wohl in die Geschenkdosen gehörte. Plötzlich hatte ich einen Geistesblitz: Natürlich, ein Stein muss es sein! Komischerweise hatte ich das Gefühl, dass in die eine Dose ein Stein und in die andere Dose zwei Steine gehörten. Warum, wusste ich nicht, es gab keine Erklärung dafür. Ich machte mir aber auch keine Gedanken darüber, sondern folgte einfach meinen Eingebungen. Sorgsam suchte ich nach den richtigen Steinen, wusch sie, lud sie in der Sonne auf und verpackte sie.

Die nächsten Tage vergingen wie im Flug und auf einmal war es soweit. Nach ziemlich genau vier Jahren hatte ich es endlich geschafft. Um nicht ganz auf mich allein gestellt zu sein, wollte ich engen Kontakt mit Freunden und meinen Eltern halten. Ich hatte mich vergewissert, dass ich bei Swimming Bear auch per Handy erreichbar sein würde, wenngleich mir eigentlich klar war, dass ich in Gebiete reisen würde, die so abgeschieden waren, dass es garantiert keinerlei Empfang gab. Freundinnen rieten mir, vorsichtig zu sein, einige rieten mir sogar immer wieder ab, allein in eine fremde Gegend zu unbekannten Leuten zu reisen. Manche waren richtig entsetzt. Allein nach Amerika und das auch noch als Frau!" „Aber Du hast Dich nicht beirren lassen!", sagt Loreen stolz. „Ich habe mir jedenfalls Mühe gegeben", antwortet Anna lachend. „Aber ich muss zugeben, dass mir ab und zu doch ziemlich mulmig zumute war. Immer stärker habe ich nach Zuversicht und Zuspruch gesucht, um die ganzen Bedenken zu zerstreuen. Ich wollte mir einfach ein wenig Sicherheit und ein gutes Gefühl holen und beschloss, trotz der gemischten Gefühle Barbara Julius anrufen. Von Antonie wusste ich, dass Frau Julius hellseherische Fähigkeiten besaß und Antonie schon des Öfteren mental geholfen hatte. Ich wollte mich von ihr beraten lassen und außerdem wissen, wie Sie es geschafft hatte, diesen Berufsweg einzuschlagen. Vielleicht habe ich auch insgeheim gehofft, wertvolle Hinweise für meinen eigenen Weg zubekommen. Dann fasste ich mir ein Herz und rief Frau Julius an.

Sie reagierte sehr schockiert auf diesen Anruf und dieses Anliegen. Sie war richtig entsetzt und abweisend! Sie erklärte mir barsch, dass sie kurz über die Sache nachdenken müsse. Warte, ich weiß es noch genau. Sie sagte: „Geben Sie mir bitte einen Moment. Ich muss erst einmal Luft holen, in mich gehen und schauen, was ich sehe." Nach einigen Minuten ging sie wieder ans Telefon und sagte: „Einen Moment bitte. Ich muss nochmals schauen." Ich hörte, wie Frau Julius den Telefonhörer wieder bei Seite legte, war aber wartete geduldig und gespannt. Trotz der barschen Reaktion war ich merkwürdigerweise guter Dinge. Nach ein paar Minuten ging Frau Julius wieder ans Telefon und sagte wiederum: „Ich brauche noch einen Moment. Ich muss nochmals schauen." Wieder legte sie den Telefonhörer beiseite, kam nach ein paar Minuten zurück und wiederholte: „Gleich." Ich wusste nicht so recht, was das sollte, wartete aber weiter geduldig. Wieder und wieder wiederholte sich diese Prozedur. Ich blieb weiter brav am Telefon und wartete jedes Mal geduldig. Nach zirka fünf weiteren Minuten kam Frau Julius endgültig zurück und sprach zu mir. Sie riet dringend und nachdrücklich davon ab, diese Reise zu unternehmen und prophezeite mir, dass ich dort schwer erkranken würde und es lebensbedrohliche Ausmaße annehmen könnte.

Sie sagte auch, dass ich dringende Hilfe benötigen würde und es dann kaum noch möglich sein würde, mich zu heilen.

„Sie dürfen auf gar keinen Fall dort hinfliegen. Sie werden schwer krank werden, unheilbar krank. Ich kann Ihnen dann nicht mehr helfen. Ich bin selbst monatelang ausgebucht. Wenn es zu schlimm wird, nehmen Sie im Zweifel lieber ein Hotel und fahren weg. Das Beste wäre jedoch, wenn Sie die Reise gänzlich absagen würden." Ich war entsetzt. Es verschlug mir fast die Sprache, denn ich hatte mit allem gerechnet, aber niemals mit solch einer Aussage. Ich zitterte vor Angst, aber es war zu spät. Was sollte ich nur tun? Es gab kein Zurück mehr. Das konnte ich Swimming Bear und Rosalyne Healing Waters nicht antun. Nach all den Gesprächen und den intensiven Mails konnte ich mir beim besten Willen nicht vorstellen, dass sie mir irgendetwas Böses antun würden. Zudem wollte ich mir die Blöße nicht geben, alles abzusagen, hatte ich doch ganze vier Jahre gekämpft, gesucht und stand endlich kurz vor dem Abflug. Auch mit der Familie hatte ich bereits alles geklärt und ihre Zustimmung für die Reise bekommen, auch wenn sie nicht gerade begeistert waren. Aber das hatte ich auch nicht erwartet, waren doch nun die beiden „Männer" auf sich selbst gestellt und das kurz vor Michaels rundem Geburtstag. Die Flüge waren schon gebucht, die Geschenke gekauft. Nun konnte ich doch nicht aufgeben, so kurz vor dem Ziel! Ich musste es durchziehen, musste es einfach tun. Da gab es nur eins, Augen zu und durch. Ich ballte die Faust und dachte ganz fest: Nichts wird mich davon abhalten. Wenn mir etwas passieren sollte, hat es das Schicksal nicht anders gewollt - C'est la vie. In diesem Augenblick beschloss ich, mich nicht weiter beeindrucken zu lassen und einfach meinen Weg zu gehen, was und wer auch immer mich davon abhalten wollte. Ich bedankte mich noch bei Frau Julius, verabschiedete mich und legte auf. Du kannst Dir wohl vorstellen, dass ich ziemlich aufgebracht war. Der Schrecken, den Frau Julius mir eingejagt hatte, saß tief.

Inzwischen war es Abend geworden, das letzte Abendessen mit der Familie vor dem Abflug. Diese Mahlzeit war anders als sonst. Ich hatte ein schlechtes Gewissen, meine Familie allein zu lassen, hatte Angst und Zuversicht zugleich und wusste doch, dass diese Reise mit Sicherheit mein Leben verändern würde. Morgens dann, als ich aufwachte, hatte ich mächtige Kopfschmerzen und Übelkeit überkam mich. Kurz: Mir ging es hundeelend. Gott sei Dank war ich allein. Mein Flieger ging erst am Nachmittag und Michael musste vormittags noch arbeiten. Ich legte mich auf die Couch, mir zersprang fast der Kopf. Auf einmal sah ich das Gesicht einer Frau vor mir, ganz nah. Sie hatte lange, schwarze Haare, eine dicke Warze an der linken Wange und lachte breit und hämisch mit weit geöffnetem Mund. Ihre Zähne waren waren grausig anzuschauen. Ich zitterte am ganzen Leib, betete und dachte: Du wirst mich nicht von meiner Reise abhalten, DU nicht! Es konnte nur Frau Julius sein, das war klar. Dann hörte ich zum Glück Michael die Tür aufsperren. Nun war es endgültig soweit, wir mussten los. Alexandra und Michael brachten mich zum Flughafen. Sie verabschiedeten mich liebevoll und winkten mir zu. Alles Weitere lag allein bei mir.

Wieder überkam mich ein mulmiges Gefühl. Es war seit langer Zeit wieder einmal eine größere Reise. Mit der kleinen Besonderheit, dass ich sie ganz allein bestreiten musste. Noch dazu sollte es eine Reise mit lauter Unbekannten sein, die unter Umständen mein ganzes Leben verändern konnte. Es war das erste Mal, dass ich meine Familie für zwei Wochen allein lassen würde. Über zwei Jahre grübelte ich darüber nach, ob ich damit meine Familie wohl im Stich lasse, oder ob es ein notwendiger Schritt war, der uns noch enger zusammenbringen könnte. Wie dem auch sei. Für den Augenblick war es ein endgültiger Entschluss, den ich nicht mehr rückgängig machen konnte und wollte. Nun konnte ich nur nach vorn blicken und sehen, was die Zukunft bringen würde.

Nachdem ich die Pass- und Zollkontrollen hinter mich gebracht hatte, schlenderte ich noch ein wenig die Geschäfte am Flughafen entlang und setzte mich ans Gate. Kopfschmerzen und Übelkeit kamen wieder hoch und ich begann zu beten, dass ich den Flug gut überstehen möge. Natürlich schwang das mulmige Gefühl die ganze Zeit mit und verbesserte die Beschwerden nicht gerade. Endlich konnte ich einsteigen und die lange Reise begann. Zunächst ging es nach München. Dort musste ich noch zwei Stunden verweilen, ehe es endlich weiterging zum Überseeflug. Der Flug nach Denver war total ausgebucht und ich saß in einer der letzten Reihen im mittleren Bereich. Ich nahm mir ein Buch und das Kuscheltier, das Alexandra mir mitgegeben hatte. Es war ein Pandabär, der mich beschützen sollte. Er tat mir gut. Dennoch wurde meine Übelkeit immer schlimmer und die Kopfschmerzen schier unerträglich. Immer wieder kamen mir die Worte von Frau Julius in den Kopf: Seien Sie vorsichtig! Gehen Sie zur Not in ein Hotel! Sie werden mit einer schweren Krankheit zurückkehren, die kaum heilbar ist! Welche Kräfte waren da am Werk? Wer wollte mit Macht verhindern, dass ich diese Reise antrat? Gott sei Dank saß hinter mir eine nette, ältere Frau aus den USA. Das gab mir gleich ein heimisches Gefühl, ein Stück Nähe zu Amerika und damit indirekt auch zu Swimming Bear. Wir kamen ins Gespräch. Die Frau begann zu erzählen, dass sie zurückwollte, zurück nach Hause um ihre Tochter zu besuchen. Wir unterhielten uns über Gott und die Welt, was mich ablenkte und aufbaute.

Ich hörte Chants tibetischer Mönche und betete, dass ich die Reise gut überstehen würde. Jedes Mal wurde mir etwas besser zumute. Als wir Europa verlassen hatten, waren die Beschwerden bereits sehr schwach. Es war, als ob die negativen Energien an Kraft verloren hätten. Ich wurde freier. Langsam begann ich mich auf das zu freuen, was auf mich zukommen würde. Zwischendurch versuchte ich, den langen Flug mit Schlaf zu überbrücken, um nach der Ankunft fit zu sein. Immer wieder schlief ich ein und wachte wieder auf. Je weiter ich weg war, desto besser ging es mir. Als wir den amerikanischen Kontinent erreicht hatten, fühlte ich eine tiefe Erleichterung und Freude. Glücksgefühle durchdrangen meinen ganzen Körper. Es war ein Gefühl der Erleichterung und der Seligkeit. Die Beschwerden waren verflogen, aber die Freude blieb. Ich genoss den Ausblick über die Berge und konnte es kaum erwarten endlich anzukommen.

In Denver am Flughafen brach das Chaos aus, als Hunderte von Passagieren zur Passkontrolle eilten. Alles war ziemlich langwierig. Das Gepäck musste ich hier direkt zum Check-in-Schalter der Fluggesellschaft des Anschlussfluges bringen. Gott sei Dank war der Schalter nur ein paar Meter entfernt. Ich checkte das Gepäck ein und ging weiter zur Security. Damit begann der anstrengendste Teil meiner Reise. In Denver gab es eine riesige Flughafenhalle, in der sich endlose Schlangen in Richtung Sicherheitskontrolle Schritt für Schritt langsam fortbewegten. Es war eine riesige Halle, auf die die Sonne brannte. Die Luft war stickig und die Temperaturen über 32°C. Flüssigkeiten und Getränke waren aus Sicherheitsgründen untersagt. Es verging etwa eine knappe Stunde, bis ich diesen Check endlich hinter mich gebracht hatte und mit dem Flughafenzug zum Zielgate fahren und dort ein wenig durch die Shops und Restaurants schlendern konnte. Das Wichtigste für mich war, ein Schnäppchen für Michael und Alexandra zu ergattern. Es musste aber etwas ganz Besonderes sein, was ich in der Schweiz nicht kaufen konnte. Nachdem ich ein paar schöne Dinge gefunden hatte, ging es mir richtig gut und ich ging beruhigt zum Gate. Dort vertrieb ich mir die Zeit damit, meinen Eltern und Freunden die Nachricht zu übermitteln, dass ich gut angekommen war. Telefonieren zu dieser Tageszeit machte aufgrund der Zeitverschiebung keinen Sinn, aber so hatten sie die erste positive Nachricht gleich, wenn sie aufstanden. Inzwischen war die Zeit für den Anschlussflug schon ziemlich knapp geworden, also musste ich mich sputen.

Es war traumhaftes Wetter. Die Sonne schien und es gab keine Wolke am Himmel. Wir flogen mit einem kleinen Flugzeug. Neben mir saß ein kräftiger Mann. Er flog regelmäßig die Route zwischen Denver und Albuquerque und erzählte mir ausführlich über die starken Turbulenzen bei seinem letzten Flug. Die Stewardess servierte keine Getränke wegen des zu erwartenden unruhigen Fluges. Ich betete nur, dass alles glatt gehen würde und versuchte die Aussicht zu genießen. Die Sonne schien, es war klare Sicht und wir flogen parallel zu den Rocky Mountains gen Süden. Es war einfach traumhaft. Spontan überkam mich nur ein absolutes Glücksgefühl, dass ich Dir kaum beschreiben kann. Nun war ich bald da und endlich ganz kurz vor meinem Ziel. Ich war zwar ziemlich erschöpft, aber glücklich und verdammt neugierig.

Am Flughafen angekommen, schaute ich mich erst einmal um. Rosalyne Healing Waters hatte versprochen, dass ich abgeholt werden würde. Werde ich die anderen erkennen?, dachte ich bei mir. Wir hatten uns niemals zuvor gesehen. Da ich niemanden sah, setzte ich mich auf das Gepäck und wartete geduldig. Es war ein recht provinzieller Flughafen, sodass wir uns kaum hätten verpassen können. Es gab lediglich ein paar Gepäckbänder, die in den Ausgang mündeten. Nach einer halben Stunde war noch immer niemand zu sehen. Ich nahm mein Handy und rief an. Hoffentlich habe ich auch wirklich die richtige Telefonnummer. Ja! Gott sei Dank! Rosalyne Healing Waters meldet sich. Swimming Bear hatte unerwartet Besuch bekommen und so hatten sie die Zeit verpasst. Sie entschuldigten sich und baten mich nur, einfach zu warten. Ich hatte volles Verständnis, setzte mich seitlich zum Gepäckband und wartete. Irgendwann würden sie schon kommen, da war ich ganz zuversichtlich. Inzwischen waren schon mehrere Flieger gelandet und die Flughafenaufsicht kam schon auf mich zu, um sich zu erkundigen, ob alles in Ordnung sei. Natürlich war alles in Ordnung, ich wartete ja nur. Ich war ganz erstaunt und fand es unheimlich nett, persönlich vom Flughafenpersonal angesprochen zu werden. Trotzdem wurde mir das Ganze mit der Zeit ein wenig suspekt und peinlich. Nicht dass ich noch als Kriminelle eingestuft würde! Trotzdem blieb ich brav sitzen und wartete. Was hätte ich auch sonst tun sollen? Ich hatte weder eine Ahnung, durch welchen Eingang sie kommen würden, noch wie sie wirklich aussahen. Ich kannte nur die Fotos und war mir nicht sicher, ob ich sie erkennen würde. Weitere Flieger waren gelandet und neue Passagiere warteten auf ihr Gepäck. Da kamen zwei Personen zum Ausgang herein und gingen zielgerichtet auf mich zu. Endlich! Ich war überglücklich. Rosalyne Healing Waters hatte noch Besuch mitgebracht. Sie stellten sich kurz vor, halfen mir, das Gepäck einzuladen und los gings. Gemeinsam fuhren wir die Highways entlang, durch die Stadt, um heimzukehren. Und bevor Du fragst, Loreen: Nein, ich konnte es gar nicht erwarten Swimming Bear endlich persönlich zu begegnen." sagt Anna grinsend.

„Rosalyne Healing Waters hatte dafür gesorgt, dass ich bei guten Freunden der Familie übernachten durfte. Sie hießen John und Caroline und wohnten in einem traumhaften Haus mit wunderschönem Ausblick in die Berge. Von der Terrasse konnten sie direkt zu einem Gebirgszug schauen, zum so genannten Sunrise Rock. Ich war überwältigt. Ich hatte mich zwar gedanklich darauf vorbereitet, in einem Zelt oder maximal in einer kleinen Hütte zu übernachten, aber damit hatte ich nun überhaupt nicht gerechnet. John und Caroline stellten sich kurz vor und zeigten mir mein Zimmer. Ich durfte in einem riesigen Zimmer mit separatem Bad und einem kleinen Zugangszimmer mit einem riesengroßen Schrank übernachten! Die eine Seite des Zimmers bestand fast vollständig aus einem Fenster von der Decke bis zum Boden. Der Ausblick war gigantisch. Direkt gegenüber in zwei Meilen Entfernung, am Ende des Wüstenplateaus, war das riesige Gebirgsmassiv zu sehen, das ich schon vom Eingang aus gesehen hatte. Der Sunrise Rock ist ein Ausläufer der Rocky Mountains. Kennst Du ihn?" Als Loreen mit einem Kopf schütteln verneint, fährt Anna ohne Umschweife fort.

„Der Berg hat seinen Namen bekommen, weil er bei Sonnenuntergang wunderschöne, rötliche Farbschattierungen bekommt, die fast minütlich wechseln, je nachdem, wie die Sonne steht. Naja, ich hatte jedenfalls das Gefühl, in einem Luxushotel untergebracht zu sein. Wie konnte ich Ihnen nur danken? Ich wurde von John und Caroline so herzlich empfangen, als wenn wir uns schon ewig gekannt hätten. Dadurch war ich fast peinlich berührt. Auf einmal waren alle Ängste verflogen. Nun durfte ich wirklich in diesem riesigen Zimmer mit einem Kingsize Bett und separatem Bad wohnen! Draußen im Garten flogen Kolibris umher. Es war das erste Mal in meinem Leben, dass ich Kolibris in der freien Natur gesehen sah. John und Caroline besaßen zwei große und einen kleinen Hund, von denen ich neugierig beschnuppert wurde. Leider hatte ich viel zu wenig Zeit für die beiden, denn ich musste weiter. John und Caroline gaben mir die Schlüssel für die Wohnung und zeigten mir, wo ich etwas zu Essen fand. Sie gingen beide sehr früh ins Bett und wollten nicht warten, bis ich zurückkam. Über das tiefe Vertrauen war ich entzückt. Obwohl ich eine Fremde war, gehörte ich trotzdem dazu." „Unfassbar!"

„Ja, mir fehlten einfach die Worte. Aber Rosalyne Healing Waters drängte und so zogen wir weiter. Das Allerwichtigste stand ja noch bevor. Darauf hatte ich nun schon jahrelang gewartet – die Begegnung mit Swimming Bear. Er wohnte nur ein paar Gehminuten entfernt, in einem einfachen Holzverschlag mit vielen kleinen Zimmern, in denen die Gäste untergebracht waren. Trotzdem wurde ich mit dem Auto gefahren, was ich nicht so ganz verstand. Die Gegend schaut doch sicher gut aus, oder etwa nicht? Ein wenig Bewegung und Laufen tut doch gut?, dachte ich, stieg aber ohne etwas zu sagen in den Wagen und betrachtete neugierig alle Häuser in dem Wohngebiet. Kurz darauf waren wir da. Nun war ich angekommen, daheim angekommen! Hinter der Hütte befand sich eine Sandfläche mit ein paar Wüstengewächsen, einer Feuerstelle und einer Schwitzhütte. Auch Swimming Bear hatte, genau wie ich, einen großen Lawendelbusch in seinem Garten. Als ich das sah, musste ich lächeln. Ein kleiner terrassenförmiger Vorbau war mit einem   Holzbohlen bedeckt, um vor der Sonne zu schützen.

Es waren viele Gäste zu Besuch. Für diesen Abend war sogar schon eine Schwitzhütte vorbereitet. Leider konnte ich nicht teilnehmen, weil ich mich in der ‚Moontime', der Menstruation der Frau befand. Es waren Gäste aus unterschiedlichen Regionen und Abstammungen zu Besuch. Einige von ihnen hatten indianisches Blut der Cherokee, Mohawk und Pueblo-Indianer, andere kamen sogar aus Virginia. Aber eins nach dem anderen, denn die Ereignisse überschlugen sich. Im Garten stand die Schwitzhütte und das Feuer brannte schon. Die Gäste holten sich alle Handtücher und zogen sich geeignete Kleidung für die Schwitzhütte an. Ich stand einfach nur sprachlos da und sah ihnen zu. Der Lavendelbusch stand an der Ostseite des Gartens. In der Mitte war das kleine, runde Zelt für die Schwitzhütte aufgebaut. Es war aus Weidenästen aufgebaut, hatte die Form eines Iglus und war mit zahlreichen Decken bedeckt. Westlich davon war die Feuerstelle.

Zwei Cherokee-Indianerinnen versuchten mich zu trösten, weil ich an der Schwitzhütte nicht teilnehmen durfte. Sie erklärten mir, dass es kein böser Wille sei, sondern mit den negativen Energien dieser Zeit zu tun hat. Ich erzählte ihnen, dass ich ein Lied der Cherokee kannte und ab und zu sang. Die Beiden schauten sich an und wurden neugierig. „Sing es doch bitte für uns", forderten sie mich fast im Gleichklang auf. Ich hatte Angst, dass ich nun ein Lied singen würde, was vielleicht kommerziell gesungen wurde und nicht ihren Traditionen entsprach. Ich begann den 'Cherokee Morning' zu singen. Aber spontan stimmten die beiden ein und wir sangen lautstark zu Dritt. Anschließend umarmten wir uns. Ich war einfach nur glücklich. Dann war alles gerichtet und die Teilnehmer begaben sich zur Schwitzhütte. Auch die beiden Indianerinnen mussten nun gehen und mich draußen allein lassen. Sie versprachen mir, für mich zu beten und dass ich diese Energien spüren würde. Das fand ich sehr reizend von Ihnen und bedankte mich. Für mich war alles so neu und ich war einfach nur zufrieden, hier sein zu dürfen. Vielleicht war es auch besser, erst einmal nur zuzuschauen und die vielen Eindrücke setzen zu lassen. Rosalyne Healing Waters hatte alle Hände voll zu tun und ich kam mir ziemlich hilflos vor.

Dann kam Swimming Bear. Für mich war es der größte Moment meines Lebens. Jahreslang hatte ich auf diesen Augenblick gewartet. Swimming Bear war sehr von seinem Alter gezeichnet. Er hatte vor einigen Monaten eine Augenoperation hinter sich gebracht und war nun von einer Lungenentzündung geplagt. Auch wenn ihm die Erschöpfung deutlich anzumerken war, spürte ich die starken Energien, die von ihm ausgingen. Augenblicklich verspürte ich eine tiefe Ehrfurcht vor ihm. Er konnte nur am Stock gehen und wurde beim Gehen von anderen Besuchern unterstützt. Nachdem alle Teilnehmer bereits in der Schwitzhütte Platz genommen hatten, kam er dazu. Aber sein Körper war vermutlich zu geschwächt, um die ganze Zeit in der Schwitzhütte verbringen zu können. Als die Schwitzhütte eröffnet wurde, setzte ich mich auf eine Gartenbank, verharrte dort und betrachtete die Umgebung. Ich war ziemlich überreizt und genoss einfach die ruhigen Augenblicke in der wohligen Wärme, die untergehende Sonne, die angenehmen Energien und die Klänge, die von der Schwitzhütte nach außen drangen. Plötzlich flogen von Süden zwei hellbraune Tauben auf mich zu, direkt über das

Haus hinweg weiter Richtung Norden. Ich konnte es nicht glauben, es war wie daheim in der Schweiz! Oft hatte ich dort genau dieselbe Konstellation erlebt! Mir standen die Tränen in den Augen und ich war froh, dass mich niemand sehen konnte. Es musste wohl so sein. Ich war angekommen, daheim angekommen!

Östlich des Hauses stand ein wunderschöner Baum. Auf einmal sah ich darauf einen kleinen, bunten Vogel. Ich wusste nicht genau, was es für eine Art es war. Es spielte auch keine Rolle. Spontan hatte ich nur einen Gedanken: Es ist ein Gruß des Dalai Lama! Während ich weiterhin die Natur und die wundervolle Energie genoss, die mich umgab, begannen sie in der Schwitzhütte wunderschöne Lieder zu singen und zu beten. Nach jeder Runde holte der Feuermann neue Steine aus der Feuerstelle und brachte sie in die Schwitzhütte. Warme, fast heiße Luft umgab mich, manchmal zog aber auch ein angenehmer Luftzug an mir vorüber. Mittlerweile war die Schwitzhütte für Swimming Bear zu anstrengend geworden. Er kam heraus, nahm seinen Stock und ging zum Haus. Ich durfte ihm unter die Arme greifen und ihn begleiten, damit er sich ausruhen konnte. Es war eine große Ehre für mich und ich versuchte, ihn bestmöglich zu unterstützen. Gemeinsam gingen wir in die Hütte. Dort brachte ich ihn zu seiner Schlafstelle, ein großes Bett im Schlafzimmer. Dort konnte er sich hinlegen und ausruhen. Ich blieb noch eine Weile an seinem Fußende stehen und betete, bevor ich zurück in den Garten ging.

Später gab es eine gemeinsame Mahlzeit. In der Küche war alles hergerichtet und die Anderen bedienten sich schon. Es gab eine deftige Mahlzeit mit riesigem Schinken, wie ich ihn in Europa noch nie gesehen hatte. Unterschiedliche Salate gehörten ebenfalls dazu. Die Dressings und die Zusammenstellung der Speisen wichen allerdings erheblich von dem ab, was ich vom klassisch europäischen Essen gewohnt war. An der einen oder anderen Stelle musste ich mich erst an die Zusammenstellung der einzelnen Zutaten gewöhnen. Die Leute hier führten unheimlich interessante und ausgiebige Gespräche. Trotzdem wurde ich langsam müde. Es war der Preis für die lange Reise und den durch die Zeitverschiebung acht Stunden längeren Tag. Als ich langsam schlafen gehen und mich verabschieden wollte, bestand Rosalyne Healing Waters bestand darauf, mich mit dem Auto zurück zu John und Caroline zu bringen. Ich konnte noch immer nicht glauben, dass ich diesen kurzen Weg nicht zu Fuß gehen durfte, freute mich aber darüber, dass man sich so um mich kümmerte.

Im Haus angekommen, war alles ruhig. John und Caroline schliefen schon lange. Auch die Hunde waren bereits eingeschlafen. Leise ging ich in mein Zimmer und schaute raus. Ich genoss den Anblick der Sterne und konnte noch gar nicht glauben, dass ich hier war. Ich legte mich schlafen und versank in dem riesigen, weichen Bett. Ich war hundemüde und aufgedreht zugleich, waren es doch so viele intensive Erlebnisse schon am ersten Abend gewesen. Ich musste einfach nochmal aufstehen und stellte mich ans Fenster, das bis zum Boden reichte und schaute heraus. Was für ein wunderschöner Anblick. Selig sprang ich zurück ins Bett, nahm den Pandabären von Alexandra in die Hand und schlief ein. Am nächsten Morgen wurde ich schon vor Sonnenaufgang wach, vermutlich der Jetlag. Überglücklich stand ich auf und ging zum Fenster. Langsam ging die dunkelblaue Farbe des Himmels in eine glutrote, orangene Farbe über. Kolibris flogen im Garten umher und ernährten sich von einer Zuckerwasserlösung, die ihnen als Futter bereitgestellt worden war. Ich legte sich noch ein wenig hin und schlief wieder ein.

Als ich wieder aufwachte, hörte ich schon das Geschirr klappern. Schnell ging ich duschen, zog mich an und ging raus. Schon an der Tür wurde ich von den Hunden begrüßt, die auf mich zu liefen und vor Freude zu mir hochsprangen. Ich war noch ein wenig schlaftrunken und schreckte ein wenig zurück, streichelte aber das gewellte Hundehaar des kleinsten Rackers und ging weiter ins Wohnzimmer. Der Kaffee stand schon für das Frühstück bereit. Bereits in der Früh lief hier der Fernseher, so wie ich es aus amerikanischen Filmen kannte. Insgeheim musste ich ein wenig lächeln, hatten ich daheim den Fernseher doch höchsten Abends und im Sommer und nur zu den Nachrichten eingeschaltet. Hier war es anders, auch die Gewohnheiten wichen ab. John und Caroline waren Frühaufsteher und schon lange mit dem Frühstück fertig. Dafür gingen sie abends sehr früh ins Bett, dann, wenn für mich der Abend erst begann. Auch draußen zu sitzen schien hier nicht so an der Tagesordnung zu sein, obwohl es für mich das Wichtigste und Schönste im Sommer war. Die Hitze morgens auf der Terrasse war gerade noch erträglich und so ergriff ich die Gunst der Stunde, machte mir zwei Toasts fertig und setzte mich mit dem Kaffee raus. Es war wie Urlaub pur. Ich genoss die Natur und den gigantischen Anblick der Berge. Dabei konnte ich es kaum erwarten, mit dem Frühstück fertig zu sein, um zurück zu Swimming Bear gehen zu können. Im Nu hätte ich dort sein können, aber trotzdem wollten John und Caroline mich nur mit dem Auto hin- und herbringen. Ich fand das unheimlich nett, konnte es aber nach wie vor gar nicht verstehen, war ich doch über jede Minute in freier Natur dankbar. Hier schien es aber eine andere Mentalität zu sein. Ist es hier zu unsicher? Liegt es an den heißen Temperaturen, oder ist es reine Gastfreundschaft? Oder steht hier das Autofahren so im Vordergrund?, fragte ich mich und fand keine Antwort darauf. Fragen wollte ich auch nicht. Also bedankte ich mich für die Gastfreundschaft, wollte aber beim nächsten Mal allein gehen. Ich wollte ja auch niemanden zu sehr bedrängen oder ihnen gar zur Last fallen.

Als ich bei Swimming Bear ankam, hatten sich schon alle Gäste versammelt. Am Vormittag durften wir zu dritt bei ihm sitzen und ein wenig später hatte er sogar Zeit für mich ganz allein. Bei dieser Gelegenheit überreichte ich ihm die Geschenke und erzählte ihm von meiner Vision. Er sagte zu meinem Erstaunen, dass sie eine tiefgehende Bedeutung hätte. Er saß in einem Sessel mit einer hohen Lehne in seinem kleinen Arbeitszimmer, das zugleich eine kleine Bibliothek war. Die ganze Garage war vollgepackt mit Büchern und Zeitschriften. Beide, er und Rosalyne Healing Waters, waren viel gereist und sehr belesen. Das kam mir sehr entgegen. Swimming Bear bat mich, seinen Rücken zu massieren. Das ehrte mich ungemein und ich freute mich, dass ich ihm etwas Gutes tun konnte. Er sang immer wieder Indianerlieder. Nach einer Weile war er erschöpft und legte sich hin. Nun durfte ich ihm sogar eine Fußreflexmassage angedeihen lassen. Er bat mich, besonderes Augenmerk auf die Regionen zu legen, die für sein Herz und seine Nieren verantwortlich waren. Er schien zu wissen, dass es nicht vieler Worte bedurfte und mir klar war, was sie zu tun hatte. Ich schüttelte den Kopf und hatte keine Ahnung, woher er wusste, womit ich mich in der Vergangenheit auseinandergesetzt hatte, und wie ich ihm helfen konnte.

Das war wieder einmal so ein faszinierender Tatbestand, bei dem ich gar nicht fassen konnte, dass diese Kommunikation wirklich funktionierte und wir offenbar trotz dieser irren Distanz eine tiefe Verbundenheit hatten, die mit keiner Logik zu erklären war. Eine tiefe Freude durchdrang meinen Körper. Es war eine unheimlich wichtige Bestätigung dafür, dass ich mir diese ‚Visionen' nicht nur einbildete. Dadurch war ich plötzlich sehr zuversichtlich, dass ich ihn auch in der der Vergangenheit erreicht haben musste. Anders konnte ich mir das Ganze nicht erklären. Und jetzt konnte ich nicht nur ein wenig Gutes für ihn tun, er forderte es sogar aktiv ein! Das war das größte Geschenk, was ich bekommen konnte.

Die Fußmassage schien ihm gut zu tun. Allein dieses Gefühl war das schönste Geschenk. Danach durfte ich den ganzen Tag bei Swimming Bear und Rosalyne Healing Waters verbringen und war einfach glücklich darüber. Ich war neugierig über den Tagesablauf und das Leben hier, egal was sie taten. Am Abend hatte ich die Gelegenheit, den Besuch beim gemeinsamen Abendessen näher kennenzulernen. Dazu mussten wir mit dem Auto in die Stadt. Da nicht alle auf den Sitzen Platz hatten, setzten sich zwei Leute auf den Vordersitz. Eine Person nahm sogar auf der Ladefläche hinter dem Rücksitz Platz. Im Restaurant unterhielten wir uns über die unterschiedlichen Kulturen. Es begann schon mit der Bestellung der Getränke, die sehr unterschiedlich war. Wir amüsierten uns köstlich. Am Ende erzählten wir uns einen Witz nach dem anderen. Für mich war es eine Wonne, mich auszutauschen und zuzuhören. Ich kam mit Pete – Healing Bear Claw, Sunshine, Jackie und Jane ins Gespräch. Sie kamen aus Virginia und hatten ebenfalls einen langen Weg hinter sich. Sie blieben lediglich für ein paar Tage, um Swimming Bears Zeremonien beizuwohnen und Konsultationen bei ihm wahrzunehmen. Alle hatten sie großen Respekt vor ihm und dem, was er tat. Auch Bernd Schneider war dabei. Er war ebenfalls im Haus von Caroline und John untergebracht. Damit hatte ich nun einen Ansprechpartner, der mir während meines Aufenthaltes vielleicht die eine oder andere Frage beantworten konnte.

Als wir das Restaurant verließen, was es schon finster. Rundherum war nichts als Wüste, die allein durch einen Highway durchbrochen war. Hier waren unheimlich viele Sterne am Himmel, so viele hatte ich in meinem ganzen Leben noch nicht gesehen. Gern hätte ich daheim angerufen und davon erzählt. Aber das war leider nicht möglich, denn in Europa war es mitten in der Nacht. Also hieß es, geduldig sein und warten. Ein wenig Heimweh überkam mich bei diesen Gedanken. Ich versuchte, es zu verdrängen und die Wärme zu genießen. Aber dann dachte ich wieder: Wenn ich noch ein bisschen warte, stehen Michael und Alexandra auf. Dann kann ich kurz daheim anrufen. Nach einer Raucherpause draußen in der lauen Sommernacht fuhren wir gemeinsam heim. Leise ging ich in mein Zimmer. Dort wartete schon mein Panda Bär auf mich, den ich aufs Bett gesetzt hatte, damit er das Zimmer und meine Sachen bewachen konnte. Ich nahm ihn zu mir und war damit symbolisch mit der Schweiz, meinem zu Hause und meiner Familie verbunden. Ich war, wie am Abend zuvor, müde und aufgedreht zugleich. Was würde der nächste Tag bringen? Was würde ich hier noch alles erwarten? Ich ging nochmals zum Fenster und schaute raus. Es war stockfinster, aber trotzdem waren die Silhouetten der Berge auszumachen. Beruhigt sprang ich zurück ins Bett, löschte das Licht, deckte mich zu und schlief ein.

Am nächsten Tag fuhren wir alle gemeinsam in die Stadt. Im Zentrum gab es einen historischen Stadtteil. Dort gab es viele Geschäfte und kleine Restaurants der Indianer aus dieser Gegend. Wir stellten das Auto ab und zogen los, um nach indianischen Souvenirs Ausschau zu halten. Es war fast Mittag und die Temperaturen waren schon auf über 42 °C gestiegen, da war jeder schattige Platz ein Segen. In vielen Geschäften gab es wunderschönen Indianerschmuck. Trotzdem war für meinen Geschmack irgendwie nichts dabei. Es gab zum Beispiel wunderschöne indianische Flöten, von denen ich gern eine gekauft hätte. Ich war mir aber nicht sicher, ob man damit auch mehrere Oktaven spielen konnte. Außerdem kannte ich keine Griffe und jede Flöte hatte ihren eigenen, doch recht hohen Preis. Das schreckte mich ab. Ich wollte erst schauen, was es so gab und so nahm ich erst einmal Abstand davon, eine Flöte zu kaufen. Auch von den Souvenirs gab es irgendwie nichts, was ich gerne haben wollte. Vordergründig galt es, unbedingt einen Traumfänger für Alexandra zu finden, aber irgendwie hatte ich kein Glück. Vielleicht sollte es nicht sein. Ein wenig traurig war ich schon darüber und gab fast auf. Doch als wir schon aufbrechen und zurückkehren wollten, machte mich Pete-Healing Bear Claw auf einen irgendwie einzigartigen, großen Traumfänger aufmerksam. Er war sehr mächtig, wunderschön und hing an der Decke. Ich war überglücklich, so etwas Schönes für sie gefunden zu haben. Jetzt ging es mir gut und ich konnte beruhigt in die Wüste aufbrechen. Ich wusste, dass Alexandra diesen Traumfänger brauchen würde. Bei der Gelegenheit kauften wir noch einen silbernen Kettenanhänger, eine Libelle für Rosalyne Healing Waters, ihr Totem. Dann fuhren zurück.

Am Abend gab es gemeinsames Barbecue. Wieder durfte ich Swimming Bear den Rücken massieren und ihm eine Fußreflexmassage zukommen lassen. Es musste ihm wohl wirklich gut getan haben, sonst hätte er mich wohl nicht ein weiteres Mal darum gebeten. Ich freute mich, ihm zumindest ein wenig Linderung geben zu können. Währenddessen sagte er mir, dass er immer bei mir sein würde, wohin ich auch immer gehen möge. Die tiefe Bedeutung dieser Worte wurde mir erst viel später klar. Jetzt war ich einfach nur glücklich, genoss jeden Augenblick in vollen Zügen, ja ich saugte jede Sekunde, jede Erfahrung, einfach alles dankbar auf. Als ich mit der Massage fertig war, wollte sich Swimming Bear ausruhen. Also ließ ich ihn ruhen und ging nach draußen. Dort saßen die anderen Besucher. Es waren alles sehr interessante Leute, die eine Herzlichkeit ausstrahlten, die mich damals tief beeindruckte.

Recht schnell kamen wir auf ziemlich intensive Themen zu sprechen. Ich wurde gefragt, warum ich die lange Reise auf sich genommen hätte und ich hier wäre. Es müsse ja wohl einen tiefen Grund haben, so eine lange Reise auf sich zu nehmen. Was sollte ich darauf antworten? Das war nicht so einfach zu erklären. Meine Unfallfolgen konnte ich kaum verheimlichen, musste ich doch nach wie vor bei jeder Autofahrt die blöde Halskrause tragen. Den Kopf konnte ich nach wie vor kaum drehen. So begann ich ein wenig über meinen Unfall, die Folgen, meine Erfahrungen mit alternativen Heilverfahren und unterschiedlichen Heilern, ja sogar über meine Visionen zu erzählen. Sie hörten gespannt zu und versuchten offenbar herauszufinden und zu sehen, was mit mir alles passiert war. Es dauerte nicht lange, als   Pete - Healing Bear Claw erklärte, dass sie mich so bald wie möglich behandeln müssten. Er war ein groß gewachsener, kräftiger Mann mit breiten Schultern, dunklen, fast schulterlangen Haaren und einer tiefen, kräftigen, aber sehr warmen Stimme. Er war wirklich fast zwei Meter groß, stand vor mir und lies keinen Zweifel aufkommen, dass sie nun etwas für mich tun müssten. Es fiel mir nun nicht mehr schwer zu begreifen, warum er seinen Namen bekommen hatte. Er hatte wahrhaftig die körperliche und spirituelle Kraft eines Bären. Ich war perplex und dankbar zugleich. Es zeigte mir, dass auch bei Ihnen, die so weit entfernt waren und mich nicht im Entferntesten kannten, angekommen war, mit welchen spirituellen Mächten ich mich auseinandersetzte. Ich war dankbar über jede Hilfe und froh über alles, was ich hier lernen konnte, um nach vorn schauen zu können, mich zu schützen und meinen Zustand zu stabilisieren.

Trotzdem war ich erstaunt über diese spontanen Reaktionen. Ich stand ganz stumm da und fand einfach keine Worte. Doch ehe ich mich versah, hatten sie auch schon begonnen. Gemeinsam mit Jackie bereitete Pete - Healing Bear Claw eine Zeremonie für mich vor und begann, diverse rituelle Gegenstände zusammenzustellen. Ich war ein wenig verunsichert. Was hat das alles zu bedeuten?, fragte ich mich. Unwillkürlich nahm ich meinen Obsidian aus der Tasche und zeigte den anderen diesen wunderschönen Stein. Ich erzählte ihnen, dass ich ihn von einer Freundin zum Schutz geschenkt bekommen hatte. Ehe ich mich versah, bezogen sie den Obsidian in ihre Rituale mit ein. Aber erst als die Zeremonie beendet war, erklärten sie mir die Bedeutung der verwendeten Kräuter wie Tabak, Zedar, Salbei und Süßgras. Sie sagten, dass sie vor Antritt der Reise nach New Mexiko gewusst hatten, dass sie jemanden heilen müssten und hatten alles Notwendige mitgebracht. Es sei Ihnen nur nicht klar gewesen, wem sie helfen sollten.

Nun hatte ich nur noch einen Gedanken: Ich muss in mein Quartier, um die Geschenke zu holen! Nun wusste ich auf einmal, warum ich dreimal Tabak und die beiden Geschenkdosen mit den Steinen besorgt hatte. Einmal Tabak musste ich natürlich für Swimming Bear noch aufheben. Die anderen beiden waren jedoch für Pete und Jackie. Pete war allein angereist, für ihn war die Dose mit dem einen Stein. Jackie kam mit seiner Lebenspartnerin Jane, also zwei Steine. Obwohl die Temperaturen immer noch hoch waren, nahm ich beide Beine in die Hand und rannte zum Quartier bei Caroline und John. Ich wollte mich so schnell wie möglich bedanken, bevor sie vielleicht weg sein könnten. Wieder zurück, übergab ich ihnen die roten Tücher mit dem Tabak und die beiden Dosen. Auch wenn sie sich über die kleinen Dosen ein wenig amüsierten, da sie vielleicht nicht das klassische Männergeschenk waren, schienen sie ansonsten doch recht gerührt zu sein. Pete nahm das rote Tuch, in den der Tabak eingewickelt war und band es sich um den Kopf. Er grinste vor Freude über beide Wangen. Dann stand er auf, ging auf mich zu, umarmte mich und sagte: „Danke meine Schwester, danke." Ich war gerührt und beeindruckt zugleich, konnte das Ganze noch nicht ganz einordnen. Aber das war noch nicht alles. Sunshine, eine Mohawk-Indianerin, überreichte mir einen wunderschönen kleinen Lederbeutel, einen Medizinbeutel. Sie sagte: „Dieser Medizinbeutel ist ein Geschenk von Swimming Bear und Rosalyne Healing Waters. Du sollst ihn ewig bei Dir tragen. Er wird Dich beschützen." Ich war noch gerührter als zuvor. Pete und Jackie füllten im Anschluss den Medizinbeutel mit einem schwarzen Stein und einem Kristall, die wichtigsten Utensilien, um mich zu beschützen. Sunshine setzte noch eins drauf. Sie schenkte mir einen Rubin. Irgendwie konnte ich gar nicht glauben, was alles passiert war. Ich war wie gelähmt und lag Sunshine in den Armen. Mir fiel einfach nichts mehr ein, Loreen, nichts mehr."

Loreen, die die ganze Zeit über ehrfurchtsvoll gelauscht hat, äußert plötzlich: „Das ist einfach unglaublich, Anna! So viel selbstlose Liebe, Großzügigkeit und spontane Hilfe. Wie ist das möglich?" „Das ist echtes Geben, Loreen. So etwas hatte ich noch nie in meinem ganzen Leben erlebt. Ich durfte sogar noch ein wenig von der Asche der Schwitzhütte mitnehmen. Es war heilige Asche, die mir in heiklen Situationen ganz besonderen Schutz geben sollte. Ich gab Sunshine einen der Beutel mit dem aufgestickten Getreide und Brot als Symbol, dass es ihr immer gut gehen sollte und sie immer genug zu essen hätte. Das Erstaunlichste war dabei, dass Sunshine anscheinend gar kein Geschenk erwartet hatte und sich fast sträubte, es anzunehmen. Sie freute sich aber trotzdem, umarmte mich und sagte: „Danke, meine Schwester, danke." Ich war überwältigt und hoffte, nichts falsch zu machen. In diesen Ritualen war ich nicht gerade bewandert und hoffte, gegen keine wichtige Regel aus Unwissenheit zu verstoßen. Ich kam mir so klein vor, hatte ich doch nicht einmal ein annähernd ebenbürtiges Geschenk, um ihnen meine Ehre zu erweisen.

Nach der Zeremonie saßen wir noch ein wenig zusammen und holten das Geschenk für Rosalyne Healing Waters heraus, um es ihr zu übergeben. Natürlich hatte ich mich auch daran beteiligt. Ich hoffte die glücklichen Augen von Rosalyne Healing Waters sehen zu können, wenn sie es bekommen würde. Sunshine überreichte ihr das Geschenk. Rosalyne Healing Waters war begeistert und und freute sich riesig. Ich saß im Hintergrund und genoss den Anblick. Gleichzeitig dachte ich an die Steine und auch an die Energie, die bei der Zeremonie in der Luft gewesen war.

Die Steine waren mir vom ersten Moment an heilig. Später legte ich sie von Zeit zu Zeit in die Sonne, um sie aufzuladen. Dann betrachtete ich immer wieder fassungslos den Rubin und genoss die edle, satte, dunkelrote Farbe, wenn das Licht der Sonne direkt durch den Stein durchschien. In diesen Momenten war ich wieder bei ihnen, bei meiner Familie. Ja, damals habe ich meine Schwester und meinen Bruder gefunden. Und ich gehörte zur Familie, zu Rosalyne Healing Waters und Swimming Bear. Das war für mich das größte Glück. Am nächsten Morgen wäre ich gern mit Rosalyne Healing Waters und den Hunden spazieren gegangen, war aber einfach nicht in der Lage dazu. Rosalyne Healing Waters kam vorbei, um mich abzuholen, ich war noch im Tiefschaf. Der wenige Schlaf und der Jet Lag machten sich nun deutlich bemerkbar. Ich war müde, erschöpft und kam nicht aus dem Bett. Wahrscheinlich sind es doch zu viele Eindrücke in diesem kurzen Zeitraum gewesen, dachte ich. Rosalyne Healing Waters hatte Verständnis dafür und ehe ich aufstehen konnte, war sie schon wieder weg. Es dauerte nicht lange und ich schlief wieder ein. Als sie endgültig aufwachte, musste ich mich ganz schön beeilen, um rechtzeitig bei Swimming Bear zu sein, denn heute mussten die meisten wieder abfahren. Das war schade.

Es war das erste Mal in meinem Leben, dass es mir nach einer so kurzen Begegnung so schwer fiel, schon wieder Abschied nehmen zu müssen. Große Wehmut überkam mich, sah ich doch keine Chance, meine „Familie, das heißt meinen Bruder und meine Schwester so schnell – oder überhaupt – wieder zu sehen. Also zog ich mich schnell an und duschte. Angenehmer Kaffeeduft drang in meine Nase. Ich konnte ja nicht unhöflich sein, war aber total nervös und unruhig, denn auch mit Swimming Bear war mir jede Minute wertvoll. Besondere Angst hatte ich aber davor, dass die anderen Gäste ohne Wiedersehen abreisten. Caroline und John hatten das Frühstück schon vorbereitet. Auch Bernd Schneider, der deutsche Freund von Rosalyne Healing Waters und Swimming Bear, war schon wach und wartete voller Erwartung auf das Frühstück. Er begrüßte mich herzlich und ich war ein wenig beruhigt. Wenn Bernd hier noch gemütlich frühstückte, würde ich die Anderen bestimmt noch sehen können. Außerdem hoffte ich, nach dem Frühstück gemeinsam mit Bernd gehen zu können. Wir setzten uns zum gemeinsamen Frühstück raus auf die Terrasse. Um diese Zeit waren die Temperaturen gerade noch erträglich und ich freute mich über die Atmosphäre und den tollen Ausblick auf die Berge.

Wir hatten uns viel zu erzählen, denn ich wusste, dass Bernd leidenschaftlicher Teetrinker war und hatte ihm über Freunde seinen Lieblingstee, die ostfriesische Teemischung, mitgebracht. Er war glücklich und drückte mich. Dann kam er mit einem riesigen Paket auf mich zu. Ich schaute ihn fragend an und wusste nicht, ob er das wirklich ernst meinte. Er lächelte nur und sagte: „Nun pack schon aus. Ich habe extra meinen großen Hartschalenkoffer mitgebracht, damit ich es unterbringen kann und es nicht kaputt geht." Ich hatte keine Ahnung, was er mir mitgebracht hatte, war aber total neugierig und auch ein wenig beschämt über dieses große Geschenk. Als ich sah, was es war, konnte ich es kaum fassen. Ich wäre vor Glück am liebsten in die Luft gesprungen,

Loreen. Er sagte nur: „Ich habe es von einer Frau geschenkt bekommen. Sie sagte mir, dass es unbedingt an seinen Platz müsse und übergab mir dieses Bild. Ich wusste sofort, dass es für Dich ist. Du weißt, ich kann damit nichts anfangen." Ich sah ihn an, bedankte mich und umarmte ihn, entzückt und überglücklich. Es war ein großes Bild von Swimming Bear. Mir liefen Tränen über die Wangen.

Anschließend machten wir uns fertig und brachen auf. Bernd nahm mich im Auto mit. Wahrscheinlich musste er weiter. Ich wusste es nicht so genau, eigentlich wäre ich lieber gelaufen. Aber ich wollte ihn nicht allein rüberfahren lassen und so stieg ich ein. Es waren ja nur ein paar Schritte, aber zu Fuß gehen schien hier wohl ein Fremdwort sein. Swimming Bears Gäste saßen schon alle zusammen und ich spürte die Aufbruchsstimmung. Wir machten noch ein paar Fotos und brachten den Besuch zum Flughafen. Obwohl wir uns gerade kennengelernt hatten, fiel mir der Abschied unheimlich schwer." „Aber Du konntest doch mehr als zufrieden sein, hattest Du doch einen Bruder und eine Schwester gefunden!", entgegnet Loreen versöhnlich. „Das stimmt schon, es war ein Geschenk Gottes. Aber schmerzhaft war es trotzdem. Zu meinem großen Glück hatte ich noch ein wenig Zeit mit Sunshine, denn sie blieb noch ein paar Tage da. Gemeinsam fuhren wir im Anschluss mit Swimming Bear zum Mittagessen. Wir saßen bei einem Mexikaner und mussten noch auf das Essen warten. Auf einmal schnappte sich Swimming Bear eine Serviette und einen Kugelschreiber und begann zu zeichnen. Auch für mich machte er eine Zeichnung eines Häuptlings in mein Notizheft. Ich war überglücklich darüber und ich trage die Zeichnung seither immer bei mir. Hier, schau mal!" Die Straße ist frei und Loreen kann einen Blick auf das Büchlein werden, das Anna ihr hinhält. „Der ist atemberaubend schön – irgendwie so... gefühlvoll und stark!" Da lächelt Anna ihr warmherziges Lächeln, das Loreen gleich ansteckt.

„Ich gebe es nie wieder her, da kannst Du Gift drauf nehmen!", sagt Anna lachend, aber im Unterton hört Loreen, dass dieses Bild ihr wirklich sehr viel bedeuten muss. „Naja, am Nachmittag kamen wir zurück und ich ging zurück zu Caroline und John. Sie waren nicht da und mussten arbeiten. So war ich allein im Haus und hatte noch etwas Zeit für mich. Ich setze mich auf die Terrasse und genoss den Ausblick zum Sunrise Rock. Die Luft war heiß, aber im Schatten erträglich. Es zogen dunkle Wolken auf und kurz darauf blitzte und donnerte es. Trotzdem schien im Hintergrund die Sonne. Das Gebirge änderte minütlich seine Farbe von graublau über beige und hellgelb bis hin zu tiefen rötlichen Farbtönen. Es war ein faszinierender Anblick, an dem ich mich gar nicht satt sehen konnte. Dann kam Rosalyne Healing Waters vorbei und nahm mich mit. Sie nahm sich viel Zeit für mich. Sie hatte neben Swimming Bear auch mit anderen Lehrern gearbeitet und half Menschen, ihren Weg zu finden. Es war sehr interessant und zeigte mir neue Perspektiven auf. Sie stimmte mich auf die Dinge ein, die noch kommen würden, wofür ich sehr dankbar war. Rosalyne Healing Waters musste nochmals mit den Hunden spazieren gehen und ich freute freute mich, als sie mich fragte, ob ich mitkommen wolle. Nun konnte ich ihr in Ruhe meine Fragen stellen. Für mich war ja noch eine Konsultation bei Swimming Bear geplant und ich hatte keine Ahnung, was ich ihn fragen sollte. Im Grunde wollte ich wissen, ob ich mir die Visionen nur einbildete. Vielleicht konnte er auch etwas für die Heilung meiner Verletzungen tun, vielleicht. Auf der anderen Seite wollte ich herausfinden, was er über mich wusste und sah. Bestimmt hatte er Bilder und Möglichkeiten mir zu helfen. Rosalyne Healing Waters legte mir ans Herz, genau zu überlegen, was ich Swimming Bear fragen wollte. Ich kratzte mich am Kopf und wusste nicht einmal, was ich bei Rosalyne Healing Waters als Vorbereitung ansprechen sollte. Ich hatte ja nicht viel Zeit. Gerade deshalb war es besonders schwer, mich zu entscheiden und ich wusste, dass es richtungsweisend für mein Leben sein würde.

Rosalyne Healing Waters offerierte mir jedoch, dass ich mit Swimming Bear Zeit haben würde und erklärte die Rituale, die ich bei der Konsultation zu beachten hatte. Ich war Rosalyne Healing Waters unheimlich dankbar dafür, denn meine größte Angst war es ja, mich unbewusst falsch zu verhalten und damit gegen indianische Rituale zu verstoßen. Ich wollte doch Swimming Bear auf keinen Fall verletzen. Rosalyne Healing Waters versuchte mir in aller Deutlichkeit klar zu machen, dass ich gar nicht viele Fragen stellen konnte. Damit hatte sie es auf den Punkt gebracht, genau das war mein Problem. Was sollte ich Swimming Bear fragen? Und dann vielleicht nur eine Frage, ein Anliegen. Tief im Herzen war ich eigentlich nur glücklich, Swimming Bear gefunden zu haben und ihm mit den Massagen sogar ein wenig Gutes tun zu dürfen.

Was ich wirklich wissen wollte, war, ob ich auf dem richtigen Weg war. Ich wollte auf jeden Fall wissen, ob Swimming Bear mein Vater war. Mein größter Traum war es, mit indianischen Heilverfahren anderen

Menschen zu helfen. Aber das konnte ich ihn doch unmöglich fragen, oder? Insgeheim wollte ich eine Visionssuche zu machen, um herauszufinden, was mein Weg sein sollte. Und dann war da noch der Traum vom Sonnentanz. Wie schön wäre es doch, dachte ich, an einem Sonnentanz, einem der beeindruckendsten und wichtigsten Rituale der Indianer, teilzunehmen. Mir war aber klar, dass es vollkommen unrealistisch war, in diesem Zeitraum auch nur einen dieser Träume zu erfüllen oder die Perspektive dahin eröffnet zu bekommen. Außerdem hatte ich schon jetzt so viele Geschenke bekommen und darüber hinaus meine neue Familie, meine Schwester und meinen Bruder gefunden. Was durfte ich mir sonst noch wünschen? Aus lauter Verzweiflung zeigte ich Rosalyne Healing Waters die Skizzen der Bilder, die ich in meinen Visionen gesehen hatte. Vielleicht konnte ich ihr Rosalyne Healing Waters auf diese Weise nahe bringen, was ich erlebt hatte und warum ich eigentlich hier war. Rosalyne Healing Waters war ganz begeistert und meinte, dass es diese Konstellationen wirklich gegeben hätte. Ich war sprachlos und sah Rosalyne Healing Waters fragend an. Sie betrachtete die Bilder und sagte immer wieder: „Das ist alles wahr." Ich konnte es einfach nicht glauben und dachte: Das gibt es doch einfach nicht. Lieber Gott, wer zwickt mich jetzt, damit ich weiß, dass ich das alles nicht nur träume?

Ich hatte aber nicht mehr viel Zeit. Die Stunde, in der ich die Konsultation mit Swimming Bear wahrnehmen sollte, war sehr nah gerückt. Nach der indianischen Tradition hatte ich Tabak und eine Spende für Swimming Bear mitgebracht, die ich ihm in der Art der vorgegebenen Rituale übergeben wollte. Rosalyne Healing Waters erzählte Swimming Bear kurz vorher von meinem Unfall und er schaute mich tief an. In diesem Augenblick war für mich klar, dass ich ihm von den Visionen erzählen wollte. Ich brauchte unbedingt Gewissheit. Also zeigte ich ihm die Skizzen. Er nahm die Blätter und schaute eine Skizze nach der anderen ganz in Ruhe an. Bei einer hielt er inne. Es war das Bild, bei dem ich und Swimming Bear auf der rechten Seite des Bildes zu sehen waren, uns der Dalai Lama gegenüber saß und die afrikanische Schamanin im Mittelpunkt stand, umgeben von Indianern und tibetischen, buddhistischen Mönchen. Lange schaute sich Swimming Bear diese Skizze an. Dann nahm er einen Stift zur Hand und sagte: „Es ist alles wahr, aber Du hast noch etwas vergessen." Er zeichnete einen Engel in den Vordergrund des Bildes und meinte, dass er immer bei uns sei. Wieder einmal war ich sprachlos. Was sollte ich auch sagen? In diesem Augenblick ist mir erst so richtig klar geworden, wie nah wir uns jetzt hier, in diesem Augenblick waren und auch bereits vorher schon immer gewesen waren. Nun hatte ich keine Zweifel mehr. ER hatte mich gerettet, ER war mein Vater.

Swimming Bear begann Indianerlieder zu singen. Ich lauschte seiner Stimme und wagte nicht, meine innersten Wünsche zu äußern. *War es nicht vermessen zu glauben, dass ich jemals in das geheime Wissen der Indianer eingeführt werden würde?* Vorsichtig zeigte ich ihm weitere Skizzen, die er sich sehr genau ansah. Swimming Bear entdeckte die Zeichnung, bei der ich auf dem Hügel saß, umgeben von tibetischen Mönchen. Es war das Abbild der schwersten Zeit meines Lebens, als ich gefühlt hatte, in den Abgrund zu fallen und nie wieder zurückzukehren. Plötzlich waren die Bilder wieder da, wie in jener Nacht, als ich plötzlich aufgewacht war. Nun fühlte ich mich aber sicher und wusste, dass ich nichts mehr zu befürchten hatte. Swimming Bear schaute sich alle Skizzen an und kam zu diesem Bild zurück. Er betrachtete es ganz intensiv. Wieder nahm er seinen Stift zur Hand und ergänzte das Bild. Auch in dieser Zeichnung hätte ich etwas Wichtiges vergessen. „Dort gegenüber liegt ein Gebirge. Das fehlt in Deiner Zeichnung", sagte Swimming Bear. Am liebsten wäre ich ans Ende der Welt gerannt und wieder zurück, um ihn anschließend zu umarmen. Wieder sang er Indianerlieder.

Doch der absolute Höhepunkt kam erst noch. Er schenkte mir eine Collage mit Zeichnungen und Fotos seiner Zeremonien. Gemeinsam schrieben Rosalyne Healing Waters und Swimming Bear eine nette Widmung hinein. Swimming Bear unterzeichnete mit „Dein Dad". Klingt fast ein bisschen verrückt, oder?", sagt Anna heiter. „Nein, gar nicht – nicht, wenn man Deine Vorgeschichte kennt!", entgegnet Loreen ruhig. „Hmm, ok, wenn Du meinst.", kommt es grinsend aus Anna heraus und die beiden lachen vergnügt. Aber weiter: Ich war überglücklich und fassungslos zugleich. Zum Abschluss schenkte mir Rosalyne Healing Waters noch Musik und eine 'Inner-Vision Quest' von Swimming Bear mit diversen Gebeten und Liedern. Swimming Bear saß immer noch ruhig da und lächelte. Trotzdem bahnte sich etwas an. Ich stand wie angewurzelt da und hatte keine Ahnung, was nun passieren würde. Irgendetwas lag in der Luft, ich fühlte es, auch wenn ich keine Idee hatte, was es war.

Dann war die Ruhe verflogen und die Ereignisse überschlugen sich. Ein Schüler Swimming Bears kam unvermittelt herein, um mir die Gegend zu zeigen. Es war bereits alles organisiert. Ich war begeistert, aber auch irritiert. Sein Name war Steve. Er fragte: „Was möchtest Du denn gern tun oder ansehen?" Ich begriff noch immer nicht ganz, was eigentlich vor sich ging. Ich hatte ihn doch noch nie gesehen und kannte ihn überhaupt nicht. Auch hatte ich keine Idee, was Swimming Bear und Rosalyne Healing Waters geplant hatten. Was sollte ich also tun? Spontan zeigte ich ihm einfach die Bilder und erzählte über meine Visionen und was ich erlebt hatte. Als ich mit ihren Ausführungen fertig war, sagte ich nur am Rande, dass ich am liebsten eine Visionssuche machen würde. Er saß auf dem Sofa und wartete nur darauf, dass wir endlich aufbrechen konnten. Er blickte auf die Bilder und wartete richtig ungeduldig! Rosalyne Healing Waters bat mich, Sachen für mehrere Tage zusammenzupacken. Ich verstand immer noch nicht ganz, was vor sich ging und wusste nur, dass ich nun wirklich gar keine Zeit mehr hatte. Ich hatte immer noch keine Ahnung, was mich erwartete. Ich wusste nur, dass Steve ungeduldig wartete, damit wir endlich aufbrechen konnten. Mit diesem schnellen Aufbruch hatte ich überhaupt nicht gerechnet, zumal es in der letzten Zeit so gediegen und ruhig zugegangen war. Jetzt wäre ich am liebsten losgerannt, um alles Notwendige schnell zusammenzupacken und zurückzukehren. *Was SOLL ich nun aber mit CAROLINE UND JOHN MACHEN? DARF ich Steve mit in die Wohnung bringen? Wie lange WERDE ich weg sein? Was SOLL ich tun? Und wer IST dieser Steve überhaupt?* Aber Rosalyne Healing Waters lächelte nur freundlich. Sie hatte sich kurz mit Steve abgesprochen. Für sie schien alles klar zu sein."

Visionssuche

„Aufbruchsstimmung lag in der Luft und eine mehrtägige Reise stand uns bevor. Wohin diese Reise hinging, wusste ich nicht. Wann ich zurückkommen würde, auch nicht. Ich fühlte mich ganz klein und sagte schüchtern: „Ich muss noch zu meinem Quartier, um ein paar Sachen zusammenzupacken." Steve stand auf und verabschiedete sich ebenfalls. Er brachte mich mit seinem Auto zum Quartier und wartete geduldig, bis ich alles zusammengepackt hatte. Es war mir etwas peinlich, dass er so lange warten musste. Ich packte Tabak und eine Spende zusammen und überreichte es ihm nach der Tradition, die ich gelernt hatte. Er saß auf dem Sofa und studierte die Karte, telefonierte und wartete auf mich. Er sah dabei etwas verloren aus. Jede Minute schien nun verlorene Zeit zu sein. Ich hatte ja nicht damit gerechnet, dass es plötzlich so hektisch werden würde. Was sollte ich alles mitnehmen? Was da lassen? Worauf hatte ich mich einzustellen? Durch meine Verletzungen konnte ich nicht schwer tragen. Deshalb überdachte ich jedes Gramm, um kein schweres Gepäck tragen zu müssen. Auf keinen Fall wollte ich ihn bitten müssen, mein Gepäck zu tragen. Es war mir peinlich, ich fühlte mich noch viel zu jung, um andere Leute um so etwas zu bitten.

Ich entschied mich, einfach nicht zu viel mitnehmen für die paar Tage. Ich wusste aber auch, dass die Nächte hier sehr kalt sein konnten und ich vielleicht warme Kleidung brauchen würde. Also sortierte ich schnell ein paar Sachen aus und packte nur das Nötigste zusammen. Dabei betete ich nur, auch nichts zu vergessen und zumindest die wichtigsten Sachen dabei zu haben. Inzwischen waren auch Caroline und John wieder zurückgekommen. Ich konnte ihnen jetzt nur erklären, dass ich jetzt erst einmal für die nächsten Tage weg sein würde und nicht genau wisse, wann ich wieder käme. Die beiden waren zum Glück verständnisvoll und fragten lediglich, ob sie mir noch etwas mitgeben sollten. Aber das konnte ich nicht verlangen. Ich bedankte mich recht herzlich für diese Freundlichkeit. Steve war bereits von der Couch aufgestanden und zur Abfahrt bereit. Dann gingen wir zum Auto. Er ließ keinen Zweifel offen, dass wir nun zur Visionssuche aufbrachen, nur mir war es immer noch nicht ganz klar. Für mich war alles nur ein Traum. Ich rieb mir die Augen. Eine Fahrt ins Ungewisse, dachte ich. Steve lud mein Gepäck und ein paar Getränke ins Auto und los gings. Ich war gespannt, aber auch ein wenig verunsichert. Es war seit Langem das erste Mal, dass ich mein Schicksal komplett in fremde Hände legen musste und selbst im Grunde nichts mehr wirklich in der Hand hatte. Das war für mich ein ganz neues, ungewohntes Gefühl.

Im Autoradio ertönt Indianermusik. Es ist der Cherokee Morning Song. Loreen fragt neugierig: „Was bedeutet eigentlich Visionssuche? Was passiert da eigentlich wirklich? Ich habe schon viel davon gehört, aber weiß trotzdem nicht so recht, wie man sich das vorstellen soll." Anna grinst und erwidert: „Genauso ging es mir auch, als ich vor meiner ersten Visionssuche stand. Ich hatte keine Ahnung, welche Gefahren damit verbunden waren und wie lange man sich darauf normalerweise vorbereitete. Es war aber auch gut so. Ich hätte mir nur unnötig Gedanken gemacht und vielleicht gezweifelt oder Angst gehabt." Loreen ist erstaunt: „Wenn man sich so lange vorbereitet, warum konntest Du spontan eine Visionssuche machen?" „Naja", sagt Anna, „ich hatte harte Prüfungen hinter mich gebracht und wurde in dieser Zeit von Swimming Bear spirituell begleitet. Das war ganz offensichtlich. Das hatte er gespürt, seit ich zum ersten Mal vor ihm gesessen hatte. Er hatte mir all meine Visionen bestätigt. Ich denke sogar, dass er mich schon länger gesucht hatte. Ich hätte nie im Leben eine Visionssuche gemacht, wenn er mich dabei nicht spirituell begleitet hätte. Es musste wohl so sein." Loreen lässt nicht locker: „Erzähl mir mehr von Visionssuchen."

„Nun", beginnt Anna zu erzählen, „die Indianer begeben sich auf Visionssuche, wenn sie sich in ihrem Leben an einem wichtigen Scheidepunkt befinden, einer Wegkreuzung. Wenn sie an diesem Punkt angekommen sind, bereiten sie sich intensiv auf diese Zeit vor. Die Visionssuche ist mit einer Fastenzeit verbunden, währenddessen der Visionssuchende auch keine Getränke zu sich nehmen darf. Er geht allein an einen entlegenen Platz in der Natur mit dem Gebot absoluter Enthaltsamkeit in allen Belangen. Während dieser Zeit wird er von einem Medizinmann spirituell begleitet, damit ihm nichts Schlimmes widerfahren kann. Ziel der Visionssuche ist auch, den Körper durch diese Enthaltsamkeit einer inneren Reinigung zu unterziehen. Mit der Visionssuche sind der Körper und die Seele in der Lage, allen Ballast abzuwerfen und sich vollkommen der Natur und allen Signalen, die uns der große Geist über die Natur aussendet, zu öffnen. Es gibt keinerlei Ablenkung, es gibt nur die Verbundenheit mit der Natur. Die innere Reinigung befähigt den Visionssuchenden, sich vollkommen zu öffnen und nicht nur sinnliche Bilder, sondern auch Visionen zu sehen. Die Fastenzeit des Visionssuchenden ist individuell verschieden, je nachdem, wie offen der Visionssuchende für den Empfang dieser Visionen ist. Meist erstreckt sich die Suche über mehrere Tage und Nächte hinweg. In der Regel bereitet man sich bis zu einem halben Jahr auf die Visionssuche vor, um eine vollkommene Entgiftung, d.h. Entsagung von Koffein, Alkohol, Nikotin und anderen Giftsttoffen also des ganzen Körpers über einen längeren Zeitraum hinweg sicherzustellen. Ohne diese längerfristige Entgiftung kann die Fastenzeit und die damit verbundene Schwitzhütte eine gefährliche Prozedur werden. Die Visionssuche beginnt mit einer Schwitzhütte, gefolgt von der eigentlichen Visionssuche.

Nachdem der Visionssuchende an den Ursprungsort zurückkehrt, wird er nach einem vorgegebenen Ritual empfangen, in den Kreis der Indianer aufgenommen und erhält einen indianischen Namen. Während der gesamten Visionssuche wird er spirituell begleitet und beschützt. Das Ritual wird meist mit einer weiteren Schwitzhütte und einer Pfeifenzeremonie abgeschlossen. Allerdings sind die genauen Traditionen der einzelnen Indianerstämme durchaus unterschiedlich." „Heißt das, dass Du ganz allein in der Wüste warst?" „Ja", antwortet Anna trocken. „Oooookay", erwidert Loreen und sagt erst einmal nichts mehr. Nach einiger Zeit setzt Anne wieder an: „Ich will es Dir Stück für Stück erzählen, denn Du kannst vielleicht etwas daraus lernen.

Steve und ich fuhren durch beeindruckende Landschaften und Gebirgszüge, die von Flüssen und Bächen durchbrochen waren, weiter über Hochebenen und durch Täler. Wir folgten den Läufen des Rio Grande. Steve war ein guter Fahrer. Nach einer Stunde stoppte er für eine kurze Pause. Er stieg aus, bückte sich und pflückte ein paar kleine Salbei-Pflanzen, die, so erklärte er mir, häufig für Reinigungsrituale benutzt wurden. Es waren schmale, zierliche Stauden, die am Rande eines Flusses wuchsen. Er forderte mich auf, ein paar kleine Blätter zu nehmen und in den Händen zu reiben. Ein angenehmer, sehr intensiver Duft stieg auf. Ich glaubte immer noch, dass ich träumte. Das Einzige, was ich wusste, war dass es eine sehr intensive und wohl auch nicht ungefährliche Zeit werden würde. Aber das Erstaunliche daran war, dass ich keine Angst hatte. Im Gegenteil: Alle negativen Gedanken waren verflogen. Nun hatte ich endgültig meinen Dad gefunden und wusste, dass er immer bei mir war und mich beschützen würde. Er würde meine Visionssuche begleiten. Es war Zeit nach vorn zu schauen und jeden Augenblick zu genießen. Für mich war alles wie ein Traum, aus dem ich niemals erwachen wollte. Heute weiß ich, dass das auch niemals passieren kann. Zurück im Auto dachte ich nur: Wie kann ich Ihnen jemals danken, für alles was sie für mich getan haben. Kein Geschenk der Welt kann meine tiefe Dankbarkeit zum Ausdruck bringen, dachte ich. Wir setzten die Fahrt fort und fuhren die Straße weiter, entlang des Rio Grande. Es war eine wunderschöne, bergig-felsige Landschaft. Ein paar Nadelbäume wuchsen zwischen den Felsen. Die Hitze stieg auf. Inzwischen war das Thermometer auf über 42 °C gestiegen. Von Zeit zu Zeit machten wir eine kleine Pause, um die Natur zu genießen.

Am Zielort angekommen, wurden wir von einem heftigen Regenschauer überrascht. Umgehend kühlte es sich ab. Immerhin befanden wir uns inzwischen auf einer Höhe von fast 2300 Metern. Trotz des Regens stieg ich aus und betrachtete den großen Canyon, der sich vor uns auftat. Es war immer noch warm genug, sodass das Wasser kaum störte. Nur die Sicht war ziemlich eingeschränkt, denn der Regen verwehrte den genauen Blick auf die Berge. Steve erklärte mir die Rituale, die für die Vorbereitung und die Durchführung der Visionssuche nach der Tradition von Swimming Bear wichtig waren. Währenddessen begriff ich langsam, worauf ich mich da eigentlich eingelassen hatte. Bis dahin hatte ich gedacht, dass ich die schlimmsten Erlebnisse bereits hinter mir gelassen hätte. Nun war ich mir nicht mehr ganz sicher, ob ich das Ganze heil überstehen würde.

Jetzt hatte ich noch eine Nacht für mich allein, bevor ich mich in dieses Abenteuer stürzen würde. Witzigerweise fühlte ich mich im Hotel äußerst unwohl und hatte seit langer Zeit wieder einmal das Gefühl, vollkommen allein und unbeschützt zu sein. Oft war ich in der Vergangenheit bei Dienstreisen in unterschiedlichsten Hotels in Europa und den USA untergebracht gewesen und hatte es im Grunde immer wieder genossen, verwöhnt zu werden und einfach einmal ganz für mich allein zu sein. Es war das Gefühl, sich für ein oder zwei Tage um nichts kümmern zu müssen und sich einfach zu entspannen. Dieses Mal war es alles ganz anders. Irgendwie hatte ich ein mulmiges Gefühl und dachte innerlich, dass ich mich in der Natur, daheim bei meiner Familie oder hier bei meiner 'neuen' Familie beschützter fühlte, als hier allein im Hotel, in der Fremde. Augenblicklich fiel mir Barbara Julius wieder ein und ihre Prognose, dass ich doch besser ins Hotel gehen solle. Wenn sie wüsste, dachte ich, aber vielleicht war auch genau das der wahre Grund. Fürchtet sie vielleicht Konkurrenz? Ich wollte keinen weiteren Gedanken daran verschwenden, dazu war die Zeit viel zu wertvoll. Nun war ich hier allein im Hotel und konnte nicht daheim anrufen, weil dort alle schliefen. Gott seid Dank verflog die Zeit recht schnell, weil ich die Visionssuche vorbereiten musste.

Ein Teil davon war der sogenannte 'Letter of Intent', die Vereinbarung mit dem großen Geist. In diesem Brief musste ich Fragen und Themen aufschreiben, für die ich nach Antworten suchte. Dafür musste ich natürlich sehr gut überlegen, was genau ich wissen wollte. Welche Fragen musste ich also stellen, um die entscheidenden Antworten für alles, was danach kommen würde, zu erhalten? Momentan konnte ich mir nicht so richtig vorstellen, wie man in der Natur Antworten bekommen sollte. Wie sollte so etwas möglich sein? Ich hatte nun schon viel erlebt und gelernt, Antworten in der Natur und in Träumen zu deuten. Trotzdem. Zum Himmel, was sollte ich fragen? Natürlich wollte ich Antworten bekommen, zum Beispiel auf die Frage, was meine Visionen bedeuteten. Ich wollte wissen, was dieses elliptische, halbrunde Zelt bedeutete, das ich unentwegt sah. Ich wollte wissen, wer mein künftiger indianischer Lehrer sein würde, denn Swimming Bear war mittlerweile zu alt. Auch wollte ich wissen, wie ich meine Verletzungen heilen könnte. Ich wollte wissen, wie ich mein Leben gestalten sollte und was zu tun war, um den richtigen Weg zu finden. Du sieht, Loreen: Fragen über Fragen kamen plötzlich hoch. Ich überlegte, schrieb, überlegte, schrieb, strich durch und schrieb wieder. Dann ging ich zum Fenster und schaute raus. Die Berge waren faszinierend. Lange blieb ich wach und schaute immer auf die Fragen. Steve hatte mir erklärt, dass ich ihn alles fragen könne, was immer ich wolle. Er würde mir beantworten, was in seiner Macht stehe. Ich wusste, dass er sich viel Zeit nehmen würde, mir zu helfen, die für die Visionssuche wichtigen und richtigen Fragen zu finden. Er würde ohnehin die Visionssuche begleiten. Somit war es auch ein 'Commitment', eine Verpflichtung für ihn. Im Moment hatte ich jedenfalls die Hoffnung, Antworten zu bekommen, die tiefen Einfluss auf mein ganzes Leben haben würden. Mir war auch bewusst, dass diese Veränderungen nicht nur mein eigenes Leben grundsätzlich ändern, sondern auch Einfluss auf mein gesamtes Umfeld haben würden. An diesem Abend konnte ich mir die vollständige Tragweite dieser Ereignisse jedoch nicht wirklich vorstellen. Sicherlich hatte ich in den letzten Jahren viele tiefgreifende Erlebnisse gehabt. Nun hatte ich aber das Gefühl, dass diese Reise einen viel grundlegenderen Einschnitt in meinem Leben bedeuten könnte. Ich fühlte, dass danach wohl kein Stein mehr auf dem anderen bleiben würde. Ich setzte mich ins Bett, schaute Nachrichten, und sehnte nur noch den nächsten Tag herbei.

Nachdem Frühstück holte er mich ab und wir fuhren noch in den nächst gelegenen Ort, wo ich noch ein paar indianische Souvenirs für meine Familie und ein Cappy als Sonnenschutz für mich selbst kaufen konnte. Auf dem Cappy war ein Bär befestigt, der mich an Swimming Bear erinnerte. Eigentlich hasste ich Cappys. Vielleicht werde ich es hier in der Sonne brauchen, dachte ich. Immerhin hatten die Temperaturen bereits 41°C erreicht. Wir packten noch diverse Sachen, wie einen warmen Schlafsack, eine Plane und rituelle Gegenstände zusammen. Dann fuhren wir los in die Wüste zu einem Privatgrund, der für die Öffentlichkeit nicht zugänglich war. Mitten im Wüstengras standen ein paar Bäume und ein Haus aus rötlich hellem Lehm, im Baustil der Pueblos mit einem Flachdach und abgerundeten Ecken. Um das Haus herum gab es noch ein Hochplateau aus Wüstensand mit ein paar der typischen stachligen Dornengewächse der Wüstensteppe. Als Steve und ich ankamen, wurden wir bereits erwartet. Ein Mann kam aus dem Lehmhaus und stellte sich als Jeffrey vor. Er war hoch gewachsen und sein Körper war schlank und knochig. Seine Haut war ledrig, braungebrannt und durch die Hitze der Sonne gezeichnet. Er hatte graues, welliges Haar und trug einen Strohhut, um sich vor der Sonne zu schützen. Er sagte: „Ihr könnt mich Jeff nennen." Wir wurden äußerst herzlich empfangen. Ich übergab Jeff ein Begrüßungsgeschenk und eine Spende nach den mir bekannten Ritualen. Ich hatte noch keine Ahnung, was ich ihm die nächsten Tage und Nächte abverlangen würde. Er umarmte mich herzlich und führte uns in das Haus. Jeff hatte alles selbst gebaut und lebte seit vielen Jahren ganz abgeschieden mitten in der Natur. Er schrieb keine E-Mails und telefonierte kaum. Wir betraten das Haus und gingen, vorbei an einer kleinen Kochnische, geradeaus weiter zu einer gemütlichen Sitzecke. Leise spirituelle Musik erklang aus einem großen Raum, dessen riesiges Panoramafenster einen herrlichen Blick auf die umliegende Landschaft freigab. Im Hintergrund waren die Berge zu sehen. In etwa fünfhundert Metern Entfernung stand eine riesige Baumgruppe mit Blättern aus sattem Grün. Zumindest dort musste es Wasser geben, denn der Rest der Wüstenlandschaft war vollkommen ausgedörrt und nur durch diese trockenen, distelähnlichen Gewächse geprägt, die teilweise fast kniehoch wuchsen.

Wir nahmen auf der Couch an der Sitzecke Platz und bereiteten uns auf eine gemeinsame Meditationsrunde vor. Jeff erwartete noch weitere Gäste. Es dauerte nicht lange, bis sie kamen. Als alle beisammen waren, wählte Jeff die entsprechende Musik aus und sprach ein paar einleitende Worte, um die gemeinsame Meditationsrunde beginnen. Ich ging in mich und ließ mich treiben. Nachher hatte ich keine Ahnung, wie lange wir so zusammengesessen hatten. Irgendwann hörte die Musik auf zu spielen und die Gäste standen auf um sich Getränke zu holen. Jeffrey hatte über einen längeren Zeitraum hinweg bei einem Apachen gelernt und bot mir an, sein Wissen an mich weiterzugeben. Das war eine große Ehre für mich und ich wusste gar nicht, wie ich dazu kam und war ein wenig irritiert. Jeff ließ sich nicht abbringen und sagte offenen Herzens: „Hier in der Wüste ist noch Platz für ein zweites Haus." Ich war platt, war mir aber nicht ganz sicher, ob es ein Witz sein sollte, oder... Ich wollte nicht weiter darüber nachdenken, aber auch später war dieser Satz bei mir wie eingebrannt. So war ich mir sicher, dass ich diesen Ort hier nie vergessen würde. Schon diese kurze Zeit strahlte eine unheimlich warme, positive und selbstlose Energie aus. Für den Moment fand ich einfach keine Worte und wusste nicht so recht, wie ich reagieren sollte. Nach einer kleinen Pause leitete Jeff die zweite Meditationsrunde ein. Wir saßen gemeinsam mit geschlossenen Augen, völlig in uns gekehrt. Eine Vielzahl an Bildern zog an mir vorbei. Es lag ein Knistern im Raum, ich fühlte den Sog dieses Ortes. Irgendwie hatte ich das Gefühl, dass ich hier hingehörte. Irgendetwas schien mich zu rufen, was immer es auch war. Die Meditation tat mir unwahrscheinlich gut.

Nach einer kurzen Rückkehr in die Realität brachen wir auf zu einer ganz besondere Bergtour. Im Grunde war sie ausschließlich auf mich ausgerichtet. Zwei von Jeffs Freunden gingen mit. Bei dieser Tour sollte ich die Gegend ein wenig kennenlernen und mir einen geeigneten Platz für die Visionssuche finden. Ich konnte ihnen fast nicht folgen, hatte mit Schmerzen und Schwindel zu kämpfen. Meine größte Angst war, dass ich allein in der Nacht von einem Felsen in die Tiefe stürzen könnte und niemand da sein würde, um mir zu helfen. Jetzt waren wir zu fünft, aber dann? Außerdem musste ich allein den Weg zurückfinden. Würde ich mich daran erinnern können? Hier gab es keine Wanderwege, die ausgezeichnet waren, hier konnte ich nur meiner Orientierung und Intuition trauen.

Es war wunderschönes Wetter, aber unheimlich heiß. Inzwischen war es fast Mittagszeit. Die Sonne stand   fast am Zenit und brannte erbarmungslos herunter. Die Temperaturen hatten die Vierzig-Grad-Grenze bereits weit überschritten. Jeff war die Hitze gewöhnt und lief forschen Schrittes voran. Auch bei den kleineren und mittleren Aufstiegen ließ er nicht locker und hielt seine Schrittgeschwindigkeit bei. Er hatte zwar eine gute Konstitution, aber die anderen Teilnehmer begannen zu schnaufen. Man sah ihnen an, dass sie nach einer Pause japsten. Auch ich hatte Mühe, in der Hitze hinterherzukommen, wollte mir aber keine Blöße geben. Also versuchte ich alle Kraft zusammenzunehmen, um mitzukommen. Zwischendurch erzählte Jeff immer wieder von den Traditionen der Apachen. Dabei wurde mir klar, dass es doch teilweise erhebliche Unterschiede in den Traditionen der unterschiedlichen Indianerstämme gab. Vor diesem Hintergrund fand ich es bemerkenswert, dass die Indianer unterschiedlicher Regionen und Traditionen trotzdem gemeinsame Feste und Zeremonien veranstalteten. Jeff erzählte außerdem viel über die Pflanzen, Sträucher und Bäume. Er zeigte, wie man sehr ähnliche Pflanzen unterscheiden konnte und worauf man Acht geben musste. Zwischendurch machte Jeff immer wieder an Zedarbäumen halt, schnitt kleine Äste ab und nahm sie für seine nächste Tipi-Zeremonie mit. Neugierig verfolgte ich jeden Schritt und alles, was er tat. Jeff hatte eine große Verbundenheit mit und einen großen Respekt vor der Natur. Er zeigte uns immer wieder ganz besondere spirituelle Plätze. Ich hätte so gern fotografiert, wusste aber, dass es strikt verboten war und ich diese Bilder nur zeichnen durfte. Deshalb versuchte ich mir die Formen und Plätze gut einzuprägen, um mich später für Zeichnungen daran erinnern zu können. Jede Pause war mir herzlich willkommen, denn so konnte ich mich ausruhen, die Bilder gedanklich aufnehmen und jedes von Jeffs Worten aufsaugen.

Er zeigte uns weitere spirituelle Orte, auch diejenigen alter Pueblo Dörfer. Dort fanden wir immer wieder Reste von Tongefäßen, Pfeilspitzen und andere Gegenstände, die früher als Werkzeuge benutzt worden waren. Auf einer Anhöhe direkt vor dem Abgrund ragte ein großer Fels hervor, der die Form einer Riesenschildkröte hatte. An der Oberseite waren Felszeichnungen eingemeißelt. Das ist der ideale Platz!, dachte ich, ...aber leider zu gefährlich für mich, schade. Von hier aus hätte ich einen wunderschönen Ausblick auf die Landschaft und könnte auch direkt von dem Felsen herunterschauen zu dem kleinen Ausläufer des Rio Grande. Leider musste ich diesen Gedanken schnell wieder verdrängen. Mein Gesundheitszustand lies es nicht zu, da sah ich keine Chance. Ein Abfluss des Rio Grande hatte hier ein schmales, zirka fünfhundert Meter langes Tal in die Berglandschaft geschnitten. Wir blickten in diesen schmalen, kleinen Canyon. Unten stand eine breit gewachsene, dunkelgrüne Kiefer. Was für ein Baum , schoss mir spontan durch den Kopf. Oh mein Gott! Das gibt es doch gar nicht! Es war genau der Baum, den ich in meinen Träumen und Visionen unzählige Male gesehen hatte. Für mich war es der Baum, unter dem ich sitzen würde, um meinen weiteren Weg zu erkennen. In diesem Augenblick wusste ich: Er würde mir die richtigen Visionen zeigen.

Ich war ganz angetan und konnte mich kaum beruhigen. Jeff fragte nur: „Wir müssen dort hingehen, nicht wahr? Wenn der Baum so wichtig für Dich ist, gehen wir hin." Er wusste, was in mir vorging und welche Bedeutung genau dieser Baum für mich hatte. Er ließ keinen Zweifel offen, dass unsere kleine Karawane nun weiterziehen musste, hin zu diesem Baum. Niemand wagte zu widersprechen, auch wenn das Unterfangen nicht ganz ungefährlich war. Um diesen Baum zu erreichen, mussten wir nämlich die Felsen absteigen und den Fluss durchwaten, um an dessen andere Seite zu gelangen. Jeff erklärte, dass niemand den Felsen beim Abstieg oder Aufstieg mit der bloßen Hand festhalten dürfe, weil die Gefahr zu groß sei, von einer Klapperschlange gebissen zu werden. Er nahm sich einen Stock, um Klopfzeichen machen zu können. So stiegen wir gemeinsam ab zum Fluss. Glücklicherweise reichten sie mir immer wieder die Hände, um beim Abstieg behilflich zu sein. Am Ufer angekommen, zogen wir die Schuhe aus und durchquerten den Fluss. Knietief standen wir im Wasser, was eine willkommene Erfrischung war. Jeff ging voran und zeigte uns den besten Weg.

Bald hatten wir es geschafft und standen etwa fünf Meter von 'meinem' Baum entfernt. Ich lief zu ihm hin, umarmte ihn und betete. Der Umfang des Baumes war so groß, dass ich mit den Armen nur einen kleinen Teil erreichte. Am liebsten wäre ich stundenlang dort geblieben, aber wir mussten weiter. Auf dem Rückweg gingen wir ein wenig an der anderen Seite des Flusses entlang. Die Landschaft hier unterschied sich grundlegend. Ich hatte das Gefühl, im Dschungel zu sein. Langsam und aufmerksam folgten wir dem Weg unserer Vordermänner. Mir war klar, dass es hier besonders viele, auch gefährliche Schlangen gab. Aber ich hatte Gottvertrauen. Keine Minute lang hatte ich wirklich Angst, denn ich wusste auch, dass Jeff jede Ecke dieser Gegend kannte und sehr sorgsam war. Wir waren von üppiger Vegetation mit riesigen Bäumen und meterhohen Sträuchern und diversen Schlingpflanzen umgeben, aber der Schatten in der Mittagssonne war zur Abwechslung ganz angenehm. Bald erreichten wir eine Lichtung, von der aus wir durch den Fluss waten und wieder an die andere Seite des Ufers gelangen konnten. Beim Aufstieg auf den Felsen ging Jeff voran. Nun kam sein Wanderstock zum Einsatz. Behutsam klopfte er den Felsen ab, bevor er Schritt für Schritt hochkletterte. Oben angekommen beobachtete er jede unserer

Bewegungen, bis alle wieder oben waren. Den gefährlichsten Teil unseres kleinen Ausfluges hatten wir nun hinter uns gelassen. Ich versuchte mir jedes Detail der Landschaft gut einzuprägen und hielt nach einem geeigneten Platz Ausschau, damit ich auch den Weg wieder zurückfinden würde. Diese Gegend hier hatte etwas ganz Besonderes, ja, faszinierende Energien gingen von diesem Platz aus. Glücksgefühle stiegen in mir hoch.

Auf dem Rückweg gingen wir den Rest des Weges quer über das Wüsten-Hochplateau zurück zu Jeffs Haus. Diesen Teil hätte ich mir viel einfacher vorgestellt. Über die gesamte Hochfläche verteilt gab es kniehohe Distelgewächse. Sie waren so eng gewachsen, dass man nicht ausweichen konnte. Da nutzen auch meine Sportschuhe nicht viel. Es pikte und stach überall, an der Fußsohle, an den Beinen, am Spann. Die Stacheln gingen sogar durch das Leder hindurch. Egal, wo ich auch ging, ich hatte keine Chance. Ich versuchte teilweise auf Zehenspitzen zu gehen, aber es half nichts. Ich versuchte zu rennen, doch es machte keinen Unterschied. Die Kratzer wurden nur noch mehr. Als wir endlich angekommen waren, setzte ich mich erst einmal auf eine Bank vor dem Haus und versuchte, die Dornen loszuwerden. Ich hatte wohl so an die zwanzig Dornen aus meinen Socken und Schuhen entfernt.

Neben Jeffs Haus stand ein Tipi. Es war das erste Mal in meinem Leben, dass ich ein echtes sah. Jeff erklärte mir die Bauweise und die Energien, die mit einem Tipi verbunden waren und offerierte mir sogar, dass ich diese Nacht im Tipi schlafen könne. Er bot an, schon meine Sachen in das Tipi zu bringen und mich für die Nacht einzurichten, da ich morgens recht früh aufbrechen müsse. Ich war glücklich, zufrieden und erleichtert, dass ich nicht zurück ins Hotel musste. Hier fühlte ich mich wohl und gut aufgehoben. Im Tipi spürte ich eine unwahrscheinliche Energie. Die Holzbalken des Tipis waren so zusammengestellt, dass sie in der Mitte den Kontakt zum Himmel hatten und die gebündelte Energie in alle Teile des Zeltes eindringen konnte. In der Mitte gab es eine Feuerstelle. Bei Zeremonien wurde das Feuer entzündet und für gemeinsame Gebete genutzt. Dazu setzen sich die Teilnehmer rund um das Feuer. Ich setzte mich an die Seite und sog die positive Energie in mich hinein. Ich hätte vor Freude am liebsten in die Luft springen können wie ein kleines Kind.

Am Nachmittag ging ich nochmals allein in die Berge, um einen geeigneten Platz für die Visionssuche zu finden. Ich wusste, dass ich mindestens eine Nacht und einen Tag ganz allein und abgeschieden in der Natur verbringen würde und anschließend allein zurückkehren musste. Ich durfte nur einen Schlafsack, eine Plane und spirituelle Gegenstände für meine Gebete und als Schutz mitnehmen. Wie aber sollte ich das alles tragen können? Daher wollte ich mir einen sicheren Platz suchen, der nicht allzu weit entfernt war, damit ich im Ernstfall auch allein in der Lage wäre, zurückzukehren. Ich kannte ja meine gesundheitlichen Probleme und hatte die meiste Angst davor, durch einen Schwindelanfall zu stürzen. Andererseits war mir ein schöner Ausblick in die unterschiedlichen Himmelsrichtungen unheimlich wichtig.

Schließlich fand ich ein schönes Plätzchen auf einer kleinen Anhöhe, die mir den Blick in verschiedene Täler ermöglichte und trotzdem ein paar kleinere Bäume und Sträucher zum Schutz bot. Ich legte mir einen Stein zurecht und versuchte mir die Stelle genau einzuprägen, um dann am nächsten Tag dahin zurückzukehren. Als ich wieder am Haus angekommen war, warteten Jeffrey und Steve schon auf mich. Steve wollte gemeinsam mit mir noch einige Vorbereitungen für die Visionssuche treffen. Ich brauchte noch einen Gebetsstock, ein Gebetsband und Federn für den Altar. Steve schenkte mir auch eine Adlerfeder. Ich suchte mir einen Gebetsstock, der die Form eines Steinschleuder haben sollte und befestigte darauf die Federn. Nun war es Zeit, den von mir bereits ausgewählten Visionsplatz gemeinsam mit Steve zu inspizieren. Ich versuchte zu erklären, wo es war. Gemeinsam mit Steve schaute ich mir die Stelle nochmals an. Er hatte erwartet, dass ich weiter weg, noch mehr in die Berge gehen würde, aber ich hatte mich nicht getraut. Ich hatte keine Angst vor der Natur, das war es nicht. Es war meine unterschwellige Angst umzukippen und nicht wieder aufstehen zu können. Steve schaute sich die Stelle näher an und meinte, dass es ruhig genug sein müsste. Dann fand er Reste eines Zeremonienkreises der Pueblos. Er war beruhigt, es sei ein guter Ort. Hier gebe es immer noch die positiven Energien dieses Indianerdorfes. Dann gingen wir zurück und fuhren zum Abendessen in den nächsten Ort. Es war das letzte Essen für die nächsten Tage. Nun war Fasten angesagt. Steve erklärte mir die einzelnen Schritte der Visionssuche und bat mich, ihm alle Fragen zu stellen, die mir einfielen. Im Stillen hatte ich ein wenig Angst vor den Klapperschlangen und wusste nicht so recht, wie ich es äußern sollte. Dann fragte ich aber doch. Steve sprach mit Jeff, denn der kannte die Gegend besser.

Jeff wusste, dass es in dem Hochplateau, wo er wohnte, keine Klapperschlangen gab. Hier gab es zwar auch Schlangen, sie waren aber harmlos. Diese Schlangen waren auch nie gemeinsam mit Klapperschlangen anzutreffen. Das war auch einer der Gründe gewesen, sich hier niederzulassen und das Tipi aufzuschlagen. Für die Region in den Bergen konnte er jedoch nicht garantieren. Als Steve und ich vom Abendessen wieder zurückkehrten, hatte Jeff schon das Tipi für mich hergerichtet. Ich war entzückt über die Fürsorge, denn damit hatte ich wirklich nicht gerechnet. Er hatte ein Feuer im Tipi gemacht und eine Petroleumlampe angezündet. Es war ein Augenblick tiefen Glücks. Es war immer noch sehr warm draußen und wir waren nur im T-Shirt unterwegs, deshalb schaute ich ein wenig ungläubig und verstand nicht ganz, warum er das Feuer angezündet hatte. Allerdings war das Feuer angenehm und wunderschön. Ich bedankte mich bei Jeff für die Fürsorge und verabschiedete mich bei Steve. Er wollte am frühen Morgen wiederkommen und wünschte uns eine gute Nacht. Dann krabbelte ich in das Tipi, richtete mich für die Nacht ein, löschte das Licht und schaute noch ein wenig ins Feuer. Ich fand es richtig gemütlich und romantisch. Noch war es sehr warm, aber ich brauchte nicht allzu lange warten, um zu frieren. Die Nächte in der Wüste waren bitterkalt.

Irgendwann in der Nacht wachte ich vor Kälte auf. Das Feuer war inzwischen fast ausgegangen und glühte nur noch ein wenig. Ich hatte zwar drei Decken zum zudecken von Jeff bekommen und trug ein Sweatshirt, aber es reichte nicht. Ich durchwühlte die Reisetasche und suchte alles, womit ich mich zudecken konnte. Irgendwann am frühen Morgen wachte ich zum zweiten Mal auf. Die Sonne war noch nicht aufgegangen und es war immer noch bitterkalt. Trotzdem hatte ich das Gefühl, aufstehen zu müssen. Ich ging aus dem Zelt und betrachtete die Umgebung. Es war sternenklarer Himmel und mich umgab ein großartiges Gefühl der Freiheit. Langsam begann der Himmel, sich von einem tiefen Dunkelblau in orangene Farbschattierungen zu verändern. Diese wunderschönen Bilder saugte ich wie ein Schwamm in mir auf und genoss einfach den Augenblick. Anschließend ging ich wieder ins Tipi, um noch ein wenig zu schlafen. Als ich endgültig aufwachte, hörte ich bereits das Knistern des Feuers draußen vor dem Tipi. Das war das Signal aufzustehen, denn die Visionssuche begann mit einer Schwitzhütte. Zuvor durfte ich noch einmal etwas trinken, um genau zu sein das letzte Mal vor der Visionssuche. Ich wusste, dass nach der dritten Runde in der

Schwitzhütte dann endgültig die Zeit beginnen würde, in der ich auch keine Flüssigkeit mehr zu mir nehmen durfte.

Ich freute sich schon, hatte aber gleichzeitig ein etwas mulmiges Gefühl, was die Schwitzhütte anging. Ich hatte schon viel darüber gehört und recht extreme Schilderungen gelesen. Mit dem Gedanken, gar nichts trinken zu dürfen, konnte ich mich überhaupt nicht anfreunden, zumal nach dem afrikanischen Glauben nichts zu trinken absolut verpönt und gefährlich war. Auch wusste ich, dass nach dem afrikanischen Glauben jeder Mensch nach mehreren Tagen Flüssigkeitsentzug im Körper und Mund giftige Substanzen ansammelte. Das konnte sogar so weit gehen, dass man den anderen beim Küssen vergiftete. Was den Glauben der Indianer anging, schien das anscheinend nichts auszumachen, denn auch bei den Sonnentänzen durften die Tänzer nichts trinken. Wie dem auch sei. Angesichts der hohen Temperaturen und der niedrigen Luftfeuchtigkeit hatte ich schon ein wenig Angst davor, schlicht und ergreifend auszutrocknen. Nun war es aber zu spät darüber nachzudenken. Ich hatte mich entschlossen, die Visionssuche zu machen. Jetzt musste ich diesen Weg auch weitergehen, es gab kein Zurück. Nach dem indianischen Glauben gehörten das Fasten und der Verzicht auf Flüssigkeit zur inneren Reinigung dazu. Ich konnte mir zwar nicht wirklich vorstellen, wie ich das Ganze überstehen sollte, aber nun war es soweit. Kurz dachte ich noch einmal darüber nach, dass sich die meisten Visionssuchenden bis zu einem halben Jahr darauf vorbereiteten. Was hatte ich getan? Vielleicht war meine harte Winterzeit mit all den extremen Erfahrungen Vorbereitung genug? Nach meinen Erzählungen und Visionen schien zumindest keiner der Indianer irgendwelche Bedenken zu haben. Swimming Bear war ein weiser Mann und hatte unzählige Visionssuchende begleitet. Er wusste zu genau, worauf ich mich einließ und ob er es mir zumuten konnte. Darauf konnte ich mich verlassen, also schaute ich einfach nach vorn.

Es war wunderschönes Wetter, keine Wolke am Himmel und die Sonne schien. Noch war es kalt, aber von Minute zu Minute zeigte die Sonne mehr von ihrer Kraft und die Temperaturen stiegen merklich an. Die Feuerstelle lag direkt gegenüber dem Eingang zur Schwitzhütte. Jeff schürte das Feuer. Normalerweise nahmen mehrere Visionssuchende und Helfer an einer Visionssuche teil. Aufgrund der besonderen Gegebenheiten war es in meinem Fall jedoch nicht möglich. Ursprünglich wollte auch Bernd auf Visionssuche gehen, hatte sich aber kurzfristig anders entschieden und folgte anderen Plänen. So kam es, dass ich die Einzige war. Umso dankbarer war ich, dass Jeff und Steve die Belastungen und Anstrengungen auf sich nahmen, mir die Visionssuche zu ermöglichen. Während dem Betreten und Verlassen der Schwitzhütte durften ich die gedankliche Linie zwischen Schwitzhütte und Feuerstelle nicht kreuzen, um die Energien nicht zu durchbrechen. Steve begann zu beten und segnete die Mutter Erde und den Vater Himmel. Er verstreute Tabak, um Kontakt mit dem großen Geist aufzunehmen und sich zu bedanken. Jeff hatte inzwischen Tabak, Zedar, Salbei und Süßgrass auf einer Muschel angezündet. Mit einer Adlerfeder wedelte er mir und Steve den Rauch an alle Stellen des Körpers, um uns zu reinigen. Anschließend wurde er von Steve selbst gereinigt. Steve leitete die Schwitzhütte. Er begab sich als Erster an den rechten Eingang der Hütte. Dann kamen Jeff und ich. Am Eingang betete ich, senkte den Kopf auf den Boden und kroch anschließend selbst hinein. Ich wusste inzwischen, dass das eigentliche Ritual der Schwitzhütte bei den einzelnen Indianerstämmen individuell verschieden war. Dazu kam, dass jeder Medizinmann mit der Zeit seine eigenen Rituale entwickelt hatte, die auf seine individuellen Bräuche und Gebete zugeschnitten waren und sich mit der Zeit auch verändern konnten.

Nach der Tradition von Swimming Bear umfasste eine Schwitzhütte vier Gebetsrunden. Bei jeder Runde wurden jeweils sieben Steine in die Schwitzhütte gebracht. Ich durfte mich an die linke Seite des Eingangs setzen und die glühenden Steine in Empfang nehmen. Dazu bekam ich zwei Hirschgeweihe, die als große Forken fungierten. Jeff war der Feuermann. Er nahm die glühenden Steine aus dem Feuer, reinigte sie mit Salbei und übergab sie an mich. Nachdem ich die Steine angenommen hatte, musste ich sie an den richtigen Stellen im Erdloch der Schwitzhütte platzieren. Komischerweise hatte ich das Gefühl, als ob es das Normalste der Welt wäre und ich es schon unzählige Male getan hätte. Die ersten vier Steine richtete ich in der vorgegebenen Reihenfolge nach den Himmelsrichtungen aus, die restlichen drei konnte ich dann anschließend in der Mitte des Erdloches beliebig platzieren. Nachdem alle Steine für die erste Gebetsrunde an ihrem Platz lagen, kam Jeff mit in die Schwitzhütte und setzte sich an seinen Platz. Er nahm den Eimer Wasser und eine Schöpfkelle mit in die Hütte. Nun wurde die Schwitzhütte geschlossen. Es war vollkommen dunkel. Nur die glühenden Steine waren zu erkennen. Eine unheimliche Hitze stieg auf. Steve sprach die einleitenden Worte, begoss die Steine mit Wasser und dankte Gott. Die erste Runde der Schwitzhütte war dem großen Geist gewidmet. Nachdem Steve seine Gebete beendet hatte, nahm er die Schöpfkelle und begoss wiederum die Steine mit Wasser, um das nächste Gebet einzuleiten. Nun durfte der Nächste seine Gebete sprechen und Gott danken. Nachdem auch Jeff seine Gebete gesprochen hatte und wiederum die Steine mit Wasser begossen worden waren, kam ich an die Reihe. Ich dankte dem großen Geist, dass ich hier sein durfte und Swimming Bear treffen konnte. Ich dankte für die Visionen und dafür, dass meine Gebete erhört worden waren. Außerdem dankte ich Swimming Bear und dem Dalai Lama, dass sie mich gerettet hatten. Und ich dankte meiner Freundin Antonie. Ich dankte der afrikanischen Medizinfrau und betete für sie, dass alle positive Energie zu ihr kommen und alles Dunkle von ihr weichen möge. Ich dankte Rosalyne Healing Waters und allen, die mich unterstützt hatten. Aber vor allem dankte ich Swimming Bear, denn ich wusste, dass er bei mir war und mir bei der Visionssuche begleiten würde.

Aber was war das? Plötzlich merkte ich, wie ich unwillkürlich die Sitzstellung von Swimming Bear annahm, wenn er in seinem Sessel saß und ich ihn massieren durfte. Da musste ich ein wenig über mich selbst lächeln. Aber das war noch nicht alles. Nun hatte ich noch stärker als bisher das Gefühl, dass er bei mir war, ja sogar in meinen Körper eindrang und eins mit mir wurde. Was passierte da? Ich hatte keinerlei Erklärung dafür und mein einziger Gedanke war, mich für alles bei dem großen Geist zu bedanken. Im Grunde wusste ich gar nicht, wofür ich mich zuerst bedanken sollte. Nun wurde die zweite Gebetsrunde eingeleitet. Ich betrachtete die Steine in der Dunkelheit und erkannte deutlich die Glut. Wiederum passierte etwas Unglaubliches. Als ich die Steine etwas näher betrachtete, sah ich plötzlich die glühenden Augen eines Wolfes. Immer deutlicher wurden die Umrisse seines Kopfes und seiner Schnauze. Er schaute mich direkt an. Die Hitze wurde immer heftiger, so heftig, dass mir fast die Luft wegblieb. Langsam stieg die Hitze in meinen Kopf und ich bekam Kopfschmerzen, dass mir der Kopf fast zersprang. Am liebsten hätte ich mich hingelegt oder die Schwitzhütte verlassen. Das Einzige, was mich momentan hochhielt, war das Bild auf dem glühenden Stein. Inzwischen war die Gebetsrunde wieder bei mir angelangt. Ich betete für meine Familie, für Swimming Bear, Rosalyne Healing Waters, meine engsten Freunde und für meine neue Familie, meinen Bruder Pete und meine Schwester Sunshine.

Immer wieder schaute ich fasziniert auf den glühenden Stein und konnte meinen Augen nicht trauen. Langsam änderte sich das Bild des Wolfskopfes und verwandelte sich, bis ich ein menschliches Gesicht erkannte. Es wurden immer mehr Gesichter.

Die Hitze wurde immer stärker. Langsam hatte ich keine Idee mehr, wie ich diese Hitze noch länger ertragen sollte. Aber wir waren erst bei der zweiten Gebetsrunde – Halbzeit! Die dritte Runde würde die intensivste und heißeste werden, das Heilritual. Wie sollte ich das nur überstehen? Ich befolgte den Rat meiner Begleiter, den Kopf bei zu großer Hitze zu Mutter Erde zu beugen und mich von ihr kühlen zu lassen. Ich konnte mir zwar nicht wirklich vorstellen, dass das wirklich helfen könnte, aber versuchte es – ich hatte ja ohnehin keine andere Möglichkeit. Ich beugte mich vor und legte die Stirn auf den harten, erdigen Boden. Das tat gut. Trotzdem schien es mir unvorstellbar, die intensive Hitze der nächsten Gebetsrunde zu überstehen. Aus Rücksicht auf mich verließen alle nach der zweiten Gebetsrunde die Schwitzhütte. Ich war sehr erleichtert. Im Vergleich zu drinnen war die Sonnenwärme angenehm kühl, obwohl es inzwischen fast Mittagszeit war und die Sonne schon recht hoch stand. Wir begossen uns gegenseitig mit kaltem Wasser und durften noch einmal trinken, das letzte Mal vor meiner Visionssuche. Dann krochen wir erneut in die Schwitzhütte, um die dritte Gebetsrunde einzuleiten. Diese diente der Heilung. Wir begannen mit den Gebeten für unsere eigene Heilung und beteten anschließend für die Heilung anderer. Diese Gebetsrunde war besonders heiß und intensiv. Während der gesamten Zeit wurde Wasser über die Steine gegossen. In dieser Gebetsrunde kniete ich mich von Anfang an auf den Boden und legte meine Stirn auf die Erde. Ich hatte das Gefühl, als wenn nun der Wolf in meinen ganzen Körper eingedrungen wäre. Unwillkürlich legte ich mich auf den Boden wie ein Wolf. Die Erde kühlte meinen ganzen Körper, sodass die Hitze nun erträglich war. Ich konnte mir viel Zeit für die Heilgebete lassen, was mich sehr glücklich machte. Was mich selbst anging, hatte ich aufgrund der Verletzungen mehr als genügend Gebete, um auf ein lebenswertes Niveau zurückzukehren. Ich betete für die Heilung meiner Familie, Eltern und Freunde und vor allem für Swimming Bear, dass er seine Lungenentzündung baldmöglichst und gut überstehen möge. Die letzte Gebetsrunde widmeten wir allem anderen, was wichtig war und in den anderen Gebetsrunden noch nicht gesagt worden war. Zum Abschluss reichte Steve die heilige Pfeife zu einem gemeinsamen Gebet.

Nun war es soweit. Nach der Schwitzhütte konnte ich aufbrechen und die Visionssuche beginnen. Allerdings hatte ich nach wie vor das Gefühl, mein Kopf würde jeden Moment zerspringen. Vor dem Aufbruch durfte ich nochmals duschen, aber nichts mehr essen oder trinken. Steve begleitete mich und half mir, die Sachen an den Visionsplatz zu bringen, den ich mir am Vortag ausgesucht hatte. Als wir den Platz erreicht hatten, bereiteten wir alles Notwendige für die Visionssuche vor. Als Erstes markierten wir einen großen Kreis mit einem Durchmesser von zirka fünf Metern. Anschließend baute ich mir den Altar mit einem roten Gebetsband und meinem Gebetsstock auf, der mit Federn geschmückt war. Das rote Gebetsband erinnerte mich an meine tibetischen Visionen, in denen die Gebetsbänder eine wichtige Rolle gespielt hatten. Steve überreichte mir ein Gebetsbündel aus weißem Salbei. Nur unter Zuhilfenahme dieses Gebetsbündels durfte ich den Gebetskreis verlassen oder betreten. Der Salbei sollte mich beschützen, da ich sonst außerhalb des Gebetskreises ungeschützt wäre. Zudem wurde der Durchgang zum Gebetskreis damit geöffnet oder geschlossen. Am Hang des Berges postierte ich Steine als Zeichen, dass alles in Ordnung war. Wenn ich Hilfe benötigte, würde ich die Steine verschieben, sodass Steve oder seine Helfer bei ihrem täglichen Rundgang Bescheid wussten. Solange alles in Ordnung war, durfte allerdings niemand außer mir den Gebetskreis betreten. Steve wünschte mir alles Gute und ging zum Feuer zurück. Das Feuer wurde Tag und Nacht geschürt und bewacht. Mit Hilfe des Feuers wurde eine spirituelle Verbindung der Helfer mit dem Visionssuchenden hergestellt.

Steve und Jeff wechselten sich alle zwei Stunden ab, Tag und Nacht. Allmählich wurde mir bewusst, dass ich jetzt wirklich allein war, ganz allein in den Bergen der Wüste auf einer Höhe von gut zweitausenddreihundert Metern über dem Meeresspiegel. Ich fühlte mich aber niemals verlassen, war nicht wirklich allein. Ich wurde beschützt und war verbunden mit vielen Helfern. Das fühlte ich tief in meinem Herzen. Es war fast Mittag und die Temperaturen waren auf fast vierzig Grad Celsius geklettert. Für meine Schlafstätte hatte ich eine Plane, zwei Schlafsäcke und warme Kleidung zur Verfügung. Als Steve gegangen war, begann ich damit, meinen Visionsplatz herzurichten und eine geeignete Schlafstätte zu finden. Der Gebetskreis befand sich auf einer Anhöhe, von der ich an geeigneten Stellen das ganze Umland überblicken konnte. Mir war es ganz wichtig, dass ich selbst nicht zu sehen war, aber trotzdem Richtung West und Ost die Täler überblicken konnte. Also suchte ich mir einen Platz unter den Zedarbäumen aus, die mir Schatten spenden und mich gegebenenfalls etwas vor Regen schützen sollten. Als ich glaubte, den richtigen Platz gefunden zu haben, hörte ich über einen längeren Zeitraum die Schreie von Enten, als würden sie sagen: „Das ist der richtige Platz." Das gab mir Zuversicht und so schlug ich unter zwei schulterhohen, strauchartigen kleinen Kiefern mein Lager auf und breitete die Plane aus. Die eine Hälfte diente mir als Boden, die andere befestigte ich an den Ästen als kleines Dach für den Fall, dass es regnen würde. Die Tasche zusammen mit dem Schlafsack legte ich mir als Kopfkissen zurecht, um mich hinlegen zu können.

Mein Kopf hämmerte immer noch und ich überlegte mir jede unnötige Bewegung ganz genau. Dann legte ich mich langsam hin und schloss die Augen, in der Hoffnung, dass sich damit die Kopfschmerzen legen würden. Ich lauschte einfach der Natur und überlegte, ob ich wohl die Zeit ohne bedrohliche Symptome überstehen würde. Sicher war ich mir da durchaus nicht. Auch hatte ich immer noch ein wenig Angst davor, durch die Hitze auszutrocknen und Kreislaufprobleme zu bekommen. Steve hatte mir empfohlen, ein Notizbuch mitzunehmen, um meine Visionen aufzuschreiben. Ich konnte mir bis jetzt noch nicht vorstellen, dass allzu viel passieren würde, was interessant und umfangreich genug sein könnte, um es aufzuschreiben. Schließlich war ich ganz allein an einem kleinen Ort. Allein mit der Natur, sonst nichts. Ich hatte aber trotzdem das Notizbuch mitgenommen und entschloss mich für den Moment, all meine Eindrücke der Schwitzhütte Revue passieren zu lassen und zu Papier zu bringen. Zeit hatte ich ja jede Menge.

Als ich über meine Gebete schrieb, hörte ich eine Krähe. Ich konnte sie nicht sehen, aber ihre Stimme war ganz deutlich zu hören. Nachdem ich eine Weile auf dem Boden gesessen hatte, sah ich, wie sich Ameisen in meine Richtung begaben und sich häuslich niederlassen wollten. Ich betete und redete gedanklich mit Ihnen: Bitte nehmt einen anderen Weg und baut Euer Heim an einem anderen Platz. Ich möchte Euch nicht verletzen und Euch nicht weh tun. Nun sitze ich hier und ich bin sehr schwer. Bitte nehmt einen anderen Weg. Sie drehten tatsächlich mit der Zeit ab schlugen einen neuen Weg ein. Ich dankte ihnen und dem großen Geist. Kurze Zeit später war es vollkommen still, nur das Schreien der

Vögel unterbrach von Zeit zu Zeit die Lautlosigkeit. Immer wieder schloss ich die Augen, um die Ruhe zu genießen. Nun begannen die Grillen zu zirpen. Ich öffnete die Augen und sah, wie sich das Gebetsband lautlos im Wind bewegte. Spontan hatte ich wieder die Bilder aus Tibet im Kopf, sah buddhistische Mönche vor mir und dankte ihnen und dem Dalai Lama. Genau zu diesem Zeitpunkt stoppte das Zirpen der Grillen. Wiederum war es vollkommen still. Dann sah ich das Cappy mit dem Bären vor mir. „Setze das Cappy auf. Es wird Dir helfen", hörte ich eine Stimme sagen. Es war aber niemand da. Umgehend nahm ich es aus der Tasche und setzte es auf. Unvermittelt sah ich Swimming Bear vor mir. Verschmitzt lächelte ich in mich hinein.

Seit der Schwitzhütte fühlte ich mich zwar unheimlich frei und gut, allein die Kopfschmerzen begleiteten mich und waren auch jetzt noch schier unerträglich. Um mich abzulenken, setzte ich mich hin und beobachte die Natur. Ich begann zu zeichnen, um zumindest einige virtuelle Eindrücke mitzunehmen und mich auch später daran erinnern zu können. Alle technischen Geräte waren ja verboten, kein Handy, keine Uhr, kein Radio, nichts. Nur eine Taschenlampe für den Notfall in der Nacht war erlaubt. Während ich so zeichnete, stieg ein Bussard westlich von mir auf und zog seine Kreise. Ich genoss den Anblick seiner regelmäßigen Flugbahn. Dann flog er von West nach Ost. Fasziniert sah ich ihm nach. Dann hatte ich plötzlich das Gefühl, dass jemand neben mir stand. Aber es war nur das Gebetsband, das ruhig da hing und ab und zu, durch den Wind bewegt, ein wenig hin und her wedelte. In der Ferne waren immer wieder Enten zu hören, die von Zeit zu Zeit schrien. Es bewölkte sich ein wenig. Ich legte mich hin und betrachtete das Cappy. Der Bär und diese einfache Schirmmütze hatten eine ganz neue Bedeutung für mich bekommen, seitdem ich hier war. Ich dachte an Swimming Bear, legte mich wieder hin und beschloss, erneut Fragen zu stellen. Es war irgendwie witzig, denn immer wenn ich Fragen stellte, kam ein wenig Wind kam auf und streifte die Bäume. Ich fragte oder sagte vielmehr, dass ich das Gefühl hatte, dass Swimming Bear in meinen Körper eingetreten war. Spontan kam Wind auf und eine Krähe rief: „Yeh, yeh." Ich konnte es nicht recht glauben und schrieb diese ‚Antwort' ins Notizbuch. Genau in diesem Augenblick schrie die Krähe nochmals: „Yeh, yeh." und spontan kam die Sonne hinter den Wolken hervor. Ich fragte, ob Swimming Bears Weg der meine war und bat um ein Zeichen als Antwort. Als Antwort begann eine Grille zu zirpen.

Die Ruhe der Natur wurde immer wieder von Schüssen in der Ferne unterbrochen. Vielleicht waren es Jäger? Vielleicht war es auch ein Zeichen, dass es ein harter Weg werden würde, der immer wieder unterbrochen werden könnte? Ich lag noch immer mit dem Rücken auf dem Boden und hatte die Augen geschlossen. Ich musste noch an die Schwitzhütte denken und das Gefühl ‚ein Wolf zu sein'. Nun verstand ich, warum Hunde sich im Sommer oft mit dem ganzen Körper auf dem Boden legten: Sie lassen sich von der Erde kühlen, Loreen! Wieder sah ich das Gesicht des Wolfes vor mir. Er blickte mir in die Augen, ganz tief. Langsam glitt er meinen Körper entlang und legte sich an meine rechte Seite, mit seinem Kopf an meine rechte Schulter gelehnt. Ich nahm das Foto meiner Tochter aus der Jeans, sah es an und sagte: „Das ist das Bild meiner Tochter. Ich muss sie beschützen". Nun hörte ich Trommelmusik, die von der anderen Seite des Tales zu mir herüber drang. Ein wenig später sah ich, dass beide, Alexandra und der Wolf Platz in meinem Arm hatten und ich fühlte beide Körper auch wirklich neben mir! In diesem Moment kam mir der Geruch des Feuers in die Nase.

Loreen, die eine lange Zeit geschwiegen und andächtig zugehört hat, kann sich jetzt nicht mehr halten: „Unglaublich! Das Feuer war doch zirka drei Meilen Luftlinie von Dir entfernt! Wie kann das sein?" Anna lacht herzlich und berührt Loreen sanft an der Schulter. „Das hätte ich mich eigentlich auch fragen sollen, aber es schien mir alles genau richtig so zu sein. Irgendwie gab es keine offenen Fragen, es war gut so. Dann sah ich, wie Alexandra in meinem Arm lag. Der Wolf war auch noch da, mit dem Rücken zu mir. Er reinigte meine Tochter und leckte ihr das Gesicht ab. Ich war sehr hoffnungsvoll und fragte, ob er mir helfen könne sie zu heilen. Wieder zirpten die Grillen. Nun fragte ich genauer, ob er mir helfen könne, die Allergien meiner Tochter zu heilen. Das Zirpen der Grillen hörte auf. Die Antwort war nein, ich nahm es ihm nicht übel. Später frage ich, was ich denn gegen meine Kopfschmerzen und Beschwerden tun könnte. Ich wollte keine Medikamente mehr nehmen, auch nicht mehr die ‚natürlichen Präparate' Mama Looloos. Ich wollte von dem Ganzen nichts mehr wissen, aber meine Hoffnung war, vielleicht pflanzliche Extrakte zu finden, die mir wenigstens in kritischen Notfällen helfen würden. Plötzlich stand Swimming Bear in der Kleidung eines Häuptlings vor mir. Er hatte etwas in seinen Händen. Leider konnte ich nicht genau erkennen, was es war. Ich hatte das Gefühl, in seinen Armen zu liegen. Dann gab ich ihm eine Fußreflexmassage, betete für ihn und sah einen riesigen Lichtstrahl, der seinen Körper erreichte. So hatte ich das Gefühl, dass meine Gebete ihm gut tun würden. Das machte mich unsagbar glücklich.

Wind kam auf und es begann zu regnen. Es waren die Tränen der afrikanischen Medizinfrau, das spürte ich. Plötzlich fand ich ihr Foto, es lag noch im Buchdeckel des Notizbuches. Damit hatte ich gar nicht mehr gerechnet. Ich hatte mich doch von allem getrennt! Anscheinend gab es doch noch eine Verbindung, denn auf dem Foto waren wir beide abgebildet. Spontan schoss mir der Gedanke durch den Kopf, das Foto zu verbrennen, um alle Verbindungen symbolisch abzutrennen. Schnell verwarf ich diese Idee wieder und beschloss stattdessen, das Foto zwischen uns beiden zu zerreißen und außerhalb des Visionskreises symbolisch zu begraben. Ich wollte niemanden verletzen, auch Mama Looloo nicht. Sie hatte viel für mich getan, nur war mein Weg ein anderer. Mama Looloo gehörte eben nicht mehr als Wegbegleiterin dazu. Wie in meiner Vision war Mama Looloos Leben außerhalb meiner Reichweite, außerhalb des Kreises angesiedelt. Innerhalb dieses Kreises durften nur die Dinge verweilen, die zu mir gehörten. Mit dieser Verbindung wollte ich jedoch abschließen. Daher gehörte alles, was damit verbunden war, nicht mehr in diesen Kreis. Spontan flog ein Bussard direkt über mir von Ost nach West. Das bedeutete Neuanfang und Transformation. Ich dankte dem Bussard für das klare Zeichen.

Ich fasste einen Entschluss, stand auf, nahm mein Salbeibündel und suchte zwei scharfkantige Steine. Auf einmal hörte ich ein Rasseln direkt vor mir, konnte jedoch keine Schlange entdecken. Plötzlich wurde mir klar, warum ich solche Angst hatte, einer Klapperschlange zu begegnen. Es war dieselbe dunkle, giftige Energie, die ich verspürt hatte, als ich in meinen Visionen der riesigen Krake begegnet war. Das Rasseln war eindeutig. Ich saß wie versteinert da und wollte keine falsche Bewegung machen. Das klingt jetzt zwar überheblich, aber Angst hatte ich trotzdem nicht wirklich, denn trotz der Hitze und Einsamkeit fühlte ich eine unheimliche Energie und Zuversicht. Das macht mich stark und ich dachte: Wenn ich möchte kann ich fliegen, ich weiß es. In diesem Moment begannen die Grillen wieder zu zirpen. Vorsichtig begann ich, diese Eindrücke aufzuschreiben. Da verstummte das Zirpen der Grillen wieder. Ich lauschte weiter ganz intensiv auf die Geräusche, um keine falsche Bewegung zu machen. Ich fühlte förmlich, wie ich die Ohren spitzte. Wieder hörte ich das Rasseln direkt hinter und über mir. Es wiederholte sich wieder und wieder. Langsam wurde ich aufgebracht. Nun verspürte ich nur noch Energie und dachte ganz intensiv: Du kannst mir nichts anhaben. Ich bin stärker als Du. Ich habe die Energie des Wolfes. Ein riesiger Bär steht hinter mir und beschützt mich! Du bist nur ein kleines Reptil und kannst mir nichts anhaben! Sofort erstickte das Rasseln und dann war nichts mehr zu hören. Alles war ruhig. Ich schaute mich um, bewegte mich langsam und beobachtete alles um mich herum. Später hatte ich keine Ahnung, wie viel Zeit vergangen war, als ich so da gesessen und gelauscht hatte. Es musste aber ein längerer Zeitraum gewesen sein, weil sich die Schatten inzwischen ein großes Stück weiterbewegt hatten. Über die ganze Zeit hinweg hatte ich kein Rasseln mehr gehört.

Jetzt konnte ich zur Tat schreiten. Ich nahm einen faustgroßen Stein, das Foto und das Salbeibündel und ging zum Kreisrand. Nach dem vorgegebenen Ritual legte ich das Bündel an die Peripherie des Kreises und trat aus dem Kreis heraus. Nun begann ich mit dem Stein ein tiefes Loch in den Sand zu graben, legte den einen Teil des zerteilten Fotos in das Loch und streute ein wenig Salbei darauf, um alles zu beschützen und es damit abschließen und alles beenden zu können. Ich bat die afrikanische Medizinfrau, mich gehen zu lassen. Dann füllte ich das Loch wieder mit Erde auf, streute noch ein wenig Salbei darauf und sagte: „Ich bitte Dich, Mutter Erde, das Bild aufzunehmen und mir zu vergeben. Ich bete für die Medizinfrau und sende ihr helles Licht und bete zu Gott, ihr einen Weg zu ebnen, der es ihr ermöglicht, Licht, Freude und positive Energien weiterzugeben. Ich wünsche ihr von Herzen alles Gute und bete, dass es ihr in Zukunft gut gehen möge." Ein kleiner, bunter Vogel begann zu zwitschern. Ein Gruß vom Dalai Lama? Im Anschluss wollten ich schnellstmöglich in den Kreis zurückzukehren, denn außerhalb fühlte ich mich äußerst unwohl.

Am Lagerplatz angekommen, legte ich mich wieder hin. Die Kopfschmerzen waren nicht besser geworden. Da fiel mir das Cappy ein. Ich setzte es auf, schloss die Augen und dachte an die Kraft des Bären. Nach einer Weile ließen die Schmerzen ein wenig nach und ich konnte aufstehen. Langsam brach die Nacht heran, es wurde dunkler und dunkler. Mit der Dunkelheit kamen die Moskitos. Mit dem Handtuch und dem Cappy baute ich kleines Tipi über meinem Kopf, aber es nutzte nicht viel. Auch die Ameisen waren nun wieder da. Ich krabbelte in meinen

Schlafsack und zurrte ihn fest zu, um mich vor den Insekten zu schützen. Der Sonnenuntergang war schon in vollem Gange, sodass ich die Farbspiele nur noch ein wenig genießen konnte. Der Himmel wurde immer gelber, in orange übergehend, um später erst eine hellrote und dann eine tiefrote, satte Farbe anzunehmen. Irgendwann muss ich eingeschlafen sein.

Mitten in der Nacht wachte ich wieder auf. Es war dunkel, richtig dunkel, stockdunkel. Ein paar Stare flogen über mich hinweg. Um mich herum sah ich den Horizont. In Bodennähe war es ein wenig nebelig und Tausende Sterne waren über mir. Es war ein phantastisches Gefühl! So viele Sterne hatte ich in meinem ganzen Leben noch nie gesehen. Ich fühlte mich vollkommen frei. Im Hintergrund hörte ich plötzlich Trommeln. Es konnten nur meine Freunde sein, obwohl sie ein paar Meilen entfernt waren. Ich hatte das Gefühl, mitten in der Halbkugel aus den Visionen zu liegen. Nun wurde mir plötzlich klar, dass ich gar kein Tipi gesehen hatte, nein. Es war das Universum gewesen! Oh mein Gott, was für ein Gefühl. Ja, ich fühlte mich wie neugeboren, wiedergeboren. Auch die Schwitzhütte repräsentierte das Universum. Das alles wurde mir nun vor Augen geführt. In ihren Visionen hatte ich in der Schwitzhütte und damit gleichzeitig im Universum gesessen, unfassbar! Meine Kopfschmerzen waren fast weg und ich hatte das erste Mal nach den ganzen Jahren wieder ein durch und durch gutes Gefühl. Ich konnte nach vorn sehen, das erste Mal nach langer, langer Zeit. Vieles musste ich abgestreift haben, denn ein tiefes Glücksgefühl überkam mich. Ich fing wieder an zu leben, Loreen! Langsam fing auch mein Magen an, sich wieder zu melden. Ich hatte Hunger, war durstig. Ich war zurück, lebte und fühlte mich wie ein Kind! Ich wäre gestorben für einen kalten Tee oder eine Coke. Dann schaute ich um Himmel und entdeckte den Hundsstern Sirius im Sternbild des großen Hundes. Da wusste ich, dass ich mir nun keine Sorgen mehr zu machen brauchte. Ich war beschützt, es war die Verbindung zu meinem Zuhause – zu Swimming Bear. Beruhigt schlief ich ein.

Nachts hatte ich einen Traum. Ich war im Garten von Swimming Bear. Der große Hund von Swimming Bear schaute mich an und verwandelte sich in einen Wolf, um sich später wieder in einen Hund zurück zu verwandeln. Dann war ich in der Schule und musste in eine andere Schule gehen, weil ich ein schlechtes Bild gemalt hatte. Sofort wachte ich auf, da ich vor Schreck die Augen aufgerissen hatte. Es war immer noch dunkel und eine große Wolke schwebte über mir. Ich fragte, was die Wolke zu bedeuten habe und ob es etwas mit ihrer Familie zu tun habe. Ich rief: „Ich bitte Dich, lass es regnen, wenn wir Probleme haben werden, egal ob es meine Tochter, meinen Mann, mich oder unsere Beziehung zueinander angeht." Die Wolke blieb über mir stehen, bis zum Morgengrauen. Aber es regnete nicht – im Gegenteil, der Himmel brach auf und die Wolken verzogen sich. Also konnte ich positiv in die Zukunft schauen. Die Wolke hatte zwar lange über mir gestanden, aber es hatte nicht geregnet, immerhin. Und am Ende hatten sich die Wolken sogar verzogen! Es war nicht nur ein neuer Tag, sondern ein neuer Start, eine neue Phase meines Lebens. Ich hatte so viele Antworten bekommen und wusste, dass sich viele Dinge von nun an grundlegend ändern würden. Irgendwie war für mich nichts mehr, wie es gewesen war. *THANK YOU CREATOR! Danke, großer Geist!*, ging mir durch den Kopf. Was wollte ich mehr?

Obwohl ich den Rückweg noch gar nicht angetreten war, hatte ich das Gefühl, dass ich wiederkommen musste, da ich eine tiefe Verbundenheit zu dieser Gegend, Swimming Bear und den Traditionen der Indianer zu entwickeln begann. Die Abgeschiedenheit und Verbundenheit mit der Natur war einfach faszinierend und schön. Um ehrlich zu sein: Ich wäre gern ewig hier geblieben, wenn ich nicht meine Verpflichtungen und meine Familie gehabt hätte. Diese Nacht musste einen tiefen Wandel in mir ausgelöst haben. Ich konnte mir nicht mehr vorstellen, einfach ins normale Leben zurückzukehren. Das war nun unmöglich geworden, einfach ausgeschlossen. Ich spürte tief in meinem Herzen, dass ich mein Leben ändern und noch mehr von den Indianern lernen würde. Ja, ich hatte das Gefühl, daheim angekommen zu sein, meinen Platz und meine Rolle im Leben gefunden zu haben. Es war, als ob ich schon Jahre hier verbracht hätte und einfach hier hin gehören würde. Ich dachte nur eins: Nichts wird jemals wieder so sein, wie es war.

Es war schon fast Nachmittag und ich beschloss, langsam den Rückweg anzutreten. Langsam packte ich meine Sachen und ging den Berg hinunter, wobei ich die ganze Zeit von einem kleinen Vogel begleitet wurde. Nach einer halben Stunde kam ich zurück zu bekannteren Feldwegen. Dort gab es Felder und Büsche und das Ende des Feldrandes wurde von einem kleinen Zaun umrahmt. Der Vogel hüpfte auf den Holzbalken entlang, bis ich an der Ecke angelangt war, wo ich zu meinen Freunden und Begleitern abbiegen musste. Dort hüpfte er dann in das

Gras und schaute mir nach. Es war das zweite Mal, dass mir ein Vogel den Weg gewiesen hatte. Du erinnerst Dich doch an die Amsel, Loreen?" Der Gedankensprung macht Loreen kurz zu schaffen, aber dann fällt ihr die Situation in dem harten Winter wieder ein. „Aber klar, sie hat Dir den Weg vorbei am glatten Gehweg gezeigt! Ich sehe es noch vor mir, das ging immer Stück für Stück, bis Du es geschafft hast. Dann ist sie verschwunden." „Gut aufgepasst", sagt Anna schmunzelnd. „Hier war es tatsächlich ganz ähnlich. Er hatte mich die ganze Zeit begleitet, mir den Weg gezeigt und erst als ich in Sicherheit war, flog er weg. Zurück am Ausgangsort warteten Jeff und Steve schon auf mich. Aber auch dort wurde ich herzlich von einem kleinen orangenen Vogel empfangen. Es war ein Gruß des Dalai Lama, das fühlte ich tief in meinem Herzen. Ich schaute zurück und sah den großen Raben, der vom Platz der Visionssuche nun direkt in unsere Richtung flog. Er kam auf mich zu und nahm auf der Spitze des Tipis Platz. Ich lächelte glücklich, es gab anscheinend eine tiefe Verbindung zu meinem Visionsplatz. Vor Faszination schüttelte ich den Kopf. Es war einfach unfassbar und ich genoss es, so umsorgt zu sein. Ich fühlte mich beschützt und war nicht mehr allein.

Nach der Rückkehr durfte ich mit niemandem reden, nur mit dem Betreuer meiner Visionssuche, mit Steve. Wir setzten uns auf eine Holzbank und ich erzählte von meinen Erfahrungen. Er hörte genau zu. Sehr viel hatte er aber nicht zu ergänzen. Nach dem ich mit meinen Ausführungen fertig war, begann Steve mit dem Ritual für meine Aufnahme. Er nahm ein wenig rotes Farbpulver aus dem Stein der heiligen Pfeife, dem sogenannten ‚Pipestone Powder', löste es in Wasser auf und markierte diversen Stellen an meinem Kopf und Gesicht. Mit diesem Ritual wurde ich in den Kreis der Indianer aufgenommen. Es war die Markierung, vom großen Geist erkannt zu sein, dass auf mich Acht gegeben und ich beschützt werden würde. Es war eine Verbundenheit für die Ewigkeit, das Ritual, dass meine Visionen auch zukünftig Bestand haben sollten. Zusätzlich dazu erhielt ich ein ‚Protection Pack', um jederzeit beschützt zu sein. Dieses 'Protection Pack' trug ich von nun an jederzeit bei mir, damit ich vom großen Geist jederzeit beschützt werden konnte. Und dann bekam ich einen indianischen Namen: WOLF BIRD WOMAN.

Als Abschluss der Visionssuche begaben wir uns nochmals in eine kurze Schwitzhüttenzeremonie mit einer Gebetsrunde und einer Pfeifenzeremonie. Ich war einfach nur glücklich, aber auch so erschöpft, dass ich mich kaum auf den Beinen halten konnte. Auch meine Begleiter waren erschöpft. Sie hatten die ganze Nacht das Feuer bewacht, um spirituell mit mir verbunden zu sein. Im Zweistundentakt hatten sie sich abgewechselt, damit nichts passieren konnte. Jeff hatte sich noch extra eine Giftschlange besorgt, um mich mit einem Schlangenritual der Apachen vor den Klapperschlangen zu beschützen. Nun war ich wieder zurück und konnte mich bald ausruhen. Ich war ein anderer Mensch, nichts war mehr so wie vorher. Diese Erfahrungen hatten auf unerklärliche Weise mein Bewusstsein verändert. Gemeinsam mit Steve ging ich nochmals zurück zum Visionsplatz. Es war ein Abschied von einem heiligen Ort. Ich musste mich immer wieder festhalten, um nicht umzukippen. Aber ich war glücklich, gereinigt, frei. Dann bedankte ich mich nochmals bei Jeff. Es war Zeit Abschied zu nehmen, Steve und ich mussten gehen. Es fiel mir sehr schwer, aber es musste sein.

Wir zogen weiter. Nun musste ich langsam wieder zum normalen Leben zurückkehren, mental und physisch. Es begann schon mit dem Essen. Anfangs konnte ich nur mit ganz kleinen Mahlzeiten beginnen, um den Körper Schritt für Schritt wieder an die normale Ernährung zu gewöhnen. Als erste Mahlzeit war mir schon eine kleine Vorsuppe zu viel. Als Abschluss fuhren wir noch zu den Dünen der Wüstenhochebene. Die Sanddünen lagen in einer Höhe von über zweitausendfünfhundert Metern über dem Meeresspiegel. Um an den Gipfel der Sanddünen zu gelangen mussten, wir zirka dreihundert Höhenmeter überwinden. Aber Steve war so übermüdet und kaputt, dass wir erst einmal an einem Cafe halt machen mussten, um wach zu bleiben. Dann setzten wir die Fahrt fort. Am Zielort angekommen, stellten wir das Auto ab und gingen an den Fuß der Berge. Ich war überwältigt von den starken Energien, die von diesem Platz ausgingen. Wir gingen weiter, die Hochebene entlang zu den Dünen. Ein angenehmer Wind blies uns ins Gesicht. Ich wäre so gern aufgestiegen, aber selbst auf der Ebene war mir jeder Schritt zu viel.

Es war Zeit zurückzukehren, denn Swimming Bear wartete bereits. Wir sagten ihm Bescheid, dass die Visionssuche beendet war und wir zurück kommen würden. Ich wusste, dass auch er Tag und Nacht über mich wachte. Im tiefsten Innersten war ich mit ihm verbunden und trug ihn in meinem Herzen. Er war mir so oft in Visionen begegnet. Ich wusste, dass ich ihm noch etwas ganz Besonderes schenken wollte und war sicher, noch etwas Schönes zu finden. Außerdem würden wir sicherlich noch ein paar gemeinsame Tage haben, in denen ich diese tiefste Dankbarkeit zum Ausdruck bringen könnte. Wir verbrachten noch einen Tag in einem Indianerreservat der Pueblos, bevor wir die Rückkehr antraten. Dieser Stamm der Pueblo lebte noch voll und ganz nach den alten Traditionen. Lediglich ihre Autos erinnerten daran, dass wir im 21. Jahrhundert lebten. Sie wohnten in Lehmhütten mit zwei oder drei Etagen, ohne Strom- und Wasserleitungen. Ein kleiner Gebirgsfluss floss direkt durch das Pueblodorf und wurde für die Wasserversorgung genutzt. Sie hatten eigene Lehmöfen, in denen sie ihr Brot backten. Ansonsten stellten sie Indianerschmuck und Musikinstrumente her oder gingen Handwerksgewerben nach, die sie für ihre eigene Versorgung benötigten. Aus den Steinschlägen der Gegend stellten sie Tierformen her, edle und kostbare Figuren. Ich war begeistert und fand einen wunderschönen Eisbären mit einem Herzen in den Krallen. Das war das ideale Geschenk für Swimming Bear. Auch für Steve fand ich etwas – einen wunderschönen Koyoten aus Stein. Allerdings wurde ich langsam nervös, denn ich wollte zurück zu Swimming Bear. Ich wusste, dass er schon wartete und bereits sehr erschöpft war.

Am frühen Abend hatten wir es endlich geschafft. Endlich erreichten wir das Haus von Swimming Bear. Es war später geworden als erwartet und zu dieser Zeit lag er meist schon im Bett. Ich hatte die ganze Fahrt über gebetet, ihn vielleicht noch ein paar Minuten sehen zu dürfen. Und tatsächlich – als wir ankamen, saß er noch im Garten auf einer Bank und wartete auf uns. Er hatte sich hübsch gemacht und lächelte erwartungsvoll. Ich lief zu ihm, dankte ihm und drückte ihn fest. Dann setzten wir uns neben ihn. Steve machte Fotos und ermunterte mich komischerweise, Swimming Bear doch nochmals zu drücken und zu küssen. Er sagte lächelnd: „Er wird es mögen." Ich war peinlich berührt, drückte Swimming Bear aber nochmals und gab ihm ein Küsschen. Swimming Bear lächelte zufrieden und war schon neugierig zu erfahren, was wir alles erlebt hatten. Das war das größte Geschenk, das er mir hätte machen können!

Ich erzählte ihm von meiner Vision, in der ich ihn gesehen hatte und auch von den anderen Erlebnissen. Unbedingt wollte ich wissen, ob ich mir das alles nur eingebildet hatte und ob ich ihn wirklich erreichen konnte. Ich sagte: „Ich hatte Dich gefragt, was ich gegen meine

Kopfschmerzen machen kann. Du hast zwei Dinge in den Händen gehalten und ich konnte nicht genau erkennen, was es war." Er lachte nur und sagte: „Ja, ich weiß. Es waren zwei heiße Steine. Wenn Du Kopfweh hast, musst Du die zwei Steine nehmen und sie erhitzen. Am besten in heißem Wasser. Anschließend legst Du sie in Deinen Nacken. Das wird den Schmerz lindern." Ich war platt. Er war also wirklich bei mir und hatte alles gesehen. Das war mir Beweis genug. Offensichtlich gab es wirklich energetische Verbindungen, die zwar schwer vorstellbar waren, aber es gab sie. Ich hatte also nicht nur eine Reinigung des Körpers hinter mich gebracht, ich hatte auch mein Bewusstsein erweitert und Zuversicht in meine Wahrnehmungen bekommen. Mir fiel wieder der Leitspruch ein, den ich schon während des Studiums und der Forschungszeit spaßhaft zum Besten gegeben hatte, wenn wir auf Dinge gestoßen waren, die sich nicht erklären ließen: „Es gibt Dinge zwischen Himmel und Erden...". Irgendwie waren diese Erlebnisse und Eindrücke der endgültige Schritt für mich, nicht mehr für alles eine logische Erklärung haben zu müssen. Es war eine andere Wahrnehmungsebene, in die ich eingedrungen war und ich war unheimlich dankbar dafür.

Ich genoss den Augenblick und war stolz darauf, dass Swimming Bear auf mich gewartet hatte. ganz besonders freute ich mich darüber, dass er sich auch noch hübsch gemacht und ein sich schönes Hemd mit Indianern angezogen hatte. Am liebsten wäre ich hier geblieben, für immer, aber ich wusste, dass es unmöglich war. Ich war mir aber sicher, dass ich mit Michael und Alexandra an diesen Platz zurückkehren würde, ganz bestimmt. Sie hatte allerdings noch keinerlei Idee, wie ich die beiden dazu bringen konnte, gerade hierher zu reisen. Es war kein typisches Touristengebiet, zu heiß, und kein Meer weit und breit. Es war Wüste, keine Action, nur Ruhe und Natur. Im Gegenzug gab es so viele interessante Plätze auf der Welt, die den Beiden gefallen würden. Jetzt war ich aber in diese neue Welt eingetaucht, die mir so guttat und von der ich nicht mehr ablassen wollte. Damit stand ich vor neuen Herausforderungen. *Wie kann ich die moderne Welt mit diesem Leben in der Abgeschiedenheit und den damit verbundenen Ritualen verbinden? Wird das überhaupt möglich sein? Muss ich mich für eine Welt entscheiden? Gibt es eine Möglichkeit, beide Welten zu verbinden?* Tausende solcher Fragen bewegten mich. Für den Moment war ich aber erst einmal selig und wollte einfach die Zeit genießen und lernen. Also versuchte ich die Fragen zu verdrängen und zu schauen, was die nächsten

Tage bringen würden. Swimming Bear jedenfalls war erschöpft und wollte ins Bett gehen.

Als wir ins Haus gingen, stand eine große, schlanke Frau mit langen dunklen Haaren und dunkelbraunen Augen am Ofen und räumte auf. Swimming Bear und Rosalyne Healing Waters hatten inzwischen Besuch von Diane bekommen. Sie hatte einen weiten Weg hinter sich und verbrachte ein paar Tage hier in dieser Gegend, um den beiden einen Besuch abzustatten. Sie kam aus North Carolina und war eine alte Bekannte der Familie. Diane stand lächelnd da und hielt kurz inne. Freundlich begrüßte sie mich. Diane half ein wenig im Haushalt und ich wollte ihr natürlich gern zur Hand gehen. Dafür musste ich aber bis zum nächsten Tag warten, denn heute Abend war ich einfach zu erschöpft. Auch Swimming Bear war müde geworden und so brachte ich ihn ins Bett. Swimming Bear war erschöpft und bat mich um eine Massage. Darüber war ich natürlich begeistert, denn ich freute mich über jede Kleinigkeit, die ich für ihn tun konnte. Es war ohnehin fast nichts im Vergleich zu dem, was Swimming Bear und Rosalyne Healing Waters für mich getan hatten. Bei dieser Gelegenheit gab ich ihm die Steinfigur, den Eisbären mit dem Herz in der Hand. Er freute sich und lächelte.

Nach der Massage ging ich zurück in die Küche. Dort saß Steve noch immer und unterhielt sich mit Rosalyne Healing Waters. Er hatte noch einen Kaffee getrunken und tauschte sich derweil mit ihr über die weiteren Zusammenkünfte aus. Als ich kam, stand er auf. Ich wusste, was das bedeutete: Nun war es soweit, Steve musste weiterziehen. Der Abschied fiel mir wirklich schwer. Zum Abschied schenkte ich ihm den Kojoten aus Stein als Erinnerung an die gemeinsame Zeit. Er hatte sich rührend um mich gekümmert, mich beschützt und darauf geachtet, dass es mir immer gut ging. Ich war mir aber auch sicher, dass wir uns wieder begegnen würden und ich noch viel von ihm lernen könnte. Betreten und überrascht über das Geschenk stand er da und umarmte mich. Damit hatte er nicht gerechnet. Wir gingen beide aus dem Haus und verabschiedeten uns bei Rosalyne Healing Waters. Steve nahm mich noch im Auto mit und brachte mich zu Caroline und John. Dort fiel ich nur noch ins Bett und schlief sofort tief und fest ein.“

Sonnentanz

„Am nächsten Morgen konnte ich mich beim Frühstück noch ein wenig mit Caroline und John unterhalten. Viel Zeit dafür hatten wir bisher nicht gehabt. Bernd Schneider war auch bereits abgereist, sodass ich der einzige Gast im Haus war. Nach dem Frühstück ging es auch schon wieder weiter und ich musste sich schon wieder verabschieden! Caroline begleitete mich noch ein Stück und ging mit ihren Hunden spazieren. Sie kam sogar noch kurz mit ins Haus von Swimming Bear und Rosalyne Healing Waters, redete noch ein wenig mit ihnen und verabschiedete sich wieder. Ich hatte mich darauf vorbereitet, den Tag mit Putzen und Aufräumen zu verbringen und wartete gespannt darauf, was ich helfen konnte. Diane und ich durften Unterlagen, Bücher und spirituelle Habseligkeiten sortieren und aufräumen. Für mich war es eine große Ehre und auch eine Gelegenheit, tiefere Einblicke in Swimming Bears Leben zu bekommen. Insgeheim hoffte ich, dabei auch die eine oder andere Fragen stellen zu können. Gemeinsam bereiteten wir außerdem pflanzliche Extrakte für Zeremonien vor. Es war einfach schön, ich sog alles auf und war glücklich. Swimming Bear saß in seinem Sessel und bereitete Sweetgrass für Zeremonien vor, stundenlang. Dabei sang er immer wieder Lieder der Indianer. Diane und ich hatten viel zu erzählen, obwohl wir uns kaum kannten.

In einem kleinen Kästchen fand ich etwas Erstaunliches – ein Pendel! Daheim, gerade in meiner schwierigsten Zeit, hatte mir das Pendel so viele wichtige Antworten gegeben. Dass ich hier ebenfalls eins finden würde, damit hatte ich nicht gerechnet. Im Nu waren Diane und ich fertig mit den Aufräumen und Putzen und machten für Swimming Bear das Bett zurecht. Kaum waren wir auch damit fertig, stand Rosalyne Healing Waters bereit und hatte schon den Tisch für eine gemeinsame Mahlzeit gedeckt. Wir standen in der kleinen Küche und holten noch die letzten Sachen zusammen. Kurz, trocken und ganz unerwartet sagte Rosalyne Healing Waters im Vorbeigehen zu mir: „Diane ist gekommen, um zum Sonnentanz nach Arizona zu fahren. Sie wird Dich mitnehmen und auch wieder zurückbringen, wenn Du möchtest." Ich riss die Augen auf und blieb wie angewurzelt stehen. Habe ich richtig verstanden oder träume ich? Gibt es noch eine Steigerung zu sprachlos? Was hat Rosalyne Healing Waters da gerade gesagt? Darauf war ich doch gar nicht vorbereitet. Ich hatte doch gar keine Sachen zum Anziehen dabei! Aber Diane bot mir an, mir ihren Rock und ihr T-Shirt für den Sonnentanz auszuleihen. Ich war außer mir vor Freude und umarmte die beiden. Ich sprang vor Freude in die Luft und ging erst einmal eine Runde nach draußen, um das Gesagte zu verarbeiten. Diane kannte mich überhaupt nicht und wollte mir ihren Rock leihen! Das konnte doch alles nicht wahr sein! Sie hatte das Gefühl, Swimming Bear unterstützen zu wollen und auch Rosalyne Healing Waters zu entlasten. Es würde mir besonders schwerfallen, die beiden allein zu lassen. Es lag so viel Liebe und Geborgenheit in diesen Räumen. Es war eine Liebe, die ich mein ganzes Leben lang vermisst hatte, selbstlos und einfach nur für einen da. Tag und Nacht.

Wieder hatte ich nur wenig Zeit, die wichtigsten Sachen zusammenzupacken und weiterzuziehen. Was sollten Caroline und John von mir denken? Schon wieder würde ich zurückkommen, an der Haustür anschlagen, ein paar Worte wechseln und das Haus verlassen. Ich verabschiedete mich bei Swimming Bear und Rosalyne Healing Waters und rannte schon los zur Unterkunft. Wieder überlegte ich, was sie mitnehmen sollte. Dieses Mal ging es nach Arizona. Dort war es wahrscheinlich auch nachts heiß. Caroline und John waren daheim und warteten gespannt auf meine Erzählungen, weil ich nach dem Frühstück keine Zeit mehr gehabt hatte. Leider wurde auch dieses Mal nichts daraus. Ich erzählte schnell, dass ich nun wieder meine Sachen zusammenpacken müsse, da wir zum Sonnentanz fahren würden. „Was?", fragte Caroline erstaunt, „Zum Sonnentanz? Nun leben wir hier schon über zwanzig Jahre so eng beieinander und waren weder bei einer Visionssuche noch bei einem Sonnentanz." Das ehrte mich umso mehr. Vielleicht hatte es ja doch einen tieferen Sinn, dass ich all dies tun durfte. Aber warum Caroline nicht? Sie hätte doch nur ein paar Schritte zu gehen brauchen. Überall im Zimmer waren Swimming Bears Bilder aufgehängt und man fühlte förmlich seine Energien in diesen Räumen. Ich hatte ein schlechtes Gewissen Caroline und John gegenüber. Zum einen durfte ich selbst in so kurzer Zeit so viele Dinge tun, zum anderen blockierte ich die ganze Zeit das Zimmer in der Wohnung und war eigentlich doch nicht da. Es schien ihnen aber nichts auszumachen. Ich wusste, dass nun wieder Camping und Entsagung angesagt war. Als alle Sachen zusammengepackt waren, konnte die Reise beginnen.

Dianes Auto war uralt und hatte keine Kopfstützen. Ich betete, dass uns nichts passieren würde, wusste ich doch, dass ich bei einem Auffahrunfall keine Chance hätte. Doch Swimming Bear war mit Sicherheit bei uns und begleitete uns beide mit seinen Gebeten, also hatte ich Vertrauen. Der Kofferraum des Autos war randvoll mit Kleidung, die ohne Taschen aufeinander gestapelt war. Meine Tasche hatte nur auf dem

Rücksitz Platz. Swimming Bear hatte uns erklärt, in welcher Gegend der Sonnentanz stattfand. Er hatte allerdings dazu gesagt, dass wir dort genau schauen und in uns gehen müssten, um den Weg zu finden. Den genauen Ort und Weg dorthin sollten wir also selbst herausfinden. Vorerst fuhren wir den Highway entlang Richtung Arizona. Diane hatte viele Zeremonielieder im Auto, die sie auflegte, mitsang und inzwischen auswendig kannte. Irgendwann begann sie Hunger zu bekommen. Wir stoppten an einer Tankstelle, wo es nur Fastfood gab. Ich wusste nicht, was ich als Wegzehrung essen sollte und obwohl wir noch einen langen Weg vor uns hatten, begnügte ich mich mit einem Toast. Nach drei Stunden Fahrt verließen wir den Highway, fuhren längere Zeit eine Straße entlang und wussten, dass wir nun bald irgendwo abbiegen mussten. Nach einer halben Stunde Fahrt kam uns der Weg aber zu lang vor und wir fuhren zurück und stoppten. Diane stieg aus und rannte in ein Gebüsch. Ich blieb beim Wagen und blickte die Straße entlang. Am Ende zog sich quer ein langer Gebirgszug entlang. Plötzlich kam ein riesiger Adler auf mich zugeflogen und setzte sich direkt vor das Auto auf die Straße. Das war das Zeichen! Wir standen genau an der richtigen Stelle, es war der Schotterweg, in den wir einbiegen mussten. Es war faszinierend, immer noch saß der Adler direkt vor dem Auto. Als Diane zurückkam, schlug er mit seinen Flügeln und stieg langsam auf. Kraftvoll, aber graziös schwang er sich empor und flog langsam davon.

Diane wendete den Wagen und bog in den Schotterweg ein. Die Fahrt ging durch Gestrüpp und Bäume. Immer wieder war der Weg so sandig, dass wir nur mit Vollgas vorankamen um uns nicht einzugraben. Dann war alles so eingestaubt, dass nichts mehr zu erkennen war. Wir fuhren an einer Lichtung vorbei, rechts zeigten sich Grass und trockene Gewächse. Geradeaus vor uns war nur Wald zu sehen. Wir kamen an eine Weggabelung, in deren Mitte eine rote Gebetsfahne hing. Wir fuhren rechts herum und hatten keine Ahnung, ob es der richtige Weg war. Dann ging es durch tiefe Kuhlen, aus denen manchmal die Baumwurzeln so hoch herausstanden, dass das Auto beim Rüberfahren hochsprang. Immer wieder kamen wir an neue Wegkreuzungen. Diese waren mit roten Gebetsfahnen markiert, die an Ästen festgemacht wurden. Trotzdem war der Weg nicht eindeutig. Es war lediglich klar, dass wir abbiegen mussten und nicht ganz falsch sein konnten. Nach etwa zwanzig Minuten kamen wir schließlich an einen langgezogenen Weg. Rechts und links wucherten kleine Pinien und Kiefern und eine Lichtung tat sich vor uns auf. Es waren viele Zelte zu sehen. Am Rande standen bereits einige Autos und Jeeps. Wir hatten es geschafft!

Ich war gespannt, was nun passieren würde und hatte etwas Angst, unbewusst gegen irgendwelche Rituale zu verstoßen und die Indianer zu verletzen. Etwa zwanzig Meter vor uns war eine Art Feldküche aufgebaut. Lange Äste waren dabei zu einem schrankähnlichen Gerüst zusammengestellt. Holzplatten hielten es zusammen und wurden für die Ablage des Geschirrs genutzt. Große Leinentücher dienten als Dach und Sonnenschutz. Mehrere Frauen und Männer waren in der Feldküche zugange und kamen auf Diane und mich zu, als wir ausstiegen. Sie stellten sich vor und begrüßten uns aufs Herzlichste. Die ganzen Namen konnte ich mir gar nicht merken. Vielleicht spielte es auch keine Rolle. Dann wiesen sie uns in die Küche ein: Wir durften uns überall bedienen, konnten trinken und essen, was immer wir wollten, durften aber nichts von der Küche wegschaffen. Essen und Trinken am Zeremonieplatz der Sonnentänzer war strengstens verboten. Nach der herzlichen Begrüßung suchten wir uns einen geeigneten Platz um das Zelt aufzubauen. Für mich war das alles wie ein Traum, es lief wie ein Film ab. Die tiefen Eindrücke der Visionssuche wirkten ja noch nach! Fast mechanisch baute ich mit Diane das Zelt auf. Diane gab mir einen wunderschönen Rock mit einem passenden T-Shirt dazu. Es passte alles perfekt zusammen, wie für mich gemacht. Ich konnte noch immer nicht begreifen, was eigentlich passierte und dachte nur: Ich kann die Sachen nicht waschen. Was mach ich nur?

Ich hatte keine Zeit, weiter darüber nachzudenken. Jennifer und Barbara wollten die Sonnentänzer mit ihren Gesängen unterstützen. Jeremy kam uns entgegen und erklärte Diane und mir kurz die wichtigsten Sachen: „Direkt am Zeremonieplatz dürft Ihr nichts essen und trinken. Die Tänzer müssen vier Tage lang fasten und dürfen keine Flüssigkeit zu sich nehmen. Um den Kreis herum dürft Ihr Euch bewegen. Ihr dürft weder in den Kreis eintreten, noch den Zugang oder den Bereich der Tipis und Schwitzhütten betreten. Zu den vier Himmelsrichtungen gibt es jeweils Austritte aus dem Zeremoniekreis. Wenn Ihr Euch in diesem Bereich bewegt, müsst ihr Euch um Eure eigene Achse drehen. Vergesst nie, die Richtung der Drehung ist wichtig. Als Dank für die Unterstützung wird sich jeder Tänzer einen Gast auswählen, dem er seine heilige Pfeife anvertraut. Dieser Gast darf dann die heilige Pfeife anzünden und im Kreis der Sänger und Trommler weitergeben. Im Anschluss daran wird die Pfeife dem Tänzer nach einem vorgegebenen

Ritual wieder zurückgegeben. Die Einzelheiten werde ich Euch später erzählen. Jetzt beginnt gleich eine nächste Tanzrunde. Die Tänzer warten schon auf Eure Unterstützung. Es ist besser, wenn Ihr jetzt geht."

Gemeinsam mit Jennifer und Barbara gingen wir zum Zeremonieplatz vor. Es war sehr heiß und die Sonne brannte gnadenlos auf uns herunter. Auf dem Weg kamen wir an dem Bereich vorbei, an dem die Sonnentänzer und ihre engsten Begleiter untergebracht waren. Zuerst kamen wir an zwei Tipis vorbei, ein Stück weiter waren dann zwei Schwitzhütten aufgebaut. Bei der einen war der Eingang nach Westen, bei der anderen war er nach Osten ausgerichtet. In ihrer Mitte befand sich die Feuerstelle. Dieser Bereich war von langen Ästen eingezäunt und für alle sichtbar. Er war nur den Tänzern und deren engsten Begleitern vorbehalten. Eine weitere Umzäunung umgab die Schwitzhütten und ging zu einem Weg zusammen, der wie ein langer Gang direkt zum Zeremoniekreis führte. Der heilige Kreis hatte einen Durchmesser von zirka fünfzehn Metern und in der Mitte stand der Lebensbaum. Der Kreis hatte, wie Jeremy und schon erzählt hatte, vier Ausgänge, zu jeder Himmelsrichtung einen. An den Ausgängen waren Gebetsfahnen in jeweils einer der Himmelsrichtung zugeordneten Farbe aufgehängt. Umrandet wurde dieser innere Kreis von einem kreisförmig aufgestelltem Gerüst aus Pinienbohlen, die in die Erde gerammt und in jeweils einem Meter Abstand aufgestellt waren. Ein zweiter Kreis aus Pinienbohlen befand sich in zwei Metern Abstand parallel dazu, sodass sich ein langer Gang rund um den Zeremoniekreis auftat. Am obersten Ende waren die einzelnen, senkrecht stehenden Bohlen durch vernagelte Äste miteinander verbunden. Auf diese Weise entstanden zwei parallel laufende Kreise aus Astkonstruktionen. Quer befestigte Äste aus langen Pinienzweigen mit grünen, langen Nadeln stabilisierten die beiden Holzkreise und vollendeten den Gang mit einem lichtdurchlässigen Dach.

Rund herum in diesem kreisförmigen Gang herum verteilten sich die Helfer der Sonnentänzer. Es waren Sänger und Trommler, die sich an der einen Seite des Zeremoniekreises zusammengefunden hatten. Eine riesige Trommel stand auf dem Boden und die fünf Trommler schienen bereit, mit ihrer Trommelbegleitung den nächsten Tanzzyklus einzuleiten und die Tänzer zu unterstützen. Die Trommel war zirka einen Meter hoch und hatte einen Durchmesser von etwas über einem Meter. Jeder Trommler, die rund um das Instrument herum auf kleinen Campingsesseln oder Baumstümpfen saßen, hatte einen langen Stick in der Hand. Zehn

Sängerinnen und Sänger waren vor Ort und stellten sich hinter der Trommel für die nächste Tanzrunde auf. Zusätzlich verteilten sich zahlreiche Gäste über den gesamten Gang des Kreises hinweg, um dem Sonnentanz beizuwohnen und die Tänzer mit ihren Gebeten zu unterstützen. Sogar eine japanische Dame war zugegen – sie trug ein edles Gewand und hatte hoch gesteckte   Haare. Von ihren Begleitern wurde sie an ihren Platz zu einem Stuhl geleitet. Wir stellten uns zu den anderen Sängern hinter der Trommel.

Ein Pueblo Indianer mit schwarzen, kräftigen Haaren namens Running Elk stellte sich uns vor. Seine Haare waren so lang, dass sie fast den Baumstumpf berührten, auf dem er saß. Er sah mich ein wenig skeptisch an, denn als Schweizerin war ich hier natürlich ein absoluter Exot. Sie konnten es kaum glauben, dass ich mich hier an einen so abgelegenen Ort verirrt hatte und waren offensichtlich erstaunt, dass ich so eine große Reise auf mich genommen hatte. Ich konnte mich vor ihren Fragen kaum retten, sie fragten mir regelrecht Löcher in den Bauch. Schon mein Name war exotisch. Namen haben für die Indianer eine große Bedeutung und werden individuell für jeden einzelnen ausgesucht. Das hatte ich ja auch am eigenen Leib erfahren. Ich erzählte ihnen, dass ich eine Visionssuche hinter mich gebracht hatte und von Swimming Bear geschickt worden war. Da war die Sache klar. Er war auch hier ein bekannter und geachteter Medizinmann. Flying Hawk kam von noch weiter her. Auch er saß an der Trommel. Er war Cheyenne und hatte eine weite Reise hinter sich gebracht, genauso wie Talking Bird, ein Lakota, der aus South Dakota gekommen war, um am Sonnentanz teilzunehmen. Auch bei den Sängerinnen waren Indianer verschiedener Stämme vertreten, Pueblos, Apachen, Cheyenne und Navajos. Shining Light kam auch aus New Mexico. Sie lebte mit ihrem Stamm am Fuße des Berges, den ich von Carolines Haus aus so oft bewundert hatte. Ein Teil des Berges gehörte den Indianern, der andere Teil war von Weißen besiedelt worden. Das Licht in ihrem Namen schien ihr allerdings verloren gegangen zu sein. Sie schaute ganz traurig drein und ich hatte das Gefühl, dass auch sie Gebete dringend nötig hatte. Ich traute mich zwar nicht zu fragen, was sie bedrückte, hatte aber das Gefühl, dass ich ihr etwas Gutes tun musste.

Inzwischen hatten die Tänzer den Zeremoniekreis betreten und die Trommler begannen mit der Begleitung. Dieser Sonnentanz hatte einen fast familiären Charakter. Es waren nur an die zehn Tänzer zugegen. Ich liebte diese Atmosphäre und hatte schon befürchtet, dass es eine dieser riesigen Veranstaltungen sein würde, bei der bis zu dreißig, vierzig Tänzer zugegen sein würden. Davon hatte ich ja schon gelesen. Nun war ich angenehm überrascht. Die Sänger und Sängerinnen stimmten Lieder an, während ich betreten dabeistand und versuchte irgendwie mitzusingen. Die Gesänge der Männer und Frauen wechselten sich ab. Zuweilen sangen sie auch gemeinsam. Die Melodien waren relativ einfach und melodisch, manchmal sehr kraftvoll, dann wieder zurücknehmend. Aber ich kannte nicht einen Text! Woher auch? Sie sangen in ihrer Indianersprache und ich hatte nicht einmal eine Idee, in welcher Sprache der vielen Indianerstämme sie eigentlich sangen. Ab und zu brach der Text ab und sich sangen typische, einfache Silben, die auch ich mitsingen konnte. Die Tänzer waren unterschiedlich gekleidet. Die Männer tanzten mit freiem Oberkörper und hatten verschiedene Wedel mit mehr oder weniger Federn in der Hand. Der Unterkörper war durch ein langes, rotes Leinentuch abgedeckt, das wie ein Wickelrock um die Hüfte gebunden war und bis zum Boden reichte. Der erste Tänzer hatte drei farbige Streifen auf seinem roten Rock. Es waren die Farben der deutschen Flagge, schwarz, rot, gold. Er war groß und muskulös, hatte braun gebrannte Haut und lange schwarze Haare bis zum Ellenbogen. Er trug eine lange Kette um den Hals mit einem runden Anhänger. Der zweite Tänzer hatte eine gedrungene Gestalt und war viel kleiner. Sein gesamter Oberkörper war übersät mit großen Narben vom Piercing vergangener Sonnentänze. Ein junges Mädchen tanzte neben ihnen. Sie hatte eine schmale, zarte Gestalt, trug einen langen Rock und beigefarbene, vermutlich handgefertigte Mokassins. In ihren Haaren steckte eine kleine lange Feder. Eine kleine, zierliche Dame gesetzteren Alters tanzte in der Mitte der anderen.

Die Sonne brannte und die Temperaturen waren in der Sonne sicher auf weit über vierzig Grad Celsius geklettert. Die Gesänge wechselten wieder von den Männern zu den Frauen und zurück. Nach einer gefühlten Ewigkeit neigte sich die Tanzrunde dem Ende entgegen. Einer der Tänzer tanzte langsam zum Altar, einem kleinen Sandhügel, auf dem die Pfeifen der Tänzer aufgereiht waren. Er nahm seine heilige Pfeife und tanzte mit ihr zum Ausgang und den Helfern. Der Auserkorene tanzte von außen dem Tänzer entgegen. Nach dem vorgegebenen Ritual übergab der Tänzer seine Pfeife. Damit war diese Tanzrunde beendet. Der Helfer nahm die heilige Pfeife und ging zur Trommel herüber. Die Sänger und

Sängerinnen kamen dazu. Die Pfeife wurde angezündet und in die Runde gegeben. Jeder der Helfer nahm an der Pfeifenzeremonie teil. Nachdem die Runde beendet wurde, brachte der Helfer die heilige Pfeife tanzend zurück und übergab sie wieder nach dem vorgegebenen Ritual zurück an den Tänzer. Nun hatten alle eine Pause bis zum nächsten Tanzzyklus.

Es war Mittagszeit und die Helfer und Trommler zogen sich zurück. Manche gingen in Richtung Feldküche, andere blieben an der Trommel sitzen. Diane und ich gingen ebenfalls zurück zur Feldküche. Es war sehr heiß und wir waren dankbar, dass wir dort etwas trinken durften. Wir wurden von Jessica, Dorothy und Jennifer begleitet. Shining Light, Running Elk und Flying Hawk folgten uns in kurzer Entfernung. Ich hatte nur noch einen Gedanken: Ich musste zum Zelt, um Shining Light etwas Gutes zu tun. Gott sei Dank hatte ich noch den Stoffbeutel mit dem aufgestickten Brot und den Ähren. Ich ging auf Shining Light zu, übergab ihr den Beutel und sagte nur: „Ich habe nicht viel, was ich Dir geben kann, aber es soll ein Symbol sein, dass Du immer genug zu essen hast und es Dir immer gut geht. Ich weiß, dass Dich etwas bedrückt. Ich werde für Dich beten, damit es Dir bald besser geht und Du wieder lächeln kannst, Shining Light." Sie umarmte mich ganz fest. Dann griff Shining Light in ihren Medizinbeutel und nahm eine Feder heraus und schenkte sie mir. Es war eine wunderschöne Feder von einem Specht, die ein Medizinmann ihr geschenkt hatte. Ich wusste, was das bedeutete, fand keine Worte und umarmte sie. Ich hatte das Gefühl, dass Shining Light mir nun auch noch das allerletzte gegeben hatte. Alles hat seinen Sinn, vielleicht auch das, dachte ich, ich werde immer mit ihr verbunden sein und kann auch hier für sie beten. Trotzdem war ich beschämt. Diese Indianer hatten nicht viel oder fast nichts und gaben das Letzte. Inzwischen war einige Zeit vergangen und es wurde zur nächsten Tanzrunde gerufen. Wir gingen wieder vor zum Zeremonieplatz, um mit unseren Gesängen die Tänzer zu unterstützen. So verging Runde um Runde, bis in den Abend hinein.

Nun war es inzwischen schon die dritte Pfeifenzeremonie, die sich einer Tanzrunde anschloss. Dieses Mal war ich ein wenig skeptisch. Jessica zog genüsslich an der Pfeife, immer wieder. Es war das erste Mal, dass ich das Gefühl hatte, dass die Pfeife dieses Tänzers nicht nur mit Tabak gefüllt war. Gott sei Dank hatte ich von Swimming Bear gelernt, wie man bei einer Pfeifenzeremonie den eigentlichen Akt des Rauchens auslassen durfte. Als die Pfeife bei mir angekommen war, reichte ich die

Pfeife nach diesem Ritual weiter. Inzwischen wurden die Trommler von einem kleinen Indianerjungen unterstützt. Er war erst fünf Jahre und setzte sich dazu. Er konnte kaum über die Trommel schauen und war ganz begeistert. Nach der letzten Tanzrunde dieses Tages gingen die Tänzer in die Tipis des abgeschotteten Bereiches. Die Gäste begaben sich in Richtung der Feldküche.

Im Anschluss war noch eine Schwitzhütte geplant, der ich mit gemischten Gefühlen entgegensah. Ich hatte noch die Kopfschmerzen nach der letzten Schwitzhütte im Gedächtnis. Außerdem hatte ich kaum Sachen zum Wechseln dabei und wusste, dass ich die Hütte nassgeschwitzt verlassen würde. Aber ich hatte keine Wahl, konnte gerade noch mein Handtuch holen und dann ging es schon los. Als ich ankam, waren schon die ersten Teilnehmer in die Schwitzhütte gekrochen. Das Feuer brannte in hohen Flammen, das Holz knisterte. An die fünfundzwanzig große Felsbrocken lagen im Feuer und waren weiß vor Hitze. Ich kniete mich vor den Eingang der Schwitzhütte, berührte den Boden mit der Stirn und kroch hinein. Auch nach mir kamen noch weitere Teilnehmer. An der rechten Seite der Schwitzhütte saß Talking Bird, ein Lakota. Er leitete die Schwitzhütte und wartete geduldig, bis alle Teilnehmer ihren Platz eingenommen hatten. Als alle saßen, wies er den Feuermann an. Talking Bird erklärte, dass diese Schwitzhütte einundzwanzig Steine umfasse und er die Schwitzhütte nach der Tradition der Lakota abhalten würde. Der Feuermann begann, einen Stein nach dem anderen mit der Forke aus dem Feuer zu nehmen und zur Schwitzhütte zu bringen. Ich dachte, ich hätte mich verhört. Einundzwanzig Steine!, dachte ich, geschockt. Einundzwanzig Steine! Ich hatte keine Ahnung, wie ich das durchstehen sollte, denn ich saß dem Eingang genau gegenüber und war mittendrin. Dieses Mal konnte ich nicht aus, nie im Leben. Es waren vierzehn Teilnehmer. Damit war auch klar, dass die Runde um keinen Preis abbrechen konnte. Ich musste bis zum Schluss dabei bleiben. Es war auch kaum Platz, um sich auf den Boden zu legen und sich von Mutter Erde kühlen zu lassen, wie ich es während der Visionssuche getan hatte.

Talking Bird stimmte ein Lied in der Sprache der Lakota an. An der linken Seite des Eingangs wurden die Steine mit zwei Geweihen angenommen und an den richtigen Platz im Erdloch gebracht. Nachdem sich einige Steine in der Schwitzhütte befanden, schloss Talking Bird den Eingang. Es war stockfinster, nur die Steine glühten ein wenig. Hitze kam auf. Dieses Mal saß ich mit dem Kopf zum Erdloch und musste nur vorsichtig sein, dass ich den heißen, glühenden Steinen nicht zu nahe kam. Wieder kam das Gefühl in mir hoch, dass jemand in meine Körper eindrang. Ich fühlte mich wie ein junger Hund und kauerte mich intuitiv auf den Boden. Ab und zu kühlte ich meine Stirn auf dem Boden. Auch andere Teilnehmer wurden von Gefühlen überwältigt. Manche weinten, manche beteten, manche schienen total verzweifelt zu sein und wimmerten. Langsam lief mir der Schweiß von der Stirn, mein Rücken war bereits klatschnass. Selbst von den Leuten neben mir waren fast nur Schattierungen erkennbar. Nur das Glühen der Steine, von denen starke Hitze aufstieg, brachte ein wenig Licht ins Dunkel. Talking Bird begann zu sprechen. Er erzählte über die Zusammenkunft, den Zweck der Schwitzhütte und wie das Volk der Lakota diese Traditionen lebte. Mir liefen die Schweißperlen die Stirn herunter, unter den Armen, an den Beinen, alles war nass. Die Hitze stieg in meinen Körper und ich spürte wie meine Kleidung langsam die Temperatur der Steine annahm. Das Wasser lief aus allen Poren. Wieder kauerte ich mich auf den Boden und legte die Stirn auf die Erde. Der angenehm kühle Boden kühlte meinen heißen Kopf. Es war, als ob mein Kopf im Schatten der Hitze läge. Ich dankte der Mutter Erde, dann begannen die Gebete. Bilder meiner Familie kamen hoch und ich sah Swimming Bear, wusste, dass er bei mir war. Ich nahm die angenehm warme Stimme des Lakota wahr und driftete ab in meine eigene Welt.

Sie begannen, gemeinsame Zeremonielieder zu singen und Talking Bird signalisierte, dass er die Schwitzhütte kurz öffnen wollte, um die Hitze zumindest ein wenig zu lindern, aber auch neue Steine aufzufüllen. Die Hitze wurde danach immer stärker. Dieses Mal störte es mich aber nicht mehr, dieses Mal war alles anders. Wieder sah ich die Wolfsaugen in den Steinen. Auch die Form des Kopfes war deutlich zu sehen. Aus dem einen Wolf wurden zwei, drei, vier, immer mehr. Es schien ein ganzes Rudel zu sein. Ich wäre am liebsten noch stundenlang in der Schwitzhütte geblieben. Ich sank noch tiefer in den Boden hinein und sobald ich aufsah, schauten mich die Wolfsaugen wieder an, sahen mir direkt in die Augen. Als ich jedoch zu den Steinen blickte, waren die Wölfe verschwunden. Ein großer Bärenkopf tauchte stattdessen auf. Er hatte große Augen. Ich betete für meine Familie, Eltern und Freunde. Plötzlich waren auch die Indianer und Buddhisten wieder da. Ich sah sie ganz deutlich vor mir. Talking Bird leitete eine Gebetsrunde ein, in der jeder sein Gebet laut oder auch leise für sich sagen konnte. Ich hatte das Gefühl, dass ich etwas sagen sollte. Im Grunde kannte ich ja niemanden in der Runde so richtig. Was würden sie von mir denken? Vielleicht finden sie meine Sprüche nur albern und unangemessen? Doch ich fasste mir ein Herz und sagte: „Ich habe eine lange Reise hierher gemacht. Nun darf ich gemeinsam mit allen beten. Ich möchte dafür beten, dass die Menschen künftig überall gemeinsam beten können, egal welcher Herkunft und Religion sie angehören. Ich bete dafür, dass es Toleranz gegenüber den unterschiedlichen Religionen gibt. Ich danke Gott, dass ich hier sein darf und an diesen Zeremonien teilnehmen kann. Es ist eine große Ehre für mich." Es folgte Schweigen. Dann wurden die Gebete der anderen fortgesetzt. Die Gebetsrunde war bald zu Ende. Ich hatte das Gefühl, dass ich befreit war. Die Hitze machte mir gar nichts mehr aus. Ich hätte noch lange in der Schwitzhütte verweilen können, aber die ersten krochen bereits heraus und so kroch ich hinterher. Draußen stellten wir uns am Eingang Richtung Norden auf und wurden gesegnet.

Dann war die Zeremonie vorbei. Diane und ich gingen zurück zum Zelt. Irgendetwas war während der Schwitzhütte passiert, denn ich hatte das Gefühl, als ob ich geduscht hätte. Ich war vollkommen gereinigt, obwohl ich doch eigentlich nur geschwitzt hatte. Es war, als wäre ich neu geboren, einfach unbeschreiblich. Ich fühlte mich frei und voller Energie. Inzwischen war es Abend geworden, viele Helfer hatten in der Feldküche gekocht und das Essen hergerichtet. Es gab Kartoffelbrei mit und ohne Knoblauch, wobei die Kartoffelschalen mit gekocht wurden. Dazu wurde Gemüse und Fleisch serviert. Ich hatte ein schlechtes Gewissen. Wie kann ich mich erkenntlich zeigen, für alles, was sie für mich tun? Wir saßen gemeinsam an einem langen Tisch, der aus Holzbohlen gefertigt war. Einige begannen Geschichten zu erzählen und zu singen. Ich kannte nur ein Lied der Blackfeet Indianer und stimmte an. Es schien aber niemand zu kennen. Vielleicht war es auch unangemessen, hier bei Ihnen Indianerlieder zu singen. Also nahm ich mich zurück und lauschte. Langsam wurde es dunkel und damit auch frischer, aber lange nicht so kalt, wie auf der Hochebene von New Mexico. Ich war einfach nur glücklich, selig und froh. Einige waren schon im Zelt verschwunden, andere unterhielten sich noch. Talking Bird saß neben mir und erzählte Geschichten der Lakota.

Es war sehr interessant, aber ich wurde langsam müde, stand auf und ging. Doch ich konnte mir nicht vorstellen, gleich ins Zelt zu gehen und einzuschlafen. Ich wollte einfach alles setzen lassen und noch ein wenig die Natur genießen. Der Himmel war dunkelblau, die Sterne funkelten. Ich drehte mich im Kreis vor Glück, stellte mich ein wenig abseits der Zelte und betrachtete den Zeremonieplatz. Ich wollte mir alles gut einprägen und eines Tages zeichnen. Fotografieren war an diesem heiligen Platz strengsten verboten. Plötzlich stand Talking Bird vor mir. Ich war völlig irritiert und wusste nicht, was ich sagen sollte. Er wollte wissen, was ich tun wollte und was meine Worte in der Schwitzhütte zu bedeuten hatten. Ich hatte keine Antwort, was sollte ich diesem Medizinmann der Lakota sagen? Ich wusste ja selber nicht, was ich wollte, was ich konnte und wo meine Reise hingehen würde. Das war ja der eigentliche Grund, warum ich hergekommen war. Ich hatte viele Antworten bekommen, die erst verarbeitet werden mussten und war noch immer überwältigt und von den vielen Eindrücken, die innerhalb kürzester Zeit auf mich eingestürmt waren. Ich wusste nur, dass es das größte wäre, auch einmal anderen Menschen zu helfen und die Riten der Indianer selbst praktizieren zu können. Aber es war eine andere, für mich unerreichbare Welt.

Mir war klar, dass ich wieder heimkommen würde in die Welt der Industrie, der Büros, der Städte, des Jobs. Dann würde ich wieder gefangen sein in diesem Umfeld. Aber wie konnte ich ausbrechen? Durfte ich überhaupt diese Riten erlernen und bei wem? Momentan spürte ich nur die gewaltigen Energien, die mir ein ganz neues Lebensgefühl gegeben hatten. Einordnen konnte ich das Ganze jedoch noch nicht ganz. Warum fragte Talking Bird mich, was ich tun wollte? Was erwartete er von mir? Was hätte ich ihm denn geben können? Warum gerade ich? Ich konnte ihm doch nicht meine Träume offenbaren. Außerdem wusste ich, dass man auserwählt wurde, bei den Indianern zu lernen. Also was um Himmels Namen sollte ich ihm sagen? Ich muss eine ziemlich lange Zeit so herumgestanden haben, bis ich begann: „Ich komme gerade von einer Visionssuche und bin gerade dabei, diese Eindrücke zu verarbeiten. Ich möchte gern diesen Weg weitergehen und mehr über diese Traditionen lernen und sie möglichst weiterführen. Aber ich habe im Moment keine Idee, was kommen wird. Ich weiß es nicht. Ich kann nur sagen, dass die Schwitzhütte großartig war. Ich fühle mich wie neugeboren. Aber ich kann Ihnen nichts versprechen. Ich kann es nicht und ich will es nicht. Es ist mir eine große Ehre hier zu sein und ich weiß nicht, was kommen wird. Ich weiß nur, dass es etwas ganz besonderes ist." Er schaute mich an und hörte gespannt zu. Wir standen uns direkt gegenüber. „Schau, der große Wagen. Ist das nicht wunderbar?", fragte ich. Er schaute den Himmel hinauf. Ich hätte ewig da draußen bleiben können, es war eine wundervolle Atmosphäre. Jede Minute sog ich gierig ein. Ich hatte Angst, dass er gehen würde und ich ihn niemals wieder sehen würde, befürchtete aber auch, dass er mir zu nahe kommen könnte. Spontan umarmten wir uns, es war ein großartiges Gefühl, als ob nun eine neue Ära beginnen würde. Was das genau bedeutete, war mir zu diesem Zeitpunkt noch nicht ganz klar, ich fühlte aber, dass es etwas ganz Besonderes sein würde Ich wollte ihn nicht loslassen und hätte mich am liebsten die ganze Nacht unterhalten, aber es ging nicht. Mein Anstand und mein Respekt verboten es einfach. Der Mond war inzwischen aufgegangen und erleuchtete die Wüste.

Langsam gingen wir zurück. Leise kroch ich ins Zelt, wo Diane schon tief und fest schlief, und legte mich leise dazu, schlüpfte in den Schlafsack und versuchte zu schlafen. Ich war aber total aufgedreht. Tausende Gedanken kreisten durch meinen Kopf. Ich konnte noch immer nicht fassen, wo ich hier war und was an diesem Tag alles passiert war. Ganz stark fühlte ich die Gegenwart von Swimming Bear. Nie zuvor hatte ich mich so heimisch gefühlt, wie hier bei den Indianern. Ich genoss jeden Atemzug, jede Sekunde hier, gemeinsam mit ihnen und dankte Gott und Swimming Bear, dass ich hier sein durfte. Irgendwann wurde ich von der Müdigkeit überwältigt und schlief ein. Im Traum kamen hunderte von Wölfen zu mir, ein ganzes Rudel, sie kamen von allen Seiten. Ich wachte auf, aber das Heulen der Wölfe blieb. Sie waren wohl nur ein paar Meilen entfernt. Ich hatte das Gefühl, dass sich die Wölfe auch in der Realität kreisförmig um uns formiert hatten, denn die Richtung des Heulens wechselte. Es war noch Dämmerung, ich öffnete das Zelt und schaute raus. Alle anderen schienen noch zu schlafen, doch ich wusste, dass ich keine Angst haben musste. Ich wurde beschützt, die Wölfe waren da! Entspannt ging ich zurück ins Zelt, lächelte und schlief ruhig wieder ein.

In der Früh kam ich kaum hoch, obwohl Diane mich schüttelte. Die zahlreichen Helfer hatten bereits das gemeinsame Frühstück bereitet. Nun bekam ich Panik, die Indianer nicht wieder zu treffen. Ich rannte zum Frühstückstisch und setzte mich zu ihnen. Sie saßen noch alle beisammen: Running Elk, Flying Hawk, Shining Light, Francis, Dorothy, Jessica und all die anderen. Auch Talking Bird setzte sich dazu. Wir tauschten die Adressen aus, ich hatte aber keine Ahnung, ob wir uns jemals wieder sehen würden. Gern hätte ich mehr über diese Indianer und ihre Traditionen erfahren, aber würde es jemals dazu kommen? Nur das wusste ich ganz sicher: Swimming Bear hatte mich hierher geschickt und das musste einen Grund haben. Ich wusch mich, frühstückte ein wenig und machte mich zurecht. Die erste Runde der Tänzer für diesen Tag war bereits angesagt, ich hatte also kaum Zeit. Gemeinsam gingen wir vor, um die Tänzer mit Gesängen und Trommeln zu unterstützen. Einige waren bereits abgereist, andere kamen dazu. Auch Talking Bird war nicht mehr da, er war abgereist. Irgendetwas fehlte. War es seine starke Stimme, seine Energie?

Ich versuchte mein Bestes zu geben und die Tänzer zu unterstützen. Heute sollte ich die andere Seite des Kreises einnehmen. Es war ein großer, älterer, hagerer Tänzer hinzugekommen. Sein Körper war knochig, sein Haar grau. Aber er hatte etwas Faszinierendes an sich. Ich musterte jeden Einzelnen der Tänzer, dann betrachtete ich den Altar im Inneren des Tanzkreises. Dort waren die heiligen Pfeifen der Tänzer aufgestellt. Ich schaute jede einzelne Pfeife genau an, aber irgendwie gefielen mir alle nicht so recht. Nur eine stach mir ins Auge. Diese Pfeife war wunderschön und eine große Kraft ging von ihr aus. Der Kopf war verziert, es war ein Bär. Sofort sah ich das Gesicht von Swimming Bear vor mir und lächelte vor mich hin. Inzwischen waren bereits drei Tanzrunden vergangen und die vierte wurde eingeleitet. Die Sängerinnen schwangen im Takt und tanzten ein wenig mit. Es war die Runde des knochigen Tänzers. Er ging tanzend zum Altar mit seiner Pfeife. Er nahm die schönste Pfeife, die Pfeife mit dem starken Bären auf dem Kopf der Pfeife. Ich war begeistert. Langsam tanzte er zum östlichen Ausgang des Tanzkreises und gab mir ein Zeichen. Ich verstand nicht. Ich konnte doch nicht gemeint sein. Die Sänger und Helfer um mich herum gaben mir zu verstehen doch endlich zu gehen. Etwas unwillig ging ich auf den Tänzer zu und nach dem vorgegebenen Ritual übergab er mir die Pfeife. Im Grunde hatte ich vor allem Angst davor einen Fehler zu machen, ihn damit zu beleidigen oder zu kränken und mich selbst schändlich zu blamieren. Nachdem ich die Pfeife erhalten hatte, ging ich damit zu den Trommeln und Sängern. Sie hatten sich schon in einem Kreis für die Pfeifenzeremonie zusammengesetzt und formiert. Ich, die noch nie geraucht hatte, durfte nun die Pfeife rauchen und weitergeben. Ich dachte nur: Lass mich würdig erscheinen und lass die Pfeife nicht ausgehen, lass bloß die Pfeife nicht ausgehen. Ich darf jetzt nur keinen Fehler machen.

Sie halfen mir, die Pfeife anzuzünden. Ich nahm vorsichtig ein paar Züge, betete und gab die Pfeife im Uhrzeigersinn weiter. Nachdem die Runde beendet war, nahm ich die Pfeife wieder in Empfang und nahm den letzten Zug. Dann nahm ich die Pfeife wieder, tanzte zum Eingang zurück und übergab die Pfeife wieder an den nächsten Tänzer. Ich war wie magnetisiert. Mir war soeben die größte Ehre zuteil geworden. Trotzdem war ich auch erleichtert, keinen Fehler gemacht zu und sie vielleicht damit „entehrt" zu haben.

Nun begann ein Teil des Sonnentanzes, den ich nicht ganz verstehen konnte. Es wurden zwei Tänzer zum Piercing auserwählt. Das war eine Art der Gebete und des Leidens, um auf diesem Wege Leuten zu helfen, die sehr schwer krank waren. Der erste Tänzer war dafür verantwortlich, die entsprechenden Stellen zu piercen. Er tanzte auf einen der Tänzer zu. Dann nahm er zwei Holzstückchen, die etwas dicker und länger waren als Zahnstocher. Der erste Tänzer nahm eines der Hölzer und stach ihn in die rechte Brust zirka zehn Zentimeter über der Brustwarze des Tänzers. Blut rann langsam den Körper des gepiercten Tänzers herunter. Anschließend war die linke Seite an der Reihe. Nachdem beide Hölzer an der Brust befestigt waren, wurden an den Hölzern zwei Bänder befestigt. Die andere Seite der Bänder wurde jeweils am Lebensbaum festgebunden. Sie verbanden den Tänzer damit. Die Bänder hingen herunter und streiften fast den Boden. Die Tanzrunde begann. Der Tänzer mit den Piercings tanzte langsam vom Lebensbaum weg in Richtung der Kreisgrenze. Die Bänder begannen sich zu straffen. Schritt für Schritt bewegte sich der Tänzer vom Baum weg, bis die Bänder ihn straff und gerade mit dem Baum verbanden. Dann tat er noch einen Schritt, den entscheidenden Schritt. Die Haut hielt der Belastung nicht stand und riss, die Bänder fielen zu Boden. Ein größerer Blutstrahl lief an beiden Seiten seiner Brust den freien Oberkörper hinab. Es war offenbar nicht das erste Mal, dass er diese Prozedur über sich hatte ergehen lassen, denn sein ganzer Oberkörper war übersät von zahlreichen großen Narben.

Nun war der nächste Tänzer an der Reihe. Wieder nahm der Haupttänzer der Zeremonie zwei Holzstäbchen zur Hand und stach diese Stäbchen dem Tänzer links und rechts an den Schulterblättern durch die Haut und befestigte jeweils eine Schnur an beiden Seiten des Rückens. Das Blut lief dem Tänzer an beiden Seiten den Rücken herunter. Der Haupttänzer nahm die anderen beiden Seiten der Schnur und befestigte sie jeweils an dem auf dem Boden liegenden Büffelschädel. Der Tänzer musste vorwärts tanzen. Er tanzte nun Schritt für Schritt und zog dabei die Büffelschädel hinter sich her. Er tanzte solange, bis die Haut nachgab, riss und das Blut seinen Rücken herunterlief.

Ich hatte den höchsten Respekt vor den Leuten, die so viel Qual über sich ergehen ließen, um anderen Menschen mit ihren Gebeten zu helfen. Es fiel mir aber auch sehr schwer, diese Qualen mit anzuschauen. Ich hatten nur einen Trost: Vielleicht waren sie durch ihre Fastenzeit in einem tiefen Trancezustand, so dass sie diesen Schmerz nicht mehr in aller Härte spürten. Ich wusste ja durch meinen eigenen Leidensweg, die Meditationspraktiken und die jüngste Erfahrung des Fastens, dass auch ich mich in eine Art Trancezustand begeben konnte, der mir über jeden Schmerz hinweghalf. Trotzdem konnte ich nicht verstehen, dass Menschen sich diesen Schmerz zufügten, hatten sie doch ohnehin im Grunde nichts und oft einen langen Leidensweg hinter sich. Sie lebten in einfachen Verhältnissen, hatten eine geringe Lebenserwartung, vor allem bei den Lakota, von etwa fünfzig Jahren und ein schwieriges Leben im Reservat. Und dann fügten sie sich auch noch dieses Leid zu!

Inzwischen waren die Tanzrunden beendet und es war Zeit zu gehen. Schon am nächsten Tag musste ich wieder zurück nach Europa, das für mich gerade so fern wie ein anderer Planet war. Nun hatte ich nur noch einen Gedanken: Ich muss zurück zu Swimming Bear. Ich möchte zurück zu Swimming Bear. Ich möchte heim zu ihm. Diane und ich bauten das Zelt ab und packten zusammen. Diane brachte mich sogar zurück, fuhr über zweihundert Meilen, nur um mich zurück zu Swimming Bear zu bringen! Am nächsten Tag wollte sie bereits zurückkehren zum Sonnentanz. Ich konnte es gar nicht glauben und hatte ein schlechtes Gewissen. Diane war mit dem Auto extra aus North Carolina gekommen, um an diesem Sonnentanz teilnehmen zu können und nun verzichtete sie auch noch auf einen Tag, nur wegen mir! Auch Diane hatte fast nichts. Sie lebte in einer Kommune gemeinsam mit anderen Bewohnern, teilte sich die Wohnung, kochte und wusch gemeinsam. Sie hatte nicht einmal einen Koffer, deshalb waren auch ihre Sachen direkt im Kofferraum aufeinander gestapelt gewesen. Sie hatte alle ihre Habseligkeiten dabei. Und nun fuhr sie durch die Gegend und verzichtete auf einen Zeremonietag, nur für mich. Unterwegs versuchten wir Swimming Bear zu erreichen, vergeblich. Ich hatte Angst, dass wir zu spät kommen würden und ich ihn nicht mehr sehen könnte. Es war bereits später Nachmittag und wir hatten noch über zweihundert Meilen vor uns. Zu allem Überfluss verfuhren wir uns auch noch und verschwendeten damit wertvolle Zeit.

Als wir bei ihm ankamen, war niemand da. Ich war ganz traurig. Was sollte ich tun? Erst einmal wollte ich zurück zu Caroline und John gehen. Aber da kamen Swimming Bear und Rosalyne Healing Waters auch schon. Sie waren mit Freunden unterwegs zum Essen gewesen. Swimming Bear war sehr erschöpft und wurde sogleich ins Schlafzimmer begleitet. Ich durfte ihm folgen. Er setzte sich aufs Bett und lächelte mir zu. Es war, als hätte er sich nochmals hübsch gemacht, bevor wir uns für immer verabschiedeten. Wie gern hätte ich ihm noch etwas Gutes getan, wie gern hätte ich ihn zum Abschied nochmals massiert. Aber dieses Mal war er hart und ließ es nicht zu. Er erzählte von Deutschland und seinen Erfahrungen, schwärmte von den Bergen in der Schweiz. Er drückte mich ganz fest und sagte: „Isch liebe Dich, ha, ha." Er lächelte mir zu, müde und erschöpft wie er war. Er wollte nicht einmal seinen Hut abnehmen und lieber so in meiner Erinnerung bleiben. Ich musste mich unheimlich zusammenreißen, dass mir nicht die Tränen kamen. Ich musste stark sein, stark sein für ihn. Das war ich ihm schuldig, schließlich war er mein Dad und sollte stolz auf mich sein können. Dabei hätte ich alles für ihn tun können, alles auf dieser Welt. Ich wusste, dass ich für die Ewigkeit mit ihm verbunden war, dass auch er das fühlte und dass weder er noch ich in der Lage waren diese Verbundenheit zum Ausdruck zu bringen, mit keinem Wort dieser Welt. Das war mein einziger Trost für den schwersten Abschied meines Lebens. Ich verließ das Zimmer und ließ ihn allein. In meinem Herzen jedoch ist er mir geblieben und reist noch heute mit.

Ich verabschiedete mich auch von Rosalyne Healing Waters. Es war, als wenn ich mich für eine Reise von meinen Eltern verabschiedet hätte und schon ewig dort gelebt hätte. Diane begleitete mich noch zum Haus von Caroline und John. Ich hatte nun nicht mehr viel, um mich bei Diane zu bedanken. Ich hatte einfach nicht damit gerechnet, von so vielen Seiten unterstützt zu werden. Also kratzte ich alles Geld zusammen, was ich hatte und gab es ihr. Es war mir peinlich und äußerst unangenehm, dass ich ihr nicht mehr geben konnte. Ich hatte ja nichts mehr, nichts. Also dankte ich Gott, dem großen Geist und bat um Vergebung."

Wolf Bird Woman – eine Heimkehr der anderen Art

„Es war die letzte Nacht in New Mexiko. An diesem Abend hatte ich noch einmal die Gelegenheit, ein paar Stunden mit John und Caroline zu verbringen. Sie waren neugierig und gespannt über alles, was ich erlebt hatte. Caroline hatte gekocht und wir saßen noch ein wenig gemütlich beisammen. Dann stand für mich schon wieder die Rückreise im Vordergrund – ich musste die Sachen packen. Das wichtigste war das Bild von Swimming Bear. Es war groß und der Rahmen war verglast. Bis auf die Feder, den Medizinbeutel und mein ‚Protection bag‘ war mir der Rest egal.

Diese Sachen waren mir heilig und würden mich mein Leben lang begleiten. Den Traumfänger für Alexandra und ein paar Souvenirs der Indianer hatte ich ja schon vor einer Woche sicher verpackt. Alles andere war zweitrangig. Ich war total kaputt und dachte nur noch ans Schlafen, denn ich musste am nächsten Morgen früh aufstehen. Gott sei Dank wollten Caroline und John auch früh ins Bett. Ich ging in mein Zimmer, checkte nochmals durch, ob ich auch nichts vergessen hatte und fiel müde ins Bett. Ein Bett, ein richtig schönes Bett!, dachte ich noch, dann war ich weg.

Am nächsten Morgen brachten John und Caroline mich zum Flughafen. Auch hier hatte ich wieder ein schlechtes Gewissen, denn sie mussten extra wegen mir sehr, sehr früh aufstehen. Ich wusste nicht, wie ich mich dafür bedanken konnte und betete nur, dass sich eine Gelegenheit bieten würde. Nun war eine intensive Zeit vorbei und es ging zurück, zurück in die Realität. Der Abschied fiel mir schwer. Ich wusste, dass die beiden wohl kaum nach Europa kommen würden, damit ich mich revanchieren könnte. Sie mussten sich um ihre vielen Hunde kümmern und würden sie niemals allein lassen. Nach dem Abschied ging ich schnurstracks zur Security. Ich konnte mich nicht mehr umdrehen, musste mich zwingen nach vorn zu schauen. Du weißt ja Loreen, ich habe Abschiedsarien schon immer gehasst. Langsam ging ich zum Gate und wartete. Das Wetter war wieder wunderschön, sodass ich die Landschaft genießen konnte. Ich wusste zwar, dass ich eines Tages zurückkommen würde, nun ging es aber erst einmal heimwärts, zurück in die Schweiz.

Am Flughafen in Zürich angekommen, wurde ich schon erwartet. Alexandra sprang umher und konnte es kaum erwarten. Sie rannte auf mich zu und ich war einfach nur glücklich sie zu sehen. Wir fuhren heim und packten erst einmal alle Geschenke und Souvenirs aus. Die Ereignisse überschlugen sich, denn Michaels große Geburtstagsfeier, unser gemeinsamer Urlaub und der Besuch vieler Freunde standen bevor. Alle Vorbereitungen liefen bereits auf Hochtouren. Gott sei Dank hatten sie einen Tisch im Restaurant reserviert, so dass Michael und ich uns lediglich um die zahlreichen Gäste und die Unterkünfte zu kümmern brauchten. Für mich war es die Rückkehr in eine andere Welt, das Umschalten fiel mir wirklich schwer. Meine Eltern und Brüder kamen zu Besuch, und auch Onkels und Tanten waren präsent. Und natürlich nicht zu vergessen, Michaels Freunde. Wir feierten vom Mittag bis tief in die Nacht, es war eine super Stimmung und eine angenehme Atmosphäre. Es gab viel zu Erzählen, denn viele Gäste hatten sich lange nicht gesehen. Ich freute mich für Michael und hoffte, dass er sich auch über mein Geschenk freuen würde. Als fast professioneller Fotograf konnte er nun endlich mit einer hochwertigen Kamera digital fotografieren. Das war besonders wichtig für unseren nächsten Urlaub, wo es doch so viele schöne Motive zum Fotografieren geben sollte. An diesem Tag war aber er im Vordergrund und musste fotografiert werden.

Und dann war auf einmal wirklich Urlaub angesagt. Wir flogen nach Sizilien in eine Ferienwohnung von Freunden. Sie lag in einem kleinen Dorf mit einem langgezogenen Kieselsandstrand. Dort trafen wir einige Freunde, die wir von der letzten Reise noch kannten. Es war sehr heiß, der afrikanische Klimaeinfluss war deutlich zu spüren. Vormittags gingen wir zum Strand, um mittags ins Quartier zurückzukehren und uns vor der Sonne zu verstecken. Mittags erreichten die Temperaturen auch hier Werte von über vierzig Grad! Wir hatten eine riesige überdachte Dachterrasse mit Blick aufs Meer – ein Segen! Alexandra und Michael legten sich meist ins Bett und lasen, hörten Musik oder schliefen. Die Fenster aller Räume waren ständig offen und konnten gar nicht vollständig geschlossen werden. Damit war aber auch das ganze Appartement permanent von einem angenehmen Luftzug durchzogen. Das machte die Hitze erträglich. Ich setzte mich dann meist auf die Terrasse und begann die Eindrücke der letzten Wochen aufzuschreiben. Hier spürte ich zuweilen noch die energetischen Einflüsse der afrikanischen Medizinfrau. Wenn immer ich über unseren Abschied schrieb oder das Gelernte nochmals las oder um Frieden mit ihr betete fing ein heftiger Wind an zu blasen. Auch wenn ich für meine Freunde aus New Mexiko betete, kam Mama Looloos Gesicht zum Vorschein. Ich rieb mir die Augen und dachte: Das kann doch alles nicht wahr sein. Lass mich einfach in Ruhe!

Der Urlaub wurde von Tag zu Tag turbulenter. Eines Abends standen wir auf der zweiten Terrasse mit Blick zu den Bergen, an deren Gipfeln riesige Flammen zu sehen waren. Noch schien alles ungefährlich zu sein, denn es war ziemlich windstill. Nur ab und zu kamen Windzüge vom Meer. Damit war es ein interessantes Schauspiel, was lediglich Bedenken in uns weckte, wie viel wohl dabei vom Wald zerstört würde und wie lange die Einsatzkräfte angesichts der hohen Temperaturen wohl brauchen würden, die Waldbrände in den Griff zu bekommen. Heute Abend war auch noch der Abend vor dem heiligsten Feiertag der Katholiken, Maria Himmelfahrt. An diesem Abend pilgerten die Sizilianer zum Strand und machten große Feuer, den ganzen Abend lang bis tief in die Nacht. Auch Alexandra, Michael und ich gingen dorthin. Ich nahm meine spirituellen Gegenstände mit zum Strand und betete für Swimming Bear, Rosalyne Healing Waters, Pete - Healing Bear Claw, Sunshine, Steve und Jeff und all die anderen. Ich zündete den Tabak, Sage und Zedar auf meiner Muschel an und pustete, damit sich das Feuer entfachte. Dafür setzte ich mich direkt ans Wasser, betete und sah wie die Energie tief in das Meer eindrang. Ich fühlte die Nähe meiner Familie. Das Wasser war ganz ruhig und schlug fast keine Wellen, und so sah ich nur einen hellen Schein im Wasser und war zufrieden. Anschließend setzten wir uns noch zusammen an den Strand und machten ein Feuer – wie all die anderen. Der ganze Strand bestand aus Feuern, größeren und kleineren. Viele Familien und Freunde saßen zusammen, aßen und redeten miteinander. Als der Abend fortgeschritten war, gingen zurück ins Appartement.

Das Feuer über den Bergen war größer geworden. Das Züngeln der Flammen war nun auch vom Appartement aus zu sehen, obwohl das Gebirge zirka drei, vier Kilometer entfernt war. Auch die Hitze war langsam zu spüren. Langsam begannen wir zu zweifeln, ob dieser Brand so ohne Weiteres gelöscht werden konnte. Wir waren ratlos und beschlossen nochmals auf den nächsten Tag zu warten und dann weiterzusehen. Mit der Zeit wurde die Situation allerdings im wahrsten Sinne des Wortes brenzlig. Wir hatten doch keine Möglichkeit, uns vor dem Rauch zu schützen! Es war ständig Durchzug und im Schlaf würden wir erst aufwachen, wenn es zu spät wäre – oder...naja. Am nächsten Morgen wachten wir auf und schauten auf die Flammen. Sie waren noch größer geworden, fast beängstigend.

Trotzdem packten wir nochmals unsere Sachen und gingen zum Strand. Wir hofften, dort von den Einheimischen mehr zu erfahren. Wir hatten ja nur ein kleines Radio, sonst nichts. Am Strand angekommen, waren nicht mehr allzu viele Leute da. Die brütende Hitze kam nicht nur von der Sonne. Heute spürten wir auch die Hitze des Feuers, dessen Flammen vom Strand aus noch deutlich zu sehen waren. Michael breitete die Decke aus, wir setzten uns darauf und wollten uns zumindest im Wasser noch ein wenig erfrischen, eh wir weitersahen, was zu tun wäre. Gerade saß ich auf der Decke, blickte zum Meer und betete. Da spürte ich plötzlich ein Ruckeln unter meinem Körper. Ich war irritiert und versuchte herauszufinden, was passiert war. Wieder ruckelte es. Die Erde hatte gebebt! Erschrocken sah ich die anderen Badegäste und die Einheimischen an, die meinen Eindruck bestätigten. Auch sie hatten das kleine Beben wahrgenommen, saßen wie angewurzelt da und rührten sich nicht vom Fleck. Ich dachte: Vielleicht passiert das hier ja öfter und ist nichts Außergewöhnliches. Für mich war es allerdings das letzte Signal, dass wir schnell aufbrechen mussten. Barsch rief ich zum Aufbruch, auch wenn Michael die Eile nicht ganz verstand. Ja, der Rauch zog langsam herüber und auch an anderen Stellen waren bereits Feuer zu sehen. Wir mussten jetzt und sofort gehen und davon ließ ich mich davon auch nicht abbringen.

Wir packten die Sachen zusammen und eilten zum Appartement. Dort war der Rauch schon sehr deutlich zu spüren, also nahmen wir nur die notwendigsten Sachen mit, stiegen ins Auto und fuhren los. Wir wollten die Nordküste entlang Richtung Westen fahren, um uns dort irgendwo ein Hotel zu suchen. Die Autobahnauffahrt war fast mitten im Ort. Auch dort waren bereits Flammen angekommen. Polizisten standen am Fahrbahnrand und beobachten das Feuer, schritten aber nicht ein. Michael fuhr auf die Autobahn. Bloß weg hier, dachte ich, bloß weg! Wir fuhren also an den Flammen vorbei Richtung Westen. Zur Linken wurden wir vom Gebirge geschützt, denn die Autobahn ging genau am Nordhang der Berge entlang. Nach zwei Kilometern kamen wir am nächsten Feuer vorbei. Hier brannte bereits die Böschung am Fuße des Gebirges, direkt an der Gegenfahrbahn entlang. Wir waren einfach fassungslos. Was musste denn erst passieren, dass dieses Feuer gelöscht würde? Wir dachten wohl alle drei das Gleiche und schüttelten nur den Kopf. Wir fuhren einfach, fuhren, fuhren, fuhren. Wir fuhren so lange, bis kein Rauch mehr zu spüren war. Nach etwa hundert Kilometern Entfernung verließen wir die Autobahn, um uns ein Hotel zu suchen. Inzwischen war es bereits Abend geworden und die Sonne war schon fast untergegangen.

Gott sei Dank fanden wir noch ein freies Zimmer, was zu dieser Jahreszeit nicht selbstverständlich war.

Leider war die Hitze hier ebenfalls schier unerträglich. Das Thermometer im Auto zeigte Temperaturen von nahe fünfzig Grad an! Ist das Wirklichkeit, oder ist nur das Thermometer kaputt?, dachte ich, es ist doch schon abends? Auch die Hitze im Zimmer war kaum auszuhalten. Die Klimaanlage hatte keine Chance, die Temperaturen runterzubringen. Die Hitze in der Wüste war heiß gewesen, aber das hier war eine ganz andere Luft. Es war stickig, glühend und man hatte das Gefühl, dass sich jederzeit die Kleidung entzünden könnte. Michael schaute aus dem Fenster und bemerkte: „Da brennt es auch." Ich kam mit ans Fenster und war entsetzt. Michael schaltete den Fernseher ein und schaute Nachrichten, um sich ein Bild zur Situation zu machen. Nachdem, was wir dort sahen, war es eine weise Entscheidung gewesen, auszuweichen. Das Feuer war noch nicht unter Kontrolle. Wir hätten auch nicht weiter fahren können, denn weiter westlich wären wir in das nächste Feuer gefahren. Dann beschlossen wir, zum Strand runterzufahren und dort essen zu gehen, um uns abzulenken. Wir hofften auch, dass der Wind ein wenig Erfrischung bringen würde. Nun war es ja schon spät abends.

Als wir zum Auto gingen, fielen wir fast um vor Hitze. Schnell stiegen wir ein und schalteten die Klimaanlage an. Es waren immer noch weit über vierzig Grad. Am Strand gab es zahlreiche Restaurants, von denen aus man das Feuer hinter den Bergen sehen konnte. Aber draußen konnten wir nicht sitzen, denn die Plastikstühle waren von der Hitze weich geworden und hatten sich verformt. Wir fanden ein Restaurant mit Lüftung. Dort waren die Temperaturen erträglich und wir konnte einigermaßen unbeschwert zu Abend essen. Danach blieben wir noch lange sitzen. Was hätten wir auch sonst tun sollen? Bei dieser Hitze hätten wir ohnehin keinen Schlaf gefunden. Naja, irgendwie hat es doch ein wenig geklappt. Am nächsten Morgen stand Michael auf und blickte aus dem Fenster. Es war kein Feuer mehr zu sehen. Wir waren erleichtert und froh. In den Nachrichten brachten sie, dass es einen Todesfall bei dem großen Feuer nahe unserer Ferienwohnung gegeben hatte. Genau an diesem Ort mussten wir vorbei, wenn wir zurück wollten. Nun wurden aber plötzlich mehrere Löschflugzeuge eingesetzt, um das Feuer unter Kontrolle zu bekommen. Wir beschlossen trotzdem, dass wir versuchen wollten, zurückzukehren. Direkt an der Autobahn brannte nichts mehr und auch das Feuer nahe der Ferienwohnung war zurückgegangen. Wir konnten tatsächlich zurück! In den Räumen stand noch immer der Geruch des Rauches und wir lüfteten Tag und Nacht. Im zwanzig Minutentakt flogen die Löschflugzeuge zum Meer, um neues Löschwasser aufzunehmen und zum Löschen am Brandort zu vergießen. Diese Prozedur zog sich noch über drei Tage, dann war alles vorbei. Es war Ruhe eingekehrt. Für Alexandra war dieser Urlaub jedoch so einschneidend, dass sie nie wieder nach Sizilien reisen wollte."

„Das kann ich gut verstehen! Da würden mich keine zehn Pferde mehr hinkriegen nach so einem Erlebnis!", sagt Loreen ganz entgeistert. „Ich hatte ja schon bei Deiner Erzählung Angst, die arme Alexandra!" Anna schmunzelt ein wenig, zeigt sich aber auch besorgt bei der Erinnerung an den Urlaub. „Ja, Du hast schon recht, das war wirklich ein ganz schöner Schock. Mittlerweile ist sie übrigens nicht mehr ganz so Sizilien-feindlich. Naja, bei uns allen hatten die Ereignisse Spuren hinterlassen. Ich konnte zum Beispiel nicht wie gewohnt auf dem Kissen schlafen und mich um richtige Bewegungen kümmern. Aber Alexandra hat wohl am meisten abbekommen.

Naja, in Zürich war es dann deutlich kühler und die Probleme mit der Halswirbelsäule waren schlagartig zurück. Zusätzlich musste ich wieder direkt zur Arbeit, davor hatte ich wirklich Angst. Ich ging ins Büro, um meinen Chef zu begrüßen und mich zu erkundigen, was es Neues gab. Seine Begrüßung war wirklich herzlich und überaus richtungsweisend. Wir begrüßten uns, als er auch schon mit der Nachricht des Tages auf mich zukam. Er sagte: „Wenn Du möchtest, kannst Du gern ein Jahr unbezahlten Urlaub nehmen, um Dich richtig zu erholen. Was hältst Du davon? Vielleicht wird Dein Gesundheitszustand dann stabiler und Du hast mehr Zeit für Deine Familie?"

Ich blieb wie angewurzelt stehen. Ich wusste Bescheid – die Botschaft war klar – , schluckte und erwiderte so gefasst, wie ich eben war: „Ich hatte einen Dienstunfall und habe dadurch erhebliche Einschränkungen. Ich habe ein schwebendes Verfahren vor Gericht, kämpfe jeden Tag ums Überleben und tue alles Menschenmögliche, trotz der widrigen Umstände, um gemeinsam mit meinem Team einen guten Job zu tun. Aber mit diesen Ressourcen ist es einfach nicht machbar. Ich werde nicht aufgeben, davon können Sie ausgehen. Und ich werde keinen unbezahlten Urlaub nehmen, vielen Dank für das Angebot. Ich habe einen guten Anwalt, der mich gegebenenfalls vertreten wird. Also sagen

Sie mir bitte rechtzeitig Bescheid, wenn die Kündigung ins Haus steht. Ich habe genug Unterlagen, mich professionell verteidigen zu können." Ich sah ihn näher an und rieb mir die Augen. Sein Gesicht nahm die Gestalt des obersten Firmenchefs an. Das gibt es doch einfach nicht, dachte ich, träume ich jetzt? Ich schaute ihn nochmals intensiv an. Er hatte immer noch das Gesicht des Firmenchefs. Nachdem er nichts sagte und einfach nur da saß, ging ich zur Tür. Es war also eine klare Ansage von oben. Ich verließ das Büro und war fertig mit der Welt. Ich war mir keiner Schuld bewusst, hatte aber auch keine zündende Idee, was ich tun könnte. Es war einfach wie verhext, ich wusste nur, dass ich in diesem Bereich oder vielleicht sogar in diesem Unternehmen keine Chance mehr hatte. Ich musste weg und zwar bald! Aber wie sollte ich das anstellen? Mein Gesundheitszustand ließ es nicht zu, so einfach zu wechseln. Wer würde mich mit diesen Einschränkungen schon nehmen? Kurz: Ich war verzweifelt. Im Moment dachte ich nur ans Wochenende, an Ruhe. Vielleicht war das ein Wink, endgültig meinen Weg zu ändern. Das Klima und die Turbulenzen in Sizilien waren für mich auf einmal eine symbolische Ankündigung für das, was ich nun in der Firma zu erwarten hatte. Aushalten konnte ich es dort genauso wenig wie in der Hitze des Feuers auf Sizilien. In beiden Fällen handelte es sich um ein unerträgliches Klima. Ich hatte mich mit den Chefs angelegt und war ihnen in die Quere gekommen. Nun musste ich weg, war mir allerdings sicher, dass der derzeitige Firmenchef die Firma nur als eine Durchgangsstation für seine eigene Karriere betrachtete. Das war für mich Ansporn genug, mich nicht klein kriegen zu lassen. Ich hatte inzwischen schon viele Chefs kommen und gehen sehen und setzte einfach darauf, dass auch er irgendwann gehen würde. Ich wollte einfach weiterkämpfen, das war ich meinem Team schuldig. Trotz der verhärteten Fronten. Die Ansichten waren nicht mehr zusammenzubringen, keine Chance.

Am nächsten Tag gab es ein gemeinsames Mittagessen mit dem ganzen Bereich. Wir gingen alle gemeinsam in einen Biergarten ganz in der Nähe der Firma. Ich saß mit meinem Team am Tisch, der Chef saß zwei Tische weiter mit dem Rücken zu mir. Vor ihn setzte sich eine Krähe auf einen Ast eines großen Baumes und krächzte unentwegt. Sie schien mit ihm zu schimpfen, die ganze Zeit über. Ich grinste in mich hinein und dachte: Tja, vielleicht gibt es ja doch noch Gerechtigkeit. Eine Mitarbeiterin des Nachbarteams schaute auf die Krähe und sagte:

„Früher sagte man, wenn eine Krähe schreit, stirbt ein Mensch...“ Ich stutzte. Was hat das zu bedeuten?, dachte ich, ist es ein Symbol, dass mein Chef nicht mehr lange diesen Posten inne haben wird oder geht es in der Tat um jemanden, der bald sterben wird? An diesem Tag würde ich wohl keine Antwort auf diese Frage finden. Ich unterhielt mich mit den anderen und schaute nach oben. Aber was war das? Drei Bussarde zogen friedlich ihre Kreise. Was für ein Omen – mir standen fast die Tränen in den Augen. Egal wie, irgendwie würde ich das alles schon packen. Ich hätte ihnen stundenlang nachschauen können und dankte ihnen.

Eine Woche später hatte ich einen Workshop mit meinem Team organisiert. Ich war recht zufrieden mit den Ergebnissen und fuhr heim. Dabei kam ich an Bäumen und Sträuchern vorbei. Plötzlich schoss ein großer Adler aus dem Gebüsch, direkt rechts neben mir, direkt vor meiner Windschutzscheibe stieg er hoch und flog davon. Ich freute mich riesig und war dankbar für jedes Signal, jeden Kontakt zu meinen Freunden. Sie waren Botschafter und schienen mich auch hier weiter zu begleiten und mir den Weg zu weisen. Die nächsten Wochen vergingen, aber nichts war mehr, wie es vorher war. Trotz, oder gerade wegen der heftigen Ereignisse wurden die Visionen zu meinen ständigen Begleitern und auch die Vögel gaben mir immer wieder Zeichen, Tag für Tag. Oft kamen Stare, Tauben, Meisen und manchmal auch Spatzen. Wenn ich draußen auf der Terrasse saß, erzählten sie oder setzten sich direkt neben mich und schauten auf. Trotzdem hatte ich Mühe, in diese harte Welt des Business zurückzukehren. Ich hatte das Gefühl, als ob ich hier nicht mehr hingehörte. Ja, es war, als ob ich eine Ewigkeit lang bei den Indianern gelebt hätte. Aber ich musste weiterhin in dieser Welt klarkommen und fühlte mich dabei zunehmend unwohl.

Eines Tages saß ich auf der Couch und arbeitete. Plötzlich durchzuckte mich ein unheimlicher Schmerz von der Halswirbelsäule hoch in den Kopf. Ich fühlte, wie seine Stabilität gewichen war. Ich setzte mich gerade hin und lehnte meinen Kopf an die Rückenlehne der Couch. Auf einmal verlor ich das Gefühl im linken Arm. Da hatte ich nur noch einen Gedanken: Ich muss meinen Freunden in Amerika Bescheid geben. Ich brauche ihre Gebete. Ich schaffte es gerade noch, ein kurzes Mailing an meine neue Familie zu schreiben und um Gebete zu bitten. Auch Talking Bird bat ich um Hilfe. Dann schleppte ich mich ins Bett und versuchte, den Kopf so gerade wie möglich zu halten und mich nicht zu bewegen. Ich schloss die Augen und betete, verlor das Gefühl für Zeit und Raum.

Visionen kamen zu mir. Ich sah Bilder einer Schwitzhütte. Der Geruch des Feuers stieg in meine Nase und die Bilder der Zeremonie begleiteten mich. Unvermittelt hatte ich das Gefühl, dass ich zeichnen sollte, also begann ich, weiter im Bett liegend, zu zeichnen. Es entstand eine Indianerin mit einem Wolf und den zwei Tauben von Swimming Bear. Es war das Symbol der beiden hellbraunen Tauben, die auf Swimming Bears Haus zugeflogen waren, genauso wie sie es vor meinem Haus getan hatten. Ich zeichnete und zeichnete, dabei hatte ich das Gefühl, dass irgendjemand meine Hand führte. Ich hatte nie gut zeichnen können. Warum entstand nun eine Skizze, bei der die Indianerin sogar menschliche Gestalt annahm und man die Vögel und den Wolf erkennen konnte? Wer führte meine Hand? Wieder roch ich den Rauch des Feuers. Ich fühlte die Schultern von Swimming Bear, wie in der Schwitzhütte in New Mexiko.

Nach etwa einem halben Tag – nach einem halben Tag, Loreen! – war die Skizze fertig. Langsam begann ich mich zu erholen und die Stabilität kam in meinen Körper zurück, genauso wie ich meinen Arm und die Hand langsam wieder fühlte. Nun wollte ich mich für die Gebete bedanken. Als Erstes rief ich meinen Bruder Pete - Healing Bear Claw an. Ich spürte seine Kraft, als er fragte, wie es mir denn ginge. Alles, was mir einfiel, war: „Danke, danke!" Er erzählte mir, dass er gesehen hätte, wie sich meine Bandscheibe verschoben hatte. Er erzählte von seinen Gebeten und wie die Bandscheibe wieder an Vitalität gewonnen und sich zurückbewegt hatte. Dünne Fäden waren gesponnen worden, welche die Wirbelkörper miteinander verbunden und die Bandscheibe in die richtige Position gebracht hatten. Mir liefen die Tränen über die Wangen. Wie in Gottes Namen konnte ich mich dafür bedanken? Ich hoffte nur, dass irgendwann auch mein Tag kommen würde, um die Hilfe zurückzugeben. Nun blieb mir für das erste nur, ihnen allen das Bild zu schicken. Sie hatten gemeinsame Zeremonien für Anna gemacht und in der Schwitzhütte für mich gebetet. Ich war fasziniert und träumte davon, es ihnen eines Tages gleich zu tun. Sie freuten sich über die Zeichnung und ich bekam zahlreiche Antworten. Nur Talking Bird antwortete nicht, sondern sendete eine ganz besondere Botschaft. Es waren wunderschöne Landschaftsbilder mit der Bemerkung: Die Farben Gottes. Ich hatte verstanden, meine Zeichnung war farblos. Es war lediglich eine Bleistiftzeichnung, eine Skizze. Es fehlten die Farben. So begann ich, die Zeichnung zu kolorieren. Es war der Beginn eines neuen Hobbies. Die

Farben Gottes! Ich träumte davon, meine Botschaften in Bildern zu überbringen und damit anderen Menschen Glück und Hoffnung zu geben. Ich wusste, dass auch Swimming Bear mir geholfen hatte. Nebenbei hatte er mir auch noch eines der größten Geschenke meines Lebens überbracht. Er hatte mir eine seiner unzähligen Fähigkeiten weitergegeben, diejenige des Zeichnens. Ich trug immer noch seine Skizze eines Häuptlings bei mir! Nun hatte ich eine neue Identität, mein eigenes Bild bekommen – Wolf Bird Woman."

Die heilige Pfeife

„Nach meinem Aufenthalt in New Mexiko hatte ich kontinuierlichen Kontakt zu meiner neuen Familie. Es gab sogenannte ‚Gathering Circles‘, bei denen sie zu regelmäßigen Zeremonien zusammenkamen, um anderen Menschen zu helfen. Ich gehörte nun dazu und beteiligte mich aus weiter Ferne an ihren Gebeten. Vielleicht konnte ich damit nur einen kleinen Beitrag leisten, aber immerhin. Gern wollte ich auch hier in der Schweiz gemeinsame Zeremonien machen, aber ich wusste viel zu wenig über all diese Dinge. Außerdem war Europa ein eigenes Pflaster und die indianischen Rituale waren hier nicht so bekannt und verbreitet wie in Amerika. Ich hatte keine Idee, wo ich anfangen und wie ich weiterlernen konnte. Da erinnerte ich mich wieder an das Angebot von Jeffrey und sah wieder die Landschaft vor mir mit dem heiligen Baum, den Hügeln und der Hochebene. Plötzlich klingelte das Telefon. Ich war noch ganz in Gedanken und schreckte auf. Ich ging zum Telefon, nahm ab und sprach: „Hallo?" Keine Antwort. Ich wiederholte: „Hallo?" und hörte ein kurzes Rauschen. Ich war schon nahe dran, aufzulegen, als ich eine entfernte Stimme vernahm: „Helloooh." Ich hatte keine Ahnung, wer an der anderen Seite war. Zum dritten Mal sagte ich: „Hallo?" „Hello, that's me!", hörte ich eine entfernte Stimme sagen. *Es ist Amerika!*, dachte ich, *aber wer?* Langsam dämmerte mir, wer es sein konnte. Jetzt erkannte ich auch die Stimme und war ganz überrascht. Es war Talking Bird. Ich wusste nicht so recht, was ich sagen oder wie ich am besten reagieren sollte. Damit hatte ich einfach nicht gerechnet. Ich war vermutlich noch total perplex, als er mich fragte, wie es mir ginge. Kaum hatte ich zur Antwort angesetzt, da begann er auch schon zu singen. Was für eine kraftvolle Stimme!

Ich schluckte, hatte ein schlechtes Gewissen. Mir war ja klar, wie teuer das Ferngespräch war und dass er im Grunde gar nicht das Geld dazu hatte. Ich antwortete nur: „Danke. Wunderschön. Das Lied ist wunderschön. Ich danke Dir für dieses wunderschöne Lied. Danke." „Ich habe die heilige Pfeife für Dich. Ich kann Dich in die Riten der heiligen Pfeife einführen." Ich fühlte einen dicken Kloß im Hals. *Hatte ich jetzt richtig verstanden? Hatte er mir jetzt wirklich gesagt, dass er mir eine heilige Pfeife geben könne? Ich wollte es gar nicht glauben. Wieso gerade ich? Er kannte mich doch gar nicht. Wir hatten uns erst einmal in diesem Leben gesehen und kurz gesprochen.* Ich war wie gelähmt und stotterte mehr als ich sagte: „Ok, ja haabe ich daas jetzt richtig veerstaanden? Dieee heilige Pfeife?" „Ja", erwiderte er kurz, „Ich habe die heilige Pfeife für Dich und kann Dich in die heiligen Riten einführen." *Er meint es ernst.*, dachte ich, *das gibt es doch nicht. Das kann doch gar nicht sein.* „Oh, wow. Oh danke, danke." Ich war mir immer noch nicht sicher, ob ich nicht träumte und ob das Ganze ernst gemeint war. Er fragte mich, ob mir das Lied gefallen habe. Natürlich hatte es mir gefallen, was für eine Frage. Ich wusste nur zu wenig über die Bedeutung und hätte gern mehr darüber erfahren. Wir unterhielten uns noch über alles Mögliche, dann legten wir auf.

Ich musste mich erst einmal setzen. *Und nun? Was mache ich jetzt? Nun war ich schon einmal allein zu den Indianern gereist und hatte meine Familie allein daheim gelassen. Ich konnte es doch nicht ein zweites Mal tun, oder?* Ich rannte raus, nahm mir das Fahrrad und radelte, radelte und radelte. Ich muss raus, raus in die Natur. Nun war guter Rat teuer. Ich hatte große Sehnsucht zurückzukehren, zurück zu ihnen. Auf der anderen Seite war da meine Familie, die ich nicht allein lassen wollte. Schließlich waren uns die gemeinsamen Urlaube heilig, hatten wir doch ohnehin viel zu wenig Zeit füreinander. Die Zeit verging, Tage, Wochen. Talking Bird hatte alles, was er gesagt hatte, ernst gemeint. Wir telefonierten immer wieder und langsam entwickelte sich daraus ein regelmäßiger Kontakt. Ich musste eine Entscheidung treffen und zwar bald. Vielleicht würde es die wichtigste Entscheidung meines Lebens sein, vielleicht. Es kam der Winter, die Zeit der Ruhe, Zeit zum Nachdenken. Ich begann zunehmend mehr Gefallen am Zeichnen zu finden und schrieb auch kleine Geschichten.

Die Wochen vergingen, der Schnee begann schon wieder zu schmelzen. Alexandra machte mir große Sorgen, denn sie hatte Knieprobleme. Diese waren so heftig, dass sie auf ärztlichen Rat ihren Handballsport aufgeben musste und ein halbes Jahr gar keinen Sport treiben konnte. Alexandra war am Boden zerstört und igelte sich ein. Das war das allerschlimmste für mich. Sie hatte zu nichts mehr Lust und konnte kaum noch etwas unternehmen, weil sie fortwährend unter Schmerzen litt. Ihr Traum vom Handballstar war geplatzt. Ich versuchte alles daran zu setzen, einen Ausgleich für Alexandra zu finden. Wir gingen oft ins Kino, machten daheim Spiele und unterhielten uns viel. Wir berieten gemeinsam über andere Freizeitbeschäftigungen und Sportarten, aber so richtig bot sich nichts an.

Eines Tages kam Alexandra auf mich zu und sagte: „Ich möchte Fussballschiedsrichterin werden und für den FC Zürich pfeifen." Ich stand verblüfft da und sagte: „Wie kommst du denn darauf?" Alexandra erzählte weiter: „Meine Freundin spielt dort in der Frauenmannschaft und hat mich mitgenommen. Ich hab mich mit dem Trainer unterhalten und er fragte mich, ob ich nicht schiedsen möchte. Er sucht noch weibliche Schiedsrichter. Wenn man gut ist, kann man sogar Männermannschaften pfeifen." Ich sperrte den Mund auf und lauschte. Dann fragte ich: „Kannst Du denn dort auch eine Ausbildung machen?" „Ja, kann ich. Das sind dann auch nicht so schnelle Stop-Bewegungen wie beim Handball. Können wir den Doc fragen, ob das geht?" „Natürlich können wir das", antwortete ich glücklich. „Selbst wenn Du noch keinen Sport treiben kannst, vielleicht kannst Du schon die Ausbildung machen und Spiele anschauen." Ich begleitete Alexandra und sprach mit dem Trainer, der ganz angetan von ihr zu sein schien und sie mit allem unterstützen wollte, was er konnte. Er arrangierte ein Treffen mit dem Vereinsvorstand und so nahm alles seinen Lauf. Es vergingen nur ein paar Wochen bis zum nächsten Schiedsrichterkurs und Alexandra konnte teilnehmen. Jetzt bahnte sich zumindest eine Perspektive an. Ich betete für sie, machte Zeremonien und tat alles Menschenmögliche, um ihr zu helfen. Aber ich wusste auch, dass die Knieprobleme ernsthafter waren und andauern würden. Ich wusste, dass dieses Lebensjahr eine Zeit der Gebete für sie sein würde. Sie hatte meine Unterstützung dringend nötig, bis diese harte Phase vorbei war. Vom afrikanischen Orakel wusste ich auch, dass Alexandra nun in die schwerste Lebensphase eintrat und permanente Unterstützung brauchen würde, um sie schadlos zu überstehen.

Inzwischen war der Winter fast vorbei und mein Geburtstag nahte. In diesem Frühjahr traf er genau auf Ostern. Meine Eltern kündigten sich an. und ich war froh, dass wir gemeinsam Ostern verbringen würden. Ich wollte meinem Vater unbedingt das riesige Osterfeuer zeigen. Es war einfach immer gigantisch und es hatte sich nie ergeben, gemeinsam in der Schweiz Ostern zu verbringen. Diese Mal hatte ich außerdem das Gefühl, dass es das letzte Mal sein würde, dass ich ihn hier daheim, bei uns zuhause sehen würde. Auch meine beiden Brüder waren zu Gast und hatten ihre Familie mitgebracht, sodass es nach langer Zeit mal wieder ein größeres Familientreffen war. In unserer kleinen Wohnung konnten wir die vielen Gäste natürlich nicht unterbringen, deshalb hatte ich sie in einer kleinen Pension einen Steinwurf entfernt eingemietet. Obwohl der Schnee schon fast geschmolzen war, war das Wetter wieder eiskalt geworden. Der Winter zeigte nochmals seine frostige Kälte und den eisigen Wind. Nun war auch für Alexandra das halbe Jahr Sportkarenz fast vorbei. Sie machte aktiv Krankengymnastik, um wieder zurückzukommen und endlich schiedsen zu können. So kam es, dass Alexandra genau zu Ostern ein Spiel pfeifen durfte. Trotz der Knieprobleme biss sie sich durch und wollte unbedingt das Spiel leiten. Ich betete, dass alles gut gehen würde und hoffte, dass auch ihre Großeltern die Gelegenheit wahrnehmen würden, Alexandra beim Pfeifen zuzuschauen. Sie waren begeistert und schauten sich das Spiel an. Natürlich gingen auch meine Brüder mit. Nur die Frauen blieben bei mir daheim und halfen, das Mittagessen herzurichten. Das Wetter war kalt und es dauerte nicht lang, bis alle zurückkamen. Nur mein Vater wollte Alexandras Spiel bis zum Schluss anschauen. Sie hatte es mit Bravour geleitet! Nachdem auch die beiden heimkehrten, gab es das gemeinsame Mittagessen. Wir tranken gemeinsam Osterwasser und stießen an. Bald war es später Nachmittag geworden und wir bereiteten uns auf das Osterfeuer vor. Als es dunkel wurde, gingen alle gemeinsam dorthin, nur mein Vater war inzwischen zu schwach und musste mit dem Auto gefahren werden. Als wir ankamen, verging nicht sehr viel Zeit, bis das Feuer angezündet wurde. Alexandra hatte sich gleich mit ihren Freundinnen abgesetzt, denn für die Kinder wurde ein eigenes Feuer angezündet. Das machte Alexandra natürlich einen Heidenspaß! Meine ganze Familie stand beisammen, man aß, trank und bewunderte das Feuer, das sich langsam entfachte.

Es dauerte nicht lange und es wurde immer größer, bis es eine Höhe von etwa fünfzehn Metern erreicht hatte. Es war einfach gigantisch. Ich machte Fotos, fotografierte auch meine Eltern vor dem Feuer. Plötzlich sah ich Mama Looloo vor mir, sie hatte meinem Vater ihren

Zeremonienhut aufgesetzt. Der Vollmond war unheimlich kraftvoll und hell, das entschädigte mich. Ich nahm meinen Vater in meine Arme und hakte mich bei ihm ein. Gemeinsam betrachteten wir das riesige Feuer. Diese Mal hatte ich kein wirklich gutes Gefühl mehr. Je intensiver ich das Feuer betrachtete, um so mehr Totenschädel sah ich – kein gutes Omen. Da wurde mir klar, dass es kein gutes Jahr werden würde, eine harte Zeit stand vor uns. Es dauerte nicht lange, bis mein Vater ins Appartement zurück musste. Er war zu schwach und ich spürte, dass er Atemprobleme hatte und sein Herz schwach war. Das Ausmaß war mir zu diesem Zeitpunkt jedoch noch nicht klar. Mein Bruder brachte ihn heim. Ich hoffte, dass ich ihm mit dieser Begegnung noch viel Kraft und Energie gegeben hatte, die ihn ewig begleiten und auf schöne Tage zurückblicken lassen konnten. Später, als er zurück in Wien war, schickte ich Fotos, die ich zusammengestellt hatte. Ich hoffte, ihm damit eine kleine Freude und schöne Erinnerungen gemacht zu haben. Eine weitere Begegnung war vorerst nicht in Sicht, es ging zurück in den Alltag."

Loreen blickt zu Anna rüber. „Ihr habt Euch wirklich nicht oft gesehen, oder?" „Nein, schon durch die große Distanz war es schwierig. Wir mussten arbeiten. Die Ferien über mussten wir uns mit unserem Urlaub aufteilen, dass Alexandra versorgt war. So war jeder Urlaubstag heilig." Loreen lässt nicht locker und wirft in den Raum: „Distanz...." Anna blickt zu ihr rüber, „Was soll ich sagen, wir lebten schon ein wenig in einer anderen Welt. Dazu kam, dass meine Verbindung zu Swimming Bear immer wichtiger für mich wurde. Es war einfach meine Welt. Die nächste Nachricht von ihm ließ auch nicht lange auf sich warten.
Eines Tages bekam ich die Nachricht, dass Swimming Bear zunehmend Probleme mit seinen Augen hatte und die Kraft der Medizinmänner nicht mehr ausreichte. Er musste am rechten Auge operiert werden. Wie viele andere beteiligte auch ich mich mit einer Spende an den Kosten für eine Operation. Aber das reichte mir nicht. Ich wollte eine Zeremonie für ihn machen, bevor er ins Krankenhaus kam. Es war Sonntag, zwei Tage vor seiner Operation. Ich setzte mich in den Garten, schloss die Augen und begann zu beten. Dabei sah ich, wie ein heller Lichtstrahl auf Swimming Bear zukam und ihm Licht in die Augen brachte. Lange saß ich so da und bemerkte gar nicht, wie die Zeit verging. Stunden waren vergangen, bis ich die Zeremonie beendet hatte. Als ich die Augen öffnete und zum Himmel sah, erblickte ich hellbraune Tauben,

die direkt auf mich zu- und dann über mich hinwegflogen. Ich war zufrieden, meine Grüße waren angekommen. Die Operation würde in Ordnung gehen. Das wusste ich. Auch die nächsten Tage begleitete ich ihn mit Gebeten. Ich kannte die Zeit der Operation und legte meine dienstlichen Termine so, dass ich zwei Stunden Zeit für ihn hatte.

Es war ein wunderschöner Frühlingstag. Die Sonne schien, keine Wolke war am Himmel. Der Nachmittag brach ein und die Sonne ging unter. An diesem Tag lag ein ganz besonderes Licht über der Stadt. Die Häuser waren in einen tiefen, orangegoldenen Glanz getaucht. Die Dächer sahen aus wie spiegelglatte Flächen, die das Licht reflektierten und die Farbe noch verstärkten. Ich war zu einem Termin in einem Bürogebäude in Zürich geladen, wo ich die ganze Stadt überblicken konnte. Ich blieb wie angewurzelt stehen. Diese fast bronzefarbene Silhouette hatte ich noch nie in meinem Leben gesehen. Da wusste ich, dass Swimming Bear seine Operation gut überstanden hatte. Seine positive Energie überstrahlte die ganze Stadt. Am nächsten Tag rief Antonie an und fragte: „Hast Du das tolle Licht gestern Nachmittag gesehen? Ich war gestern mit einem guten Freund unterwegs. Wir waren alle beide platt. So eine Farbe haben wir beide noch nie zuvor gesehen. Sag schon, konntest Du das auch beobachten?" Ich lächelte und antwortete: „Ja konnte ich. Swimming Bear hatte gestern um diese Zeit seine Augenoperation. Viele Menschen, auch ich, haben für ihn gebetet. Nachdem, was ich gestern gesehen habe, bin ich mir sicher, dass alles glatt gegangen ist und es ihm gut geht." „Ja, das kannst Du wirklich. Das ist ja unglaublich", erwiderte Antonie. Wir verabredeten uns und intensivierten unsere Begegnungen.

Swimming Bears Geburtstag nahte und ich wollte ihm unbedingt etwas Gutes tun. Vollkommen überraschend hatte ich ein Bild vor Augen, wie ein großer Bär aufrecht stand und einen Wolf in seinen Armen hielt. Daneben flog ein Adler. Im Hintergrund war die Gebirgskette von New Mexiko zu sehen, die ich aus meinen Erinnerungen kannte. Vor dem Gebirgsmassiv lag der Rio Grande. Ich begann zu zeichnen und Minuten, Stunden vergingen. Ich zeichnete den ganzen Tag. Bis am späten Abend das Bild fertig war. Am nächsten Tag schickte ich die Geburtstagskarte mit dem Bild weg.

In der Zwischenzeit hatte Alexandra ihren Lehrgang als Schiedsrichter erfolgreich hinter sich gebracht und konnte nun offiziell auch außerhalb des Heimatvereins Spiele leiten. Sie hatte damit eine neue Perspektive in diesem Hobby gefunden. Begeistert begann sie, regelmäßig Fußballspiele anzuschauen. Sie durfte als Zuschauerin in alle Stadien und wurde als Schiedsrichterin oft eingesetzt. Es dauerte nicht lange, bis sie Erwachsene pfeifen durfte und sogar bei männlich besetzten Spielen zum Einsatz kam. Darauf war sie besonders stolz. Michael und ich begleiteten sie regelmäßig bei ihren Spielen. An diesem Tag war ich an der Reihe. Schon beim Weg zum Spiel kam eine unsagbare Hitze auf. Die Luft war wie eine heiße Wand, obwohl der Wetterbericht keine große Hitze vorausgesagt hatte. Ab und zu fühlte ich kleine Sandkörner, die an meiner schwitzigen Haut klebten. Es war Saharawind aus Afrika, Mama Looloo hatte gegrüßt! Das Auto war von einer kleinen hellen Sandschicht bedeckt. Ich konnte das gar nicht glauben, in dieser Gegend hatte ich das noch nie erlebt. Ich wusste zwar aus Michaels Erzählungen, dass es vor Jahrzehnten schon einmal Saharawinde gegeben hatte, bei denen sie den Sand sogar aus der Wohnung hatten rauskehren müssen. Aber das war lange her. Alexandra hatte trotz der Hitze gut gepfiffen und ich war stolz. Nachdem Alexandra geduscht hatte, tranken wir noch eine große Limonade und fuhren heim. Es war Abends und ich machte es mir gemütlich. Michael war noch unterwegs. Ich hatte mich gerade auf die Couch gesetzt, als das Telefon klingelte.

Es war Angelique Goustoud, eine Teilnehmerin von Mama Looloos Zeremonien aus Belgien. Sie hatte einen afrikanischen Freund, der nach Europa ausgewandert war. Durch ihn hatte sie Zugang zu afrikanischen Heilverfahren bekommen und besuchte gemeinsam mit ihm die Seminare und Zeremonien von Mama Looloo. Ich hatte sie ein, zwei Mal gesehen und mich mit ihr in den Seminarpausen näher unterhalten. Darüber hinaus hatte es aber keinen engeren Kontakt gegeben. Entsprechend war ich über ihren Anruf sehr erstaunt und hörte gespannt zu, was sie zu berichten hatte. Voller Enthusiasmus begann Angelique zu erzählen. In Belgien wolle sie nun eigene Heilverfahren entwickeln und sie versuchte mich dazu zu bewegen, mitzumachen. Warum hätte ich dort mitmachen sollen? Es gab doch gar keinen Grund. Ich hatte meinen eigenen Weg und hatte mir geschworen, nur bei Ureinwohnern zu lernen. Es gab also für mich gar keinen Anlass, mich mit Angelique zusammenzutun oder ihrem Weg zu folgen. Ich hörte zu, machte aber deutlich, dass ich nun bei den Indianern lernte und diesem Weg folgen würde. Auch an einem weiteren Seminar bei Mama Looloo war ich nicht mehr interessiert und brachte es Angelique gegenüber deutlich zum Ausdruck. Nachdem Angelique aufgelegt hatte, kratzte ich mich nur am Kopf und dachte: *Haben sie es immer noch nicht aufgegeben? Brauchen Sie Geld?* Mir wurde noch einmal richtig klar, dass ich mich längst endgültig von dem afrikanischen Weg verabschiedet hatte und weit, weit entfernt war von diesen Praktiken. Sicherlich nutzte ich das wertvolle afrikanische Wissen, mehr aber auch nicht. Ich spürte aber tief in meinem Herzen, dass es von meinem Weg niemals ein Zurück geben würde."

Zu Besuch bei den Lakota

„Ich war mir im Klaren darüber, dass Swimming Bear mich zu Talking Bird geschickt hatte, zu seiner Schwitzhütte, zum Sonnentanz. Immer wieder sah ich mich auf der Reise, hatte intensive Träume und Visionen. Inzwischen war fast ein halbes Jahr vergangen und ich musste die Flüge buchen, wenn ich die Reise antreten wollte. Ich hatte mit meiner Familie besprochen, dass ich nochmals reisen wollte. Michael hatte sogar Verständnis dafür. Trotzdem hatte ich ein schlechtes Gewissen. Gott sei Dank ergab es sich, dass Alexandra zu einem Freundschaftsspiel ihrer Handballmannschaft nach Frankreich eingeladen wurde. Es war ein Austausch von mehreren Mannschaften. Michael hatte sich zwischenzeitlich für den Verein engagiert und unterstützte ihn mit seiner Vorstandsfunktion. Sie mieteten einen größeren Bus und fuhren mit zwei Mannschaften, einigen Trainern und ausgewählten Mitgliedern der Vorstandsschaft nach Südfrankreich. Dort waren ein paar gemeinsame Tage bei einem Turnier und mit mehreren Ausflügen im Anschluss geplant. Das war meine Rettung. Michael wollte Alexandra als Vater und in seiner Funktion für den Verein begleiten und noch ein paar Urlaubstage gemeinsam mit ihr an der See verbringen. Nun konnte ich guten Gewissens nach South Dakota zu den Lakota reisen. Ich wusste, dass sich auch meine Familie amüsierte und Spaß hatte. Inzwischen war knapp ein Jahr vergangen, seit ich beim Sonnentanz gewesen war und nun machte ich mich also wieder auf den Weg. Wieder hatte ich keine Ahnung, was auf mich zukommen würde.

Dieses Mal ging es also nach South Dakota, das war eine lange Reise. Nach etwa siebzehn Stunden hatte ich es endlich geschafft, war angekommen, glücklich und zufrieden, aber auch völlig erschöpft, kaputt und müde. Es war bereits abends und ich musste noch eine Weile durchhalten. Am Zielflughafen wurde ich bereits empfangen. Talking Bird saß nahe dem Gepäckband mit einigen anderen Indianern und seiner

Schwester, die ihn zum Flughafen gebracht hatte. Er besaß kein Auto und lebte im Reservat etwa vierhundert Kilometer vom Flughafen entfernt. Es war eine herzliche Begrüßung. Gemeinsam halfen sie mir, das Gepäck zu transportieren. Eagle Feather hatte einen Pick Up, in den alle einsteigen sollten. Er war groß gewachsen und hatte breite, muskuläre und braungebrannte Schultern. Sein Haar war zwar größtenteils schon grau, aber kräftig und so lang, dass es fast sein Hinterteil berührte. Eagle Feather hatte dunkelbraune, fast schwarze Augen, die eine unwahrscheinliche Wärme ausstrahlten. Sein Gesicht war von tiefen Furchen durchzogen und sah ein wenig ledrig aus. Man sah ihm an, dass er oft der rauhen Witterung ausgesetzt war. Er kam auf mich zu und stellte sich vor. Sein Händedruck zerquetschte mir fast die Hand. Ich gab mir alle Mühe, mir nichts anmerken zu lassen und nicht in die Knie zu gehen, denn ich hatte das Gefühl, dass er mich testen wollte. Ich wollte mir auf keinen Fall die Blöße geben. Eagle Feather war ein bekannter Medizinmann, der auch Talking Bird lange begleitet hatte. Wir kletterten alle auf die Ladefläche und fuhren so gemeinsam zum Supermarkt. Wir mussten noch ein paar Sachen einkaufen. Ich hatte keine Unterkunft und brauchte noch ein kleines Zelt. Den Schlafsack und warme Sachen für die Nacht hatte ich schon aus der Schweiz mitgebracht, aber auch Talking Bird brauchte noch ein Zelt und einen Schlafsack. Das war für mich ein willkommener Anlass, ihm sein Zelt als Gastgeschenk zu machen. Ich wusste, dass er es auch später für die Übernachtung bei Zeremonien, Schwitzhütten und Visionssuchen brauchen würde.

Nach dem Einkauf fuhren wir nach Bear Butte, einer heiligen Stätte der Lakota. Wir luden ab und gingen als Erstes zu einer Statur und hielten inne. Es war die Büste des berühmten Medizinmannes Holy Craw. Wir beteten ihn gemeinsam an und legten rituelle Gegenstände ab. Anschließend fuhren wir noch ein kleines Stück zu einem Camp, um dort den Wagen abzustellen und einen Platz zum Schlafen zu suchen. Wir nahmen die Zelte, Schlafsäcke und das restliche Gepäck und gingen über eine kleine Brücke zu dem heiligen Platz am Fuße der Berge. Dort angekommen, begannen wir alles aufzubauen. Ich stand ziemlich hilflos da. Es war schon lange her, als ich das letzte Mal ein Zelt aufgestellt hatte. Außerdem war ich so müde, dass mir fast die Augen zufielen. Als Talking Bird und Eagle Feather mit ihren Zelten fertig waren, halfen sie mir. Ich war so froh darüber! Inzwischen war ich insgesamt zweiundzwanzig Stunden auf den Beinen und konnte kaum noch stehen. Ich war kurz davor, zusammenzubrechen. Bear Butte war ein spiritueller Ort und Camp zugleich und war ausschließlich Indianern vorbehalten. Am Fuße der Hügel standen drei Tipis und eine Feldküche. An einer kleinen Anhöhe waren sieben, acht weitere Zelte aufgebaut, mitten im hohen Gras. Das Gelände war von kleinen Bergen mit einer Höhe von etwa dreihundert Meter umgeben. Es war ein spiritueller Ort, von dem eine ganz besondere Energie ausging. Hier hielten sich die Lakota zu gemeinsamen Zeremonien auf und gingen von Zeit zu Zeit zum Fasten und auf Visionssuche. Dabei wurden sie von einem Medizinmann betreut, der während dieser Zeit im Tipi verweilte und sie spirituell mit seinen Gebeten begleitete.

Es war schon Abend geworden und die Sonne war nahe dran, endgültig hinter den Hügeln zu verschwinden. Die Dämmerung setzte ein. Nun waren wir Gott sei Dank mit dem Aufbauen des Zeltes fast fertig. Mechanisch legte ich die Sachen ins Zelt und legte mich hin, um mich ein wenig auszuruhen. Dann aber plagte mich mein schlechtes Gewissen. Also nahm ich alle Kraft zusammen, begann den Jogginganzug wieder anzuziehen und sortierte meine Sachen, bevor es ganz dunkel wurde. Ich durfte jetzt nicht einfach schlafen gehen, das konnte ich den Indianern nicht antun. Schließlich war ich nur Gast. Einige von ihnen hatten sich bereits im Kreis um ein offenes Feuer zusammengesetzt und begannen, Lieder zu singen und zu trommeln. Der Sound war unheimlich kraftvoll und wunderschön. Talking Bird und Eagle Feather warteten schon auf mich. Sie saßen etwas abseits von den anderen und begannen zu erzählen. Das Feuer knisterte und der Boden vibrierte ein wenig. Es war dunkel geworden und die Sterne kamen zum Vorschein. Keine Wolke war am Himmel, die Milchstraße war zu sehen. So viele Sterne hatte ich bisher nur in New Mexico in der Wüste erlebt – ein unglaublich schöner Anblick! Ich wusste, dass die Milchstraße den Lakota heilig war. Sie beteten zur ‚Star Nation‘, dem Spirit, der über allem stand. Sie erzählten und erzählten und ich hätte ihnen am liebsten die ganze Nacht lauschen können, meine Müdigkeit war total verflogen. Die Atmosphäre hier hatte eine ganz besondere Ausstrahlung, Energie pur.

Bald war es schon weit nach Mitternacht, das Feuer war verglüht und es herrschte Stille. Zeit, endlich ins Bett zu gehen. Eagle Feather war bereits verschwunden. Talking Bird und ich saßen noch allein draußen auf der Wiese vor unseren Zelten. Er erzählte mir, dass ich genau darauf achten müsse, was er mir erzählen und beibringen würde. Als ich ihn anschaute, traute ich meinen Augen nicht recht. Er hatte das Gesicht von Swimming Bear. Ich rieb mir die Augen und musterte ihn. Sein Haar war plötzlich lang und grau, ich konnte es kaum glauben. Auch seine Stimme hatte sich verändert. Es war nicht ER, der mir mir sprach, es war tatsächlich Swimming Bear. In diesem Augenblick wusste ich, dass ich Swimming Bear wohl nicht mehr wieder sehen würde. Anscheinend war dies seine einzige Möglichkeit, mit mir Kontakt aufzunehmen. Ich sog jedes Wort, jede Botschaft auf und brannte alles in mein Hirn ein. Wie gelähmt saß ich da und hörte ihm zu. Nun verstand ich endlich, was Mama Looloo mir damals zu sagen versucht hatte. Sie hatte immer davon gesprochen, dass sie mit ihrem Großvater reden könne, wenn sie wolle. Swimming Bear war mir in Visionen, Träumen und Zeremonien schon des Öfteren begegnet. Und manchmal hatte er auch zu mir gesprochen. Nun richtete er sich also auf diese Art und Weise an mich.

Ein wenig später kam das Gesicht von Talking Bird zurück. Nur die grauen Haare blieben und der Hintergrund veränderte sich. Er war an einem anderen Ort und in einer anderen Zeit. Er war alt, steinalt. Er sagte mir, dass er nicht mehr lange zu leben hätte. Ich lächelte nur und erwiderte: „Du wirst alt werden, alt und weise. Ich habe Dein Gesicht gesehen. Du wirst lange, graue Haare haben und lange leben." Er schaute mich erstaunt an und sagte nichts mehr, als habe es ihm die Sprache verschlagen. Dann setzte er die Unterhaltung fort. Wieder verwandelte sich sein Gesicht und Swimming Bear saß vor mir. Er wiederholte: „Anna, ich werde nicht mehr lange zu leben haben." Ich wusste, dass Swimming Bear inzwischen sehr alt und schwach war und wusste noch nicht, wann ich wieder nach New Mexiko zurückkehren würde. Aber er wusste es! Vielleicht hatte er gehofft, dass ich nochmals wiederkehren würde. Vielleicht war ihm auch klar, dass er mich in dieser Welt nicht mehr zu Gesicht bekommen würde. Wieder sah ich das Bild vor mir, wie er hübsch gemacht auf dem Bett saß und sich nicht davon abbringen ließ, mich so zu verabschieden. Ich schluckte und holte tief Luft. Hier an diesem Ort hatte Swimming Bear damals seine Visionssuche gemacht und seinen Namen bekommen, nachdem er einem Schwarzbären begegnet war. Es war ein Ort voller Kraft und Energie. Ein Ort, an dem Swimming Bear und ich miteinander kommunizieren konnten. Was war das für ein Ort? Was ging hier eigentlich vor? Ich saß schweigsam da und starrte vor mich hin, brachte kein Wort mehr heraus. „Anna?", fragte Talking Bird. „Oh sorry, ja?", antwortete ich. „Alles ok?", wollte Talking Bird wissen. „Ja alles ok, ich bin nur ein wenig müde." „Dann gehen wir ins Bett?" Ich nickte. Talking Bird nickte ebenfalls und krabbelte in sein Zelt. Auch ich verschwand in mein Zelt, schlüpfte in den Schlafsack und versuchte zu schlafen. Aber ich war ganz aufgedreht. Obwohl es mitten in der Nacht war, sah ich einen hellen Schein, der mich umgab.

Mitten in der Nacht wachte ich auf. Es war bitterkalt. Ich hatte mir extra einen Schlafsack gekauft, der auch für Minustemperaturen geeignet war, aber es reichte nicht. Mein ganzer Körper zitterte vor Kälte, die vom Boden ausging und in meinen Körper eindrang. Ich konnte nicht weiterschlafen und stand auf. Plötzlich stand Eagle Feather vor mir. Ich erschrak. *Wie kommt er in mein Zelt?* Er hatte eine warme Decke in seinen Händen und wartete. *Woher weiß er, dass ich friere?* Ich sah ihn mit offenem Mund an. Er lächelte nur und gab mir die Decke: „Ich wusste, dass Du frieren würdest. Diese Decke ist warm genug. Nimm sie und lege sie unter Deinen Schlafsack. Sie wird dich wärmen." „Aber was machst Du?" Er lächelte wieder und sprach: „Mach Dir keine Sorgen. Morgen kaufen wir einen neuen Schlafsack und diese Nacht komme ich schon klar. Ich habe noch eine Decke, die mich von unten wärmt." Ich bedankte mich, nahm die Decke und legte mich wieder hin. Kaum lag ich da, muss ich auch schon wieder eingeschlafen sein.

Früh am Morgen wachte ich auf. Es war noch Dämmerung und der Wind schlug gegen mein Zelt. Ich versuchte weiterzuschlafen, um fit für den nächsten Tag zu sein. Aber es machte keinen Sinn dagegen anzukämpfen, irgendetwas sagte mir, dass ich raus musste, raus aus dem Zelt, in die Berge. Ich wollte gar nicht darüber nachdenken, warum. Ich folgte einfach meinen Gefühlen. Vorsichtig und leise öffnete ich das Zelt, zog den Jogginganzug an und ging hinaus. Alle anderen Zelte waren noch geschlossen. Sie schienen tief und fest zu schlafen. Es war noch ziemlich dunkel, begann aber bereits zu dämmern. Die Sonne war noch nicht aufgegangen, aber es war bereits hell genug, dass ich ohne Taschenlampe alles erkennen konnte. Irgendetwas zog mich in die Berge. Erst ging, dann rannte ich. Ja, ich rannte und rannte und scherte mich nicht darum, ob ich fallen könnte oder die distelartigen Gewächse mich pieken würden. Am Fuße der Berge musste ich einhalten und konnte nur noch gehen, halb klettern. Ich schaute nur nach vorn und bewegte mich, halb auf allen Vieren, vorwärts wie ein Wiesel. Ich machte keine Pause, sondern lief, lief und lief. Von Zeit zu Zeit kam mir der Gedanke, ob ich jemals schadlos wieder nach unten kommen könnte. Ich wusste von meinen Bergtouren, dass der Aufstieg in der Regel weit einfacher war als der Abstieg. Schnell verdrängte ich diesen Gedanken und stieg weiter hoch. Halb krabbelnd, halb rennend, halb kletternd bewegte ich mich von Pflanze zu Pflanze, von Stein zu Stein, von Absatz zu Absatz. Zwischendurch hielt ich inne, um mich ein wenig auszuruhen und im Anschluss daran den Aufstieg fortzusetzen. Nach etwa einer halben Stunde machte ich eine kleine Pause und schaute nach unten. Die Zelte standen ruhig im Tal und waren schon etwas kleiner geworden. Doch ich wusste, dass ich noch nicht am Ziel war und stieg weiter auf. Nach vielleicht einer Stunde stoppte ich und setzte mich hin. Ich hatte mein Ziel erreicht, das spürte ich. Ich drehte mich um und suchte mir einen gemütlichen Platz.

Hier oben war kein Luftzug zu spüren, das Wetter war friedlich und still. Hinter mir, zu meiner Linken, zogen sich die Berge hin. Direkt vor mir bot sich ein großartiger Ausblick zu den Zelten und den Tipis. Eigentlich lag ich mehr als ich saß, während ich den friedlichen Anblick genoss. Ich betrachtete die Berge. Sie sahen gewaltig und kraftvoll aus und hatten irgendwie etwas Besonderes. Dann untersuchte ich die gewaltigen Felsen näher und konnte einfach nicht davon ablassen. Ich musterte die Facetten der einzelnen Gebirgszüge. Nach einer Weile sah ich einen großen Häuptling auf einem riesigen Pferd. Sein Kopf war gewaltig und sogar seine Gesichtszüge waren zu erkennen. *Aber das kann doch gar nicht wahr sein?!*, dachte ich. Das Gesicht sah genauso aus, wie das Gesicht der Büste, vor der wir gebetet hatten, bevor wir hergekommen waren. „Holy Crow?", fragte ich, das Gesicht zu dem Felsen gerichtet. Ganz fasziniert betrachtete ich es. Dann sprach er zu mir, nur zu mir ganz allein. Ich wusste, dass es nur für mich bestimmt war und ich mit niemanden darüber sprechen durfte. Es waren heilige Botschaften.

Ich hätte ewig auf diesem Platz verweilen können, die Gefühle waren einfach überwältigend. Neben diesem gewaltigen Felsen sah ich eine kleine, gedrungene Gestalt mit hängenden Armen auf einem kleinen Pferd oder Pony. Das Pferd war viel zu klein für den schweren Reiter. Spontan fiel mir Talking Bird ein. Ich drehte den Kopf nach rechts auf die andere Seite der Berge. Dort war eine große Wiese. Ein riesiger Vogel saß auf einer Anhöhe. So einen Vogel hatte ich in meinem ganzen Leben noch nicht gesehen. Er saß einfach dort und gab von Zeit zu Zeit kreischende Laute von sich. Ich beobachtete, was er tat. Er saß einfach da, als ob er dort noch stundenlang verweilen würde. Dann bewegte er sich, schlug seine riesigen Flügel mehrmals nach vorn und nach hinten und stieg auf. Er flog in meine Richtung, direkt an mir vorbei, direkt zu dem Felsen, wo ich immer noch das Gesicht vor Augen hatte. Er flog über die Berge hinweg und war nicht mehr zu sehen. Es war ein gefleckter Adler. Eagle Feather, schoss mir in den Kopf und ich schluckte. Noch nie in meinem Leben hatte ich einen gefleckten Adler gesehen.

Langsam war das Morgenrot zu sehen. Die Sonne stand zwar noch hinter den Bergen, aber ihre Strahlen blitzten an der einen oder anderen Stelle durch, erhellten das Tal und brachten Wärme. Aber ich musste noch verweilen, bis die Sonne aufgegangen war. Mit jeder Minute änderten sich die Farben im Himmel und im Tal. Das Leben erwachte und Stimmen waren zu hören. Als die Sonnenstrahlen endlich auch mich erreicht hatten, begann ich mit dem Abstieg. Nun musste ich sehr gewissenhaft sein, denn der Hügel war steil und Wanderwege gab es nicht. Hier gab es nur Felsen, Grasbüschel und trockene Gewächse. Der Abstieg dauerte dann auch etwas länger, als gedacht. Es fiel mir außerdem schwer zurückzukehren. Die Energien und Gefühle dort oben waren einfach gigantisch und kaum zu beschreiben gewesen. Ich hatte das Gefühl, als ob ich schon Jahre gemeinsam mit den Indianern verbracht hätte. Im Zelt angekommen, war noch alles ganz ruhig. Sie schliefen noch alle. Nur ein paar Frauen fingen an in der kleinen Feldküche das Essen zuzubereiten. Unten angekommen war ich müde, legte mich noch ein wenig in das Zelt und schlief ein. Als ich dann erwachte, war die Sonne bereits vollständig aufgegangen und Wärme drang in mein Zelt. Nun brauchte ich weder eine Unterlage, noch eine Decke – und nickte wieder ein. Erst durch ein lautes Stimmengewirr wurde ich endgültig wach.

Talking Bird und Eagle Feather klopften an mein Zelt und riefen zum Frühstück. Nun war Eile geboten. Ich zog mich an und krabbelte aus dem Zelt. Die beiden warteten schon und hatten Rührei, ein Reisgericht und mit Käse überbackene Brote aus der Feldküche mitgebracht. Ich war begeistert, hatte aber noch gar keinen Hunger. Ich fand es rührend, wie sie sich um mich kümmerten. Wir setzten uns vor die Zelte, frühstückten und redeten. Ich musste ja ohnehin eine Kleinigkeit essen, um sie nicht vor den Kopf zu stoßen. Talking Bird ging zurück zur Feldküche, denn er hatte dort einige Bekannte getroffen und wollte sich ein wenig mit ihnen austauschen. Eagle Feather saß schweigend vor seinem Frühstück und aß. Ruhe, Kraft, Nachdenklichkeit und Gelassenheit strahlte er aus. Ich spürte, dass ich noch viel von ihm lernen konnte, wusste aber auch, dass er ein sehr gefragter Mann war und meine Sorgen für ihn wahrscheinlich eher profan waren. Ich genoss einfach den Augenblick und ließ mir für jeden Bissen viel Zeit. Plötzlich fragte Eagle Feather: „Was hast Du gesehen heute früh?" Ich war irritiert und fürchtete, dass ich vielleicht zu laut gewesen war. „Habe ich Dich geweckt?" „Oh nein", erwiderte er, „man muss nicht immer wach sein, um zu sehen, was passiert, nicht wahr?" Ich schluckte. Natürlich, was für eine dumme Frage. Ich hatte ja nur Sorge gehabt, dass ich durch Unachtsamkeit jemanden gestört hatte. „Ich habe einen Reiter gesehen, oben im Felsen. Er hatte ein riesiges Gesicht und sprach zu mir." „Halte inne!", stoppte er mich. „Die Botschaft war nur für Dich bestimmt. Es war eine Botschaft von Großvater Holy Crow. Sein Spirit ist immer noch an diesem heiligen Ort. Nur wenigen Menschen ist es gegeben, sein Gesicht und sein Pferd zu sehen. Du bist wirklich gesegnet, schätze Dich glücklich. Er wird immer mit Dir sein." Ich war gerührt und lächelte glücklich. Ja, ich fühlte seine Energie und ich fühlte auch die Energie von meinem Dad, Swimming Bear. Er war mir ganz nahe, besonders jetzt.

Wir hatten eine Weile schweigend beieinander gesessen, als Eagle Feather seine Ausführungen fortsetzte. „Wir werden uns nicht mehr oft sehen können, aber Großvater Holy Crow wird eine ganz besondere Bedeutung für Dein weiteres Leben haben. Auch wenn Du es Dir momentan vielleicht nicht vorstellen kannst: Er hat ein Vermächtnis hinterlassen. Du wirst es finden, seine Hinterlassenschaften weiterführen und an die nächste Generation weitergeben. Dein Weg wird nicht geradlinig sein und Du wirst vielleicht zweifeln. Bleibe stark und verliere niemals den Glauben. Es warten viele Leute, die Deine Unterstützung brauchen. Ich bin Swimming Bear des Öfteren begegnet. Er war ein ganz außergewöhnlicher Mann und wird es immer sein, nicht wahr?" Ich lächelte. „Vergiss nie, dass Du mit Deinem Weg eine tiefe Verpflichtung eingegangen bist. Es führt kein Weg zurück, auch wenn Du manchmal das Gefühl haben wirst, zwischen den Welten zerrissen zu werden. Das wird Dir helfen, nicht von Deinem Weg abzukommen. Was immer Dir auch zustößt. Es macht Dich stärker und weiser." Mir standen die Tränen in den Augen. „Bitte lass mich nicht einfach gehen. Bitte lass mich nicht einfach gehen, bitte." Wir fielen uns in die Arme, fühlten und sahen beide dasselbe. Ich weinte bitterlich und wäre am liebsten weggerannt und allein geblieben.

Er ging in sein Zelt und holte eine langgezogene Ledertasche heraus. Dann pflückte er noch ein wenig Sage, kam zurück und setzte sich mir gegenüber. Er nahm die beiden Teile einer heiligen Pfeife aus dem Lederbeutel. Sie bestand aus einem wunderschönen Pfeifenkopf aus rotem Pipestone und dem hölzernen Stiel. Dieser war flach, aus hellem Holz und hatte schwarze Streifen, wie ich es von leicht verbranntem Holz kannte. Er reinigte die Pfeife und den Stil mit Sage und übergab sie mir. Ich konnte gar nicht begreifen, was da vor sich ging. „Du sollst künftig im Zeichen der heiligen Pfeife dienen. Damit sind Verpflichtungen für Dein ganzes Leben verbunden. Wer immer Dich um deine Hilfe bittet, dem musst Du dienen. Das ist eine große Verantwortung, die ich Dir mit dieser heiligen Pfeife in die Hände lege. Denk immer an diese Worte, vergiss sie niemals!" Ich kniete mich hin und bedankte mich für diese große Ehre.

Dann kam Talking Bird herübergelaufen und stellte sich vor uns hin. Als er die Pfeife sah, kehrte er kurzerhand um, lief zu seinem Zelt und kam mit einem dunklen Beutel zurück. Darauf war der Lebensbaum des Sonnentanzes abgebildet. Daneben stand ein Tänzer, der den Baum anbetete. Talking Bird übergab mir den Beutel und sagte: „Du wirst ihn noch brauchen." Ich bedankte mich, packte die Pfeife in den Beutel, legte alles ins Zelt und kam zurück. Realisiert hatte ich das Geschehene überhaupt nicht!", erzählt Anna lachend.

„Bald war Aufbruch angesagt. Wir packten alles zusammen und verließen den heiligen Ort. Nur die Zelte ließen wir zurück. Wir gingen nochmals zum nahe gelegenen Denkmal von Großvater Holy Crow jenseits der Black Hills. Die Büste stand vor einem kleinen Museum, das auch Touristen zugänglich war. Ich ging auf die Büste zu und konnte das alles noch nicht ganz begreifen: Tatsächlich, es war genau das Gesicht, das ich im Felsen gesehen hatte! Zu diesem Zeitpunkt war mir nur nicht sicher gewesen, ob ich wirklich ihn gesehen hatte. Er war einer der größten Medizinmänner aus diesem Jahrhundert und er schien mich mit seinen Blicken zu durchbohren. Ich sah auf seinen Todestag. Es war 1989 im November, ein historisches Datum, das Jahr und der Monat des Falles der deutschen Mauer in Berlin, das besiegelte Ende des kalten Krieges. An Zufälle glaubte ich schon lange nicht mehr. An seiner Büste waren wieder neue Gaben des Dankes abgelegt. Dem schloss ich mich an und betete. Es fiel mir schwer diesen Platz zu verlassen. Halb taumelnd ging ich zurück zum Auto, versuchte es aufzuschließen und einzusteigen. Der Schlüssel passte aber nicht. Ich erschrak, und schaute auf. Talking

Bird und Eagle Feather riefen: „Hier sind wir." *Oh mein Gott*, dachte ich, noch ganz verwirrt, und ging zu den beiden herüber. Das Auto hatte dieselbe Farbe, stand aber an einem ganz anderen Platz. So etwas war mir noch nie passiert. Für die beiden schien das aber nichts Besonderes zu sein.

Sie zeigten mir verschiedene Heilpflanzen, die am Wege standen. Dann baten sie mich, einen kleinen Spaziergang zu machen, um mir etwas zu zeigen. Wir gingen zu einer kleinen Anhöhe, von der aus man die ganze Region überblicken konnte. Eagle Feather wies mit dem Finger auf ein Waldstück in nördlicher Richtung. Sie erzählten, dass dort gerade ein Sonnentanz stattfand und zeigten mir die genaue Stelle. Der Himmel war bewölkt, aber es regnete nicht. Sie zeigten mir auch, dass von diesem Platz starke Energien ausgingen, die bis zum Himmel reichten. Ich traute meinen Augen nicht: Tatsächlich war ein kerzengerader Strich zu sehen, der die Erde mit dem Himmel verband. Wir blieben einen Augenblick stehen und betrachteten das kleine Naturwunder. Ich war über jeden Zweifel erhaben und einfach nur angetan von allem, was ich in dieser kurzen Zeit erleben durfte. Es war die größte Ehre, hier neben ihnen stehen zu dürfen und in diese Riten eingeführt zu werden. Ich wusste nicht, wem auf dieser Welt ich dafür danken sollte.

Nun war es Zeit, Eagle Feather musste gehen. Er hatte mich nur für einen kurzen Zeitraum begleiten können und musste zurück zum Sonnentanz, den er für kurze Zeit unterbrochen hatte. Ich bedankte mich für alles und hoffte, ihn bald wieder zu sehen. Talking Bird und ich fuhren los, um uns mit Proviant einzudecken. Hier gab es weit und breit keinen Supermarkt oder Geschäfte und es war nicht abzusehen, wann wir wieder die Möglichkeit haben würden, einzukaufen. Unterwegs kamen wir an einem großen Harley Shop vorbei. Es war das andere Extrem. Sofort musste ich an Michael denken und dass ich hier ein Souvenir erhaschen musste. Es war an der berühmten Route 66. Ich war im Zwiespalt. Auf der einen Seite wollte ich für meine Familie etwas mitbringen, auf der anderen Seite wusste ich, dass ich mit jedem Mitbringsel Talking Bird kränken würde, weil er selbst kaum etwas hatte. Als die Dunkelheit einbrach, kamen wir zurück. Die anderen hatten bereits das Feuer angezündet, trommelten und sangen Lieder. Wir setzten uns dazu und sangen mit.

Am nächsten Morgen wachte ich auf und wollte nur noch weiter. Plötzlich überkam mich das Gefühl, dass wir jetzt gehen müssten. Ja, ich wurde ganz nervös und wollte am liebsten sofort die Zelte abbrechen und gehen. Ich hatte zwar keine Ahnung, wohin, wusste aber, dass ich genau jetzt gehen musste. Ich sprach mit Talking Bird, der mich ganz erstaunt ansah und dabei nichts weiter fand. Er konnte meine Aufregung gar nicht verstehen, tat mir aber den Gefallen. Zügig bauten wir die Zelte ab, packten alles zusammen, verabschiedeten uns und fuhren los. Auf dem Weg kamen wir wieder am Museum vorbei, an dem die Büste von Holy Craw stand. Es war wie ein kleiner Altar. Wir legten eine kleine Spende ab, dankten ihm und beteten. Ich blickte noch einmal zurück auf die Berge. Sie hatten etwas ganz Besonderes, aber wir mussten weiter zum Land der Indianer. Das Reservat befand sich mitten in den Badlands. Dort wuchs fast nichts. Stundenlang fuhren wir durch Wüste, Steppe und felsige bizarre Landschaft. Am Eingang des Reservats befand sich eine kleine Bar, in der vorzugsweise Schnaps verkauft wurde. Auf einem großen Schild war zu lesen, dass der Alkoholgenuss und das Betreten der Bar für Indianer verboten waren. In der Lakotasprache konnte man dann das genaue Gegenteil lesen. Mit dem Befahren des Reservats fuhren wir auch in eine eigene Welt. Hier galten eigene Gesetze. Den Indianern wurde zwar Land zugewiesen, aber sie durften nicht anbauen, was sie wollten. Das Land war ohnehin so trocken, dass es kaum möglich war, Landwirtschaft zu betreiben. Die Fahrt ging aufwärts über kleine Hügel, dann wieder abwärts, bald mit Rechts-, bald mit Linkskurven. Manchmal mussten wir durch hohes Gras fahren, dann wiederum über so sandige Wege, dass die Strecke direkt hinter uns vor Staub nicht mehr zu sehen war. Nach geraumer Zeit hielt Talking Bird an. Ein Teil des riesigen Areals war eingezäunt mit einem Zaun aus Stacheldraht, der einem Weidezaun ähnelte. Mit großen Lettern war zu lesen, dass diese Gegend per Satellit überwacht wurde. Ich saß im Auto und schluckte nur.

Die Sonne brannte. Wir fuhren hinein und Talking Bird schloss das Tor wieder. Wir ließen eine riesige Staubwolke hinter uns. Nach einer weiteren halben Stunde kamen wir endlich am Zielort an. Von dort aus konnten wir das ganze Land überblicken, denn das Auto stand am höchsten Punkt der Gegend. Seitlich davon stand ein Bungalow. Amanda, Talking Birds Freundin, teilte sich die kleine Holzhütte mit ihm. Sie war spanischer Herkunft und lebte seit Jahren in Amerika. Sie durfte dort wohnen, ganz allein und abgeschieden. Die Hütte bestand aus ein paar dünnen Brettern und einem einfachen Dach. Die Wände waren so dünn, sodass die Hitze im Sommer ohne Widerstand in die Räume eindrang.

Auch gegen die Kälte im Winter war in dieser Behausung kein Kraut gewachsen. Der kleine Ofen im Innenraum konnte kaum genug Wärme bieten, um gegen die eisigen Temperaturen gewappnet zu sein, zumal die Winter hier bitterkalt und sehr lang waren. Links von der Hütte war ein kleiner Garten, auf dessen Sandboden das Unkraut wucherte. Ein paar Radieschen und gelbe Rüben waren zu sehen. Für Talking Bird waren sie vermutlich wie Gold. Sie waren das größte für ihn. Er zog ein paar Radieschen aus dem Boden und bot mir welche an. Nein, ich konnte keine nehmen, sie waren für ihn bestimmt. Er hatte doch gar nichts! Die Hütte war abgesperrt und Amanda in weiter Ferne. So konnten wir lediglich warten. Talking Bird erwartete seine Freundin gegen Nachmittag. Wir wollten gemeinsam Barbecue machen. Mitten auf dem Hügel stand eine alte Couch. Talking Bird setzte sich hin und blickte in die Umgebung. Ich schaute mich derweil um und inspizierte die Gegend. Als ich zurückkam, begann Talking Bird zu erzählen, wie sie in der Kindheit gelernt hatten zu reiten und wie er gemeinsam mit seinen Brüdern aufgewachsen war. Wie er so erzählte, vergingen die Stunden und Talking Birds Freundin war immer noch nicht in Sicht.

Wir beschlossen, ein wenig von dem Salat zu essen, der für das Abendessen als Beilage zum Fleisch gedacht war. Inzwischen war es dunkel geworden Und in weiter Ferne war schon Wetterleuchten zu sehen. Dunkle Wolken kamen immer näher. Ja, eine riesige Wetterfront kam direkt auf uns zu. Gellende Blitze waren zu sehen. Dann, Sekunden später, folgten so kräftige und laute Donner, dass ich mir die Ohren zuhielt. Talking Bird war ganz begeistert. Die Blitze wurden immer heller und greller, bis das Gewitter direkt über uns war. Es schüttete wie aus Eimern. Schnell stiegen wir ins Auto, wo ich die Augen schloss. Die Blitze waren so nah und so hell, dass ich Angst hatte, blind zu werden. Es hörte und hörte nicht auf. Ich betete, dass kein Blitz in das Auto einschlagen möge, denn wir standen noch immer auf der kleinen Anhöhe – am höchsten Punkt der ganzen Umgebung! *Ich wusste zwar, dass wir in einem Faradayschen Käfig saßen, aber konnte ich mich darauf wirklich verlassen?* Talking Bird fand das alles ganz lustig und aufregend. Er hatte eine tiefe spirituelle Verbindung mit dem Donnerwesen und keine Angst. Für ihn waren es alles wichtige Botschaften. Ich hingegen sah nur eine Botschaft darin: Ich war heilfroh, dass wir gefahren waren. Im Zelt wären wir jetzt wohl weggeschwommen. Heftige Regenschauer ergossen sich über der ganzen Gegend. Das Unwetter kreiselte um uns herum und schien sich im Kreis zu drehen, direkt über unseren Köpfen. Es blitzte unentwegt und die Donner folgten umgehend, einer nach dem anderen. Der Regen hörte nicht auf.

Inzwischen war schon eine halbe Stunde vergangen. Langsam wurde auch Talking Bird unruhig. „Ich muss an meine Sachen, die hinten auf der Ladefläche liegen." „Warte doch, bis der Regenschauer vorbei ist", entgegnete ich. „Lass mich gehen", entgegnete er bestimmt. Er stieg aus, durchwühlte seine Sachen und kam zurück. Ich wusste nicht so recht, was er hatte. Er wollte sich wegdrehen, aber ich ließ es nicht zu. „Was ist denn los?" Er druckste herum und schließlich gestand er mir: „Ich bin Diabetiker und brauche mein Insulin. Ich muss es spritzen." „Ich schaue weg. Lass Dir nur Zeit, das wusste ich nicht. Es tut mir leid." Es hatte irgendwie eine ganz besondere Tragik, dass diese Zivilisationskrankheit auch bei den Indianern angekommen war. Sie hatten kein Geld und die typische amerikanische Ernährung hatte katastrophale Folgen für sie. Er tat mir leid. Für die Indianer hatte das Ganze eine besondere Brisanz, zumal sie historisch bedingt Fleisch aßen und die neue, kohlenhydrathaltige Kost die Körper in einem weit größerem Maße schädigte, was kein Vergleich zu den Weißen war. Mir schossen viele Gedanken durch den Kopf. Vielleicht war das einer der Gründe, warum wir zusammengekommen waren! Nun konnte ich ihm mit Erfahrungen aus meiner Tätigkeit in der Diabetesforschung helfen. Ich wusste, dass das allerdings nicht ganz einfach sein würde. Er erzählte von seinem Leben und den Verhältnissen, aus denen er kam. Es schien ihm sichtlich peinlich zu sein, offen darüber zu sprechen. Ich dachte: Vielleicht kann ich ihm ja auch helfen, besser mit dieser Krankheit umzugehen. Ich wusste, dass die ärztliche Versorgung im Reservat lange nicht mit den Großstädten vergleichbar war und dass die Indianer bis auf eine rudimentäre Versorgung auf sich selbst gestellt waren. Nur in Ausnahmefällen reisten sie in Großstädte, um sich dort behandeln zu lassen. So konnten sie sich nur mehr oder wenig selbst behelfen. *Was wir zu viel an Apparatemedizin haben, gibt es hier wohl zu wenig*, dachte ich. „Könnt Ihr nicht jagen gehen oder auch Pflanzen auf Eurem Land anbauen?" Talking Bird schüttelte den Kopf. „Wir dürfen jagen, das schon. Aber anpflanzen dürfen wir nicht, was wir wollen. Wir bekommen Land zugewiesen, das öde ist. Der fruchtbare Boden wird zentral genutzt. Schau dir das Land hier an. Hier wächst nicht viel." *Das sagt ja schließlich der Name schon: Badlands*, dachte ich.

Langsam hatte sich das Gewitter verzogen. Das Wetter beruhigte sich und nur das leichte Tröpfeln des Regens auf dem Autodach war zu hören. Es hatten sich schon zahlreiche kleine Bäche gebildet, die den trockenen Sandboden auswuschen. Inzwischen war es bereits Mitternacht geworden. Die Sandwege hatten sich in Bäche oder tiefen Morast verwandelt. Damit war kaum ein Durchkommen möglich und Amanda hatte keinen Jeep, um hier fahren zu können. So blieb uns nichts anderes übrig, als im Auto zu übernachten. Wir richteten uns langsam darauf ein und versuchten zu schlafen. Es war inzwischen fast zwei Uhr Morgens und Talking Birds Freundin war noch immer nicht in Sicht. Ich war zwar langsam müde, stieg aber erst einmal aus, um ein wenig frische Luft zu schnappen.

Da bekam Talking Bird einen Anruf, seine Freundin war auf dem Weg. Kurze Zeit später waren zwei Lichter in weiter Ferne zu sehen. Es dauerte noch fast eine halbe Stunde, bis sich der Wagen durch die nun nassen Sandwege entlang geschlängelt und Amanda mit ihrem Bekannten endlich angekommen war. Amanda war etwas größer als ich, hatte lange schwarze Haare und einen muskulösen Körper. Den letzten Winter hätte sie fast nicht überlebt. Wochenlang war sie eingeschneit und von der Umwelt abgeschnitten gewesen. Am Ende hatte sie nichts mehr zum verfeuern gehabt und wäre fast erfroren. Sie hatte nur noch Decken und Kleidung besessen, um sich gegen die Kälte zu schützen. Nun war es aber Sommer und die Hitze brachte das andere Extrem zum Winter. Als wir nach einer herzlichen Begrüßung alle gemeinsam den Bungalow betraten, kam uns heiße, stickige Luft entgegen. Draußen wurde es zum Glück mit der Zeit kühler und abends war die Hitze dann verflogen. Ich war inzwischen hundemüde und Amanda richtete mir ein kleines Gästebett her. Es war ein typisches Ziehharmonikabett, wie ich sie aus meiner Kindheit kannte. Es wurde im Gang aufgestellt und hatte gerade einmal die Breite meines Körpers. Ich traute mich kaum zu schlafen, weil ich Angst hatte aus dem Bett zu fallen. Am liebsten hätte ich mich auf dem Boden gelegt, aber es war zu schmutzig. Talking Bird hatte es ein wenig komfortabler. Er hatte ein Bett im Schlafzimmer für sich allein. Amanda schlief mit ihrem Freund in der kleinen Küche, die gleichzeitig Aufenthaltsraum und Wohnzimmer war. Mitten im Raum stand ein Kanonenofen, der im Winter Wärme bringen sollte. Es vergingen nur ein paar Minuten, bis alle in ihrer Schlafgelegenheit verschwunden waren.

Am nächsten Morgen schien die Sonne und die Hitze stieg wieder auf. Ich ging raus, um die Natur zu genießen. Ich lief zum Wasserhahn und ließ eiskaltes Wasser über mein Gesicht laufen. Es war ein angenehmes Gefühl. Ich war allein mit der Natur, bevor die anderen erwachten. Als ich den Kopf zurücknahm, stand plötzlich ein Pferd direkt vor mir und ich schreckte zusammen. Ich hatte keine Ahnung, wie es reagieren würde. Ich blieb einfach stehen und blickte es an. Es war ein wunderschönes Pferd, hellbraun mit weißen Tupfern. Es schnaufte und ritt davon, dann zog es einen Kreis und kam zurück. Es erinnerte mich an Hunde daheim, die gehalten wurden, rumrannten und zu ihrem Herrchen zurückkehrten. Die Melodie der Blackfeet kam mir ins Ohr und die Geschichte, als die ersten spanischen Pferde zu den Indianern gekommen und sie als große Hunde angesehen worden waren. Fasziniert schaute ich ihm nach. Es war das erste frei herumlaufende Pferd, das ich in meinem Leben gesehen hatte. Ich war immer noch ganz angetan, dass dieses Pferd einfach frei war, frei umherlaufen konnte. Es gab keinen Stall, keine Pferdekoppel, nur eine Futterkrippe. Das war alles. Was für ein Gefühl das doch sein musste, frei zu sein...Amanda kam heraus und begrüßte mich. Talking Bird und ich konnten die Zelte aufschlagen, um Zeremonien zu machen. Den Abend wollten wir dann gemeinsam verbringen. Ich war froh, genug Souvenirs dabei zu haben. Ich lächelte in mich herein und musste an New Mexiko denken. Auch hier wusste ich nun, warum ich zwei Tassen mitgebracht hatte. Sie waren für Amanda und ihren Freund.

Nach dem Frühstück fuhren wir auf eine kleine Anhöhe, die von Sträuchern und Bäumen umgeben war. Wir stellten den Wagen ab und bauten die Zelte auf. Als wir fertig waren, suchte ich mir ein schattiges Plätzchen, breitete eine Decke aus und setzte mich. Ein wenig später war auch Talking Bird so weit, kroch in sein Zelt und holte ein paar Sachen heraus. Dann setzte auch er sich vor das Zelt. Er bat mich, die heilige Pfeife zu holen. Als ich wiederkam, stand er da, mit einer Indianerdecke in der Hand. „Das ist für Dich", sagte er. Ich war total perplex und wusste nicht, was ich sagen sollte. Ich umarmte Talking Bird, nahm die Decke dankbar an und legte sie neben mich, um sie weiterhin zu fühlen und zu sehen. *Es war einfach unglaublich. Das gibt es doch einfach nicht. Das gibt es einfach nicht*, dachte ich und lächelte fröhlich vor mich hin. Dann setzten wir uns gegenüber und Talking Bird begann mit seinen Ausführungen. Er stellte zwei Gläser Wasser auf die Erde und nahm ein wenig Sage, den weißen Salbei, um seine Hände und die Pfeife zu reinigen und von allen negativen Energien zu befreien. Von der Pfeife ging eine wundervolle Energie aus. Auch ich rieb mir die Hände mit Sage ein. Er erzählte mir von dem Ursprung der heiligen Pfeife und der Botschaft, die mit ihr verbunden war. Die heilige Pfeife war ein heiliges Objekt der Indianer, die von einer Generation an die nächste übergeben wurde. Meist wurde sie in der direkten Blutlinie weitergegeben. In den Träumen und Visionen erfuhr derjenige, wo er stand, wo seine Reise jetzt hingehen sollte und welche Aufgabe er künftig zu erfüllen hätte. Das konnte sich im Laufe des Lebens ändern. Stück für Stück erfuhr der Schüler mehr von diesen Dingen und erhielt neue Botschaften. Er entwickelte sich weiter und stand immer wieder vor neuen Herausforderungen. Die regelmäßige Reinigungen des Körpers und des Geistes, die mit den Riten verknüpft waren, sowie das Fasten und die Visionssuche waren dabei essentielle Bestandteile dieser Lebensweise. Auch erklärte er mir, dass ich mit der heiligen Pfeife eine Verpflichtung für mein ganzes Leben eingegangen war und damit eine sehr große Verantwortung tragen würde.

Ich lauschte den Worten und versuchte alles aufzunehmen und zu verinnerlichen, was er mir mitteilte. Ich war mir der Verantwortung durchaus bewusst. Aber gerade deshalb hatte ich umso mehr Angst, Fehler zu machen und damit gegen Riten zu verstoßen. Ich wusste, dass ich eine Chance dieses Wissen zu erwerben nicht so ohne weiteres nochmals bekommen würde. Trotzdem war es mir nach wie vor ein Rätsel, warum gerade mir diese Ehre zuteil wurde. Aber auch das war eine Lehrstunde. Ich musste lernen zu akzeptieren, dass es nicht zu jeder Frage eine plausible Erklärung oder Antwort gibt. Ich musste lernen, gewisse Dinge einfach als gegeben hinzunehmen. Manchmal kam die Antwort erst Wochen, Monaten oder gar Jahre später. Talking Bird steckte die heilige Pfeife zusammen und erklärte mir Schritt für Schritt den Verlauf einer Pfeifenzeremonie. Er weihte mich in die Art zu beten sowie das Danken an alle spirituellen Helfer am Ende der Pfeifenzeremonie ein. Ich war selig. Nachdem wir die erste gemeinsame Pfeifenzeremonie beendet hatten, verweilten wir noch ein wenig an diesem heiligen Ort. Talking Bird stand auf, nahm seine Pfeife und ging auf einen Hügel. Er brauchte Ruhe und Stille, um anderen Menschen zu helfen. Ich versuchte mir derweil die Schritte und Inhalte der Pfeifenzeremonie genau einzuprägen. Am meisten Probleme hatte ich mit der Sprache der Lakota. Ich tat mich unheimlich schwer, mir diese neuen Wörter und Begriffe einzuprägen, im gleichen Atemzug jedes Detail der

Zeremonie zu beachten und offen genug zu sein, um mich den Bildern und Visionen hinzugeben.

Ich legte mich auf die Decke und betrachtete den Himmel. Ich hatte keine Idee, wie mein Leben weitergehen sollte. Ich hatte das Gefühl, schon ewig hier zu sein, es war so ruhig und einsam hier. Kein Stress, keine Meetings, keine Termine, einfach nur Natur und die ersten Schritte, anderen zu dienen. Nach einer Weile kam Talking Bird zurück und stellte sich vor mich hin. „Wir machen noch eine Pfeifenzeremonie, ok?" Ich nickte und machte mich bereit. Ich war aufgeregt und hoffte, alles richtig zu machen. Immer wieder wiederholten wir die einzelnen Schritte. Dabei konnte ich alles fragen, was mir am Herzen lag. Nun ging es zur nächsten Runde. Wiederum erklärte mir Talking Bird die Bedeutung der einzelnen Schritte der Pfeifenzeremonie und wir begannen, gemeinsam zu beten. Bald war ich an der Reihe und durfte die erste Pfeifenzeremonie meines Lebens machen. Es war schlimmer als jede andere Prüfung für mich. Ich wollte mich um keinen Preis blamieren. Schließlich repräsentierte ich das schweizerische Volk und wollte Talking Bird um keinen Preis der Welt kränken, nur weil ich nicht in der Lage war, alles genau zu beachten. Ja, ich schwitzte nicht nur wegen der Sonne. Vor allem betete ich darum, alles richtig zu machen und die neu gelernten Wörter in der Sprache der Lakota auch ja richtig auszusprechen, um den Sinn nicht zu entstellen. Er hatte Geduld mit mir und unterstützte mich, wo er nur konnte. Nachdem ich meine erste Zeremonie hinter mich gebracht hatte – ja ich hatte es wirklich geschafft! –, machten wir eine Pause. Er ging allein auf einen Hügel, allein mit seiner Pfeife. Er musste erneut anderen Leuten helfen und für sie beten. Ich blieb zurück und betete mit ihm.

Am Nachmittag gingen wir in ein kleines Tal. Dort gab es den weißen Salbei, den wir für die Gebete brauchten. Wir pflückten den weißen Sage und fertigten Sage Bundles für meine Rückkehr in die Schweiz, um auch dort Zeremonien machen zu können. Solch guten Sage in dieser Masse hatte ich noch nie gesehen. Abends kehrten wir zurück zu Amandas Bungalow, wo wir gemeinsam Barbecue machten. Es gab riesige Rindersteaks, die allein schon den ganzen Teller abdeckten und mindestens ein Pfund Fleisch hatten. Dazu gab es noch Ribs, die ebenfalls an die zwanzig Zentimeter lang waren. Relativ schnell musste ich die Segel streichen. Ich war baff über so viel Fleisch zu einer Mahlzeit. Nachdem Essen gingen wir zurück zu den Zelten und schliefen bald ein. Aber auch heute schlief ich nicht allzu viel und musste schon lange vor dem Sonnenaufgang das Zelt verlassen. Ich setzte mich auf die Wiese und schaute ins Tal. Jedes Geräusch, jeden sanften Luftzug, jede Farbänderung des Himmels, jedes Vogelzwitschern sog ich tief in mich hinein und genoss den Augenblick. Als die Sonne aufgegangen war, ging ich zurück zum Zelt. Da stand Talking Bird schon wieder auf dem Hügel und betete.

Kurz darauf wurde er nervös, packte alles zusammen und sagte: „Wir müssen sofort los. Ich muss nach Montana. Dort ist jemand, der meine Hilfe benötigt. Kannst Du mithelfen?" Ich glaubte, nicht richtig gehört zu haben. Die Situation erinnerte mich irgendwie an Mama Looloo. Das war wohl das Schicksal der Medizinmänner und Medizinfrauen. Sie mussten dorthin, wo sie gerufen wurden, und zwar sofort, auch wenn es sehr weit weg war, so wie hier. *Natürlich muss ich helfen!*, dachte ich und packte meine Sachen. Es würde eine lange Fahrt werden, das war klar. Wir mussten über sechshundert Meilen fahren und hatten nicht mehr viel Zeit. Wir konnten gerade noch frühstücken und die Zelte abbrechen. Als Erstes mussten wir zurück nach Bear Butte. Dort wollte Talking Bird noch Freunde aus Kanada treffen, mit denen oft er gemeinsame Zeremonien veranstaltete. Ich verabschiedete mich von Amanda und ihrem Freund und brach auf, um mit Talking Bird weiterzuziehen. Es war interessant, aber eben auch einfach anders. Es war kein geregeltes Leben, wie ich es kannte.

In Bear Butte angekommen, brach langsam die Dämmerung ein. Die Luft war feucht und es wurde langsam kühl. Hunderte von Moskitos flogen herum. Die kanadischen Freunde waren noch nicht da und Talking Bird hatte keine Idee, wann und ob sie kommen würden. Wir warteten im Auto. Stunden vergingen. Ich wurde langsam müde und richtete mich auf eine Nacht im Auto ein. Kurz vor Mitternacht trafen Talking Birds Freunde endlich ein. Er begrüßte sie herzlich und ging gemeinsam mit ihnen in ein Blockhaus, um sich mit ihnen auszutauschen und Zeremonien zu planen. Ich begann zu frieren, nahm alle Sachen, die ich hatte, deckte mich zu und versuchte eine gute Schlafstellung zu finden. Immer wieder wachte ich auf. Da Talking Bird nicht zurückgekommen war, schlief ich weiter. Irgendwann, als es bereits begann wieder hell zu werden, kam er zurück und versuchte auch ein wenig im Auto zu schlafen.

Am nächsten Morgen ging es los. Talking Bird schlief und ich fuhr, Stunden über Stunden. Als es fast Mittag war, näherten wir uns Montana, dem Gebiet der Cheyenne Indianer. Ich war auf Anhieb angetan von dieser Umgebung. Hier gab es so intensive Energien, dass mir unentwegt Tränen über das Gesicht liefen. Ich hatte keine Erklärung dafür, was passiert war, oder was die Gegend an sich hatte, aber es war ein unheimlich intensives Gefühl. Am liebsten wäre ich ausgestiegen und hier geblieben. Ich war froh, dass Talking Bird schlief und ich mich allein meinen Gefühlen hingeben konnte. Ich ging runter vom Gas und genoss den Anblick der Landschaft. Irgendwann erwachte Talking Bird und gähnte ausgiebig. Er schaute mich an und sagte: „Lass uns bald anhalten. Ich möchte stoppen." Inzwischen war es fast Mittag und wir waren nahe Lame Deer. Es war eine wunderschöne Landschaft, aber mitten in dieser Landschaft stand ein großes Casino, was für ein Kontrast! Wir stoppten und stiegen aus. Talking Bird verschwand und wollte noch etwas essen und trinken. Ich blieb draußen stehen. An der gegenüberliegenden Straßenseite gab es einen kleinen langgezogenen Berg, der eine fast magische Anziehungskraft auf mich hatte. Ich musste einfach dort hingehen und schauen. Am liebsten wäre ich gleich auf den Gipfel gestiegen, aber das ging nicht. So stellte ich mich davor und ließ die Energie einfach wirken. Wie gern wäre ich weiter in das Gebiet der Cheyenne Indianer gegangen. Talking Bird hatte mir zwar versprochen, dass wir dort hingehen würden, aber ich spürte, dass es dazu nicht kommen würde. Die Rivalitäten der einzelnen Stämme waren nach wie vor viel zu groß und allein als Frau konnte ich dort nicht hin. Talking Bird war nun mein Lehrer und allein die Begegnung mit anderen Medizinmännern waren hier unerwünscht. Es war eine andere Kultur, als ich sie aus New Mexiko kannte. Dort waren sie offener zu anderen Tribes und dankbar über jede Begegnung. Es würde bei diesem Aufenthalt hier keine Möglichkeit geben, an den Zeremonien anderer Tribes beizuwohnen, das wurde mir langsam klar.

Langsam und schweren Herzens ging ich zurück zum Parkplatz. Plötzlich hörte ich einen Ruf. Wer hatte da gerufen? Ich drehte mich um und sah einen Pick Up. Das war wohl nicht für mich, dachte ich und ging weiter. Da wiederholte sich der Ruf ein weiteres Mal. Langsam kam der Pick Up auf mich zu gefahren und hielt direkt vor mir. Drinnen saß ein Indianer, ein Cheyenne. Er hatte eine unheimlich große, muskulöse und starke Statur, war braungebrannt und hatte dunkle Haut. Er war mit einem Indianergewand bekleidet und besaß einen unheimlich schweren und großen Indianerschmuck, den er um seinen Hals trug und der an seinem Leinenhemd befestigt war. Er hatte lange, unheimlich kräftige, schwarze Haare und dunkelbraune, fast schwarze Augen. Er schaute mich an und fragte: „Von dem Berg geht eine gewaltige Energie aus, nicht wahr?" „Ja, das kann man wohl sagen." Wir kamen ins Gespräch. Er erzählte von seiner Familie und dem Leben hier, ich davon, dass ich aus der Schweiz kam und schon eine lange Reise hinter mir hatte. Nach etwa zwanzig Minuten kam sein Sohn zurück und stieg ins Auto ein. Er war zirka vierzehn Jahre alt und auch schon sehr groß gewachsen. Sie fuhren eine Runde um den Parkplatz. Ich winkte nur und ging weiter. Dann kamen sie nochmals zurückgefahren. Er wollte nochmals wissen, wo ich nun hinfuhr und verabschiedete sich: „Wir sehen uns." Ich stand regungslos da, ein wenig wehmütig, aber was sollte es. Wir mussten weiter." Loreen unterbricht ein wenig brüskiert. „Das ist aber auch eine etwas eigene Art des Umgangs oder? Du wärst wahrscheinlich am liebsten umgedreht, oder?" „Was soll ich sagen. Glücklich war ich nicht wirklich. Außerdem hatte ich zunehmend das Gefühl, eher der Chauffeur zu sein. Auf der anderen Seite sind es vielleicht irgendwie doch Prärie-Indianer geblieben. Damit wurde mir aber auch immer klarer, dass ich doch irgendwie mein zu Hause als Lebensmittelpunkt brauche, so wie es auch Swimming Bear praktizierte, auch wenn er immer wieder unterwegs war." „Ich wäre nie mitgefahren. Ich wäre vor allem so kurz vor dem Rückflug in jedem Fall in South Dakota geblieben. Keine zehn Pferde hätten mich dazu gebracht, noch so eine lange Reise anzutreten. Was hättest Du gemacht, wenn Du eine Autopanne gehabt hättest?" Anna lacht. „Bei so einer Art der Reise sollte man sich darüber keine Gedanken machen, sonst..." „Ja, ja ich weiß, typisch Stadtmensch." Beide lachen, dann fährt Anna fort.

„Nachdem Talking Bird zurückgekommen war und ich mich auch ein wenig erfrischt hatte, zogen wir weiter. Am nächsten Indianergeschäft machten wir halt. Ich wusste, dass ich hier ganz besondere Dinge finden würde, die ich später für eigene Zeremonien brauchen konnte. Ich sah wunderschöne Dreamcatcher und nahm gerade einen in die Hand, als ich fühlte, dass irgendjemand hinter mir stand. Ich drehte mich um. Es war der Cheyenne vom Parkplatz. „Nimm diese drei kleinen Dreamcatcher. Es sind ganz besondere. Du wirst es merken, wenn Du Deine Zeremonien machst", sagte er mit großer Sicherheit. „Ja ok. Danke für den Rat", entgegnete ich durcheinander und bezahlte. Als ich den Laden verließ, stand der große Unbekannte an der Tür und überreichte mir drei

Stoffarmbänder. „Das wirst Du brauchen. Schau Dir die Knüpftechnik genau an und fertige sie später selbst, wenn es soweit ist. Du wirst sie für die Menschen knüpfen, denen Du begegnen wirst, um ihnen zu helfen." „Moment, Moment", rief ich und dachte nur: Was kann ich ihm geben, um meinen Dank auszudrücken? Was in aller Welt kann ich ihm geben? Ich griff in meine Hosentasche. Ja natürlich, ich hab ja noch meinen Kristall dabei. Ich streckte ihm meine Hand entgegen und sagte: „Dieser Kristall hat einen langen Weg hinter sich. Ich habe ihn aus Peru bekommen. Lange Zeit hatte ich ihn in der Schweiz und auch dort in die Berge mitgenommen. Nun möchte ich Dir diesen Kristall geben. Möge er Dir Klarheit Deiner Gedanken und Reinheit für Deine Seele bringen." Er öffnete seine Hand und nahm den Kristall entgegen. Der Kristall verschwand fast bei der Größe seiner Hand, aber er überstrahlte die ganze Handfläche. Erstaunt blickte ich auf. Seine Augen waren glasig geworden. Er war groß und stark wie ein Bär und hatte trotzdem weiche Züge. Er stand da und betrachtete den Kristall. Heute schien eine ganz besondere Helligkeit davon auszugehen. „Ich muss jetzt gehen. Bitte, pass auf Dich auf, dann wird es Dir gut gehen." Er nahm meine Hand zwischen die seinen, betete, verneigte sich, drehte sich um und verschwand.

Talking Bird kam angelaufen und rief: „Ach da bist Du ja. Ich hab Dich im ganzen Laden gesucht. Komm, wir müssen weiter." Ich war noch ein wenig benebelt. Fast mechanisch ging ich zum Auto, stieg ein und fuhr los. Nach etwa drei Stunden waren wir endlich am Treffpunkt angekommen. Es war ein einfacher Parkplatz. Die anderen warteten schon. Nachdem wir aus dem Auto ausgestiegen waren und alle begrüßten, kam ein Mann auf mich zu. Als Gastgeschenk überreichte er mir ein schwarzes Cappy mit einem aufgestickten Bärenkopf und einer Adlerfeder. Plötzlich kam Talking Bird auf mich zu und forderte mich sehr bestimmt auf, ins Auto einzusteigen. „Ich komme gleich. Wir fahren dann alle gemeinsam weiter. Steig schon mal ein und warte im Auto auf mich." Das irritierte mich. *Was hat er nur? Das Cappy machte keinen schlechten Eindruck. Es war neu und unbenutzt. Eine nette Geste. Ist Talking Bird vielleicht eifersüchtig? Er war doch gar kein Indianer und konnte mir nichts beibringen*, dachte ich. Ich stieg natürlich brav ins Auto ein. Nach ein paar Minuten kam Talking Bird. „Halt Dich von ihm fern, bitte! Halt Dich von ihm fern. Er hat Drogen genommen und Geschäfte mit Dealern gemacht. Svenja wusste nichts davon. Er hat sie mit reingezogen. Sei wachsam, bitte!" Ich war entsetzt, wollte mir aber nichts anmerken lassen und versuchte, ganz ruhig zu bleiben. Das Ganze schien wohl nicht so ganz harmlos zu sein. Ich beschloss zu versuchen mich im Hintergrund zu halten und alles genau zu beobachten. Wir fuhren gemeinsam zu einem Hotel und teilten uns mehrere Mehrbettzimmer. Talking Bird sollte mit seinen Gebeten helfen. Svenja war durch ihren Freund mit Drogen in Kontakt gekommen und sollte nun verurteilt werden, weil sie mit Drogen in der Hand auf frischer Tat ertappt worden war. Ich wurde nachdenklich und wartete ab, was nun passieren würde. Für mich sah Svenja ganz normal aus. Sie war zierlich, schlank, blond, dezent geschminkt und mit einem eleganten Hosenanzug gekleidet. Ich konnte auch nicht erkennen, dass Svenja Drogen genommen hatte. Aber im Grunde wusste ich viel zu wenig von diesem Umfeld, um beurteilen zu können, was wirklich passiert war.

Gemeinsam gingen alle ins Hotel. Nachdem die Zimmer zugeteilt waren, trafen wir uns zu einer gemeinsamen Zeremonie, um für Svenjas Gnade zu erbeten. Am Abend machte Talking Bird noch eine Zeremonie allein mit Svenja, bei der kleine, mit Tabak gefüllte Flaggen zusammen gebunden und mit Gebeten belegt wurden, um ihre Zukunft zu verbessern. Auch ich betete für Svenja und gab ihr ein paar kleine Souvenirs aus der Schweiz mit, die ich gesegnet hatte. Was auch passiert war, irgendwie tat mir Svenja leid und ich konnte doch zumindest für Gerechtigkeit und Vergebung beten. Am nächsten Morgen fuhren alle gemeinsam zum Gerichtssaal. Es sollte eine öffentliche Verhandlung geben. Svenja wurde weggeführt und beriet sich mit ihrem Anwalt. Vorerst mussten die anderen draußen warten, bis die Verhandlung begann. Es vergingen gefühlte Stunden, bevor wir den Gerichtssaal betreten durften. Ich saß gemeinsam mit Svenjas Verwandten und Freunden auf der Zuhörerbank. Es war das erste Mal, dass ich einen amerikanischen Gerichtssaal betrat. Es war aber genauso, wie ich es aus Filmen kannte. Die Zuschauerbänke waren aus dunklem, edlem Holz gefertigt. Auch das Richterpodium, die Tische und das Geländer des Rednerpults waren aus rustikalem, massivem Holz. Es gab einen umfangreichen und langen Schlagabtausch zwischen dem Staatsanwalt und der Verteidigung. Ich versuchte, mir ein eigenes Bild zu machen und mir ein besseres Verständnis der Situation und des Umfeldes zu verschaffen. Für mich waren viele Dinge neu, hatte ich doch noch nie in einem Gerichtssaal gesessen, in dem strafrechtliche Verfahren behandelt wurden. Und dann auch noch in Amerika. Auch mit Drogen oder

Drogenhändlern war ich noch nie in Berührung gekommen. Das war für mich immer eine ganz eigene Welt gewesen, die ich vielleicht aus Filmen kannte, die aber für mich nie eine Rolle gespielt hatte. Nun sah ich es hautnah vor mir. Ich hatte irgendwie das Gefühl, dass das alles nicht wahr war. Es lief alles wie ein Film ab und ich wollte weg von hier. Das war nicht das Metier, in dem ich mich wohl fühlte. Außerdem hatte ich nur noch zwei Tage bis zum Rückflug und musste noch über sechshundert Meilen fahren. Ich wurde langsam nervös. Talking Bird wollte noch länger bleiben, aber ich musste zurück. So hielten wir noch ein Abschlussgebet und gingen alle noch gemeinsam zum Mittagessen.

Dann fuhren wir zurück, stundenlang. Zwischendurch machten wir eine Pause. In dieser Gegend durfte man nicht einmal einen Schritt vom Asphalt der Rastanlage abweichen. Es gab Klapperschlangen, überall. Bei der nächsten Pause wollten wir eine Pfeifenzeremonie zu machen. Wir machten einen Abstecher zum Devil's Tower – Mato Tipila, einem Monolithen mitten in der Landschaft, der etwa 265 Meter hoch war. Auf dem Gipfel des Berges gab es ein Plateau von etwa 150 Metern Durchmesser. Ich war tief beeindruckt und blickte voller Ehrfurcht nach oben. Kleine Röhren aus Stein gingen an allen Seiten vom Boden senkrecht hoch bis zum Plateau. Am Fuße des Berges, mitten im Wald, waren Tipis aufgestellt. Dort wurde eine Zeremonie vorbereitet. Dieser Ort war den Lakota heilig. An den Bäumen und Sträuchern hingen zahlreiche Gebetsfahnen. Auch für Svenja hatte Talking Bird Gebetsfahnen mitgebracht. Er ging voran und machte eine Zeremonie für sie. Anschließend gingen wir um den Berg herum; wir kamen an zahlreichen Pflanzen und Gewächsen vorbei. Talking Bird erklärte mir viele dieser Planzen, wie sie zubereitet wurden und gegen welche Krankheiten man sie einsetzen konnte. Er erzählte auch von der Legende des Mato Tipila, der sogenannten Bear Lodge. Danach trafen zwei Mädchen auf einen Bären. Sie rannten weg, waren aber nicht schnell genug für den Bären, der sie verfolgte. Da hob sich plötzlich der Boden und ein Fels kam empor, samt der Mädchen. Der Fels rettete sie. Der Bär stand unten am Fuße des Berges und kratzte mit seinen Tatzen am Rande des Felsens, was noch heute in den röhrenförmigen Strukturen des Gesteins zu sehen war. Ich war immer noch fasziniert vom Anblick des Berges. Von jeder Seite sah er anders aus. Er wechselte die Farben und auch durch die Schattenbildung kam es zu immer neuen Lichteffekten im

Wald. Als die Sonne langsam unterging, bedeckte sein Schatten das gesamte Tal.

Bald war die Zeit so weit fortgeschritten, dass es schon fast Mitternacht war. Zu dieser Zeit war es kaum noch möglich, eine Unterkunft zu finden. Gott sei Dank kannte Talking Bird genug Leute in dieser Gegend, die uns helfen konnten. So wurden wir von Freunden aufgenommen und fielen nur noch todmüde ins Bett. Am nächsten Morgen mussten wir die Reise fortsetzen. Viel Zeit hatte ich nun nicht mehr. Am Folgetag ging mein Flieger und wir mussten noch zurück zum Reservat, um die Sachen und Geschenke für Talking Bird zu überbringen. Sein Wohnort lag mitten im Reservat, etwa dreihundert Meilen von der nächstgrößeren Stadt entfernt. Die ganze Sache schien ihm ein wenig unangenehm zu sein, lebten sie doch in recht ärmlichen Verhältnissen. Er lebte gemeinsam mit seiner Mutter und seinem Bruder in einer kleinen Holzhütte, die einem Bungalow sehr ähnlich war. Auch hier waren die Wände so dünn, dass sie weder Hitze noch Kälte abhalten konnten. Lediglich ein kleiner Heizlüfter spendete ein bisschen Wärme an kalten Tagen. Eine Klimaanlage gab es nicht. Um ihn herum gab es mehrere dieser Hütten. Streunende Hunde liefen umher. Kinder hatten einem ausrangierten Basketballkorb am Baum aufgehängt und spielten Basketball. Andere spielten mit weggeworfenen Spielzeugen. Ich spendete ihm alles, was ich ihm überlassen konnte, mein Zelt, die Schlafsäcke, die Kühltasche und noch ein paar Kleinigkeiten.

Als wir ankamen, wurden wir von seiner Mutter empfangen. Sie war klein und zart und hatte ein stattliches Alter erreicht. Stolz zeigte Talking Bird mir seinen Stammbaum, der weit zurückreichte bis zu den Ursprüngen von Crazy Horse. Aber ich hatte nicht mehr viel Zeit, ich musste zurück in die Stadt. Das waren nochmals über dreihundert Meilen, bis ich mein Hotel nahe des Flughafens für die letzte Nacht erreichen würde. Geduldig packte ich alles aus, begrüßte seine Mutter und schaute mich ein wenig um. Hier gab es nicht viel, bis auf ein paar Bungalows, die unter Bäumen standen. Ab und zu war ein Autowrack zu sehen. Im Ort selbst gab es eine Post, einen kleinen Supermarkt und ein Casino. Ansonsten gab es nur dürres Land mit kleinen Hügeln, soweit das Auge reichte. Ein paar große Bäume spendeten Schatten. In Talking Birds Zimmer waren einige Kleidungsstücke auf eine Stange gehängt. Zwei Matratzen waren als Bett aufeinander gelegt. Rundherum hingen Fotos von großen spirituellen Führern und von seinen Lehrern. Talking Bird hatte es geschafft, auf der so genannten „Red Road" zu bleiben. Vielen von ihnen war es nicht vergönnt. Sie waren nicht stark genug, tranken Alkohol, nahmen Drogen und verspielten die wenigen Dollar, die sie besaßen, sofort im Casino. Die Gesetzeshüter hatten keine Chance einzuschreiten, wenn junge Leute alkoholisiert oder nach Drogenkonsum in ihre Autos stiegen und vielleicht auch noch in Unfälle verwickelt waren. Von diesen Orten konnte man sich nur fern halten. Das war die Kehrseite der Medaille. Hier erlebte ich hautnah, was ich sonst nur aus den Büchern und Medien im gemütlichen Heim gelesen und gesehen hatte.

Zumindest hatte ich nun einen kleinen Eindruck über das Leben hier im Reservat bekommen können. Ich war mir zwar sicher, dass ich zurückkommen würde, aber fürs Erste hatte ich keine Zeit mehr. Der Abschied fiel mir unheimlich schwer. Ich wusste nun, was ich zu tun hatte, war mir bewusst, dass es ein schwerer Weg sein würde, wusste aber auch, dass ich mit der heiligen Pfeife eine Verpflichtung eingegangen war. Mir war klar, dass ich sie mit voller Kraft meines Herzens eingegangen war, auch wenn ich noch keine Idee hatte, was das eigentlich bedeutete. Ich wollte auch nicht danach fragen, es war im Moment nicht wichtig. Ich spürte nur, dass die Rückreise nach Europa immer schwieriger wurde, mit jedem Aufenthalt hier. Hier wurde mir erst so richtig vorgeführt, wie klein doch viele unserer Alltagsprobleme eigentlich waren, im Vergleich zu dem, was hier geschah. Die ganzen intensiven Erlebnisse, die Offenheit, Herzlichkeit und Freimütigkeit sowie Bereitschaft auch noch das Letzte zu geben, all das hatte mein Weltbild gewaltig verschoben. Ich hatte einen großen Richtungswechsel vor mir, hatte aber keine Ahnung, wie es funktionieren sollte. Es waren schließlich zwei Welten. Gab es etwas dazwischen?

Bald war es soweit. Der Moment kam, den ich schon lange fürchtete: Ich musste mich verabschieden und wusste nicht, ob ich Talking Bird jemals wieder sehen würde. Ich hatte zwar geplant, wiederzukommen, aber ob ich das einhalten konnte, wusste ich nicht. Auch Talking Bird fiel es sichtlich schwer, sich von mir zu verabschieden. Wie auch immer. Nach herzlichen Umarmungen verließ ich den Bungalow und ging. Ich kontrollierte noch mal, ob ich alles ausgeladen hatte, verabschiedete mich und ging zum Auto. Traumatisiert stieg ich ein und fuhr los, ohne zurückzuschauen. Nun musste ich weiter, musste nach vorn sehen, sonst würden mir noch die Tränen kommen. Das wollte ich in jedem Fall vermeiden. Ich hatte das Gefühl, bereits mein halbes Leben hier verbracht zu haben. Zeit und Raum hatten ganz andere Dimensionen angenommen. Ich lächelte in mich hinein und dachte so etwas wie: Naja, alles ist relativ. Das hat ja schon Einstein bewiesen. Ich werde zurückkommen. Ganz gewiss. Jetzt wollte ich nur noch allein sein, allein für mich. Dreihundert Meilen ging es durch die Badlands im Gebiet des Cheyenne River. Auf der Hälfte des Weges stellte ich das Auto ab, stieg aus und genoss noch einmal die Ruhe und Einsamkeit, die Landschaft und den blauen Himmel. Am Hotel angekommen, gönnte ich mir noch eine kleine Brotzeit, legte mich ins Bett und starrte ins Leere. Mit jedem Tag, jeder Reise, jeden Einblick in die Welt der Indianer fiel es mir schwerer zurückzukehren. Die Zeit hier kam mir wie eine halbe Ewigkeit vor. Die Stadtgeräusche, das Fernsehen, der Verkehr waren der erste Schritt zurück in die Zivilisation."

Zeit der Zeremonien

„Kaum war ich daheim angekommen, kam eine Aufforderung vom Zoll, zum Empfang eines Pakets persönlich beim Zollamt zu erscheinen. Ich wusste nicht so recht, was damit anzufangen war. Ich hatte doch aus Amerika nichts geschickt, was für den Zoll ein Problem sein könnte. Dann schaute ich mir den Brief näher an: Es war die Adresse von Angelique Goustoud, einer Teilnehmerin von Mama Looloos Zeremonien aus Belgien. Ich hatte ihr Gesicht vor Augen und hörte noch, als ob es gestern war, wie Angelique mir erklärt hatte, dass sie für ihr Projekt viel Geld brauchen würde. Und nun dieses Paket. Laut Inhaltsbeschreibung handelte es sich um eine umfangreiche Sendung kostenloser Proben biologischer Cremes, Salben und anderer für meinen Eindruck eher kosmetischer Produkte. Allein die Zollgebühr betrug über vierzig Franken. Ich war entsetzt, hatte ich doch nichts bestellt. Warum sollte ich nun dieses Paket in Empfang nehmen? Ich hatte doch nicht mal einen Ansatz einer Idee, wer der Hersteller war. Und ich wollte es eigentlich auch gar nicht so genau wissen. Ich beschloss, die Sendung zurückzusenden und Angelique deutlich zu machen, dass ich an keinen Sendungen aus der Richtung Mama Looloos oder ihrer Schüler mehr interessiert war. Ich ging noch am gleichen Tag zur Post und schickte das Paket zurück.

Nach der Rückkehr aus South Dakota hatte sich viel geändert und ich hatte begonnen, regelmäßige Pfeifenzeremonien zu machen. Es ergaben sich immer wieder Situationen, in denen Freunde, alte Bekannte oder sogar Mitarbeiter der Firma über dubiose Wege auf mich zukamen und um Hilfe baten. Ich war froh darüber. Allerdings war es sehr schwierig, gemeinsame Pfeifenzeremonien in der Schweiz durchzuführen. Das Bewusstsein und der Glaube an indianische Heilpraktiken waren hier nicht sonderlich ausgeprägt. Zu sehr waren die Vorstellungen von den Romanen und Verfilmungen von Karl May geprägt. Zudem waren asiatische Heilpraktiken weitaus akzeptierter. So war es nicht so leicht, den Leuten zu helfen, die diese Unterstützung vielleicht wirklich benötigten. Ich ging auf die Suche nach spirituellen Plätzen in den Bergen und fand dort sogar Möglichkeiten für Schwitzhütten. Aber diese Plätze sollten eine besondere Energie ausstrahlen und ich musste ein gutes Gefühl haben. Zu diesem Zeitpunkt war ich noch nicht soweit, den wirklich geeigneten Platz zu finden. Ich beschloss, erst einmal in einem sehr kleinen Rahmen zu agieren und weiterzulernen.

Ich führte regelmäßige Pfeifenzeremonien durch, reinigte unser Zuhause von negativen Energien, machte Hausbesuche und freute mich wie ein Kind über jeden, dem es nach Zeremonien besser ging. Ich pflegte den Kontakt zu meinen Verwandten und Freunden in Amerika und beteiligte mich aus der Ferne an ihren Gebetszeremonien. Ich tauschte mich auch über die Ferne mit Talking Bird aus und lernte auf diesem Wege viele neue Dinge. Ich begann zum Beispiel, zeremonielle Lakota-Lieder zu singen. Die Zeit verging und Swimming Bears Gesundheitszustand verschlechterte sich zunehmend. Trotz regelmäßiger Zeremonien fühlte ich, dass es bald zu Ende gehen würde und ich ihn wohl niemals wieder sehen konnte. Ich hatte zwar gemeinsam mit meiner Familie einen Besuch geplant, fürchtete aber, dass es bereits zu spät sein würde. Nach ein paar Wochen kam wieder ein Brief aus Belgien. Es war Angelique. Sie war erzürnt und konnte mein Verhalten nicht verstehen. Trotzdem lag in diesem Brief wieder eine Einladung zu Mama Looloos Seminar bei. Ich lächelte, nahm den Brief, verabschiedete mich und betete, dass sie alle ihren Weg finden und mich aber nie wieder kontaktieren sollten. Meine Entscheidung war endgültig und unverrückbar. Ich hatte noch all die negativen Erlebnisse vor Augen und wollte derartige Erfahrungen nie wieder machen. Zu tief und heftig war diese Zeit gewesen. Ich war nur noch bereit nach vorn schauen und meinem neuen Weg zu folgen.

Langsam begann auch Michael, ihn zu akzeptieren. Vielleicht war er inzwischen auch ein wenig neugierig geworden. Mir war es wichtig, dass auch Alexandra und Michael meine neuen Wegbegleiter und Geschwister, und hoffentlich auch Swimming Bear kennenlernten. Zu diesem Zweck planten wir eine gemeinsame Reise nach New Mexiko und Arizona. Doch diese Etappe meines Lebens sollte noch einmal durch Tiefschläge erschüttert werden. Die schwerste Nachricht kam von Rosalyne Healing Waters. Ich erfuhr, dass die letzten Tage und Stunden von Swimming Bear sich näherten. Er wurde von vielen Familienmitgliedern und Freunden auf seinem letzten Weg begleitet. Nahe Angehörige und Freunde kamen, um ihm und Rosalyne Healing Waters zu helfen. Ich machte regelmäßige Zeremonien für ihn und betete, wusste aber, dass ich in diesem Fall nicht allzu viel ausrichten konnte. Aber immerhin konnte ich bei ihm sein. So machte ich auch zu dieser Zeit eine Pfeifenzeremonie für Swimming Bear. Ich spürte, dass seine Seele noch nicht gegangen war, er aber seine letzte Reise antreten wollte. Es gab da einen durchsichtigen, klebrigen, gelatineartigen Film, der an mir haftete und mich mit ihm verband. Es war wie eine durchsichtige Hülle und ich hoffte zutiefst, dass diese Hülle niemals, niemals reißen würde. Am nächsten Tag brachte der Postbote wieder ein kleines Päckchen, obwohl ich nichts bestellt hatte. Es kam aus den USA, South Dakota. Talking Bird schenkte mir eine Kette aus Hämatit-Steinen! Der Anhänger war ein Bär. Wenn das kein Zeichen ist, dachte ich. Er wird wohl immer bei mir sein. Ich lächelte und hatte eine Träne im Auge. Dieses Päckchen gefiel mir wesentlich besser als das erste!

Mit Swimming Bears Weggang wurde eine lange und intensive Zeit der Trauer eingeläutet. Innerhalb von einer Woche starben drei enge Freunde und eine lieb gewonnene Nachbarin. Alle samt waren sie viel zu jung, um zu gehen. Still wurde es um uns. Auch für Michael war es ein harter Zeitabschnitt, hatte er doch innerhalb eines kuren Zeitraumes drei enge Wegbegleiter in seinem Leben verloren. Dazu kam, dass es meinem Vater zunehmend schlechter ging. So war ich nahe dran, die Reise nach New Mexiko abzusagen. Bei der Arbeit hatte sich die Situation auch nicht gebessert, im Gegenteil. Ich bekam das Angebot, ein Jahr lang unbezahlten Urlaub zu nehmen, um mich gesundheitlich zu regenerieren und mich um meinen Vater zu kümmern. Damit war mein Paket komplett geschnürt. Was sollte ich nun tun? Sollte ich die Reise absagen und zu meinem Vater nach Wien fliegen? Aussteigen aus der Firma würde ich niemals, das war wirtschaftlich unmöglich. Ich sagte meinem Chef: „Sie können mir gern die Entlassungspapiere geben. Ich habe einen guten Anwalt. Sie wissen, dass ich noch ein schwebendes Verfahren wegen meinem Betriebsunfall habe", und verließ den Raum, ohne die Antwort abzuwarten. Wenn er es ernst meinte, würde er ohnehin nochmals auf mich zukommen. Das war hoch gepokert, aber was hätte ich tun sollen? Eine andere Anstellung unter diesen Voraussetzungen zu finden, war schier undenkbar. Ich hatte fürs Erste Glück. Mein Chef ließ ab und erwähnte nie wieder ein Wort zu diesem Thema. Trotzdem musste ich nun eine Entscheidung treffen. Sollte ich die Reise absagen? Irgendwie hatte ich das Gefühl, dass mein Vater noch nicht gehen würde und ich ihn mit Gebeten in New Mexiko und Arizona besser unterstützen konnte, als in Wien selbst. Ich buchte jedoch zusätzlich einen Flug nach Wien, gleich nach dem Urlaub. Das war ich ihm schuldig.

Michael, Alexandra und ich flogen gemeinsam nach New Mexiko und konnten dort bei Caroline und John übernachten. In diesem großen Haus hatten wir alle drei Platz. Mir war das etwas unangenehm, hatten wir doch nicht geplant die ganze Zeit an einem Ort bleiben. Das schien den beiden jedoch vollkommen gleichgültig zu sein. Die Sachen konnten wir im Haus deponieren und tun und lassen, was wir wollten. Es war wie im Paradies. Bereits am nächsten Tag gab es ein Pow Wow in Santa Fe, bei dem zweihundert unterschiedliche Tribes ihre handgefertigten Sachen zum Verkauf anboten und verschiedene Tänze vorgeführt wurden. Das Wetter war heiß, aber wunderschön. Ich fand viele interessante Dinge, die ich für meine spirituelle Arbeit benötigte. Nach einem langen Tag fuhren wir zurück zu Caroline und John. Wir wollten sie nicht zu lange warten lassen, schließlich hatten wir einen gemeinsamen Abend geplant. Am nächsten Tag besuchten wir Rosalyne Healing Waters. Auch einige Familienangehörige waren zu Gast. Es war eine schwere Zeit für sie, denn sie hatte lange Zeit Swimming Bear gepflegt und sich um ihn gekümmert. Nun war sie allein und musste den Haushalt auflösen. Allein war sie nicht in der Lage, in diesem Haus weiter zu wohnen. Als ich die Küche betrat, sah alles noch genau so aus, wie damals. Am Kühlschrank hingen einige Bilder. Doch was war das? Ganz überrascht erblickte ich das Bild, das ich für Swimming Bear gezeichnet hatte. Ganz gerührt stand ich vor dem Bild und dachte: Was für eine Ehre! Damit hatte ich beim besten Willen nicht gerechnet.

In der Garage lagen Hunderte von Büchern und viele andere Dinge, die sortiert oder weggebracht werden mussten. Natürlich packten wir mit an, um zumindest ein wenig beim Aufräumen zu helfen. Rosalyne Healing Waters schnappte sich Alexandra und führte sie in das kleine Wohnzimmer, in dem Swimming Bear oft im Sessel gesessen, Zeremonien vorbereitet und gesungen hatte. Dort holte sie einen hölzernen Spazierstock hervor, den Swimming Bear oft benutzt hatte. Der Schaft war als Adlerkopf geschnitzt und wunderschön bemalt. Sie ging auf Alexandra zu und sagte: „Dieser Stock ist für Dich. Hebe ihn gut auf und hüte ihn wie deinen Augapfel. Sollte der Zoll Dir diesen Stock abnehmen, schicke ihn bitte zurück. Er darf in keinem Fall verloren gehen." Alexandra schaute Rosalyne Healing Waters mit großen Augen an und verstand wohl nicht, wie sie das Ganze zu deuten hatte. Sie bedankte sich herzlich und schwor, dass sie diesen Stock nur mit Samthandschuhen anfassen würde. Sie bewunderte den wunderschönen Adlerkopf. Die Farben passten genial in die Form des Griffes und strahlten eine unheimliche Energie aus. Am Abend waren wir noch zum Essen eingeladen. Alexandra durfte bei Rosalyne Healing Waters bleiben und sich mit Swimmings Bears Hunden beschäftigen. Michael fuhr mit John in die Stadt. Ich nahm mir Zeit für Caroline, die ziemlich heftige organische Probleme hatte und deswegen schon bei mehreren Ärzten gewesen war – ohne Erfolg. Ich spürte Swimming Bears Energie in Carolines Haus. Ich fühlte ihn bei jedem Schritt, im Wohnzimmer, im Schlafzimmer, im Garten, einfach überall. Wir gingen hinaus, um uns ein ruhiges Plätzchen zu suchen. Nach etwa zehn Minuten Fußweg fanden wir eine geschützte Stelle nahe des Rio Grande. Caroline hatte heftige Probleme mit ihrem Magen und ihrer Galle. Ich machte gemeinsam mit Caroline eine Pfeifenzeremonie und ließ uns viel Zeit dabei. Nachdem wir die Zeremonie beendet hatten, standen wir beide auf und lagen uns in den Armen. „Ich habe eine neue Schwester", sagte Caroline tränenüberströmt. Ich war ganz gerührt und überglücklich zugleich. Ich genoss den Augenblick und war stolz, diese Ehre erfahren zu dürfen. Als wir zu Carolines Haus zurückkamen, fragte ich: „Hast Du ein Protection Bag?" „Ja, Swimming Bear hat es mir vor Jahren geschenkt." Ich zeigte ihr, wie sie es aufladen konnte und empfahl ihr, es immer bei sich zu tragen, damit sie beschützt war. Caroline lächelte und erwiderte: „Hier schau, ich habe noch eins. Bitte nimm es. Es ist für Dich." Ich errötete vor Scham und wollte es am liebsten gar nicht annehmen. Dieses Mal war es ein Protection Bag direkt von Swimming Bear. Ich umarmte Caroline dankbar.

Wir hatten Stunden miteinander verbracht. Inzwischen waren John und Michael lange zurück. Michael war schon vorgegangen, weil Rosalyne Healing Waters bereits wartete. Ich musste also gleich weiter. Ich ging zu Fuß und hätte mich fast verlaufen. Normalerweise hatte ich einen ausgezeichneten Orientierungssinn, hier aber verließ er mich schon das zweite Mal. Wahrscheinlich war es Ausdruck dessen, dass ich mit dem Tod vom Swimming Bear einfach noch nicht klar kam und mich im Kreis drehte. Als ich ankam, waren die anderen Gäste mit dem Abendessen schon lange fertig. Ich aß auch noch ein wenig und unterhielt mich dabei mit Rosalyne Healing Waters über Swimming Bears Traditionen. Als der Abend bereits fortgeschritten war, gingen Michael, Alexandra und ich zurück zu Caroline und John. Am nächsten Morgen starteten wir dann eine Rundreise zu spirituellen Plätzen und Naturparks. Erstes Ziel war die Hauptsiedlung der Acoma-Pueblo, dem Volk der weißen Felsen. Wir unterbrachen unsere Fahrt auf der Mesa, von der aus man das riesige Tal des Reservats überblicken konnte, parkten das Auto und gingen zu Fuß weiter. Hier wuchs Salbei mit einem ganz intensiven Duft."

Loreen unterbricht Anna. „Jetzt muss ich aber doch mal was fragen. Wie hast Du es eigentlich geschafft Deine Familie von so einer Reise zu überzeugen? Ich hätte das nie geschafft. Das Maximum wäre noch ein Golfplatz gewesen, aber sonst..." „Dort gibt es auch ganz in der Nähe einen wunderschön angelegten, großen Golfplatz." Spontan müssen beide lachen. „Aber ernsthaft, Amerika war immer interessant und dann noch meine ‚neue Familie und neue Freunde'", antwortet Anna. „Da brauchte ich eigentlich nicht wirklich viel Überzeugungskraft. Aber jetzt habe ich den Faden verloren." Anna rauft sich die Haare. „Ach ja, die Acoma-Pueblo."

„Mit ein paar Salbeiblättern in der Hand ging ich an den Rand des Plateaus und betete für Caroline und für meinen Vater. Ich sprach mit ihm und gab ihm zu verstehen, dass er gehen könnte, wenn er wollte, und bleiben sollte, wenn ihm danach war. Ich sagte ihm, ER solle sich entscheiden, ob er weiterleben wollte oder nicht. Ich hatte inzwischen erfahren, dass eine Bypass-Operation unumgänglich war. Ich fühlte aber auch, dass mein Vater mit sich und der Umwelt noch nicht im Reinen war. Er würde auf meine Rückkehr warten. Ich sah, dass mein Großvater meinen Vater immer noch abstieß und ihm nicht verziehen hatte. Nur seine Mutter beugte sich zu ihm und wollte ihn in ihre Arme nehmen. Mein Vater hatte seine Brüder, bis auf einen, lange nicht mehr gesehen und war nicht darüber hinweggekommen. Es war wie bei vielen Familien, sie hatten den Kontakt einfach abgebrochen. Jeder war seine eigenen Wege gegangen. Im Grunde aber hatte es ihn zutiefst getroffen und gekränkt. Auch seine Freundschaften hatte er nicht mehr gepflegt und sogar den Kontakt zu lieb gewonnenen Kollegen abgebrochen. Sein Gesundheitszustand war mittlerweile so schlecht geworden, dass er uns aus eigener Kraft nicht mehr besuchen konnte. Ich fühlte, wie er mit sich selbst kämpfte. Ich betete und ließ mir viel Zeit dabei. Danach gingen Michael, Alexandra und ich gemeinsam durch das Tal, an spirituelle Orte der Acoma-Pueblo. Jeder Schritt war mit Gebeten begleitet. Es war ein Tag der Ruhe und Stille.

Am nächsten Tag fuhren wir weiter zum Grand Canyon, wo wir uns einen Bungalow mieteten, um ein paar Tage im Nationalpark zu verbringen. Als ich dort ankam, hatte ich ein ganz schlechtes Gefühl. Frösteln überkam mich und wurde nicht besser. Ich betete für meinen Vater, Caroline und ihre Familie. Aber das schlechte Gefühl schwang mit. Prompt erhielt ich am Abend eine Textnachricht. Mein Vater hatte eine Thrombose und es ging ihm sehr schlecht. Für mich war klar, eine Zeremonie war angesagt.

Die nächsten Tage wollten wir dann am Rande des Canyon entlang wandern. Michael spielte mit dem Gedanken, abzusteigen. Für mich war diese Vorstellung ein Alptraum. Seit Jahren hatte Michael nicht mehr trainiert. Noch dazu war es mitten im Sommer, wo im Canyon mit großer Hitze zu rechnen war. Bereits am Rande der Berge wurde ich immer wieder von Schwindelanfällen gepeinigt. Mir wurde speiübel, sodass ans Weitergehen nicht zu denken war. Michael machte trotzdem kleinere Abstiege und ich nutzte die Zeit für Gebete. Natürlich wäre ich gern mit ihm abgestiegen, zumal es dort unten ein Indianerreservat gab. Leider musste ich diesen Gedanken jedoch schnell wieder verwerfen. Am späten Nachmittag legten wir eine Pause auf einem Felsmassiv, das wie eine riesige Zunge in den Grand Canyon hineinragte, ein. Ich stellte mich an eine sichere Stelle nahe des Felsrandes und begann, zu den vier Himmelsrichtungen mit den dazugehörigen Nationen zu beten. Dabei sah ich, wie ein intensiver Lichtstrahl Carolines Leber, Magen und Darm durchdrang. Ich spürte die breiten Schultern von Swimming Bear. Er war immer bei mir, das fühlte ich tief in meinem Herzen. Als ich in

Ostrichtung betete und die Falken um Hilfe bat, kamen erst vier, dann fünf Falken geflogen und zogen etwa dreißig Meter über mir ihre Kreise. Ich hatte Tränen in den Augen. Es waren Boten, die meinen Vater und Caroline unterstützen würden. Ich war von tiefem Dank erfüllt. Als Michael zurückkam, nahm er mich in die Arme. Was für ein Augenblick. Am Abend machten wir drei noch eine kleine Wanderung. Nun war es Zeit, Swimming Bears Protection Bag aufzuladen. Ich hatte ein gutes Gefühl.

Wenig später setzten wir die Reise in Richtung Monument Valley und Lake Powell fort. Nachdem wir das Monument Valley verlassen hatten, war das Auto von seiner Farbe fast nicht mehr wieder zu erkennen. Roter Staub, wohin man auch blickte. Ich dachte: Nun brauchen wir bald einen gescheiten Regenguss, damit das Auto wieder geputzt wird. Wir fuhren weiter durch die Wüste, um einen weiteren spirituellen Ort der Indianer zu besuchen. Kurz vor Mesa Verde fanden wir ein Hotel zum Übernachten. An diesem Tag hatten wir viel Freizeit, um uns für die nächste Wanderung vorzubereiten. Wir wollten das vor etwa vierhundert Jahren plötzlich verlassene Indianerdorf in den Schluchten von Mesa Verde besuchen. Diese Führung durfte nur mit einem Ranger durchgeführt werden.

Es war prachtvolles Wetter. Die Sonne schien und Hitze stieg auf. Wir hatten noch ein wenig Zeit und schauten uns um. Die riesigen Felsbehausungen in den Steilhängen des Felsmassivs, die wie eine riesige, offene Höhle geformt waren, waren vom Plateau des Tafelberges aus gut zu sehen. Inzwischen herrschte eine brütende Hitze. Die Sonne brannte herunter. Ich schaute auf die Uhr und erschrak. Das Uhrenglas wies einen langen, tiefen Kratzer auf und das linke obere Eck war zertrümmert. Ich hätte am liebsten geweint. Fassungslos und am Boden zerstört stand ich da und wusste nicht, was ich machen sollte. Die Uhr war erst ein Jahr alt und hatte viel Geld gekostet. Es hatte mich damals viel Überwindung gekostet, sie überhaupt zu kaufen. Und nun war sie kaputt. Das durfte ich Michael gar nicht sagen. Er würde sicherlich schimpfen und das zu Recht. Aber wo ist das passiert? Ich hatte keine Idee, wo ich hängengeblieben war und die Uhr beschädigt haben könnte. Alexandra kam herüber und fragte: „Was ist denn mit Dir los? Was ist passiert?" Sie musste mein entsetztes Gesicht gesehen haben. Ich wusste nicht, was ich sagen sollte und zeigte ihr die Uhr. Alexandra betrachtete die Uhr näher und nahm die Hand vor den Mund: „Auwei, wie ist denn das passiert?" „Ich hab keine Ahnung", sagte ich. „Ich weiß es nicht. Und ich weiß auch nicht, was ich machen soll." Alexandra nahm mich in die Arme und tröstete mich. Dann kam der Ranger und der Abstieg in die Höhle begann. Es war sehr beeindruckend. Dort gab es mehrere Kivas, in denen damals Zeremonien abgehalten worden waren. Ich betrat einen solchen Kiva, ging in mich, betete und hatte ein großartiges Gefühl.

Nachdem wir hochgestiegen waren und durch einen kleinen, schmalen Durchgang den anderen Teil der Höhle erreicht hatten, waren Alexandra und ich ganz allein. Dort konnte man ganz in Ruhe die Energien spüren, die von diesem spirituellen Ort ausgingen. Nach einer ganzen Weile kletterten wir über eine zirka zehn Meter lange Leiter zurück zum Plateau des Tafelberges, zuerst ich, dann Alexandra. Als wir beide oben waren, wollte sie die Uhrzeit wissen, denn sie hatte inzwischen Hunger bekommen. Alexandra nahm meinen Arm und schaute auf die Uhr. „Mama, Mama", sagte sie ganz aufgeregt und schüttelte den Arm. „Hey, was machst Du mit meinem Arm?", erwiderte ich etwas entrüstet. „Schau doch mal, schau doch mal!", sagte Alexandra ganz aufgeregt. „Deine Uhr ist wieder ganz, juhuh!" Ich schaute auf meine Uhr und konnte es gar nicht glauben. Es war wie ein Wunder. Sie war völlig in Ordnung. Das Glas war absolut unversehrt, kein Kratzer, nichts. Wir schauten uns an und lachten. Wir dachten wohl beide dasselbe. Es war wie ein Wunder. Ich verharrte am Felsrand und bedankte mich."

Loreen muss einfach unterbrechen. „Wenn Alexandra nicht dabei gewesen wäre und es auch gesehen hätte, würde ich spätestens jetzt glauben, dass Du mir einen ganz schönen Bären aufbinden willst. Aber sie hatte es mir ja auch schon erzählt, nur hatte ich damals geglaubt, dass sie da Einiges durcheinander gebracht oder von einem Traum erzählt hatte." Anna lacht. „Nein es war kein Traum, es ist nur einfach kaum vorstellbar. Man kann es fast niemandem erzählen, weil es.... Naja, Du weißt schon." Gespannt und ungeduldig sagt Loreen. „Erzähl einfach weiter."

„Wir fuhren gemeinsam zurück zum Hotel. Am nächsten Morgen konnte ich gerade noch meine Sachen packen und losfahren, bevor es kräftig zu regnen begann. Es schüttete wie aus Eimern. Wir ließen Mesa Verde hinter uns und setzten unsere Fahrt fort. Wir waren heilfroh, am Vortag in die Höhle abgestiegen zu sein, denn an diesem Tag wäre es unmöglich gewesen. Auch weiter Richtung Osten wurden wir vom kräftigen Regen begleitet. Ich musste lachen. Im Grunde war es der ideale Regenschauer, auf den ich ja so sehnlich gewartet hatte, um unser Auto zu putzen. Am Wolfs Creek Pass, auf einer Höhe von zirka dreitausenddreihundert Metern, wurde es dann richtig kalt. Es war eine wunderbare Landschaft und wir machten Pause. Ich spürte eine unglaubliche Energie. Ich stieg aus dem Auto aus, stellte mich hin, breitete die Arme aus und ließ den Wind an meinem Körper entlang gleiten. Dann schloss ich die Augen und genoss den Augenblick. Auch Michael und Alexandra stiegen aus und stellten sich dazu. Es blies ein starker Wind, aber der Regen hatte aufgehört. Das Auto war jedenfalls wieder schön sauber. Nachdem wir den Pass überquert hatten, kamen wir zu heißen Quellen. Dort badeten einige Kinder am Fluss. Alexandra wollte auch unbedingt dort baden gehen und redete auf Michael ein. Er bog ab zum Fluss und ließ das Auto stehen. Kaum hatte er den Motor ausgeschaltet, holte sich Alexandra gleich ihre Badesachen aus dem Kofferraum, zog sich um und rannte zum Fluss. Das Wetter war immer noch kühl und es nieselte. Im Wasser war es allerdings traumhaft, wie in einer Badewanne. Michael und ich gingen nur mit den Füßen hinein und sahen Alexandra zu, die bereits in einer Kuhle saß und das warme Wasser genoss.

Nach der Badeeinlage ging es weiter zu den Sanddünen auf einer Höhe von zweitausendfünfhundert Metern über dem Meeresspiegel. Mir war diese Gegend nun schon bestens vertraut, war ich hier doch schon einmal mit Steve gewesen. Damals war ich jedoch zu erschöpft gewesen, um die Berge aus Sand besteigen zu können. Jetzt war das Wetter immer noch kühl, aber es hatte aufgeklärt. Ideales Wanderwetter also. Trotzdem war uns klar, dass der Aufstieg sehr anstrengend sein würde, handelte es sich doch um Zuckersand. Glücklicherweise hatte uns das Wetter der letzten Tage in die Hände gespielt. Durch den permanenten, starken Regen und dem kühlen Wind hatte sich an der Oberfläche der Sandberge eine dicke Schicht aus festem Sand gebildet. Michael parkte das Auto am Fuße der Berge und die Wanderung ging los. Nachdem wir eine Flachebene durchquert hatten, begann der Aufstieg. Ab und zu brachen wir in die harte Sandschicht ein und sanken bis zum Knie im Zuckersand ein. Stück für Stück kämpften wir uns voran. Große Teile konnte man auf festem Untergrund gehen, in anderen Teilen sackten wir ständig ein. Am Gipfel der Sanddünen angekommen, kam plötzlich ein scharfer Wind auf. Der feine Sand wehte uns wie kleine Nadeln entgegen und war im Gesicht kaum zu ertragen. Aber von dort oben konnten wir das Tal mit dem daran anschließenden Gebirgszug einsehen. Am gegenüberliegenden Berg erstreckte sich das Reservat der Pueblo. Das ganze Areal lag in der Sonne und zeigte sich in schillernden Farben. Wir setzten uns kurz auf den Gipfel und gingen langsam wieder zurück.

Für Alexandra war es der Spaß pur. Sie sprang und rutschte wie auf einem Schlitten oder ließ sich fallen und rollte herunter. Auch ich wurde wieder zum Kind und sprang von einer Stelle zur anderen. Wir hatten viel Spaß. Am Parkplatz angekommen, fuhren wir weiter zum Reservat der Pueblo. Wir hielten an einem kleinen Lehmhaus. Drinnen war es recht dunkel, nur ein paar kleine Lampen gaben Licht. Wunderschöne Trommeln unterschiedlicher Größe waren im Raum verteilt. Ein Indianer kam auf mich zu und bot mir an, sie auszuprobieren. Sie waren alle handgefertigt von einem alten Navajo Indianer. Ich testete verschiedene Trommeln, bis ich eine fand, die über einen satten, dunklen Klang verfügte, aber nicht zu groß war. Ich muss gestrahlt haben, so glücklich war ich. Nun hatte ich endlich die Trommel gefunden, nach der ich schon so lange gesucht hatte. Auch Alexandra war angetan von ihrem Klang. Ich bedankte mich bei dem Indianer. Er gab mir noch ein Foto des Trommelbauers und etwas Sweetgras. Ich bedankte mich und wir verließen das Haus. Draußen fand ich noch eine Indianerflöte, Zedar und Sage.

Nach einem größeren Rundgang gingen wir zum Auto zurück und suchten uns ein Hotel. Wir brauchten aber nicht lange zu suchen, denn ganz in der Nähe gab es ein Motel eines Pueblo. Es war gemütlich und hatte sogar einen großen Garten und einen Naturgrill. Wir kauften noch ein wenig ein und bereiteten alles zum Grillen vor. Im Garten standen ein paar Picknickbänke und Tische, wie man es von den typischen Picknickbereichen in Amerika kennt. Kaum hatten wir uns hingesetzt, um die Tomaten zu schneiden, kam ein texanisches Pärchen uns zu. Er war indianischer Abstammung und musste mit der ,modernen Ernährung‘ der Weißen klarkommen. Kartoffeln und Backwaren waren mehr oder weniger tabu für ihn, denn sie machten ihn krank. Gott sei Dank hatte er eine verständnisvolle Frau, die auf eine gesunde Ernährung achtete, seine Fähigkeiten als Medizinmann schätzte und die indianischen Traditionen pflegte. Wir verbrachten einen wunderschönen, gemeinsamen Abend mit den beiden.

Am nächsten Morgen brachen Michael, Alexandra und ich auf, um zu Caroline und John zurückzukehren. Ich hatte Steve erreicht und es geschafft, dass er sich Zeit für einen Besuch nahm. Ich war unheimlich dankbar, dass er den langen Weg auf sich genommen hatte. Er arbeitete und unterstützte texanische Indianer im Gefängnis, die dort aus inhaftiert waren. Nur für einen Abend kam er aus Texas nach New Mexiko, um für uns alle die schamanische Trommel zu schlagen. Das bedeutete für ihn eine Autofahrt von zirka siebenhundert Meilen. Auch Caroline, Michael und Alexandra wollten teilnehmen. Ich war positiv überrascht und froh, denn damit hatte ich nicht unbedingt gerechnet. Steve betrat das Wohnzimmer und erzählte, was zu beachten war und wie das Ganze ablaufen würde. Wir ließen uns alle im Wohnzimmer auf dem Boden nieder. Jeder hatte eine Unterlage, auf die er sich drauflegen konnte. Steve begann zu trommeln. Der Spirit vom Swimming Bear durchdrang den Raum und war intensiv zu spüren. Ja, er war noch da, da bei uns allen. Es war für alle Beteiligten ein intensives Erlebnis. Nach dieser Reise in eine andere Welt meditierten wir gemeinsam und tauschten uns über die Erlebnisse aus. Alexandra hatte ihr Schutztier gefunden.", „Lass mich raten," unterbricht Loreen. „Es kann doch nur der riesige, starke Bär sein, oder?" Anna blickt lächelnd zu Loreen und fährt einfach fort, als ob Loreen nie etwas gesagt hätte. „Es war ihr viermal begegnet und hatte zu ihr gesprochen. Caroline hatte kräftiges Trommeln zahlreicher Trommeln direkt am Ohr vernommen, die nicht von Steves Trommel gestammt hatten. Sie hatte Dinge gehört, die sie einfach nicht glauben konnte. Für Caroline wurde jetzt klar, dass sie selbst trommeln wollte und ein neues Hobby gefunden hatte, das sie auf jeden Fall weiterverfolgen wollte. Ich hatte eine Reise in unterschiedliche Regionen und Zeiten hinter mich gebracht und Michael hatte zumindest einen kleinen Einblick in diese Rituale bekommen. Es war ein wunderschöner Abschluss eines ereignisreichen Abends. Im Anschluss aßen wir gemeinsam zu Abend. Michael und John grillten riesige Rindersteaks und Caroline hatte dazu noch Gemüse gekocht. Es war einfach köstlich. Dann musste Steve weiter. Er musste noch zirka zweihundert Meilen Heim fahren und schlafen. Seine Reise war ohnehin ziemlich anstrengend gewesen. Ich begleitete ihn noch zum Auto und bedankte mich herzlich. Ich freute mich ungemein, einen wertvollen Freund, Familienangehörigen und Schüler von Swimming Bear wiedergetroffen zu haben. Leider war es viel zu kurz gewesen.

Am nächsten Tag setzten wir unsere Reise nach Süden fort. Dieses Mal ging es durch das Gebiet der Apachen. Den Höhepunkt bildete der Petrified Forest National Park. Die versteinerten Bäume zu betrachten, war eine unheimlich beeindruckende Erfahrung, waren hier doch eine lange Geschichte und unendlich viel Weisheit vereint. Ich erwarb einige außergewöhnliche Steine, die ich für künftige Zeremonien einsetzen wollte. Auch hier gab es viele Plätze, an denen ich für Angehörige und Freunde, ganz besonders aber für meinen Vater und Caroline betete. Unterdessen hatte ich erfahren, dass mein Vater zwar die Operation gut überstanden hatte, er aber unter akutem Nierenversagen litt und noch nicht klar war, ob er sich jemals davon erholen würde. Deshalb war ich ziemlich geknickt und betrübt. Aber nach wie vor war ich überzeugt davon, dass er auf mich warten würde. Das hatten mir die zahlreichen Bilder gesagt, die ich gesehen hatte. So richtig genießen konnte ich den Urlaub trotzdem nicht. Ständig war ich mit meinen Gedanken bei ihm.

In dieser Nacht hatte ich einen ungewöhnlichen Traum. Es war Winter, eisig kalt. Mein Vater ging aus dem Haus. Ich war erst drei Jahre alt und schaute aus dem Fenster und sah einen Mann auf der Straße. Er sah böse aus und hatte eine Waffe. Ich rannte ebenfalls aus dem Haus und auf meinen Vater zu. Er hatte einen Mantel an, öffnete ihn spontan und nahm mich auf den Arm. In diesem Moment zog der Mann seine Waffe und schoss. Er traf mich in den Rücken. Beide liefen ins Haus und der Täter verschwand. Nach ein paar Tagen wurde er gefasst. Mein Vater und ich waren unversehrt. Es war wie ein Wunder. Als eine Polizistin den Täter fand, saß er im Keller an einer Werkbank. Als sie auf ihn zukam, sagte er zu ihr: „Die Kleine hat uns beide gerettet. Sie ist ein Engel." Ich schrak auf und saß schweißgebadet im Bett. Alles war friedlich. Ich ging raus und betrachtete die Sterne. Es war eine ganz besondere Nacht. Den letzten Abend in New Mexiko verbrachten wir mit meiner Schwester Caroline und John. Wir aßen gemeinsam in einem nahegelegenen mexikanischen Restaurant. Wir konnten draußen sitzen und die laue Sommerluft auskosten. Caroline war wie ausgewechselt. Sie war ausgelassen und fröhlich und es schien ihr viel besser zu gehen. Auch ihr Appetit war zurückgekommen. Wir bedankten uns herzlich für die schöne Zeit und ihre Gastfreundschaft. Am nächsten Morgen traten wir gemeinsam die Heimreise an.

Wenige Tage später flog ich weiter nach Wien, um meinen Vater im Krankenhaus zu besuchen. Er würde zwar entlassen werden können, sein akutes Nierenversagen schien sich jedoch zum Dauerzustand zu entwickeln. Dazu kam, dass seine beiden Hacken offene Wunden aufwiesen, die nicht heilen wollten. Trotzdem träumte er immer noch davon, wieder Auto fahren und sich im Garten erholen zu können. Jeder um ihn herum wusste, dass es Illusionen waren, aber er ließ sich davon nicht abbringen. Vielleicht war es auch das Traumbild, das ihn am Leben hielt. Er war inzwischen Dialysepatient und musste sich dreimal die Woche der Blutwäsche unterziehen. Abends fuhr ich zu meiner Mutter nach Hause, wo wir eine gemeinsame Pfeifenzeremonie machten. Meine Mutter war allerdings so aufgekratzt und aufgeregt, dass sie beim besten Willen nicht in der Lage war runterzukommen und sich zu beruhigen. Sie brauchte Trubel, wollte durch die Stadt rennen, um sich abreagieren zu können. Also beschloss ich, mit ihr in die Innenstadt zu fahren und in einem edlen Restaurant Prosecco zu trinken. Das war genau ihre Welt. Hier fühlte sie sich wohl. Sie blühte auf und konnte ihr Herz ausschütten. Uns war klar, dass für die beiden eine harte Zeit anbrechen würde. Meine Mutter stand ja mitten im Leben und sah den Dingen realistisch ins Auge. Sie wusste, dass er niemals mehr Auto fahren würde. Das Grundstück mit ihrem Garten wollte sie jedoch nicht aufgeben, niemals. Naja, nach diesem Besuch war mir jedenfalls klar, dass ich ihn mit Alexandra und Michael recht bald besuchen sollte, damit wir noch ein paar schöne Stunden miteinander verbringen könnten.

Das Jahr näherte sich dem Ende und sowohl in der Schule, als auch in den Firmen von Michael und mir war viel zu tun, sodass erst Weihnachten ein wenig Ruhe zu erwarten war. Ich richtete persönliche Geschenke für meine Familie in New Mexiko und Virginia her. Für die Lakota musste ich mir etwas ganz besonderes ausdenken. Für Talking Bird hatte ich eine warme Winterjacke, einen dicken Schal und eine dicke Wollmütze vorgesehen. Ich wusste ja, dass die Winter dort hart waren und sie nur in dem Bungalow mit den dünnen Wänden wohnten. Dazu wollte ich ihm und seiner Mutter etwas außergewöhnliches schenken, das ihnen Kraft, Freude und spirituelle Verbundenheit bringen sollte. Für seine Mutter hatte ich eine Krippe mit der Heiligen Familie gefunden. Ich wusste, dass auch Jesus in den Gebeten der Pfeifenzeremonie eine große Rolle spielte und der christliche Einfluss auch dort Einzug gehalten hatte. Für Talking Bird fand ich einen großen Holzengel als Adventskalender, an dem man für jeden Tag Socken mit persönlichen Dingen füllen und ihn dann anhängen konnte. In mühevoller Kleinarbeit bastelte und kaufte ich persönliche Dinge, die ihm für jeden Tag eine ganz eigene Botschaft überbringen sollten. Diese packte ich dann in die Socken und schickte das Gesamtpaket ab.

Alles kam pünktlich zum ersten Dezember an. Zwei Tage nachdem die Sachen angekommen waren, bekam ich einen Anruf von Talking Bird: „Danke für den Engel und die Krippe für meine Mutter." „Hast Du schon die Socken angehängt und den ersten Tag nachgeschaut, was drin ist?" Für Alexandra war der Adventskalender jedes Jahr das Höchste und selbst viele Erwachsene freuten sich über Adventskalender schauten täglich neugierig wie ein Kind nach, was es gab. Hier war es anders. Die Tradition interessierte ihn nicht sonderlich. Er belächelte das Ganze und antwortete: „Die Socken sind weg. Bei uns wurde eingebrochen und die Socken wurden gestohlen. Ich habe gestern Kinder vor dem Haus mit kleinen Bären und anderen Kleinigkeiten spielen sehen. Sie haben mich gefragt, was es sei." Mir stockte der Atem. Ich glaubte ihm nicht und war ziemlich enttäuscht. Trotzdem war ich froh, dass die heilige Familie für seine Mutter noch da war. Schon in vergangenen Gesprächen hatte ich gemerkt, dass je mehr ich von den Traditionen hier erzählte, er sich stärker abwendete und das Thema wechselte. Es schien in nicht zu interessieren. In diesen Situationen merkte ich recht deutlich, wie unterschiedlich doch diese Traditionen und Charaktere der Tribes waren. Das hätte ich vorher nie für möglich gehalten, war ich doch eine andere Offenheit aus dem Süden der USA gewohnt.

Ich wünschte ihm ein schönes Weihnachtsfest und sehnte mich nur nach Ruhe mit der Familie. Damit war auch der Zeitpunkt festgelegt, an dem ich meinen Vater besuchen würde. Ich wollte ihn unbedingt noch in diesem Jahr sehen. Gemeinsam beschlossen Alexandra, Michael und ich, Silvester in Wien zu verbringen. So kam es, dass wir tatsächlich Silvester dorthin fuhren, um gemeinsam mit meinen Eltern zu feiern. Unternehmen konnte mein Vater nichts mehr, lediglich in der Wohnung konnte er sich bewegen. Damit er dort Abwechslung hatte, bekam er zu Weihnachten eine Spielkonsole, die er mit seinem Fernseher betreiben konnte. Das war für Alexandra natürlich eine tolle Sache. Sie hatte allerhand Spiele mitgenommen und so war der Abend gesichert. An diesem Abend war mein Vater wirklich in recht guter Verfassung, wenngleich er sich in der Wohnung nur mit Mühe fortbewegen konnte. Er hatte zwischenzeitlich einen Rollator bekommen, ohne den er selbst in der Wohnung nicht mehr auskam. Der Abend stand im Zeichen der Spiele. Jeder fuhr mit jedem Autorennen oder spielte Fußball. Für

Alexandras Großeltern gab es dann noch ein Spiel, bei dem sie sich ein Haus bauten, Hobbies frönten, Karriere machten und schicke Sachen kaufen konnten. Das munterte sie auf und lenkte sie ab. Nachdem sie alle Spiele durchgespielt hatten, stiegen sie auf das Fernsehprogramm um. Dieses Jahr gab es ein außergewöhnlich gutes Programm. Es kam ein Hit nach dem anderen, sodass sie die ganze Nacht durchfeierten, bis mein Vater in aller Herrgottsfrühe zur Dialyse abgeholt wurde. Am nächsten Morgen schliefen alle aus, bis meine Brüder zum gemeinsamen Kaffeetrinken kamen. Wir verbrachten noch einen gemeinsamen Abend, dann ging es schon wieder ans Packen. Am nächsten Tag mussten wir wieder zurück nach Zürich. Mir war klar, dass es das letzte gemeinsame Silvester mit meinem Vater in Wien gewesen war. Für ihn vielleicht auch das letzte Silvester überhaupt, vielleicht. Zurück in der Schweiz, war das traditionelle Neujahrskonzert angesagt. Diese Mal wurden ganz besondere Stücke ausgewählt, bei denen ich die gesamte Zeit mit Gebeten für meinen Vater verbringen konnte. Als Krönung der Veranstaltung wurde auch noch ‚Schenkt man sich Rosen in Tirol' gespielt. Es war sein Lieblingslied.

In der Konzertpause bekam ich dann eine überraschende Nachricht von Rosalyne Healing Waters, die in der Zwischenzeit zu Swimming Bears Tribe gereist war und eine Stiftung gründen wollte. Ich war sofort Feuer und Flamme und wollte diese Idee in jedem Fall unterstützen. Damit würde sein Name für die Ewigkeit Bestand haben!"

Im Land der Lakota

„Nach meiner Rückkehr aus Wien verging nicht mehr viel Zeit und die nächste Reise stand an. Es war eine ganz besondere Reise und ich freute mich riesig darauf. Ich trat sie allen Schwierigkeiten zum Trotz an, um mehr von den Riten der Lakota zu lernen und ihr Leben besser zu verstehen. Am Flughafen angekommen, wurde ich von Talking Bird erwartet. Dieses Mal kam er zusammen mit anderen Freunden, die ich noch nie gesehen hatte. Und auch dieses Mal ging es zuerst nach Bear Butte. Ein großer Medizinmann hatte sich angekündigt und wollte dort für einen längeren Zeitraum seine Zelte aufschlagen. Es war einer von Talking Birds Lehrern. Somit waren die nächsten Tage vorausgeplant. Bevor wir dort zelten konnten, mussten wir jedoch erneut ein neues Zelt für Talking Bird kaufen, denn sein altes war kaputt gegangen. Eine gute Gelegenheit für eine Spende, auch wenn ich ein wenig stutzte, war es doch erst ein Jahr ‚alt' gewesen. Ich selbst war jahrelang mit ein und demselben Zelt unterwegs gewesen, obwohl ich damit in Stürme, Regen und Unwetter gekommen war. Auch der Schlafsack von Talking Bird war nicht mehr nutzbar. Sein Freund hatte ihn bei der Visionssuche mitgenommen. Den vollkommen durchnässten Schlafsack hatte er dann einfach weggeworfen.

Ich war ziemlich aufgebracht darüber. Ich konnte mich an ähnliche Situationen erinnern, wo wir die Schlafsäcke später zum vollständigen Austrocknen aufgehängt hatten. Schließlich waren das alles hart erarbeitete Werte! Auch bei Swimming Bear und Rosalyne Healing Waters hatte ich unzählige Male gesehen, wie sie Decken getrocknet hatten. Also musste es auch hier Unterschiede geben. Spontan fiel mir der Adventskalender ein, den ich mühevoll mit persönlichen Geschenken für jeden Tag in kleine Socken gesteckt und ihm geschickt hatte. Es war alles umsonst. Auch die Winterjacke war trotz ihrer hohen Qualität nach zwei Wochen kaputt gewesen. Was sollte ich also tun? Wie konnte ich helfen? Auch von New Mexiko kannte ich die Tauschgeschäfte, die nach wie vor getätigt wurden. Viele von ihnen schienen kaum an irgendwelchen Habseligkeiten zu hängen. Geschenke gingen von Hand zu Hand, eben dorthin, wo sie gerade am Nötigsten gebraucht wurden. So war es auch mit dem Geld. Sobald sie Geld hatten, gaben sie es aus oder trugen es ins Casino. Langlebigkeit von materiellen Dingen schien nicht wichtig zu sein, bis auf wenige Ausnahmen, wie ihre heiligen Pfeifen. Ich bemühte mich, freundlich zu sein und schnellstmöglich die wichtigsten Dinge einzukaufen. Dann versuchte ich es als eine willkommene Spendenmöglichkeit für die nächsten Tage zu sehen. Nach dem Einkauf machten wir uns auf den Weg nach Bear Butte, wo wir die Zelte aufbauten und recht bald schlafen gingen. Es war ein anstrengender Tag gewesen, ganz besonders nach dem langen Flug.

Wie beim ersten Aufenthalt war auch diese erste Nacht sehr kurz für mich. Wieder wurde ich frühzeitig geweckt, aber dieses Mal war alles irgendwie anders. Ich spürte eine tiefe Verbitterung bei Talking Bird und irgendwie vermisste ich Eagle Feather, der mir so viel Zuversicht, Kraft und Weisheit mit auf den Weg gegeben hatte. Wieder stieg ich hoch auf den Hügel, den ich von meiner ersten Reise kannte. Ich spürte, dass Großvater Holy Crow mir etwas zu sagen hatte. Ich konnte es kaum erwarten, oben zu sein, um seine Botschaften zu empfangen. Oben angekommen, erkannte ich gleich Holy Crows Gesicht. Links unten sah ich, dass sein Gesicht deformiert war. Dort erkannte ich ein zweites Gesicht und schluckte. In diesem Augenblick rief ein Rebhuhn zu mir rüber und flog den Hang entlang. An der rechten Seite, schräg unten von Großvater Holy Crow, saß ein Bär. Er schaute in meine Richtung. Ich war erleichtert und wusste, dass ich beschützt wurde, aber wachsam sein musste. Holy Crow teilte mir mit, dass da zwei Gesichter waren, die mir begegnen würden. Ich blieb eine Weile sitzen und verharrte. Ok, dachte ich. Dieses Mal werde ich wohl auch eine andere Seite kennenlernen. Langsam ging ich hinunter in Richtung Zelt. Es war sehr windig. Im Tal, geschützt von hohen Sträuchern, standen friedvoll drei Tipis. Zehn Meter vor dem Eingang war eine Schwitzhütte aufgebaut und eine Feuerstelle hergerichtet. Links daneben stand eine Feldküche. Bereits von der Anhöhe sah ich den aufsteigenden Rauch. Ich genoss den friedlichen Anblick.

Abends war eine gemeinsame Zeremonie geplant. Zwei Frauen und ein Mann wollten auf Visionssuche gehen und wurden dabei von einem berühmten Medizinmann der Lakota, Jason Riding his Horse, betreut. Ich war gespannt, was mich dort erwarten würde. Am Zelt angekommen, wurde ich von den Indianern mit einem Kopfnicken freundlich begrüßt. Ich nickte zurück. Dann kam Talking Bird auf mich zu und sagte: „Bitte zieh einen Rock an. Wir können runtergehen und essen." Ich tat es und folgte ihm. Im Feldlager angekommen, kochten und servierten zahlreiche Frauen Suppen, Toast, Rührei, Käse und andere Dinge. Zu Trinken gab es Tee, der in einem riesigen Bottich gekocht und löffelweise gereicht wurde. Mir wurde ein Campingstuhl zugewiesen. Auch Talking Bird bekam sein Frühstück serviert und aß genüsslich sein Toast. Dann trat Jason Riding his Horse aus seinem Tipi. Er trug ein prachtvolles, beiges Indianergewand mit vielen aufwendigen Stickereien an den Rändern. Am Kopf trug er zwei Adlerfedern. Talking Bird ging zu ihm herüber, da auch er eine Visionssuche machen wollte und die Hilfe von Jason Riding his Horse benötigte. Sie standen beisammen und unterhielten sich eine ganze Weile. Dann kam Talking Bird zurück. „Für heute Abend ist eine Schwitzhütte geplant, an der wir teilnehmen werden. Überleg Dir wofür Du für Dich beten möchtest." Ich war ein wenig irritiert. Für mich waren immer die Gebete für andere entscheidend gewesen. Nur im absoluten Notfall hatte ich für mich selbst, für meine Gesundheit gebetet. Ich hatte schließlich von Swimming Bear gelernt, dass man seine Heilkräfte verlieren würde, wenn man für sich selbst betete und sich etwas wünschte. Also fragte ich Talking Bird: „Ich darf doch nicht für mich selbst beten, oder? Ich kann doch nur für andere beten!" Ich hatte gehofft, dass er oder vielleicht sogar der Medizinmann auch für mich beten würde. Das schien aber ein Trugschluss gewesen zu sein. Talking Bird reagierte nicht. Ich wiederholte meine Frage. Keine Reaktion. Ich verstand die Welt nicht mehr. Einer der Gründe, weshalb ich gekommen war, war die Hilfe von Talking Bird als Medizinmann, um meine Probleme mit der Halswirbelsäule überwinden zu können. Umso merkwürdiger fand ich seine Reaktion. Er schien fast teilnahmslos zu sein.

Fürs Erste ließ ich die Dinge einfach laufen. Der Tag verlief ziemlich unspektakulär und stand voll unter dem Fokus der Vorbereitung der Abendzeremonie. Als die Dämmerung einsetzte, gingen wir gemeinsam hinunter zum Zeremonieplatz. Ich hatte ein Handtuch mitgenommen und setzte mich auf einen großen Stein. Talking Bird wies mich ziemlich bestimmt auf die Kleiderordnung hin. Dieses Mal war es anscheinend ein offizieller Anlass, bei dem die Traditionen oberstes Gebot hatten, was ich von meinem ersten Aufenthalt her nicht kannte. Für die Schwitzhütte hatte ich maximal ein T-Shirt und einen langen Rock anzuziehen. Das kannte ich natürlich. Inzwischen war es aber sehr kalt geworden und es war nicht einmal erlaubt, während der Wartezeit etwas überzuziehen. Das konnte ich gar nicht verstehen. Vielleicht war es ja eine Übung zum Abhärten. Ich war also nur mit einem leichten T-Shirt bekleidet, um die Hitze in der Schwitzhütte zu ertragen und Talking Bird war weit und breit nicht zu sehen. Es war nicht abzusehen, wann die Schwitzhütte endlich beginnen sollte. Die anderen Indianermädels waren noch wärmer bekleidet. Sie schienen zu wissen, dass die Zeremonie noch auf sich warten ließ. Nur ich saß fröstelnd und barfuß auf meinem Stein. Widersetzen konnte ich mich nicht, also betete ich, dass ich gesund bleiben und alles bald losgehen würde.

Nach vielleicht einer Stunde kam Jason Riding his Horse aus seinem Tipi und forderte die Teilnehmer auf, sich in Richtung Schwitzhütte zu begeben. Ich reihte mich in die Reihe der anderen Frauen ein und ging mit ihnen zur Schwitzhütte. Nach dem vorgeschriebenen Ritual begaben sich alle hinein und nahmen ihre Plätze ein. Diese Zeremonie stand ganz im Zeichen der Visionssuchenden, sie nahmen in den Gebeten einen vorrangigen Platz ein. Ich war zerrissen und wusste nicht, wofür ich beten sollte. Natürlich galten meine Gebete auch den Visionssuchenden,

Talking Bird, meiner Familie und meinen Freunden. Aber für mich selbst konnte ich nicht beten. Das brachte ich nicht übers Herz. Als ich für Alexandra betete, sah ich sie plötzlich in einem schwarzen Taucheranzug vor mir stehen. Ich betete, alles Licht zu meiner Tochter zu bringen. Dann sah ich, wie Alexandra den schwarzen Anzug auszog, im hellen Licht erschien und mich ansah. Ein paar Tropfen des Weihwassers spritzten in diesem Moment in meine Richtung. Das Wasser war kühl. Auch die Temperaturen im Innenraum der Schwitzhütte waren lange nicht so hoch, wie ich es von anderen Schwitzhütten gewohnt war. Vielleicht lag es an den Außentemperaturen, vielleicht war es aber auch eine andere Energie. Nachdem die Zeremonie zu Ende war, war es bereits spät abends. Talking Bird und ich verschwanden nur noch in die Zelte und schliefen ein."

Loreen rollt die Augen. „Ich wäre schon längst abgereist. Ich hätte meine Sachen gepackt, mich ins Auto geschwungen und das nächste Hotel gesucht. Bei aller Liebe, aber..." „So leicht wollte ich aber nicht aufgeben." Loreen grinst. „Ich weiß, Deine Abenteuerlust und Dein Motto: jetzt erst recht!" Anna gestikuliert, dass es eben so ist und fährt fort.

„Am nächsten Morgen war er dann ganz hektisch. Er ging vor dem Frühstück zu Jason Riding his Horse, um weitere Instruktionen und Ratschläge zu erbitten. Talking Bird war ganz auf sich selbst fixiert und hatte nur noch die Umsetzung seiner Ziele im Kopf. Verständlich, hatte auch er selten die Gelegenheit mit diesen berühmten Medizinmännern in Kontakt zu kommen. Schließlich wohnte er mitten im Reservat über vierhundert Meilen entfernt und hatte kein Auto. Naja, es war jedenfalls so alt, dass der Motor es nicht mehr tat und Geld für ein neues hatte er nicht. Ich stand ein wenig orientierungslos vor meinem Zelt, als eine junge Indianerin mir zuwinkte und mich zum Frühstück in die Feldküche hineinbat. Ich war ganz gerührt. Allerdings hatte ich keine rechte Vorstellung darüber, in welchem Maße ich meinen Dank ausdrücken konnte. Ich hatte ein unheimlich schlechtes Gewissen, von ihnen bedient zu werden. Nach einer halben Stunde kam auch Talking Bird herbeigeeilt. Er hatte schon gegessen und forderte mich auf, mitzukommen. Wir verließen Bear Butte und nahmen das Auto, um ein Tal weiterzufahren, dann stellten wir das Auto wieder ab. Beim Parken setzte ich auf. *Oh mein Gott*, dachte ich. *Nicht doch schon wieder*. Umgehend fiel mir die Zeremonie von Mama Looloo ein und auch der damalige Schaden am

Auto kam mir ins Gedächtnis zurück. Dieses Mal hatte ich zwar kein so schlechtes Gefühl, was das Auto, aber umso mehr, was meinen Aufenthalt hier anging. Ich war im wahrsten Sinne des Wortes ‚aufgesessen‘, das begriff ich nun endgültig. Nachdem wir aus dem Auto ausgestiegen waren, ging ich schnurstracks zur Büste von Großvater Holy Crow. Ich legte spirituelle Gegenstände ab und wollte mich bei ihm bedanken. Kaum stand ich vor der Büste, kam auch schon Talking Bird herbeigeeilt, zerrte mich weg und forderte mich sehr bestimmt auf, mit ihm zu kommen. Ich war überrascht und auch ein wenig enttäuscht. Er hatte mir nicht einmal ein paar Minuten Zeit für Dankesgebete an Großvater Holy Crow gelassen. Spontan sah ich wieder die Bilder vor mir, die ich früh morgens am Hang gesehen hatte. Ich entschuldigte mich bei Großvater Holy Crow und ging widerwillig mit Talking Bird zu einem Hang, der mit Salbeipflanzen übersät war.

Talking Bird hatte von seinem Medizinmann einen handballgroßen Stein bekommen, der in ein rotes Tuch gewickelt war. Nach seinem Wunsch pflückte auch ich Salbei, um anschließend den Stein zu reinigen und zu segnen. Ich versuchte, mein Bestes zu geben, wenngleich mir die Tränen in den Augen standen. Ich konnte noch immer nicht fassen, wie Talking Bird meine Gebete hatte unterbrechen können. Gerade dabei hatte ich mit Verständnis gerechnet. Nachdem wir die Gebete beendet hatten, erklärte Talking Bird: „Ich möchte in nächster Zeit eine Visionssuche machen. Jason Riding his Horse sagte mir, dass ich eine neue Pfeife benötige. Sie muss größer sein, mit einem großen Pfeifenkopf. Den Pfeifenkopf kann ich mir kaufen, den Pfeifenstil werde ich mir fertigen. Dazu brauche ich einen Holzstab aus Weißesche, der eine Woche lang getrocknet werden muss. Dann wird der Pfeifenstil Schritt für Schritt mit einer glühenden Nadel ausgehöhlt, bis das lange Loch wie ein Tunnel von einer Seite zur anderen reicht." Natürlich wollte ich alles Menschenmögliche tun, ihm zu helfen und fragte nach seinen Plänen. Er wollte sofort losfahren und einen Pfeifenkopf kaufen. Wir stiegen wieder ins Auto und fuhren etwa sechzig Meilen zu einem Indianergeschäft. Wieder war ich Chauffeur und fuhr den Mietwagen. Im Geschäft angekommen, suchte sich Talking Bird einen wunderschönen Pfeifenkopf aus und prüfte ihn auf Herz und Nieren. Auch ich fand viele spirituelle Gegenstände und Kräuter. Ich liebte dieses Geschäft auf Anhieb. Es ging eine unheimlich positive Energie von diesen Räumen und Leuten aus.

Stundenlang hätte ich dort verbringen können. Aber Talking Bird hatte es eilig, er wollte weiter.

Kaum hatten wir das Geschäft verlassen, zogen dicke schwarze Wolken auf. Es begann zu regnen. Es dauerte nur ein paar Sekunden, da schüttete es wie aus Eimern. Ein heftiger Sturm zog auf und es regnete sich ein. Nun war guter Rat teuer. Die Temperaturen gingen deutlich herunter und es wurde richtig ungemütlich. Wir fuhren zurück nach Bear Butte. Talking Bird bestand darauf, dass ich einen Rock tragen musste, obwohl ich vor Kälte zitterte. Wahrscheinlich war es Talking Bird dieses Mal so wichtig, um Jason Riding his Horse zu ehren. „Darf ich den Rock denn wenigstens über der Jeans tragen, wie die anderen hier auch?" Zähneknirschen gestand er mir diesen Kompromiss zu. Viele trugen hier einen Rock über der Jeans. Verstehen konnte ich diese Kleidung trotzdem nicht. Das hiesige Schönheitsempfinden schien doch empfindlich von dem europäischen abzuweichen. *Was solls*, dachte ich. Wenn es hier so üblich ist, muss ich mich anpassen. Währenddessen hatte der Regen zwar aufgehört, aber die nächsten Wolken waren schon im Anflug und das Wetter war zum Zelten nicht wirklich geeignet. Talking Bird ging nochmals zu Jason Riding his Horse. Als er wiederkam, packten wir ein paar Sachen aus dem Zelt zusammen und brachen auf. Auch die anderen taten es uns gleich. Gemeinsam mit einigen Bekannten von Talking Bird fuhren wir zur anderen Seite des Berges. Dort gab es ein Blockhaus, das ausschließlich für die Übernachtung von Indianern gedacht war. Gegen die Zahlung eines kleinen Obolus war eine Übernachtung für alle zusammen, auch für mich, möglich. Drinnen gab es mehrere Zimmer mit Stockbetten und eine Küche, die von allen genutzt werden konnte. Zudem gab es einen großzügigen Aufenthaltsraum mit einem riesigen rustikalen Esstisch, der gleichzeitig als Wohn- und Esszimmer genutzt wurde.

Als ich das Auto abstellte, kurbelte Talking Bird, der auf der Beifahrerseite saß, das Fenster herunter. Neben ihm hatte sich ein zweites Auto parallel zu meinem hingestellt. Talking Bird und Emily, die Fahrerin des Wagens, unterhielten sich in Lakotasprache. Ich konnte nicht viel verstehen, aber der Mimik nach zu urteilen, war die Sachlage ziemlich eindeutig. Emily fragte Talking Bird, wie es weitergehen sollte und wer zahlen würde. Talking Bird bewegte nur den Kopf in meine Richtung. Von nun an war klar, wer für alles aufzukommen hatte. Ich zahlte zähneknirschend die Unterkunft für alle und alles, was verspeist und getrunken wurde. Gern spendete ich für die Indianer, das stand außer

Frage. Das hatte ich schon des Öfteren und von ganzem Herzen getan. Was ich aus New Mexiko allerdings überhaupt nicht kannte, war die Selbstverständlichkeit, über meinen Kopf hinweg zu entscheiden, was ich zu tun und vor allem, was ich zu zahlen hatte. Bemerkenswert war auch die Art und Weise der Kommunikation. Nachdem wir die Zimmer bezogen, unsere Sachen ausgepackt und ich die Unterkunft gezahlt hatte, fuhr Talking Bird mit mir zum Supermarkt, einkaufen. Talking Bird legte all das in den Einkaufswagen, was für das gemeinsame Abendessen bestimmt war. Niemals bat er mich direkt, etwas zu zahlen. Allerdings signalisierte er von Beginn an, dass er keinen Dollar in der Tasche hatte und daher keine Kosten bestreiten konnte. Somit war die Sachlage von Haus aus klar. Auch dieses Mal zahlte ich brav. Zurück in der Blockhütte wollte ich mit dem Kochen beginnen, hatte aber keine Chance. Talking Bird übernahm sofort das Zepter und ich durfte ihm nur zuarbeiten. Es war klar, dass nach seinen Regeln gekocht wurde. Das war natürlich auch interessant anzuschauen, hoffte ich doch die typische indianische Küche kennenzulernen. Als das Essen fertig war, setzten sich alle gemeinsam an den Tisch. Ich hatte irgendwie keinen Hunger mehr und betrachtete neugierig das Verhalten der anderen. Zwei junge und groß gewachsene, hochschwangere Frauen putzten das Blockhaus und hielten alles in Schuss. Sie sahen aus, als wenn sie kurz vor der Entbindung standen."

Loreen unterbricht entsetzt: „Was sagst Du da? Ist das Dein Ernst? Das gibt es doch gar nicht. Wenn ich mich zurückerinnere wie es mir kurz vor der Entbindung gegangen ist. Ich wurde von vorn bis hinten verwöhnt. Zum Glück wohnen wir in Europa, oder?" Sie schüttelt verständnislos den Kopf. „Ja, ich kann auch nur sagen, dass ich den Hut vor ihnen zog. Das wäre in Europa wohl kaum möglich, wo hochschwangere Frauen von anstrengenden körperlichen Tätigkeiten eher ferngehalten wurden. Das schien hier aber keine Rolle zu spielen. Auch bei der Rollenaufteilung für die Zeremonien hatte ich gesehen, dass die Rolle der Frau hier doch deutlich von den nord- bis mitteleuropäischen Vorstellungen abwich. Das war eine interessante Erfahrung, hatte doch die weiße Büffelfrau die heilige Pfeife gebracht. Nach dem Abendessen saßen Talking Bird, Emily und ich dann noch am Esstisch und unterhielten uns. Mitten im Gespräch wechselten Talking Bird und Emily die Sprache und unterhielten sich in Lakota. Ich verstand. Ich war nicht erwünscht. Kurzerhand verließ ich den Raum." Loreen schüttelt aufgebracht den Kopf. „Ich hätte das Auto genommen und mir das nächste Hotel gesucht. Wieso lässt Du Dir so was bieten? So kenne ich Dich gar nicht." „Es war eine harte Geduldsprobe und ich wollte mir vor den anderen so spät abends nicht die Blöße geben und löste das Thema auf meine Weise.

Ich ging also runter in die Küche und traf auf Emilys Tochter Flying Butterfly, die mit Perlenarbeiten beschäftigt war. Flying Butterfly fertigte ein wunderschönes, farbenprächtiges Armband aus stecknadelgroßen Perlen an – ich bekam völlig überraschend eine Lehrstunde über die Fertigungstechnik von Perlenarbeiten der Lakota! Dabei spielten spirituelle Indianersymbole eine große Rolle. Flying Butterfly erklärte mir die Herkunft und die Bedeutung der einzelnen Symbole. Ich war ganz angetan und glücklich darüber. Nach einer Weile gingen wir in den Aufenthaltsraum und unterhielten uns mit den hochschwangeren Indianerinnen. Auch sie hatten prachtvolle Perlenarbeiten begonnen und erklärten mir, wie sie die Anzahl der Perlen für die einzelnen Farben berechneten. Ich war froh, dass ich diese Einblicke bekam und nicht nur auf die Informationen von Talking Bird angewiesen war. Für die interessanten Gespräche bedankte ich mich und konnte nach einem ereignisreichen Tag ins Bett gehen und einschlafen.

Am nächsten Morgen wachte ich wieder recht früh auf. Die anderen schienen noch zu schlafen. Um die Zeit sinnvoll zu nutzen, duschte ich und setzte mich anschließend in den Aufenthaltsraum. Das Wetter hatte sich keinen Cent gebessert, es regnete unentwegt. Ich schaute raus und sah das Weidengerüst einer Schwitzhütte. Talking Bird hatte mir am Vortag ziemlich unwillig die Bauweise einer Schwitzhütte erklärt und aufgezeichnet. Ziemlich abweisend hatte er mir dargelegt, dass ich noch nicht so weit sei. Das mochte für die Tradition der Laktota gelten, aber was die Tradition von Swimming Bear betraf, hatte ich diese Legitimation bereits zwei Jahre zuvor erhalten. Allerdings wollte ich tiefer in diese Themen einsteigen und Erfahrungen machen, um mich in jedem Fall richtig zu verhalten, hat man mit der Schwitzhütte doch eine sehr große Verantwortung für die Teilnehmer zu tragen. Aber gut, ich wollte meine Lage nicht unnötig kompliziert machen. Da wir durch das schlechte Wetter Zeit hatten, hoffte ich, dass Talking Bird bei meinen Beschwerden weiterhelfen konnte. Als ich ihn fragte, ob er etwas dagegen tun könne, antwortete er jedoch lediglich: „Hast Du denn in der Schwitzhütte nicht für Dich gebetet, wie ich es Dir gesagt habe?" Was sollte ich darauf antworten? Vielleicht verstand ich einfach nicht, aber mein Herz hatte mir gesagt, dass es zu diesem Zeitpunkt nicht möglich war. Vielleicht waren Talking Bird und ich doch zu verschieden. Vielleicht war es eine andere Welt. Für diesen Augenblick hatte ich jedoch kein Wort mehr übrig. Ich wäre am liebsten allein weitergereist." „Hättest Du nur!" wirft Loreen ein. Anna geht darauf jedoch nicht ein und setzt ihre Erzählung fort.

„Nachdem ich eine Nacht geschlafen und frisch geduscht hatte, beschloss ich, ihn zumindest mit seiner Pfeife weiter zu unterstützen. Ich schraubte meine eigenen Erwartungen herunter und hoffte, wenigstens ein paar Lieder zu singen und ein wenig Trommeln zu lernen. Vielleicht war jetzt die Zeit gekommen, einfach nur ihn zu unterstützen. Vielleicht war dies aber auch einfach nicht mein Weg. Vielleicht aber hatte Großvater Holy Crow einfach recht und Talking Bird war einfach nur nicht mein Lehrer. Es musste doch schließlich einen Sinn haben, dass ich hier war. Swimming Bear hatte es so gewollt. Für den Moment wollte ich Talking Bird einfach nur beobachten und mir einen Plan überlegen. Als Talking Bird aufgestanden war und hochkam in den Aufenthaltsraum, war er sehr aufgebracht und fluchte: „Den Pfeifenkopf kann ich nicht benutzen. Er taugt nichts. Damit kann man ja keine Pfeifenzeremonie machen. Da kommt nicht genug Luft durch." Er wollte unbedingt zurück zu dem Geschäft fahren, in dem wir ihn gekauft hatten und den Pfeifenkopf reklamieren. Ich verstand nicht so recht, was sein Sinneswandel zu bedeuten hatte, schließlich hatte er den Pfeifenkopf im Geschäft zig Mal angeschaut und detailliert überprüft. Er hatte sogar einen Grashalm zu Hilfe genommen. Ich sagte aber nichts mehr dazu, denn Talking Bird ließ nicht locker. Er wollte den Pfeifenkopf unbedingt umtauschen, sofort.

Bevor wir aufbrachen, aßen wir noch gemeinsam mit Emily und ihrer Tochter Frühstück. Emily war bis dahin recht distanziert gewesen, wollte nun aber wissen, was ich noch vorhatte. „Ich würde gern ein Pow Wow miterleben. Das muss sicherlich sehr beeindruckend sein." Plötzlich blühte sie auf und erklärte Talking Bird, wo in den nächsten Tagen Pow Wows stattfanden. „Talking Bird kann Dir sagen, wo das ist." Ich war froh über diesen Vorschlag und bedankte mich bei Emily. Sie war eine stolze Lakota, die schwer zu erreichen war, sowohl physisch als auch mental. Sie war ganz akkurat gekleidet, war sehr gepflegt und achtete unheimlich auf Sauberkeit. Das schätzte ich an ihr. Sie arbeitete mit Jason Riding his Horse zusammen und schien dort ein sehr angenehmes und unheimlich sauberes Umfeld gefunden zu haben. Seit unserer ersten Begegnung hatte ich das Gefühl, dass Jason Riding his Horse ein guter Lehrer sein musste, auch wenn er mich von oben herab behandelte, als wäre ich ein Nichts. Trotz seines geringen Alters strahlte er Ausgeglichenheit und Weisheit aus. Ich war mir sicher, dass Emily bei ihm in guten Händen war. Auch er war akkurat gekleidet und achtete sehr auf seine äußere Erscheinung. Er machte den Eindruck, als ob er über allem stünde, über alles erhaben wäre und ihm niemand etwas abhaben könne. Er hatte ein gepflegtes Äußeres, die feinsten und prachtvollsten Gewänder und lange, kräftige, pechschwarze Haare. Ein ganz anderes Umfeld hatte dagegen Talking Bird. Er legte zwar auf seine tägliche Dusche gesteigerten Wert, lebte aber in einem sehr ärmlichen, beinahe schmuddeligen Verhältnissen mit abgetragenen Sachen. Wie diese Unterschiede zu erklären waren, konnte ich nicht wirklich ergründen.

Inzwischen waren alle mit dem Frühstück fertig, hatten abgewaschen und alles weggeräumt. Somit konnten wir aufbrechen zu dem Geschäft, wo er seine Pfeife gekauft hatte. Nach langem Diskutieren konnte Talking Bird den Pfeifenkopf endlich zurückgeben. Meine Kreditkartenbuchung wurde storniert. Entsetzt schaute Talking Bird auf das Storno. Er hatte wohl gehofft, nun Bargeld zu bekommen. Ich wollte mich noch ein wenig im Geschäft umschauen, schließlich war es ein sehr langer Weg dorthin gewesen. Ich hatte das Gefühl, dass Talking Bird keinen Pfeifenkopf von mir haben wollte und deshalb storniert hatte. Nachdem ich meine Einkäufe getätigt hatte, gab ich ihm den adäquaten Geldbetrag für einen neuen Pfeifenkopf. „Du kannst Dir selbst einen Pfeifenkopf besorgen. Hier hast Du das Geld dafür. Ich bete nur, dass Du es auch dafür ausgibst." Ich betrachtete es als Spende und hatte wirklich keine Ahnung, was er mit dem Geld wirklich machen würde. Inzwischen war es mir im Grunde auch egal. Ich hoffte nur, damit etwas Gutes zu tun und das Geld nicht ins Casino getragen zu haben. Das war alles. Schnell packte er die Geldscheine ein und bedankte sich. Nachdem wir den Laden verlassen hatten, fragte ich: „Was hast Du nun vor? Möchtest Du nach Holz für deine Pfeife suchen?" Auf Rückweg nach Bear Butte nahmen wir abgelegene Straßen, um auf dem Weg vielleicht Holz für Talking Birds Pfeife zu finden. Als wir in Bear Butte ankamen, standen zwar die Tipis nach wie vor seelenruhig da, aber einen großen Teil der Zelte hatte der Sturm im wahrsten Sinne der Wortes weggefegt. Nun war ich froh, dass wir in der Blockhütte übernachtet hatten. Die verbliebenen Indianer hatten die Reste unseres Zeltes am Rande des einen Tipis abgelegt und bewacht. Wir bedankten uns und fuhren weiter. An Zelten war nun nicht mehr zu denken, also ging es hinein in das Reservat zu Talking Birds Heim.

Dort wurden wir schon von Talking Birds Mutter erwartet. Als ich den Bungalow betrat, sah ich die Krippe, die ich ihr zu Weihnachten geschickt hatte. Sie stand immer noch dort. Ich war natürlich total überrascht, die Krippe zu dieser Jahreszeit hier zu sehen. Begeistert zeigte die alte Frau darauf. Ich lächelte und freute mich, dass ich das Richtige gefunden hatte. Trotzdem musste ich innerlich schmunzeln. In Europa würde nie jemand auf die Idee kommen, eine Krippe außerhalb der Weihnachtszeit aufzustellen. Hier war das anders. Auch bei Swimming Bear hatte ich den Christbaum noch im tiefen Sommer vertrocknet auf der Terrasse stehen sehen. „Jeden Tag bete ich und sehe die heilige Familie. Die Krippe ist wunderschön", sagte Talking Birds Mama. Ich erwiderte: „Das freut mich!", und dachte: *Das ist schon eine verrückte Welt. Hier gibt es eine Lakota, die täglich zu Gott betet und dabei die Krippe als das höchste Gut ansieht.* Ich fühlte mich geehrt. Erstaunt stellte ich kurz darauf fest, dass auch der Holzengel des Adventskalenders noch Talking Birds Zimmer zierte. Er hing über seinem Bett, auch wenn alle Socken samt Inhalt weg waren. Also gab es doch das eine oder andere, was ihnen heilig war und nicht gleich getauscht oder ins Jenseits befördert wurde. Vielleicht waren die irischen und griechischen Wurzeln von Talking Birds Mutter doch tiefer verankert, als sie es sich selbst zugestehen wollte. Sie waren doch so stolz darauf, dass ihre Blutlinie der Lakota bis zu Crazy Horse zurückreichte.

Ich durfte nun das zweite Mal bei ihnen wohnen. Talking Bird holte seine Trommel heraus und setzte sich in sein Zimmer: „Wir können singen und trommeln, wenn Du möchtest." Ich setzte mich und hörte gespannt zu. Er hatte eine unheimlich starke und kraftvolle Stimme. Nach jedem Lied erklärte er den Inhalt und die Bedeutung. Die Gesänge waren wunderschön, trotzdem hatte ich das Gefühl, dass es für Talking Bird eine reine Pflichtvorstellung war, um seinen Teil mir gegenüber beigetragen zu haben. Als er seine Gesänge beendet hatte, holte er hellblauen Leinenstoff und weißes Garn aus einer Holzkiste. Anschließend holte er Tabak. Er bat mich, fünfundzwanzig quadratische Fähnchen zu schneiden, was ich auch brav tat. Talking Bird zündete seine heilige Pfeife an und eröffnete die Pfeifenzeremonie. Nun begann ich mit den Gebeten, füllte jedes der Fähnchen mit Tabak und band sie mit dem Garn zusammen. Ich spürte nichts, keine Energie sprang über, nichts mehr war da von der großartigen Energie, die ich in New Mexiko gespürt hatte. Geblieben war nur ein ungutes Gefühl. Mir widerstrebte es förmlich, die Gebete zu sprechen. Die Zeremonie war für mich nicht nur wirkungslos – schlimmer noch, meine Schmerzen in der Halswirbelsäule verstärkten sich eher. Zurück blieb nur ein Gedanke: *Ich will einfach nur weg hier. Wie komme ich bloß weg? Ich möchte allein weiterfahren, allein.*"

Nun meldet sich Loreen zu Wort. „Wie hast Du denn das alles überstanden? Wieso bist Du nicht gleich weggefahren, da bei der Blockhütte? Du hattest doch in der Vergangenheit schon so viele schlechte Erfahrungen gemacht. Hattest Du denn gar keine Angst?" „Nein Angst hatte ich nicht. Ich konnte es irgendwie nicht begreifen. Auf der einen Seite war er ein so selbstloser Mensch und hat alles für seine Zeremonien und Ideale aufgegeben, auf der anderen Seite war er in meinen Augen sehr egozentrisch und auf sich selbst fixiert. Er schien einfach jemanden zu brauchen, der ihn sponserte und dahin brachte, wo er hin musste und er selbst nicht fahren konnte." Loreen überlegt kurz. „Aber Du kannst doch nicht für alles aufkommen." „Das stimmt. Trotzdem hatte ich das Gefühl, dass ich ihn noch unterstützen sollte, dort rauszukommen. Und ich sollte diese Verhältnisse einfach kennenlernen. Das hat mir auch wirklich viel gegeben. Sonst kann man keine Idee entwickeln, wie man ihnen helfen kann." „Tja mit Geld ja anscheinend nicht. Das tragen sie nur ins Casino", erwidert Loreen.

„Da hast Du vollkommen recht, aber das ist mir erst dort bewusst geworden. Zumindest brachen wir am nächsten Tag auf nach Pine Ridge auf, das Ausgangspunkt für eine Rundreise sein sollte. Unterwegs stoppten wir kurz. Talking Bird stieg kurz aus, nahm die zu einem Ball zusammengebundenen Fähnchen und warf sie in den Graben. Es war ein Ritual, die Schmerzen wegzubringen, das für mich keinerlei Wirkung zeige. Im Gegenteil: Große Zweifel wurden in mir wach. Mehr und mehr hatte ich das Gefühl, dass die Schwitzhütte in New Mexiko ausschließlich unter dem spirituellen Einfluss von Swimming Bear gestanden hatte. Er hatte mich damals dorthin geschickt und spirituell begleitet. Das wusste ich. Nun hatte Swimming Bear seine eigene spirituelle Reise begonnen. Einige Tage zuvor hatte Großvater Holy Crow mir wertvolle Hinweise gegeben, wofür ich sehr dankbar war. Für mich war es ein Akt des

Loslassens und nach vorn Schauens gewesen. Ich hatte beschlossen, so viel wie möglich von Indianern zu lernen, ihre Traditionen und ihr Leben zu verinnerlichen und mich nicht zu sehr an einen Lehrer zu binden. Aber hier in Pine Ridge herrschten andere Gesetze. Talking Bird warnte sogar davor.

„Bitte folge mir genau und weiche mir nicht von der Seite." Viele Menschen hier standen unter Drogen oder waren über alle Maße hinaus dem Alkohol zugetan. Was diese Dinge anging, war ich froh und stolz darauf, dass Talking Bird es geschafft hatte, sich trotz seiner ärmlichen Verhältnisse davon fern zu halten und enthaltsam zu sein. Viele Leute hier saßen bereits am Vormittag mit glasigen Augen am Straßenrand. Einige von ihnen hatten Schnapsflaschen unterm Arm oder in der Hand. Ich war froh, als ich dieses Gebiet wieder verlassen konnte. Langsam bekamen Talking Birds Worte eine tiefe Bedeutung. Das Pow Wow war nicht weit entfernt und auch hier war Vorsicht geboten. Ich parkte auf einer Wiese nahe dem Zeremonieplatz. Er war kreisförmig aufgebaut, wie ich es schon vom Sonnentanz her kannte. Auch dieser Kreis war von einem aus Ästen zusammengesetzten Holzgerüst umrahmt, dass als Gang und Schattenspender für die Zuschauer diente. Die einzelnen Viertel des Kreises waren in den entsprechenden Farbendes Medizinrades der Lakota angemalt. An der Südseite war der Eingang mit der Lautsprecheranlage. Die Zuschauer nahmen langsam ihre Stehplätze rund um den Zeremonieplatz ein. In der Mitte des Kreises war normalerweise der Lebensbaum platziert. Dort war eine Wiese, die durch ein Holzgerüst eingerahmt war. Es wehten unzählige große amerikanische Flaggen. Die Tänzer wurden von einem Häuptling angeführt. Allerdings handelte es sich hierbei um eine besondere Zeremonie. Es war eine militärische Parade, bei der die Gefallenen der militärischen Einsätze von Afghanistan geehrt wurden. Ich schluckte. Natürlich waren die Lakota Amerikaner, wie alle anderen auch. Trotzdem war ich über ihren Einsatz für derartige militärische Auseinandersetzungen schockiert. Ich konnte dieses Handeln schwer mit ihrem Glauben und ihrer Stellung im eigenen Land in Einklang bringen. Das war für mich eine völlig neue Erfahrung, die ich erst einmal einordnen und verarbeiten musste. Gedanklich blickte ich zurück und rief mir in Erinnerung, dass die Tribes ja auch in der Vergangenheit unzählige Kriege geführt hatten. Aber das war doch irgendwie etwas anderes.

Nachdem die Zeremonie beendet war, gingen wir in einen Supermarkt in der Nähe des Zeremonieplatzes, um Lebensmittel einzukaufen. Natürlich war klar, dass ich den Einkauf übernahm. Erst nachdem meine Kreditkarte nicht akzeptiert wurde und ich den Einkauf zurückgeben wollte, zückte Talking Bird seine eigene Karte. Es war eine Art Lebensmittelkarte, die hier im Reservat Gültigkeit hatte. Ich war ganz perplex und hoffte nur, dass ich damit nicht die Ration der Familie geschmälert hatte. Dann fuhren wir zur Wohnung, um die Lebensmittel abzuliefern. Anschließend setzten wir die Reise fort. Weiter ging es zum Fort Robinson, einem historischen Ort für die Lakota. Die Fahrt führte durch Nebraska. Als wir in Nebraska ankamen, machte sich bei Talking Bird großer Frust breit. Er brachte seinen Unmut sehr stark zum Ausdruck, was ich gar nicht verstehen konnte. Das Wetter tat sein Übriges. Es regnete ohne Unterlass. Während ich den Highway entlangfuhr, sprach Talking Bird kein einziges Wort. Vielleicht hat er andere Pläne? Vielleicht will er lieber seine heilige Pfeife bauen? So kannte ich ihn gar nicht. Ich fragte: „Soll ich Dich besser heim bringen? Was hast Du?" „Nein, brauchst Du nicht. Von dieser Gegend gehen schlechte Energien aus, hier wohnen viele Schwarze und Gangs. Sie haben uns alles weggenommen. Bei einer Schießerei wurde das Knie meines Vaters zertrümmert." Ich sah, wie hasserfüllt Talking Bird diese Worte sprach. Er begann von der Vergangenheit zu erzählen und wurde bei jedem Wort wütender und fast feindselig. Er steigerte sich förmlich in diese Thematik hinein. Am Ende kam noch einmal seine persönliche Betroffenheit zum Ausdruck. Seine Frau hatte ihn wegen eines schwarzen Mannes verlassen. Darüber schien er noch immer nicht hinweg zu sein, auch wenn er später in anderen Beziehungen gelebt und auch neue Familien gegründet hatte. Daheim im Wohnzimmer seiner Mutter hing noch immer das Hochzeitsfoto seiner ersten Frau. Das war schon Jahrzehnte her und Talking Bird war kaum wiederzuerkennen, so sehr hatte er sich verändert. Inzwischen war er Vater von sieben Kindern verschiedener Mütter. Beziehungen schienen bei ihm nie lang gehalten zu haben. Ein Medizinmann hatte ihm schon vor langer Zeit prophezeit, dass er für Zeremonien geboren sei, aber wohl kaum dafür, sein Leben lang in einer Familie zu leben. Das war wohl sein Schicksal. Vielleicht hatte diese Prophezeiung auch Auswirkung auf sein Verhalten, sein Leben, wer wusste das schon. Im Leben der Lakota spielte die Blutlinie eine große Rolle, genauso wie die Anzahl der Kinder, die die Manneskraft des Vaters demonstrierte. Sicherlich spielte auch der Erhalt der Blutlinie eine große Rolle, lag die Lebenserwartung der Lakota nur um die fünfzig Jahre.

Wir fuhren weiter und ich war schon neugierig auf das Fort. Ich erwartete dort etwas ganz besonderes. Auch bei der Ankunft am Fort Robinson regnete es noch in Strömen. Wir stiegen aus und liefen schnell in das Gebäude des Forts, um nicht nass zu werden. Langsam beruhigte sich das Wetter und der Regen hörte auf. Talking Birds Herz begann höher zu schlagen. Leidenschaftlich erzählte er mir die Geschichte des legendären Crazy Horse und wie ihn die Weißen an diesem historischen Ort hingerichtet hatten. Interessiert lauschte ich seinen Ausführungen. Ich hatte großen Respekt gegenüber Crazy Horse. Trotzdem hing mein Herzblut an den Cheyenne, die ja bekanntlich ebenfalls mit großem Mut und viel Tapferkeit bei den Schlachten zugegen gewesen waren und auch viele Opfer zu beklagen hatten. Ja, ich spürte die Energien der Cheyenne Indianer auf diesem Platz. Ich lief zu den großen Laubbäumen, die fast wie eine kleine Allee gepflanzt waren und schon sehr alt sein mussten. An diesen Bäumen gab es etwas, das für mich wichtig war, auch wenn ich noch keine Ahnung hatte, was es denn sein konnte. Als ich unter einem der Bäume stand, war alles klar. Ich blickte von unten nach oben und sah einen Wolfskopf und einen Vogel im Holz des Baumstammes. Ich musste lächeln. Wolf Bird Woman, schoss mir durch den Kopf. Nun ging es mir wieder richtig gut und ich umarmte den Baum voller Glück. Jegliche negative Energie war verschwunden, die Schmerzen waren gewichen. Bald kam Talking Bird über den Platz gelaufen. Ich ging auf ihn zu, wollte dieses Erlebnis aber für mich behalten. Es fiel mir gar nicht schwer, war doch Talking Bird vollkommen auf die Vermächtnisse und Heldentaten der Lakota fixiert und hatte keinen Gedanken für die anderen Tribes. Er schwelgte in Erinnerungen und erklärte voller Stolz, dass das Blut dieser Helden über die Blutlinie bis zu ihm weitergegeben worden sei und nun auch in seinen Adern fließe. Sein Lebensziel bestand darin, die Zeichen der heiligen Pfeife an die nächste Generation weiterzugeben. Dabei saß der Hass gegen die Weißen sehr, sehr tief. Das war seinen Erzählungen deutlich anzumerken. Umso bemerkenswerter war es, dass Talking Bird fast beiläufig erwähnte: „Auch ohne die Weißen waren wir immer im Krieg. Wir haben uns immer gegenseitig bekriegt. Das macht keinen Unterschied. Es wäre auch ohne die Weißen nicht besser geworden.“ Dieser Satz brannte sich tief in mein Gedächtnis ein. Das hatte ich nicht erwartet. Auch in diesem Satz lagen starke Emotionen. Es war nicht einfach nur so dahin gesagt." Loreen schüttelt den Kopf. „Dein' Lakota ist irgendwie immer wieder voller Widersprüche, oder?" Anna nickt. „Ich denke, er ist, wie wir so schön sagen würden, sich selbst nicht grün', aber lass mich weiter erzählen.

Langsam gingen wir zum Auto zurück, um das in den Felsen eingemeißelte Monument von Crazy Horse zu besuchen. Für die Lakota war das ein ganz besonderer Platz. Vor Jahren war ich mit Michael schon einmal hier gewesen. Im Vergleich zu anderen Denkmälern hatte ich dieses Monument schon damals viel zu einfach und unangemessen für so einen Helden gefunden. Aber mit dieser Meinung hielt ich mich besser zurück. Völlig unbekannt war mir dagegen die bemerkenswerte Ausstellung, die es dort gab. Viele unterschiedliche und wunderschöne Gewänder berühmter Medizinmänner konnte ich dort betrachten. Hier gab es ein Gewand mit feinsten Perlen und bestickten Pantoffeln, dort den Federschmuck von Großvater Crazy Crow. Ich wollte von diesem Ort gar nicht mehr weggehen. Starke spirituelle Symbole waren als Muster an der Vorderseite seines Gewandes angebracht. Auch die Tasche für seine heilige Pfeife war mit zahlreichen Perlen bestückt. Es musste Stunden, ja Tage, vielleicht sogar Wochen gedauert haben, diese wunderschöne Perlenarbeit fertig zu stellen. Nun hatte ich eine exzellente Vorlage für ihre eigene Pfeifentasche gefunden. Das Leder dafür hatte ich ja bereits aus New Mexiko mitgebracht. Nachdem wir die Ausstellung ausgiebig inspiziert hatten, setzten wir die Reise fort. Wir umfuhren die Black Hills großräumig und kamen an die Westseite in Richtung Norden. Hier regnete es zwar auch, aber es gab zahlreiche heiße Quellen. Eine ganz besondere Energie ging von dieser Gegend aus. Wir stoppten an einem Geschäft, wo es auch Pfeifenköpfe zu kaufen gab. Ich lächelte und sagte: „Das ist doch ein Eldorado, oder?" So schöne Pfeifen und Flöten hatte ich in meinem ganzen Leben noch nicht gesehen, Loreen! Stundenlang hätte ich in diesem Laden verweilen können. Ganz vertieft begutachtete ich die Flöten, als eine tiefe, warme Stimme hinter mir sagte: „Ich wusste, dass ich Dich hier wieder treffen würde."

Etwas irritiert drehte ich mich um, dann begann ich über das ganze Gesicht zu strahlen. Ich hatte Eagle Feathers Stimme schon wiedererkannt und konnte gar nicht glauben, dass das wirklich wahr sein sollte. Ich lief auf ihn zu und umarmte ihn. Was war das für ein Glücksmoment, gerade zur richtigen Zeit. Eagle Feather hatte einen großen, schwarzen Leinenbeutel in der Hand und sagte: „Hier ist mein Auftrag an Dich." Ich schaute ihn verblüfft an. Er gab mir den Beutel und fuhr fort: „Schau hinein und Du weißt, was ich meine." Ich blickte in den Beutel und entdeckte hunderte von Perlen in all den Farben, die ich an Großvater Holy Crows Gewand gesehen hatte. Ungläubig blickte ich zu ihm auf. Er nickte und lächelte. Dann nahm er mich in die Arme. Dieses Mal klopfte er sanft mit seinen Fingern auf meinen Rücken. Dann rief er seine Frau, Flying Hawk. Sie stand schon an der Tür und kam herüber. Sie sagte: „Du kannst heute Nacht bei uns verbringen. Unten am Fluss gibt es heiße Quellen. Dort werden wir heute Abend eine Zeremonie veranstalten und anschließend ein Bad nehmen. Eagle Feather wird Dich spirituell begleiten und Deine Schmerzen lindern." Ich war überwältigt. Was soll ich tun? Ich bin Talking Bird verpflichtet und kann ihn nicht allein lassen, so gern ich auch mitgehen würde. Ich blickte zu Talking Bird herüber, der heftig mit dem Verkäufer gestikulierte, diskutierte und sagte zu Flying Hawk: „Es ist eine große Ehre für mich, mitkommen zu dürfen. Ich kann das Angebot aber leider nicht annehmen. Ich reise nicht allein und muss mich um Talking Bird kümmern." Kaum hatte ich diese Worte ausgesprochen, sah ich, wie Talking Bird und Eagle Feather gemeinsam den Laden verließen und mit einem Pick Up wegfuhren. Flying Hawk lächelte und erwiderte: „Wir treffen uns in einer halben Stunde an Deinem Auto, ja?" Ich nickte verdutzt und verließ das Geschäft. Das musste ich erst einmal setzen lassen.

Von nun an hatte ich keine Ahnung, was die nächsten Tage bringen würden und ob ich Talking Bird vor meiner Abreise noch einmal wieder sehen würde. Ich wusste nur, dass ich bei Eagle Feather und seiner Familie in guten Händen sein würde. Das beruhigte mich ungemein. Es war die beste Voraussetzung, jede Minute genießen zu können. Daheim bei Eagle Feathers Familie angekommen, kamen mir drei Mädels im Alter von acht, zehn und zwölf Jahren entgegengerannt. Sie schienen auf mich gewartet zu haben. Es war eine überraschend herzliche Begrüßung. Ich fühlte mich geehrt, alles kam mir so heimisch vor. Ich hatte das Gefühl, als hätte ich schon ewig hier gelebt. Die Mädchen trugen allesamt Mokassins, Röcke und T-Shirts. In ihrem Bungalow zeigten sie mir meine Schlafstelle, wo ich die Sachen ablegen durfte. Anschließend präsentierten sie mir voller Stolz ihre Perlenarbeiten. Alle drei hatten lange schwarze Haare, die fast ihr Hinterteil berührten. Die Kleinste von ihnen hatte wundervolle Perlenarmbänder gefertigt, die Mittlere band einen Traumfänger. Die Älteste nähte gerade an neuen Mokassins, die mit zahlreichen bunten Perlen bestückt waren. Sie hatte viele Vorlagen für unterschiedlichste Motive und freute sich sichtlich, nun endlich jemanden gefunden zu haben, der von ihrer Arbeit fasziniert war. Gott sei Dank hatte ich für jeden der drei noch ein kleines Souvenir dabei. Besonders angetan waren sie von einer Schweizer Kuhglocke und der Schweizer Schokolade. Es dauerte nicht lange und die Tafel war zur Hälfte weg. Dann ging es raus. Dort warteten schon zwei Pferde und ein Fohlen. Ehe ich mich versah, saß ich auch schon auf dem Pferd und es ging los. Gemeinsam ritten wir zum Fluss, wo es heiße Quellen gab. Dort saßen wir ab, ließen die Pferde los und gingen zum Wasser. Kleinere Aushöhlungen hatten Wannen gebildet, in die man sich bequem hineinsetzten konnte. Ich setzte mich ins heiße Wasser und schloss die Augen. Ich konnte noch gar nicht glauben, was an diesem Tag passiert war. Es kam mir vor wie eine andere Welt, eine Welt, in der ich mich heimisch fühlte. Ich betete, dass diese Zeit niemals enden möge. Viel Zeit hatte ich allerdings nicht. Für die drei Mädels gab es keine Pause. Sie spielten unentwegt im Wasser und nach zirka einer halben Stunde war Aufbruchsstimmung.

Wir ritten zurück und richteten das Abendessen her. Ich half dabei, das Gemüse für die Suppe zu schneiden und den Tisch zu decken. Nach dem Essen wurden die Kräuter für die nächsten Zeremonien zusammengestellt und portioniert. Das ganze Prozedere erinnerte mich an Swimming Bear. Trauer und Frohsinn überkamen mich gleichermaßen. Swimming Bear war nicht mehr da. Das war für mich nach wie vor ein herber Schlag. Froh hingegen war ich zu sehen, mit welcher Hingabe und Leidenschaft hier agiert wurde. Am nächsten Tag kam Eagle Feather zurück. Ich war irritiert, weil Talking Bird nicht dabei war. Fragen wollte ich aber nicht. Ich war überzeugt, dass er mich zu Talking Bird bringen würde, egal wo es sein würde. Gespannt wartete ich auf die Pläne der Familie und vergewisserte mich, ob ich nicht irgendwo noch helfen konnte. Es kam jedoch keine Reaktion, nur eine Aufforderung, die Sachen zu packen und mit Eagle Feather zu fahren. Schnell ging ich zur Schlafstelle zurück, packte alles zusammen und ging zum Auto. Nun hieß es wieder einmal Abschied nehmen und danke sagen.

Gemeinsam fuhren Eagle Feather ich nach Custer. Kaum angekommen, trafen wir auf Büffelherden. Nur im Schneckentempo ging es weiter. Dann stellte sich ein Büffel direkt zu uns und schaute an der Fahrerseite direkt in mein Fenster. Ich schaute ihn mit großen Augen an und blieb ganz ruhig. Ich spürte seine Stärke und Kraft. Neben ihm lief ein Jungtier, was anscheinend seiner Obhut unterstand. Ich wusste, dass Vorsicht geboten war. Auf der anderen Straßenseite stand ebenfalls ein ausgewachsenes Tier auf einer Anhöhe und schaute herüber. Nach einer Weile drehte es sich um und lief ins Tal. Wir fuhren langsam die Straße weiter, die das Tal umfuhr, um den Büffel auf der anderen Seite des Tals abzufangen. Als wir auf dort angekommen waren, stieg ein Mann vom Tal hoch in unsere Richtung. Es war Talking Bird, der im Zickzack lief und permanent auf den Boden blickte. Er suchte wohl nach Steinen und hatte bereits einen großen in der Hand. Er kam auf uns zu und grüßte herzlich. Hinter ihm kam Emily gelaufen. Als sie mich erkannte, kam sie zielgerichtet auf mich zugelaufen und umarmte mich spontan. Ich war verblüfft und froh, dass es sich so entwickelt hatte. Sie gehörten wohl zusammen, nur dass es mir bis dahin nicht so klar gewesen war. Vor diesem Hintergrund bekam ihr Verhalten eine ganz andere Bedeutung. Was wird sich Emily wohl gedacht haben, als sie Talking Bird und mich in Bear Butte getroffen hat? Aber das spielte nun wohl Gott sei Dank keine Rolle mehr. Ich war erleichtert, die beiden glücklich zusammen zu sehen, wollte ich mich doch keineswegs irgendwo dazwischen stellen. Mein einziges Ziel bestand darin, etwas zu lernen, die Traditionen hier besser zu verstehen und, wo es möglich war, zu helfen. Talking Bird hatte zwar von Emily erzählt und dass er sie von früher kannte, mehr aber auch nicht. Woher hätte ich wissen können, wie die beiden zueinander stehen? In Bear Butte war ihnen nichts anzumerken gewesen. Nun war ich nur froh, dass die beiden glücklich waren, ich mich um Talking Birds Rückkehr nicht zu sorgen brauchte und er in guten Händen war. Nach der Begegnung verabschiedeten wir uns von Talking Bird und Emily und fuhren weiter.

Die beiden standen gemeinsam am Straßenrand und sahen uns noch lange nach. Wir fuhren zum Wounded knee. Die Gegend wirkte sehr friedvoll. Auch hier war ein überdachter Halbkreis aus Holzbalken aufgebaut. Darunter befanden sich Tische, auf denen traditionelle Souvenirs zum Kauf angeboten wurden. Eagle Feather erklärte mir die strategischen Stellungen der kriegerischen Auseinandersetzungen von damals. Heutzutage waren diese Hügel grüne Wiesen, die friedvoll in der Sonne standen und durch die lauen Sommerwinde hin und her gewedelt wurden. Wir verharrten noch eine Weile an diesem Ort, um den Opfern den gebührenden Respekt zu erweisen.

Selten war ich einem so weisen und charismatischen Menschen begegnet, wie diesem Medizinmann. Es war eine Ehre für mich, gemeinsam mit ihm diese heiligen Plätze besuchen und diese Stunden gemeinsam mit ihm verbringen zu dürfen. In diesem Augenblick spürte ich aber auch, dass ich ihm wohl niemals mehr begegnen würde. Das zeigte mir die Endlichkeit von Begegnungen und des Seins überhaupt auf. Es zeigte mir, wie wichtig es ist, jeden Moment zu schätzen und jeder Begegnung besondere Aufmerksamkeit zu geben. Aber ich hatte auch einen Auftrag erhalten. Ich musste die Endlichkeit durchbrechen und die Traditionen weitergeben an die nächste Generation. Das gab mir Orientierung und machte ihr Mut. Ich kannte nun meine spirituellen Helfer und wusste, dass ich mit den Weisheiten und Botschaften nun meinen eigenen Weg gehen konnte. Ja, nun konnte ich mich mit Zuversicht und Vertrauen allen Herausforderungen stellen.

Ein Vogel hatte sich auf den Ast eines Baumes gesetzt und zwitscherte ein wundervolles Lied. „Zeit zu gehen, nicht wahr?", fragte ich. Eagle Feather nickte. „Crazy Crow ruft uns und nun frage ich Dich, möchtest Du noch einmal Abschied von ihm nehmen und für ihn beten?" *Was für eine Frage*, dachte ich. Natürlich wollte ich, aber ich musste gar nicht antworten. Er wollte nur meine Reaktion sehen. Ohne Zögern ging Eagle Feather zum Auto. Wir fuhren hoch zu dem Hügel, wo eine Kapelle stand. Hinter der Kapelle war der Friedhof, wo sich auch die Grabstätte von Großvater Crazy Crow befand. Wir nahmen Grabbeigaben mit und gingen gemeinsam an das Grab. Als Erstes sprach Eagle Feather seine Gebete in Lakotasprache. Nachdem er mir die Inhalte seiner Gebete übersetzt hatte, durfte ich meine sprechen. Nach einer gemeinsamen Gedenkzeit verließen wir den Friedhof und fuhren zurück in die nächste Stadt. Dort wurde Eagle Feather schon von seiner Frau und seinen Kindern erwartet. Als sie mich erkannten, kamen sie angerannt und überreichten mir eine riesige Steppdecke. Mir fehlten die Worte. Natürlich war es Handarbeit, von den Mädels gefertigt. Mir fiel nichts Besseres ein, als ihnen meine geliebte Jeans, meine Kette und meine Uhr zu überreichen. Die Hose war fast neu und ich hoffte, dass sie passen würde. Die Älteste der Mädels strahlte über das ganze Gesicht rannte sogleich mit den Jeans davon. Die beiden anderen stritten über die Uhr und die Kette. Dann setzten sie sich hin und diskutieren. In diesem Moment kam die Frau von Eagle Feather auf mich zu und sagte: „Danke, danke für Deine Gebete. Du hast unserer Kleinen das Leben gerettet. Du bist für die drei eine kleine Göttin. Jeden Tag erzählen sie von Dir und was Du bewirkt hast." Ich verstand nicht ganz, ich hatte doch nicht viel getan. Da fielen mir die Gebete am Fluss ein. Die Kleine hatte einen Biss am Arm gehabt. Ich hatte sie mit einem Blutegel behandelt und für sie gebetet.

Ich sah das Bild wieder vor mir: Die Sonne war gerade untergegangen und unten am Fluss kam noch ein heller Schein an. Ich hatte mir ja keine weiteren Gedanken gemacht, ging es der Kleinen doch wieder gut. Die Mutter erzählte weiter: „Ohne Deine Behandlung hätte die Kleine nicht überlebt. Seitdem Du da warst, verstehen sich die drei Schwestern, wie ich es noch nie erlebt hatte. Wo immer Du auch hingehen magst, wir werden bei Dir sein." Sie nahm mich in den Arm und weinte vor Glück. Ich wusste gar nicht, wie mir geschah. „Es war doch nichts Besonderes. Ich habe doch nur getan, was ich tun musste." „Genau davon rede ich. Es ist etwas Besonderes, ohne zu fragen, einfach anderen Menschen zu helfen und zu beten. Mitakuyea oyasin - Danke." „Ich habe zu danken. Ich habe so viel von Euch gelernt und verspreche Euch, diese Werte und Traditionen weiterzugeben, weiterzugeben an Menschen, die in Not sind und diese Art der Liebe, Zuwendung und Hilfe verstehen. Dafür werde ich mich einsetzen, solange ich lebe." Kaum hatte ich diese Worte ausgesprochen, kam die größte Tochter trällernd und jauchzend zurück. Sie hatte nur einen Platz zum Umziehen gesucht. Nun hatte sie die Jeans an. Sie passte perfekt. Ich muss vor Glück gestrahlt haben. Es war wie Weihnachten, ihre leuchtenden Augen zu sehen. Wäre ich nicht erwachsen gewesen, hätte ich jetzt wohl einen Luftsprung gemacht. Die drei Kinder zeigten sich gegenseitig die Geschenke und begannen zu tanzen. Sie rannten im Kreis, tanzten und sangen. Plötzlich begannen sie einen Streit um die Schmuckstücke. Erst als ich dabei war, ihnen noch einen Ring zu geben, beendeten sie sofort den Streit und gaben den Ring der Mutter. Sie kamen nochmals zu mir herüber, umringten mich und schrien aus einem Mund: „Danke, danke, danke!" Es war fast ein Gesang. Für Eagle Feather hatte ich noch einen kleinen medical bag. Er lächelte, bedankte sich und nahm mich in die Arme: „Bitte schicke mir ein Foto von Dir und Deiner Familie und bitte, komm zurück." Er strich mir liebevoll über den Kopf. Dann gingen wir zum Auto und fuhren zum Flughafen, denn – ich hatte die Zeit völlig vergessen – ich musste meinen

Flieger bekommen. Der Abschied fiel mir unsagbar schwer, aber wir waren verbunden, verbunden für die Ewigkeit."

Welt der Gegensätze

„Daheim angekommen, sah es eigentlich erst mal gut aus: Bruce Springsteen gab ein Konzert in Wien. Das konnte ich mit einem Besuch bei meinem Vater verbinden. Leider wurde das Konzert von einem Bänderriss an Alexandras rechtem Fuß überschattet. Sie hatte sich wieder einmal, dieses Mal beim Schulsport verletzt. Ich wusste, dass sie sich nun in der schwersten Lebensphase befand und gut behütet werden musste. Sie bekam erst einmal für zehn Tage einen Gips und musste daheim bleiben. Wegen der Thrombosegefahr musste ich ihr täglich eine Injektion verpassen. Das war für mich das Schlimmste überhaupt – ein Alptraum. Ich konnte viel Leid und Schmerz ertragen, aber anderen Schmerz zu bereiten, und nun ausgerechnet auch noch meiner Tochter, das war das Schlimmste, was ich mir vorstellen konnte. Aber es half alles nichts, da musste ich durch. Nach dem zehnten Tag konnte dann endlich der Gips ab und die tägliche Tortur war vorüber, endlich. Als ich Alexandra heimfahren wollte, hatte ich das Gefühl, als wenn uns auf der Autobahn jemand rechts ins Auto fahren wollte. Ich betete nur: „Lasst uns zufrieden. Lasst uns in Ruhe. Tut meiner Tochter Alexandra nichts zuleide." Ich wechselte auf die rechte Spur und fuhr die nächste Abfahrt ab. Am darauffolgenden Tag kam mein Vater als Notfall mit 39° Fieber ins Krankenhaus."

„Oh Mann, hört das denn niemals auf? Da war ja die ganze Erholung und Perspektive wieder mal wie weggeblasen, oder?" fragt Loreen nach. „Das kann man wohl sagen. Langsam begann ich schon echt zu zweifeln, ob Europa ein guter Platz für mich zum Leben ist." Loreen überlegt kurz: „Ich könnte mir dafür nicht vorstellen in den USA oder Asien zu leben. Vielleicht noch in Thailand, die Strände, das sorglose Leben, aber die Wüsten von Amerika mit ihren Dürreperioden? Nie im Leben. Mir geht es hier auch wirklich super gut und ich hoffe, dass es auch so bleibt."

„In dieser Nacht hatte ich einen Traum. Ich saß auf einem Sessel. Es waren viele Leute mit mir zusammen. Plötzlich stand Mama Looloo vor mir. Kurz darauf stellte sich ein Bodyguard vor mich. Erschrocken wachte ich auf. Im Zimmer war alles ruhig, bis auf das nächtliche Schnarchen von Michael. Ich stand auf und ging in Alexandras Zimmer. Auch hier war alles ruhig. Alexandra lag seitlich im Bett und schlief seelenruhig.

Beruhigt ging ich zurück ins Bett und schlief ein. Am nächsten Morgen kam ein Anruf von meiner Freundin Selina, die eine Operation vor sich hatte und schon etwas nervös war. Sie bat mich um Hilfe. Natürlich konnte ich nicht nein sagen. Noch am selben Abend machte ich eine Pfeifenzeremonie. Am Folgetag hatte ich jedoch selbst volles Programm bei der Arbeit. Zwischen zwei Meetings nahm ich mir Zeit für Gebete, dann musste ich auch schon weiter. Trotzdem hatte ich ein gutes Gefühl. Allerdings wurde es von einem weiteren intensiven Traum überschattet.

Ich sah drei Tipis. Vor den Tipis gab es eine Feuerstelle. Ein paar Indianer liefen hin und her und verschwanden in den Zelten. Dahinter war ein Bach oder ein kleiner Fluss. Ich wusste, dass im linken Tipi ein alter, schwerkranker Mann im Sterben lag. Ich bot meine Hilfe an und wurde ins Tipi gerufen. Dort setzte ich mich neben das Schlafgemach und begann mit einer Zeremonie. Ich betete fast die ganze Nacht. Als ich fertig war, wäre ich vor Erschöpfung fast umgefallen. Da plötzlich setzte sich der alte Mann in seinem Bett auf und sagte: „Danke." Ich glaubte nicht, was ich da sah und krabbelte aus dem Tipi. Erschöpft verließ ich das Zelt und wollte einfach nur allein sein. Ich kämpfte mich vor bis zum Bach und setzte mich nieder. Am anderen Ufer stand ein Wolf und schaute herüber. Ich wollte mich gerade bei ihm bedanken, als er zu heulen begann. Dann bellte er mir ganz aufgeregt entgegen. Es war, als schimpfte er mit mir. Er zeigte mir sogar die Zähne. Ich hatte aber keine Angst und blieb seelenruhig sitzen. Ich wollte verstehen, was vor sich ging und was er zu sagen hatte. Dann sah ich plötzlich Talking Bird. Er schien wütend zu sein und hatte einen bösen Blick, der hasserfüllt war. Ich bat den Wolf, mich zu beschützen, ihm aber nichts anzutun. Es raschelte im Gebüsch. Zwei Indianer kamen auf mich zu und brachten mich ins Tipi. Im Hintergrund hörte ich Pferdegetrappel. Fünf, sechs Indianer hatten sich auf den Weg gemacht und ritten durch die Prärie zu einer Zeremonie. Dort angekommen, sahen sie fünfzehn Leute, im Kreis um Talking Bird herumsitzend. Er schimpfte und tobte. Zuweilen war mein Name zu hören. Sie lauschten seinen Erzählungen und spürten, dass etwas im Gange war. Sie sprangen von den Pferden, gingen auf Talking Bird zu und erklärten mit Bestimmtheit, dass er mich in Ruhe lassen solle. Plötzlich wurde alles ruhig, nur im Hintergrund war das Heulen einer Vielzahl von Wölfen zu hören. Sie hatten den Zeremonieplatz umzingelt. Dem Geräuschpegel zu urteilen, waren es hunderte. Sie griffen nicht ein, taten nichts, sie heulten nur. Dann war Totenstille. Die Zeremonieteilnehmer gingen, einer nach dem anderen. Die Zeremonie löste sich auf und die Indianer ritten zurück. Tage und Nächte pflegten sie mich mit Kräutern, bis ich wieder stark genug war, selbst aufzustehen. Dann wachte ich auf. Ich wusste, dass dieser Traum eine tiefere Bedeutung hatte und musste erst einmal Luft holen, um mich dieser Thematik zu stellen. Es war noch viel zu früh, aufzustehen. Ich versuchte, nochmals einzuschlafen, was mir nach zahlreichen Gebeten auch endlich gelang."

Loreen stutzt. „Und Du bist Dir wirklich sicher, dass Amerika ein schöner Platz zum Leben ist? Wenn ich das höre?" „Ja ich bin überzeugt davon, aber ein Platz, zu dem ich mich hingezogen fühle und die Energie passt." „Hier passt aber offensichtlich nicht sehr viel, oder?" will Loreen wissen. „Das kann man so nicht sagen. Es zeigt einfach die unterschiedlichen Charaktere und den für mich offensichtlichen Konkurrenzkampf, den es wohl überall gibt und dem man sich stellen muss. Das Gute daran ist aber, dass man immer wieder Hilfe findet und das oft an Stellen, wo man es gar nicht erwartet. Außerdem werden mit diesen Bildern künftige Ereignisse angekündigt, auf die man sich einstellen kann. Das ist ein immenses Geschenk. Dieser Traum hatte nämlich sehr viel mit meiner Familie, meinem Vater zu tun. Nur wusste ich das zu diesem Zeitpunkt noch nicht. Umrahmt wird das Ganze dann wieder von schönen Dingen, die alles überwiegen, wie zum Beispiel ein Anruf von Selina ganz in der Früh." Anna lächelt begeistert und erzählt davon.

„Zwei Tage später wurde ich durch den nächsten Anruf geweckt. Schlaftrunken ging ich ans Telefon: „Hallo?" sagte ich noch recht verschlafen. Selina meldete sich am anderen Ende und sagte: „Danke, danke, danke für Deine Hilfe! Vor Jahren hatte ich schon mal so eine Operation und hatte irre Schmerzen. Das war damals echt grausam und ich hatte schon richtige Angst davor. Dieses Mal war alles anders. Mir war nicht schlecht, ich habe nicht mal Schmerzen gehabt! Ich habe keine einzige Schmerztablette gebraucht! Danke!" Nur langsam begriff ich, was eigentlich vor sich ging. Es war irgendwie unwirklich. Ich brauchte erst einmal Zeit, bis ich mich freuen konnte. Für mich war es immer wieder unfassbar, was die Zeremonien bewirken konnten. Worte fand ich keine. Ich lauschte einfach den Ausführungen von Selina und freute mich. Nachdem sie aufgelegt hatte, stand ich auf und machte eine Dankeszeremonie.

Kaum hatte ich die Zeremonie beendet, da klingelte das Telefon. Das Display zeigte eine amerikanische Nummer an. Es war Talking Bird. Nach einer kurzen Begrüßung und ein wenig small talk fragte er aufgeregt: „Hast Du Deinen Lehrer gewechselt? Hast Du einen Apachen auf mich gehetzt?" Tiefer Hass drang aus seiner Stimme. So hatte ich ihn noch nie erlebt. Ich hatte ihm doch nichts getan und musste erst einmal begreifen, was los war. Natürlich hatte ich weiterhin Kontakt zu meiner neuen Familie in New Mexiko. Auf diesem Wege war mir die Möglichkeit eröffnet worden, in die Traditionen der Apachen eingeführt zu werden. Jeff machte Tipi-Zeremonien nach der Tradition der Apachen. Lange Zeit hatte ich ernsthaft mit dem Gedanken gespielt, nochmals dort hinzureisen und von ihm zu lernen. Allerdings galt meine Verbundenheit eher den Cherokee und Cheyenne, was mich zögern ließ, mich den Apachen zuzuwenden. Außerdem hatte ich viel von Eagle Feather und Talking Bird gelernt. In dieser Zeit wurde ich sehr intensiv von den Lehren, Schriften und Zeichen Holy Crows begleitet. Daher sah ich momentan keinen Anlass, von diesem Weg abzuweichen. Ich hatte lediglich Zweifel an meinem Lehrer Talking Bird. Er war mir zu dominant und stringent. Oft hatten wir diskutiert, aber für ihn gab es nur einen Weg – seinen. Von Weltoffenheit und Empathie war nichts zu spüren. Viele Verbote und Gebote gab es für den Schüler, Freiheiten und andere Wege nur für ihn selbst. Ich wollte mich nicht mehr an diese Launen gewöhnen müssen, kannte ich doch von Swimming Bear eine andere Herzlichkeit und Offenheit. Viele dogmatische Eigenschaften und Vorgaben erinnerten mich sogar an die katholische Kirche, bei der strikter Gehorsam ebenfalls vorausgesetzt wurde. Genau das war aber ein Weg, der mir missfiel und dem ich keinesfalls folgen konnte und wollte. Das war einer der Hauptgründe, warum ich mich frühzeitig von der Kirche distanziert hatte. Und nun sollte ich mich auch in dieser Religion irgendwelchen strengen Dogmen unterordnen? Dagegen bäumte sich mein Inneres auf. Sicherlich gab es verschiedene Regeln, Rituale und Riten, die strikt eingehalten werden mussten. Daran bestand kein Zweifel. Allerdings brauchte ich auch die Freiheit, den Bildern, die ich sah zu folgen und individuell situativ reagieren und agieren zu können, um Menschen zu helfen. Ich musste in der Lage sein, auf Bilder zu reagieren, Zeichen zu deuten und danach zu handeln. Indirekt hatte mir die Erfahrung mit der Familie von Eagle Feather recht gegeben.

Das war für mich das größte Geschenk gewesen und hatte mir Zuversicht gegeben. Zu Talking Bird jedoch fand ich nach wie vor keinen echten Zugang. Jegliche Frage oder Diskussion zu diesen Themen mit Talking Bird waren sinnlos geworden. Er wiegelte ab und verwies auf die korrekte Durchführung der Anweisungen. Ich hatte es inzwischen aufgegeben und war insgeheim froh, dass Talking Bird sich schon während meines USA Aufenthaltes abgewendet hatte und seine eigenen Wege gegangen war. Umso überraschter war ich nun, dass Talking Bird anrief, zumal er kein Geld für derartige Telefonate hatte. Was er wirklich von mir wollte, war mir nicht klar. Ich hatte auch keine Idee, warum er so schlecht über mich dachte. Was hatte ich ihm getan? Er hatte sich doch von mir verabschiedet und war weitergezogen, das war für mich in Ordnung. Aber den Lehrer wechseln wollte ich nicht mehr. Wieder müsste ich eine neue Sprache lernen, mir die abgewandelten Riten zu Gemüte führen und neu lernen. Ich hatte das Gefühl, nun meinen eigenen Weg gehen zu müssen. Hat mir nicht Selina mit ihrem Feedback recht gegeben? Aber was will Talking Bird dann von mir? Er hat doch seine Zeremonien und Emily. Warum ist ihm denn so wichtig, was ich vorhabe? Und vor allem, was habe ich mit ihm zu tun? Ich habe mich friedvoll von ihm verabschiedet und mich für ihn gefreut. Ich weiß doch, dass ich zwar sicherlich mit Talking Bird befreundet bleiben werde, er aber nicht länger mein Lehrer bleiben kann. Ich brauche jemanden wie Swimming Bear oder Eagle Feather, mit denen ich mich blind verstehe und die mit ihrer Weisheit über den Dingen stehen!

Bei diesem Telefonat war Talking Bird ganz aufgeregt und konnte sich gar nicht beruhigen: „Viele Wölfe kamen auf mich zu und ich konnte nicht einmal wegrennen", sagte er. „Was haben sie gemacht?", wollte ich wissen. Spontan fiel mir der Traum ein. „Sie haben sie um mich herum aufgestellt und ich konnte nicht weg." Ich wurde neugierig. „Haben sie Dir etwas angetan?", fragte ich. „Nein, aber sie haben mich verfolgt und ich konnte nur noch auf den Baum flüchten. Dann stellten sie sich unten auf." „Und dann?" „Liefen sie weg." Ich wollte wissen, wie es ihm so ging und was er so machte. „Ich war in Eagle Butte. Dort gibt es einen Medizinmann, der mit der Kraft des Wolfes arbeitet." War das etwa eine kleine Lektion für Talking Bird? Ich hoffte nur, dass ihn diese Erfahrung in seinem Weg weiterbrachte. Was meinen Traum anging, war ich froh, dass die Wölfe ihm nichts angetan hatten, so wie ich es auch gesehen hatte. Dennoch war ich überzeugt, dass seine Zeremonie etwas damit zu tun hatte. Es war ja genau dieselbe Zeit gewesen. Anscheinend hatte dieser Medizinmann die Energie der Wölfe ebenfalls gespürt. Mir war allerdings nicht ganz klar, wer der alte Mann war, für den ich im Tipi gebetet hatte. Das spielte aber in diesem Moment auch keine Rolle. Irgendwann würde ich es schon erfahren. Eines war aber klar: Ich wurde spirituell beschützt.

Nach dem Telefonat ging ich erst einmal zum Duschen und meditierte dann. Ich legte tibetische Mönchsgesänge auf und schloss die Augen. Plötzlich erschien das Bild meiner Großmutter vor mir. Sie stand vor ihrem Sohn, meinem Vater, und nahm seine Hände. Sie beugte sich über ihn und küsste seine Stirn. Sie verzieh ihm alles und war bereit, ihn zu empfangen. Nur sein Vater saß im Sessel und starrte den Boden an. Er rang noch mit sich und der Welt. Sein Sohn hatte in seinen Augen eine Frau geheiratet, die nicht seinem Stand und seinen Vorstellungen entsprach. Er hatte meine Mutter oft als leichtes Mädchen betitelt und seinen Sohn wüst beschimpft. Er konnte ihm noch immer nicht verzeihen. Das war ein heftiges Zeichen. Schnell wusch ich mich, trocknete mich ab und rief meine Mutter an. Ich erfuhr, dass es meinem Vater gar nicht gut ging. Sein Zustand verschlechterte sich zunehmend, er musste sich immer wieder übergeben und bekam keine Luft. Spontan buchte ich einen Flug nach Wien für den nächsten Tag, verbrachte noch einen gemeinsamen Abend mit meiner Familie und war schon wieder auf dem Sprung.

Am Nachmittag des nächsten Tages ging es los. Schon beim Start in Zürich kam ein Unwetter auf. Es stürmte und regnete. Kurz nachdem ich dem Unwetter sozusagen entflogen war, wurde der Flughafen gesperrt. Das war kein gutes Omen. Am Flughafen Wien angekommen, fuhren zahlreiche Krankenwagen mit Blaulicht umher. Ich nahm ein Taxi. Der Fahrer, ein Afrikaner, sprach nicht viel. Ich hatte aber ein ganz schlechtes Gefühl. Bei meinen Eltern angekommen, wurde ich zwar herzlich empfangen, aber es herrschte eine betretene Stimmung. Am Folgetag musste mein Vater erneut zur Dialyse. Als er im Anschluss heim kam, sah er sehr schlecht aus. Sein Blutdruck war im Keller und sein Gesicht war bleich. Ich sah aus dem Fenster des Wohnzimmers. Einige Meter weiter standen acht oder neun Meter hohe Pappeln, deren Baumkronen ich näher betrachtete. Plötzlich sah ich das Gesicht von Talking Bird mit zwei abgestoßenen Hörnern links und rechts auf Stirnhöhe. Wann immer ich zu dieser Baumkrone blickte, blieb das Bild erhalten.

Am Nachmittag hatte sich mein Vater ein wenig erholt. Ich machte eine Zeremonie für die beiden, wobei sich mein Vater vollkommen entspannte. Seine Gesichtsfarbe wurde rosig. Meine Mutter hingegen hielt sich die Ohren zu. Trotz leiser Meditationsmusik hatte sie Krach und Lärm in den Ohren. Nach der Zeremonie unterhielten wir uns. Mein Vater schien diesen Zustand zu genießen, auch wenn ich sonst nicht viel für ihn tun konnte. Ich setzte jedoch alles daran, dass er seelisch und körperlich in Einklang kam. Das wichtigste war, dass er in der Beziehung zu seiner Familie, seiner Umgebung und seinen Freunden Frieden fand, um seine Reise antreten zu können. Mit jedem Rückschlag wurde er mental und spirituell stärker, lebte für den Augenblick und wurde selbstbewusster. Bald war er in der Lage, an jedem Tag etwas zu finden, woran er sich erfreuen konnte. Meiner Mutter dagegen hatte die Zeremonie ihre innere Unruhe aufgezeigt. Schon oft hatte ich ihr gesagt, dass ihr Körper Ruhe brauchte und sie nicht immer von einem Ort zum anderen hetzen sollte. Sicherlich war das leichter gesagt, als getan. Wann immer ich bei ihr war, versuchte ich, ihr diese Ruhe zu vermitteln. Nun hatte ihr auch der Spirit aufgezeigt, dass es noch nicht genug war. Mit der Zeit bekam sie eine Abneigung gegen Stadtlärm, Krach und Hektik. Zumindest ab und zu versuchte sie nun Pausen einzulegen, auch wenn es ihr nicht immer gelang. Gemeinsam verbrachten wir einen ruhigen Abend und gingen recht früh ins Bett.

Nachts um zwei Uhr klingelte plötzlich mein Handy und ich schrak auf. Wer ruft mich denn um diese Zeit noch an? Mit Michael und Alexandra habe ich doch schon telefoniert. Das ist doch alles ok, oder? Es war ein Anruf aus Amerika. Ich hob schnell ab, um meine Eltern nicht aufzuwecken. Aufgeregt meldete sich schon wieder Talking Bird: „Hallo wie gehts? Was machst Du? Weißt Du, was passiert ist? Du hast mich angesteckt. Du hast Hepatitis in unser Land gebracht, wie Deine Vorfahren damals die Masern und nun bin ich unheilbar krank." Ich schluckte und dachte tausend Gedanken innerhalb einer Sekunde: Was ist denn jetzt los? Hepatitis C kann doch nur über Blut übertragen werden, das scheidet also aus. Mir fehlt nichts und ich habe keinen Grund, mich untersuchen zu lassen. Gegen Hepatitis A/B sind wir alle geimpft. Außerdem spielt hierbei doch nur das Essen eine Rolle? Das scheidet damit doch auch aus?! Also was soll das Ganze eigentlich? Vor allem zu dieser Uhrzeit? Ich hatte wirklich genug Probleme und hatte so lange gehofft, in ihm einen Lehrer gefunden zu haben, der mich mental aufbauen und unterstützen konnte. Aber das hatte ich mittlerweile ohnehin fast aufgegeben. Diese heftige Anschuldigung ging mir allerdings entschieden zu weit. Ich konnte gar nicht verstehen, wie man so hasserfüllt sein konnte. Nun hatte Talking Bird eine so starke Frau gefunden und wurde von einem berühmten Medizinmann betreut. Was wollte er also von mir? Und warum rief er so tief in der Nacht an? Er kannte die Zeitverschiebung und hatte normalerweise kein Geld, in Europa anzurufen. Was hatte sich also in der Zwischenzeit ereignet und warum wurde gerade ich als Schuldige auserkoren? Ich erwiderte ruhig: „Ich glaube nicht, dass Du Deine Krankheit von mir haben kannst. Hast Du vielleicht etwas Schlechtes gegessen oder habt ihr Blutsbrüderschaft gemacht?" Das steigerte nur seine Wut und empörte ihn über alle Maßen. „Ich habe jetzt die Labordaten machen lassen und bekomme Morgen die Ergebnisse." Ich war hundemüde und hörte nur noch mit halbem Ohr zu. Ich versuchte das Gespräch schnell zu beenden und legte auf. Aber in der nächsten Nacht klingelte das Handy wieder. Am liebsten hätte ich gar nicht abgenommen. Aus Rücksicht auf meine Eltern tat ich es aber. Wieder war es Talking Bird. Er sagte: „Es ist alles ok. Ich bin nicht krank. Die Laborwerte sind gut." Nun war ich sicher, dass er log. Ich wusste, dass die Erhebung von Labordaten mehr Zeit in Anspruch nahm, zumal er das große Blutbild angefordert hatte. Ich antwortete kurz angebunden: „Ich freue mich für Dich, dass alles in Ordnung ist. Lass mich nun aber bitte schlafen. Danke. Bye."

Am nächsten Tag ging es meinem Vater besser. Talking Bird hatte gesagt, dass die Blutlinie meines Vaters bis zu den Lakota zurückreiche und es deshalb so wichtig wäre, dass ich mich an diese Historie erinnere und diesen Weg weiter beschreite. Vielleicht war er deshalb so aufgebracht, weil seine Hoffnung, diesen Weg mit mir nach Europa zu bringen, nun in weite Ferne gerückt war. Ich saß mit meinem Vater im Wohnzimmer auf der Couch, als er zu erzählen begann. „Daheim bei uns gab es immer Tee zu trinken, auch im Sommer. Heute würde man vielleicht Eistee dazu sagen. Meine Mutter hatte dafür Holz aus der Wurzel von großen Bäumen entnommen und in Stifte geschnitten. Damit sie wusste, ob es auch die richtige Stelle am Baum war, hatte sie vorher den Baum abgeklopft. Die Stifte wurden dann für den Tee benutzt, der tagelang in der Küche stand und mehrmals aufgegossen wurde." Meine Mutter kam dazu und brachte Kaffee. Ich half ihr, den Tisch zu decken.

Wir saßen in gemütlicher Runde, doch irgendetwas stand in der Luft. Niemand sagte ein Wort. Die beiden saßen betreten da, als meine Mutter endlich das Wort ergriff. „In unserer Generation wurde nicht viel erzählt und wir wurden auch zu Stillschweigen fast verdonnert. Ich kann nun aber nicht mehr schweigen. Ich muss Dir etwas sagen." Ich lehnte mich zurück und lauschte neugierig.

„Dein Großvater ist im Weltkrieg mit einer Amerikanerin zusammengekommen. Er wollte damals nach Amerika auswandern, hatte aber nicht die Courage dazu, weil er hier schon Frau und Kinder hatte. Allerdings war er zwei Jahre im Süden von Amerika stationiert und hatte dort eine Frau kennengelernt. Ich weiß nicht mehr wo, aber er zeigte uns Bilder von Flüssen und von einem Medizinmann, der ihn damals behandelt hat. Hier ist ein Fahrtenmesser, das er von diesem Medizinmann geschenkt bekommen hat. Er hat mir aufgetragen, Dich dort hinzubringen. Ich habe es nie für bare Münze genommen. Wir hatten ganz andere Probleme und diese Ureinwohner waren mir schon immer irgendwie unheimlich. Ich wollte damit nichts zu tun haben. Du weißt, ich bin ein Stadtmensch und kann mir ein Leben in Zelten nicht vorstellen." Ich wusste nicht, wie mir geschah, blieb sitzen und musste erst einmal verdauen. Das war aber noch nicht alles. Mein Vater holte Schwarzweißbilder einer wunderschönen, jungen, schlanken Frau mit langen Haaren heraus. Neben ihr stand ein großer muskulärer Mann mit zwei Federn in den Haaren und in einem Indianergewand. Er hatte seinen Arm um die Frau gelegt, die eine verblüffende Ähnlichkeit mit Talking Birds Mama hatte. „Er ist ein Lakota", erklärte er und holte noch mehr Fotos hervor. „Das ist dieselbe Frau, als sie siebzig Jahre alt war... Du kennst sie, nicht wahr?" Ich traute meinen Augen nicht. Ohne zu überlegen holte ich meinen Laptop hervor und lud einige Fotos hoch, um sie vergleichen zu können. Gemeinsam prüften wir die Bilder. „Das gibt es doch gar nicht", sagte ich schockiert. „Das ist doch die Mutter von Talking Bird, dem Lakota, mit dem ich zusammengearbeitet habe!" „Ja.", antwortete mein Vater trocken, „und die Enkeltochter meines Großvaters und deines Urgroßvaters." Ich blickte ihn verwirrt an. „Wie geht das?" Er holte ein paar handgeschriebene Briefe seines Großvaters hervor. Dann zeigte er mir die uralte Zeichnung eines Baumes. Es war sein Stammbaum. Auch Geburtsurkunden und diverse Unterlagen aus dieser Zeit packte er auf den Tisch. Die Sachlage war eindeutig. Der Nachweis dafür lag auf dem Tisch, vor meinen Augen.

Mein Vater fuhr fort: „Mein Großvater war Seefahrer und manchmal monatelang oder sogar über ein zwei Jahre nicht daheim. Er war Halbblut und hatte eine unsagbar große Sehnsucht zurückzukehren zu den Indianern, seiner Familie. Ihn hatte es durch die Übersiedelung seiner Mutter nach Europa verschlagen. Sein Vater lebte weiterhin beim Tribe der Lakota in South Dakota. Er hatte alles versucht, dort hinzukommen und hatte es dann auch eines Tages geschafft. Er hatte auf diversen Schiffen angeheuert und bekam eines Tages die Chance, in die USA zu segeln. Auf dem Weg dorthin waren sie in Unwetter gekommen und das Schiff war schwer beschädigt worden. Tage- und wochenlang kamen sie nicht von der Stelle, weil die Segel erst repariert werden mussten. Langsam ging ihnen der Proviant aus. Er litt unter starkem Vitaminmangel und bekam Skorbut. Halbtot kam er dort an und wurde von Lakota-Indianern aufgenommen. Sie hatten ihn erkannt und mitgenommen. Wochenlang füttern sie ihn durch, behandelten ihn und einige seiner Gefährten und päppelten ihn wieder auf. Im Gegenzug bekamen sie große Teile ihrer Waren und Fracht. Sie freundeten sich an und er bekam eine Indianerin zur Frau. Es entstand ein Kind daraus, der Vater von Talking Birds Mutter. Dauerhaft kam mein Großvater aber mit diesem Leben in der Einöde nicht klar und wollte unbedingt zurück nach Europa. Wahrscheinlich war das der zweite Teil, das Blut seiner Mutter, das an Europa hing. Er kam zurück und lernte meine Großmutter kennen, heiratete sie und bekam einen Sohn, meinen Vater. Mein Großvater hat meine Großmutter sehr geliebt, aber seine Sehnsucht zu den Indianern und ihren Traditionen ist immer geblieben. Später hatte er eine Begegnung mit einem berühmten Medizinmann der Lakota. Ich weiß seinen Namen nicht mehr nur, dass er unter der Hitler-Ära nach Deutschland geholt wurde, um hohe Würdenträger zu behandeln, die aus medizinischer Sicht unheilbar krank waren." Das Ganze haute mich fast von Stuhl. Nun fiel mir so einiges wie Schuppen von den Augen. Das erklärte auch diese ständige Bevormundung und den Ehrgeiz von Talking Bird, mir den richtigen Weg weisen zu müssen. Sicherlich gab es auch noch viele offene Wunden aus der Vergangenheit, die nie verheilt waren und bis zur heutigen Zeit.

Ich kratzte mir die Haare und pustete in die Luft. „Das ist aber doch ganz schön harter Tobak, halleluja", brachte ich heraus. „Warum habt ihr mir das nicht eher gesagt?" „Es ging nicht. Wir haben es versprechen müssen. Es ist uns auch jetzt schwer gefallen. Wir haben damit unseren

Schwur gebrochen, aber wir konnten nicht mehr anders. Schließlich ist es auch Deine Familie im weitesten Sinne und du solltest darüber Bescheid wissen", erklärte meine Mutter. „Gibt es auch einen Zusammenhang zu Swimming Bear? Da muss es etwas geben!" Ich wollte es jetzt genau wissen. Beide saßen betreten da und sagten nichts, ihre Münder waren wie zugeschweißt. „Dürft ihr nichts sagen oder wollt ihr nicht?" „Wir haben Dir alles gesagt. Bitte hilf doch den Tisch abzuräumen", sagte meine Mutter und brach das Gespräch ab. Ich musste klein bei geben spürte aber, dass ich schon mehr wusste, als ich jemals hätte erfahren dürfen und war dankbar dafür. Darüber hinaus würde ich aber nichts mehr erfahren.

Ich saß immer noch wie gebannt auf der Couch. Nun wusste ich zumindest, dass es eine echte Verbindung zu den Lakota in meiner Familie gab und ich mir das alles nicht nur eingebildet hatte. Ich schloss die Augen und sah meinen Vater auf einer Bahre, wie er, so getragen, immer leichter wurde und dahin schwebte. Ich fühlte Großvater Holy Crow über mir. Am Ende zog er mir sein Gewand an. Ich saß nur noch da, tränenüberströmt."

Ein großer Held

„Zurück in der Schweiz, ging es auch bald schon wieder weiter, auf zur nächsten Reise mit der Familie. Dieses Mal flogen wir auf die Kanaren, nahe genug, um jederzeit zurückfliegen zu können. Auf der Insel war dann Erholung pur angesagt. Bis auf eine Inselrundfahrt hatten wir keine großen Pläne. Auch Michael hatte eine harte, stressige Zeit hinter sich gebracht. Sein Engagement für den Fußballverein hatte fast seine ganze Freizeit aufgezehrt. Für die Familie war da nicht mehr viel Platz gewesen. Nun hatten wir endlich wieder Zeit füreinander, Zeit für die Familie. Die meisten Stunden verbrachten wir am Strand. Alle drei hatten wir Bücher dabei zum lesen. Aber mir fiel es schwer, mich zu konzentrieren. Meine Gedanken waren bei meinem Vater.

Es war herrliches Wetter. Alexandra spielte mit mir Ball in den hohen Wellen, als plötzlich eine unerwartete Welle auf mich einschlug und mich ungünstig am Hals traf. Es war wie ein Schlag ins Genick. Mir wurde schwindelig und ich musste mich erst einmal sammeln. Am Abend wurde mir klar, dass die Welle symbolischen Charakter gehabt hatte – ich bekam die Nachricht, dass bei meinem Vater der rechten Unterschenkel amputiert worden war. Spontan machte ich eine Zeremonie und sah ein blaues Licht um ihn herum, auch um sein Bein. Das verhieß nichts Gutes. Am Folgetag versuchte ich mit ihm zu telefonieren. Er erkannte mich nicht. Ich war schockiert und betete weiter. Langsam änderte sich die Farbe und weißes Licht umgab seinen Körper und sein Bein. Am nächsten Tag erkannte er mich wieder. Ich war erleichtert. Daheim angekommen, buchte ich sofort einen Flug nach Wien. Eigentlich wusch ich nur kurz die Wäsche und schon musste ich wieder aufbrechen, auf zu meinem Vater.

In Wien angekommen, nahm ich einen Mietwagen und fuhr umgehend ins Krankenhaus. In den Gängen waren überall riesige Bilder von weißen Tigern angebracht. Ich hatte das Gefühl, dass er hier gut aufgehoben war. Es war die Kraft der Tiere, deren Ursprung auf die Wurzeln der großen sibirischen Schamanen zurückzuführen war. Spontan fiel mir ein, dass Swimming Bear sogar Gebete und Sätze in Russisch gesprochen hatte. Vielleicht gab es auch hier eine Verbindung? Es waren jedenfalls die Schutztiere dieser Schamanen, die hier für meinen Vater da waren. Das fühlte ich tief in meinem Herzen. Als ich das Krankenzimmer betrat, saß mein Vater angelehnt im Krankenbett. Sein Gesicht hatte trotz seines Zustandes eine recht frische Farbe und geistig war er voll da. Betreten sagte er: „Schön, dass Du da bist." Er deckte sich ab und zeigte, was Sache war. „Wir müssen unser Grundstück aufgeben. Ich schaffe es nicht mehr. Bitte fahre mit Mutti raus und nimm Dir, was du möchtest." Er hatte Tränen in den Augen. Ich wusste, dass ihm sein Auto und sein Grundstück heilig waren. Was hat er nun noch? Was kann ich tun, um ihm das Leben zu versüßen? Meine Mutter stand ebenfalls neben dem Bett und konnte auch nicht viel sagen. Ich versprach ihm, dass wir gemeinsam rausfahren würden.

Meine Mutter rannte nach wie vor hektisch von einem Ort zum nächsten. Täglich besuchte sie ihn und kümmerte sich um all die bürokratischen Dinge, die rund um seine Pflege und die Zeit nach seinem Krankenhausaufenthalt geregelt werden mussten. Ich versuchte ein wenig Ruhe und Gelassenheit in ihr Leben zu bringen, auch wenn das unheimlich schwierig war. Wir besorgten Zeitschriften und einen kleinen Laptop für meinen Vater. Auf diese Weise wollten wir die schönen Fotos und das Leben, was ihm nun verwehrt wurde, zu ihm zurückbringen, um ihm ein wenig Ablenkung zu geben. Auf dem Heimweg gestand meine Mutter dann, dass der Bär, den ich ihm als Schutz mitgebracht hatte, verschwunden war. „Ich hatte ihn vor seiner Operation weggepackt, damit er nicht verloren geht. Nun ist er weg." Ich holte nur Luft, überlegte kurz und erwiderte: „Es hat alles seinen Sinn, auch das. Er trägt nach wie vor das Armband, dass ihn beschützt." „Ja natürlich. Sie haben es ihm auch bei der Operation nicht abgenommen." Darüber war ich zufrieden. „Aber was möchtest du vom Grundstück haben?" „Ich möchte gern sein Werkzeugwickel haben, mehr nicht." Ich wusste, dass sich darin altes, verrostetes Werkzeug befand, dass ich wahrscheinlich kaum brauchen konnte. Mir ging es auch nur um die Erinnerung. Die Werkstatt war immer sein Ein und Alles gewesen. Darin zu wirtschaften war sein Reich gewesen, dort hatte er sich wohl gefühlt. So wollte ich ihn in Erinnerung behalten.

Am nächsten Tag fuhren wir zum Garten und anschließend ins Krankenhaus. Dort konnten wir mit ihm raus und in der riesigen Parkanlage spazieren gehen. Auch den Laptop mit den aufgespielten Fotos brachten wir ihm vorbei. Das hob seine Stimmung und machte ihm Mut. Am nächsten Tag musste ich wieder zurück. „Ich komme bald wieder, ganz bestimmt. Ich versprech's." Wir drückten und küssten uns. Dann musste ich gehen.

Kaum war ich zurück in der Firma, ging das Kompetenzgerangel auch schon wieder los. Wieder ging es um Themenaufteilungen und Umstrukturierungen. Wieder brach der Kampf um Positionen und deren Umverteilung los. Das war noch nie meine Welt. Ich konnte es einfach nicht verstehen. Spontan fiel mir der Spruch eines meiner alten Chefs wieder ein: „Du bist viel zu idealistisch. Du wirst es nie zu etwas bringen." Damit hatte er wohl Recht, aber für mich war immer nur das Voranbringen von Themen im Sinne der Sache wichtig. Da hatte er damals schon den Nagel auf den Kopf getroffen. Aber nun musste ich mich wieder einmal einer neuen Situation stellen. Es war ein Eskalationsmeeting mit dem Management geplant und ich betete, ungeschoren aus diesem Meeting zu kommen. Es war ein ganz besonderer Morgen. Als ich mit dem Auto in die Firma fuhr, begegnete ich hunderten von Möwen. Sie flogen in einem riesigen Kreis von etwa zehn Metern Durchmesser, der sich zu einem Zylinder formte. Ich war begeistert und lächelte zufrieden. Da wusste ich, dass ich zuversichtlich in dieses Meeting gehen konnte, da die Kommunikation ein positives Ende finden würde. Dieses Mal sprang mein Bereichsleiter in die Bresche und stellte klar, dass die umstrittenen Themen in seiner Abteilung und damit in meinen Händen bleiben würden. Nun hatte ich erst einmal wieder Luft zum atmen. Trotzdem war mir klar, dass es auf lange Sicht keine Ruhe geben würde. Aber für den Augenblick war ich erst einmal erleichtert.

Nach der Arbeit fuhr ich heim. Alexandra zeigte mir eine riesige Warze am Zeh, die trotz der Zeremonie noch nicht weggegangen war. Auch die Behandlung mit Bärenwurzel hatte wohl nichts gebracht. So beschloss ich, mit Alexandra einen Hautarzt aufzusuchen. Das einzige Angebot des Hausarztes war jedoch, die Warze wegätzen zu lassen, was allerdings bei dieser Größe sehr schmerzhaft und langwierig gewesen wäre. Ich wollte Talking Bird um Hilfe bitten. Nach seiner Visionssuche wollte ich mich ohnehin erkundigen und so konnte sie dieses Anliegen gleich mit besprechen. Nach einem kurzen „Hello" meinerseits legte Talking Bird gleich voller Enthusiasmus los. Diese Mal war er zugänglicher. Er erzählte: „Es war ziemlich verregnet. Erst hat es geschüttet wie aus Eimern. Ich war klatschnass. Später ist es besser geworden und es schien die Sonne. Später hatte der Himmel eine ganz dunkelrote Farbe, mitten am Tag! Ich habe meine neue Pfeife ausprobiert und viele Antworten bekommen." Er hörte gar nicht mehr auf zu erzählen. Die Worte sprudelten nur so herüber. Er erzählte von seiner neuen Art zu beten und was er alles gelernt hatte. Nach einer ausführlichen Erzählung fragte er: „Kann ich etwas für Dich tun? Wie geht es Dir?" „Was kann ich denn gegen Alexandras Warzen machen? Welche Riten kann ich befolgen und welche Kräuter können ihr helfen?" Gleich nahm er das Zepter in die Hand und meinte: „Da müssen wir eine gemeinsame Zeremonie machen. Wir müssen gemeinsam viermal beten. Wir müssen Morgen Abend beginnen." Viermal, dachte ich. Das erinnerte mich an Holy Crow, aber gleich Morgen anfangen? Ich hatte noch nicht mal mit Alexandra gesprochen. Wenn sie nicht einverstanden war, konnte ich das vergessen. Außerdem würde Alexandra Zeit brauchen. Im Moment wollte ich erst einmal Zeit zum nachdenken gewinnen, das ging mir viel zu schnell. Ich fühlte mich übertölpelt und sagte: „Ich muss erst mit Alexandra reden, ob ihr das passt. Momentan haben wir viele Termine und ich muss erst vier zusammenhängende Tage finden." Es nutzte nichts. Talking Bird war wieder aufgebracht und konnte nicht akzeptieren, dass Alexandra sich möglicherweise nicht in diesen Zeitplan hineinpressen lassen wollte. Kurzerhand brach ich das Gespräch ab und erklärte Talking Bird. „Danke für Dein Angebot. Ich weiß es zu schätzen, aber ich kann es momentan nicht annehmen. I'm sorry." Wir kamen an dieser Stelle nicht zusammen. Ich hatte in den letzten Jahren gelernt, Zeremonien genau dann zu machen, wenn es angesagt und die Zeit reif dafür war. Strikte Terminpläne gab es dabei nicht, wenn man davon absah, dass sich die Gebete vielleicht über mehrere Tage hinweg zogen. In meinen Augen waren nicht alle Leiden lebensbedrohlich und mussten sofort behandelt werden. Für beide Seiten musste es der richtige Zeitpunkt sein, sonst würde es nicht funktionieren. Er sah das etwas anders.

Diesen Knoten konnte ich nicht lösen und so beschloss ich, meiner Intuition zu folgen. Ich machte noch eine Zeremonie für Alexandra und legte danach das Thema beiseite. Ich betete zwar auch anschließend noch für sie, aber wichtiger war für im Moment mein Vater, der wieder in die Intensivstation gekommen war. Er brauchte in der Tat meine Gebete sofort. Ein paar Tage später bekam ich einen Anruf. Es war erneut Talking Bird, der nun die Gebete beginnen wollte. Aber es war zu spät. Am Vorabend war Alexandra freudestrahlend auf mich zu gerannt und hatte mir ihren Fuß gezeigt. Die Warze war abgefallen. Keine Narbe, nichts. Als wenn nie etwas gewesen wäre. Damit stand mein Entschluss endgültig fest. Talking Bird war nicht mein Lehrer. Ich würde nicht noch einmal zu ihm nach South Dakota reisen.

Es vergingen ein paar Tage, bis Talking Bird und ich nochmals telefonierten. Doch nun war das Fass zum Überlaufen voll, als ich mir nochmals unglaublichere Dinge anhören musste. Talking Bird erklärte ganz aufgeregt: „Den Gehstock von Swimming Bear musst Du wegwerfen, sonst wird Alexandra sich in den nächsten Wochen von Euch abwenden und noch mit fünfzehn Jahren an einer Alkoholvergiftung zugrunde gehen." Ich war außer mir, total schockiert und niedergeschmettert. Ich konnte nicht fassen, wie ein Medizinmann solche Worte benutzen konnte. Dabei kamen doch viele Leute zu ihm, um sich behandeln zu lassen. Meine Glieder zitterten. Solche verbalen Drohungen waren mir zwar mittlerweile nicht mehr unbekannt, dennoch hatte ich großen Respekt davor, hatte ich doch die immense Kraft der schwarzen Magie hautnah erfahren. Inzwischen hatte ich aber auch viel gelernt und wusste mich zu schützen und zu wehren. Ich wusste, dass mir zahlreiche spirituelle Helfer beistanden. Also holte ich kurz Luft und antwortete: „Als es mir schlecht ging, hast Du mir nicht geholfen. Erst unter der Obhut von Eagle Feather und daheim, als ich die Energie spürte, die von Swimming Bears Bild ausgingen, vergingen meine Schmerzen. Auch Alexandras Warze ist inzwischen weg. Ich habe Zeremonien für sie gemacht. Ja, ihre Warze ist jetzt weg. Ich habe es satt, dass Du ständig versuchst, mich von allem abzubringen und mich zu kontrollieren. Heute bin ich nur enttäuscht und entsetzt über Dein Gebaren. Es ist eines Medizinmannes nicht würdig. Sorry, aber das ist nicht mein Weg." Erleichtert und verzweifelt zugleich legte ich auf. Tränen rollten mir übers Gesicht.

Am Abend bekam Alexandra Fieber. Sofort holte ich den Bereitschaftsarzt, eine nette Ärztin, die homöopathisch behandelte. Aber auch am nächsten Tag stieg Alexandras Fieber in die Höhe. Nun war sie bereits vierzehn Jahre alt und hatte ewig kein Fieber mehr gehabt. Als ich das Zimmer von Alexandra betrat, stieg ein säurebehafteter Geruch auf. Ich richtete für Alexandra ein Bett im Wohnzimmer ein, setzte mich auf ihr Bett und machte eine Pfeifenzeremonie. Dann reinigte ich die Luft, alle Gegenstände in Alexandras Zimmer und natürlich auch Swimming Bears Gehstock mit Sage und Sweetgrass, betete für Alexandra und musste weinen, weinen, weinen. Die Tränen liefen unentwegt, während ich die üblen Säuren um Alexandras Körper herum roch. Nach der Zeremonie gab ich ihr gesegnetes Wasser zu trinken und lüftete das Wohnzimmer. Es dauerte nicht lange und die Zimmer waren gereinigt. Die Säure war verflogen. Allerdings war Alexandra immer noch sehr schwach auf den Beinen. Verzweifelt bat ich Pete - Healing Bear Claw und die Familie in New Mexiko um Hilfe. Nach dem vorgegebenen Reinigungsritual vergrub ich den Gehstock von Swimming Bear anschließend für vier Tage und Nächte unter meinem Lorbeerbusch. Ich betete, dass alle negative Energien aus dem Gehstock entweichen und weggehen sollten.

Ich fühlte mich einsam und allein. Michael war weiterhin im Fussballverein verhaftet und hatte keine Zeit. Dort ging es drunter und drüber. Er steckte bis über alle Ohren in Arbeit und war einfach nicht da. Also musste ich mir selbst behelfen. Auch am nächsten Tag machte ich eine Pfeifenzeremonie für Alexandra. Natürlich schloss ich auch Pete - Healing Bear Claw in meine regelmäßigen Gebete mit ein. Er hatte seinen Job verloren und wusste nicht, wie er über die Runden kommen sollte. Was seinen spirituellen Weg anging, war Ihm ein ähnliches Schicksal widerfahren wie mir. Auch er war an einen sehr strikten Lehrer geraten, der all seine intuitiven Gebetsansätze im Keim erstickt und versucht hatte, ihn an Dogmen zu binden. Für ihn war es sogar noch schlimmer. Er musste damals seinen heiligen Gebetsplatz samt Schwitzhütte aufgeben und sich vollkommen neu orientieren. Mir blutete das Herz, als ich davon erfuhr. Ich wusste ja, was für ein herzensguter Mensch er war und wie stark die Kraft seiner Gebete wirkte. Das hatte ich am eigenen Leib erfahren. Ohne ihn hätte ich niemals meine Stabilität der Halswirbelsäule zurückgewonnen. Lange schon hatte ich Sehnsucht nach ihm, allerdings hatte ich keinerlei Idee, wie ich es schaffen könnte, ihn jemals wieder zu sehen.

Nach vier Tagen und Nächten holte ich den Gehstock von Swimming Bear zurück in die Wohnung, nachdem ich ihn nochmals gesäubert hatte. Die Farben des Adlerkopfes hatten nun einen leuchtenden Schein und aus den Augen strahlte helles Licht. Der Gehstock war nicht nur die Verbindung zu Swimming Bear, den Kopf hatte Pete - Healing Bear Claw repariert und bemalt. Ich stellte ihn an das Fußende von Alexandras Bett. Ein heller Schein überspannte wie ein Laken das gesamte Bett und beschützte sie. Nun hatte ich ein gutes Gefühl – das Unheil war abgewendet.

In der nächsten Nacht hatte ich einen Traum. Ich saß mit vielen anderen im Flugzeug. Ein anderes flog hinter uns her. Nach einer Weile bog es rechts ab, flog in eine Wolke und blieb darin stecken. Der Pilot gab Gas, blieb aber in der Wolke stecken. Das Flugzeug, in dem ich saß, flog geradeaus weiter und landete in Wien, wo ich bereits von Freuden erwartet wurde. Plötzlich gab es eine Explosion oben am Himmel und das andere Flugzeug, stürzte ab. Unversehrt fuhr ich mit meinen Freunden heim. Dann wachte ich auf und setzte mich auf den Bettrand. Nachdem ein paar Minuten vergangen waren, ging ich in Alexandras Zimmer. Die Adleraugen von Swimming Bears Gehstock leuchteten wie Laseraugen. Ich säuberte ihn nochmals und stellte ihn zurück. Am Abend machte ich eine Pfeifenzeremonie und betete für Alexandra, meinen Vater, Bruder Pete - Healing Bear Claw, meine Familie und alle Freunde, die dringend Hilfe brauchten. Tränen liefen mir übers Gesicht. Als ich fertig war, kam Alexandra und brachte mir den Elefanten, ein kleines Kuscheltier. Alexandra ging es offensichtlich gut. Sie hatte kein Fieber mehr. Der Elefant hatte die Verbundenheit zu Mama Looloo, der höchsten Initiationsstufe der afrikanischen Schamanen, symbolisiert. Alexandra hatte damals darauf bestanden, dieses Kuscheltier zu behalten. Nun war der Elefant gereinigt und ich hatte ein gutes Gefühl. Nun hatte ich mich endgültig von Mama Looloo gelöst. Nach einer Woche kam der nächste Anruf von Talking Bird. Er tat so, als ob nichts gewesen wäre. Im Laufe der Unterhaltung bat er mich um Unterstützung. „Amanda muss operiert werden. Bitte bete für sie." Natürlich konnte ich ihm diese Bitte nicht abschlagen, schließlich war es meine Pflicht zu helfen. Außerdem hatte ich Amanda viel zu verdanken. In meinen Augen war sie eine der wenigen, die Talking Bird gut taten und ihn stützten. Als das Gespräch fast beendet war, fragte er: „Soll ich noch etwas für Deine Familie tun?" „Nein. Dein Reden und Dein Tun passen nicht zusammen. Ich möchte auch nicht mehr nach South Dakota kommen. Ich brauche Abstand." An diesem Tag zog ich einen klaren Strich zwischen uns. Ich putzte meine heilige Pfeife besonders intensiv. Es war ein Neuanfang. Ich wollte alles abstreifen, was einen negativen Touch hatte. Ich wollte einfach neu beginnen."

Loreen schüttelt nur den Kopf. „Wie kann man nur so unterwegs sein? Das ist wohl doch so wie bei uns, da gibt es ja bei den Ärzten auch genug Halsabschneider, oder? Warum hast Du nicht gleich total gebrochen?" „Für mich hatte das Verhalten fast krankhafte Züge und ich wollte ihm einfach spiegeln, was er tat. Ich wollte es vor allem für die Menschen tun, mit denen er zu tun hatte." Loreen schaut etwas verständnislos. „Aber das war doch für Euch nicht ganz ungefährlich, oder? Hatte er denn etwas mit Alexandras Krankheit zu tun?", will Loreen wissen. „Nein, ganz gewiss nicht. Das hätte ich gesehen. Es war schlicht gesagt eine verbale Drohung, um mich gefügig zu machen. Und er war eifersüchtig auf die Kraft der spirituellen Gegenstände aus New Mexiko. Das war ganz offensichtlich. Nun wusste ich aber, was ich zu tun hatte. Er hätte mich niemals in Ruhe gelassen. Er wollte mich umstimmen und mich von meiner neuen Familie fernhalten, ein Krieger eben. Jetzt war ich aber in der Lage, zu sehen, was passieren würde und konnte uns davor schützen." Loreen lässt nicht locker. „Hast Du denn nie bereut, dass Du Dich auf diese Dinge überhaupt eingelassen hast? Anders wäre doch vieles leichter gewesen." „Das glaube ich nicht. Ich bin auch überzeugt davon, dass ich mich nicht dagegen hätte wehren können. Er war und ist mein vorbestimmter Weg, mit allem was dazu gehört. Vergiss nie die ganzen faszinierenden und schönen Dinge, die damit verbunden sind. Aber so ist nun mal das Leben, wo Licht ist, eben auch Schatten, und wo viel Licht ist, gibt es halt auch viel Schatten." Loreen nickt. „Du meinst, dass Du alles einfach intensiver erlebst, Glücksgefühle und Einschnitte. Du siehst vielleicht mehr, ist wohl so. Aber erzähl doch einfach weiter." Loreen nickt vor sich hin und wartet neugierig.

„Wochen vergingen und der Zustand meines Vaters verschlechterte sich zunehmend. Nun begann auch das zweite Bein, Schwierigkeiten zu machen. Die Ärzte unternahmen nochmals einen kläglichen Versuch, seine Hauptschlagader in den Unterschenkel zu verpflanzen. Für mich ein absolut sinnloses Unterfangen. Ich konnte nicht verstehen, wie man einen Menschen so quälen konnte und die Amputation in kleinen Schritten vollzog, zumal jede Operation den Körper zusätzlich belastete. Er kam mir vor wie eine Versuchsperson, an der sie die unterschiedlichen Operationsverfahren am lebenden Objekt ausprobierten. Einen fachlich fundierten Grund für diesen Eingriff konnte ich nicht erkennen. So blieb mir nur, ihm beizustehen. Wir beschlossen, ihn im Spätherbst nochmals zu besuchen. Mittlerweile war mein Vater bereits ein Vierteljahr im Krankenhaus und es war kein Ende abzusehen.

Es war schon das erste Adventswochenende, als wir in Wien ankamen. Um ein wenig Abstand zu gewinnen und Alexandra zu schützen, nahmen wir uns eine Ferienwohnung am Rande der Stadt. Ich verbrachte die meiste Zeit bei meinen Eltern, Michael und Alexandra kamen nur kurz ins Krankenhaus. Die Belastung für Alexandra war ohnehin schon zu groß, deckte sich mein Vater doch meist sofort nach meinem Eintreffen ab und zeigte allen die frisch vernähte, lange Narbe vom Knie bis zum Fuß. Beim ersten Mal war Alexandra erblasst und ihr Körper hatte zu schwanken begonnen. Sie war ohnehin sehr empfindlich und sensibel.

Ich schaute nur, dass die Beiden verschwanden und sich ablenkten und blieb mit meiner Mutter im Krankenhaus. Ich konnte offen mit den beiden über ihre Vergangenheit reden. Ich betete, dass er es schaffen möge, lebend aus dem Krankenhaus herauszukommen. Mit jedem Amputationsschritt wurde sein Körper schwächer und sein Geist stärker. Er war ruhig und besonnen und hatte eine schier grenzenlose mentale Stärke gewonnen. Wir hatten täglich telefoniert und jede freie Minute für intensive Gespräche genutzt. Jetzt stand ich neben dem Krankenbett und schaute zu meiner Mutter. Sie versuchte ihm eine Hilfe zu sein. Ich hatte ihm zahlreiche Fotos auf dem Laptop zusammengestellt, die wir gemeinsam betrachteten und auf diese Weise in die Vergangenheit reisten. Viel mehr blieb ihm nicht. Er nahm eine Infektion nach der anderen mit. Es gab inzwischen wohl kaum ein Antibiotikum, dass ihm nicht verabreicht worden war. Ich hatte keine Ahnung, wie lange er diese Quälerei noch durchstehen würde. Aber er hing am Leben, er war stark wie ein Bär. Immer wieder signalisierte er, dass er meine Gebete spürte und es ihm besser ging. Für die Ärzte war er inzwischen ein biologisches Wunder. Ich spürte, dass er noch Einiges auf dieser Welt zu erledigen hatte, bevor er gehen konnte. Also tat ich alles, um ihn dabei zu unterstützen. Trotzdem musste ich erst einmal wieder zu meiner Familie zurückkehren.

Weihnachten und Neujahr kamen, und mein Vater war nicht stark genug, Weihnachten daheim zu verbringen. Er musste im Krankenhaus bleiben. Im Für mich war dieser Zustand vorprogrammiert und sie hätten ihm diesen Zwischenschritt ersparen können. Aber wir konnten nichts tun, es war die Entscheidung der Ärzte. Aus der Ferne hatte ich keinen Einfluss auf die Geschehnisse. Sie war einfach zu weit weg. Ich war in der Firma in einer sehr intensiven Arbeitsphase, in der ich eigentlich keine freie Minute hatte. Aber mein Vater war mir wichtiger. Ich war mir sicher, höheren Beistand zu haben. Ich telefonierte mit einer Ärztin, die mir keine Auskunft geben wollte, noch dazu bei einem internationalen Telefonanruf. Aber ich ließ mich nicht abwiegeln. Über die Chefetage erwirkte ich, Auskunft zu bekommen. Daraufhin wurde ich mit einer sehr netten Stationsärztin verbunden, die mir den Ernst der Lage offen mitteilte. „Momentan ist gerade ein Beratungsgespräch mit ihrem Vater im Gange. Dabei wird er befragt, ob er sich diese Operation überhaupt noch antun möchte." Die Sachlage war klar. Der nächste Flieger ist meiner. Ich muss seinem Bruder noch Bescheid sagen. Nun muss er kommen und alle Zwistigkeiten und das Auseinanderleben in der Vergangenheit überwinden und vergessen.

Ich rief meinen Onkel an und erzählte ihm, wie es aussah. Tief in meinem Herzen spürte ich, wie wichtig er für meinen Vater sein würde, ihn noch einmal zu sehen. Ich regelte noch die notwendigsten Dinge in der Firma, buchte aber sofort den nächsten freien Flieger. Alles war ausgebucht und ich musste noch zwei Tage warten. Eine Autofahrt war mir zu gefährlich. Der Winter hatte eine weiße Landschaft hinterlassen und so eine Fahrt konnte sehr lang werden. Ich sagte der Ärztin Bescheid, wann ich kommen würde, denn ich wollte sichergehen, dass er es sofort erfuhr. Als ich in den Flieger stieg, wusste ich nicht, ob ich meinen Vater noch lebend zu Gesicht bekommen würde.

Als ich dann im Krankenhaus ankam, lag mein Vater in der Intensivstation. Ich begrüßte meine Mutter, ließ mir alles erzählen und stellte mich an sein Bett, nahm seine Hand und begrüßte ihn. Er war bewusstlos und lag regungslos da. Immer wieder rief ich ihn und betete.

Sein Gesicht hatte eine weißgelbliche, schale Farbe. Jegliches Leben war aus seinem Körper gewichen. Er bekam Kreislaufunterstützung und Sauerstoff. Nach einer Weile kam die Schwester und sagte: „Er hat die Nase voll. Er will nicht mehr." Ich wusste aber, dass es nicht so war. Ich hätte es akzeptiert, wenn er gegangen wäre, auch wenn ich mich dann nicht mehr bei ihm hätte verabschieden können. Immer wieder hatte er gesprochen, nun war er stumm. Sie schlossen ihn an die Dialyse an. Ich hielt immer noch seine Hand. Sein Bruder würde ihn in den nächsten Tagen mit Sicherheit besuchen, da war ich ganz sicher. Das würde seiner Seele gut tun! Ich redete mit ihm, witzelte, rief ihn, betete. Irgendwann schaute ich ihn an, da veränderte sich sein Gesicht. Er sieht aus wie Großvater Holy Crow. Ich traute meinen Augen nicht. Sanft rief ich: „Vati, Vati." Seine Augen blieben geschlossen, aber er flüsterte leise, kaum hörbar: „Freude, Freude." Ich redete und redete, hörte gar nicht mehr nicht auf zu reden. Ich hoffte lediglich, dass er mich spürte und meine Worte verstand. Ab und zu kam ein Zucken um die Mundwinkel zurück. Er begann, Reaktionen zu zeigen und hob ein wenig den Arm. Ich küsste seine Hand und sagte: „Du bist ein Held für mich. Du bist ein Held. Du bist der größte Held, der mir jemals begegnet ist. Bitte mein großer Held, bitte öffne Deine schönen blauen Augen für mich, bitte!" Langsam öffnete er die Augen ein wenig, auch wenn es ihn sichtlich anstrengte. Sehen konnte er nicht. Er hatte einen starren Blick. Trotzdem sagte er: „Freude." Das war der größte Moment meines Lebens. Egal, was passieren würde, er hatte sich gefreut, dass ich da war. Das war das Wichtigste. „Du musst Künstler werden. Das ist mein Wunsch." Tränen liefen ihm die Wangen herunter. Nach einigen Stunden kehrte eine rosige Hautfarbe in sein Gesicht zurück. Erst wurde er ein wenig wacher, schlief dann aber tief und fest ein. Er brauchte Ruhe.

Ich ging derweil mit meiner Mutter in das Cafe im Krankenhaus. Sie suchte sich ein Kuscheltier aus, das sie beschützen sollte. Ich schenkte es ihr als ewiges Schutzsymbol. Am nächsten Morgen war sein Zustand unverändert. Allerdings registrierte er nun, was passiert war. Wieder sagte er: „Du musst Kunstmalerin werden." Meiner Mutter wollte er einen zweiten Namen geben, als Symbol, neu anzufangen. Ich sagte ihm: „Alexandra und Michael sind in Gedanken bei Dir. Alexandra hat Deinen Humor geerbt. Sie witzelt unentwegt." Er zog die Mundwinkel hoch. Es kam der nächste Tag, es war ein Sonntag. Er hatte sich ein wenig stabilisiert und konnte schon wieder essen. Ich durfte ihn füttern. Er hatte ein schwarze Zunge, die Spuren der Vergiftung. Im Halbschlaf sagte er: „Die Geier sind da..."

Am Abend musste ich wieder zurück. Auf dem Heimweg besprachen wir die nächsten Schritte. In diesem Zustand war an eine Rückkehr meines Vaters nach Hause nicht mehr zu denken. Jetzt stand das Thema Pflegeheim oder betreutes Wohnen auf der Tagesordnung. Es half alles nichts. Aber ich musste erst einmal zurück zu meiner Familie. Auch bei der Arbeit musste ich mich wieder blicken lassen. Andernfalls war mein Job und damit die Lebensgrundlage meiner Familie in Gefahr. Klar war auch, dass ich sofort den nächsten Flug buchen musste. Sein Zustand war äußerst kritisch. Für die Folgetage benötigte er kreislaufunterstützende Maßnahmen und hatte wilde Träume. Sein ganzes Leben zog an ihm vorbei. Er hatte Alpträume aus den Kriegszeiten, die er als Kind erlebt hatte, mit all seinen Ängsten erschossen zu werden. Auch die Streitigkeiten der Familienteile und seine Sehnsüchte traten zu Tage, einfach alles.

Daheim, weit weg von ihm, betete ich und machte Pfeifenzeremonien. Michael und Alexandra waren beim Fußball. Nachdem ich die Zeremonie beendet hatte, klingelte das Telefon. Es war Talking Bird. Das hatte mir gerade noch gefehlt. Er begann zu erzählen: „Letzte Woche war ich mit Emily und ihrer Tochter an der Büste von Großvater Holy Crow. Wir haben gemeinsam auch für Deinen Vater gebetet." Erstaunt horchte ich auf. Damit hatte ich überhaupt nicht gerechnet. „Oh, danke! Wann wart Ihr denn da?" „Am Donnerstag. Bei Euch muss es Nachmittag gewesen sein." Ich konnte es gar nicht glauben. Großvater Holy Crow hatte meine Gebete erhört. Ich hatte mir das alles nicht nur eingebildet. Er war da! Er war bei mir, bei meinem Vater! Ebenso wenig konnte ich es fassen, diesen Anruf aus South Dakota zu bekommen. Es war erste Mal seit Langem, dass ich etwas Positives von Talking Bird hörte. Und das auch noch ohne Bitte, einfach so. Ich war erleichtert. Viel reden konnte ich aber nicht, ich war einfach nur dankbar. „Danke, das bedeutet mir sehr viel. Danke" antwortete ich. Kurze Zeit später rief meine Mutter an. Sie war ziemlich verzweifelt und konnte das Leiden nicht mehr mit ansehen. Sie hatten keine Patientenverfügung vereinbart und so wurden die lebenserhaltenden Maßnahmen fortgesetzt.

Am nächsten Tag, auf dem Weg zur Arbeit, hörte ich Radio. Es wurde „Spiel mir das Lied von Tod" gespielt. Ich betete für meinen Vater und sagte: „Wenn Du gehen möchtest, kannst Du gehen. Du musst nicht mehr leiden. Bitte triff Deine Entscheidung selbst." Auch im Traum sprach ich diese Gebete, doch die Reaktion meines Vaters war heftig. Ich betete, dass all die Dinge verschwinden mögen, die ihm Leid brachten und dass er seinen Frieden finden könne. Dann sah ich, wie Michael, Alexandra und ich gemeinsam meinen Vater umarmten. Ich sah sein Gesicht erst links, dann vor mir, dann wieder links. Er war aufgewühlt und hatte noch viel aufzuarbeiten, das spürte ich.

Am nächsten Tag hatte sich sein Kreislauf stabilisiert und er konnte auf die Wachstation verlegt werden. Meine Mutter besuchte ihn, wie immer. Sie war seine treue Seele, auch wenn es daheim oft turbulent zugegangen war. Kaum fühlte er sich besser, sagte er: „Ich will aufstehen, aber ach, das geht ja gar nicht." Meine Mutter redete auf ihn ein: „Du hast doch einen Rollstuhl." Er reagierte nur grantig. „Nein. Hast Du Dein Bett hier? Weißt Du, was das heißt?" Inzwischen war er nahezu ein halbes Jahr im Krankenhaus und hatte beide Unterschenkel verloren. Natürlich konnte er sich mit seinem Zustand nicht abfinden. Für meine Mutter war es ein Schlag ins Gesicht. Sie war machtlos und hatte ihn jeden Tag besucht. Als Dank dafür konnte sie nun seinen Frust ertragen. Es war in der Tat eine harte Kost. Sie hatte sich um alles gekümmert, alles besorgt, was er brauchen konnte. Aber das konnte er in seinem Zustand nicht beurteilen. Genauso wenig konnte sich meine Mutter in ihn hineinversetzen. Sie hätte es für sich selbst nie so weit kommen lassen und vermutlich schon längst einen Schlussstrich gezogen. Er aber hatte anders entschieden.

Am nächsten Morgen, als ich wieder zur Arbeit fuhr, hörte ich die Mondschein-Sonate im Radio. Es war bitterkalt und schneebedeckt. Ich telefonierte mit meinem Vater und sagte ihm: „Ich hab Dich lieb, vergiss das nie. Ich hab Dich lieb und auch wenn ich nicht da bin, bin ich bei Dir. Vergiss das nie." Schläfrig erwiderte er ein halb gemurmeltes „Ja".

In den nächsten Tagen hatte ich wieder Kontakt zu Talking Bird. Er hatte eine Schwitzhütte mit zwanzig Personen organisiert und wollte für meinen Vater beten. Er erklärte mir, welche Gebetsfahnen ich für ihn machen sollte und sagte, dass er nicht mehr viel Zeit hätte. Glauben konnte ich das jedoch nicht so recht. Irgendetwas hatte mein Vater noch vor, das spürte ich. Er war mit sich selbst und seiner Umwelt noch nicht im Reinen. Ich rief noch einmal Jonas, seinen Bruder, an, den er unbedingt nochmals treffen musste. Sie mussten sich einfach versöhnen! Ich erzählte ihm, wie schlecht es um seinen Bruder stand und dass es sehr wichtig wäre, ihn zu besuchen. Mehr konnte ich für die beiden nicht tun. Ich sagte zu Onkel Jonas, dass ich selbst auch am Wochenende einen Flug nach Wien gebucht hatte. Er war ziemlich schockiert und bedankte sich für diese Information.

Die Tage bis zum Abflug waren ziemlich turbulent. Der Zustand meines Vaters war weiterhin sehr instabil, Kreislauf und Blutzucker spielten verrückt. Bevor ich abfliegen konnte, kam auch noch ein Schneesturm auf, so dass ich umbuchen musste. Den Widrigkeiten zum Trotz in Wien angekommen, wartete meine Mutter bereits am Flughafen. Gemeinsam fuhren wir ins Krankenhaus. Als ich das Krankenzimmer betrat, musste ich mich zusammenreißen, um nicht loszuweinen. Die Krankenschwestern hatten ihn zur Lungenbelüftung auf einen Stuhl gesetzt, der vorn wie bei Kleinkindern mit einem kleinen Tisch ausgestattet war. Er konnte sich in diesem Stuhl kaum halten, sein Kopf fiel immer wieder auf den kleinen Tisch. Was hat das noch mit Leben zu tun?, fragte ich mich. Es war wirklich schwer zu ertragen. Er war bei vollem Bewusstsein und sich seines Zustandes vollkommen klar. „Du wirst sehen, die nächsten Tage wirst Du im Rollstuhl sitzen und rumfahren", versuchte ich, ihn aufzumuntern. „Dazu wird es nicht kommen", erwiderte er deprimiert. Er saß zusammengekauert auf dem Stuhl und legte seinen Kopf auf den Tisch. Er hatte keine Kraft mehr, ihn zu halten. Nach einer Stunde wurde er von dieser Tortur erlöst und durfte ins Bett. Er lag da und wimmerte. Tränen liefen über sein Gesicht. Sagen wollte er nichts mehr. Am Abend mussten wir wieder gehen. Am nächsten Tag machte ich eine Zeremonie am Krankenbett und beträufelte ihn mit Weihwasser. Er hatte höllische Erinnerungen an seine Operation. Was genau passiert war, habe ich jedoch nie erfahren. Auch meine Nachforschungen bei den Ärzten haben keine neuen Erkenntnisse gebracht. Naheliegend waren jedoch die Entzugserscheinungen, die der Abbau des Morphiums gegen die Schmerzen mit sich brachte. In den Folgetagen bekam er mehrere Bluttransfusionen und Sauerstoff für die Lunge. Diese Tage waren ein reines Auf und Ab. Ich versuchte, meine Mutter zwischen den täglichen Krankenhausaufenthalten ein wenig abzulenken und aufzubauen. Wir gingen in Cafés, zum Einkaufen, redeten viel und machten es uns abends gemütlich. Es war eine irre, harte Zeit, aber das Leben ging trotzdem weiter. Es half alles nichts.

Am Wochenende kam endlich Onkel Jonas. Wir gingen gerade in den Haupteingang, als eine Dame von rechts auf uns zu rannte und uns umarmte. „Entschuldigung, Entschuldigung. Bitte verzeiht mir, dass wir uns so selten besucht haben. Bitte verzeiht uns." Mit den Jahren hatten sie sich auseinandergelebt und trotz der kurzen Entfernung kaum noch getroffen. Dann waren sie nach Graz umgezogen und der Kontakt war endgültig abgebrochen. Nun waren sie alle da. Die ganze Familie: Annas Onkel Jonas, Tante Julia und Cousine Hannah. Ich war heilfroh über den Besuch, meine Mutter hingegen schockiert. Nun wollte ich alles dafür tun, meinen Vater sanft auf den Besuch vorzubereiten. Wir vereinbarten, dass ich mit meiner Mutter erst einmal vorgehen und mich dann wieder melden würde. Onkel Jonas mit Familie blieb derweil im Café in der Lobby sitzen.

Als ich das Krankenzimmer betrat, saß mein Vater bereits erwartungsvoll im Rollstuhl. Mir kamen die Tränen: „Wow, Papa, ich bin so stolz auf Dich! Ich bin so stolz! Du bist ein echter Held. Ich habe auch eine Überraschung für Dich. Da kommst du niemals drauf." Er schaute mich neugierig an. „Rate mal, wer kommt?" „Deine Brüder?", fragte er. Ich schüttelte den Kopf. „Anton?" „Nein, aber aus der Familie." „Jonas?" „Ja!", antwortete ich. „Hol ihn rein!", sagte er mit bestimmtem, aber aufgeregtem Ton. Er durfte eine halbe Stunde mit dem Rollstuhl den Gang entlang gefahren werden. Vor der Tür wartete Jonas bereits mit seiner Familie. Als wir aus dem Zimmer kamen, umarmte ihn Hannah als erste. Danach war Jonas dran. Es war eine herzliche Begrüßung. Auch er war alt geworden. Weißes Haar hatte er schon lange gehabt, wie seine Mutter. Aber mit 78 Jahren war er nun mal nicht mehr der Jüngste. Nach der langen Zeit hatten sie sich viel zu erzählen. Mein Vater hielt sogar eine ganze Stunde aus, ehe er wieder zurück ins Bett musste. Am Abend gab ihm Alexandra sogar noch einige Fußballergebnisse telefonisch durch und er schaute wieder Fußball im Fernsehen an.

Am nächsten Tag war er wieder vollkommen erschöpft. Wir drehten zwar auch an diesem Tag eine kleine Runde mit ihm, aber an diesem Tag war seine Gesichtsfarbe aschfahl und er brach vor Erschöpfung fast zusammen. Im Bett schlief er gleich ein, obwohl es erst Nachmittag war. Gemeinsam mit meiner Mutter verweilte ich noch ein wenig, dann musste ich wieder aufbrechen, zurück nach Zürich.

Daheim bekam ich wieder einen Anruf von Talking Bird. Er war wieder der Alte, fiel in seinen alten Trott der Kontrollfragen zurück, gepaart mit ständigen Eifersüchteleien in Bezug auf meine Freunde und

Familie in New Mexiko. Er fragte, wann ich denn dort hinreisen würde. Ich konnte und wollte das nicht mehr hören. „Ich habe vier Wölfe gesehen. Sie standen direkt vor mir", erzählte er. „Was haben sie gemacht?", fragte ich genervt. „Nichts, sie standen einfach da." Ich war froh, dass sie ihn beobachteten, das gab mir ein gutes Gefühl. Ich wurde bewacht und beschützt. „Ich möchte nächstes Jahr nach Virginia reisen", sagte ich nach einer kurzen Pause, um ihn zu testen. „Virginia?" „Ja. Du hattest doch dort einen Sonnentanz geplant, oder? Vielleicht können wir uns auf neutralem Boden treffen? Ich komme aber mit meiner Familie und habe nur begrenzt Zeit." „Ich kann dort nicht hinreisen. Mein Gesundheitszustand lässt es nicht zu." Das erstaunte mich. Noch vor vier Wochen war er nach Santa Barbara geflogen und vor zwei Wochen war er in Kanada zum Sonnentanz gewesen. Das passte nicht ganz zusammen. Es interessierte mich auch nicht wirklich. Unbedingt wollte ich Pete - Healing Bear Claw treffen. Wenn ich es mit einem Treffen mit Talking Bird verbinden könnte, gut. Wenn nicht, sollte es nicht sein. Ich sah keine Ansatzpunkte mehr, zusammen zu kommen und war es leid, ständig diese Diskussionen zu führen. Ich hatte viel von ihm gelernt, keine Frage. Er hatte mich zuweilen auch mit seinen Zeremonien unterstützt und mir geholfen. Dafür war ich auch unheimlich dankbar. Aber wir waren einfach zu verschieden. Es waren andere Welten, die hier zusammen prallten und sich nicht wirklich vereinbaren ließen. Gewisse kulturelle Unterschiede waren für mich unüberwindbar. Ich akzeptierte nicht mehr, mich ständig unterdrücken zu lassen, egal von wem.

So fiel es mir auch an diesem Tag wieder unheimlich schwer, der Argumentation von Talking Bird zu folgen, zumal er für diesen Sommer einen Sonnentanz in Virginia geplant und bereits begeistert davon erzählt hatte. Ich hatte keine Idee, was seine Erwartungen waren. Vielleicht suchte er einen neuen Sponsor, auch wenn er nie auf direktem Weg danach gefragt hätte. Dabei konnte ich ihm nicht helfen. Ich konnte zwar von Zeit zu Zeit spenden, ihm aber nicht seinen Lebensunterhalt sichern. Auch seine Reisekosten konnte ich nicht voll finanzieren. Also, was sollte ich sagen? Bei den Zeremonien wurden seine Kosten von den Teilnehmern oder Sponsoren übernommen. Er brauchte also einfach nur hinzureisen und die Zeremonien abzuhalten. Das konnte und wollte ich nicht leisten, zumal ich auch andere Erfahrungen in New Mexiko gemacht hatte. Ich ließ ab und beschloss, keinerlei neue Vorschläge mehr zu machen. Jedes weitere Telefonat trug nur dazu bei, dass sich der

Entschluss verfestigte, meinen Bruder Pete - Healing Bear Claw zu treffen und in diesem Zusammenhang ein Treffen mit Talking Bird nur ins Kalkül zu ziehen, wenn es sich ergab, dass er zur selben Zeit dort seine Zeremonien abhalten würde. Es war erst Frühjahr und ich musste noch nicht alles festmachen. Nur die Flüge musste ich buchen. Was die Reise selbst anging, gab es für mich nur ein paar Fixpunkte. Ansonsten war ich in der Reisegestaltung ziemlich frei."

Familienangelegenheiten

Loreen schaut Anna ganz entgeistert an: „Warum hast Du Dir das ganze Hin und Her mit Talking Bird eigentlich weiterhin angetan?" Anna lächelt und antwortet: „Er gehört zur Familie. Das habe ich irgendwie immer gewusst. Seit dem Zeitpunkt, als es mir meine Eltern bestätigt haben, war für mich klar, dass es ‚normale' Auseinandersetzungen in der Familie waren und sind, sonst nichts. Die Art und Weise miteinander zu sprechen ist halt eine andere. Manchmal hat es fast etwas Bockiges, wie man es halt aus der Kindheit kennt. Das ist alles. Ich habe ihn immer als großen Bruder gesehen, der auf mich aufpassen will. Er sieht seine Aufgabe darin, mir die Traditionen zu übermitteln, damit sie auch durch mich in die nächste Generation weitergegeben werden können. Er hatte wohl immer wieder Bedenken, dass ich als ‚kleine Schwester' einen anderen Weg einschlagen könnte und meine Pflicht nicht erfüllen würde. Aber das ist nun mal meine Aufgabe. Mit der heiligen Pfeife bin ich dieses Commitment eingegangen und ich werde es erfüllen, definitiv. Inzwischen bin ich mir sicher, dass auch er es weiß. Außerdem sind auch Medizinmänner nur Menschen, mit all ihren Stärken und Schwächen. Hätten sie ihre Erleuchtung bereits erfahren, würden sie nicht mehr auf der Erde leben." Loreen kratzt sich die Stirn und erwidert etwas durcheinander: „Ich verstehe."

„Aber lass mich das noch zu Ende bringen. Nach über einem halben Jahr Krankenhausaufenthalt hatte mein Vater es endlich geschafft, das Krankenhaus zu verlassen. Er konnte zwar nicht mehr in seine Wohnung zurück. Das war ein herber Schlag für ihn, den er nie richtig akzeptieren und überwinden konnte. Nach einer langen, intensiven Suche hatte meine Mutter jedoch ein betreutes Wohnen mit Einzelzimmer für ihn gefunden, wo er wirklich unheimlich gut aufgehoben war. Gemeinsam richteten meine Brüder und meine Mutter das Zimmer für ihn ein. Michael besorgte dazu einen großen Flachbildschirm, damit er fernsehen und auch das Bild erkennen konnte – sein Augenlicht war schwächer geworden. Nun war mein Vater selig. Für ihn war es eine ganz neue Welt, die Fußballspieler wieder richtig erkennen und die Spiele intensiv verfolgen zu können. In seinem Rahmen kam zumindest ein bisschen Lebensqualität zurück. Die ganze Wohnung war behindertengerecht eingerichtet, sodass er im Rollstuhl alles eigenständig erreichen konnte. Bei Spaziergängen wurde er betreut. Es gab ein gemeinsames Esszimmer und eine Küche, die er mit fünf weiteren Anwohnern teilen konnte. Er bekam aber ohnehin Vollpension. Wenn er Gäste hatte, wurden auch diese vom Personal bewirtet. Ich muss sagen, dass ich froh bin, dass es damals so gekommen ist. Die Wohnung war sehr geschmackvoll eingerichtet und strahlte menschliche Wärme aus. Von den Krankenschwestern wurde er gütig umsorgt. Sie witzelten, badeten und duschten ihn. Sie hatten immer ein nettes Wort für ihn bereit. Er wurde rund um die Uhr versorgt. Jeden Tag bekam er Besuch von meiner Mutter. Sie konnte mit dem Fahrrad fahren oder den Bus benutzten, denn die Einrichtung war nicht weit von ihrer Wohnung entfernt. Auch meine Brüder und ihre Großfamilien waren regelmäßig zu Gast.

Langsam nahte sein Geburtstag. Michael, Alexandra und ich besuchten ihn schon ein paar Tage vorher. Meine Mutter hatte sich eine Auszeit genommen und war mit einer Freundin weggefahren. Nach der harten Zeit hatte sie es auch bitter nötig. Er freute sich riesig über den Besuch. Wir hatten uns eine Familienwohnung direkt gegenüber gemietet und waren nur ein paar Schritte weit entfernt. Wir machten Spaziergänge mit ihm. Er saß im Rollstuhl, war aber glücklich wieder rauszukommen. Gemeinsam gingen wir zum nahe gelegenen Einkaufszentrum. Für ihn war es das Paradies auf Erden, nach einem halben Jahr endlich wieder unter Menschen zu sein und sich selbst aussuchen zu können, worauf er Appetit hatte. Er fuhr von Geschäft zu Geschäft und schaute alles Mögliche an. Er wollte gar nichts kaufen, einfach nur schauen. Er suchte nach Dingen, mit denen er meiner Mutter eine Freude machen könnte. Zwei Tage später gab es das Geburtstagsfest in der Wirtschaft. Wir feierten seinen letzten Geburtstag, das wusste irgendwie jeder. Umso mehr bemühten wir uns, ihm ein schönes Fest zu bescheren. Am Abend kamen meine Brüder mit ihren Frauen, um gemeinsam ein Fußballspiel in seinem Zimmer anzuschauen, ein gelungener Abschluss für ihn. Wann immer wir etwas brauchten, eilten die Krankenschwestern zu Hilfe. Nach seinem langen Leidensweg hatte er sich dieses Highlight wahrlich verdient.

In den nächsten Wochen unternahmen meine Eltern einige Ausflüge. Sie lauschten Konzerten, gingen in Cafés oder Biergärten. An Möglichkeiten fehlte es ihnen nicht. Wien war eine kulturreiche Stadt, die viel zu bieten hatte, auch für wenig Geld. Es gab auch gemeinsame Theaterbesuche, die zentral von der Pflegeeinrichtung mit Fahrdienst und Betreuung für die Patienten organisiert und durchgeführt wurden. Ich war froh, dass er dort so gut aufgehoben war, auch wenn ihn nach wie vor die Sehnsucht nach daheim quälte.

Eines Tages bekam ich einen Anruf von meiner Mutter: „Ich muss dir etwas Unglaubliches erzählen," sagte sie, „Ich habe es geschafft, das Grundstück gewinnbringend zu veräußern. Deine Brüder haben alles ausgeräumt und in der Familie verteilt. Den Rest hat der neue Besitzer übernommen. Von dem Gewinn kann ich mir nun daheim einen neuen Fußbodenbelag legen lassen, damit es nicht mehr so kalt ist." Ganz aufgeregt fuhr sie fort: „Das Wichtigste habe ich dir aber noch gar nicht erzählt. Ich hatte meine Tasche im Garten gelassen, die ganze Zeit. Nun habe ich die sie heim genommen und ausgeräumt. Rate mal, was da drin war? Es war der Bär aus Stein, den Du aus New Mexiko für Vati mitgebracht hast. Er hat alles bewacht und nun kann ich ihn zurück geben." Ich freute mich für meine Eltern. Nun mussten sie sich darüber keine Gedanken mehr machen und hatten damit keine finanziellen Sorgen mehr. Damit hatte auch meine Mutter wieder mehr Zeit für sich und musste sich darum nicht mehr kümmern. Das würde auch meinen Vater erleichtern, wenn sie das Grundstück nicht mehr in Schuss halten musste und es daheim gemütlich hatte. Schließlich hatte sie damit dann auch mehr Zeit für sich und für ihn. Dann konnte sie ihn stressfrei besuchen. Das würde ihm unheimliche Kraft und Lebenswillen geben.

Bald konnte meine Mutter mit ihren Freundinnen ab und zu kleinere Reisen von drei bis fünf Tagen unternehmen. Sie wusste, dass ihr Mann nun gut aufgehoben war und sie sich nun zumindest gelegentlich erholen konnte. Alle in der Familie wussten, dass sein Zustand weiterhin kritisch war und zu jeder Zeit umschlagen konnte. Er bekam täglich Anrufe, zahlreiche Besuche und wurde auch vom Personal gut umsorgt. Zwischenzeitlich hatte er auch Kontakte bei den Mitbewohnern geknüpft. Witzigerweise hatte er in dieser kurzen Zeit weit mehr und intensivere Kontakte zur Außenwelt, als in all den Jahren zuvor."

Abschied und Neuanfang

„Dieses Jahr stand für mich unter einer ganz besonderen Energie. Es war eine Zeit, sich von vielen alten Dingen zu verabschieden und neu zu beginnen. So stand auch die Urlaubsreise meiner Familie unter dem Fokus des Abstreifens und Neubeginns. Michael hatte sich verbittert vom Fußballverein trennen und sich neu orientieren müssen. Im Frühjahr war eine neue Vorstandsschaft aus lauter alten Herren gewählt worden. Deren Schwerpunkt lag in der Förderung der ersten Mannschaft. Ihre Führungsideale repräsentierten eine alte Ära von Fußballverständnis, wie diese Sportart noch vor zwanzig Jahren praktiziert wurde. Michael und seine Freunde, mit denen er gemeinsam in mühsamer Kleinarbeit eine erfolgreiche Jugend herangezogen und etabliert hatte, mussten tatenlos zusehen, wie sich diese Jugend von jetzt auf gleich innerhalb eines halben Jahres auflöste. Der Führungswechsel war eingeschlagen wie eine Bombe. Bereits nach einem Vierteljahr hatte sich die Jugend in alle Winde zerstreut. Michael war am Boden zerstört. Innerhalb von Wochen war die Arbeit von Jahren dahin. Die Kinder und Jugendlichen waren weg. Ich konnte Michaels Wehmut nachvollziehen, hatte ich doch bereits zweimal ähnliche Erfahrungen in meiner Firma gemacht. Was das zweite Mal anging, steckte ich noch mittendrin, Ausgang ungewiss.

Ich konzentrierte mich vorerst auf meine Familie. In einem Traum sah ich Talking Bird mit mehreren Teilnehmern in einer Schwitzhütte. Auch ich sollte dabei sein. Ich hatte ein ganz schlechtes Gefühl, Magenschmerzen überkamen mich. Dann sah ich, dass mir beim Betreten der Schwitzhütte etwas ganz Schlimmes widerfahren würde. Schweißgebadet wachte ich auf. Meine Entscheidung war gefallen, in diesem Augenblick. Ich durfte Talking Bird in Virginia in keinem Fall allein treffen. Ich hatte keine Ahnung, was es für Teilnehmer bei der Schwitzhütte geben würde. Eines war jedoch klar: Sie würden mir nicht gut tun. Meine Familie konnte und wollte ich aber nicht mitnehmen. Es war also eine Weichenstellung. Ich musste mich entscheiden, und zwar für meine kleine Familie aus der Schweiz und die neue Familie aus New Mexiko, zu der auch Pete - Healing Bear Claw gehörte. Da gab es keinen Zweifel mehr. Ich tat alles, was in meiner Macht stand, um die wichtigsten Entscheidungen voranzutreiben und alles andere abzustreifen. Dabei wurde mir einiges abverlangt. Bei Alexandra standen die Entscheidung und die Absolvierung des Aufnahmeverfahrens der

Berufsmaturität an der Berufsmittelschule oder Berufsfachschule an. Sie musste am letzten Schultag die Zeugnisse beibringen und sich in der Schule einschreiben. Am selben Tag flogen wir aber bereits am Nachmittag gemeinsam nach Washington. Aufgrund der strengen Zoll- und Passkontrollen und der Einreisemodalitäten für die USA war die Zeit sehr knapp bemessen.

Bei diesem Urlaub nahmen wir alle alten Kleidungsstücke mit, die uns schon fast vom Leib fielen und von denen wir uns trennen wollten. Es war eine Art symbolischer Neuanfang. Nach der Rückkehr sollte Alexandra eine neue Zimmereinrichtung erhalten. Sie war inzwischen Teenager geworden und ihrem Bett im wahrsten Sinne des Wortes entwachsen. Also war auch da ein Neuanfang vorprogrammiert. Offen war nur noch mein Job. Ich wusste nur, dass ich es in diesem Bereich nicht mehr lange aushalten würde. Dann war da noch das Angebot von Talking Bird, der nicht locker ließ. Wieder hatte er angerufen. Dieses Mal hatte er mir erklärt, dass seine Reise nach Virginia feststehe und alles geplant sei. Er offeriert mir, mich zu lehren, wie ich eine Schwitzhütte nach Art der Lakota leiten konnte. Sicherlich war das ein lukratives und verlockendes Angebot. Allerdings hatte ich von Swimming Bear bereits die Legitimation erhalten, Schwitzhütten nach seiner Tradition durchzuführen. Und nach meiner letzten Vision hatte ich die Entscheidung bereits getroffen und konnte mir nicht mehr vorstellen, wie er mich umstimmen sollte. Bei diesem Telefonat und nach seinen unzähligen Mails schien er es jedoch ernst zu meinen – er wollte sich unbedingt mit mir treffen!

Drei Tage vor Abflug bekam ich nochmals einen Anruf: „Hallo wie gehts?", fragte er. „Gut, gut", antwortete ich, „und dir?" „Mir auch. Wir hatten vor drei Tagen in Eagle Butte eine Schwitzhütte. An einem Abend hat sich ein Medizinmann an einer Frau in der Schwitzhütte vergangen." Mir war ganz mulmig zumute. Wieder sah ich die Bilder des Traums vor mir und antwortete nichts. „Ich fahre heute los nach Virginia. Onkel Tame Hawk hat Holz für die Schwitzhütte gesammelt und wartet bereits auf uns. Du hast dort einen eigenen Schlafplatz. Ich habe Dir die Adresse geschickt. Wann können wir uns treffen? Wann seid Ihr da?" Ich war total irritiert. Was passiert hier? Gehöre ich nun in seinen Augen zur Familie? Warum diese plötzliche Wende? Ich hatte keine Erklärung dafür. „Übermorgen fliegen wir los", antwortete ich kurz und unverbindlich. „Ok, ich habe mein Handy dabei und kann einmal am Tag ins Mail schauen. Dann rufen wir uns zusammen, ok?" „Wann machst Du Deinen Sonnentanz?", wollte ich wissen. Ich wollte unbedingt vermeiden, dass er seine Pläne nach mir ausrichtete und ich vielleicht noch ein schlechtes Gewissen haben musste. „Das ist ein paar Tage später. Ich treffe auch noch Freunde aus Belgien." „Ok, gut. Das freut mich. Die erste Nacht werden wir in DC bleiben. Dann müssen wir weitersehen. Ich möchte auch noch meinen Bruder treffen. Aber das ist ja alles in erreichbarer Nähe." Talking Bird erwiderte: „Ruf mich an. Ich werde es auch versuchen. Dann sehen wir uns ja bald." „Richte Dich bitte nicht nach mir. Ich kann Dir noch nicht genau sagen, wann wir wo sind. Ich möchte nicht, dass Du Deine Pläne wegen mir ändern musst, ok?", vergewisserte ich mich." „Ja, bis bald." Wir legten auf und ich war froh, dass das Gespräch beendet war. Ich war mir sicher, warum auch immer, dass ich ihn dort nicht treffen durfte.

Daheim packte ich die Sachen zusammen und stimmte mich mit Pete - Healing Bear Claw ab. Ich hatte mich schon lange auf dieses Treffen gefreut und konnte es kaum erwarten, wollte mich aber auch nicht einfach einladen und bot ihm an, im Hotel zu übernachten. Nachdem ich allerdings nur ein müdes Lächeln erntete, das ich förmlich durchs Telefon sehen konnte, gab ich auf und wir verabredeten uns bei ihm zu Hause. Fürs Erste ging es aber erst einmal nach Washington DC.

Am Tag des Abfluges fuhren Alexandra und Michael noch zum Einschreiben in die Schule. Als sie zurückkamen, ging es auch schon los. Die Rückmeldung mussten sie telefonisch am vierten September erfragen, zu einer Unzeit im Urlaub. Durch die Zeitverschiebung war es morgens früh um zwei Uhr. Diese eine Nacht war dann wohl gelaufen. Das war aber nicht so wichtig, wenn es der richtige Weg sein sollte. Beim Hinflug musste ein Passagier notversorgt werden. Sie legten ihm eine Infusion an und brachten ihn in die Business Class. Was für ein Omen! Spontan musste ich an meinen Vater denken. Ich betete, dass es ihm gut gehen möge. In Washington DC angekommen, suchten wir nur noch unser Hotel auf, aßen noch eine Kleinigkeit und fielen müde ins Bett.

Am Folgetag besuchten wir endlich Pete - Healing Bear Claw, der am Rande des Shenandoah Nationalpark wohnte. Er lebte in einem Bungalow, der an einer Wiese gelegen und von Wäldern umgeben war. Für den Winter hatte er einen Bollerofen und einen kleinen Herd zum Kochen. In seinem Schlafzimmer stand ein wahrhaft riesengroßes Kingsize-Bed, wie ich es vorher nur in königlichen Gemächern gesehen hatte. Das Bett hatte ein Gestänge und einen Himmel. Auf der Kommode am Fußende des Bettes lag ein riesiger, ausgestopfter Bärenkopf. Eine unheimlich starke Energie ging von ihm aus. Am Fenster seitlich des Bettes stand eine Bank, auf der ein großes Bärenfell ausgebreitet dalag. Auf der Kommode stand dasselbe Foto vom Swimming Bear, dass ich im Wohnzimmer hängen hatte. Viele spirituelle Gegenstände lagen im Raum verteilt. Pete - Healing Bear Claw wies mir und Michael das große Bett zu und räumte für uns das Schlafzimmer. Daneben gab es ein weiteres Zimmer, das seines Sohnes, der gerade studierte und nicht daheim war. Wir betraten das Zimmer. Auf dem Bett lag die Indianerdecke, die er von mir geschenkt bekommen hatte. Es war eine große Ehre für mich, dass diese Decke so einen schönen Platz gefunden hatte. Dort durfte Alexandra übernachten. Pete - Healing Bear Claw war Kettenraucher und lief permanent mit einer Tabakdose umher. Das Rauchen konnte ich ihm leider nicht austreiben, aber so hat jeder seine Schwächen.

Alexandra und Michael wollten gemeinsam einen Tagesausflug machen, um mir und Pete - Healing Bear Claw Zeit für die Zeremonien zu geben. Alexandra und Michael fuhren beide los, um abends wieder auf uns zu treffen. Als sie weg waren, zeigte Pete - Healing Bear Claw mir seine spirituellen Gegenstände. Ich nahm die Energie in mich auf, die von den einzelnen Dingen ausging. Dann gingen wir vor die Haustür. Da gab es eine überdachte Terrasse, wie ich sie von den Häusern in den Südstaaten kannte. Er hatte auch eine Schaukelstuhl aus Holz und andere normale Stühle. Ich setzte mich auf einen normalen Stuhl und wartete. Nach ein paar Minuten kam er mit mehreren Indianerflöten zurück und begann zu spielen. Wunderschöne Klänge durchdrangen die Umgebung. Ich war fasziniert, schloss die Augen und meditierte. Er hatte eine Doppelflöte, mit der er unterschiedliche Melodien gleichzeitig spielen konnte. Ich konnte mich einfach fallen lassen. Nachdem er das Spielen beendet hatte, gingen wir ins Wohnzimmer. Er rieb meinen Nacken und Schultern mit einer selbst zusammengestellten Kräutertinktur ein. Ich genoss die wohlige Wärme, die von der Tinktur ausging.

Anschließend brachen wir auf, um zu seinem Wasserfall zu fahren, an dem er regelmäßig betete. Wir fuhren eine Schotterstraße entlang durch den Wald. Die enge Straße schlängelte sich die Berghänge hinauf und teilweise wieder herunter. Um uns herum gab es zahlreiche Laubbäume, die teilweise die Gestalt von Tieren und Menschen angenommen hatten. Etwa zehn Meter unterhalb der Straße schlängelte sich ein Fluss, der etwa zehn Meter unterhalb der Straße zu sehen war. Nach etwa zwanzig Minuten hatten wir die Anhöhe mit dem Wasserfall erreicht.

Wir stiegen aus und gingen zum Wasserfall herüber. Ich war beeindruckt von der Energie und dem Rauschen des Wassers. Das letzte Stück zum Fluss mussten wir klettern. Das war meine Welt! Wie wunderschön doch dieses Flussbett war. Riesige runde Steine und felsartige Gebilde hatten sich im Wasser aufgetürmt und eine kleine Wanne gebildet, in der fünf bis sechs Personen Platz für ein Bad hatten. Ich wollte unbedingt ins Wasser und zog die Sneakers aus, krempelte mir die Hosen hoch und stieg mit den Beinen ins Wasser. Flussaufwärts war das Wasser gemächlich. Aber als ich mich umsah und flussabwärts blickte, konnte ich den Höhenunterschied von etwa zehn Metern erst so richtig erkennen. Kraftvoll fiel das Wasser herunter und prallte auf den Felsen am unteren Ende des Wasserfalls auf. Das Wasser war eiskalt und sehr angenehm. Am liebsten hätte ich mich ausgezogen und mich ganz hineingesetzt, wie ich es bei meinen Bergtouren so gern getan hatte. Aber das fiel hier leider aus. Als ich erneut zu den Felsen blickte, erkannte ich die Form eines Bären. Kraftvoll blickte er mich an und gab mir Energie. Ich wäre am liebsten den ganzen Nachmittag dort geblieben, aber wir mussten zurück. Zwischenzeitlich waren andere Leute dazu gestoßen und badeten im kalten Wasser. Pete - Healing Bear Claw stand auf einem Felsen und beobachtete mich. Er hatte schon viele Meditationen an diesem Fluss durchgeführt und den Menschen an diesem kraftvollen Platz verloren gegangene Energie zurückgegeben. Auf dem Weg zurück zum Wagen trafen wir auf riesengroße bunte Schmetterlinge. Ich war total begeistert – so große Schmetterlinge hatte ich in meinem ganzen Leben noch nicht gesehen. Sie waren wunderhübsch und flatterten unentwegt hin und her.

Kaum ,zuhause' angekommen, kamen Alexandra und Michael auch schon von ihrem Ausflug zurück. Gemeinsam fuhren wir zu einem Restaurant ganz in der Nähe und aßen zu Abend. Das Wetter war angenehm und so konnten wir auf der Terrasse sitzen und gemütlich plaudern. Diese Nacht verbrachten wir erst einmal in Pete - Healing Bear Claws Haus. Von seinem Schlafzimmer ging eine ganz besondere Energie aus und ich fühlte, dass sich in meinem Körper eine Veränderung vollzog. Ich hatte ein unglaubliches Gefühl des Glücks und der Dankbarkeit. Es war mir etwas peinlich und fast unangenehm, dass wir uns in seinem Haus breit machten und er die Nacht auf der Couch, nur mit einer leichten Decke zugedeckt, verbringen musste. Am nächsten Morgen tranken wir noch einen gemeinsamen Kaffee, bevor wir uns verabschiedeten und weiter fuhren.

Das Wetter spiegelte merkwürdigerweise meine Stimmung wider. Gerade als wir losfuhren, begann es zu regnen. Für mich waren es die Tränen des Abschieds. Ich wusste ja nicht, ob ich ihn jemals wieder sehen würde! Wir besuchten noch den Shenandoah Nationalpark, aber es regnete unentwegt. Das war ein deutliches Zeichen wegzufahren, weg, weg, weg, einfach nur weg von hier! Die letzte Entscheidung war ohnehin getroffen. Dann fuhren wir weiter Richtung Indianapolis. Wichtigste Station auf diesem Weg war die Natural Bridge westlich des Shenandoah. Dort angekommen, brach die Sonne plötzlich zwischen den Wolken hervor. Das schöne Wetter sollte uns von nun an die ganze Reise begleiten. Die Zeit des Regens war vorbei. Mit dem Wetterumschwung hatte sich in meinem Körper eine Wandlung vollzogen. Mein Nacken schien stabiler geworden zu sein. Auch beim Autofahren legte ich nun Halskrause ab und hatte auf sonderbare Weise ein neues Selbstbewusstsein erlangt. Wo immer wir halt machten, verschenkten wir unsere Kleidung oder überließen sie den Besitzern ihrer Unterkunft und kleideten uns ganz neu ein. Auch das war ein Teil des Neuanfangs unserer kleinen Familie. Höhepunkt der Reise waren ein Bad im Eriesee und die Eindrücke an den Niagarafällen. Ich betete für meine Familie und dieses Mal ganz besonders für meine Freundin Selina. Ich spürte, dass es ihr nicht gut ging und ich mich um sie kümmern musste. Ansonsten war es ein traumhafter Urlaub, der uns alle wieder enger zusammenwachsen ließ. Ich glaube, die Auszeit tat uns Dreien gut. Jeder von uns hatte ja eine anstrengende Zeit hinter sich und musste sich neu orientieren.

Ein besonderer Tag war derjenige, an dem wir nachts um drei Alexandras Schule anriefen und eine Zusage bekamen. Das kostete Alexandra einen Cappuccino, den sie Michael und mir ausgeben ‚durfte‘. Damit wurde der Grundstein für ihre weitere Entwicklung gelegt. Ein Lichtblick, der uns hoffen ließ. Leider ging die schöne Reise bald zu Ende. Sie hat, das weiß ich heute ganz sicher, meine Familie zusammengeschweißt und war vollgepackt mit positiven, tiefgreifenden Eindrücken und viel Spaß. Wir konnten alle gemeinsam Energie tanken und das Leben genießen.

Das war auch unheimlich wichtig, folgte doch umgehend eine weitere harte Zeit. Der Zustand meines Vaters verschlechterte sich zunehmend und ich war drauf und dran, sofort nach Wien zu fliegen. Er war weggetreten und hatte nach Aussage der Schwestern immer wieder nach mir gerufen. Fieber und Schüttelfrost kamen über ihn. Ich machte eine Pfeifenzeremonie. Das war das Mindeste, was ich für ihn tun konnte. Dieses Mal sah ich ein helles Licht und wie seine Eltern für ihn da waren. Trotzdem sträubte sich mein Großvater noch immer ein wenig, seinen Sohn zu empfangen. Als ich dann in die Firma zurückkehrte, hatte sich einiges geändert. Mir wurden nur noch Aufgaben als Zuarbeiterin zugeteilt. Nun musste ich gehen, daran führte kein Weg vorbei. Mir war klar, dass ich diese Konstellation so nicht lange ertragen würde. Ich konnte es einfach nicht verstehen, dass es immer wieder Menschen gab, die sich auf Kosten anderer in Positionen brachten, um diese zu unterdrücken und für ihre Zwecke einzusetzen oder sie gänzlich zu verdrängen. Wieder gelangte ich an diesen Punkt, jahrelang hatte ich ein Thema mit viel Energie und Engagement mühsam, wenn auch gemeinsam mit vielen Partnern im Unternehmen, aufgebaut und etabliert, um nun anderen das Feld zu überlassen. Aber es half nichts. Ich musste all meine Kraft zusammennehmen, um mich neu zu orientieren, mich aus dieser misslichen Lage zu befreien und die Parasiten abzuschütteln. Es war bereits das zweite Mal, dass ein und dieselbe Person versucht hatte, meinen Platz einzunehmen. Jetzt hatte die Schlange zugebissen und den Kampf gewonnen. Das Kräfteverhältnis hatte sich zu meinen Ungunsten entwickelt, auch wenn mein Chef mir Unterstützung anbot. Ich wusste aber, dass auch er bereits am Absprung war und dieser Bereich damit einen überaus wertvollen Menschen und genialen Mitarbeiter verlieren würde. Was hatte ich zu erwarten? Ohne ihn gab es für mich keine Perspektive mehr. Ich musste einfach gehen, auch wenn ich wieder einmal ein schwer erarbeitetes Thema kampflos abgeben würde. Magenschmerzen breiteten sich aus, die ich zwar körperlich in den Griff bekam, aber allein die Nähe dieser Personen ließen die Schmerzen immer stärker werden. In diesem Zustand konnte ich auch meinem Vater keine Unterstützung sein. Er hatte selbst noch viel mehr Leid zu ertragen und durfte in keinem Fall spüren, was mit mir geschah. Also versuchte ich Ruhe zu bewahren und meinen Körper zu reinigen. Ich wusste allerdings, dass ich nun ohne Hilfe von außen nicht weiter kam.

Mittags traf ich mich wieder einmal mit Selina. Wir tauschten uns über die Urlaube aus, als Selina ganz unvermittelt sagte: „Danke übrigens." Ich schaute sie fragend an. „Danke wofür?" „Na für deine Hilfe. Mir ging es wirklich nicht gut. Mein Knie hat wieder verrückt gespielt und ich weiß jetzt, dass ich nur noch auf dem Knochen gehe. Ich habe Dich in meinem Traum gesehen, als Medizinfrau. Ich habe Dich als klares Bild gesehen. Den Hintergrund konnte ich nicht genau erkennen. Es war aber in den USA. Es war die klare Botschaft: Ich bin weit weg, aber trotzdem bei dir. Also danke." Ich war zutiefst beeindruckt. „Wow, das ist gut", kam mir spontan über die Lippen. Ich erinnerte mich an die Gebete an den Niagara Fällen und wusste, dass es die starken Energien gewesen waren, die sie dort gespürt hatte. Ich lächelte glücklich und dachte: Wenn das kein Omen ist.

Am Abend bekam ich einen Anruf meiner Mutter, die mir erzählte, dass mein Vater von den Schwestern göttlich betreut wurde. Eine der Schwestern hatte ihn sogar auf der Intensivstation besucht. Allerdings spürte er, dass seine Kraft langsam schwand und hatte meine Mutter gerufen, um sich liebevoll von ihr zu verabschieden. Er wollte einen endgültigen Abschied. Sie war außer sich und vollkommen fertig. Daraufhin betete ich für sie und machte regelmäßige Pfeifenzeremonien. Nach einer Woche konnte mein Vater wiederum aus dem Krankenhaus entlassen werden. Die Mediziner hatten keine Erklärung für diese überirdische Kraft. Aus medizinischer Sicht war dieses Phänomen nicht zu erklären. Ich war natürlich erleichtert und bereitete mich darauf vor, ihn gemeinsam mit Michael zu besuchen. Alexandra konnte und wollte ich diesen Besuch nicht mehr zumuten. Sie sollte ihren Großvater in guter Erinnerung behalten, wie sie gemeinsam trotz seines Zustands noch eine Menge Spaß zusammen gehabt hatten. Bevor wir nach Wien fuhren, statteten Michael, Alexandra und ich uns mit Trachtenmode aus. Nun war ich nach fast dreißig Jahren auch mit dem Herzen in der Schweiz angekommen. Es hatte lange gedauert aber nun gehörte ich dazu. Ich fühlte mich wohl. Es war ein entscheidender Schritt in Richtung Neuanfang, der mir neue Kraft gab. Ich flüchtete nicht mehr von Ort zu Ort, hatte meine Mitte gefunden und spürte, dass ich meinen spirituellen Weg von zuhause aus gehen konnte und in eine glückliche Familie eingebettet war. Ich war voller Zuversicht, dass ich auch einen neuen Platz mit einer Perspektive im Unternehmen finden würde."

Loreen schaut verständnislos zu Anna und sagt: „Ist das nicht heftig, wenn man so verdrängt wird? Wie kannst Du da noch so optimistisch sein? Wo es Dir schon wieder passiert und Du ohnehin genug um die

Ohren hattest?" „Tja ich denke, wenn man sich direkt in dieser Situation befindet, ist es ziemlich hart. Aber ich glaube, man muss akzeptieren, dass alles endlich ist und man nach einer gewissen Zeit Platz machen muss für andere, die nachrücken. Ich habe mich in der Vergangenheit immer wieder verändert, manchmal auch zwangsläufig, wie Du gerade richtig bemerkt hast. Dabei habe ich mich persönlich aber immer irgendwie weiterentwickelt. Mit dem Ende dieses Projektes war für mich ein Wechsel fällig. Der Regelbetrieb wäre mir zu eintönig gewesen. Durch diesen Anstoß musste ich mich nun verändern. Außerdem habe ich wieder andere Menschen getroffen und einen anderen Teil der Versicherung kennengelernt. Dabei bin in gewisser Weise aber auch an 'Ursprungsthemen' meines Berufseinstiegs zurückgekehrt. Damit hat sich der Kreis für mich wieder geschlossen. Es war im wahrsten Sinne des Wortes eine runde Sache. Mit diesen Themen und den Menschen in diesem Umfeld hatte ich in der Vergangenheit gute Erfahrungen gemacht. Ich kam wieder mit alten Freunden zusammen, wo die Beziehung im Laufe der Zeit irgendwie eingeschlafen war. Außerdem konnte ich nun wieder Kontakt mit lieb gewonnenen Kollegen knüpfen, die noch immer in diesem Bereich geblieben waren. Somit wurde ich mit diesem Wechsel quasi zu meinem Glück gezwungen."

Loreen grinst in sich hinein. „Du findest auch an allem etwas Positives, oder?" „Du meinst, das Glas ist immer halb voll? Ja, finde ich schon. Aber lass mich eins drauf setzen. Mit meinem Weggang ist jemand an meinen alten Platz gerückt, der mit diesem Thema glücklich geworden ist. Damit also eine Win-win-Situation'." Loreen schüttelt den Kopf. „Hast Du denn gar keinen Hass empfunden?" Anna schaut nach vorn und erwidert. „Nein, Hass niemals, aber sehr oft Unverständnis über die Art und Weise des Umgangs. Ich habe versucht immer offen zu sein, auch unangenehme Themen anzusprechen und zumindest fair zu agieren. Ich habe jedoch des Öfteren andere Erfahrungen gemacht. Oft wird nie direkt mit dem Betroffenen besprochen, wo der Hase hinläuft." Loreen nickt. „Meine Freundin ist auch von so einer Situation betroffen. Sie hat per Fax erfahren, dass es ihren Arbeitsplatz nicht mehr gebe und sie entlassen werde. Das ist aber doch heftig, oder? Wieso agieren die Leute so?" Anna schaut zu Loreen und sagt: „Lass mich eine Gegenfrage stellen. Wie würdest Du Dich fühlen, wenn Du einen Mitarbeiter entlassen müsstest? Oder Du solltest ihm erklären, dass er ab jetzt weniger Verantwortung hat und nur noch zuarbeitet? Was glaubst Du tut dieser Mitarbeiter, wenn Du es ihm sagst? Also wie fühlst Du Dich dabei?" Loreen schluckt. „Ich würde mich schlecht fühlen, wenn ich mit ihm reden müsste. Ich würde alles dafür tun, das Gespräch so kurz wie möglich zu machen und ich hätte wahrscheinlich einen wichtigen Folgetermin.

In Deinem zweiten Fall würde ich es dem Mitarbeiter wohl gar nicht direkt sagen. Dann geht er ja oder sein Engagement hält sich zukünftig in Grenzen. Wenn er gehen soll, kann ich es ihm doch aber kurz und knapp sagen, oder? Würde mir aber auch schwerfallen. Sage ich nichts, bin ich nicht Schuld und kann in Ruhe nach seinen Schwächen suchen und ihm die Schuld geben, oder? Fehler macht ja schließlich jeder. Mhmmm, verzwickt." Anna lächelt und antwortet: „Nun hast Du Dir die Antwort im Grunde schon selbst gegeben, nicht wahr?" Loreen nickt und starrt aus dem Fenster. „Also einfach wachsam sein und seiner Intuition folgen." Anna lächelt und nickt zufrieden. „Trotzdem habe ich noch eine Frage", setzt Loreen die Unterhaltung fort. „Was machst Du, wenn sich die Firma selbst ändert, Du Dich damit nicht anfreunden kannst und immer das Gefühl hast, gegen Windmühlen zu kämpfen, um Deine Ziele zu erreichen?" Anna lehnt sich zurück. „Als Erstes solltest Du versuchen Abstand zu gewinnen." „Abstand gewinnen? Wie soll das gehen? Du bist doch mitten drin und möchtest etwas voranbringen!", unterbricht Loreen. „Wenn Du gedanklich versuchst Dich außerhalb des Geschehens zu stellen und Dich in die Situation der Chefs oder wen auch immer hineinzuversetzen, kannst Du viele Fragen selbst beantworten und gewinnst automatisch Distanz." Loreen ist aufgeregt und erwidert: „Aber was nutzt mir das?" „Ganz einfach. Du kannst die Situation nüchtern analysieren und die Kräfteverhältnisse besser einschätzen. Damit eröffnen sich Möglichkeiten entsprechend zu agieren. Das Wichtigste dabei ist, Ruhe zu bewahren. Gegen den Strom zu schwimmen ist brotlose Kunst. Da kannst du nur verlieren. Das hast Du ja bereits richtig erkannt, daran würdest Du zerbrechen. Irgendwann geht Dir die Kraft aus und Du ertrinkst. Was machst Du also, wenn Du in so einen Strudel gerätst? Du kannst dich ruhig verhalten und starr in der Mitte bleiben, um später wieder hochzukommen. Effektiver ist, abzutauchen, daneben wieder aufzutauchen und weiter zu schwimmen. Aber das Wichtigste dabei ist, Ruhe zu bewahren. Ich weiß, dass das leichter gesagt als getan ist. Ich war auch in der Vergangenheit oft sehr emotional und aufgebracht. Manchmal ertappe ich mich immer noch dabei. Inzwischen versuche ich aber ruhig zu bleiben und mich zu besinnen. Auch wenn mir das nicht immer gelingt." „Wie bist Du dem Strudel entkommen?" „Eigentlich ganz einfach. Ich bin abgetaucht, habe mich auf fachliche Themen konzentriert und nach einem Platz zum Auftauchen Ausschau gehalten. Das ist mir auch gelungen, auch wenn das ein kleines Wunder war und ich es noch heute kaum glauben kann. Ich glaube, was auch immer passiert, irgendwie geht es immer weiter und ich denke es ist gut, wenn man sich selbst nicht so wichtig nimmt und den Blick in die Welt wirft. Das war in dieser Phase die wichtigste Lehrstunde für mich. Damit haben sich für mich plötzlich wieder völlig neue Wege eröffnet, die ich vorher gar nicht im Visier hatte." Loreen blickt auf. „Und jetzt, bist Du glücklich?" „Ich bin zufrieden und ausgeglichener und freue mich über jeden Tag und die Herausforderungen, die jeder Tag oder auch manche Nacht mit sich bringt. Damals machte ich weiterhin regelmäßige Pfeifenzeremonien, meditierte und las Bücher über den tibetischen Buddhismus. Ich sog diese Bücher in mich hinein und betrachtete sie als Lehrbücher. Sie halfen mir tatsächlich, die Situationen und die Mechanismen in der Firma, der Familie und meinem Bekanntenkreis besser zu verstehen. Über diesen Weg fand ich Schritt für Schritt ein wenig Distanz zu dem Ganzen und begann gezielt, nach neuen Wegen zu suchen. Auch wenn ich niemals einem Lama begegnet war, hatten diese Bücher, Mantras, tibetischen Gesänge und Gongs immer wieder unheimliche Eindrücke bei mir hinterlassen und, ja, ich würde sagen, mein Bewusstsein weitreichend verändert. Parallel dazu hörte ich mir bewusst Gebetsgesänge an und fühlte die unheimliche Kraft, die von diesen ausging.

Allerdings reichte das alles nicht aus, mich endgültig von den Machenschaften in der Firma zu distanzieren. Ganz im Gegenteil. Meine Magenschmerzen wurden immer schlimmer und ich spürte, dass nun schnell etwas passieren musste. Ich fasste mir ein Herz und durchforstete Stellenanzeigen. Ich fand auch ein paar interessante, die nicht ganz zu meinem Profil passten, sodass ich mir wenig Hoffnung machte. Ein Bereich hätte mich sogar gern genommen, aber ich war überqualifiziert.

Ich gab nicht auf und hatte noch weitere Optionen im Visier. Kurzerhand griff ich einfach zum Telefonhörer und rief dort an. Was habe ich zu verlieren?, dachte ich. Ich gelangte zum Vorstand, der mir mitteilte, dass ein neuer Bereich aufgebaut werden solle. Der neue Bereichsleiter Herrn Steiner sei erst ein paar Tage an Bord. Der Bereichsvorstand empfahl mir, mich doch besser mit meinen Fragen direkt an ihn zu wenden. Gleich darauf rief ich die angegebene Nummer an und traf auf die Sekretärin. Der Bereichsleiter war unterwegs und sie bat mich, ihn doch gleich auf dem Handy anzurufen, was ich auch tat. Es kam zu einem interessanten Gespräch. Ich hatte ihn neugierig gemacht und er bat mich, ihm doch meinen Lebenslauf zu schicken und ihn am Nachmittag gegen siebzehn Uhr nochmals zurückzurufen. Ich schickte die Unterlagen und fuhr so schnell wie möglich heim.

Bei der Arbeit hatte ich keine Möglichkeit, ungestört zu telefonieren. Pünktlich um siebzehn Uhr kam dann der vereinbarte Anruf des Bereichsleiters Herr Steiner. Doch die Verbindung zu meinem Diensthandy brach immer wieder ab! Wenn das kein Omen ist!, dachte ich, konnte ihm aber gerade noch die Privatnummer geben. Dann brach das Gespräch endgültig ab. Das tat der Sache aber keinen Abbruch. Herr Steiner schien ernsthaftes Interesse an meiner Anstellung zu haben und bat mich um einen Termin in seinem Büro. Was für ein Lichtblick! Derweil trieben sie es in meiner alten Abteilung bis auf die Spitze. Sie versuchten mich zu demütigen, wo sie nur konnten. Bei Feierlichkeiten wurde ich außen vor gelassen und hatte im Grunde jegliches Mitspracherecht verloren.

Ich versuchte derweil, mich weiterhin fair zu verhalten und ein eigenes Netzwerk aufzubauen, um mich gegen diese Angriffe abzuschotten, positive Aspekte bewusst zu forcieren und mich selbst aufzubauen. Ich zählte die Tage bis zum Bewerbungsgespräch und versuchte, mir nichts anmerken zu lassen. Niemanden hatte ich eingeweiht, bis auf meine Familie. Nicht einmal meine beste Freundin wusste davon, bis es endlich so weit war. Dann machte ich einen fast unverzeihlichen Fehler. Ich fuhr beim Bewerbungsgespräch zur falschen Adresse. Der Standort von Herrn Steiner war mitten in der Stadt, so dachte ich zumindest. Dem war aber nicht so. Dieser Standort stand zwar im Telefonbuch, sein Büro war jedoch in einem anderen Gebäude, etwa eine halbe Stunde entfernt!

Ich rannte fast durch die Straßen, um dann mit öffentlichen Verkehrsmitteln zu ihm zu fahren. Damit ist es wohl gelaufen, dachte ich. Im Büro angekommen, war der Bereichsleiter inzwischen wieder im Gebäude unterwegs und ich musste warten. Nach ein paar Minuten betrat Herr Steiner dann den Raum und bat mich in sein Büro. Er war groß, Mitte vierzig, schlank und hatte dunkle, braune Augen. Er hatte eine angenehme Stimme. Wir setzten uns und begannen das Gespräch. Herr Steiner hatte lange Jahre in einem amerikanischen Versicherungsunternehmen gearbeitet und war von dort direkt hierher gekommen. Schon nach ein paar Minuten war mir klar, dass es sich hier um einen ganz anderen Managementstil handelte. Die ganze Art zu reden, das Vorgehen, die Kommunikationswege kannte ich aus dem angelsächsischen Führungsstil und aus dem amerikanischen Unternehmen, bei dem ich nach meiner Forschungszeit ein paar Jahre tätig gewesen war. Lange hatte ich noch davon geschwärmt und war froh, nach einer überaus langen Durchstrecke nun endlich wieder Töne wie Transparenz, kurze Dienstwege, Wertigkeit von Mitarbeitern zu hören. Dass ich so etwas hier noch finden würde, hatte ich fast nicht mehr für möglich gehalten. Thematisch und von der Art war ich begeistert. Allerdings musste ich nun die Karten auf den Tisch legen.

Nach der Frage von Herrn Steiner: „Klingt das interessant? Wäre das was für Sie?" druckste ich etwas herum. „Ja, das klingt sehr interessant. Allerdings gibt es da noch ein paar Dinge, die aus meiner Sicht wichtig sind und ich ansprechen muss. Das kann vielleicht ein Problem für Sie darstellen", erwiderte ich. „Was gibt es denn für Probleme?", wollte er wissen. „Naja", begann ich, „Vor ein paar Jahren hatte ich einen Autounfall. Es war eine Dienstfahrt. Seitdem habe ich zwei Heimarbeitstage pro Woche. An diesen Tagen habe ich nach wie vor regelmäßige Behandlungen und die Möglichkeit, meine Wirbelsäule zu schonen. Anders schaffe ich es nicht, meine Arbeitsleistung zu erbringen. Zusätzlich habe ich einen Tiefgaragenstellplatz, da man hier kaum einen Parkplatz finden kann." Herr Steiner hörte zu, schaute mich fragend an und sagte: „Und was haben Sie jetzt für ein Problem?" „Naja, das war es schon. Das möchte ich unbedingt fortführen, damit ich meine gesundheitlichen Defizite ausgleichen kann." Er lächelte nur und sagte: „Wenn das alles ist. Das ist kein Problem. Ich hatte auch zwei Jahre lang tageweise Heimarbeit. Da kann man dann zumindest ab und zu im Jogginganzug arbeiten. Das ist toll, oder?" Ich lächelte erleichtert und begann über das ganze Gesicht zu strahlen. Wir waren uns einig. „Ich möchte, dass Sie noch ein Gespräch mit ihrem direkten Chef und meinem Chef führen. Wenn das alles passt, stellen wir Sie schnellstmöglich ein." Ich war entzückt.

Gleich am darauf folgendem Tag bekam ich einen Anruf von Herrn Steiners Chef. Er war viel international tätig und nur an manchen Tagen in Zürich erreichbar. Damit hatte ich ein nächstes Problem. Er wollte mich genau in dem Bürogebäude treffen, in dem ich jetzt noch arbeitete! Super, dachte ich, wo soll ich nun einen freies Besprechungszimmer finden, ohne dass mein alter Chef es merkt? Frechheit siegt, sagte ich mir, rief die jetzige Sekretärin an und buchte einen Raum. In der Vergangenheit hatte ich schon so viele Räume für Besprechungen gebraucht, dass es wohl kaum auffallen würde. Es kam aber noch dicker: Ich hatte mit einem Kunden und meinem jetzigen Chef einen Folgetermin genau im Anschluss. Nun musste es ich eine Punktlandung schaffen, um rechtzeitig zum Folgetermin zu erscheinen.

Tatsächlich waren all meine Sorgen umsonst. Es lief alles reibungslos, auch der Termin mit meinem direkten Chef fand noch am selben Tag statt. Nach zwei Tagen hatte ich dann die Zusage. Es war ein Freitag und ich hatte Heimarbeit. Nun wollte ich alles klar machen, um nicht einen weiteren Monat zu verlieren, da es längere Wechselfristen auch innerhalb des Unternehmens gab. Außerdem war es der letzte Tag des Monats. Ich rief den Chef und den derzeitigen Bereichsleiter an, um einen kurzfristigen Termin zu vereinbaren. Auch hier hatte ich Glück. Ich konnte spontan in die Firma fahren, um ihnen persönlich die Hiobsbotschaft zu überbringen. Mit dem Wechsel erwischte ich den Chef kalt. Damit hatte er nicht gerechnet und wurde ganz blass. Seine Spontanreaktion war, doch vielleicht ebenfalls zu wechseln. Ich lächelte, war mir allerdings sicher, dass es für ihn in meinem Bereich keinen Platz geben würde. Nachdem ich dieses Gespräch hinter mich gebracht hatte, ging ich zum derzeitigen Bereichsleiter. Er war ebenfalls schockiert und enttäuscht, dass ich ihn erst jetzt unterrichtete. Aber was hätte ich tun sollen? Er war ebenfalls auf dem Absprung und ihn traf ein ähnliches Schicksal wie mich. Er war von den endlosen Belastungen deutlich gezeichnet, hatte in kurzer Zeit viele graue Haare bekommen, hatte schwarze Augenringe und sah insgesamt angeschlagen aus. Ich konnte ihm nur zu verstehen geben, dass es nicht an ihm lag und ich ihm alles Gute wünschte. Aber das wusste er ja bereits. Ich musste aus diesem Umfeld heraus, weit, weit weg. Aber das konnte ich ihm schwer erklären. Es tat weh, dass er meinen Weggang persönlich nahm, war er doch einer der wenigen Chefs, die für mich nicht nur exzellente Fachleute waren, sondern auch menschlich eine wahre Größe hatten. Trotzdem konnte ich ihn nicht von seiner Meinung abbringen. Das war ein echter Wermutstropfen, der mich lange begleitete.

Daheim wurden meine Magenschmerzen fast unerträglich. Das konnte auch die frohe Botschaft nicht ausgleichen. Ich musste einen Arzt aufsuchen und mich homöopathisch behandeln lassen. Es galt nur noch, das Wochenende zu überstehen. Es war ein besonderes Wochenende in Zürich. Es gab eine Mineralienausstellung, bei der Kristalle und Edelsteine aus aller Welt ausgestellt und auch zum Kauf angeboten wurden. Ich fuhr dorthin und verbrachte fast den ganzen Tag bei der Ausstellung. Ich fand wunderschöne Heilsteine und Kristalle, die ich für Zeremonien nutzen konnte. Das lenkte mich ab. Am Montag hatte ich schon einen Arzttermin und wurde gleich zwei Wochen krankgeschrieben. Was für ein Glück im Unglück! Ich hätte keinen weiteren Arbeitstag überstanden.

Am Wochenende gab es dann eine Voradventsfeier mit Kerzenschein. Dort gab es die ersten Lebkuchen und mehrere offene Feuer. Nun waren Michael und Alexandra für mich da, ich konnte mich anlehnen und bekam die Geborgenheit und Wertschätzung, die ich gerade jetzt so dringend brauchte. Als nächstes Highlight wurden die neuen Möbel für Alexandras Zimmer geliefert. Sie hatte sich von vielen Sachen trennen müssen und musste aufräumen. Ihr Zimmer war quasi in der ganzen Wohnung verteilt. Michael strich ihr Zimmer mit weißer Farbe und nachdem die Möbel aufgebaut waren, konnte Alexandra sich das Zimmer gemütlich einrichten. Ich half ihr dabei.

Inzwischen hatte ich die Information vom Chef bekommen, dass ich – entgegen meinen Hoffnungen – erst nach vier Monaten gehen durfte. Das war wie ein Schlag ins Gesicht. Er war mir nicht mal einen kleinen Schritt entgegen gekommen. Aber zumindest hatte ich eine Perspektive und konnte nach vorn schauen. Diese Zeit durchzustehen und parallel meinem Vater eine Stütze zu sein, sollte die nächste große Herausforderung sein. Aber erst einmal kündigte meine Mutter ihren Besuch an."

Loreen meldet sich zu Wort: „Bin ich froh, dass ich nicht in so einem Umfeld arbeiten muss und Mittags einfach heim gehen kann. Ich habe meine Aufträge, sehe jeden Tag, was ich geschafft habe. Mein Chef kommt immer mal wieder mit netten Sprüchen und Komplimenten vorbei. Wir können Radio hören, fast das Paradies dagegen. Wenn ich höre, was Du erzählst, werde ich irgendwie immer glücklicher." Loreen grinst über beide Wangen. Dann fragt sie Anna: „Was gab es denn an positiven Dingen, die Dich hochgehalten haben? In der Arbeit ja wohl nicht mehr viel." „In der Arbeit war es die Zusammenarbeit mit anderen Abteilungen und netten Leuten. Ich hatte auch immer wieder interessante Themen zu bearbeiten. Das Klima war aber rauer und schnelllebiger geworden und hierbei ein Umfeld zu finden, dass in ‚meine Welt' passte, war nicht so einfach. Ansonsten waren es meine Familie und meine Hobbys, die mich hochhielten. Dafür hatte ich aber nach wie vor leider zu wenig Zeit." „Heute ist das aber anders?" will Loreen wissen. „Sonst wären wir nicht so häufig zusammen und säßen auch nicht gemeinsam in diesem Auto." Nun müssen beide lachen, dann setzt Anna ihre Ausführungen fort.

„Ich holte meine Mutter wie geplant vom Flughafen ab. Sie war so ziemlich mit den Nerven am Ende und wollte Energie tanken, hatte aber ein schlechtes Gewissen meinen Vater allein zu lassen. Jeden Tag konnte man damit rechnen, dass er in eine Extremsituation geriet oder sogar das Ärgste passierte. Jeden Tag rang sie mit sich und überlegte, ob sie vielleicht doch wieder umzukehren sollte, um bei ihm zu sein. Ich versuchte derweil, alles zu geben, damit sie ein paar Tage abschalten konnte. Aber das stellte sich als ein schwieriges Unterfangen heraus. Sie war unausgeglichen und wankelmütig, wollte am besten alles auf einmal, um im nächsten Moment fast depressiv alles abzulehnen, was ihr angeboten wurde. Sie schaffte es nicht, einfach den Moment zu genießen. Das konnte ich natürlich verstehen, trotzdem war es mir wichtig, für ein wenig Abwechslung zu sorgen, damit sie zumindest ein paar Tage dem täglichen Stress und der Anspannung entfliehen konnte. Immer wieder flüchtete sie sich in ihre eigene Welt hinein. Jede freie Minute bei uns daheim nutzte sie, um sich in den Laptop meines Vaters zu vergraben. Sie setzte sogar alle Energie daran, den Laptop zu verschlüsseln! Merkwürdig, nicht?"

Loreens Augen blitzen, als sie ihre Idee vorbringt: „Vielleicht wollte sie sich selbst von allem Schwierigen ausschließen! Das wäre etwa so, wie den Schlüssel für einen Raum wegzuwerfen, an dessen Inhalt man nicht mehr erinnert werden will." „Gut möglich. Aber geklappt hat das natürlich nicht. Sich mit ihr zu unterhalten, war fast nicht möglich. Sie hatte eine dicke Mauer um sich herum gebaut, fast wie ein Panzer. Ich hatte keine Chance, kam nicht an sie heran. Sie war so fest in ihrer eigenen Welt vergraben, dass ihr jeglicher Blick für andere Dinge abhanden gekommen war. Ich konnte ihr nur Ruhe vermitteln und sie ein wenig verwöhnen. Wir besuchten Christkindlmärkte, gingen in Cafés, aßen Mittag im Restaurant und machten es uns daheim gemütlich. Am letzten Abend sagte sie auf einmal ganz verzweifelt: „Ich halt das nicht mehr aus. Ich halt das nicht mehr aus, ihn leiden zu sehen." Was sollte ich antworten? Mir ging es auch nicht viel besser. Umso wichtiger war es, dass wir gemeinsam mit Michael mit dem Auto zurückfuhren. So konnte ich sie noch ein wenig stützen. Ich hatte ja ein wenig mehr räumliche Distanz und sah meinen Vater seltener, auch wenn wir täglich telefonierten. Ich bewunderte meine Mutter, wie sie ihn täglich besuchte und ihn während der härtesten Phase seines Lebens so treu begleitete. Sie gab ihm Kraft durchzuhalten. Ich wusste aber auch, dass er für sie stark sein wollte, damit sie nicht allein leben musste. Er hing noch immer am Leben.

Nach einer knappen Woche war es soweit. Wir fuhren gemeinsam mit meiner Mutter zurück nach Wien. Das Wetter war eiskalt und es hatte geschneit. Das wurde uns zum Verhängnis. Eis und Schnee hatten dazu geführt, dass unzählige Lastwagen auf der eisglatten Fahrbahn stecken geblieben waren. Es ging nichts mehr vor oder zurück. Satte fünf Stunden standen wir im Stau. Die Streufahrzeuge kamen nicht mehr voran. Eisplatten waren auf der Fahrbahn. Meine Mutter saß auf dem Rücksitz und spielte Computerspiele – in ihrem Alter!

Spät abends kamen wir endlich in Wien an. Dort brachten wir zuerst meine Mutter heim, um im Anschluss in einem Hotel in der Nachbarschaft zu übernachten. Wir wollten ihr unter keinen Umständen Arbeit machen. Zu tun hatte sie ohnehin genug. So sollte sie auch hier ein wenig Freizeit haben, das war für uns das Allerwichtigste. Alexandra wurde derweil von Michaels Mutter betreut. Ich spürte, dass es wirklich das letzte Mal sein würde, dass ich meinen Vater lebend zu sehen bekommen würde. Es war bereits das erste Adventswochenende. Als wir im neuen Zuhause, dem betreuten Wohnen meines Vaters ankamen, lag er im Bett und schlief. Er hatte seine Dialyse hinter sich gebracht und war ziemlich geschafft. Wir warteten noch eine Weile draußen, bis er wieder erwacht war. Er freute sich unheimlich, uns beide zu sehen. Natürlich wollte er gern aufstehen, aber er war ziemlich kraftlos und hatte starke Schmerzen. Ich setzte mich zu ihm an die Bettkante. Seine schwindende Kraft war ihm deutlich anzusehen. Er war letztendlich sehr dankbar, dass er im Bett liegen bleiben konnte. Trotzdem hatte er ein schlechtes Gewissen. Nach einer recht kurzen Unterhaltung schlief er wieder ein.

Am Folgetag war ein Abendessen mit meinen Brüdern und deren Partnerinnen geplant. Mein Vater hatte sich sein Lieblingsessen bestellt, chinesisch. Am Morgen war er jedoch so erschöpft gewesen, dass er den ganzen Vormittag geschlafen hatte. Er bat uns, erst am Nachmittag zu kommen. Ich war sehr traurig darüber, musste es aber akzeptieren. So nutzten wir die Zeit, in die Stadt zu fahren und den Christkindlmarkt zu besuchen. Es war bitterkalt und alles war weiß. Wir gingen gemütlich durch die Gassen von Stand zu Stand, aßen Bratwurst und tranken Punsch. Dann kamen wir an einem interessanten Stand vorbei. Viele Buddha-Statuen und Klangschalen aus Nepal und Tibet wurden dort angeboten und eine angenehme Wärme ging von diesem Stand aus. Ich musste einfach stehen bleiben und schauen. Auch Michael schien neugierig zu sein. Eine nette Dame zeigte uns einzelne Klangschalen und führte die Töne vor. Ich war begeistert, konnte mir aber nicht vorstellen, eine davon zu kaufen. Es rief aber meine Klangsession in Erinnerung. Ich spürte, dass ich mich wieder mehr mit diesen Themen auseinandersetzen musste. Von einer Buddha-Statue konnte ich gar nicht mehr ablassen – sie strahlte Energie pur aus. Das war mein Weihnachtsgeschenk. Die Verkäuferin erzählte ausführlich, aus welchem Material und wo dieser Buddha gefertigt worden war. Sie entschuldigte sich, dass wegen des Zolls die Figur hohl war, deshalb noch gesegnet und mit Wachs ausgegossen werden musste. Nun hatte ich eine neue Aufgabe. Ich brauchte einen Lama. Michael ließ keinen Zweifel daran, dass wir diesen Buddha erwerben würden. Die Verkäuferin gab uns noch ein geflochtenes Band mit, um den Buddha daheim begrüßen zu können. Nun musste ich bis Weihnachten warten, diese Figur wieder auspacken zu dürfen!

Am Nachmittag fuhren wir zurück zu meinem Vater. Er hatte sich ein wenig erholt, war aber nach wie vor sehr erschöpft. Meine Mutter war bereits da und empfing uns herzlich. Sie war sichtlich geschafft und ausgelaugt. Thomas und Christian kamen dazu und hatten das Essen mitgebracht. Die Schwestern halfen meinem Vater in den Rollstuhl und brachten ihn ins Wohnzimmer, das wir heute allein nutzen durften. Richtig genießen konnte mein Vater das Essen jedoch nicht. Er aß nicht viel, hatte keinen Appetit und konnte sich kaum auf seinem Rollstuhl halten. Nach dem Essen ging er sofort wieder ins Bett. Er tat mir unheimlich leid. Zusammengekauert fand ich ihn später in seinem Bett. Er hatte körperlich an Größe verloren, geistig, mental und spirituell jedoch war er unheimlich stark geworden. Für mich war er ein echter Held. Ich genoss jeden Augenblick mit ihm, musste mich aber bald verabschieden, damit er schlafen konnte. Meine Brüder verabschiedeten sich ebenfalls und fuhren heim. Wir brachten noch meine Mutter heim und fuhren ins Hotel.

Am nächsten Morgen verabschiedeten wir uns nach einem gemeinsamen Frühstück. Als wir bei meinem Vater ankamen, war er gerade aufgestanden und begann zu frühstücken. Wir setzten uns dazu und tranken gemeinsam mit ihm Kaffee. Ich freute mich wie ein Kind, ihn genüsslich sein Nutellabrot essen zu sehen. Er trug immer noch sein Armband – es gehörte zu ihm und gab ihm Kraft und Zuversicht. Ihm war es fast peinlich, dass er so spät aufgestanden war. „Jetzt müsst ihr auch noch auf mich warten", sagte er. „Schmarrn", sagte ich, „wir haben Zeit und genießen es, hier gemütlich mit Dir zusammenzusitzen." Er lächelte und aß genüsslich sein Brot. Ich spürte, wie erschöpft er war und dass er es ersehnte, sich wieder ins Bett legen zu können. Behutsam umarmte ich ihn. Er war so zerbrechlich. Ich glaube, wir beide wussten damals, dass es die letzte Umarmung sein würde. Als wir den Fahrstuhl betraten, winkte er uns hinterher. Ich winkte zurück und zwinkerte ihm noch einmal zu. Dann fuhren wir zurück.

Zum Glück bekam er in der nächsten Zeit Besuch von alten Kollegen. Viele von ihnen hatte er schon fast zwanzig Jahre nicht mehr gesehen. Auch seine alten Chefs waren dabei. Das war so wichtig für ihn! Nun hatte er noch einmal alle bei sich. Abgerundet wurde das Ganze durch einen ganz besonderen Höhepunkt: eine Lichterfahrt in der Vorweihnachtszeit. Vom Pflegepersonal wurde ein Kleinbus geordert, mit dem die Bewohner durch Wien gefahren wurden, von Christkindlmarkt zu Christkindlmarkt. Überall waren die Lichter der weihnachtlichen Beleuchtung zu bewundern. Er bekam seine Prothesen an und konnte bei diesem Ereignis noch einmal wie ein ganzer Mensch mit seinen Beinen in den Bus einsteigen und auf einer Sitzbank sitzen, so wie alle anderen auch. Wann immer jemanden stoppen wollte, hielt der Bus an. Bei Bedarf kauften sie für die Insassen gebrannte Mandeln, Plätzchen oder was sie auch immer wollten. Für meinen Vater war es ein echtes Highlight, ein Tag des vollen Glücks.

Es sollte das letzte Weihnachten für ihn sein. Am Heiligen Abend sprach ich noch mit ihm. Seine Stimme driftete ab, ab in die Dunkelheit. Er hatte eine warme, kuschelige Decke bekommen, aber auch die Decke konnte ihn nicht ausreichend Wärme geben. Bereits das Weihnachtsessen konnte er nicht mehr genießen. Seine Kraft wich. Nach ein paar Tagen fiel er in die nächste Blutvergiftung. Er musste sich übergeben und wurde ins Krankenhaus gebracht. Der Abend des dreißigsten Dezember war schon angebrochen. Er hatte eine Sauerstoffmaske bekommen, konnte zwar noch alles hören und sehen, aber das Sprechen fiel ihm schwer. Am Telefon erzählte meine Mutter, wie es um ihn bestellt war und fragte, was sie tun solle. Ich sagte: „Bitte sag ihm, dass wir ihn lieb haben und grüß ihn von uns, ja?" „Ja mach ich." „Bitte mach, was Dein Herz Dir sagt. Du musst auch mal schlafen und heim gehen. Du kannst dort im Krankenhaus nicht übernachten." Sie klang müde und erschöpft. Auch mein Vater hatte sie aufgefordert zu gehen. Ich rief sofort die Intensivstation an, um mir ein eigenes Bild von der Situation zu verschaffen. Als ich die Ärztin erreichte, wurde mir kurz die Brisanz der Situation mitgeteilt. Ich bat auch die Ärztin, meinen Vater ganz herzlich zu grüßen. Telefonieren konnte er nicht mehr. Er soll lächelnd „Danke" gesagt haben. Mein Gruß solle der letzte Gruß sein, der ihn erreicht hat. Kurz nachdem ich aufgelegt hatte, kollabierte sein Herz. Er schloss einfach die Augen, für immer.

Michael und ich saßen daheim im Wohnzimmer. Ich war in Gedanken nur noch bei ihm. Es war bereits spät am Abend, als das Telefon klingelte. Ich hob ab und hörte am anderen Ende meine Mutter, die aufgeregt ins Telefon rief: „Er ist tot. Er ist tot. Er ist tot." Sie weinte, winselte und war außer sich. Ich war schockiert und hätte vor Schreck fast den Telefonhörer fallen lassen. Ich setzte mich in die Küche auf einen Stuhl, um nicht umzukippen. Spontan hatte ich nur einen Gedanken: Stark sein, stark sein für ihn, stark sein für sie, einfach nur stark sein. Das war jetzt meine Aufgabe. Michael begriff, dass etwas Schlimmes passiert sein musste. „Ich muss noch mal zu ihm. Ich muss noch mal zu ihm. Ich muss mich noch verabschieden", rief meine Mutter immer wieder. Sie hatte immer noch Weinkrämpfe und ich befürchtete, dass sie kollabieren könnte. Ich versuchte, sie zu beruhigen und sie davon abzubringen, mit öffentlichen Verkehrsmitteln zum Krankenhaus zu fahren. Schließlich war es fast Mitternacht. Michael war dazu gekommen und ich zeigte ihm, dass ich ihn brauchte. Sofort begriff er, was passiert war. „Pass auf, wir bestellen Dir ein Taxi von hier aus, ok?", sagte ich zu meiner Mutter. „Jaaaaaa", antwortete sie weinend. „Du bleibst in jedem Fall am Telefon, ok?" „Jaaaaaa." Sie konnte es einfach nicht fassen. Michael suchte nach Taxis und bekam eine Zusage. Die Zeit verging und ich redete auf sie ein, um sie hochzuhalten, bis das Taxi kommen würde. Sie durfte nun in keinem Fall allein sein. „Ich gebe Dir jetzt kurz Michael, ok?" „Ja", antwortete sie wieder. Ich rief meinen Bruder Christian an und erzählte ihm, was passiert war. Auch er war geschockt. „Mutti will ins

Krankenhaus fahren. Wir versuchen gerade ein Taxi zu bekommen. Bitte fahrt auch dahin, damit sie nicht allein ist. Geht das bei Euch?" Es gab eine kurze Pause. Dann erwiderte Christian: „Ja ist ok. Wir werden dann gleich losfahren."

Nun war bereits knapp eine Stunde vergangen und das Taxi war noch immer nicht da. Michael rief nochmals das Taxiunternehmen an und bestellte erneut mit Nachdruck. Nach etwa zwanzig Minuten war es dann endlich da und meiner Mutter fuhr ins Krankenhaus. Auch im Auto telefonierten wir weiter. „Christian kommt zum Krankenhaus. Dann bist Du erst einmal versorgt, ok?" „Ja", brachte sie heraus, ich leg jetzt auf, dass Christian mich erreichen kann, ja?" „Ja, ok. Wir bleiben in Kontakt. Du kannst Tag und Nacht anrufen, ja?" Ein letztes „Ja", kam zurück, dann legte sie auf. Ich blieb noch in der Küche sitzen, wollte nichts hören und nichts sehen. Ich wollte einfach nur allein sein. Tränen hatte ich nicht. Ich stierte nur auf den Tisch und dachte an meinen Vater. Dann betete ich für ihn.

Nun war für mich das Wichtigste zu wissen, was mit ihm weiter geschehen würde und wie ich mich von ihm verabschieden konnte. Ich hatte ja keinen Einfluss darauf, wie es weiterging. Das lag ganz allein in den Händen der Wiener Großfamilie, das hieß meinen Brüdern und meiner Mutter. Ich saß einfach da, mein Kopf war leer. Ich wusste nur, dass am kommenden Tag Silvester war und das neue Jahr eingeläutet werden würde. Für das neue Jahr würde Alexandra Zuversicht, Wärme, Rückendeckung und Optimismus brauchen. Das letzte Jahr war auch für sie hart genug gewesen. Also musste ich stark sein, für meine kleine Familie hier in der Schweiz, aber auch für meine Mutter in Wien. Ich musste außerdem dafür sorgen, dass mein Vater alles für seine lange Reise mitbekam, was er brauchte.

Meine Mutter meldete sich noch einmal telefonisch. „Ich habe mich von ihm verabschiedet. Er ist friedlich eingeschlafen. Ich fahre jetzt mit Christian nach Hause. Sie kümmern sich um mich." „Du kannst anrufen, wann Du willst! Ich nehme das Handy mit ins Bett, ja?" „Ja ist gut", erwiderte sie. Aber dann brach die Verzweiflung wieder hervor. „Ich kann es nicht fassen, ich kann es nicht fassen. Das gibt es doch nicht." Ich war machtlos und konnte nichts tun. „Ich hab Dich lieb, vergiss das nicht. Er ist ruhig und friedlich eingeschlafen, das ist das Wichtigste." „Ich kann nicht mehr, ich kann nicht mehr", wimmerte es durch das Telefon. „Er ist sanft eingeschlafen und hat Dich bis zum Schluss gehabt. Nur das zählt, ok?" „Ja, ich kann es nicht fassen." Ich gab mir Mühe auch auf diese Distanz Ruhe auszustrahlen und ihr Kraft zu geben. „Bitte bleib jetzt erst einmal bei Christian. Die Familie wird sich um Dich kümmern. Ich bin auch für Dich da. Vergiss das nie, ja?" „Ja.", sagte sie nur noch und weinte wieder. „Lass mich jetzt auflegen."„Ok. Ich hab Dich lieb." Das Auflegen fiel mir unheimlich schwer. Ich starrte auf den Boden, meine Augen waren wie ausgetrocknet. Ich konnte einfach nicht weinen und war nur erstarrt. Ich hatte einzig im Sinn, dass ich am nächsten Morgen eine Zeremonie für meinen Vater machen und alles zusammenstellen musste, was ich ihm auf seine Reise mitgeben wollte. Irgendwann in der Früh ging ich ins Bett und schlief vor Erschöpfung ein.

Am nächsten Morgen funktionierte ich nur noch. Gemeinsam frühstückten wir, dann rief meine Mutter an. „Wir sitzen zusammen. Christian hat Tee gekocht und uns Baldrian gegeben. Ich kann es noch immer nicht fassen." „Mir geht es genauso, aber wir müssen jetzt stark sein und nach vorn schauen. Das hätte er so gewollt." „Ja. Ich werde die nächsten Tage hier bleiben. Wir werden zusammen Silvester verbringen. Christian und Katharina bleiben daheim mit mir und haben den Silvesterball abgesagt." Ich war erleichtert. „Das ist gut." „Wir werden besprechen, wie es weitergeht." „Ja, ist gut." Nun kam der schwere Teil. Ich hörte nur zu. Ich wollte mich unbedingt von ihm verabschieden und hatte keine Ahnung, wie es weitergehen sollte. Ich verstand nur, dass es eine Urnenbeisetzung geben würde und sagte: „Ja, macht das ganz in Ruhe. Ich bin froh, dass sich Christian und Katharina um Dich kümmern." „Christians Schwägerin wird kommen", fuhr sie fort. „Wir werden alles wegen der Beerdigung besprechen." „Ich ruf dich wieder an, ja?", fragte sie. „Ja ist gut. Ich bin erleichtert, dass Du bei Christian bist. Bitte grüße alle von uns." „Ja mach ich." Dann legten wir auf.

Nach dem Frühstück packte ich Sage, Sweetgrass und ein wenig Lorbeer aus dem Garten zusammen, ging raus und machte eine Pfeifenzeremonie. Es war bitterkalt und im Garten lag so viel Schnee, dass ich mit beiden Unterschenkeln im Schnee versank. Trotzdem war es eine ganz besondere Energie. Ich spürte, dass er friedlich gegangen war. Auch spürte ich, dass dieses Silvester ein ganz besonderes werden würde, mit viel Knallerei und Feuerwerk. Es lag eine Energie in der Luft, mit der sich die ganze Welt von diesem Helden, meinem Vater, verabschieden wollte. Ich spürte, dass er dieses Datum ganz bewusst gewählt hatte und sich dieses gigantische Feuerwerk von oben anschauen wollte. Weißt Du was, Loreen? Ich habe keine Ahnung, wie lange ich im Schnee gestanden habe. Ich wusste nur, dass er nicht allein war und bei seiner Reise begleitet wurde. Darüber war ich sehr froh und erleichtert. Nachdem ich die Pfeifenzeremonie beendet hatte, ging ich zurück in die Wohnung. Ich wollte einfach nicht reden und mich einfach ablenken lassen. Natürlich hatte ich auch meine Mutter in die Gebete einbezogen. Ich war wirklich unheimlich erleichtert, dass sie bei Christian und Katharina bleiben konnte.

Der Tag verging und Mitternacht kam. Alexandra und Michael hatten dieses Jahr ungewöhnlich viele Raketen gekauft. Für mich waren es alles Grüße an meinen Vater, wie ich alles andere als Grüße an die Toten angesehen hatte, die bereits ihre Reise in die nächste Bewusstseinsstufe angetreten hatten. Ich sah meinen Vater vor mir, wie er mir die Hände entgegenstreckte. Neben ihm saßen Holy Crow und Swimming Bear. Die Tränen liefen mir übers Gesicht. Er ist gut aufgehoben, dachte ich. In der ganzen Gegend wurde so wunderschönes Feuerwerk gemacht! Sonst hatte ich eher Geld gespendet und nur mit schüttelndem Kopf zugeschaut, heute aber war es eine ganz besondere Energie. Es war Licht pur, in allen Farben, Grüße an ihn. Als es ruhiger wurde, gingen wir wieder in die Wohnung. Ich lag noch die ganze Nacht wach.

Die nächsten Tage waren voll und ganz dem Verstorbenen gewidmet. Meine Mutter kümmerte sich gemeinsam mit meinen Brüdern um die Grabrede und die Organisation der Beerdigung. Es sollte eine Urnenbeisetzung sein, so wie sie es schon lange vor seinem Tod vereinbart hatten. Auch ich sollte mir überlegen, was ich dazu beitragen wollte, wusste aber, dass ich inhaltlich nicht allzu viel Einfluss nehmen konnte. Die Organisation und Ausgestaltung lag nicht in meinen Händen. Ich war zu weit weg. Dafür hatte ich aber eine ganz besondere Verbindung zu ihm, in die ohnehin niemand aus dieser Runde eindringen konnte. Ich war mir auch sicher, dass gewisse Dinge einfach geschehen würden, auch wenn es vielleicht anders geplant war. Für mich waren nur zwei Dinge wichtig. Ich hatte mir einen Spruch der Lakota zum Abschied herausgesucht und ein mir heiliges Lied zum Abschied, Amazing Grace. Swimming Bear hatte es bei einer Zeremonie gesungen. Außerdem hatte ich selbst es inzwischen mit meiner irischen Tin Whistle gespielt. Oft wurde dieses Stück bei ganz besonderen Helden gespielt. Ich stellte also die Musik und den Spruch der Lakota zusammen und schickte beides meiner Mutter. Damit sie auch den Inhalt der Musik verstehen konnte, sendete ich ihr auch noch die Texte.

Nach zwei Tagen kam die Reaktion: Blankes Entsetzen. Diese Musik sei auf keinen Fall eine Option. „Das zieht mich total runter. Das geht nicht", raunzte sie mir mit Wut und Ärger entgegen. „Und der Spruch?", wollte ich wissen. „Der Spruch geht. Da schauen wir mal." Ich versuchte, sie aufzubauen und das Thema zu wechseln. Es machte ohnehin keinen Sinn. Ich äußerte nur den Wunsch, mich nochmals von ihm verabschieden zu dürfen.

Ich bekam die Möglichkeit, nochmals nach Wien zu reisen und mich zu verabschieden. Ich vereinbarte einen Termin und buchte sofort für Michael und mich das Appartement. Früh am Morgen fuhren wir los. Alexandra wurde derweil von Michaels Mutter versorgt. In Wien angekommen, bezogen wir das Quartier und besuchten meine Freundin Hannelore und ihren Mann Norbert. Die Beiden warteten schon. Hannelore hatte gekocht. Wir saßen gemütlich zusammen. Es war einfach angenehm und wunderschön, so umsorgt zu sein. Ich genoss jeden Augenblick und war dankbar dafür, solche Freunde zu haben. Am nächsten Morgen schliefen wir aus. Es war schon fast Mittag, als wir aufwachten. Das war mir etwas peinlich, wollten wir doch mit meiner Mutter frühstücken. Wir checkten aus, packten die Sachen ins Auto und fuhren los. Ich gab ihr Bescheid, dass wir auf dem Weg waren und nur noch Semmeln mitbringen wollten. Ich nahm noch einen Blumenstrauß mit und kurz vor zwölf kamen wir endlich an.

Das war nun ein schwerer Moment. Wie soll ich ihr entgegentreten? Wie soll ich sie aufbauen? Wir klingelten und traten ein. Ich gab ihr sofort die Blumen und drückte sie. Sie war aufgedreht und hatte bereits mit Umbauarbeiten in der Wohnung begonnen. Sie wollte so schnell wie möglich die Möbel aus der Einrichtung, in der mein Vater die letzte Etappe seines Lebens verbracht hatte, entfernen und hier in der Wohnung aufbauen. Als ich die Baustelle sah, musste ich schlucken. Wahrscheinlich war es ihr Weg, die Situation zu überwinden. Für mich war es außerhalb des Vorstellbaren. Ich konnte es einfach nicht verstehen. Viel Zeit zum Reden hatten wir ohnehin nicht, denn nach dem Kaffeetrinken mussten wir schon wieder losfahren. Michael fuhr und ich war dankbar, einfach nur mitfahren zu können. Wir fuhren durch die schneebedeckte Landschaft, eine Landschaft, die ich liebte. Klirrende, trockene Kälte und Schnee. Eine Stunde vor dem Termin waren wir bereits angekommen, parkten das Auto und gingen noch spazieren. Gleich neben dem Gebäude, in dem mein Vater lag, gab es eine Pferdekoppel. Zwei Pferde standen friedlich da und grasten. Ich erinnerte mich an das Pferdehaar, dass ich ihm von den Indianern mitgebracht hatte. Nun wurde er auch über den Tod hinaus beschützt durch die Kraft des Pferdes. Die Einsegnungshalle lag nahe des Klinikgeländes, in dem ich die schönsten Jahre meiner Forschungsarbeit erlebt und tiefe Freundschaften geknüpft hatte.

Wir kamen in ein Wohngebiet, in dem es nur Villen und Einfamilienhäuser gab. Es war alles ganz friedlich. Die Sonne schien und der Schnee glitzerte wie Kristalle. An einem großen und etwas abschüssigen Grundstück blieb ich stehen. Dort war eine große Wiese, auf dem ein Lama und einige Schafe standen und liefen. Es war das Gefühl, Teil der biblischen Geschichte zu sein. Unheimlich positive, großartige Energie schwappte zu mir herüber. Wir blieben stehen und sogen den Augenblick in uns hinein. Dann gingen wir weiter im Karree und zurück zum Auto. Ich holte die gesegneten Gegenstände und wir gingen zur Einsegnungshalle. Am Eingang wurden wir freundlich empfangen. Dezente, angenehm festliche Musik kam uns entgegen. Gemeinsam gingen wir zu meinem Vater, stellten uns vor ihn hin und hielten inne. Friedlich und zufrieden lag er da. Er trug ein wunderschönes weißes Gewand und erschien in seiner ganzen körperlichen Größe. Ich wollte allein sein mit ihm. Michael trat zurück und ging. Ich nahm mir viel Zeit und verabschiedete mich. Ich gab ihm alles mit, was er für seine Reise brauchte, betete und fühlte, dass er wissen musste, dass Michael zu mir gehörte. Er schien ihn zu rufen. Ich drehte mich um und schaute zu Michael. Betreten und traurig stand er am Ausgang und wartete. Natürlich gehörte er dazu. Nachdem ich meinem Vater alle persönlichen Rituale hatte zukommen lassen, winkte ich Michael zu und bat ihn zu kommen. Er kam noch einmal zurück. Dann stellten wir uns beide an das Fußende und hielten uns ganz fest an den Händen. Mein Vater muss unser Glück gefühlt haben. Gemeinsam verabschiedeten wir uns, verneigten uns und gingen.

Wir waren die Einzigen, die sich noch einmal persönlich in diesem festlichen Rahmen von ihm verabschiedet hatten. Es war unsere letzte, ganz intime Verbindung. Nun wollte ich nur noch heim, heim, heim, zurück in die Schweiz, nach Hause. Ohne Worte stiegen wir ins Auto und fuhren los. Wir wollten gerade auf die Autobahn fahren, als es staute. Es gab einen Unfall unmittelbar vor uns. Ich brachte nur heraus: „Bitte wende, bitte wende!" Michael sah mich entsetzt an: „Wenden? Dann muss ich über den Bordstein fahren?!" „Ja bitte. Es geht gerade noch, bitte!" Ich sah ihn flehend an und er wendete, vollkommen unverständig. Wir waren nicht die Einzigen, andere hatten es uns schon gleich getan. Dann mussten wir mitten durch die Stadt fahren. Überall brannten die tausend kleinen Lichter der Weihnachtsbeleuchtung. „Die Lichterfahrt!", kam mir spontan über die Lippen. „Die Lichterfahrt", wiederholte ich fast flüsternd. Es war ein Segen. Langsam verstand ich: Es war die positive Energie meines Vaters. Er hatte uns beiden mit Macht die Lichterfahrt zeigen wollen. Er wollte, dass auch Michael und ich diese positive, starke Energie fühlten und die Lichter zu Gesicht bekamen. Wir sollten wissen, wie glücklich er darüber war. Ich lächelte friedlich in mich hinein. Bei dieser Lichterfahrt durfte er sich noch einmal als ganzer Mensch fühlen und konnte mit sich und seiner Welt in Einklang kommen, bevor er seine große Reise antreten würde. Während der gesamten Rückfahrt schien die Sonne. Die Bäume waren schneeverhangen, alles war friedlich.

Daheim angekommen, wurden wir schon von Alexandra erwartet. Sie hatte eine schöne Zeit bei ihrer Oma verbracht und freute sich über unsere Rückkehr. Sie tröstete mich. Am nächsten Tag hatten wir noch frei. Nun aber musste ich aktiv sein, musste ich das Abstreifen von alten Dingen fortsetzen und mich den positiven Dingen zuwenden. An diesem Tag nun war die Bettwäsche dran. Alle drei fuhren wir zu einem Bettwäschegeschäft und deckten uns im wahrsten Sinne des Wortes neu ein: Wir kauften für alle drei neue Bettdecken, Kissen, Bettbezüge und Laken. Gleich am ersten Arbeitstag beantragte ich Sonderurlaub für die Urnenbeisetzung. Ein kurzes mündliches Beileid war die einzige emotionale Regung meines Chefs und der Kollegen, aber ich hatte auch nichts anderes erwartet. Der Chef konnte mit dieser Situation nicht umgehen. Er war nicht einmal in der Lage, mich anzuschauen. Auch in Alexandras Schule war es ein Akt, zwei Tage frei zu bekommen, um an der rund achthundert Kilometer entfernten Beerdigung teilzunehmen, und das auch noch im Ausland. In den Regelungen der Schule war nur ein Tag vorgesehen. Aber wir mussten nach Wien reisen und an der Beerdigung teilnehmen!

Michael, Alexandra und ich nahmen uns ein Appartement mit zwei Zimmern, sodass Alexandra, die ja jetzt Erwachsen war, ein Zimmer für sich hatte. Sie sollte die Zeit nicht in negativer Erinnerung behalten, das war mir ganz wichtig. Am Abend der Ankunft gingen wir noch gemütlich essen und sahen gemeinsam fern. Ich war nicht in der Lage, vorher irgendjemanden zu begrüßen. Dort würde es schwer genug sein. Als wir ankamen, standen die meisten Gäste bereits vor der Kapelle. Michael trug unser Herzgesteck, das mit zahlreichen Rosenblüten bestückt war. Gemeinsam hatten wir das Herz mit dem Spruch ausgesucht, dass er ewig in unseren Herzen bleiben würde. Kurz darauf war es soweit. Die Gäste kamen auch zu mir und übermittelten ihre Beileidsbekundungen. Nun musste ich stark sein und mich um meine Mutter kümmern. Ich stützte sie von der einen Seite, von der anderen wurde sie von Christian eingehakt. In der Kapelle nahmen meine Mutter und meine Brüder mit Partnerinnen die erste Reihe ein. Für Alexandra und Michael war kein Platz mehr. Nachdem die Geschwister meines Vaters die zweite Reihe besetzten, gaben sie den anderen den Vortritt und setzten sich nach hinten.

In der Kapelle war eine sehr feierliche Stimmung. Ich war überrascht, als ich die Musikstücke vor und nach der Abschiedsrede hörte. Es waren alles Stücke, die ich sehr liebte und schon tausend Mal gehört hatte. Auch Amazing Grace wurde gespielt. Ich konnte es kaum fassen. Der Spirit war auch hierbei seine eigenen Wege gegangen. Mir lief eine einzige Träne der Rührung über die Wange, sonst war alles ausgetrocknet. Nachdem die Segnung in der Kapelle beendet war, wurde die Urne herausgetragen und es gingen alle zur Grabstelle. Inzwischen fing es an zu scheiden. Der Schnee flog fast waagerecht durch die Reihen. Später beruhigte sich der Wind wieder. Als wir am Grab angekommen waren und die Urne beigesetzt worden war, ertönte der Spruch der Lakota, den ich für ihn ausgewählt hatte. Genau in diesem Moment sanken viele glitzernde Schneekristalle sanft zu Boden und bedeckten den Boden mit einer dünnen, zarten weißen Schutzschicht aus Schnee. Nachdem die Beerdigungszeremonie beendet war, spielte noch ein Trompeter im Hintergrund, ein wirklich edler letzter Gruß.

Es brach ein neues Jahr an, aber auch eine neue Energie. Nach dem afrikanischen Rad war das Jahr von der Energie des „Kaputtmachens", Knickens und Knackens geprägt. Es war aber auch eine Phase des Neuanfangs und der Reinigung, nachdem alte Regierungsapparate und Strukturen zerstört worden waren. In diesem Jahr folgten Kriege, viele diktatorische Regime von afrikanischen Staaten brachen zusammen, unzählige Naturkatastrophen, Erdbeben, Tsumanis erschütterten die

Welt. Überschwemmungen, Unwetter machten sich breit. Auch die Weltwirtschaft nahm exzessive Züge an, die kaum noch beherrschbar waren. Trotz dieser extremen Tendenzen war ich guter Dinge. Ich wusste, dass es erst extrem werden musste, damit sich etwas ändern konnte. Allerdings war ich auch froh, dass mein Vater das alles nicht mehr mit ansehen musste. Er hätte es wohl nicht mehr verstanden und wäre dann irgendwann in Wehmut und Angst um seine Familie gegangen. So konnte er in Zuversicht und guter Dinge seine Reise antreten. Dieses Gefühl tröstete mich zumindest ein wenig. Ich betete täglich für ihn und nun auch für meine Mutter. Sie kam über die nächsten Monate nur sehr schwer hinweg und brach fast zusammen. Sie schien den ganzen Schlaf nachzuholen, der ihr die letzten Jahre verloren gegangen war.

Für mich begann der Alltag wieder, doch ich hatte das größte Geschenk bekommen, das mir, so hoffte ich, einen neuen Weg ebnen würde: meine neue Stelle. Nun waren die Tage in der alten Abteilung bereits gezählt. Es begann eine neue Etappe. Mir war klar, dass ich meine Energie künftig gut einzuteilen hatte, um den spirituellen Themen mehr Platz geben zu können. Die Arbeit war für mich zwar weiter ein wichtiger Bestandteil meines Lebens, aber mein Herzblut galt nun anderen Dingen. Somit begann für mich ein großer Umbruch. Dieses Jahr war der Heilung und Ruhe gewidmet. Ich setzte alles daran, meine körperlichen und seelischen Leiden zu überwinden und die Verbindung zu meinem Vater aufrechtzuerhalten.

Michael und ich flogen nach Berlin, um dort in der Philharmonie die Auferstehungssinfonie von Gustav Mahler zu hören. Es war sein hundertster Todestag und damit eine gute Gelegenheit, auch im Konzertsaal für meinen Vater zu beten. Diese Musik rief Jugenderinnerungen und eine tiefe Sehnsucht in mir wach. In diesem Augenblick wusste ich, dass ich mich künftig wieder mehr diesen göttlichen Klängen widmen würde. Im Herbst fuhren wir dann nochmals mit Alexandra nach Wien, um dort der Sinfonie der Tausenden zu lauschen. Meine Mutter nahmen wir auch mit. Sie hatte die letzten Wochen eigentlich vollkommen verplant und war laufend unterwegs. Lange schon hatte sie ihre Trauerkleidung abgelegt und war sogar mit Christian Motorrad gefahren. Ich war erleichtert, dass es ihr recht gut ging und sie sich für das Leben danach entschieden hatte. Als wir nach dem Konzert in die Schweiz zurückkehrten, gingen die Bewerbungsrunden für Alexandra los, die sie mit Bravour bestanden hatte. Nun hatte sie nur noch ein Schuljahr vor sich und konnte sich bereits jetzt auf den nächsten Lebensabschnitt freuen. Du siehst Loreen, es war wirklich alles in Bewegung – und es sah gar nicht mal schlecht aus! Auch das offene Verfahren meines Unfalls wurde abgeschlossen. Erwartungsgemäß fiel der Ausgleich nicht sonderlich hoch aus, aber nun hatte ich es endlich hinter mir. Nachdem ich mich wieder einer halbtägigen Begutachtung unterziehen musste, lief bei mir noch einmal alles wie ein Film ab. Stundenlange Interviews, Untersuchungen, Fragebögen. Ich war fertig mit der Welt. Umso erstaunter war ich, als dieser Gutachter mir die lange Arbeitsunfähigkeit unfallbedingt zugestand, lange Perioden der Erwerbsminderung attestierte und sogar nach wie vor Behandlungen für notwendig erachtete. Auch sein psychisches Gutachten zeigte, dass ich stabil, und lediglich durch die Symptome zerrieben war. Zudem wurde dargelegt, dass die zahlreichen Injektionsbehandlungen des Orthopäden zu einer zusätzlichen Gesundheitsschädigung beigetragen hatten. Die Gerichtsbarkeit schloss sich dieser Argumentation an. Ich konnte es gar nicht glauben. Endlich wurde ich nicht mehr für verrückt erklärt, endlich wurden meine Beschwerden anerkannt und mit dem Unfall sowie den Behandlungsfehlern in Verbindung gebracht. Nun konnte ich diese Geschichte endlich für mich abschließen und neu beginnen. Du kannst Dir gar nicht vorstellen, was das für mich bedeutet hat!" Loreen schaut fast etwas beleidigt. „Wer kann das besser nachvollziehen, als ich? Wie oft habe ich mitgefiebert und Dich gefragt. Das kannst Du kaum abstreiten." „Ja, das stimmt", muss Anna kleinlaut zugeben. Loreen ist aber noch nicht fertig. Sie hat glasige Augen. „Für mich ist das alles einfach Wahnsinn! Jetzt verstehe ich langsam, was für eine Wende Dein Leben genommen hat, Wahnsinn." „Aber das war noch nicht alles.", erwidert Anna. „Nun ging ich mit Alexandra regelmäßig schwimmen und begann mit Michael regelmäßig Badminton zu spielen. Ich war mir dessen bewusst, dass Badminton für meinen Rücken nicht besonders förderlich war, aber ich wollte es einfach versuchen. So kam es, dass ich diesen Sport mit physikalischer Therapie verband, um einen Ausgleich herzustellen. Das tat mir gut, auch wenn ich durch die jahrelange sportliche Pause nicht gerade fit war. Jeden Morgen machte ich Übungen und spielte weiter Badminton. Zusätzlich las ich viel und begann wieder zu zeichnen. Langsam spürte ich das Leben wieder. Ich fühlte mich jünger, manchmal fast jugendlich, auch wenn ich fast fünfzig war.

Regelmäßige Zeremonien und Meditation rundeten den neuen Lebensabschnitt ab. Ich war voller Zuversicht und Optimismus und versuchte mehr und mehr jede Minute, Stunde, jeden Tag bewusst zu erleben. Auch wenn der Kalender voll war, fügte sich alles harmonisch zusammen und für mich blieb irgendwie die Zeit stehen. Ich würde sagen, ich begann einfach bewusster zu leben und war glücklich und dankbar über jeden Tag.

Eines Tages bekam ich eine E-Mail von Robert Michels. Ich musste lächeln. Oft hatte ich mit dem Gedanken gespielt, ihn wieder zu kontaktieren. Zwischendurch hatten wir auch mal telefoniert, mehr aber auch nicht. Nun hatte ich ernsthaftes Interesse, tibetische Klangschalen zu kaufen und diese Therapieform mit anderen Zeremonien, Meditationen und Einzelgesprächen zu verbinden. Langsam schärfte sich das Bild meiner künftigen Ziele. Nun musste ich es vor allem langsam angehen. Immer mehr Leute sprachen mich an, wann ich denn endlich aktiv werden würde. Langsam konnte ich mich diesem Druck nicht mehr entziehen. Es musste einfach losgehen, meine Zeit war gekommen!

Das I-Tüpfelchen war ein Klangschalenseminar. Es war für mich wie ein Türöffner, endlich den Tränen ihren Lauf zu lassen. Als ich wieder kam und Zeit für mich hatte, liefen mir alle Tränen über das Gesicht, die ich nun fast ein Jahr unterdrückt hatte. Ich saß daheim auf dem Boden, hörte tibetische Mantras, betete und weinte wohl ziemlich lange. Danach war ich vollkommen erschöpft, aber erleichtert. Nun hatte ich wieder einen klaren Weg vor mir. Ich war glücklich darüber, dass sich Robert inzwischen mehr den tibetischen Wegen öffnete, was mir sehr entgegenkam. Vielleicht war das einer der Gründe, dass es nun eine gute Zeit für ein Aufleben unserer Bekanntschaft war. Seinen anderen Neigungen zu Japan und Reiki konnte ich nichts abgewinnen, daher war ich sehr froh, dass diese Themen in seinem derzeitigen Tun nur eine untergeordnete Rolle spielten. Ich war sehr beeindruckt und froh, dass ich Zugang zu diesen Seminaren bekam. Damit hatte ich einen neuen Zugang zum Buddhismus, worüber ich unheimlich glücklich war. Außerdem hatte ich nun Klangschalen und wollte diese ernsthaft nutzen. Diese Schalen kamen gerade zur richtigen Zeit, hatten sie doch recht bald auch einen praktischen Zweck zu erfüllen. Meine Mutter kam zu Besuch und ich konnte ihr das erste Mal wirklich etwas Gutes tun und ihr Entspannung und angenehme Gefühle geben.

Auch Alexandra brauchte Hilfe für ihr Knie. Der Befund hatte sich nicht wesentlich gebessert und ich fand mit den Klangschalen einen neuen Weg, auch sie zu unterstützen. Alexandra war inzwischen so stark und selbstbewusst geworden, dass sie einen Weg fand, mit diesen Unzulänglichkeiten des Körpers umzugehen. Ihre Schmerzen waren zwar nicht weg, aber sie verband sportliche Aktivitäten mit Ruhephasen, Massagen und Kinesiologischem Taping, um damit leben zu können und trotzdem glücklich zu sein. Zudem war sie schon in jungen Jahren offen für positive Dinge und das Licht stand auf ihrer Seite. Alexandra kam nun in eine gute Energiephase und alles wendete sich für sie zum Guten. Ihr beruflicher Weg wurde geebnet, sie besserte ihr Taschengeld mit lukrativen Nebenjobs auf, machte ihren Führerschein und schiedste regelmäßig. Inzwischen trainierte sie sogar eine Jugendmannschaft beim Fußball. Sie fand auch einen Zugang zu den Klangschalen, begann diese regelmäßig zu benutzten und wärmte ihr Knie mit Lavasand. Im Grunde war sie glücklich und lebte im Einklang mit der industriellen Welt und der Natur. Weiterhin versuchte ich, sie regelmäßig zu unterstützen und war über jeden Tag froh, an dem sie glücklich war.

Auch Michael hatte seine Erfüllung in einem Nebenjob und der Volleyballsparte gefunden. Damit konnte er sich in einer neuen Sportart engagieren, was eine völlig neue Herausforderung für ihn darstellte. Gemeinsame Bergwanderungen rundeten unser harmonisches Familienleben ab. Auch regelmäßige Konzertbesuche, Kurzreisen und Kinoabende sorgten nach wie vor für viele glückliche Stunden, Tage und Wochen, auch für Alexandra, obwohl sie inzwischen fast volljährig war. Parallel dazu kamen mehr und mehr Freunde und Bekannte, um sich von mir betreuen zu lassen. Ich machte Klangsessions, Pfeifenzeremonien, begann mit den ersten Tipi-Zeremonien und Gruppenmeditationen. Später kamen auch Schwitzhütten und Seminare dazu. Langsam entwickelte sich eine Regelmäßigkeit und eine Reihe von Leuten kam in festem Rythmus bei mir zusammen. Neue Leute kamen, andere gingen. Es schien mir wie ein ewiger Kreislauf. Einige von ihnen blieben mir treu und begleiten mich noch heute. Für mich hatte sich nun eine neue Lebensetappe eröffnet, in der ich endlich aufgehen konnte. Ich hatte auf einmal meinen Platz gefunden. Ich konnte leben, leben für den Moment. Tag für Tag, Nacht für Nacht. Nur eine stille Neugier konnte ich nicht verdrängen: Wie schaffe ich es jemals einem Lama zu begegnen?"

Ankunft

„Was bedeutet für Dich eigentlich Balance, im Einklang leben, all diese Themen?", will Loreen wissen. Anna blickt aus dem Fenster und dann herüber zu Loreen. „Mmmhh, naja, da gibt es für mich verschiedene Ebenen, quasi das Dreieck des Körpers, der Seele und des Geistes. Für all diese Themen muss man akzeptieren, dass es verschiedene Zyklen und Wellenbewegungen gibt, die einen selbst, den Mikrokosmos und den Makrokosmos betreffen. All diese Mechanismen beeinflussen das Leben eines jeden Einzelnen. Mit den einzelnen Lebensphasen durchläuft man naturbedingt Höhen und Tiefen, hat alle Energie der Welt oder durchläuft eine körperliche Krise. Daher muss man, was den Körper betrifft, in den guten Phasen Kräfte sammeln, die man in den Krisen dann bitter nötig hat. Damit verbunden ist der Einklang zu den Jahreszeiten und seinen Begleiterscheinungen. Das beginnt damit, sich angemessen zu kleiden und zum Beispiel den Winter als Ruhephase zu nutzen, um Energie zu tanken, die Ernährung den Jahreszeiten anzupassen und so weiter. Mit der Globalisierung wird diese Taktung immer schwieriger, weil viele Menschen zum Beispiel dem kalten Winter entfliehen, saisonale Früchte das ganze Jahr über essen und vieles andere. Um uns herum ändern sich die Energien, die Taktung der Veränderung und die Entwicklung der Körper, die sich zunehmend dieser Taktung anpassen müssen.

Das ganze Leben ist schnelleren Veränderungen unterlegen als Früher. Dieser Taktung müssen sich die Menschen auf allen Ebenen anpassen und mithalten. Das bringt neue Herausforderungen mit sich, wie etwa die, sich auf diese Taktung einzustellen und dem Körper die Balance zwischen aktiv und passiv, Hirntätigkeit und Sport sowie die richtigen Ernährungszyklen und angemessene Vielfalt zu geben. Wenn Du nur den Körper betrachtest, wirst Du feststellen, dass viele Menschen schon allein damit große Probleme haben. Das fängt mit der Ernährung an, sei es zu viel Essen, Süßigkeiten und ähnliche Dinge oder zu hoher Alkoholgenuss. Viele machen unzählige Abmagerungskuren, um anschließend dicker zu werden als vorher. Wenige achten dabei aktiv auf ihren Körper, um herauszufinden, was ihnen wirklich gut tun würde. Die Fähigkeit, seinen Körper zu lieben und zu akzeptieren, wie er ist, fällt den Menschen zunehmend schwerer. Außerdem bieten die neuen medizinischen Möglichkeiten heutzutage bequeme Wege, den Körper so zu verändern, dass er den vermeintlichen Anforderungen des

Schönheitsideals entspricht. Korrekturen und Schönheitsoperationen sowie operative Eingriffe zur Verjüngung sind an der Tagesordnung. Irgendwann kommt man jedoch an einen Punkt, an dem sich das Alter nicht mehr verleugnen lässt. Wenn man seinen Körper liebt und schafft, man selbst zu sein, kann man die Signale seines Körpers verstehen und sich danach verhalten. Der Körper, in dem man leben darf, wird es einem danken, aber auch grobe Verstöße und Ignoranz irgendwann bitter bestrafen. Oft ist es dann zu spät für Korrekturen und Richtungsänderungen.

Die zweite Ebene ist die Seele. Dabei ist es wichtig in seinem Leben immer wieder Glücksmomente zu finden, die Wellen des Lebens zu akzeptieren, wie sie nun einmal sind, und für sich selbst und sein Umfeld immer wieder positive Akzente zu setzen. Hierbei ist es wichtig, Lehrstunden als Geschenk werten zu können. Das ist die Voraussetzung, um den nächsten Entwicklungsschritt gehen zu können, auch wenn damit oft schmerzliche Erfahrungen, vielleicht auch Trennungen, Loslassen und Neubeginn verbunden sind. Wichtig ist nur, dass man nicht zu sehr an gewohnten Dingen oder vielleicht auch irgendwelchen Positionen im Leben festhält, obwohl man damit im Grunde todunglücklich ist. Mut und Zuversicht sind wichtige Begleiter, um sich den Wellenbewegungen des Lebens anzupassen und im Einklang damit zu leben. Auch die Familie, Partnerschaft und Kinder durchlaufen verschiedene Wellen, die Glücksgefühle und tiefe Einschnitte mit sich bringen. Zudem haben diese einzelnen Lebensetappen ihre eigenen Gesetzmäßigkeiten, die man erkennen und sich darauf einstellen sollte."

„Was meinst Du damit genau?", unterbricht Loreen. Anna scheint weit weg zu sein. Ganz in Gedanken antwortet sie: „Eine Partnerschaft durchläuft verschiedene Phasen. Anfangs kann man gar nicht eng genug beieinander sein. Man geht viele Kompromisse zugunsten des Partners ein, ist glücklich und zufrieden. Nach einigen Jahren kehrt Routine in das Leben ein und die beiden Partner durchlaufen eigene Entwicklungsschritte und machen vielleicht auch Karriere. Kommen noch Kinder dazu, haben beide einen neuen, gemeinsamen Lebensmittelpunkt und die Partnerschaft muss sich in die Taktung des Nachwuchses einbetten und an der ein oder anderen Stelle zugunsten der Kinder zurückstecken. Dabei kann es auch dazu kommen, dass sich die Partner unterschiedlich entwickeln und sich damit auch voneinander entfernen. Aus dieser Distanz ist jeder Partner in der Lage, die Partnerschaft neu zu beurteilen. Dabei wird vielleicht beiden bewusst, wo sie in der Vergangenheit zugunsten des Partners Kompromisse eingegangen sind und vielleicht auch zurückgesteckt haben. Die ursprünglichen Herzenswünsche und Interessen treten vermehrt zu Tage und führen zu Auseinandersetzungen. Beide Seiten treten in eine neue Lebensphase ein. Dabei können sie sich so weit auseinander gelebt haben, dass alle wichtigen Bindungen abhanden gekommen sind. Es kann aber auch sein, dass sich beide Teile wieder so zusammenfinden, dass sie eine neue Dimension des Glücks erfahren. In diesem Fall gibt es eine neue Standortbestimmung und eine Neuordnung der Partnerschaft. Beide beginnen, die Stärken des Anderen mehr und mehr zu schätzen und dessen Potentiale als Herausforderung anzusehen, wieder zusammenzufinden und alles als wichtigen Bestandteil des Partners zu lieben. Beide werden sich bewusst, wie sie sich sinnvoll ergänzen können und sind in der Lage, auf einer ganz neuen Ebene zusammenzufinden." „Ja und wenn man sich trennt?" „Das ist tragisch, insbesondere wenn Kinder im Spiel sind, aber wenn sich beide im Laufe der Zeit zu sehr auseinander gelebt haben, hat auch die Partnerschaft keine Perspektive mehr, leider. Ich denke, das ist so ähnlich wie bei Freundschaften generell. Wenn man eine lebenslange Freundschaft hat, kann man sich glücklich schätzen. Es ist eine Seelengemeinschaft. Meist halten Freundschaften für eine gewisse Lebensetappe, in der beide Teile eine ähnliche Entwicklung durchlaufen. Driften die Entwicklungen und Interessen der beiden Seiten zu weit auseinander, zerbricht die Freundschaft irgendwann und es finden sich neue Freundschaften, die auf demselben Level beider Seiten anknüpfen."

„Und die spirituelle Ebene, was heißt das für Dich?" Anna hält inne und schließt die Augen. „Dabei geht es darum, im Einklang mit dem Universum zu leben, die Zusammenhänge zwischen dem Feinstofflichen, dem Mikrokosmos, dem Leben der Pflanzen und Tiere bis hin zum Makrokosmos, dem Universum mit seinen Planeten und damit verbundenen Gesetzmäßigkeiten zu verinnerlichen, sich darin einzubetten und damit in Einklang zu leben." Für Loreen ist klar, dass sie nun nicht weiter zu fragen braucht. Heute wird sie wohl nicht mehr erfahren. Das spürt sie, aber es werden noch viele Zeremonien und Zusammentreffen folgen, das ist Loreen auch klar. Glücklich fährt sie weiter und kann es kaum erwarten, anzukommen. Anna wird Augen machen, schießt ihr durch den Kopf und sie lächelt.

Im Auto ist es still geworden. Nun haben sie ihr Ziel fast erreicht und Loreens Herz beginnt heftig zu schlagen. Sie kann ihre Aufregung und Spannung kaum noch unterdrücken. Loreen weiß nicht so recht, was sie sagen soll. Irgendwie fühlt sie sich ein wenig erschlagen von all dem, was sie heute gehört hat und will nun nur noch aufpassen, die Abfahrt nicht zu verpassen. Anna schaut raus und sagt: „Hier müssen wir abfahren." Loreen ist verwirrt. „Du irrst Dich. Wir müssen noch zwei Abfahrten weiter fahren." Anna lächelt und schaut Loreen an. Sie erwidert nichts, gibt aber unmissverständlich zu verstehen, dass Loreen jetzt abfahren soll.

Wieder einmal kann Loreen nicht nachvollziehen, was Anna vorhat und wo sie hinwill. Nun lagen wir so gut in der Zeit, und jetzt? Anna weist Loreen den Weg. Sie fahren eine kleine Waldstraße entlang, die Loreen nicht kennt und noch nie in ihrem Leben gefahren ist. Die Straße führt an Feldern vorbei, weiter durch einen Wald. Schließlich kommen sie zu einer kleinen Anhöhe mit hoch bewachsenem Gras. „Hier lässt Du mich bitte raus", bittet Anna. Loreen hält an und schnauft. Anna lächelt Loreen zu und sagt: „Danke, das ist ganz lieb von Dir. Wenn Du die Straße geradeaus weiterfährst, kommst Du an eine Kreuzung. Dort biegst Du rechts ab. Dann siehst Du schon die roten Flaggen, die dir den Weg weisen. Ich freu mich schon riesig." „Und du?", fragt Loreen. „Mach Dir keine Gedanken. Wir sehen uns in zirka einer halben Stunde, ok? Grüß die anderen inzwischen recht herzlich von mir, ja? Sei so lieb." Loreen kann nichts mehr erwidern und sitzt nur verschwitzt im Auto. Sie ist total durcheinander und muss erst einmal Luft holen. Dann schüttelt sie den Kopf und denkt nach. Ich habe alles so perfekt vorbereitet. Ich habe einen Empfang organisiert, bei dem Anna im Mittelpunkt stehen soll und alle warten bereits auf sie. Und nun das. Anna hat es wieder einmal geschafft, all meine Pläne von jetzt auf gleich über den Haufen zu werfen.

Vor Wut hämmert Loreen mit ihren Fäusten auf das Lenkrad ein und schaut Anna hinterher. Sie ist fast nicht mehr zu sehen. Sofort, nachdem sie ausgestiegen ist, ist sie losgerannt. Nun hat sie nur noch die Größe von Loreens Fingerkuppe. Anna ist noch immer sportlich und kann schnell rennen, geht es Loreen durch den Kopf, während sie Anna hinterher schaut. An der Spitze des Hügels wird Anna von zwei Männern erwartet. Wer ist das? Loreen versucht zu erkennen, wer die beiden sind. Einer von ihnen ist über einen Kopf größer als Anna. Als sie ankommt, dreht er sie im Kreis, wie ein Vater seine kleine Tochter im Kreis dreht. Sie hören gar nicht mehr auf, sich im Kreis zu drehen. Wer um Himmels Namen ist dieser Mann? Der zweite Mann steht daneben und blickt ins Tal herunter. Er sieht aus wie ein buddhistischer Mönch. Loreen reibt sich die Augen und weint vor Verzweiflung. Sie nimmt die Hände vors Gesicht. Die Tränen rennen ihr Gesicht herunter wie ein Wasserfall. Plötzlich springt sie fast vom Sitz.

Ein lautes Hämmern ist auf ihrem Auto zu hören. Drei der Zeremonieteilnehmer reißen die Türen auf und rufen: „Los, los! Willst Du hier übernachten? Wir müssen die Vorbereitungen fertig machen. Wir haben viele unerwartete Gäste, sogar aus Amerika. Also was wartest Du? Los, los!" Es waren Anja, Tina und Sonja, ihre besten Freundinnen. Schnell wischt sich Loreen die Tränen vom Gesicht. Schließlich will sie sich nicht blamieren. Trotzdem brodelt ihre Wut. „Was ist los mit Dir?", wollen die drei wissen. „Nun hast Du so eine lange Fahrt mit Anna gehabt. Konntest Du sie etwa wieder nicht fragen?" „Doch, doch. Das ist es nicht. Sie hat so viel erzählt, dass ich es erst einmal verdauen muss." „Was hast Du dann? Hat sie Dich mit ihren Erzählungen frustriert? Willst Du etwa abspringen?" „Nein, nein, nein. Auf gar keinen Fall." „Was zum Geier ist es dann?", will Sonja wissen. „Wie Du siehst, bin ich allein. Anna ist einfach den Hügel hochgelaufen. Sie ist weg und ich habe keine Ahnung, was sie vorhat. Die Gäste warten und ich komme ohne sie." Die Mädchen sehen sich an und lachen. Das macht Loreen noch wütender. „Und jetzt lacht ihr mich auch noch aus." Nun mischt sich Tina ein und sagt: „Mach Dir doch nicht so viele Sorgen. Wir hatten auch keine Ahnung, was passiert. Keiner von uns allen wusste, dass Besuch aus Amerika kommen würde, keiner. Plötzlich standen sie da, die Lakota, Annas Bruder Pete - Healing Bear Claw und der buddhistische Mönch. Pete und der Mönch hatten es ganz eilig und sagten uns, dass sie zum Hügel der Besinnung müssten. Dann sind sie dort rauf gegangen." Nun schauen sich plötzlich alle ganz verdattert an. Sie wissen, dass alle dieselbe Frage haben, aber keine Antwort. „Aber es kommt noch verrückter", weiß Anja zu berichten. „Sie haben einen Zeremoniekreis mit zwei Schwitzhütten und Tipis aufgebaut. Zwanzig Tänzer sind auch schon da. Nun müssen wir mindestens vier Tage und Nächte hier verbringen. Ist Euch das eigentlich klar?" Mechanisch lässt Loreen den Motor an und gibt Vollgas. Sie denkt nur noch: Wir müssen los. Wir müssen los und alles richten. Sie ziehen eine riesige Staubwolke hinter sich her.

Als sie ankommen, werden sie von den Gästen herzlich empfangen. Die Anderen haben auch schon eine kleine Feldküche mit Kühlboxen und Propankochern aufgebaut. Der Bauer, dem der Grund gehört, hat extra ein Schwein geschlachtet und alles weitere für ein riesiges Mal vorbereitet. Sie dürfen auch den frischen Mais für ihre Mahlzeiten ernten. Anja, Tina uns Sonja steigen aus und laufen voran, um zu helfen. Loreen geht zur Seite und muss sich erst einmal sammeln. Sie packt die wichtigsten Sachen zusammen und schaut ins Auto. Plötzlich hört sie hinter sich ein Trommeln am Auto. Dann tippt ihr jemand auf die Schulter. Erschreckt dreht sie sich um. Es ist Talking Bird. Sie erkennt ihn sofort von den Fotos. Sie schluckt. Spontan umarmen sie sich vor lauter Freude. Loreen weiß, dass er zur Familie gehört und sich Anna über seinen Besuch am meisten freuen würde. Nun ist sie aber total durcheinander und neben der Spur. Sie weiß nicht mehr, wie ihr geschieht. Er fragt nur: „Kannst Du mir helfen, die Schwitzhütten aufzubauen? Du weißt sicher, dass Anna bald da sein wird und es soll doch eine Überraschung sein. Ein Sonnentanz in Europa war immer ihr Traum. Das weißt Du ja sicherlich. Ich muss fertig sein, bevor sie vom Hügel zurückkommt."

Anna steht immer noch auf dem Hügel, gemeinsam mit ihrem Bruder Pete - Healing Bear Claw und dem buddhistischen Mönch. Sie schauen herunter zum Zeremonieplatz. Das Ganze wird durch Annas Familie gekrönt. Anna traut ihren Augen nicht. Michael und Alexandra kommen langsam von unten den Hügel hinauf. Ihr wird langsam klar, was sie dort erwartet und wem sie das alles zu verdanken hat. Sie ahnt nun auch, wer noch alles zu Besuch gekommen ist. Aber jetzt in diesem Moment will sie einfach nur diese Atmosphäre genießen, diesen besonderen Augenblick, der niemals wiederkommt.

Über die Autorin:

Seit ihrer Kindheit interessiert sich Elke Jung für Kulturen und Religionen von Naturvölkern, insbesondere der nordamerikanischen Indianer und der Tibeter. Während ihrer Ausbildung und Forschung sammelte sie Erfahrungen in der Asthma- und Diabetesforschung und und promovierte auf dem Gebiet der Biomedizintechnik. Später belegte sie diverse Managementpositionen und Großprojektleitungen im Finanzdienstleistungssektor. Ein Schicksalsschlag führte sie zu intensiven Begegnungen mit Muskogee- und Lakota-Indianern und sie wurde in heilige Riten und spirituelle Zeremonien eingeweiht. Seither setzt sie sich für die Weiterführung dieser Traditionen ein. Nach der Legitimierung durch einen tibetischen Mönch praktiziert sie zudem als zertifizierte Lehrerin auch das tibetische Heilyoga Lu Jong.

Die Deutsche Nationalbibliothek verzeichnet diese Publikation in der Deutschen
http://dnb.dnb.de abrufbar.

ISBN 978-3-7412-3296-1